智慧供应链金融

宋华◎著

中国人民大学出版社
·北 京·

前言

傍晚的余晖洒落在对楼楼顶弧形的草坪上，让绿油油的青草上泛起了金灿灿的光亮，摇摇欲坠的红日雍暖地挂在西山山顶，俯瞰忙碌而又喧嚣的都市，小区广场上嬉闹的小孩和律动的广场舞，揭示着2019年的春天即将落下帷幕，而烁玉流金的夏日马上就要到来，此时此刻，席慕蓉《暮歌》的韵律，忽然萦绕耳旁，让人久久难以忘却。

我喜欢将暮未暮的原野
在这时候
所有的颜色都已沉静
而黑暗尚未来临
在山冈上那丛郁绿里
还有着最后一笔的激情

我也喜欢将暮未暮的人生
在这时候
所有的故事都已成型
而结局尚未来临
我微笑地再作一次回首

寻我那颗曾彷徨凄楚的心

写作是一种充满着喜怒哀乐的经历，当写下文字最后的句号时，解脱与失落的情绪会同时涌上心头，一方面庆幸自己终于能从漫长的思索、失眠和无休止的撰写中得以释放，宛如冲出牢笼的束缚冲向无垠蓝天的小鸟，另一方面，又仿佛失去了什么，就像一个长期伴随自己的良友忽然离去，伸手急切地去抓住将要离去的梦。在这一年多的时间里，记忆尤深的是 2019 年 2 月寒假，当时在美国佛罗里达德尔海滩，就像往日一样，13 日清晨 4 点多起床，开始伏案写作，当时正在研究撰写关于农业领域供应链金融的内容，为其中的问题而苦思冥想，为微小的发现而欣喜若狂，其间有时会凝望窗前草坪围绕的小湖中两只怡然自得的天鹅，有时一边播放轻音乐，一边神游天外地发呆，时间一点一滴地流逝，直到 14 日凌晨 2 点，当时罢笔准备上床休息的时候，忽然意识到本该 13 日下午坐飞机回国，而现在只能遥想早已起飞的飞机，懊恼不已，之后的时间一方面咒骂自己愚痴，一方面匆忙订了 14 日下午的飞机，草草准备回国的行李，赶往机场。这一幕幕如今想想却有一份眷恋。

2018 年 2 月 15 日除夕晚开始提笔撰写本书，激情、愤懑与质疑的情绪不断交替地伴随着一年多的时光。激情源于这个时代的呼唤。当全社会开始呼吁和关注金融回归实体经济，解决中小微企业融资难、融资贵的时候，无论是政府，还是行业和企业，都开始探索用创新型的金融服务方式促进产业和中小企业发展。特别是 2017 年 10 月 13 日国务院办公厅发布了《关于积极推进供应链创新与应用的指导意见》，在其提到的六项重要任务中提及了积极稳妥发展供应链金融，要让供应链金融推动实体经济发展，以及有效管控风险；之后 2018 年 1 月 1 日又实施了新修订的《中华人民共和国中小企业促进法》，提出正确处理政府与市场、国家与企业的关系，正确处理扶持中小企业与维护市场公平原则的关系，正确处理扶持中小企业与中小企业规范发展的关系。正是在这一背景下，全社会对供应链金融给予了极大的期许和关注，供应链金融作为一种新的创新金融也在实践中得到了飞跃性的发展。而作为理论研究者，我迫切地感觉到需要对这一快速发展的金融创新进行积极的探索和研究，使得理论能跟上实践这个急速向前的快车。愤懑源于现实实践对供应链金融的曲解。记得在一次论坛中自嘲地提及，自己 2015 年写成的《供应链金融》教坏了一批企业，原来本不知道供应链金融为何物，而知晓后，开始发展“流氓式供应链金融”，即利用自己在产业中的强势地位，在进一步拖延供应商账期的基础上，反过来以供应链金融的名义，进一步加大对供应商的盘剥。这样做的结果，只能是恶化商业环境，腐蚀商业文明，这些正是我们需要批判和杜绝的行为。质疑源于现实实践中一些匪夷所思的建议和新颖的提法。2019 年随着全社会开始关注中小微企业的发展，特别是如何有效解决中小微企业运营资金短缺问题和促进流动性问题得到关注，一些建议层出不穷、不绝于耳。记得一次看早间新闻，其中的专家呼吁商业银行加大对中小微企业的中长期贷款，提高对坏账的容忍度，甚至还有人士提出取消承兑汇票。我不禁思索这些建议的可行性究竟有多大？这样做的结果是帮助中小企业，还是最终连商业银行和核心企业都会被拖死？解决中小微企业融资难，促进流动性的症结究竟在哪儿？此外，近些年随着现代信息通信技术的发展，一些时髦的科技词汇充斥着各大金融论坛，诸如云计算、人工智能、区块链等，其中最为频繁出现的词汇，便是“赋能”，开始听及，颇为新鲜，然而久而久之，不禁疑惑这些科技与供应链金融究竟是什么关系？或者说科技究竟赋的是什么能？又是怎么赋的能？如果我们不能结合供应链运营场景来探索科技的作用，其结果终究是黄粱一梦，沦为资本炒作的工具。

正是上述激情、愤懑和质疑的交织与推动，形成了本书撰写的基本主线。一是本书认为对供应链金融的理解需要从狭义和广义两个角度来思考。狭义的供应链金融是基于供应链运营面向特定环节中的特定中小企业而开展的短期资金借贷，诸如基于应收应付的金融业务（保理、反向保理、福费廷等）、基于存货的金融业务（仓单质押、存货质押等）以及基于预付的金融业务（保兑仓等），狭义的供应链金融是点（资金贷方）对点（资金借方）的关系，只是这一关系是在供应链运营场景中产生的。而广义的供应链金融不是完全针对某一特定的中小企业，而是供应链中所有的参与方，此外，供应链金融活动的目的也不仅是融资行为，而且是通过各种金融手段来优化整个供应链中的资金流，使得供应链运营能顺利进行，提高产业运行效率，最终提高产业竞争力。本书认为广义供应链金融的视角，更能够反映金融服务实体经济的要求和趋势。也正是立足于这一理解，供应链金融不仅具有丰富的形态，可以广泛运用在工业、农业、商贸以及循环经济等各领域，而且也推动了金融端的创新与变革，即供应链金融发展的高阶一定会催生并发展金融供应链，只有供应链金融与金融供应链的高度融合发展，才能使产业高效顺利运转。二是金融科技的作用既不能夸大，但是也不可小觑。不能夸大意味着不能唯科技而科技，似乎只要运用某一现代科技手段，就可以化解供应链金融运行中的所有风险，甚或将某一金融科技看作是供应链金融的未来，例如区块链供应链金融。事实上，需要明确金融科技在供应链金融中不是信用的创造者，而是信用的发现和传递者。不可小觑则在于当供应链金融的组织形态越来越从核心企业推动转向网络生态化之后，日益需要现代金融科技手段来帮助实现资产端底层交互客观化、末端业务自治化，资金端债项结构客观化、主体信用自治化。而正是基于这一认识，本书认为现代金融科技是一个融合性的赋能体系，涵盖了感知层、数据层、流程层和模式层，全面作用于供应链运营的各主体、各环节、各项活动，其间金融科技公司发挥了中介信号的作用。三是供应链金融的健康发展需要体系化的规则和制度，没有了制度性的保障，经济的逐利本性就会扭曲商业正常运行的规则，从而使得互侵互害的情况比比皆是，导致一方面大企业欺凌中小企业，账期超长，而且到期不还，另一方面，中小微企业拖欠银行资金不予归还，将之作为与政府博弈（银行贷款越多，政府越不敢让我倒闭）的有力工具。最为可怕的是，一旦这种状态蔓延，久而久之“将拖欠视为合理，将欺压视为惯例”就会成为腐蚀商业文明的催化剂。要从根本上解决这一问题，本书认为需要扼住三个关键点：第一推进电子发票、电子单据，营造快速、低成本、高效率的支付环境，实现交易确权；第二限制延迟支付，既要严格控制上下游约定的支付期限，从而事前防范可能占用中小企业资金的现象发生，又要有事后补偿机制；第三限制延迟支付首先需要从政府机构、公共事业部门以及国有企业做起，这些公共部门的示范效应，可以辐射到所有商业社会企业之间的及时支付。此外，将向中小企业及时支付作为大企业，特别是上市公司的社会责任，确立良好的商业文明氛围。

以上正是本书试图实现的目标，作为国家自然科学基金“基于互联网的产业生态对供应链金融模式与效率的影响研究（71872177）”的研究成果，在此要感谢国家自然科学基金委。此外格智科技 CEO（前 IBM 中国研究院区块链技术研发总监）黄胜博士、万联网的蔡宇江先生以及企业界的朋友为本书的写作提供了极为丰富的实践智慧，特别是黄胜先生专门帮助撰写了第6章第3节（供应链运营中应用的关键技术）。此外，我的家人长期以来给予了我极大的支持和帮助，使我能将几乎所有的时间（包括周末和休息日）都投入到工作或写作中，可以说没有他们始终如一的支持，就不可能有今天的成果。中国人民大学出版社的费小琳和张颖女士为本书的出版做了大量辛勤的工作，在此一并向她们表示由衷的感谢。

供应链金融是一个方兴未艾又具挑战的研究课题和领域，受作者能力的局限，特别是该领域发展迅猛，书中难免有错误和不足之处，欢迎广大读者批评指正。

2019 年 5 月 3 日于北京

目录

第 1 章
供应链金融创新：起源与发展

1.1 引言

近些年来供应链金融作为产融结合的重要方式得到了实业界和学术界的高度关注，这一横跨产业供应链和金融活动的创新日益成为解决金融服务实体，尤其是解决中小企业融资难、融资贵这一问题的重要战略途径。中小企业融资难、融资贵已成为全社会经济发展的主要障碍，特别是随着竞争的加剧，中小企业还面临应收账款占压而带来的运营资金压力。根据全球供应链金融论坛（GSCFF，2015）的研究，1978—2013 年，国际贸易的变化使得资金结算方式逐渐从原来的信用证转向了赊销，从而使得大量中小供应商面临着日益严重的资金压力（见图 1-1）。同样，Coface（2019）对中国中小企业支付状况的最新研究报告表明，平均账期从 2017 年的 76 天上升至 2018 年的 86 天，62%的受访企业遭遇过客户拖欠账款，40%的受访企业称拖欠金额有所增加，比 2017 年的 29%增长了不少。更令人担忧的是，遭遇长期拖欠账款（超过 180 天）且拖欠金额在年营业额中占比超过

2%的企业，从2017年的47%增至2018年的55%。对于中小企业来说，由于自身规模较小，在生产运营当中比大企业更容易出现现金流紧张甚至断裂的情况，如何盘活资金成了广大中小企业最为关注的问题。然而在中小企业面临资金压力的同时，全社会需要盘活的资产却非常巨大，2018年中国的GDP约为90.03万亿元，资产总量为GDP的5～7倍，其中动产占75%，动产总量应在340万亿元～470万亿元。社会融资规模存量约200.75万亿元，同比增长9.8%。上述矛盾的现象无疑表明，需要通过创新性的手段来激活大量的产业资产，在盘活产业资金的同时，有效地解决中小企业融资难、融资贵的问题。

正是在这一背景下，供应链金融作为将供应链商流、物流、信息流与资金流紧密结合的一种全新产融创新模式，得到了迅猛发展，根据McKinsey & Company（2015）的报告，全球范围内供应链金融业务收入在2010—2014年实现了年平均20%的增长，而可预见的是，到2019年，供应链金融业务收入规模仍能维持15%/年以上的增速。市场规模方面，McKinsey & Company（2015）的报告显示，全球可供融资的、安全度较高的应付账款规模高达2万亿美元；国外研究机构Global Business Intelligence（2016）则指出，在全球范围内，反向保理这一供应链金融产品的规模达

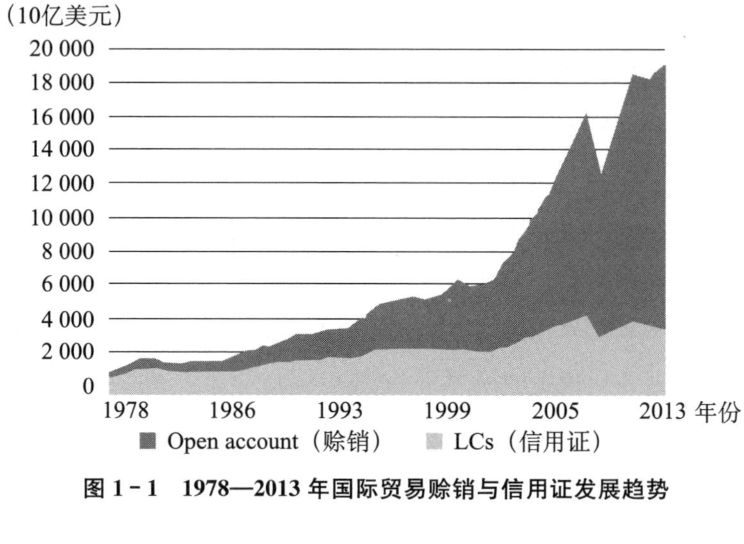

图1-1　1978—2013年国际贸易赊销与信用证发展趋势

4 000 亿美元。并且，从实践和理论的角度看，供应链金融不仅在规模上巨大，而且在管理和运营模式上，也不断进化创新，从原来银行主导的贸易金融、物流金融，逐步走向了以产业企业主导，甚至以网络生态为基础的供应链金融创新。如何理解供应链金融产生的背景以及发展阶段，以及，供应链金融之于中小企业的作用，特别是供应链金融的特质是什么？本章将从理论的视角来加以解读。

1.2　供应链金融产生的背景

供应链金融的产生源于中小企业资金筹措过程中的困境。从传统意义上讲，企业的资金可以通过内源性融资与外源性融资两个渠道获取。内源性融资主要包括所有者权益、企业留存收益与职工集资，在企业初创期是企业最为依赖的融资渠道。然而，随着企业不断扩张发展，内源性融资逐渐难以满足企业发展的需要，这时企业将逐步开始依赖外源性融资，并且外源性融资将有助于企业投资新技术而获得较高收益。外源性融资主要包括直接融资和间接融资两种形式。直接融资包括股权融资和企业债券融资，间接融资则主要包括银行贷款、贴现等。外源性融资的直接融资要求资金提供者必须对资金使用者的状况有直接的了解与控制，否则就容易形成典型的委托代理问题。因此，直接融资的前提条件是资金使用者必须通过信息披露、审计等方式提高经营状况的透明度，但这一成本相对于中小企业较小的融资量来说过高。另外，较高的信息不透明程度要求较高的风险溢价，因此，能够通过直接融资来满足资金需求的中小企业往往是能够产生高收益的企业（诸如创新型科技中小企业），但这对于大多数中小企业来说是很难的（林毅夫，李永军，2001）。

间接融资指的是通过金融机构进行的融资。在我国，商业银行是涉足间接融资的主要金融机构。金融机构通过一系列的筛选方法（而非审计等）对融资对象进行甄别，以较低的成本降低信息的不对称性。从另一个角度看，中小企业的融资过程主要是非对称信息条件下商业银行与中小企业双方的博弈过程（王书贞，2007）。在信息不对称的情况下，商业银行为规避风险的行为引发了信贷配给（credit rationing）问题，即银行由于信息不对称而对借款人实行差别待遇（王霄，张捷，2003）。在这一过程中，由于银行面临对贷款的超额需求，并且银行无法分辨其中某个贷方风险，这就会出现学者们所说的逆向选择，即银行不是通过提高利率来对风险溢价进行弥补或通过利率对借款人进行筛选，而是会在一个低于竞争性均衡利率但能使银行预期收益最大化的利率水平上对贷款申请者进行配给（rationed）。在配给中申请人即使愿意接受较高的利率也不会获得贷款，其原因在于银行认为贷方的较高利率在信息不对称的情况下依然无法覆盖借款的风险，从而会降低银行自身的平均资产质量。在这种情况下，即使银行可供贷款的资金有盈余，也不会接受高利率借款而使自己的利益受损（Stiglitz & Weiss，1981）。因而为中小企业提供融资服务时需要解决的核心问题是信息不对称问题。

1.2.1 传统借贷理论的探索

针对上述中小企业信息不对称的问题，传统的借贷理论基于信息收集的视角提出了相应的借贷解决方案，其中最为典型的理论是 Stein（2002）提出的硬信息和软信息理论。其中，硬信息（hard information）是指可以被直接证实的信息，如企业的三张报表（资产负债表、损益表、现金流量表），硬信息的特点是可以通过验证信息直接了解和掌握借方的能力和信用。软信息则是指除了信息供给者以外无法直接、准确地被其他市场参与者证实的信息，如企业管理者的管理能力、人品等，这类信息难以量化和传递，只能在一定限制范围内被熟悉的接收方掌握。在此基础上，Berger 和 Udell（2002）提出四种解决银行与企业之间的信息不对称性的方法，即基于财务状况的借贷（financial based lending）、基于资产的借贷（asset based lending）、基于信用的借贷（credit scoring）和关系借贷（relational lending）。其中前三种属于交易借贷，与最后一种关系借贷存在明显的差别。关系借贷更多依赖软信息，或者说借方长期以来与贷方所保持的关系

(Boot & Thakor，1994)，通过这种长期的交往关系，贷方能够更好地掌握借方的状况，从而增强了借款者获得资金的能力。具体来说，在银企关系建立的初期，借款者要支付较高的利率，银行对借款是否有担保要求较高；随着之前贷款合约的成功履约，银行和企业之间的关系进一步深化，银行对企业需要支付借款的成本和担保要求也会逐步降低，对于信任的企业可以降低担保至不需担保，亦即银行和企业之间关系紧密度和贷款利率与担保要求呈现反向关系。在此基础上，Berger 和 Udell（1995）两位学者深入探讨了关系借贷在小企业融资中的作用。他们同样发现，与银行合作时间的长度显著影响借款利率和担保需求，这种情况发生的原因在于银行和中小企业之间存在着比较严重的信息不对称问题，而基于长期银企关系的关系借贷，由于可以依靠关系所产生的有关借款者品质的有价值信息，从而可以缓解所谓的信贷配给问题。Greenbaum、Kanatas 和 Venezia（1989）的理论模型也发现借款者与某个特定贷款者之间的关系越紧密，借款者对于贷款者的担保需求越弱。

然而，依赖于银企之间关系的关系借贷也具有局限性，即银行需要通过与中小企业的多次互动才能建立双方的互信关系，而大多数企业并不具有这样的条件；另外，由于银行很难接触（更不直接参与）企业的实际生产运营，对于企业的经营状况、产业状况银行不能深刻理解。因此，信息不对称问题依然存在。

1.2.2　集群网络融资理论

在深入探索金融机构如何更高效地获取有关融资对象真实信息的研究之外，一些研究和探索将视角投放到中小企业所处的外部环境中，试图通过了解企业如何在外部与其他主体发生经营行为以及与外部环境的互动情况，来缩小中小企业与金融机构之间的“信息鸿沟”，从而提升中小企业的融资绩效。

除了传统的商业银行借贷技术之外，借助中小企业所在的集群进行融资也是一种选择。Porter（1990）指出，所谓集群是指在特定区域内相互竞争与合作、聚焦于某个产品且相互动态交互的组织所组成的群体，具有聚集（agglomeration）、地理上临近（proximity）、聚焦（concentration）三个特点。企业集群能够实现竞争优势的原因在于集群是由一群相互独立又相互关联的企业构成的，这些企业聚焦某一产业，进行专业的分工协作，并共享、交换相关资源，不仅高效实现了产品的生产销售，还能产生知识积累和溢出效益。应当指出的是，集群企业之间具备所谓的“协同优势”或“互补优势”，这一优势的达成条件是长期合作中建立的对于双方关系的承诺和信任（黄海云，陈莉平，2005）。由于集群相较于分散化、随机化的买卖市场具有地理上的临近性、交易的重复性、产业的关联性，因而促进了个体企业之间的沟通、协调、相互依存和信任（DeWitt et al.，2006）。这为集群中的中小企业通过提供担保、个人承诺或两者兼具的方式来获得资金资源提供了基础（Hedges et al.，2007）。

许多学者都探索了集群网络融资的内涵，例如王峰娟和安国俊（2009）认为，集群网络融资就是集群中若干中小企业通过股权或协议方式建立一个联盟，相互帮助共同减少信息不对称和降低融资成本的一种特有方式。孔莉、冯景雯（2009）指出，集群网络融资是一种依托产业集群整体发展并以竞争力为基础，通过金融机构或金融市场进行融资的模式。张文君（2010）指出，集群网络融资实际上就是一种利用集群企业的产业优势和集聚优势获取融资的模式。

相比单个企业的融资模式，集群网络融资对于金融机构和企业而言都有优势。对于金融机构而言，集群网络融资能够发挥以下几个方面的优势：首先，集群网络融资能够一定程度上克服信息不对称问题，原因是集群内部的企业、组织能够高频互动，信息和知识具有溢出效应，各集群参与方的经营情况等信息更易于传播出去，也更容易以低成本的方式被金融机构获取，尤其是集群内的隐性知识这一在传统借贷中无法获取的信息在集群网络融资模式中成为可能。其次，集群网络融资能够降低银行在开展借贷业务时的成本，原因是集群网络融资模式为银行批量为某一类或某一产业企业进行授信提供了平台，银行可以针对集群特征开发适用的审批和风控体系，而不必再逐一对企业进行审核，并可以集中获取借贷所需信息，提高了借贷效率，降低了操作成本。最后，集群网络融资相比传统借贷风险更低：其一是因为银行在开展集群网络融资时将单一企业的借贷风险转化成了集群的整体经营风险，只要集群整体经营良好，企业的偿债能力便能得以满足，因此风险降低；其二是因为经过长期互动后仍然留在集群内部的企业在集群中嵌入程度高，导致企业从集群中迁移的壁垒也很高。事实上，在集群中的企业已经依靠集群形成了效率较高的上下游协作与横向协同模式，也培养了较为成熟的供应体系和客户群，因此企业不愿意轻易从集群中脱离。如果企业因无法按期偿还借款而导致声誉风险，其在集群内的信用同样也会降低，从而失去集群为其提供的竞争优势。研究格莱珉银行的学者指出，格莱珉银行成功的关键在于要求借款的农户设立5人为单位的小组，组成小组的成员经济情况相当，并熟悉彼此的社会背景和还款能力。当某个还款人不能按时还款时，根据信贷政策，整个互助小组的成员未来贷款额度都会受到负面影响。因此贷款人会全力按时还款，而其他组员也对借款组员进行督促，或给予借款组员必要的帮助确保其能按时还款（王巍，2014）。这一研究结论同样说明了集群网络融资的“嵌入”优势。

对企业而言，集群网络融资的优势包括以下方面：第一，信用优势。在一个成熟的集群当中，长期表现为诚信经营、诚信生产和诚信执行合约的企业，其信用水平能够更好地得到认证，信用优势更大（赵强等，2005）。第二，信贷优势。企业集群的存在，有助于资本市场为企业提供基于集群的直接融资产品，且集群中已经进入资本市场融资的企业对集群中的企业有示范效应，也能带来信贷资源的溢出（杜传文，2004）。第三，集体理性。即企业在集群中与其他企业进行博弈时，需要考虑到未来博弈时其他企业针对该企业在上一轮博弈中所采取行动而选择的对策，集群内良好的竞合关系，所实施的声誉模型将使得企业规避机会主义行为和道德风险（高连和，2013）。第四，政府支持。产业集群有助于提升特定产业的竞争力，提升区域的经济实力，因此往往会得到政府在融资政策方面的支持。例如，Singh（2006）研究了由印度地方政府、中小企业及金融机构三方组建的融资平台机构，加入该平台机构的小企业按期缴纳会费，而平台机构则负责和金融机构接触，获取园区基础设施建设所需的融资，从而很好地解决了园区建设的资金需求问题。

然而，集群网络融资仍然存在着较大的局限性，这是因为这种基于集群的融资行为是以非交易结构化或者非正式的网络为基础的。中小企业之所以能够在这一情景下获得资金，是因为依托于集群信用，尤其是集群内企业相互之间的了解以及因为血缘关系而产生的人际交往，降低了潜在的信息不对称（Song & Wang，2012）。然而，其缺陷是，虽然它有利于融资方通过了解整体的产业集群及其与其他集群企业的非正式关系来判别特定中小企业的状况，但事实上并没有降低单一中小企业的违约风险。该企业的经营状况、经营能力以及经营效果，对于贷方而言仍然是“黑箱”。尤其是在联保联贷的状况下（在实践中集群网络融资经常会采用集群企业之间的相互担保），一旦该网络中的某一企业失信，产生信用危机，立刻就会引发整体集群网络的连锁反应，产生“雪崩”现象，也就是集体被动失信（郭昊，2012）。这也就是为什么有些学者提出过于紧密的非正式关系带来的并不是社会资本，而是社会负债（Hansen et al.，2001；Villena et al.，2011）。正是集群网络融资的上述问题，触发了人们开始探索是否存在一种基于紧密的、正式化的网络融资模式，来克服集群网络融资模式的缺陷。这就是供应链金融产生的理论背景。

1.3 供应链金融的前期发展

随着企业实践的不断发展，人们逐步意识到供应链运营已成为企业发展的重要战略。对于供应链管理重要性的认识起源于 Martin Christopher 1992 年编辑的供应链管理论文集，其中转载了 Oliver 和 Webber（1992，p. 64）的文章，他们提出“传统的管理是在相互冲突的管理功能目标中进行权衡，这些功能包括采购、生产、分销和销售，这种做法在产业链上不再奏效，如今我们需要一种新的视角来看待管理，那就是供应链管理”。显然，这一观点将企业的管理活动视为一个整体来看待。之后人们逐渐意识到供应链管理不仅是企业内部各功能的协调，更是企业与企业之间的合作行为（Stevens，1989；Hesse & Rodrigue，2004）。其中最有代表性的观点是 Stevens 提出的企业间运营流程观，他认为企业的运营经历了四个阶段，即分散活动阶段、功能型整合阶段、内部供应链阶段，以及内部和外部供应链利益相关者流程整合阶段。这其中的核心流程便是企业与企业之间发生的商流、物流、信息流以及资金流——商流和物流通过业务关系将不同的组织紧密地联系在了一起，信息流推动了组织之间的信息分享与协同行为，而资金流则加速了资金在组织间的流动，降低了资金占用成本。这一认识推动了供应链金融萌芽——贸易融资和物流金融——的出现。

1.3.1 贸易融资

对于贸易融资的探讨始于国际贸易融资（international trade finance）的业务实践。随着国际贸易的不断发展，国际贸易当中凸显出几个核心问题。一是贸易周期长，回款慢，这是由于国际贸易往往采用海运，整个交易从订单到运输到结算需要较长时间。二是交易双方彼此不了解，因此需要第三方介入支付环节，确保交易顺利完成。三是单笔交易金额较大，需要融资方面的支持。因此国际贸易融资应运而生，并扮演着重要角色（Auboin & Meier-Ewert，2003）。据统计，全球 80%以上的国际贸易当中均有贸易融资的参与和介入（Chauffour & Farole，2009）。根据 Humphrey（2009）的分类，国际贸易融资的主要产品包括：信用证（为出口企业提供付款保证，也可直接将信用证贴现作为融资支持）、贸易信贷（贸易双方之间的信贷，包括赊销和预付款行为）、买方贷款（为资金不足的买方提供支付货款的金融支持）。

为了解决国内供应链上下游之间出现的账期拖延和资金融通，一些学者和组织将国际贸易融资的产品进行了调整与创新。为了更好地满足供应链企业的复杂金融需求，一种将不同产品进行组合的“结构性贸易融资”应运而生；结构性贸易融资的特点是多种融资、结算产品搭配组合使用，一方面满足企业需求，一方面降低银行风险（徐进亮等，2013）。国内许多学者从不同角度对结构性贸易融资进行了研究，认为结构性贸易融资能够为买卖双方之间的贸易提供便利，促进外贸出口，缓解买方和卖方的资金压力，并且作为传统贷款的补充，可以帮助企业应对金融危机后的银根紧缩。结构性贸易融资的模式是将信用证、远期信用证、承付融资、卖方信贷、出口押汇、进口押汇、保理、福费廷等产品根据企业需要和风险准入进行组合（深圳发展银行、中欧国际工商学院“供应链金融”课题组，2009；陈四清，2014）。贸易融资的风险主要包括履约风险、商品的市场风险、地域风险、信用风险、业务操作风险等方面。贸易融资相比传统借贷的优势在于：贸易伙伴之间能够更好地评估风险，并能有效应对融资后的道德风险。

1.3.2 物流金融

人类的早期生活就已经有了物流金融的影子。物流金融的形态可追溯到公元前 2400 年美索布达米亚平原的“谷物仓单”，当时古埃及生产的谷物具有流通价值，因此谷物的仓单成了一种流通媒介，部分地发挥了货币的作用。英国的“银矿仓单”则促成了英镑的诞生，因为最早英国的流动纸币即以兑换一英镑的银矿仓单作为自己的价值基准。随着金融、期货等行业的发展，20 世纪初的沙皇俄国出现了一种“谷物抵押”贷款模式，当时俄国的农民在谷物丰收、价格较低时将谷物抵押给银行，获得资金进行再生产，而当谷物价格回升后再出售谷物偿还贷款。在这一模式下，银行获得了利息收入，而农民也因价格回升获得了更多出售谷物的收益，这种谷物抵押模式就是物流金融业务的雏形（胡愈，柳思维，2008）。1916 年美国颁布了《美国仓库存贮法案》（US Warehousing Act of 1916），构建起一整套关于仓单质押的系统性法律法规。这一法案明确了仓单不仅可以作为抵押品，还可以在市场上进行流通。这一系统性法律法规的出台，为后来仓单在美国农业中广泛作为融资方式使用、提升农业生产效率埋下了重要的伏笔（罗齐等，2002）。后来，仓单广泛应用于大宗商品的交易和抵押，在均衡市场价格、平抑价格波动方面起到了重要作用。

物流金融的实践以仓单为基础，强调仓储在整个金融中发挥的作用，因此在国外学者的研究中，物流金融长期以“库存融资”为核心研究对象。早期的一些学者对物流金融进行了描述性研究，例如 Koch 等（1948）对过去的基于仓储的物流金融业务模式、控制方式等进行了研究；Eisenstadt（1966）、Miller（1982）则分别研究了物流金融在 20 世纪 50 年代和 70 年代实践方面的进展。之后的一些学者研究了物流金融模式，例如 Lacroix 和 Varangis（1996）将美国与其他发展中国家的物流金融业务进行了对比研究，并对物流金融的业务模式进行了介绍。Poe（1997）专门研究了物流金融中基于资产的融资业务，强调了应收账款和存货作为担保物在物流金融业务中的重要作用。Rutberg（2002）以美国联合包裹速递服务公司（United Parcel Service，UPS）（以下简称“UPS”）为例，介绍了物流金融的运营模式。Fenmore（2004）则研究了基于订单的物流金融业务模式。Buzacott 和 Zhang（2004）分析了资产抵押融资情况下的存货管理，并将抵押和生产决策进行结合。Bakker 等（2004）分析了供应链中的中小企业采用存货融资模式的机理及功能。Gertzof（2000）指出物流金融业务相比其他融资产品的优势和特征，认为银行应当积极拓展这一方面的业务。随着实践方面的研究逐渐增多，其他一些学者将目光转向了物流金融和库存融资业务中的风险。Wright（1988）认为在物流金融业务中的存货质押业务当中，如何准确评估存货价值并对存货进行严密监控是风险控制的核心，同时指出存货价值评估与监管对于金融机构的困难性，因此有必要将第三方物流引入到业务当中。Diercks（2004）同样认同了存货监控在物流金融中的重要性，并提出了一系列具体的监控方法。Frye（2000）认为质押贷款的风险主要来自质押物的价格波动所带来的风险，Coulter 和 Omumah（2002）探讨了发展中国家及农村信贷市场面临商品价格波动时应如何确保质押贷款业务的顺利执行。Barsky 和 Catanach（2005）认为物流金融的风险管控有别于传统银行以主体信用为基础的管控模式，前者应当采用覆盖物流金融全业务链条的流程化风控模式。这两位学者还提出物流金融风险包括过程风险、环境风险、IT 风险、人力风险和基本结构风险。值得注意的是，国外学者很早就将物流金融纳入供应链金融的范畴，将其作为供应链金融的一种形态进行研究。

国内关于物流金融的研究始于计划经济时代的“物资银行”概念。早期学者如陈淮（1987）提出了关于构建物资银行的设想，当时所谓的“物资银行”主要是指通过物资银行这一平台完成物资品种的调剂和串换，使物资能够得到更有效的分配，这一概念虽然与现在的概念有较大差异，但其盘活被“锁定”在实体产品中的价值的思想却是一脉相承的。随着物流这一概念逐渐被学者们接受，其概念内涵不断成熟，于洋和冯耕中（2003）、任文超（2004）、王治和王宗军（2005）等学者对物资银行的概念进行了重新定义——物资银行是指通过有实力的物流公司提供专业服务，将银行、生产企业以及多家经销商的物流、资金流和信息流进行有机结合和封闭运作，从而打破地域束缚并提供动产质押服务，从而确保资金紧张的企业能够获得包括融资在内的一系列服务。邹小芃和唐元琦（2004）是较早系统性提出“物流金融”概念的学者，他们认为物流金融就是高效地利用物流运作过程中的资金流动和信用，通过开发、提供和应用各种金融产品和金融服务，在信息流的串联下将物流与资金流进行有效协同。邹小芃和唐元琦（2004）在考虑物流金融时，将贷款、保险、投资、证券化等多种金融服务要素均考虑在内，因此他们的定义是一种广义上的物流金融。相比之下，陈祥锋和朱道立（2005）提出的“金融物流”概念则更接近于目前学者们对于狭义物流金融的定义，他们所提出的金融物流是指由第三方物流企业主导提供的集成式物流服务，这种服务范畴包括传统的物流、仓储、流通加工以及金融服务。邹小芃和唐元琦（2004）提出的物流金融与陈祥锋和朱道立（2005）提出的金融物流概念为后续物流金融的研究划定了概念边界。现在一般采用的物流金融定义来自李毅学（2011），他认为物流金融是在物流企业与金融机构深入合作的前提下，为供应链中的企业提供包括融资在内的多种金融服务，物流金融的核心业务是以物流项下产生的应收账款、预付款和存货为依托，通过对整体过程中的物流、信息流、资金流进行闭环控制，为供应链中的企业提供融资服务。这一定义涵盖了物流金融的广义和狭义内涵，为广大学者认可。

鉴于存在广义和狭义的物流定义，因此对物流金融模式的探讨也分为两类。一类学者按照广义物流金融的定义，讨论的是物流与融资、结算等银行金融服务、保险金融服务、资产证券化、基金等券商金融服务如何结合，在这一方面邹小芃和唐元琦（2004）、袁红和王伟（2005）做了较为详细的探讨。另一类学者将研究重点放在物流与包括融资在内的银行业务要素进行结合的方向上。在这一类研究中，罗齐等（2002）早期提出的融通仓模式为后续的大量研究做好了铺垫。罗齐等（2002）将融通仓模式定义为以周边中小企业为主要服务对象，以流动商品仓储为基础，涵盖了中小企业的信用整合与再造、物流配送、电子商务与传统商业的综合性服务平台。罗齐等（2002）指出，融通仓模式包括信用模式和担保模式，信用模式是指物流企业凭借自身信用，帮助合作企业获取存货质押融资，帮助银行进行授信，并承担监管职能的模式，它提升了合作企业的融资效率；担保模式是指物流企业为需要融资的企业提供信用担保，或组织融资企业进行联保、互保的模式，它提升企业的融资能力。融通仓的研究对国内物流金融模式研究起到了有力的推动作用（郑绍庆，2004）。后续国内学者在融通仓研究基础上逐步拓展了物流金融模式的研究，例如唐少艺（2005）将其分为垫付货款业务模式、仓单质押模式和保兑仓模式三种。陈祥锋（2008）站在商业银行角度，指出物流金融主要可分为基于应收账款和基于存货的两种主要模式，参与方不仅包括融资企业和银行，还包括参与供应链的核心企业和第三方物流企业。宋焱和李伟杰（2009）认为物流金融包括物流结算模式、物流仓单模式、物流授信模式和综合运作模式四种模式，其中物流结算模式包括代收货款、垫付货款和承兑汇票三种业务；物流仓单模式包括融通仓和其他衍生业务模式；物流授信模式是指物流企业先从银行获得授信，然后由物流企业向需要融资的企业提供授信的模式；综合运作模式是综合提供以上三种业务，为客户提供综合性金融服务的模式。

1.4　供应链金融的形成与演进

随着对贸易融资和物流金融的深入研究以及实践的发展，供应链金融逐渐被人们广泛关注和认同。严格意义上讲，供应链金融虽然与贸易融资和物流金融有一定的关联，但是两者之间存在着较大的差异：首先，在产融结合的方式上存在差异。贸易融资和物流金融虽然都是产融结合的形态，但是不同于供应链金融，前两者在结合企业运营维度上存在着不足。贸易融资是企业商流与资金流的结合，在结合的过程中，融资方对物流的管理和把握能力相对较弱。同理，物流金融更多的是物流活动与金融活动的结合，在这一结合过程中，融资方对企业间发生的贸易活动知之甚少（宋华，2015）。而这种状态容易产生违约风险，这是因为贷方对中小企业的业务信息了解得不全面，在存在道德风险的状况下，机会主义行为使得对风险控制的程度下降。确切地讲，在实践中，单纯的贸易融资或者物流金融，容易出现通过虚构贸易行为或者利用虚假物流骗取资金的情况。而供应链金融则避免了上述问题，其在开展金融活动中高度强调对商流、物流的并行控制，因而，供应链金融中的信息广度和丰富度要比贸易融资和物流金融更强。其次，在金融服务的范围上存在差异。贸易融资或者物流金融往往是针对某一笔贸易或者动产产生的金融服务，面向的是单一企业，较难覆盖供应链运营全流程，或者说金融服务活动没有能够覆盖供应链的各个环节。而供应链金融则不同，它是基于供应链整体业务活动定制的金融服务，能够从系统上把握内部和外部供应链管理的各个方面，因而，金融服务的范围更广。正是因为供应链金融不同于以往的贸易融资和物流金融，理论界和实务界开始探索供应链金融的内涵和特质。

1.4.1 供应链金融内涵探索

供应链金融是供应链与金融两个领域交叉产生的创新。长期以来，供应链一直被认为是运营管理的主要内容之一，因此当供应链中的物流与信息流整合已经被许多学者探讨并在实践中得到广泛应用之时，供应链中的资金要素却长期被学者们忽视。然而近年来，供应链中的资金流激发了越来越多的学者的兴趣（Pfohl & Gomm，2009；Hofmann & Kotzab，2010）。学者们开始考虑是否有可能将供应链中的物流、信息流和资金流协同起来，共同创造价值。Timme 等（2000）较早探讨了供应链金融这一概念的内涵，认为供应链金融就是为实现供应链的整体目标，供应链中的一些参与方积极与供应链外部的金融服务提供商（银行、保理等）进行协作，并在协作过程中将供应链内部的物流、信息流和资金流以及供应链运营过程、供应链其他参与主体和全部资产状况纳入考虑。之后很多学者开始探索供应链金融的内涵，形成各具特色的供应链金融定义。Gelsomino 等（2016）认为要区分不同类别的供应链金融，需要考虑各定义中是否涉及两个方面的因素：一是金融机构发挥的作用；二是供应链金融的范围，即是否仅仅涉及反向保理，是否涉及供应链运营中的库存优化，以及是否涵盖固定资产融资等。第一个因素主要是考虑了供应链金融中金融机构的作用，有些研究认为供应链金融是指金融机构提供的一系列短期资金解决方案，关注的是供应链交易中的应收以及应付，在这种状况下，贷方的直接参与成为供应链金融的必要因素。第二个因素主要考虑的是供应链金融可能的业务范围，有些研究不仅认为供应链金融是一系列短期资金解决方案，而且仅仅就是保理性业务，是服务于买方对供方的资金优化（反向保理）。而另一些研究则认为供应链金融涉及协同性库存管理。对供应链运营中库存以及应收应付的管理意味着供应链金融强调的是对供应链整个运营资金的管理。甚至有些研究更拓展了对供应链金融的理解，即供应链金融不仅是对整个链条的运营资金管理，而且还包括了固定资产融资（Gomm，2010；Hofmann，2005；Pfohl 和 Gomm，2009）。目前代表性的供应链金融的定义和理解如表 1-1 所示。

表 1-1　　代表性的供应链金融内涵界定

作者	定义	金融机构角色	仅包括反向保理	涵盖库存优化	涵盖固定资产融资
Hofmann (2005)	供应链金融是供应链中两个或两个以上的组织，包括外部服务提供商，为共同创造价值，而对组织间金融资源进行有效计划、监督和控制的过程。				是

续前表

作者	定义	金融机构角色	仅包括反向保理	涵盖库存优化	涵盖固定资产融资
Camerinelli (2009)	供应链金融是金融机构提供的促进供应链物资和信息交换的一系列产品和服务。	是			
Pfohl 和 Gomm (2009)	供应链金融是为实现供应链所有参与成员的价值，与客户、供应商以及服务提供商一同实现组织间金融优化与整合的行为。			是	是
Gomm (2010)	供应链金融是优化金融结构，促进供应链资金流的一系列流程。			是	是
Chen 和 Hu (2011)	供应链金融作为一种创新性金融解决方案，桥接银行与供应链中资金短缺企业，减少资金流供给与需求的不匹配，提高运用资金创造价值的过程。	是			
Lamoureux 和 Evans (2011)	供应链金融是技术与金融服务的融合，将全球供应链企业、供应商和金融机构，尤其是技术服务商紧密联系在一起，它们通过阻止损害性成本转嫁，以及改进全球供应链参与者的资金可视化、可得性、传递和成本，提高了金融供应链效益。	是			
Grosse-Ruyken 等 (2011)	供应链金融是一种整合性手段，促进了供应链中与资金相关流程的可视化和控制。			是	
Wuttke 等 (2013a)	供应链金融是为促进供应链物流有效运行而对资金流进行优化计划、管理和控制的过程。			是	

续前表

作者	定义	金融机构角色	仅包括反向保理	涵盖库存优化	涵盖固定资产融资
Wuttke 等（2013b）	供应链金融是基于整个供应链，促使买方运用反向保理，提供柔性化、透明支付的自动化解决方案。	是	是		
More 和 Basu（2013）	供应链金融可以定义为在所有供应链利益相关者间管理、计划和控制所有交易活动和资金相关流程，改进各方的资金运营。	是			

资料来源：GELSOMINO L M，et al.，2016. Supply chain finance：a literature review. International journal of physical distribution & Logistics mnagement，46（4）：348-366.

从以上对供应链金融内涵的探索可以看出，供应链金融发展至今，已经是一个较为广义的金融服务概念。首先，金融活动的开展是针对产业供应链的特定业务而展开的，其基础是产业供应链运营，一方面金融是为产业活动服务，另一方面不同的业务特点以及不同的参与者都会对金融服务产生差别化的价值诉求。其次，供应链金融的宗旨在于优化整个产业的现金流，缩短现金流量周期（cash to cash cycle），让利益各方都能用较低资金成本实现较高的经营绩效，因此，从这个意义上讲，供应链金融不仅仅是融资借贷，它包括更为广义的金融服务活动，通过各类组织之间的协同，也包括金融机构和技术服务商共同为产业供应链服务。最后，供应链金融具有优化和发展供应链的能动作用，良好的供应链金融服务不仅能解决资金问题，而且能帮助产业打造更具竞争力的供应链体系。因此，供应链金融实质上是供应链参与各方紧密合作，依托供应链运营（供应链交易、物流和信息流），开展金融业务，加速整个供应链资金流动，同时又通过金融业务的创新和管理，更及时有效地推动产业供应链的发展。

1.4.2　供应链金融实践演进

自从供应链金融得到实务界和理论界的关注，其运营模式在最近这些年得到了迅猛发展，逐步形成了不同的发展阶段。具体讲，要把握供应链金融的发展阶段和过程，以及相应特点，需要从两个维度来加以判别，一是供应链金融涉及的主体以及地域范围，亦即供应链金融活动中所涉及的参与主体的多样性程度，有些供应链金融活动可能仅限于供应链中有限的组织和企业，而另一些供应链金融活动可能涉及了多种类型、多个数量的组织或企业。与此相关，由于可能涉及的组织和企业类型和数量较多，因此，金融活动的发生会在不同地域同时展开。二是供应链金融方案的成熟度以及活动的范围。这主要指的是供应链金融方案能否覆盖供应链全流程业务要求，由于供应链运营涉及采购、生产、分销、销售、退货等各个流程和各个环节，因此，供应链金融如果能够综合考虑各种业务形态的特点，提供一体化的金融服务方案，其成熟度就会提高。基于上述两个维度，供应链金融在实践和理论层面形成了四个发展阶段。

从供应链金融实践看，供应链金融演进发展的四个阶段分别是：金融机构推动的供应链金融、产业企业推动的供应链金融、专业平台推动的供应链金融以及金融科技推动的供应链金融（见图 1－2）。

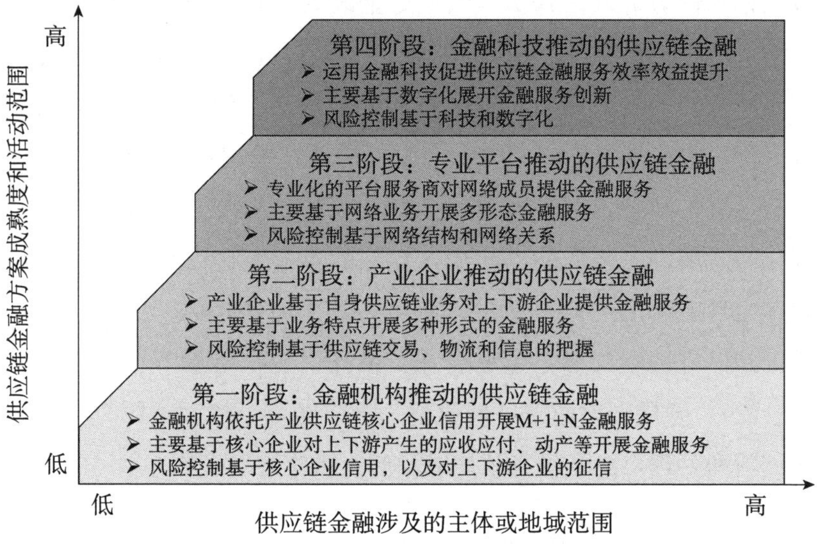

图 1－2　供应链金融实践演进

第一阶段是金融机构推动的供应链金融。这一阶段严格意义上讲就是贸易金融和物流金融的运用。在这一阶段中，供应链金融的主要推动者是传统的金融机构，诸如商业银行、保理商等，金融机构通过与产业供应链中的核心企业结合来开展金融服务，控制相应的金融风险。具体地，在这一阶段中，金融机构推动的供应链金融主要采用 M+1+N 的形式，“1”指的是供应链中的核心大企业，“M”和“N”分别是产业供应链中核心大企业的供应商和客户。M+1+N 指的是金融机构依托核心大企业的信用，批量开发 M 个供应商和 N 个客户的金融服务。从该阶段的业务形态看，主要是三大类别的金融服务：一是基于应收账款或应付账款等开展的金融服务，这主要包括保理业务、反向保理、反向采购、保理池融资、票据融资等产品；二是基于库存或者动产而开展的金融服务，如静态抵质押、动态抵质押、标准仓单质押、普通仓单质押等产品；三是基于预付而开展的金融服务，如先票/款后货融资、保兑仓等产品。这一阶段控制风险的手段主要是基于核心企业的信用以及金融机构对于核心企业上下游的征信，从供应链运营的角度看，作为供应链金融推进者或者服务商的金融机构并没有真正参与到供应链业务的运作过程中，或者说它们没有介入实际的供应链交易、供应链物流，因此，没有直接获取、监控和掌握供应链信息。

第二阶段是产业企业推动的供应链金融。与第一阶段不一样，该阶段推动供应链金融服务的组织不再是传统的金融机构，而是产业中的核心企业，诸如产业供应链中的生产制造企业、分销服务提供商或者具有竞争力的第三方、第四方物流企业，它们基于自身的供应链运营体系，向自己的供应商或者客户提供综合性的金融服务。这一阶段的金融业务形态较为丰富，从核心企业向金融机构提供担保或者推荐战略供应商/客户，发展到向客户提供动态贴现（dynamic discounting），以及提供买方或者卖方信贷。值得提出的是，这一阶段的供应链金融业务既可能需要金融机构的配合（诸如提供统一授信），也可能直接由产业核心企业向下游客户提供信用服务，这在实践中主要表现为动态贴现。动态贴现是供方向买方提供的可灵活决定买方如何、何时支付给供方，从而换取所采购产品或服务的低价格或折扣的方式（prime revenue）。所谓的“动态”指的是买方支付的期限不同，所获得的折让率不同，亦即支付越早，折让越大。在这一阶段，风险控制主要基于产业核心企业所掌控的贸易流、物流和信息流，正是因为产业核心企业要比传统金融机构更了解供应链的业务和运营，因此，基于供应链业务管理的金融活动，更容易解决信息不对称以及相应的道德风险和机会主义行为等问题，从而有效地控制风险。

第三阶段是专业平台推动的供应链金融。在这一阶段供应链金融的形式逐渐脱离以核心龙头企业为主导的供应链金融，转向以专业化的平台为中心的供应链金融。第一，在推进主体上，这种平台化的供应链金融，变成了生态和平台的建构者，某种意义上讲，这种平台建构者既不是产业运营的买方或者买方，也不是金融机构，而是相对独立的第三方。第二，在业务流程管理上，供应链金融的推进者并不是供应链运营的直接运作者，因此，其业务流程的管理主要是维护产业供应链运行的秩序，确立合理的交易和物流规则，进行全方位的价值链流程管理。第三，在信用体系的建设上，它注重的不是单个企业的信用，而是整个网络生态的信用。之所以会出现专业平台推动的供应链金融，其原因在于：首先，第二阶段的供应链运营和金融活动是由产业的龙头核心企业来推动和管理的，其服务的对象往往是其直接上下游的合作伙伴，这是一种“链条”化的供应链金融，而无法聚合更为广泛的供应链参与者，特别是无法有效实现同行业的融合合作（即链和链的合作）。其次，产业中除了核心龙头企业之外，还有一些准大型企业，甚至偏中型企业，这些企业在行业中也具有一定的竞争力，但是它们缺乏足够的资源和能力去建构供应链服务体系，并且与金融机构合作为其上下游客户企业提供金融服务。正是在这种背景下，平台化的供应链金融得以涌现，而且从某种意义上讲，专业平台推动的供应链金融更能够体现金融为中小微企业服务的公平性和公正性。因为一方面它能使每一个供应链金融参与者更为平等地介入供应链服务平台，了解把握相应的信息，而不完全是由核心企业来控制和管理平台，后者如果没有合理的规范，容易形成由核心企业垄断产业信息，就会产生另外一种形式的信息不对称；另一方面，平台化的供应链金融是通过独立、专业的服务平台将众多的产业企业、金融机构和其他参与方整合在一起，能够更为有效地形成供应链金融服务市场，从而避免某些核心企业利用供应链金融名义盘剥供应商。第三阶段的供应链金融由于聚合了众多的参与方，因此，其金融业务具有高度的融合特点，所谓融合指的是一方面产业活动与各种金融产品之间的高度结合，另一方面不同金融产品形成组合体系服务于产业供应链运营的需求，如同融资借贷、资产证券化、保险、基金等各类金融组织和产品高度结合，相互协同服务于特定的产业场景。在风险管理和控制方面，这一阶段的风险管理主要是基于网络结构和网络关系的，也就是基于每个组织或企业在网络中的角色、发挥的作用以及实现的边际贡献，同时考虑相互之间业务往来的状态，综合性地管理和控制风险。从一定意义上讲，一方面它要比其他阶段更容易掌握中小企业的状况，提供定制化的金融服务，然而另一方面对于生态管理的要求，特别是信息化管理的程度，它要更为复杂和艰巨。

随着第三阶段供应链金融的逐步发展，近年来在供应链金融实践中，逐步演化到了第四阶段，即通过金融科技来强化推动供应链金融。第四阶段与第三阶段严格意义上不是明确的断代划分，而是一种递进关系，或者说随着专业平台推动供应链金融的深化，自然地越来越开始关注和强调金融科技在其中的关键作用。金融科技是金融领域的所有技术创新，供应链金融借助于这些技术能够帮助组织和企业更有效、更透明、更可靠地开展金融服务。这表现为越来越多的专业技术平台通过融合性的技术手段，如人工智能（AI）、区块链（blockchain）、云计算（clouding）以及大数据（big data）来推动供应链金融服务。这时其业务的开展以及风险的控制不完全基于业务网络结构或强交易关系，而是逐渐融合了数字信息来推进供应链金融。这种新型的供应链金融形态产生的结果，一方面使得金融业务更具效率和效益，另一方面金融服务的开放性（能有更多的主体介入供应链金融业务中）、均衡性（不同的组织能够均衡获取、分析和掌握生态企业的信息和状态）和公平性（供应链金融能够惠及不同性质、规模的企业以及整个供应链全流程，包括绿色供应链）会逐渐增强。这一状态已成为目前供应链金融实践发展的最新趋势。

1.4.3 供应链金融理论演进

与供应链金融实践演进并行，对供应链金融的理论探索也经历了从金融导向，经供应链导向，逐渐向网络生态导向和金融科技导向演化（见图1-3）。

图1-3 供应链金融理论演进

学术界关于供应链金融的研究长期以来可以划分为金融导向和供应链导向（Gelsomino et al.，2016），最初的供应链金融研究大多属于金融导向。金融导向的研究认为供应链金融是一系列的创新金融方案［（Camerinelli，2009）；（Chen & Hu，2011）］，根据这一观点，认为金融机构在供应链金融中发挥了至关重要的作用。金融导向研究的另一个特点是，它们将供应链金融活动视为短期性融资过程，或者说是基于应收账款和应付账款产生的融资解决方案。Lamoureux 和 Evans（2011）认为触发供应链金融的活动主要是贸易过程中发生的事件，诸如订单接收、航运、开立票据以及到期支付等。More 和 Basu（2013）同样认为供应链金融根据活动过程可以划分为三个阶段，即装船前融资、在途融资以及发运后融资。在金融导向的研究中，还有一种观点更为严格地将供应链金融看作是买方驱动的关于运营资金的解决方案，也就是反向保理（Wuttke et al.，2013）。此外，Kouvelis 和 Zhao（2017）研究了供应链金融中供需双方不同的信用评级状况下的融资形态，其研究认为，在供应商和零售商构成的供应链中，如果供应商的信用评级超过一个阈值，供应商收取零利率将使得交易信用比银行贷款便宜。否则，供应商会收取严格的正利率，在这种状况下，贸易信贷和银行贷款的综合使用要比纯贸易信贷更符合存货融资的要求。而这个阈值受零售商运营资金状况、供应商资金状况以及产品毛利的影响。

供应链导向的研究与前一类不同，该类研究认为供应链金融是立足于供应链运营而产生的，即通过整个供应链的库存优化降低运营资金需求，产生融资行为，或者将运营资金转移给以较低成本获得资金的供应链参与者。Pfohl 和 Gomm（2009）在提出供应链金融的概念模型时就立足于供应商管理库存（VMI）的情境。Randall 和 Farris（2009）分析了供应链两个参与者之间的库存转移对供应链金融的影响。值得提出的是 Hoberg 等（2017）运用二手数据分析了资金约束对于库存管理是否会产生影响，也就是说企业在从事库存决策时是否考虑到了资金成本，其研究发现受资金约束的企业并没有能够降低库存，相反资金约束越少的企业库存越低，其研究揭示了目前的资金约束状况尚未被纳入供应链库存管理和决策过程中。供应链导向的研究还有一个特点就是比较关注融资的客体对象（诸如抵质押物），也就是供应链运营中的经营物是开展供应链金融的基础，如 Gomm（2010）以及 Pfohl 和 Gomm（2009）就提出供应链金融同样适用于固定资产融资（为每个生产解决方案或者联合投资物流资产而融资支付）。供应链导向与金融导向研究还有一个不同之处在于，后者认为金融机构是供应链金融业务的真正促进者，而前者则拓展了这一范围。对供应链导向的研究立足于供应链运营以及以经营物为基础而展开的金融服务，因此，推进和发展供应链金融服务的主体可能是供应链运营中的组织者（包括生产企业、分销企业或第三方、第四方物流企业）。金融机构尽管也积极地参与了这个过程，但不一定是供应链金融的主导者。

近年来随着供应链金融实践的发展，理论界逐渐意识到之前供应链导向研究的潜在问题。这主要是以往的供应链导向研究关注的是运营中的某些环节（如库存转移）或资产（如抵质押物）引发的金融服务，忽略了从整个供应链的视角来分析供应链金融开展的条件、情境和创新模式（Caniato et al.，2016）。此外，供应链导向虽然拓展了金融服务的促进者，但是没有明确专业化的平台企业或服务商的作用（Song et al.，2018）。正是从这一认识出发，近一年来的供应链金融研究开始转向第三阶段，即网络生态导向的研究。这一阶段的研究有三个特点：第一个特点是开始关注供应链金融开展的情景因素，也就是在什么样的供应链情境中会发生供应链金融行为。Song 等（2016）探索了中小企业的供应链网络特性（中小企业在业务网络中的强连接和弱连接）对于融资的影响作用，特别是丰富的弱连接是中小企业获得融资的关键。Caniato 等（2016）则提出供应链中企业之间的合作程度、谈判力、数字化的程度以及金融服务的吸引力等都是成功实施供应链金融解决方案的促进因素。网络生态导向的第二个特点是探索供应链整合以及供应链参与者之间的合作状态对于融资服务的作用。要成功实施供应链金融，一方面需要实现企业内部的协同（供应链业务部门与金融部门之间的协同），实现企业金融战略整合；另一方面需要实现供应商与买方之间的协同（包括供需信息的分享和供需金融的整合），只有这两个方面同时实现，才能实现良好的融资绩效（Wandfluh，Hofmann & Schoensleben，2016）。而 Wuttke 等（2016）的研究表明不是所有的供应链金融都能产生正效应，供应链金融什么时候开展以及能否产生效应主要取决于买卖双方业务开展过程中协商的支付条款和采购量，采购量越大、支付周期越长，越需要及早采用供应链金融服务。网络生态导向的第三个特点是明确了专业化服务企业在供应链金融中的推动作用。这表现为在理论研究中正式提出了金融服务提供商（financial service provider，FSP）的概念。Silvestro 和 Lustrato（2014）第一次提出了金融服务提供商在供应链整合中的作用，尽管他们的研究并没有真正探索供应链金融中的服务，只是一种描述性的分析，但是他们提出了银行可以在其中发挥整合性服务的作用。之后 Martin 和 Hofmann（2017）则进一步分析探索了金融服务提供商在供应链金融中的重要作用，即金融服务提供商作为一种中介，弥合了不同供应链参与企业之间，以及与金融机构和商业银行之间存在的不匹配。并且指出金融服务提供商既可能是传统的银行，更可能是新型的金融公司或者技术服务商等。Song 等（2018）则通过对比新型的平台化的金融服务提供商与传统商业银行在提供供应链金融服务过程中，对交易前、交易中和交易后风险控制的差异，指出金融服务提供商要比传统商业银行更能够通过交易信息、网络、流程等掌握供应链运营的全过程，进而控制交易前、中、后的风险，而这种金融服务提供商是直接从事或组织供应链运营的企业。

随着网络生态导向研究的深入，近期人们逐渐认识到金融科技在网络生态供应链金融中发挥的重要作用，从而逐步进化到了目前第四阶段的研究探索。应当讲，这个方面的研究刚刚兴起，尚未形成广泛的研究成果，但是一些学者已经开始关注供应链金融中新型科技的作用。诸如 Yan（2017）以中国供应链金融为情景，研究以电商为主导的 B2B 平台在运用大数据控制风险方面具有的独特优势。同样，Zhao 等（2015）认为金融结构通过运用大数据能够预测供应链金融中业务失败的概率。此外，Omran、Henke、Heines 和 Hofmann（2017）开始探索区块链在供应链金融中的运用。Hofmann、Strewe 和 Bosia（2017）更是提出了将区块链运用于供应链金融中的反向资产证券化。

1.5 本书的结构与内容安排

从上述供应链金融演进发展的历程，一方面可以看出供应链金融涉及的主体范围和地域范围在不断扩展，供应链金融涉及的主体越来越多样，不仅是借方和贷方，所有参与到供应链运营的直接和间接利益相关者都被纳入到了供应链金融管理的范畴之内，而且因为科技的因素，供应链金融也逐步进入跨地域，甚至跨国界的供应链运营和金融服务之中；另一方面供应链金融的成熟度和活动范围也越来越广泛，它不仅涉及供应链运营中所有的管理和经营活动，而且包括了相应的所有信息要素、科技要素，以及各类金融活动的整合。然而，尽管这一发展趋势日益显著，但前期的实践和理论研究中仍然有大量的问题需要继续探索，这包括：在供应链金融逐步从单一企业推动转向网络平台化推动的过程中，如何理解供应链金融的价值实现？此外，在推动这一发展的过程中，网络平台应当具有什么样的特性？特别是随着金融科技的发展，目前的供应链金融越来越呈现出智慧化的特征，而智慧化反映了供应链运营的什么变化？供应链金融的科技化究竟在其中发挥什么作用？如何发挥？正是立足于这样的理解，本书将从一个新的视角探索金融科技推动的供应链模式及其金融创新。

本书与此前出版的《供应链金融》和《互联网供应链金融》是一种递进的关系。这三本书的基础都是立足于产业供应链运营来探索金融服务和创新。我们认为供应链金融的基础是供应链管理和活动，没有产业供应链管理就没有金融活动，任何脱离实体经济的产业供应链运行，金融都会变为泡沫，进而产生巨大的风险。而金融活动的有效开展，又有助于产业供应链的建构与顺利运行，因此，产业与金融是相辅相成的能动关系。本书与前两本书的差异在于关注的焦点以及探索供应链金融发展的阶段不尽一致。《供应链金融》更多地关注的是供应链金融从传统银行转为产业核心企业推动的过程中，供应链金融的创新、运作以及相应的风险管控。《互联网供应链金融》则开始关注网络平台化的供应链金融创新，也就是供应链金融在实践和理论上逐步开始摆脱产业核心企业推动主导的供应链金融，慢慢转向专业平台化的供应链金融，在这一转变的过程中，供应链活动组织的方式以及金融服务的模式都发生了较大变化。而本书则在以上两本书的基础上，进一步探索平台化供应链金融在金融科技赋能下的创新运作，也就是将平台化供应链金融与金融科技相结合，来探索供应链金融的创新趋势，甚至是未来的发展方向。具体讲，本书对供应链金融的探索将突出如下几个特点。一是系统分析金融科技发展对供应链以及金融服务的促进作用。金融科技近些年成为产业供应链以及金融服务的热点，然而，金融科技所产生的智慧内涵是什么？究竟如何影响供应链运营以及金融活动，特别是科技赋能的目标和基础构架是什么？这些都是需要系统探索的话题。二是专业平台化供应链金融与金融科技相结合，对供应链金融产品的创新会带来什么影响？特别是对供应链运营会产生什么作用？此外，专业平台化金融服务公司与供应链其他参与者或利益相关者如何互动，从而为客户创造价值？三是本书还将探索供应链金融发展到第四阶段时金融活动的创新发展。以往对供应链金融的理解往往局限于狭隘的融资行为。然而，供应链金融发展到一定的阶段，从严格意义上讲，已经超越了融资本身，越来越多地融入了各类金融产品和金融主体，或者说金融本身通过创新成了支撑产业供应链的生态，因此，本书也将探索金融生态和要素对供应链的促进作用。

本书的后续内容将分为 10 章（见图 1－4）。第 2 章将从财务的视角探索供应链金融，特别是从现金流量周期管理的视角来分析供应链金融的发展方向和外延；第 3 章我们将重点讨论什么是智慧化，智慧供应链金融的内涵以及智慧供应链金融的基本构架；第 4～9 章将系统探索智慧供应链金融创新的要素，本书提出了实现智慧供应链金融的五维度模型——SMART；第 10 章从产业风险管理的视角探索智慧供应链金融的管理。

<table>
<tr><td colspan="6">第2章：实现端对端的供应链金融</td></tr>
<tr><td colspan="6">第3章：智慧供应链与科技赋能的供应链金融</td></tr>
<tr><td>第4章：服务价值网络实现</td><td>第5章：多主体协同者</td><td>第6章：ABCD综合赋能</td><td>第7章：负责任的运营（一）</td><td>第8章：负责任的运营（二）</td><td>第9章：交易与金融资产融合</td></tr>
<tr><td colspan="6">第10章：智慧供应链金融风险管理</td></tr>
</table>

图 1－4　本书内容结构

第 2 章
实现端对端的供应链金融

2.1 引言

供应链金融的实质在于通过金融性服务和活动优化供应链运营，改善供应链中各参与者的财务绩效，最终提升整个供应链竞争力。正是从这个意义上讲，供应链金融不仅能够融资，而且能优化和改善整个供应链的财务效率，帮助供应链中的所有企业，包括中小企业，能以最优的财务费用实现最佳的运营绩效。这也就意味着供应链中任何供应链管理者所做出的战略、策略和运营上的决策不仅对本企业的财务费用和财务状况产生影响，同时也会对其他企业的财务产生影响，进而决定了整个供应链端对端的资金效率。Timme（2003）曾经指出供应链管理为改善财务绩效提供了机会，他指出“供应链管理能够提高股东回报，然而很少有公司运用它来管理整体财务表现”。这种整体的财务绩效主要包括三点：第一，不能简单地看待公司的账面收入和利润，如果只是简单地关注收入、利润，会让我们忽略供应链管理；第二，对于供应链管理而言，强劲的现金流如同利润一样重要，因此，如何保持和加速供应链现金流是管理的核心；第三，对于大多数企业而言，提高资金效率、盘活资产是实现供应链竞争力的体现（Christopher，2011）。从 Christopher 论述的上述三点可以看出，供应链以及供应链金融的实质，其一在于帮助供应链企业提高资金效率，加速现金流；其二，要想实现供应链竞争力，需要实现端对端的财务绩效，也就是说不仅某个企业的活动得以优化、资金效率得以提高，而且所有相关企业都能够通过有效的手段，降低整体的资金成本。因此，如何理解供应链金融的实质在于优化端对端的资金效率和资金流。此外，供应链金融在其中具体能够发挥什么作用——这些都是本章试图探索的问题。

2.2　供应链管理对财务的影响

企业一个重要的财务目标就是创造令人满意的股东权益回报率。事实上，股东权益回报率是一个衡量股票投资者回报的指标，它评价企业管理层的表现——盈利能力、资产管理及财务控制。从本质上讲，获取丰厚的利润是广大投资人持有股票的根本目的，所以公司经济效益的好坏直接决定着投资人投资本公司股票的保有量和时间。在分析投资人的权益回报率时，应该考虑股票持有人的净投资和净投资价值。假如有两家公司，A 公司的利润为 100 万元人民币，B 公司的利润为 1 亿元人民币。从表面来看，B 公司的利润要比 A 公司更加丰厚。但是，假如 A 公司的净投资价值为 1 000 万元人民币，而 B 公司的净投资价值为 100 亿元人民币，这时，对股票持有人来说，A 公司的净价值回报率为 10%（100 万元/1 000 万元），而 B 公司为 1%（1 亿元/100 亿元）。显然，A 公司对股东来讲，更能够实现良好的回报。除了股东权益回报率之外，一家公司的财务状况和绩效状况，还可以通过利润与相关资产的对比来进行分析，即所谓的资产回报率。现实生活中，企业的资产回报率是一个公认的财务状况指数，用于同行业企业之间和相近行业企业之间相互比较管理水平和衡量公司业绩。企业的股东权益回报率和资产回报率都决定于公司整个盈利能力的大小，而提升这两个财务指标的关键都在于如何有效地实施经营和进行供应链管理。

以投资回报率为例，一个公司的投资回报率等于利润与投资总额的比例，如果一个企业的利润为60万元，投资总额为500万元，则投资回报率为12%。从另一个视角来看投资回报率，其计算公式还可以表述为：

$$投资回报率=\left(\frac{利润}{收入}\times\frac{收入}{投资总额}\right)\times 100\%$$

显然，利润/收入反映了企业的获利能力，而收入/投资总额反映了企业的投资收益状况。在上述例子中，如果企业的收入为5 000万元，则该企业的获利能力为1.2%（即$\frac{60}{5\ 000}\times 100\%$），而其投资收益为10（即$\frac{5\ 000}{500}$）。任何一个指标的下降都会导致投资回报率的下降，例如在收入保持不变的状况下，利润的下降或者投资总额的上升都会导致投资回报率的下降，因此，对于企业而言，提高获利能力或者增强投资收益是企业经营的关键。

供应链管理为实现上述目标提供了机会。一方面供应链服务的效果越好，则企业的盈利能力就越强；相反，若供应链服务的效果越坏，则企业的盈利能力也就越弱。而供应链服务效果取决于企业能否及时、有效地实现客户和用户的价值。另一方面供应链的流程和效率对成本和资产状况会产生影响，供应链效率越低，不仅成本上升，而且相应的投资收益也会下降。

图2-1反映的是供应链管理与资产回报率之间的财务关系。供应链服务的效果影响着企业的销售水平，供应链流程的效率则决定了企业的成本总和，此外，供应链运营管理的状况也直接影响到了企业的资产状况。图2-1表明资产回报率是用利润除以占用资本或资产（利润/占用资本）来计算的。在占用资本水平既定时，利润额越大，则企业的资产回报率就越高；相反，若利润额越小，则企业的资产回报率就越低。

从具体的供应链运营的视角看，一个企业的现金和应收账款受订单周期时间和订单现金流量周期的影响。一般而言，订单周期时间也称订单提前期，它是指从准备订货到货物接收的间隔时间，其活动包括订单准备、订单传递、订单处理、按订单供货以及订单处理状态追踪。显然，订单周

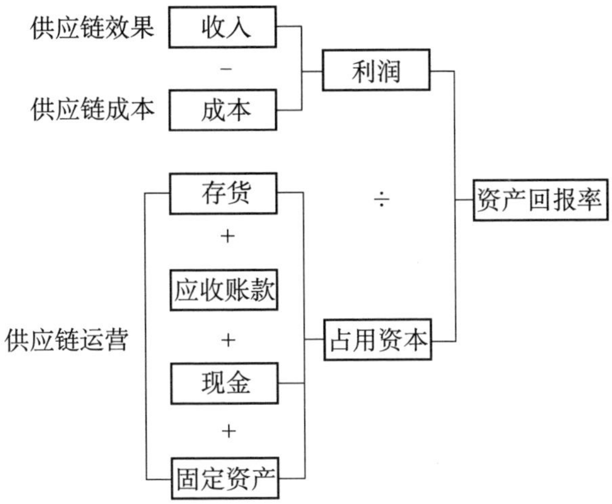

图 2－1　供应链管理影响资产回报率

期越长应收账款越多，自身消耗的现金也就越高。现金流量周期是企业供应链运作绩效测评的一种重要的工具和手段，其基本的思想是单位货币从原材料投入到市场价值实现的周期时间，该指标直接影响到了企业如何加速现金流量和应收账款的管理（下节详细阐述）。现金和应收账款除了会受到以上两个因素的影响外，供应的可靠性和信息的准确率也是决定这两个参数的重要因素。供应的可靠性指的是企业有效服务于客户的状态，它往往表现为订单的完成率和配送的及时性，这两个指标实现得越好，应收账款就越有可能减少，现金就会加速流动；相反，可靠性越差，企业就会增加应收账款，现金流就会趋于紧张。信息的准确率主要反映为票据、单证传递的及时准确，这一要素显然也会对现金和应收账款产生影响。从上述分析中，可以看出供应链运营的效率和效果直接决定了占用资本的程度。

综合上述因素，企业要提升资产回报率，除了提升自身的经营能力外，还需要通过更好的供应链管理来实现上述目标，这些可能的供应链管理途径包括有效的网络结构管理、供应链库存管理、供应链订单管理和供应链运输管理（见图 2－2）。

供应链管理对于提升资产回报率的影响主要表现在如下途径：一是网络结构管理。在供应链运营过程中，如果所有的资产和活动都由单一企业

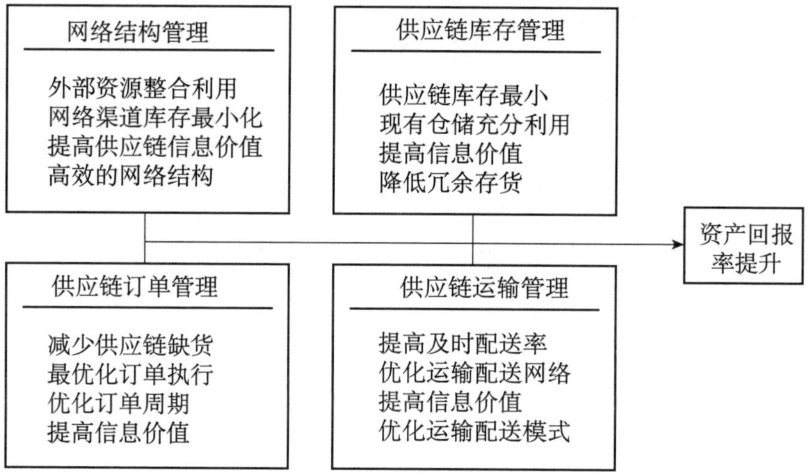

图 2-2　运用供应链管理提升资产回报率

自身承担，不仅企业的投资较大，增加了占用资本，而且企业的运营效率和效果也不佳。而恰当地将外部拥有更加丰富的供应链专业知识和更高供应链效率的企业组织进供应链运营，会使企业自身的供应链成本降低，更为有效地服务于客户。特别是在高度的市场不确定条件下，这种外部资源的利用效果更为显著（Kotabe & Mol，2009）。然而，过度的外包也会产生潜在的成本（Rossetti & Choi，2005；Tsai et al.，2012），例如，Tsai 等的研究表明在物流外包服务中，关系性风险（包括供方的机会主义、较差的沟通、缺乏共享的目标、权利不对称）会导致资产风险（较差的员工使用、信息风险、内部治理成本和依存风险）进而产生能力风险（服务绩效恶化、失去控制、战略发展受阻、能力丧失），因此，组织高效的网络结构，在保持有效利用外部资源的前提下，又能将潜在的成本和风险降到最低，这是提升资产回报率的关键。

二是供应链库存管理。供应链全渠道库存水准的降低，能够减少供应链渠道的资金占用，提高资金效率。而这一目标的实现，有赖于供应链成员能够在不同的层级和环节之间充分地利用分享的信息，降低预测误差，增强协同的频次（Ganeshan et al.，2011），并通过有效规划和设置网络结构，减少不必要的中介环节：一方面使整个供应链渠道库存下降，另一方面能够使企业及时应对市场变化，有效地减少供应链资本投入，增加销售收入，最终全面提高资产回报率。

三是供应链订单管理。供应链订单管理是十分复杂的管理活动，涉及不同的活动和不同的承担者，它有赖于流程活动中不同的任务、资源和主体的交互。订单管理的目标主要有两个：一是将有效的产品和服务在正确的时间传递到正确的地方送给正确的客户；二是增强敏捷性以应对内外环境中的不确定性（Lin & Shaw，1998）。因此，高效的订单管理既能够降低供应链成本，又能帮助企业增加销售收入，进而影响着资产回报率。订单履行的比率提高和最优化意味着订单处理时间的减少，这将大大减少应收账款的回收时间。而订单处理时间上的效率提高，则减少了客户端的赊账时间，降低了应付账款的数额和投资于应付账款的资金成本。相反，订单管理的失误不仅产生了较高的成本，而且也会引起销售收入的下降（见图2-3）。

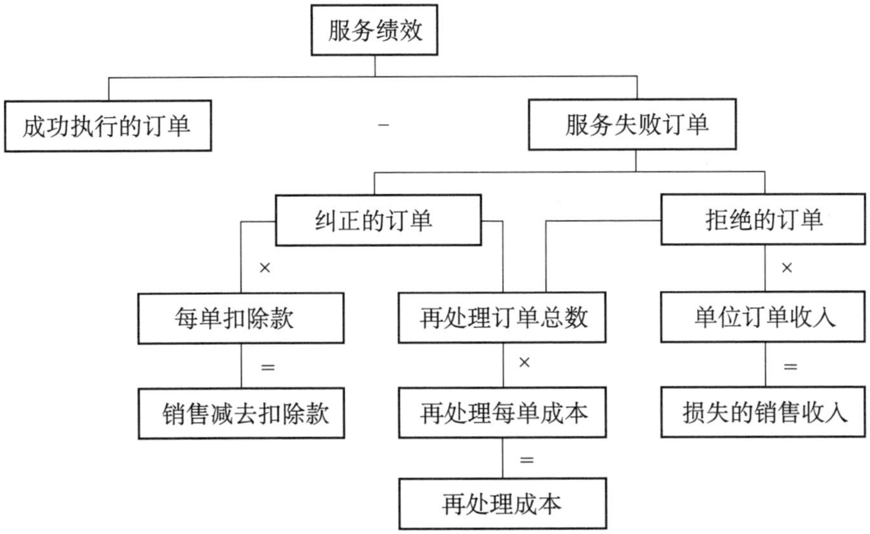

图2-3　订单管理对财务绩效的影响

四是供应链运输管理。运输和货物的传递时间以及变化都会对销售和库存产生重要的影响，运输配送时间的延长意味着客户反应时间的延缓，从而使产品滞销的可能性增大。同样地，运输配送途中的商品也是在途库存，在途库存增大，必然占压大量资金，进而降低了资产回报率，因此，要改善供应链中的财务状况，也需要优化供应链全过程的运输管理和配送管理。

从上述状况可以看出，要提高股东权益回报率或者资产回报率，需要对整个供应链活动实现端对端的有效组织和管理。在选择供应链决策的备选方案时，企业需要参考净收益、资产回报率和股东权益回报率等财务指标的变化与影响，这也是供应链金融开展的基本前提。这是因为如果供应链不能够有效管理，财务状态必然恶化，而供应链金融开展的风险就会很大，相反，合理有效的供应链活动不仅能够促进资产回报率的上升，也能使供应链金融帮助供应链参与方优化财务状况，降低财务费用，加速现金流动。

2.3 现金流量周期与供应链资金管理

供应链管理涉及产业上下游中多个主体，通过商流、物流、信息流和资金流的组织和管理，以实现产品有效地从供应源到客户的转移（Mentzer, John et al.，2001）。尤其是在数字化时代，新型技术的运用、客户数据的及时捕捉、财务和非财务信息的分享，使得供应链更加强调多组织的协同和运营，企业从而能够创造更大的价值（Jain et al.，2010）。今天世界上优秀的企业，诸如苹果、可口可乐等公司，其卓越的绩效来自比其他公司更为优异的供应链管理。这包括有效的供应链风险管理、供应链库存成本的下降以及现金流量周期的缩短（Sheridan，2000）。以往的供应链理论和实践领域，对运营的优化、风险的管理以及库存管理较为关注，而对影响资金流的供应链现金流量周期如何实现缩短，以及实现方式等没有特别探索。

2.3.1 现金流量周期与运营资金

现金流量周期被认为是企业供应链绩效衡量最为重要的手段和工具，其基本的思想是单位货币从原材料投入到市场价值实现的周期时间（Stewart，1995），这一工具所揭示的含义跨越了整个供应链活动的全过程，不仅包括了企业内部的各种作业活动，如采购、仓储、生产、分销等作业，而且也涵盖了企业外在的经营行为，如客户服务等活动。其计算可以按照库存商品所产生的收益周期来进行，一些学者认为现金流量周期能够帮助企业建立良好的绩效检验工具或矩阵，以优化企业的供应链物流行为，确立优化的商业运作模式（Slater，2000）。REL咨询公司（2005）曾经调查了世界上现金流量周期管理最为优秀的企业（见表2-1），目前，现金流量周期已经为一些先进企业所采用，并取得了良好的效果，这些企业均表现出较短，甚至负的现金流量周期，实现了良好的经营绩效。

表2-1　　2004年最佳现金流量周期公司

公司	C2C	C2C变化（%）（与2003年比较）	DSO（应收天数）	DIH（库存天数）	DPO（应付天数）
戴尔公司（Dell）	−30	+1	33	3	66
苹果电脑（Apple Computer）	−25	+30	34	4	64
君豪娱乐（Regal Entertainment）	−19	−17	7	1	27
阿纳达科石油（Anadarko Petroleum）	−17	−19	63	3	88
AMC娱乐（AMC Entertainment）	−14	−23	8	0	22
阿美拉达赫斯公司（Amerada Hess Corp.）	−11	−157	48	13	72
直播电视集团*（DirectTV Group）	−8	−21	30	4	41
百胜餐饮集团（Yum Brands）	−6	−14	8	3	17
西南航空公司（Southwest Airlines）	−4	−62	12	8	23
柏灵顿资源公司（Burlington Resources）	−4	+36	65	8	77
大陆航空公司（Continental Airlines）	−3	−70	18	8	29

续前表

公司	C2C	C2C 变化（%）（与 2003 年比较）	DSO（应收天数）	DIH（库存天数）	DPO（应付天数）
布林克国际公司（Brinker Int.）	−2	−63	4	4	10
迈拓（Maxtor）	−2	不详	41	22	65
Wendys 快餐（Wendys）	−1	不详	13	6	20
美国西部航空（America West）	−1	−90	17	9	27
好市多（Costco Wholesale）	3	−56	3	28	27
7-11 便利店（7-Eleven）	4	+103	6	9	10
财捷集团（Intuit）	4	−41	18	0	14
安海斯-布希公司（Anheuser-Busch）	5	+11	17	17	29
马拉松石油公司（Marathon Oil）	5	−45	23	15	33

注：直播电视集团现属于美国 AT&T。

究竟什么是现金流量周期，其定义不尽一致，主要代表性的概念有 Stewart（1995）的"单位货币从原材料投入到市场价值实现的周期时间"；Moss 和 Stine（1993）认为，现金流量周期指的是支付现金购买可再销售产品到出售这些产品之间的时间间隔。此后，运营周期成为现金流量周期概念界定的标准，这种观点认为现金流量周期是企业运营周期内所需财务和支持的天数，而运营周期可以被看作投资于库存和产品的销售天数（Gallinger，1997）。此外，Lancaster 和 Slater 等一些学者在上述概念的基础上，进一步发展了现金流量周期的概念，他们认为现金流量周期是企业从支付货币购买原材料到获取产品销售所得的天数，这一数值可以用供应库存的天数加上产品销售的天数，再减去平均产品支付周期得到（Lancaster et al.，1998；Slater，2000）。与此相似，Schilling（1996）也提出现金流量周期反映了企业运营周期的观点，他测度了从消耗现金为生产经营活动购买库存，到通过最终产品的销售而获取现金的时间跨度，这个指标可以用天数来衡量，它等于平均库存期加上平均获得时间，再减去应付账款时间，目前这个定义是学术界广泛接受的概念。在这一概念的基础上，一些学者进一步扩展了现金流量周期的外延，Soenen（1993）认为现金流量周期依赖于一系列的因素，包括从供应商获取的天数、产品生产加工的天数以及出售前的库存天数，此外，最后还包括客户回款的天数。Farris 和 Hutchison（2003）给出了计算现金流量周期的公式，即：

$$库存天数（days inventory held，DIH）=\frac{库存价值（元）}{产品销售成本（元）}\times 365$$

$$应收天数（days sales outstanding，DSO）=\frac{应收账款（元）}{净销售额（元）}\times 365$$

$$应付天数（days payables outstanding，DPO）=\frac{应付账款（元）}{产品销售成本（元）}\times 365$$

$$C2C = DIH + DSO - DPO$$

其中，净销售额为扣除销货折扣和退货后的净额。

现金流量周期对企业运营资金的影响是非常直接的，现金流量周期越长，需要的运营资金越多，运营资金与现金流量周期的关系如下：

$$运营资金=现金流量周期\times\frac{年销售额}{365天}$$

例如X公司年销售额为50亿元，库存、应收和应付的情况如图2-4所示。该公司的现金流量周期为：90+180－60=210（天）。该企业所需要的运营资金为28.77亿元。

要缩短现金流量周期就需要从对现金流量周期产生影响的三要素入手。首先是延长平均应付账款。为了达到这一目标，采取的主要方式有：在最后时刻支付原材料、库存、薪金等成本费用，并且可以考虑对供方进行部分支付而不是全额支付（Farris & Hutchison，2003）。此外，减少对外支付的频率，充分利用无息的信用卡或信用额度进行支付，或者直到应付账款实现后才对上游进行销售承诺，这些都是缩短现金流量周期的有效手段

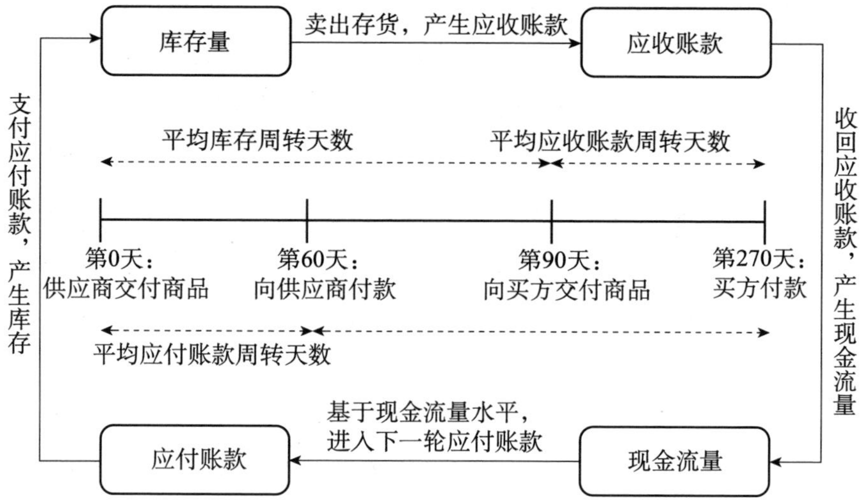

图 2-4　X 公司现金流量周期示例

（Walz，1999），所有这些手段的目的在于控制和管理现金的支付。例如 X 公司将平均应付账款延长到 80 天，则现金流量周期减少到 190 天，而所需要的运营资金就可以减少到 26.03 亿元。

其次是缩短生产周期，减少库存供应天数。库存是生产效率的晴雨表，一般库存有两种形态，一种是最适库存，另一种是过量库存。所谓最适库存指的是“必要的库存，正好能够支持生产的需要”，而过量库存则是“超出生产必要量的库存”（Farris，1996）。过量库存又可以分为“好的”过量库存，即服从于战略上的需要，如防止价格上涨而准备的过量库存，以及“不好的”过量库存，即对整个企业系统产生负担的库存。对于企业而言，要加强现金流量周期管理，就要控制过量库存，采用有效的生产和库存战略。例如，X 公司库存周转天数缩短 30 天，则现金流量周期缩减为 180 天，该企业所需要的运营资金降到 24.66 亿元。

最后是降低应收账款天数。应收账款的管理也是现金流量周期管理的重要因素，相对而言，管理应付账款主要是为了控制或限制现金支付，实现资金的快速回笼。为达到这一目标，主要采取的手段有：鼓励快速支付，利用折扣或奖励等手段增加应收账款的回收（Boardman & Ricci，1985）。

并且有研究证明较低的销售业绩容易产生拖欠账款（Stewart，1995）。此外，对拖欠账款应当索取利息，并且对这类客户要求立即付款。接受电子支付也能够加速资金回收，同时在支付的过程中，采用一些便利手段方便客户支付（Walz，1999），这些都是降低应收账款的手段。应收账款的降低能够减少运营资金，如 X 公司应收账款天数缩短 60 天，现金流量周期减为 120 天，运营资金就降低到 16.44 亿元。

2.3.2　明希供应链公司 SVC 模型——现金流量周期管理实践

河南明希供应链管理有限公司（以下简称“明希供应链”）成立于 2016 年，注册资金 1 000 万元，由原华润河南医药有限公司的董事长袁现明创办，该公司主要运用供应链现金流量周期管理的思想，服务于医药商业企业的上下游，通过节约成本提升效率，加速资金周转，为各方创造价值。其主要的管理工具为“供应链价值创造”（supply chain value creation，SVC）模型，该模型的核心理念是利用平衡毛利工具，与现有 ERP、电商平台及银行系统进行无缝对接，借助于 SVC 系统软件，采用数字化系统控制，通过供应链金融实现财务成本与经营利润之间的转换，员工自己调品种、算收入实现员工自治，从而提升供应链整体效率，最终实现业务核算从事后统计转变为事前预警、事中控制。

SVC 模型提出的背景是长期以来中国医药流通存在着小、散、乱的状况，而近些年国家推行的医药改革，包括两票制（药品从药厂被卖到一级经销商开一次发票，被经销商卖到医院再开一次发票，以“两票”替代目前常见的七票、八票，减少流通环节的层层盘剥，并且每个品种的一级经销商不得超过 2 个）和零加成（全国药品零加成于 2017 年 7 月 1 日起实施，该项政策被认为是医药分开的关键措施）改变了原来的药品流通状况，商业公司利润被挤压。而目前多数药品的销售是厂家动销导向的，因此多数医药流通企业实为配送商，商业公司除了配送，其他价值创造很少，上下游强势地位也在所难免，中国医药商业企业的价值面临严峻考验。面对这一状况，2008 年，时任华润河南医药有限公司董事长的袁现明和夫人刘爱娟女士提出了平衡毛利的做法，也就是把上下游资金占用融入利润核算当中，从而更加准确地反映公司的真实动态利润，并且基于此，对内可以调整平衡毛利公式中的各种变量，确保公司收入、利润及经营现金流关键指标的平衡发展；对外可以调整各类上下游客户结构，从而寻找最佳客户结构。平衡毛利概念的提出，改变了会计学传统的逻辑关系，把传统的用会计学方法评价企业自身经营绩效的方法转化为用经济学的方法来实现会计学的一般原理，把纯粹的财务数据拓展成经济要素关系，把业务、客户关系，业务所有流通关系都融入平衡毛利核算体系里，也就是把商品流通中所有经济行为都变成平衡控制系统的基础因子。因此，运用平衡毛利工具可以实现公司、各类客户及内部各项指标的平衡发展，从而为公司持续创造价值。

2.3.2.1 SVC中平衡毛利与利润创造的思想

现在大部分对“利润”研究的研究者，多数采用会计利润方法。基于税法的概念，会计利润等于收入减去支出。会计报表或外部报表，是根据国家统一会计准则编制的财务报表，是提供给外部股东和政府部门了解公司财务状况的报告。外部报表是为了“事后总结”，因为外部报表是公司经营成果汇总的结果，不能动态反映业务过程的变化。在经济活动中难免会出现应收、应付行为，这势必导致大量应收、应付资金被占用，从而吞噬了公司巨额利润。此外，目前多数公司使用的ERP系统只能反映商品的进销差价，没有顾及上下游资金的占用费用，因此不能真实反映商品成本及为客户创造的真正价值。SVC提出的“平衡毛利”概念全面考虑了上下游资金占用及变动费用，在ERP系统之外研发了一套完整、精益的信息系统，即SVC系统。SVC系统突破传统财务思维定式，融入金融结算手段和资金占用时间成本观念，通过系统控制，找到最佳资金占用平衡点，在销售规模不变的情况下，使净利润及现金流得到提升。SVC系统模式充分应用GSP思维（即全局思维、供应链思维、电子交易及类金融平台）：运用全局思维（global），全面调动公司所有员工的参与积极性，其中把财务中心、人力资源职能转变为利润创造中心，通过绩效捆绑，充分调动他们的积极性；运用供应链思维（supply chain），为上下游客户提供物流、资金流、现金流供应链服务，拓展公司利润来源；运用电子交易及类金融平台（platform）提升效率及拓展公司利润来源。

影响公司利润的主要因素有销售数量、价格及财务费用、管理费用、经营费用，SVC 系统主要涉及业务员可调节变量，如价格、数量、财务费用、经营费用。原华润河南医药有限公司利用 SVC 系统探索改善业务的方法，通过不断优化采购、库存和销售业务流程，提升营运资本管理效率，缩短现金周期，减少经营活动对现金的占用，在营运资本管理过程中，更关注财务成本与经营利润的相互转化，充分考虑采购付款方式和账期的调整与采购价格变动的关系，以及销售收款方式和账期的调整与销售价格变动的关系，并根据实际情况选择最优商业条款，以实现财务成本与经营利润的平衡（见图 2-5）。

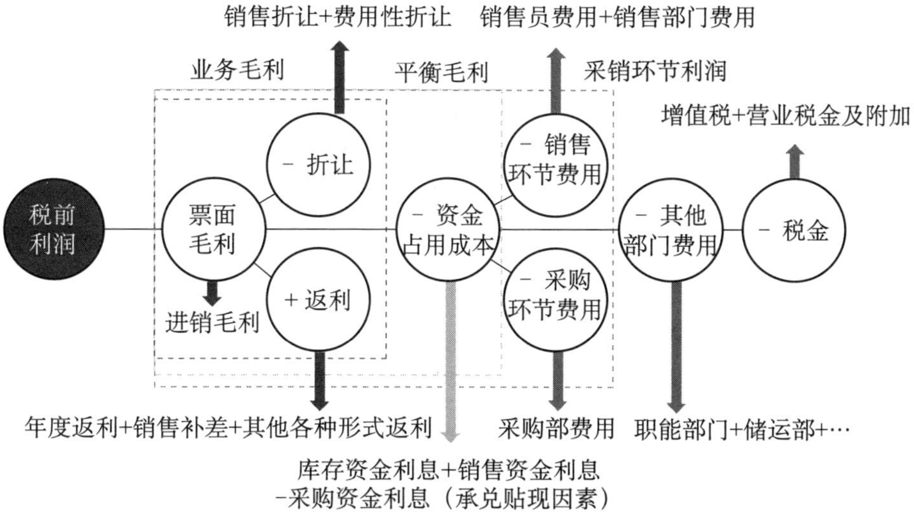

图 2-5　SVC 系统对税前利润构成的理解

具体而言，SVC 认为在医药流通环节，计算任何企业的税前利润首先需要计算业务毛利，而业务毛利是一个企业的票面毛利，即医药流通企业的经销毛利，减去折让（即在经营中给予客户的销售折让以及其他费用性折让），加上客户给予企业的返利（包括年度返利、销售补差和其他各种形式返利）。显然，这种毛利的计算充分考虑到了企业在经营中给予上下游客户，或者上下游企业给予的各种折扣利益。然后，在业务毛利基础上进行毛利平衡，所谓平衡毛利就是用业务毛利再减去资金占用成本。在供应链运营过程中会有各种形式的资金占用，诸如药品存放在库中，必然会因为库存而产生资金占用，同样上下游账期的延长也会发生资金占用，SVC 在平衡毛利的过程中，提出要将这些资金占用全部予以考虑。在此基础上，进一步扣除销售或采购过程中发生的各种费用，以及企业内部发生的管理费用以及税金，最终构成了企业的净利润。

2.3.2.2 平衡毛利管理

在实际运用中，为满足业务支持及考核的不同需求，并体现不同业务部门的关注点差异及价值创造差异，SVC 在实践中设置了预估销售平衡毛利、实际平衡毛利两个公式。其中预估销售平衡毛利主要是计算一笔业务预期将实现的平衡毛利，用以寻找价值优化关键点，支持业务决策。实际平衡毛利是计算当期实际回款所实现的平衡毛利，主要用于考核。两个公式有共同的核心指标，也各有不同之处。

预估销售平衡毛利公式是基本的平衡毛利公式，它以销售额为基准，计算产品预计可能实现的平衡毛利，而非实际已实现的，故称为“预估”销售平衡毛利。该平衡毛利公式包含了进销毛利和财务费用，是业务人员用以指导业务行为的主要参考公式。同时此公式的计算结果被当作制定业务部门年度预算 KPI 指标的基础，促使业务人员在销售、采购环节综合考虑资金成本，达到提前控制各项指标、有效管理预算的目标。预估销售平衡毛利的基础公式为：

预估销售平衡毛利＝预估采购平衡毛利－销售资金利息（预估）

其中，

预估采购平衡毛利＝进销毛利合计＋采购资金利息＋采购承兑贴息

进销毛利合计＝销售账面毛利＋上游返利（不含税）＋退补价毛利

预估销售平衡毛利也可以用于计算采购人员奖金基础的“综合净利润”指标，为便于理解公式的连贯性，SVC 对相关公式设置及数据来源进行了说明，即：

预估综合净利润＝（预估销售平衡毛利－费用合计）×(1－有效税率)

其中，

费用合计＝工资＋社保＋汽油费＋电话费＋房租＋日常费用＋其他费用＋过路费＋货运费＋其他区域费＋物流费＋业务公司费＋销售管理费＋税金及附加＋销售承兑贴息＋保证金资金利息＋应收（销售）承兑贴息＋应收未收返利资金利息

公式中各项参数的含义及计算方式如表 2－2 和表 2－3 所示。

表 2－2　　预估销售平衡毛利各参数含义

序号	项目	含义/计算方法
1	销售金额（含税）	ERP 销售台账
2	销售账面毛利（不含税）	销售价格－采购价格
3	上游返利（不含税）	返利系统中的所有应返利
4	退补价毛利	采购退补价中：单包装退补金额×调价数量
5	采购资金利息	∑单品销售数量×进价×（商品付款天数－26）×日资金利息率
6	采购承兑贴息	∑单品销售数量×进价×承兑期限×月承兑贴息率（6%/12）
7	销售资金利息（预估）	∑单位单品销售金额×下游客户信贷期×日资金利息率（7.2%/360）
8	销售承兑贴息（预估）	销售金额×承兑期限×日资金利息率（客户基础信息维护收承兑天数）
9	工资、社保	固定费用，对应到每一个业务员
10	汽油费	固定费用，对应到每一个业务员
11	电话费	固定费用，对应到每一个业务员
12	日常费用、其他费用	实际发生的费用，对应到每一个客户
13	过路费、货运费	实际发生的费用，对应到每一个客户
14	物流费	当月销售额×物流费用率（按测算的上年平均费用率）
15	其他区域费用	实际发生的大区费用金额，分部门在大区内按当月销售额分摊，大区按组织架构部门、大区分别进行计算

续前表

序号	项目	含义/计算方法
16	销售部部门费用	按组织架构核算各业务部门实际发生的部门级业务费用，在该部门按每个客户当月销售额分摊
17	销售部部门管理费用	按组织架构核算各业务部门实际发生的管理人员薪酬、管理费用，在该部门分大区，按每个客户当月销售额分摊
18	税金及附加	进销毛利×单品增值税销项税率×10%
19	保证金资金利息	保证金×月资金利息率
20	应收未收返利资金利息（采购部台账专用）	（返利系统截至当月应收返利－已收返利金额）×30天×日资金利息率

表2-3　　预估销售平衡毛利中其他计算公式

序号	指标	含义/计算方法
1	进销毛利率	∑进销毛利÷销售额
2	预估采购平衡毛利率	预估采购平衡毛利÷销售额
3	预估销售平衡毛利率	预估销售平衡毛利÷销售额
4	预估综合净利润率	预估综合净利润÷销售额

在明希供应链提出的SVC模型中，各参数数据的来源均通过ERP系统提取，以实现分产品、分客户、分供应商、分大区、分部门、分业务员、分采购员等不同维度、不同层级的平衡毛利计算。

实际平衡毛利公式以当月回款为基础，计算基于回款实际已实现的平衡毛利，故称“实际”平衡毛利。该公式最终计算出的综合净利润将被作为业务员奖金的计算基础。实际平衡毛利的计算公式和各参数定义见表2-4。

综合净利润＝（实际平衡毛利－费用合计）×（1－有效税率）

其中，

实际平衡毛利＝回款毛利＋上游返利（不含税）＋采购资金利息＋采购承兑贴息－销售资金利息

费用合计＝工资＋社保＋日常费用＋其他费用＋汽油费＋电话费＋房租＋过路费＋货运费＋其他区域费用＋物流费＋销售部部门费用＋销售部部门管理费用＋税金及附加＋销售承兑贴息＋保证金资金利息

表 2－4　　　　实际销售平衡毛利各参数含义

序号	项目	含义/计算方法
1	回款毛利	ERP 中赊销和现金回款毛利
2	上游返利（不含税）	返利系统中的所有应返利
3	退补价毛利	采购退补价中：单包装退补金额×调价数量
4	采购资金利息	∑当月客户回款单品数量×进价×（商品付款时间－26）×日资金利息率
5	采购承兑贴息	销售员回款产品数量×进价×月×月承兑贴息率（月：商品基础信息中输入协议谈判付几个月的承兑）
6	销售资金利息	实际回款金额×（结算日期－出库日期）×日资金利息率
7	销售承兑贴息	回款金额×天数×日资金利息率（天数＝收到承兑日期－承兑到期日），精确到天
8	工资、社保	固定费用，对应到每一个业务员
9	汽油费	固定费用，对应到每一个业务员
10	电话费	固定费用，对应到每一个业务员
11	日常费用、其他费用	实际发生的费用，对应到每一个客户
12	过路费、货运费	实际发生的费用，对应到每一个客户
13	物流费	当月销售额×物流费用率（按测算的上年平均费用率）
14	销售金额（含税）	ERP 销售台账（用于费用的分摊）
15	其他区域费用	实际发生的大区费用金额，分部门在大区内按当月销售额分摊，大区按组织架构部门、大区分别进行计算
16	销售部部门费用	按组织架构核算各业务部门实际发生的部门级业务费用，在该部门按每个客户当月销售额分摊
17	销售部部门管理费用	按组织架构核算各业务部门实际发生的管理人员薪酬、管理费用，在该部门分大区按每个客户当月销售额分摊
18	税金及附加	进销毛利×单品增值税销项税率×10％
19	保证金资金利息	保证金×月资金利息率

2.3.2.3 平衡毛利模型对供应链业务的指导

明希供应链提出的SVC平衡毛利的管理宗旨在于通过平衡毛利的计算来更好地指导业务，这既包括了上游采购业务，也包含了下游的销售业务，使得每一个业务员在与上下游交易的过程中，不仅关注进销差价，还要关注资本占用，以提升公司的营运质量。具体讲，在采购环节，梳理采购到付款各个环节影响产品净利润的各种因素，包括产品购进价、中标价、上游返利、销售折让、上游资金占用利息、下游资金占用利息、存货资金占用利息、管理费用、销售费用、营业税金及附加等。在这些因素中，采购环节在产品净利润率提升的着力点有购进价、上游返利、上游资金占用利息、存货资金占用利息。如何组合每个着力点使其用来提升整体利润率——仅靠传统手工方式很难快速实现，但通过SVC平衡毛利模型核算就变得相对容易。在采购利润评估模型中，可以设置参数值、目标值、最低值、实际值。通过调节参数值，指导采购选品种、选企业，确定购进价格、付款时间、付款方式。根据各类产品的付款时间、付款方式等变量因素，制定各类产品在公司采购中的比例。优化各类上游客户付款结构，减少上游预付款，控制低毛利产品的销售占比，运用各种承兑等金融手段创造公司经营性现金流。

在销售环节，从销售到回款的各个环节影响净利润和现金流的各种变量因素包括销售折扣、回款方式、回款天数、资金利息率。基于SVC平衡毛利模型可以建立下游客户利润预测监控模型，从最小核算单元（商品）层层汇总，寻找利润最大化与现金流的平衡点。譬如：制定下游客户的利润贡献分析报告，指导业务员去调整产品的回款期限、回款方式，最终提升产品综合净利润率；通过对下游客户产品利润的预测、监控，指导业务员对下游客户产品组合进行优化调整，将利润率较低产品进行置换，以实现客户综合净利润贡献最大化；在公司现金流充足的前提下，通过提前付款，争取更大的折让，以实现利润最大化；将利润、现金流等指标分解到公司各利润中心的最小核算单元，并进行有效监控和指导。

SVC平衡毛利模型还可以运用于库存管理优化，其主要思想在于通过分析和监测库存环节影响现金创造的因素，包括安全库存、每次采购量、到货时间、存货周转期等指标，借助于平衡毛利工具，在与供应商谈判时，确定合理的采购方式、批次和数量，以减少库存量和因为库存产生的资金占用。

SVC 平衡毛利模型的另一个作用是可以作为业务员、部门、大区等不同维度的 KPI 考核指标之一。综合净利润可以直接用于计算奖金的基数。在绩效考核中除原有的销售额、毛利额外，还可考虑综合净利润率（综合净利润÷实际回款额）、综合投资回报率［综合净利润÷（应收款占用＋保证金－应付款占用）］以及经济附加值（综合投资回报率－加权平均资金成本），目的在于降低资金占用、控制融资额度、降低贷款利息，进而提升公司投资回报率。

2.4　协同现金流量周期与动态折扣

现金流量周期尽管能改善特定企业的运营绩效，但是从供应链整体看，并没有改进所有供应链参与者的资金状况，这是因为一个企业的应收账款减少，往往是其交易对手的应付账款增加，单个企业的应付账款天数延长，这必然会占压其他企业的资金（Hong，2015）。同样，某个企业的库存天数减少，有可能是交易对手成本或库存增加。例如，电脑零部件供应商为了提升自身的服务能力和销售绩效，往往高频次、小批量地送货，甚至下游电脑经营企业为了节约自身的费用、降低资金压力，采用单纯的供应商管理库存（即库存前移而非 VMI），即由供应商管理零部件库存，并根据下游的实际需求进行配送。在这种状况下，下游电脑经营企业的现金流量周期大大缩短，因为零部件的库存是由供应商来管理的，然而上游供应商的现金流量周期延长、运营资金高涨，这不仅是因为供应商承担了较长时期的库存，增加了应收账款天数，同时也承担了库存持有成本，增加了经营风险和财务费用。因此，要优化整个供应链的运营资金，提升整体的竞争能力，不能仅仅站在单一企业的角度看待现金流量周期，而需要从系统的视角去探索现金流量周期。

2.4.1 协同现金流量周期内涵

协同现金流量周期（collaborative cash-to-cash cycle，CCCC）由 Hofmann 和 Kotzab（2010）提出，他们指出单纯地从企业视角论及现金流量周期只会使企业滥用权力去盘剥他人的利益，只有从整体上缩短现金流量周期才能实现共同价值。协同现金流量周期综合采用全局的视角，利用各个参与主体的协作来缩短现金流量周期，加速现金流。换言之，协同现金流量周期不是简单地将多个企业现金流量周期进行加总，这样并不能真正优化整个供应链现金流。从供应链运营看，其业务活动涉及供应端的外部网络（即最初的供应源）、销售端的网络关系（即最终的消费客户），以及供应链体系内的多级企业（见图 2-6）。如果只是从单个企业的视角管理现金流量周期，那么整体的现金流加速将难以实现。因此，协同现金流量周期不是单纯地计算每个企业的应收账款天数、应付账款天数以及库存供应天数，而是从系统的角度来看整个供应链的现金流量周期。具体讲，Hofmann 和 Kotzab（2010）认为一个供应链中间段的应收应付对于整个供应链没有实质性的影响，协同现金流量周期应该是供应链中各阶段的库存天数加上最后环节的应收减去最初环节的应付，如图 2-6，$CCCC=DIH_1+DIH_2+DIH_3+DSO_3-DPO_1$。显然，要缩短协同现金流量周期，就需要降低供应链中企业的加权平均资金成本，以实现最大的经济增加价值或股东增加值。

加权平均资金成本（weighted average cost of capital，WACC）反映的是企业的综合性资金成本，是指企业以各种资本在企业全部资本中所占的比重为权数，对各种长期资金的资本成本加权平均计算出来的资本总成本。加权平均资金成本需要综合考虑股东以及债权人的因素（Ross，Westerfield & Jaffe，2005），其计算公式如下：

$$WACC=\frac{E}{E+D}\times i_E+\frac{D}{E+D}\times i_D(1-r)$$

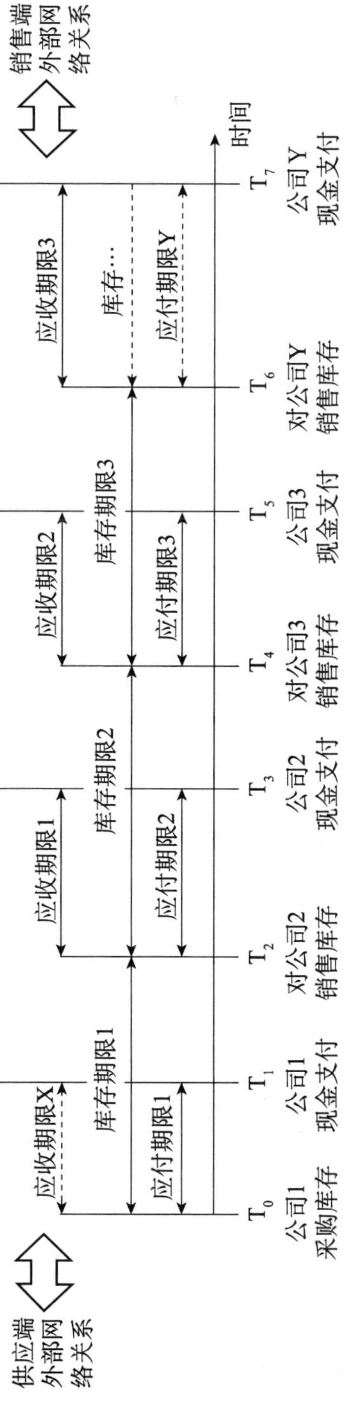

图2－6　协同现金流量周期示意图

其中，E 为资产市值；D 为债务市值；i_E 为资产成本；i_D 为债务成本；r 为现金税率。

显然，降低综合加权平均资金成本要么能降低资产成本，要么能降低债务成本。资产成本和债务成本的降低需要供应链成员企业之间能充分平衡各自的优劣势，从系统上实现有效产出。有效产出的提出是基于高德拉特的约束理论，约束理论的基本内涵是组织系统中会存在约束或者瓶颈，为了实现组织的系统目标，需要重点关注并解决约束或瓶颈问题，当约束存在于外部时，供应商或者客户就需要强化对外部资源或活动的管理，使有效产出增强（Mateen & More，2013）。除此之外，实现有效的补偿机制也是降低资产成本和债务成本的关键。补偿机制涉及供应链成员为其他成员实施有效资产管理的同时获得相应的利益补偿（窦亚芹，吴文杰，刘家豪，2013）。例如，当客户的资金成本低于供应商资金成本时，可以由客户筹集资金提前付款至供应商，这样就可以降低供应链整体资金成本。然而客户提前支付会增加客户端的资金成本和费用，从而削减了客户利润，这时就需要设计一种补偿机制，能够让客户在不减少利润的前提下，提前将资金支付给供应商，这种补偿机制最为典型的方式是动态折扣。

2.4.2 基于协同现金流量周期管理的动态折扣

2.4.2.1 动态折扣的基本内涵与流程

折扣率的提高或者允许付款期的延长都会对资金流产生影响，折扣管理是当前企业改进现金流运用比较广泛的一种手段，它是通过鼓励企业提前支付而给予企业价格优惠的管理形式。一般而言，折扣管理涉及计算折现率和折扣使用率。折现率是规定的折扣额与购买量（或净采购量）的比值。折扣使用率是实际折现收益与规定折扣额之间的比率（见图 2－7 及公式）。例如，某供应商与下游企业签订 1 000 万元买卖合同，约定应付期限为 3 个月，如果第一个月支付，则给予 2％折扣率，该下游企业在第一个月实际提前支付了 1 200 万元的货款。根据公式计算，折扣收益总额应为 20 万元，但是实际折扣收益为 12 万元，折扣使用率为 60％。

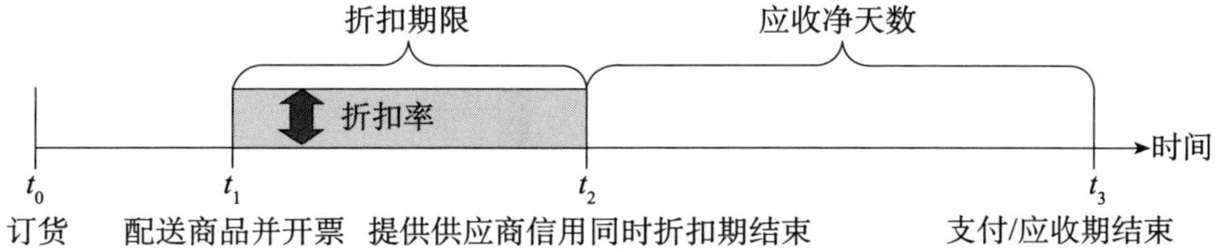

图 2-7　折扣支付

$$折扣率=\frac{规定的折扣额}{净采购量}\times 100\%$$

$$折扣使用率=\frac{实际折扣收益}{折扣收益总额}\times 100\%$$

显然，从企业的角度看，提高折扣使用率以及折扣率能很好地改善企业的现金流，同时也能使下游企业通过折让获益。然而，这种静态折扣方法也存在着相应的问题：一是折扣率和折扣期固定，缺乏灵活性；二是折扣的规则由供方单方面确定，没有完全考虑到下游企业对资金状况的斟酌，正是因为如此，动态折扣如今已成为较多企业采用的重要方式，以改进企业的现金流量周期（Gelsomino，Mangiaracina，Perego & Tumino，2016）。动态折扣不像静态折扣采用“要么实施要么放弃”的做法，而是允许买卖双方通过互动确定预先支付条款，并且将这些条款放置在一个滑动的比例上（见图 2-8）。也就是说，动态折扣是一种可让买家更灵活地选择如何及何时向供应商付款的解决方案，以换取购买商品和服务的较低价格或折扣。“动态”组件是指根据付款日期向供应商提供折扣的选项，一般而言，付款越早，折扣就越大。动态折扣使采购方及其供应商能够逐个发票启动提前支付折扣。它允许双方通过基于 Web 的平台查看发票，并选择已批准的发票以提前付款。动态折扣的优势在于它降低了运营资产需求的不确定性，能够使供应商更好地规划流入资金。同样对于买方而言，也能借助于动态折扣在现货市场获得更好、更高性价比的原材料或产品。动态折扣还有不同于静态折扣的一点是，后者可能只是针对一部分买方而实施的计划，而动态折扣则是针对所有的买方，因此，它的惠及面更为广泛。

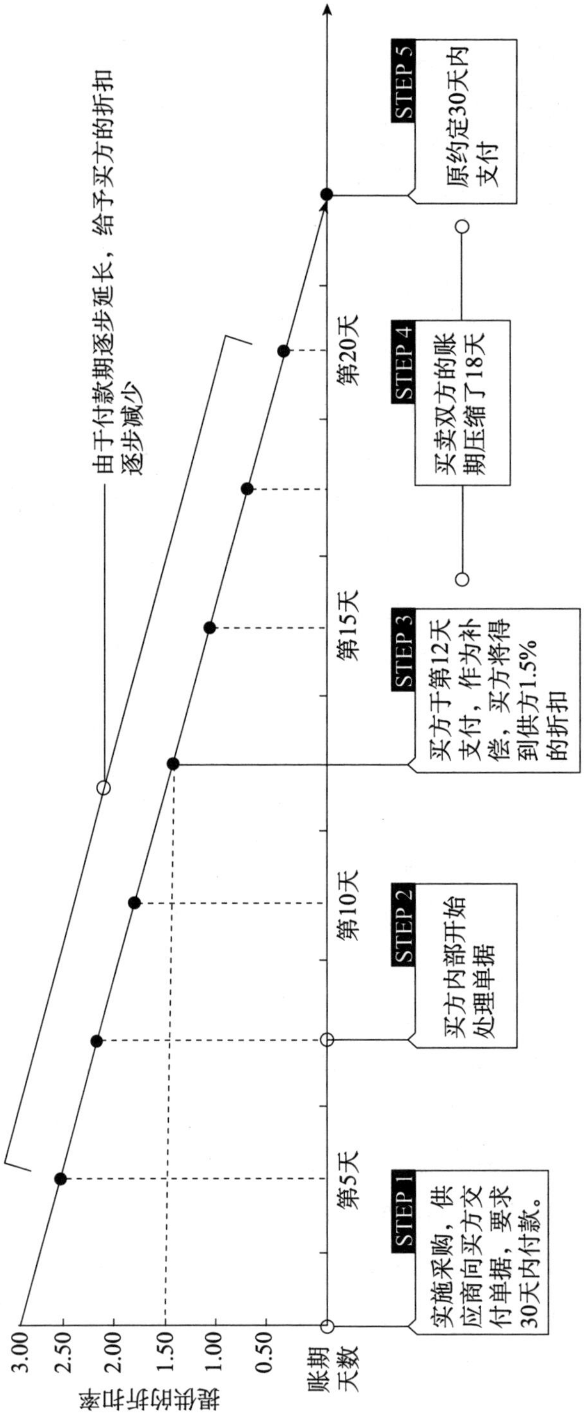

由于付款期逐步延长，给予买方的折扣逐步减少
提供的折扣率
3.00
2.50
2.00
1.50
1.00
0.50
账期天数
第5天
第10天
第15天
第20天
STEP 1
实施采购，供应商向买方交付单据，要求30天内付款。
STEP 2
买方内部开始处理单据
STEP 3
买方于第12天支付，作为补偿，买方将得到供方1.5%的折扣
STEP 4
买卖双方的账期压缩了18天
STEP 5
原约定30天内支付

图2－8 动态折扣示意图

动态折扣的操作流程如下（见图 2-9）：第一步当采购订单发生时，供应商将所需要的产品发往买方，通过互联网将电子单证发往买方处。第二步买方接收后予以确认，同意支付。第三步买方发出预先支付函（early payment proposal，EPP），供需双方确定修正的支付条款，如果支付条款未能达成一致，供应商拒绝提议，买方可以再次修正预先支付函，直到双方能够就支付时间、价格等要素形成协议，供应商修正相应的单据。第四步票据存档。动态折扣主要是对三个要件进行存档：一是预先支付函；二是买卖双方达成的支付条款协议；三是其他特别规定的要素。值得注意的是，在推动动态折扣的过程中，平台、系统以及提前支付的资金一般有两种配置：第一种是供应商开发、提供和维护动态折扣 IT 平台，让买方运用现有的资金实施动态折扣，或者说动态折扣中提前支付给供应商的资金主要来自买方的流动资金；第二种状况是供应商帮助买方解决资金来源问题，以便买方顺利实施动态折扣，在这种状况下，供应商同时扮演了动态折扣服

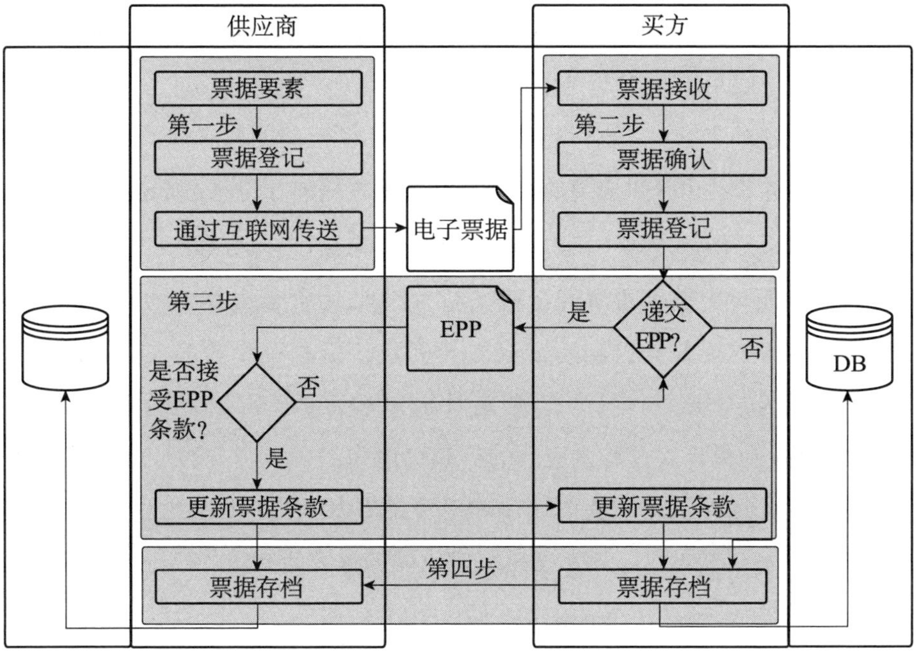

图 2-9　动态折扣流程

务商或IT平台和金融服务提供者的双重角色，后一种状况就涉及供应链金融业务。在实际运作的过程中，两种配置往往是混合运用的，这是因为如果单一地运用第一种配置往往要求买方具有充足的资金，而这不仅增加了买方的资金持有，而且也间接增加了买方资金的机会成本。

2.4.2.2　动态折扣的基础模型

Gelsomino等（2016）提出了动态折扣模型，他们认为动态折扣建立在买方信用要高于供应商信用的基础上，即假定r_s为供应商每天的单位货币融资成本（与贸易信用即折扣相比的短期债务成本），r_b为买方每天的单位货币融资成本，那么动态折扣的基本假设是$r_b \leqslant r_s$。当买方决定采用动态折扣时，它需要筹集流动资金（liq）来提前支付。假定供应商每T天向买方发送商品和票据，也就是票据周期时间为T，票据规定的支付时间为G，当$t=1$时，$T=G$，因此，$t \in N[1; G]$，假定一年的时间为12月，每月30天，即360天。当考虑多个供应商或者多业务时，票据周期时间内的名义价值为$N \times V(n)$，其中$V(n)$为每张票据的平均价值。t等于T/G，所有待支付的票据为NG/T，一年为$360/T$。

如果实施动态折扣，支付将会在支付期限G天前动态实现，而实现的折扣既是买方的收益也是供应商的损失。但是买方提前支付将会产生财务费用，也就是提前支付的资金成本。因此，对于买方而言，其收益为：Π_b＝折扣－资金成本，而对于供应商而言，其收益为：Π_s＝资金成本节约－折扣。供应商同意买方的提前支付函后，双方会确定日折扣率和提前支付时间，提前支付时间为：$Ep(t)=G-t$。假定日折扣率为$dd(n, t)$，确定的提前支付时间为t，则买方支付给供应商的折扣价值为：

$$dv(n,t) = v(n) \times [1 - dd(n,t) \times Ep(t)]$$

在票据周期时间内，买方支付给供应商的最大折扣价为：

$$Nv(n) \times [1 - dd(n,t) \times Ep(t)]$$

如果考虑票据周期n在t时间的提前支付比率$\Theta(n, t)$，那一年内买方通过折扣获得的总收益为：

$$折扣 = \sum_{n=1}^{\frac{360}{T}} \sum_{t=1}^{G} \Theta(n,t) \times Nv(n,t) \times dd(n,t) \times Ep(t)$$

对于供应商而言，由于买方的提前支付，其收益为：$fs(n,t) = dv(n,t) \times r_s \times Ep(t)$，一年节约的总资金成本为：节约的资金 $= r_s \times \sum_{n=1}^{\frac{360}{T}} \sum_{t=1}^{G} DNV(n,t) \times Ep(t)$。

对于买方而言，实施动态折扣需要大量流动资金，资金的运用必然涉及成本，这种成本既可能包括资金的机会成本，也包括了资金的融资成本。资金的机会成本即资金所产生的沉没成本或其他费用，也就是说，一旦自有资金投入到动态折扣中，就无法将资金运用在其他领域，假定资金机会成本为y_l，则资金机会总成本为 $liq \times y_l$。除了资金机会成本外，当不具备流动资金时，买方就会产生融资成本，该成本为：$dv(n,t) \times r_b \times Ep(t)$。假定 $al(n,t)$ 为买方拥有的流动资金与票据周期 n 在时点 t 已发生的折扣价值之差，那买方的融资成本为：

$$fc(n,t) = \begin{cases} 0 & al(n,t) - dv(n,t) \geqslant 0 \\ dv(n,t) \times r_b \times Ep(t) & 其他情况 \end{cases}$$

此时，买方年度总资金成本为：

$$总资金成本 = \sum_{n=1}^{\frac{360}{T}} \sum_{t=1}^{G} fc(n,t) + liq \times y_l$$

动态折扣还涉及折扣率的问题，假定买方全部通过短期债务来解决折扣的资金，则最低折扣率应当保证供应商的收益大于折扣的成本代价，亦即：

$$v \times (1 - dd \times Ep) \times r_s \times Ep - v \times dd \times Ep \geqslant 0$$

因此，

$$dd_{\min} = \frac{r_s}{(1 + r_s \times Ep)}$$

同理，最大折扣率应当保证买方的收益大于相应的成本代价，亦即：

$$v \times dd \times Ep - v \times (1 - dd \times Ep) \times r_b \times Ep \geqslant 0$$

因此，

$$dd_{\max} = \frac{r_b}{(1 + r_b \times Ep)}$$

由此可以看出，dd_{min}和dd_{max}之间的差距越大，买卖双方的判断空间越大，并且动态折扣的空间也就越高。要缩短现金流量周期，上下游就需要仔细地考虑各自的资金成本，合理决策采购订单的折扣期和折扣率，加速现金流。

2.4.3 Demica Limited 的动态折扣服务

Demica Limited（以下简称“Demica”）成立于 1990 年，总部位于英国伦敦，是世界著名的专门为大中型公司和银行提供营运资金解决方案的供应链金融服务提供商。它提供了一个供应链金融服务平台，可以运行应收账款、库存和其他资产支持的财务计划，逐个管理发票，以及管理大型企业的应收账款证券化、发票折扣功能和供应链融资。其提供的应收账款融资计划，使跨国公司能够推动基于应收账款的资金融通，并确定哪些应收账款有资格获得资金，同时保留每个应收账款的独立记录、管理报告和资金计算。该公司还提供供应链融资解决方案，使客户能够延长当天的应付款项，获取供应商提供的早期付款折扣，帮助供应商获得更低成本的资金，同时提高自身利润率。Demica 的动态折扣服务平台主要连接的是大型客户与中小型供应商，使得拥有大量现金的大型客户允许供应商选择动态折扣的方式并提前付款给供应商：一方面降低大型客户的采购成本，另一方面能够使中小供应商及时获得资金，加速现金流。

Demica 的动态折扣管理有一个独有的特征就是账期管理基础上的动态折扣服务，也就是说，Demica 不仅提供动态折扣管理的交易平台，而且能够基于账期管理来提出优化的方案和服务，即供应商可以提出自身希望保持的运营资金水平以及相应的周期，Demica 可以根据确定的资金水平和周期，及时有效地提示在何时、以何种折扣率来实施动态折扣（见图 2－10）。此外，Demica 还将动态折扣与供应链融资进行了有效的结合，一旦上游中小供应商提出并确认了动态折扣的请求以及相应的折扣率，Demica 还可以通过连接投资方或金融机构融资给下游客户，并以一定的折扣价格采购上游的产品或服务。

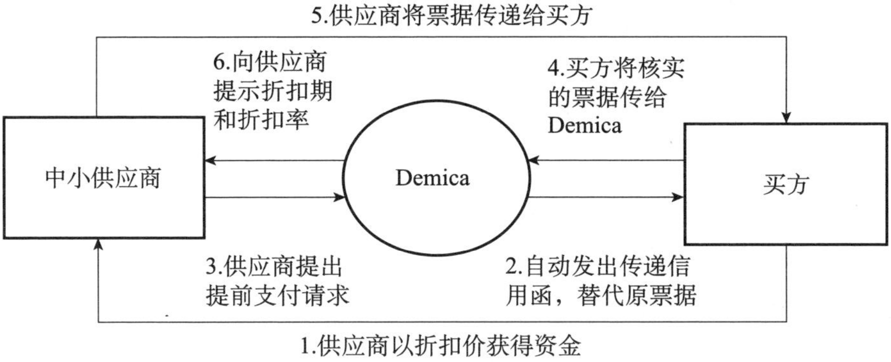

图 2-10　Demica 动态折扣操作流程图

2.5　修正的协同现金流量周期与端对端供应链金融

2.5.1　修正的协同现金流量周期内涵

随着越来越多的企业面临着运营资金短缺、流动性不足的问题，单纯地从外部获得信用较为困难，因此，需要运用一些新的手段来获得企业在供应链运营过程中所急需的资金。企业之间的预付成为解决中小企业资金短缺的重要方式之一，然而，此前在衡量现金流量周期的时候，预付往往是没有被考虑在内的，而这一要素却在供应链运营和服务中扮演着非常重要的角色（Talonpoika，Monto，Pirttilä & Kärri，2014）。修正的现金流量周期将预付纳入现金流量周期的计算和管理中，从而全面地反映现金流的状况以及运营的效率。修正的现金流量周期计算公式为：

$$mCCCC = DIH + DSO - DPO - DAO$$

其中，$DAO=\frac{预付金额}{销售额}\times 100\%$

同理，当现金流量周期拓展到整个供应链全过程，也需要将预付纳入协同现金流量周期的考虑中，即修正后的协同现金流量周期等于供应链全过程中各环节的库存加上最后环节的应收，再减去最初环节的应付以及预付。即当考虑由供应商（1）、加工商（2）和客户企业（3）构成的供应链体系时：

$$mCCCC = DIH_1 + DIH_2 + DIH_3 + DSO_3 - DPO_1 - DAO_1$$

基于上述修正的协同现金流量周期，整个供应链的资金成本为：

$$TC = INV \times [(1+c)^{d1} - 1] + AR \times [(1+c)^{d2} - 1] - AP \times [(1+c)^{d3} - 1] - AE \times [(1+c)^{d4} - 1]$$

其中，INV 为库存天数；AR 为应收天数；AP 为应付天数；AE 为预付天数；c 为资金年化利率；$d1=DIH/365$；$d2=DSO/365$；$d3=DPO/365$

高效的供应链管理就在于实现 $mCCCC$ 为零，以及总资金成本最小。要实现这一目标，就需要在几个方面强化管理（Randall & Theodore Farris，2009）：一是在供应链全过程中降低库存持有天数，也就是站在整个供应链的视角实现全环节库存最小；二是将库存从客户端移动到上游端，从而实现拉动式的及时供货；三是缩短全供应链的应收天数；四是扩展整个供应链全过程的预付。显然，从修正的协同现金流量周期的角度看，如何扩展预付成为优化产业供应链、加速全链条运营资金流动的重要因素。而要实现这一目标，就需要从端对端供应链金融的视角寻求解决问题之道。

2.5.2 端对端供应链金融类型

端对端的供应链金融意味着供应链金融的业务不仅是买卖形成后开票或产品接受阶段的融资行为，而且延伸到供应链运营的全过程——从开始的寻源到最终支付的全过程。

从供应链金融发生的时间维度看（见图 2-11），可以将端对端供应链金融业务划分为战略融资（strategic finance）、装运前融资（pre-shipment finance）、在途融资（in-transit finance）以及装运后融资（post-shipment finance）几个阶段。寻源融资是一种较为特殊的金融行为，严格意义上讲在这一时间点买卖双方并没有实际发生交易行为，但是为了稳定或培育战略性供应商，或者优化供应链运营，会对供应商或者其上游实施融资行为。显然，这种供应链金融行为完全是基于供需双方之间长期交易所形成的信任和建立的伙伴关系，相对而言，风险也最大，一旦这种信任关系丧失或者伙伴关系受到挑战，就有可能资金流中断，风险进而增大。装运前融资能够使供应商基于买方的采购订单从金融机构获得资金，从而在产品发运前满足其运营资金的需求，这一阶段供应链金融依赖的基础是采购订单而非票据，因此，信用风险也较高，这种类型的供应链金融也是以供需双方所形成的信赖关系为基础的。在途融资使借方能够从金融机构处获得贷款，而贷款所产生的基础是运输过程中或者其他物流服务过程中的产品或库存。在途融资风险控制的依据是物流活动中的产品，因此，这类融资的信用风险要弱于转运前融资，利率通常偏低。装运后融资使得资金需求方能够基于应收账款从金融机构获得运营资金。这类供应链金融的保障是票据、装运单、提单等，因此，风险相对于前两类也较低。

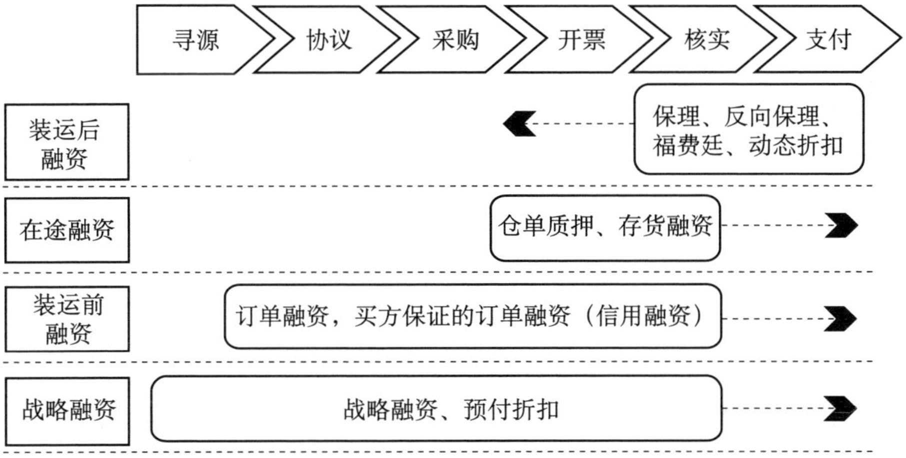

图 2－11　按时间维度划分的端对端供应链金融

按担保物可获得性划分（见图 2－12），供应链金融业务也分为市场型融资（arm's-length finance）以及关系型融资（relationship finance）。市场型融资工具建立在可证实的信息或者有形担保物的基础上，诸如票据、交易订单、存货等。其规制机制是法律，也就是说，一旦没有能够履行上述行为，可以通过法规来追索相应的权利，因此，市场型融资的信用风险更容易为金融机构评估。与此相反，关系型融资依赖于买卖双方建立的信任关系，而非具有约束性的契约关系，因此，没有任何有形的担保物可作为风险控制的保障。通常这类供应链金融服务提供者是供应链运营中的成员或者平台服务商，它们充分了解借方的信用状况、交易历史和供应链运营的能力，凭借这些信息和数据，使得贷方能够较为精确地评估借方的信用，从而做出融资决策。

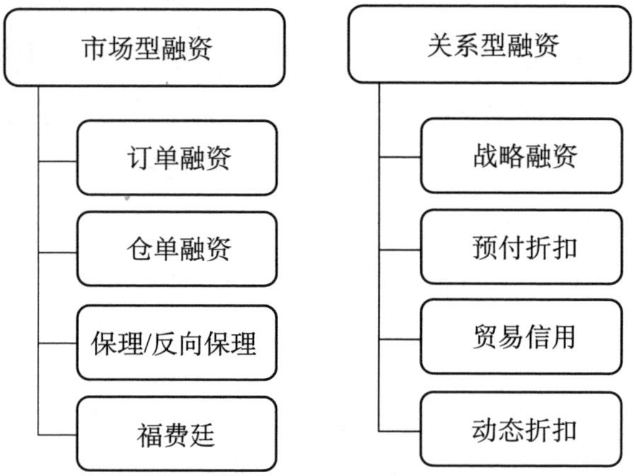

图 2-12　按担保物可得性划分的端对端供应链金融

2.5.3　端对端供应链金融产品

2.5.3.1　寻源阶段供应链金融业务

这一阶段主要的金融业务有战略融资和预付折扣。战略融资是为了维系良好的供需关系，一方给予另一方资金，以支持其战略性投资或者提升产品或业务竞争力的金融行为。严格意义上讲，买卖双方在这一阶段并没有发生实际购销行为，但是供需双方形成了长期稳定的合作关系，也具有高度的信任感，在这一背景下，通过支持合作方的战略性投资或者提升竞争力的行为，企业给予对方以资金上的支持，从而在未来优先获得合作方具有竞争力的产品或者分销上的支持，进而稳定和发展战略性供需合作关系（见图 2-13）。诸如，为了在将来优先获得具有竞争力的技术或产品，需方在资金上支持供应商进行技术升级改造，从而锁定未来订单。这种金融产品的保障是未来的订单、产量或者销售支持。信用保证的提供者以及融资方均是买方，服务的对象是买方的上下游合作企业。

预付折扣（advanced payment discount）是买方将资金预付给供应商，以

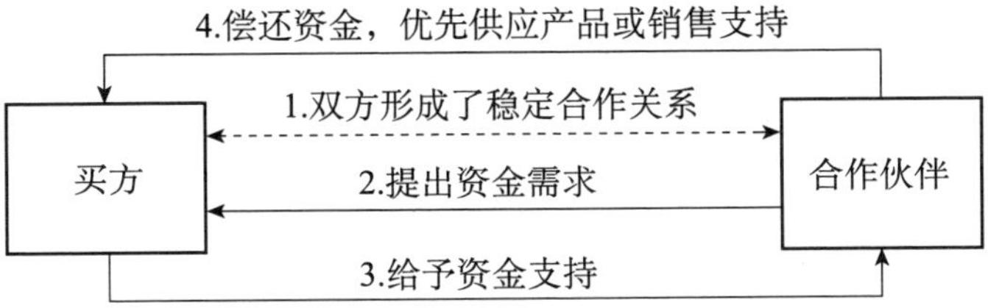

图 2-13　战略融资示意图

获得产品将来交付时一定的折扣。供应商的折扣承诺激励买方提前支付资金，从而缓解供应商运营资金的紧张；而对于买方而言，由于提前支付，有利于保障产品供给（见图 2-14）。严格意义上讲，预付折扣尚未形成实际的采购协议，而是一种意向性订单，以便在未来获得优惠的价格或者经营上的支持。预付折扣与战略融资的差异在于，战略融资中供需双方的保障是未来的订单、产量或销售上的支持，也就是一种对未来行为的期待，而预付折扣的保障是意向性订单，相对而言，其保障的要素更为具体。此外，融资的目标也不完全相同，战略融资的目的比较宽泛，既可以是战略性的行为，诸如提升企业运营能力，也可以是具体的经营业务，如订单锁定，而预付折扣的目的是获得一定折扣的供货。两者的相同之处在于信用和资金的提供方都是买方。

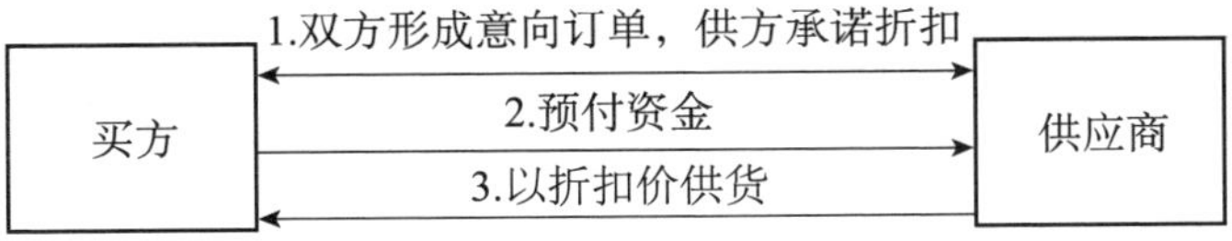

图 2-14　预付折扣示意图

2.5.3.2　装运前阶段供应链金融业务

在供应链装运前阶段，主要的供应链金融业务是订单融资和买方支持下的订单融资。订单融资（purchase order financing）是指这样一种业务，在产品发运前，买方为了采购原材料或者生产，向金融机构申请所需资金，金融机构则根据供应商的信用，以决定是否向其提供资金（见图 2-15）。显然，在这种产品业务中，信用保证的提供方是供方，资金的提供方是银行这类金融机构，而融资的受益方是供应商。

买方保证的订单融资（buyer-backed purchase order financing）也可以

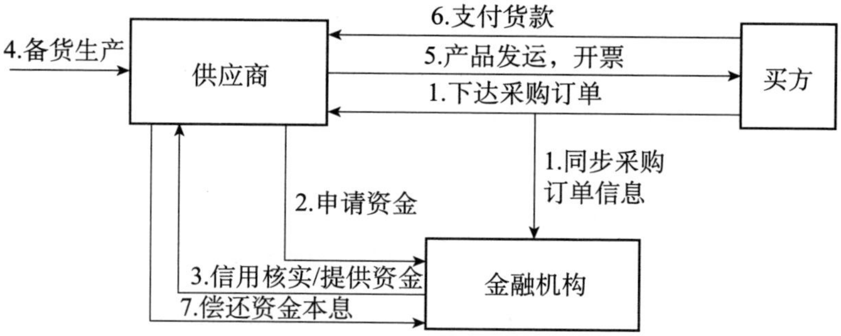

图 2-15　订单融资示意图

称为信用融资（credit financing），它同样基于买方的采购订单，由金融机构向供应商提供融资，以满足其备货或者生产中的资金需求，或者满足供应商及时全额获得销售资金的要求。它与纯粹的订单融资的不同之处在于，其信用的提供方是买方，而不是供方自身（见图 2-16）。通常在没有买方保障的条件下，供应商向金融机构借贷的利率取决于金融机构对中小企业的征信和信用评级，而在买方保证的订单融资中，由于订单由可信的买方发起，因此，中小企业的资金利率依赖于买方的信誉和信用。

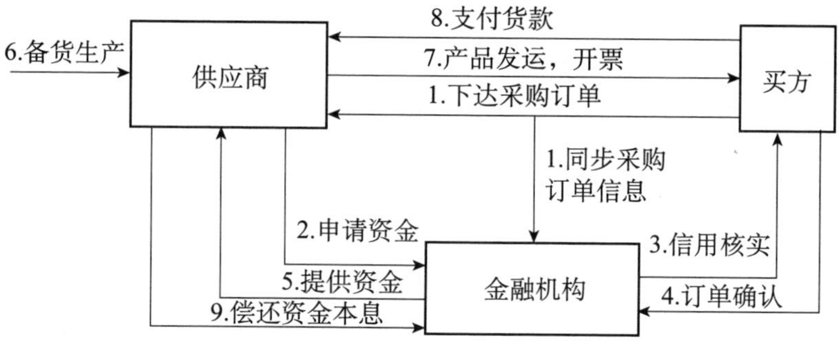

图 2-16　买方保证的订单融资示意图

2.5.3.3　在途阶段供应链金融业务

在供应商生产出产品、向买方发运产品的过程中，主要的供应链金融业务是仓单质押以及在存货融资等产品。仓单质押融资（warehouse receipt finance）是金融机构基于仓库中质押的仓单向供应商融资的金融业务（见图 2-17）。该业务的担保物是经营中的库存仓单，信用保证的提供者是管理存货的第三方仓储管理方。

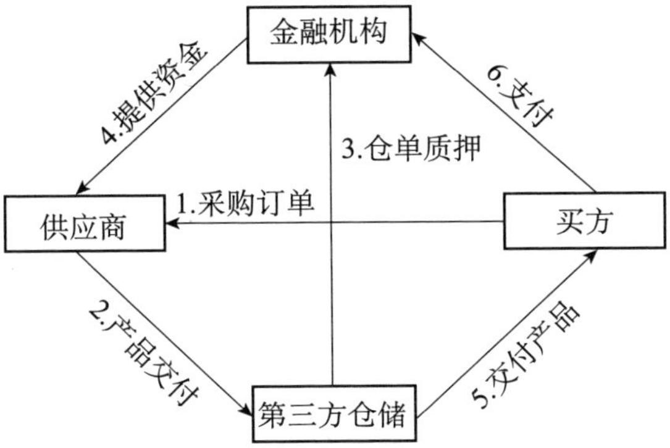

图 2-17　仓单质押融资示意图

存货融资（inventory pledge financing）也是金融机构基于存货向借方提供融资的产品，该业务使用借方的存货作为质押物，这种形式的融资可帮助企业满足扩大产能、设备更新或材料供应的营运资金需求（见图 2-18）。该业务与仓单质押业务非常相似，区别在于一方面仓单质押的信用保证提供者是仓储企业，而存货融资的信用保证提供者是借款方；另一方面，仓单质押的担保物是仓单，而存货融资的担保物含义较为广泛，既可能是各种形式生产中形成的库存（如原材料、半成品库存、产成品库存），也可能是物流服务途中的产品（在途库存）。

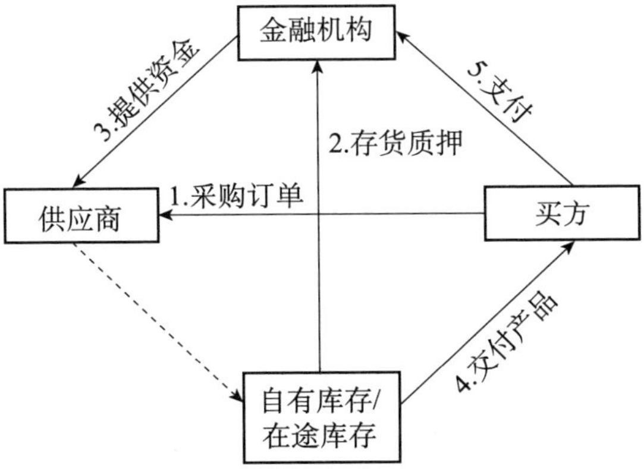

图 2-18　存货融资示意图

2.5.3.4 装运后阶段供应链金融业务

装运后阶段指的是产品已经从供应商处抵达买方，形成了票证、提单等，买卖双方构成了应收应付的关系，并基于债权和债务关系产生了诸多供应链金融业务，包括保理、反向保理、福费廷、动态折扣等产品。保理（factoring）又称托收保付，是卖方将其现在或将来的基于其与买方订立的产品销售/服务合同所产生的应收账款转让给保理商（提供保理服务的金融机构），由保理商向其提供资金融通、买方资信评估、销售账户管理、信用风险担保、账款催收等一系列服务的综合金融服务方式（见图 2－19）。在保理形式下，供应链金融业务的担保物是买卖双方形成的商业票据，信用保证的提供者是供应商，融资服务的提供者是金融机构，供应链金融的受益者是供应商。

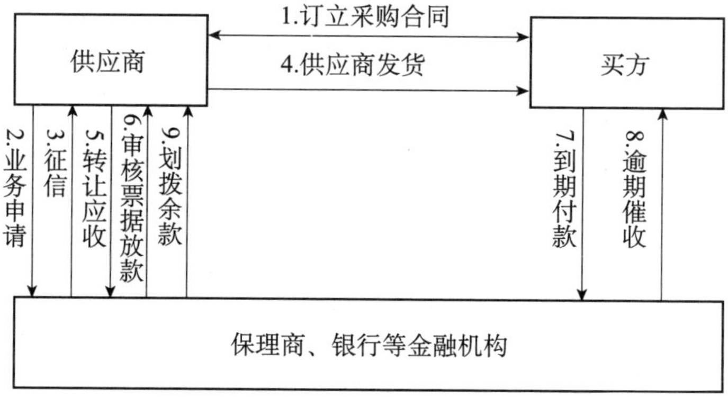

图 2－19 保理示意图

反向保理（reverse factoring）又称买方保理，是指由债务人（义务人）发起业务申请的保理（见图 2－20）。与一般的保理业务不同，在反向保理中，保理商进行风险评估的对象是作为供应链核心企业的买家，而不是像保理业务中那样对供应商进行信用评级。此外，由于对买家比较了解，保理商可以选择那些买家提前批准表示同意支付的应收账款进行融资，这大大降低了保理商的风险，同时使得供应商的融资成本降低。因此，在反向保理中，融资的担保物是买方（核心企业）提供的票证，信用保证的提供者是买方，供应链金融的受益者是买方支持的供应商。

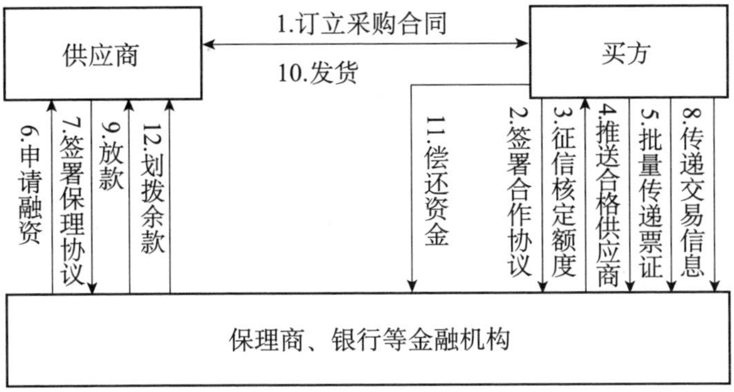

图 2-20　反向保理示意图

福费廷是与出口贸易密切相关的供应链金融业务产品，是指银行或其他金融机构无追索权地从出口商那里买断由于出口商品或劳务而产生的应收账款（见图 2-21）。相对于其他贸易融资业务，福费廷业务的最大特点在于无追索权，也就是出口企业通过办理福费廷业务，无须占用银行授信额度，就可从银行获得 100%的便利快捷的资金融通，改善其资产负债比率，同时，还可以有效地规避利率、汇率、信用等各种风险。福费廷与保理的区别在于：福费廷是信用证项下，保理是非证结算；福费廷多承担银行同业风险，保理则承担买方授信的风险；保理业务往往是打包服务，包括保理账户托管以及账款催收等，而福费廷则偏单一融资。

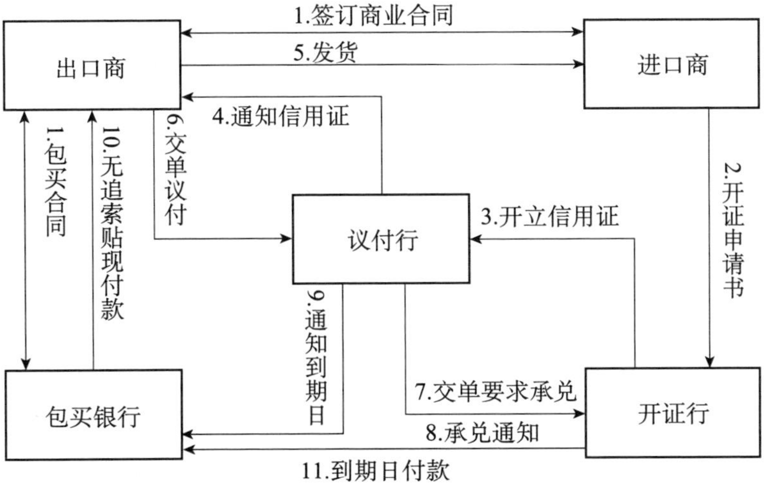

图 2-21　福费廷示意图

如前所述，动态折扣是一种具有金融属性的交易活动，在买卖双方约定的账期范围内，如果买方提前付款，可以获得供应商动态调整的价格折扣，从而使买卖双方均获得相应利益。基于动态折扣，也可以结合金融机构提供的资金融通服务，即在协商付款提前期以及折扣价的基础上，买方可以向金融机构申请融资，提前支付给供应商，待一定时间后，买方向金融机构偿还资金（见图 2-22）。在这一状况下，买方是否申请融资取决于资金利息与提前折扣之间的差异，如果折扣价值大于资金利息，融资提前支付就具有较大价值。这一业务的信用保证提供者是供应商，在无金融机构介入下，资金利益的提供方是供应商，而在金融结构介入下，则是供应商和金融机构双方，供应链金融的受益方是买方。

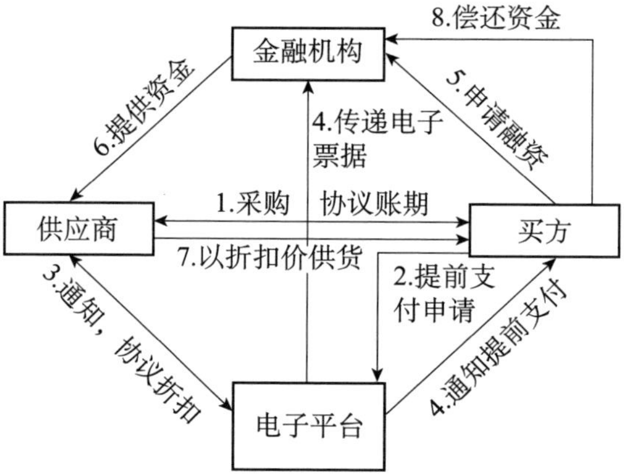

图 2-22　基于动态折扣的供应链金融示意图

第 3 章
智慧供应链与科技赋能的供应链金融

3.1 引言

近些年来，随着互联网、物联网（IoT）、云计算、大数据、AI 等新兴技术的出现，供应链运营及供应链金融的智慧化日益成为供应链领域重要的发展趋势，端对端供应链金融的提出是以供应链运营服务的全程化、无缝化为基础的，因此，任何供应链环节、主体或者活动管理的失误都会对端对端供应链金融的顺利发展构成严重威胁。如今供应链和供应链金融的发展态势对智慧化提出了较高的要求，这是因为一方面环境的变化使得供应链活动变得日益复杂，企业早已跨过了“原子主义”竞争的时代，而成了包含多种业务和关系的供应链网络中的积极参与者（Lambert & Cooper，2000；Ben-Daya et al.，2017）。随着分工的全球化，很多供应链开始走向全国甚至全球，在世界范围内进行运营活动，因此，供应链整体面临的风险接触面也进一步扩大（Butner，2010）。另外，客户对于产品的个性化定制需求、产品的价格以及服务质量的要求也越来越高（Christopher，2016），加之由于技术的快速变化和产品的不断更新换代，许多行业竞争激烈，产品的周期也越来越短、复杂性也越来越高（Simchi-Levi，Kaminsky & Levi，2003）。要在如此复杂的环境中求生存，企业和供应链都需要打造自己的弹性能力和风险缓解能力并保持整体结构的灵活性，以快速应对环境不确定性的挑战（Ben-Daya et al.，2017），这对供应链以及供应链金融的“智慧化”产生了更高的要求（Butner，2010）。另一方面，信息通信技术（ICT）对供应链中企业自身的管理行为也产生了巨大影响。例如，随着信息技术、半导体技术以及其他分析技术的发展，现代供应链开始充分利用先进的技术以及“价值共创”的生态合作理念，通过将数据、信息、物理对象、产品和业务流程进行无缝整合（Schuster et al.，2007），企业可以以更加精细和动态的方式管理生产和生活，达到“智慧”状态（盘红华，2012），从而也构建了具有类似人脑主动分析、反应功能的“智慧供应链”（Wu et al.，2016）。例如，配备智能设备的工厂可以和遍布全球的团队通过智能分析和横跨整个价值链的动态订单管理系统实现订单的协同、实时管理（Hessman，2013）。毫无疑问，嵌入在具有智慧存储、智能分析以及自动预警和应急功能的供应链中的企业能更高效地利用资源，在确保灵活性和弹性能力的同时，也保持了供应链的精敏性，由此不但提高了企业的生产效率（Wu et al.，2016），还提高了供应链金融的风险控制能力。

本章立足于这一背景，将首先从理论上阐述供应链智慧化的含义及其关键要素，并基于对智慧化及其作用的理解进而探索现代 ICT 在供应链金融运作中对于供应链资产端和资金端的赋能作用，以及实现智慧供应链金融的整体框架。基于上述框架，结合智慧供应链和金融服务案例来分析 ICT 的赋能过程。

3.2　供应链"智慧化"及其要素

3.2.1　供应链"智慧化"内涵

随着ICT的发展，供应链的智慧化日益成为产业发展的关键。从学术研究来看，与智慧供应链相关的术语非常多，包括数字供应链（electronic supply chain management，eSCM）（Zayyad et al.，2017；Liu et al.，2016；Akyuz & Rehan，2009）、环境智能（Pinheiro et al.，2018；Lee et al.，2018；Kloch et al.，2010）、IoT（Tu et al.，2018；Lee et al.，2018；Ben-Daya et al.，2017；Fleisch，2010；Papert & Pflaum，2017）、工业互联网（Mouratidis & Diamantopoulou，2018；Pease et al.，2018；Tao et al.，2018；Jeschke et al.，2017）、网络物理系统（cyber-physical systems，CPS）（Monostori，2014；Lee et al.，2015；Babiceanu & Seker，2016）、智能工厂（Lucke et al.，2008；Wang et al.，2016；Radziwon et al.，2014；Kang et al.，2016；Chen et al.，2018）、云制造（Fisher et al，2018；Zhang et al，2014；Wu et al，2013）、大数据分析（Chen et al.，2018；Wang et al.，2016；Yin & Kaynak，2015；Lee et al.，2014）以及云计算（Thoben et al.，2017；Lu，2017；Wu et al.，2013；Low et al.，2011）等。总的来看，现代ICT的发展，导致了包括供应链管理等众多领域的管理范式的转变（Ben-Daya et al.，2017）。例如电子商务促进了传统企业的网上交易，而电子供应链则在"交易"的基础上更进一步，强调供应链运营流程的整合（Akyuz & Rehan，2009；Wu et al.，2016）。此外，IoT作为一个具有数十亿元市场潜力的新型信息技术（Gartner，2014），进一步推进了供应链的整合，将企业的信息系统和实物对象连通整合起来（Ashton，1999；Fleisch 2010；Papert & Pflaum，2017）。通过将物理对象与特定的数据识别与采集技术（automatic identification and data capture，AIDC）相嵌入，例如射频识别（radio frequency identification，RFID）标签、远程信息处理模块或传感器标签，物理对象就能够进行自我表达并作

为信息发送的主体。由此，物理对象则具有了智能特性，包括识别、本地化、通信、传感以及逻辑功能，由此将物理对象化变“被动”为“主动”（Atzori et al.，2010；Haass et al.，2015；Papert et al.，2016；Sanchez-Lopez et al.，2011；Thiesse & Buckel，2015；Papert & Pflaum，2017）。而供应链情境中的“沟通”也提升到了另一个层次——实现了“人”与“物”之间的交流以及“物”与“物”之间的自主协调，并且能够将这些交互信息储存在设备中或是在供应链的不同实体中进行传输（Ben-Daya et al.，2017）。如今，GPS设备、智能手机、社交网络，云计算和数据分析等技术的优化和发展，进一步丰富了“现代IoT”这一概念。由于IoT强调“联”，而“物”实际上并不具备“主动性”，如果将连接的“物”加入更大的沟通网络，并辅之以大数据、云计算等“大脑反应中枢”，便构成了CPS。实际上，IoT为传感器、执行器、生产设备（终端）连接到CPS提供了所需的平台（Ben-Daya et al.，2017）。CPS由机器、存储系统和生产设备组成，其中，物理实体可以通过3C（computing、communication、control）技术的有机融合与深度协作，实现自主信息交换、行为触动以及相互监控（Kagermann，Wahlster & Helbig，2013）。就本质来看，CPS可以等同于工业互联网。CPS与工业互联网的本质都是基于传感器、处理器、执行器、信息网络、云计算、大数据将现实的物理世界映射为虚拟的数字模型，通过基于高级算法的大数据分析，将最优的决策数据反馈给物理世界，优化物理世界运转效率，提升安全水平（李仁发等，2012）。但是，CPS并不局限于工业运用，还能够拓展应用到交通、医疗、农业、能源等其他生产生活领域，因此，从运用范围来看，CPS涵盖工业互联网。另外，在CPS或工业互联网情境下，IoT平台通常在外部数据中心使用云计算功能，这也导致了工业4.0情境下的供应链概念的产生（Ben-Daya et al.，2017）和智能工厂的发展。当然，上述技术的逐渐发展、“物体”逐渐智能化，也构造了我们的智能环境（smart environment）。智能环境是指对一个人有感应和反馈的电子环境，也即上述的传感器、执行器、显示器和各种计算、分析元素无缝嵌入经营活动来支持日常的运营活动（Weiser et al.，1999），使人们在使用这些信息以及隐藏在这些设备后面的网络中的智能时，变得更容易、更自然。

显然，技术的发展路径不仅串联起了上述各个术语之间的关系，还推进了“联”的深度和广度：从孤立的 RFID 应用到更大范围互联的本地 IoT 构建，到 IoT 情境下大数据、云计算嵌入构建的工业互联网或 CPS，由此推动了智能工厂云制造的实现，并定义了更大范围的“智能环境”（Wu et al.，2016）。遵循这一发展趋势，供应链“智慧化”也可以被定义为一种新的互联商业系统，它将孤立的、本地的和单一企业的应用程序扩展到供应链范围的智慧系统构建，在这个过程中，IoT、智能设备以及智能基础设施是智慧系统的底层基础，通过构建底层基础，能够实现供应链全实体（人、物、信息系统）互联、供应链全流程的数字化、供应链运营的可视化，进而推动整体决策的智能化、提高供应链的运营效率以及响应速度，最终能够更好地为客户服务。

具体来看，智慧供应链既不同于传统的企业价值链，也不同于以往的供应链（Lazzarini et al.，2001）。企业价值链最初由 Porter（1985）提出，他指出“每个企业都是设计、生产、营销、交付和支持产品一系列活动的集合。所有这些活动都代表了企业应用价值链的方式……价值链显示了总价值，包括价值活动（value activities）和利润（margins）。价值活动是企业开展的具备实体和技术独特性的活动，是企业为买方生产有价值产品的基础。利润是总价值和开展创造价值活动总成本之间的差异”。显然，企业要实现利润，就需要合理有效地组织和管理价值活动。供应链则跨越了单一企业的界限，它由上下游组成进行垂直化的组织交易，并逐级完成价值创造的过程，其核心在于通过合理的协调、组织和管理上下游组织之间的商流、物流、信息流和资金流以实现行业的高绩效。要实现这一目标，就需要将供应链界定为计划、采购、生产、配送、退货五大流程，并分别从供应链划分、配置和流程元素三个层次切入，对供应链流程活动进行定义、衡量和实施，亦即 SCOR 模型。智慧供应链则在供应链基础上，极大地拓展了系统结构和范围，它通过互联网、IoT 等新兴 ICT 手段，基于产业各利益相关方或者产业集群的有机组织，结合商流、物流、信息流、资金流、知识流、人才流从而进行多方互动并创造价值。可以看出智慧供应链或网络链跨越了单一纵向的供应链，呈现了多相关行业或者同水平层级的多主体协同，并且根据服务的要求，由不同行业、企业或者不同地理位置的组织来承担相应的价值创造和传递过程，并且最终形成体系化的价值。由此来看，这三种不同形式的“链”并不是相互替代的，而是三个不同层面的价值活动创造，价值链是企业层面的价值活动创造，供应链是行业层面的价值活动创造，而智慧供应链则是产业层面的价值活动创造。当然，从这一视角来看，没有建构良好的企业价值链和供应链，也就不可能出现智慧供应链。

3.2.2 “智慧化”的结构特征

随着物理世界本身正在成为一种信息系统，传感器和微型设备正通过有线或无线网络进行连接，基于当今主要的静态信息架构的商业模式面临着许多挑战，因为新的创造客户价值的方式出现了（Bughin et al.，2010）。数字世界与物理世界的深度融合有可能为全球供应链带来深刻变革。然而，尽管目前大家对“智慧”“智能”的巨大潜力以及支持“智慧”“智能”发展的相关技术要素达成了共识，但是对于如何构造相关系统以及构造后如何实现价值仍缺少综合愿景（Lopez et al.，2012）。Butner（2010）和 Wu 等（2016）在总结前人研究的基础上，指出了智慧供应链应该具备的六个显著特点：

一是工具性（instrumented），即供应链运营中的信息一定是由自动化或感知设备产生的，例如 RFID、Tag 标签等。没有有效的 ICT 的支撑，供应链中的信息无从获取，因此，工具性是供应链智慧化的第一特征。

二是关联性（interconnected），即供应链中所有的参与主体、资产、信息化系统、业务等一定是高度连接的。智慧供应链就是要将不同的主体、不同的业务、不同的要素通过 ICT 形成相互关联、相互依存的网络关系，因此，关联性是智慧供应链的又一特质。

三是智能化（intelligent），即借助于ICT智慧供应链能够实现大规模的优化决策，改善供应链绩效。智慧供应链在于通过ICT所实现的信息整合，优化供应链决策过程，从而有效地引导供应链运营走向高效、高竞争力方向。

四是自动化（automated），即供应链的业务流程能够通过信息化设备来驱动，进而替代其他低效率的资源，特别是低效率的人工介入。供应链中人为因素的频繁介入，往往产生低效率，这不仅是因为人为介入延迟了供应链的反应时间，而且存在的道德风险，增加了信息不对称和机会主义行为的可能性。

五是整合性（integrated），即智慧化能够推动整个供应链不同参与者之间的协同合作，包括联合决策、公共系统投资、共享信息等。

六是创新性（innovative），即智慧化能够推动供应链的创新，通过提供整合化的解决方案创造新价值，或者以全新的方式满足现有的价值诉求。

3.2.3　供应链“智慧化”发展要素

在所有关键资源中，信息仍旧在供应链管理中发挥关键作用，因为供应链绩效通常由实时协作以及复杂的整合活动表现出来（Wu et al.，2016）。当然，智慧供应链则主要通过商业模式创新、改善业务流程并降低相关成本和风险来创造新价值（Chui et al.，2010）。实际上，智慧供应链的任务就是要产生更多的信息、更理智的决策、更好的流程、更优质的产品（Wu et al.，2016）。结合智慧化的结构特征，并强调信息在整个智慧供应链管理中的关键作用，由此，智慧供应链的发展要素主要集中在五个方面（Wu et al.，2016）。第一个是供应链中的信息，信息被认为是实现智慧供应链至关重要的要素（Chopra & Meindl，2013），因此，很多研究集中探索了信息的类型、信息质量的改进、信息的及时性、信息的传递速度、信息的可介入性以及信息风险和安全保护等。第二个是IT，即如何获得和应用信息，这包括IoT和互联网如何运用到供应链运营全过程（Masciari，2012；Zelbst et al.，2012）。第三个是供应链流程的自动化，即ICT究竟如何改变供应链的运作流程、替代低效率的人工活动、优化供应链过程。第四个是先进分析，即如何运用大数据来分析供应链中的问题，并且基于大数据分析为供应链优化决策提供依据。第五个是供应链的整合与创新，即如何让IT、先进分析以及流程的自动化实现高度整合，推动供应链的升级。并且这种整合涵盖了三个层面，即组织间文化上的整合、战略体系上的方案整合、运营上的实践整合（Vallet-Bellmunt & Rivera-Torres，2013）。除了整合之外，现有的研究还探索了智慧供应链的创新，即高度的信息化整合，推动了产品/服务和流程上的创新，诸如线上线下供应链的高度融合（Wu et al.，2016）、复杂自适应系统的建立等（Wycisk et al.，2008）。实际上，上述的五个发展要素囊括了智慧供应链的所有结构特征。例如，IT包括了硬件设备（工具性）和虚拟网络连接（相互关联），而先进分析（包括大数据、云计算、边缘计算等）相关技术又促进了“智慧”的发展，而供应链中的信息实际上是“智慧”的基本要求（Wu et al.，2016）。

3.2.3.1 供应链中的信息

从供应链中的信息管理来看，信息不同于“无意义”的数据，信息是对数据进行解读后，能够支持决策的“有意义的数据”（Detlor，2010），而这些“有意义的数据”才是对供应链管理至关重要的资产（Chopra & Meindl，2013）。目前，对于供应链信息管理的研究，主要集中在对供应链中的需求（或订单）信息管理上（Kumar & Pugazhendhi，2012）。在涉及不确定性和中断的动态环境中，需求信息对于供应链整体的运营至关重要（Mithas et al.，2011；Wu et al.，2016），而需求信息的可见性有助于缩短交付周期、降低相关成本、提高响应能力并提高决策制定的有效性（Handfield & Nichols，2002）。供应链运营中还涉及其他信息，包括库存、成本、定价、运输、位置、容量、质量和技术信息等（Pedroso & Nakano，2009）。随着智慧供应链的发展，大量设备会产生巨量的传感器数据（Loher，2012），而数据转化为有用的信息也需要消耗大量的资源，因此，要打造高效的智慧供应链，企业需要思考信息的效率和效果问题，即“供应链整体合作运营需要哪些信息，而企业又能够向供应链或特定合作伙伴输入哪些有用的信息”（Holmberg，2000；Handfield & Nichols，2002）。没有对信息进行清晰的定义和定位，供应链中的信息传递则难以实现，实际上各种智能设备以及传感设施积压的数据也无法转化为有价值的信息资源（Wu et al.，2016）。Wang 和 Strong（1996）以及 Lee 等（2002）都强调了信息质量的重要性，他们认为对信息质量的评价应包括两个部分：数据内在（intrinsic）要求和情境（contextual）要求。内在要求是指信息本身所具有的客观属性，主要包括信息的准确性、及时性、一致性和完整性。情境要求是指信息的质量依赖于信息被观察到和使用的情境，包括关联性（relevancy）、价值增加性（value-added）、总量（quantity）、可信度（believability）、可及性（accessibility）、数据的声誉（reputation of the data）。利用低质量的信息进行分析可能会给企业造成重大损失，因此，依赖于大数据进行决策的供应链管理者应当对数据以及在数据分析基础上形成的信息进行全面质量管理（TQM）。类似地，Pedroso 和 Nakano（2009）认为，优质的信息应当具备以下特征：信息类型正确（有用的、能够创造价值的信息资源）、信息质量较高（信息具有准确性）、信息传输的时机把握准确、信息及时或实时传递、信息访问容易以及信息分享和隐私保护可控。此外，对于供应链中信息的管理，还涉及信息的分享问题。越是在需求不确定的环境下，信息越是关键，因此有大量研究指出信息分享是供应链绩效驱动的关键因素（Cachon & Fisher，2000）。通过充分的信息共享，供应链上下游能够更加协调行为、协同计划，由此，也能够打造更有效的物流和信息流（Damiani et al.，2011）。当然，随着信息技术的发展，信息分享的成本逐渐降低，实际上，目前更多的难点在于供应链中信息分享的“冗余”，由此，又再次强调了信息分享的“质”和“量”的把握问题（Handfield & Nichols，2002；Liker & Choi，2004）。

3.2.3.2　IT

确定了所需的信息后，便要确定如何获取和使用这些信息，这便涉及 IT 的配置问题，毕竟 IT 在促进供应链信息流动中发挥着支柱的作用（Wu et al.，2016）。实际上，IT 一直是有效供应链管理的助推剂（Ross，

2016)，其在帮助供应链降低环境不确定性带来的挑战和风险方面一直发挥着重要的作用（Ben-Daya et al.，2017）。IT 对于供应链的实质以及供应链的结构设置方面具有重要的影响，IT 促进了企业内部供应链各个流程环节的整合，并且也加速了企业与外部供应商和客户的运营整合（Ben-Daya et al.，2017)，因为 IT 在提高内外部供应链各个节点之间的沟通能力、信息获取和转移能力方面具有突出的贡献，由此，供应链各个节点也能做出更有效的决策，进而提高了供应链整体的运营绩效。在智慧供应链的发展中，IoT 是一种十分重要的底层建构的基础设施。IoT 是基于标准和可互操作的通信协议的动态全局网络基础结构，其中物理和虚拟“事物”具有身份、物理属性和虚拟个性，并使用智能接口无缝地集成到信息网络中（Xu et al.，2014)。简而言之，IoT 能让企业的信息系统和实物对象连通整合起来（Ashton，1999；Fleisch 2010；Papert & Pflaum，2017)，使“虚”（信息网络）和“实”（具体设备与具体情境等）能够实现高效互动。IoT 可以称作计算和通信领域的一次技术革命，实现我们在任何时间、任何地点、通过任何媒介与任何事物进行沟通的愿望（Atzori et al.，2010)。而建构 IoT 体系结构，则需要 RFID 技术、无线传感器网络（wireless sensor networks，WSN)、中间件（middleware)、云计算以及 IoT 应用软件这些基本技术和应用进行支撑（Lee & Lee，2015)。具体的，RFID 是一种非接触式的自动识别技术，属于近程通信，与之相关的技术还有蓝牙技术等。RFID 通过射频信号自动识别目标对象并获取相关数据，识别过程无须人工干预，可工作于各种恶劣环境。RFID 技术可识别高速运动的物体并可同时识别多个标签，操作快捷方便。RFID 技术与互联网、通信等技术相结合，可实现全球范围内的物品跟踪与信息共享，并实现可视化的供应链（Masciari，2012)。WSN 是一种分布式传感网络，主要用于监视和跟踪不同设备的状态，如位置、移动或温度等，并对其进行识别和处理（Oudenhoven et al.，2012)。WSN 所具有的众多类型的传感器，可探测周边环境中多种多样的现象，还能够与 RFID 标签进行协同互动（Lee & Lee，2015)。中间件扮演着 RFID 标签和应用程序之间的中介角色——从应用程序端使用中间件所提供的一组通用的应用程序编程接口（API）便能连到 RFID 读写器，读取 RFID 标签数据。简而言之，中间件是一个面向服务的软件层，它允许软件开发人员与传感器、执行器和 RFID 标签等不同设备进行沟通。云计算是分布式计算技术的一种，是一种以互联网为基础的计算平台，基于共享、需要和易扩展的方式获得所需的资源。云计算对 IoT 的发展至关重要，因为 IoT 设备生成的大量数据需要使用高速计算机进行处理分析才能实现及时和高效的决策制定（Lee & Lee，2015）。目前，市场上已经出现了很多 IoT 云平台，例如国内常见的阿里云、百度 BAE 平台、腾讯云、华为云，国际上比较知名的亚马逊 AWS、微软 Azure 以及思科的 IoT 云链接等。IoT 云平台的作用和中间件相似，主要的目的也是将 IoT 设备和 IoT 运用连接起来，即将 IoT 设备产生的数据传输到 ERP 系统和商业智能软件中，这样就能够为决策者提供及时的参考信息。最后，IoT 应用软件能够实现设备与设备以及设备与人之间的交互。很多应用软件构成了人与设备之间的接口，它们能够以直观的方式将数据呈现出来，同时找出问题并提供解决方案（Lee & Lee，2015）。当然，IoT 对于供应链整体的运营效率和效果的积极作用已经被大量研究证实，因此，一般来说，一方面，企业应当积极拥抱 IoT 技术，将 IoT 融入自己供应链的各个环节，以提高供应链整体运营的有效性。然而，目前由于很多企业无法将 IoT 技术与其他既有技术以及系统进行整合，因此，IoT 技术的功效大打折扣（Ericsson，2015；Lee & Lee，2015），甚至还成了企业的"负债"，毕竟 IoT 技术的采用需要企业进行大量的投资，而这些投资常常又是不可逆转的（Ericsson，2015；Lee & Lee，2015）。另一方面，IoT 在供应链中的运用也还处于起步阶段，各种应用还处于探索阶段，具有巨大的提升空间（Witjaksono et al.，2018；Ryan & Watson，2017）。因此，企业在利用 IoT 优化甚至重构供应链时，也会遇到许多挑战和障碍（Abubaker et al.，2017），企业需要进行各方面的综合考量。

3.2.3.3　流程自动化

通过 IoT 对供应链整个流程进行数字化整合后，便需要对整个供应链运营进行自动化改造。流程自动化指运营数据的自动分析或物理设备或产品的自动处理（Wu et al.，2016）。将网络与物理基础设施相结合不仅会使机器设备智能化，还会为与其有经济联系的其他设施、行业以及资产带来附加利益（Kim & Heller，2006）。通常来说，自动化能够优化订单执行等相关流程，并有助于供应链整体运营成本的下降（Wu et al.，2016），实际上，供应链自动化应用也嵌入在数据分析、制造、采购、仓储、分销和零售等各个环节（Li et al.，2013；Trebilcock，2013）。

3.2.3.4 先进的分析技术

业务分析是将数学技术和功能知识结合起来以产生可操作的见解的过程（Wu et al.，2016）。很多学者都认为分析学是大数据分析的基础，它能帮助企业做出基于事实的更好的决策，从而达到推动战略和提高绩效的终极目标（Waller & Fawcett，2013）。实际上，Schoenherr 和 Speier-Pero（2015）的研究也发现，企业认为大数据给它们带来的主要益处包括更加正式的决策制定能力、提高供应链效率、增强需求计划能力、降低供应链运营成本并增加供应链的可视性。在决策制定方面，很多研究侧重于大数据如何提高企业决策的有效性、准确性和科学性（梁红波，2014；Foster & Tom，2013；Brynjolfsson et al.，2011；叶斌等，2014；梁燕，2014），实际上，Brynjolfsson 等（2011）的研究也发现，一个企业如果称自己为数据驱动型企业，那么其对自己的财务和运营结果做出的评价就会更具客观性，总体上也会比竞争对手具有更高的生产率和盈利率；在提高供应链效率方面，大数据分析对于供应链效率的影响主要是通过对供应链资源的高效利用，通过数据分析、合理分配资源来提高整个供应链的协同能力（闫俊，2013；王鑫龙，2014）；在增强需求计划能力方面，数据分析使企业能够将不同数据进行聚合，分析各业务环节对于资源的需求量，并结合客户的实在需求，能更加合理地安排企业的业务活动，使企业不但能够根据顾客要求进行业务创新，还能提高企业应对顾客需求变化所带来的挑战的能力（相婷婷，2013；梁燕，2014；闫俊，2013）；在降低供应链运营成本方面，企业可以通过和上下游企业的信息共享使得企业能够最优地对有限资源进行布置，最大限度地发挥资源的效益（薛锦辉，2014；闫俊，2013）。当然，要实现大数据的价值，先进的分析技术是不可或缺的。如果没有分析学对数据进行解析，那么数据就仅仅只是一堆“数据”而已，并不具有价值（Waller & Fawcett，2013）。因此，随着信息技术的发展，供应链必然将会成为大数据的主要来源之一，鉴于此，先进分析技术可能成为企业和供应链的决定性竞争资产，甚至可能成为提高供应链绩效的核心要素（Wu et al.，2016）。当然，从另外一个角度看，如果没有大数据作为分析学的研究对象，那么其充其量也只是数学和统计的工具和应用方法而已，对于企业也不具有价值和意义。Chae 等（2014）分析了数据管理能力、运用科学技术进行计划的能力以及绩效管理能力三者对于提升供应链满意度和运营绩效之间的关系，通过对 537 家生产工厂收集的数据进行的实证研究，他们发现数据管理能力是利用分析学进行供应链决策的关键驱动因素，并指出企业运用大数据进行分析决策之前，必须先要培养企业进行大数据管理的能力。

3.2.3.5　智慧供应链中的整合和创新

供应链管理包括设计、采购、生产、分销等一系列流程，供应链中的各个成员在价值创造中也扮演着不同的角色，供应链管理意味着要协调所有的参与成员和运营组件，以确保供应链能够高效运转（Wu et al.，2016）。随着竞争的加剧和信息技术的不断发展，供应链上的分工越发细致和明确，因此，是否能够将有效的供应链实践与跨组织间的信息共享相结合，成了提高供应链绩效的关键（Kumar & Pugazhendhi，2012）。例如，供应商整合（Danese，2013）和逆向物流整合（Cardoso et al.，2013）就被认为是提高供应链运营绩效的重要策略。当然，除了供应链各个流程的整合外，IT 技术如何与供应链运营中的其他技术、人力资源、组织能力相结合以在价值创造过程中获得竞争优势也是智慧供应链构造中需要重点关注的问题（Carmichael et al.，2011）。

在智慧供应链中，整合的 IT、先进的分析技术和流程自动化三者之间的有效互动为最大化供应链盈余提供前所未有的机会（Wu et al.，2016）。

如前文分析的，大数据本身并不具有价值，只有当公司有能力使这些数据在进行分析后作用于流程改进时，公司才能从大数据中获益（Waller & Fawcett，2013）。也就是说，企业和供应链需要利用IT收集、存储和管理大量数据，随后需要通过先进的分析技术将其转化为及时、明智的决策，而流程自动化则辅助整个决策的实施，确保决策实施的效果，如此才能实现三者的交互价值，而这一切，则建立在上述三个要素的无缝整合基础之上（Wu et al.，2016）。

除了供应链流程以及供应链整体技术的整合外，智慧供应链对产品和服务以及运营流程的创新也提出了更高的要求。一般来看，智慧供应链转变了消极的环境应对方式，由于“智慧”的积累，供应链整体能够对环境的变化进行主动的、（甚至在环境变化前就做出）积极的适应调整，由此，供应网络已经从线性结构转变为“复杂的自适应系统”，这种系统被认为能够及时自主地适应环境变化（Wycisk et al.，2008）。实际上，这种自主的适应行为对于维持供应链的稳定和绩效具有积极的作用，而稳定的供应链有助于成员间的协同创新（Modi & Mabert，2010）。当然，对智慧供应链的全面整合、打造可视化供应链的要求也增强了合作成员之间的信任，由此进一步提高了成员间协同创新的可能性以及协同创新的绩效。当然，除了智慧供应链带来的强化合作关系外，智慧供应链中的发展要素本身也与创新具有紧密的联系（Waller & Fawcett，2013）。实际上，“大数据”代表着一种新的生活方式，提供了一种新的资源和新的能力，是一种新的技术，还带来了一种新的思维方式（李文莲，夏健明，2013），它带来了更低的成本门槛、更多的商机，并更容易孕育颠覆性的创新（任广见，2013）。具体来看，在企业业务方面，韩蕊（2013）指出，大数据技术为分析现有业务难题和潜在机会带来了创新的方法，并且这种全新的资源和分析技术也能通过全新的方式来改善企业的运作；在技术方面，李逸群和龙剑（2013）指出，大数据有助于降低知识转化的成本并加快知识转化的速度，而知识在转化的过程中则有利于技术的创新。而就大数据对于供应链创新的作用来看，Tan等（2015）认为企业可以通过大数据来获得新的想法或者更好地理解企业的顾客、市场以及产品，并提出了一种基于演绎图技术的分析构架以有助于企业将自己的能力集和其他企业的能力集进行整合，这样就能通过更好地运用大数据来加强供应链的创新能力以获得整体的竞争优势。华润万家/宝洁（中国）（2014）也提出，大数据不仅能改变企业的运营方式，也有助于供应链的协同创新。姜超峰（2015）认为，大数据有助于供应链金融的服务创新。由此可见，智慧供应链不仅是信息技术运用下的创新的结果，并且也是创新的催化剂和创新的动力，其不仅能够促进技术的进一步创新发展，还能够促进产品、服务、管理以及运营流程的创新（Evans & Annunziata，2012）。

3.3　ICT 赋能的供应链金融

伴随着供应链的智慧化，特别是 ICT 对供应链运营的变革的推动，供应链金融活动也开始呈现出与 ICT 高度融合的趋势，并且使得供应链运营基础上的金融活动变得日益高效、智慧，从而产生了金融科技。这就需要探索智慧供应链金融的内涵、融合性 ICT 在供应链金融中的作用和定位、需要解决的问题以及具体的赋能作用是什么。

3.3.1　智慧供应链金融的内涵

供应链金融的智慧化与供应链智慧化是相同的，都是因为现代 ICT 对于业务的再造而产生的高效过程。具有工具性、关联性、智能化、自动化、整合性和创新性的融合性 ICT，诸如 IoT、大数据、云计算、AI 以及区块链等，推动了供应链运营和金融运营的变革，同时借助于综合性的信息、IT、流程自动化、分析技术以及活动的整合创新，使得两个领域高度融合，产生了供应链以及金融活动的决策智能化、主体生态化、活动服务化以及管理可视化，有效地解决了产业活动以及金融活动中的信息不对称和道德风险问题，实现了用金融推动供应链生态发展，同时借助于供应链运营，实现了金融生态的拓展和增值过程（见图 3－1）。需要指出的是，智慧供应链金融是金融科技（fintech）的体现，金融科技由于处于发展过程中，目前尚无统一的界定标准。2016 年 3 月，全球金融治理的牵头机构——金融稳定理事会发布了《金融科技的全景描述与分析框架报告》，第一次在国际组织层面对金融科技做出了初步定义，即金融科技是指由大数据、区块链、云计算、AI 等新兴前沿技术带动金融创新，并由此形成了对金融市场、机构及金融服务产生重大影响的业务模式、技术应用以及流程和产品（FSB，2016）。目前，巴塞尔银行监管委员会将金融科技分为支付结算、存贷款与资本筹集、投资管理、市场设施四类，而供应链金融涉及支付结算以及存贷款业务，因此，智慧供应链金融是金融科技的形态之一。

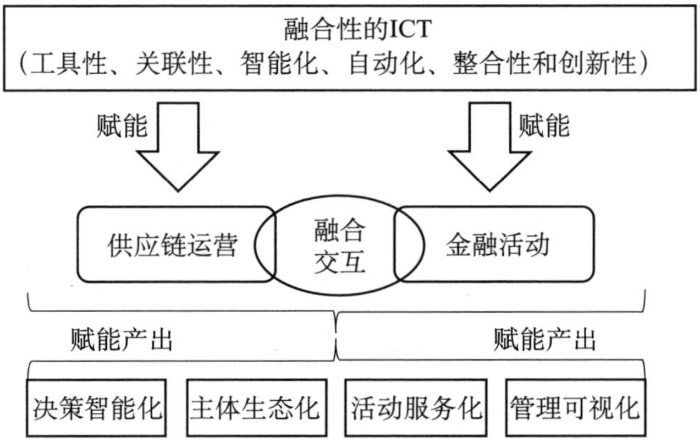

图 3－1　智慧供应链金融内涵示意图

智慧供应链金融的一个特质是融合性 ICT 在供应链金融中的全面运用，亦即各种功能迥异、但是相互关联的 ICT 组织成一个体系，为供应链金融活动全面赋能。之所以如此，是因为供应链金融应运而生。供应链金融主要依托产业供应链运营，是一种集物流运作、商业运作和金融管理为一体的管理行为和过程，它将贸易中的买方、卖方、第三方物流以及金融机构紧密地联系在一起，实现了用供应链物流盘活资金、同时用资金拉动供应链物流的作用（宋华，2015）。为了实现这一过程，就需要产生不同类型和不同阶段的供应链金融运作，这种不同类型或阶段的供应链金融运作，可以从供应链及金融的结构特征、流程特征和信息特征上加以区分（Blackman，Holland & Westcott，2013）。

第一，在结构特征上，传统的供应链金融是金融机构主导的金融业务，换言之，商业银行或传统的金融机构负责供应链金融产品的设计、提供和管理，它们立足于核心企业的产业供应链及其信用，提供相应的供应链金融产品，诸如应收应付类业务（如保理、反向保理、反向采购、票据池融资等）、存货类业务（如仓单质押、存货融资等）、预付类业务（如保兑仓等）。在这一状态下，银行等传统金融机构并不直接参与到供应链运营过程中，充其量是产业供应链运营的参与者，即为供应链中的企业提供资金并管理资金风险。而到了由产业龙头企业推动的供应链金融阶段（俗称供应链金融 2.0 阶段），供应链金融的结构发生了很大的改变，供应链金融服务的推动者是产业中的核心企业，它们基于自身的供应链体系，结合金融机构、上下游企业以及第三方服务机构，为自己的上游或下游提供资金融通服务（注意不是直接提供资金，而是媒介信息服务——为金融机构有效控制风险和提供资金扮演桥梁和管理作用）。从社会网络的视角看，这一阶段的供应链金融无论是网络密度和中心度都较高。网络密度是指某一个体的直接联系数量和网络中所有可能联系的数量的比值，以衡量企业与网络成员的接近程度和资源控制能力（Scott，2000）。中心度衡量的是个体在网络中心的位置，反映了企业在网络中的重要性。也就是说这种类型的供应链呈现出紧耦合状况，并且供应链金融服务的提供者——核心企业处于产业供应链运营的中心位置。事实上，也正是核心企业才能够充分管理和控制整个业务结构，同时资金进入供应链才能够有效地展开并控制相应风险。然而随着产业核心企业主导的供应链金融的逐步发展，这种类型的供应链金融又显现出了相应的局限性，首先是并非所有企业都能够搭建供应链金融服务体系，这是因为企业只有具有较强的资源和管理能力，在自身供应链体系相对完善的基础上，才能够推动供应链金融服务。而大多数企业，特别是中小企业由于自身的供应链体系尚未建成，此时由其去推动供应链金融就会力不从心。其次是第二个阶段的供应链金融往往只能服务于核心企业的一级供应商或一级客户，无法实现供应链金融服务在多级供应链中的穿透，即为供应商的N级供应商或客户的N级客户服务。也正是因为如此，供应链金融发展到了第三个阶段，即以网络平台为基础的供应链金融阶段（也称互联网供应链金融或供应链金融3.0阶段，见《互联网供应链金融》）。这一阶段所形成的结构不再是“链条”式的供应链，而是平台，尤其是以互联网为技术手段的虚拟产业集群，即产业生态与生态之间的协同与合作（宋华，卢强，2017）。这种合作结构既包括了上下游不同环节的垂直合作，也包括了同类环节之间的横向合作，以及跨地区、跨行业的斜向合作，因此，供应链结构一方面趋向于松耦合，即网络密度相对于第二阶段较低，但是另一方面供应链金融的组织者又处于较高的中心度，整个供应链结构呈现高度组织化的网状结构（宋华，杨璇，2018）。这种网络平台生态化的供应链金融带来了管理上的巨大挑战，一方面参与主体非常广泛，不仅涉及企业的直接上下游、金融机构和第三方，也涉及其他直接或间接的参与者；另一方面，各个主体之间的活动也千差万别，涉及各种经营活动和金融行为。因此，如果没有良好的ICT的赋能和支撑，这种网络平台化的供应链金融难以为继，这也就是为什么供应链金融需要“智慧化”的原因之一。

第二，从供应链金融流程特征看，银行等传统金融机构主导的供应链金融主要关注的是资金流，即借贷资金是否用于真实的贷款意图、借方能否安全归还资金和利息，至于供应链中的交易过程和物流过程，如同此前分析的那样，金融机构由于不直接参与到供应链活动中，因此，并不能真正把握交易和物流的细节，这也就是为什么银行等金融机构对企业进行征信的基础主要是财务报表和抵/质押的资产。而在供应链金融2.0阶段，供应链金融服务提供者主要是通过把握交易流和物流来带动资金流，也就是在介入和管理买卖双方的交易过程以及物流运作过程的基础上，根据业务的特点和融资方在供应链运营中的地位和角色提供相应的资金融通服务。进入到网络平台的供应链金融阶段，由于网络的复杂性以及参与方的广泛性，供应链金融服务提供者无法直接介入所有的交易环节和物流运作，因此，要降低网络化供应链金融中存在的巨大风险，就需要在供应链能力管理、需求管理、客户关系管理、采购与供应商关系管理、服务与分销管理以及财务资金管理方面具有强大的能力（Ellram，Tate & Billington，2004），这些能力的形成必然需要借助于综合性的现代 ICT，以全方位地把握整个供应链网络中的状况，否则，任何环节、任何活动管理的缺失，都可能给金融活动带来巨大的风险。

第三，在信息特征方面，不同阶段的供应链金融在信息的广泛度和纵深度方面也有很大差异。在银行主导的供应链金融阶段，为了克服事前的信息不对称，金融机构主要关注的是财务信息和企业信用，而解决事中事后的信息不对称主要是通过抵押担保以及贷后风险控制。与之相反，在核心企业推动的供应链金融阶段，事前信息不对称的管理主要凭借的是交易信息和融资方的交易信用，并且通过让融资方嵌入供应链运营过程，以及在控制其行为的基础上降低事中事后的信息不对称（宋华，卢强，2017）。但是进入到网络平台化的供应链金融阶段，事前事中事后信息的广度和深度都发生了变化，事前信息就不仅仅是直接的交易信息和交易信用，因为供应链金融服务者并不直接参与所有的供应链运营活动，因此，要想全面地了解融资方的状况，就需要借助于各类 ICT 获取更为客观和广泛的信息，以刻画融资方真实的交易信用和信息。同样，在事中和事后管理中，也需要获取和把握各参与方的行为数据、业务数据以及相应的资产数据，这些数据的获得、整合、分析和以此为基础的决策也都需要综合性的 ICT 的保障，只有通过这些 ICT 的支撑，才能增强供应链金融的说服效应（persuasive effect，即因为信息介入性的提高使得资金借贷的意愿提升）和信息效应（informative effect，即因为信息获得性的提高加速了企业之间的学习过程，并帮助贷方做出合理的投资决策），增大资金借贷的可能性（Zhou，Xiao，Ho & Tan，2018）。

3.3.2　融合性 ICT 在供应链金融中的定位

从以上分析中可以看出，随着供应链金融的发展，现代 ICT 变得日益重要，逐渐成了供应链金融创新发展的核心要素。然而需要认识到的是 ICT 究竟在供应链金融活动中发挥了什么样的作用？要理解这一问题，就需要从管理信息系统理论的演进看信息技术在管理中的变化。Cecez-Kecmanovic (2002) 在论述管理信息系统的作用时认为，从历史的角度看，信息系统的发展经历了五个阶段。第一个阶段是信息系统的产出模型（production model of IS），这一阶段信息系统的功能是搜集和处理数据、产生信息，信息系统的目标是数据的自动化处理并且改进控制。显然，这种观点认为信息系统是一种产生数据的客观事物，或者说是管理活动的工具。第二个阶段是信息系统的交互模型（interactive model of IS），这一阶段的信息系统通过获取和处理专家知识以及外部数据产生信息，此时信息系统的作用在于支持和帮助用户实现决策的效率和效益，信息系统需要与从事决策的管理者产生互动。第三个阶段是组织范围内信息系统的网络模型（networked model of organization-wide IS，诸如 MIS、ERP 等），这时信息系统跨越了整个组织范围内的各个职能、各个层级，因此，信息系统的作用在于为整个组织范围内的流程以及跨职能协调同时实现竞争力提供全面支持。然而第三阶段信息系统的功能仍然是有局限性的，它主要是单一组织内部的职能协调和数据集成，没有将组织之间的数字和信息进行有效整合，因此，第四个阶段是跨组织信息系统模型（the model of inter-organizational IS）。在这一阶段，信息系统已经跨越了组织的界限，需要与外部的机构和组织进行对接、协同和分享交换信息。从这个意义上讲，信息系统已经不仅仅是技术，更是需要采用战略、文化、政治、法律等视角，推动技术在组织间的连接和整合，因此，这一阶段的信息系统理论采用的是社会技术系统观（Cecez-Kecmanovic，Janson & Brown，2002）。发展到今天，信息系统更是成了社会交互的重要手段，也就是第五个阶段——作为社会交互媒介的信息系统（IS as a social system mediating social interaction）。在这一阶段，信息系统使得组织之间、人与人之间产生了新的联系途径，以交互、获取、沟通、分享和传递信息和知识，并且互动交互的质量和形式都发生了巨大的变革。显然，从管理信息系统发展演进的过程看，现代 ICT 的功能已经超越了技术本身，更加深入地嵌入产业供应链运营的全过程，而且通过组织与组织之间、活动与活动之间、环节与环节之间的高效互动，推动了供应链金融的长足发展。具体讲，有关现代 ICT 以及技术服务商在供应链金融中的定位和作用，应当关注如下几点：

首先，需要明确的是在供应链金融中，ICT 是一种融合性的体系，就是说要使各种科技手段真正服务于供应链金融的各个阶段或活动，需要合理建构功能各异、相互关联的技术体系并且能使之与经营的各类主体产生良好的交互。这意味着智慧化科技需要嵌入在供应链金融场景中，脱离了供应链运营活动和金融活动的场景，技术是无法实现“赋能”过程的，因此，没有数据源的大数据建模、没有应用场景的区块链技术、没有解决方案的云计算平台等都是无价值的努力。另外，科技对供应链金融的赋能过程是具有差异性的，不存在同质性的赋能。换言之，ICT 对供应链金融的赋能是根据不同的业务差别化地产生作用，这是因为不同的业务往往涉及不同的主体、不同的活动，解决的问题和供应链金融试图实现的目标也不尽一致，如同第 2 章介绍的端对端供应链金融，两者在供应链运营的不同阶段、供应链金融业务的形态，以及解决问题的对象和方式上都具有差异性，因此，差别化的金融活动所要求的信息和数据，以及风险控制都大相径庭。例如，战略融资买卖双方并没有发生真正的购销行为，融资方为了未来的战略关系或者提前锁定技术产品，而向合作方提供资金，用以支持对方的战略性投资行为，因此，融资方这时更加关注的是合作方的潜在能力以及在行业或市场中的竞争力。相反，仓单质押则需要关注仓单对应的产品是否真实存在、是否具有价值、价值的稳定性是否很强等等，正是因为这种供应链金融的差别化特点，才需要运用不同的技术手段和方法，来获取相应的信息，做出相应的分析和决策。此外，在智慧供应链金融阶段，科技是一种解决方案，多种类型的科技手段组成了有机化的基础设施，并且在统一的技术服务平台上，多家机构协作互动，形成一个稳固的多边生态系统，以保障金融服务的高效和安全。

其次，在供应链金融中，科技服务的提供者不是产业信用的创造者，而是产业信用的传递者，即产业信用的媒介。信用是依附在经济主体之间、交易行为之间和商品物流之间所形成的一种相互信任的生产关系和社会关系。根据信用中国的界定，信用一词，包含三层含义：其一，信用作为一种基本道德准则，是指人们在日常交往中应当诚实无欺、遵守诺言的行为准则。“无信不立”是我国传统道德的核心，一个人失去信用就意味着与之交往的相对人将面临不可预测的道德风险。其二，信用作为经济活动的基本要求，是指一种建立在授信人对受信人偿付承诺的信任的基础上，使后者无须付现金即可获取商品、服务或货币的能力。由于现代市场经济中的大部分交易都是以信用为中介的交易，因此，信用是现代市场交易的一个必须具备的要素。其三，信用作为一种法律制度，即依法可以实现的利益期待，违反诚信义务的当事人，应当承担相应的法律责任。显然，从这些定义中可以看出，信用是交易主体之间因为交易行为以及时滞而产生的相互之间的信任关系。从这一视角看，信用的创造者是供应链运营的参与者，它们之间产生价值互动（即所需价值的产生、价值的生产和传递）、相应的交易过程、物流活动以及资金往来，并且因为这一运营过程，形成各自所需承担的责任和义务。而科技服务提供者只是通过融合性系统化的科技手段让信用更为透明，从而有效地在产业主体之间以及产业与金融机构之间传递信用。这就意味着当各种 ICT 应用于供应链金融，需要站在产业供应链参与者或者用户的角度来理解科技，而不是想当然地认为金融科技是所有商业模式或金融模式的掘墓者。站在供应链运营的角度，从用户的价值实现出发，才是科技之于各主体以及金融机构价值之所在。从这个意义上讲，金融科技既非金融，也非科技，甚至也不是似是而非的金融与科技的融合；科技应当是一种解决方案，集 ICT、客户洞察、金融场景、产品运营等于一体，帮助供应链参与者以及金融机构满足供应链顺畅、有效运营的需求。

最后，供应链金融中的科技服务方不是资金的提供方，而是资金流动的促进者。在供应链金融中存在着分工明细但相互协同的主体（宋华，2015），这包括：供应链参与者，即因为买卖行为而产生关联的上下游企业以及其他合作方；平台服务提供方，即为风险承担者或者流动性提供者提供必要应用或基础的主体，换言之，它促进了供应链信息和数字的获取与整合，能使相应的参与方自动及时地了解供应链交易的过程和信用，事实上，平台服务方也就是科技服务方，此外，还有交易风险管理者，即通过运用整合性的数据和信息，根据供应链运营的特点，刻画特定主体的信用，提供相应金融服务的主体；流动性提供者是具体的资金提供方，它同时也是最终的借贷风险承担者。这些主体通过高度合作产生了不同阶段和类型的供应链金融业务，其中平台服务提供方可以通过各种 ICT 揭示风险，让投资者（包括交易风险管理者或流动性提供者）了解和管理风险，从而促进资金在供应链中的流动，但是它本身并不是资金提供方，真正的资金提供方是银行、基金等持牌经营、接受金融监管的金融机构。

3.3.3　建设智慧供应链金融面临的挑战

通过以上 ICT 及其服务提供者在供应链金融中的定位分析可以看出，要想实现智慧供应链金融面临着诸多挑战，这也是目前供应链金融推进过程中最需要解决的问题，这些错误的行为如果不能得到有效纠正，智慧供应链金融难以实现。这些挑战包括：

一是各个部门、各个企业都关注在供应链活动中通过 ICT 获取供应链以及金融活动中的数据，但是没有能够实现数据全流程的整合和关联。随着数字化越来越得到全社会的关注，建设大数据成为近年来企业和政府发展的重要方面，特别是供应链金融因为业务复杂、涉及主体较多、风险较大，因此，在线化、数字化管理更是成为供应链金融推进的基本功。然而尽管数字化建设相较以往取得了较快的进展，但伴随着时间的推移，数字建设也遇到了瓶颈。这是因为企业部门与部门之间、企业与企业之间、企业与政府部门之间、政府部门与政府部门之间并没有形成有效的数字协调和整合，以至于形成了众多垂直化的大数据“烟囱”。其结果是在企业层面，尚未建立面向整个供应链业务的数据仓库，没有整合前台业务运营数据和后台管理数据，虽然庞大的数据库已经建立，但是数据只是杂乱的堆砌和存储，并没有清洗和关联，进而无法对供应链金融业务和管理产生切实的作用。在行业层面，企业之间、地域之间的数据不能有效整合，无法借此反映行业的供应链业务状况，确立起行业性的信用体系，进而指引行业发展。同样，政府部门之间的数据也没有有效贯通，使得政府监管存在着真空和漏洞，给供应链金融的发展蒙上阴影。

二是企业和组织建立了大数据和相应的信息化体系，但是没有对一线的业务产生明确的引导作用。信息来源、信息主体的多元化以及信息面的扩大，使企业的数据存量大大增加。而数据本身并不具有价值，只有将数据转换为能为企业提供决策参考的信息时，才能体现出数据的价值。因此，企业收集的多方数据信息需要经过信息和数据的清洗、整理、集成以转化为真正“可视”的信息，而不仅仅是简单的数据代码编号。“可视”对于企业的挑战还在于企业需要以动态的视角管理数据信息，因为互联网的发展，不仅使企业淹没在了海量的数据中，并且信息流和数据流依旧不断涌入企业的数据信息接收端，即企业信息接收端需要不停地汇聚数据和接收数据，而这又对企业的数据“可视化”能力提出了挑战。企业需要不断地对数据进行清洗、集合和转换，以便相关的决策人员能够迅速了解数据的深层次内涵，使数据转化为对于供应链金融决策及时、有用的信息，这样不仅能指导现有的活动，而且还能对未来进行预测，进而能够更好地指导企业的供应链金融战略决策，并且做好相应的风险防范措施。要实现上述目标，显然需要在数据分析和管理上解决几个具体问题：一是虽然很多企业已开展供应链金融等多种业务，积累了一定量的业务数据，但是业务人员没有从客户管理、风险评级和经营规模预测等方面提出大量分析预测需求，一旦没有明确的需求，数字和数据就成了死物；二是缺乏支撑金融日常业务运转的风险评估体系，无法实现对客户行为的分析和预测；三是缺乏面向金融业务运营管理的关键绩效指标体系。要实现数据对供应链金融业务的支撑，不仅仅涉及数字化的问题，它需要建设整个供应链管理体系，或者说建立整个供应链业务结构和信息化架构。没有这两个架构的建立，数字化就是空中楼阁，这就是通常讲的要实现业务驱动的数字化和信息化，而不是单纯靠数字化和信息化驱动业务开展。

三是数据信息的收集、清洗和分析没有实现明确的“靶向”。数字和信息的运用一定是针对特定业务和特定对象的，而不是无目的的行为，并且不同的业务和对象对数字和信息的要求不尽一致。供应链金融开展的前提一定是供应链管理，金融是伴随着具体的供应链业务和长期稳定的关系而产生的金融性行为，供应链金融不可能一开始就产生金融活动，特别是供应链融资首先需要有多频业务（供应链运营和伙伴关系的建立），才有可能产生低频活动（融资行为）。正是由于这一特征，这就使得在数字化或信息化建设中，首先要收集、清洗和关联相应的业务数据，解析出多频业务和合作伙伴，然后再去了解和分析背后可能的金融性需求和状况，而不是一开始就去分析谁是融资方及其需要的资金量和相应的风险。此外，供应链中的不同环节和不同活动对数字化的要求也千差万别，这需要我们仔细地研究行业的特征、业务中的买卖特点以及产品和业务的运行规律。数据的“靶向”性还有一点，即要明确针对的对象：一方面供应链活动涉及的对象不一样，数据也会有差异，诸如供应链中的平台企业、直接从事供应链运营的买卖双方、提供金融服务的金融机构对收集的数据以及分析的结果都会有不同的要求，这就需要我们根据不同的对象来针对性地分析数据和信息，以便相应各方做出决策；另一方面数据收集和分析一定要限制在供应链金融活动中的主体或关联方，而不应扩大到非业务主体。有些大数据服务公司声称能通过各种手段为每个人画像，这不仅违反了保护网络隐私的安全规定，而且也无益于推动供应链金融的有效开展。供应链金融的本质在于对债项结构的控制，是基于业务本身而展开的供应链运营和金融活动，对业务主体和相关利益方的数据搜集和分析既能实现数据的安全性管理，不触及隐私权，又能真正了解和掌握供应链业务运营和金融性行为，切实防范风险。

3.3.4　ICT 对供应链金融的赋能目标

明确了 ICT 在供应链金融中的定位以及关注的问题和挑战，就需要进一步明确融合性的 ICT 究竟为供应链金融赋予了什么能量？要理解这一问题，仍然需要理解供应链金融的本质特征。作为企业微观金融的具体运用形态，从本质上讲，可以用“天平”来概括供应链金融的基本核心要素（宋华，2017）（见图 3－2）。天平中的底座是风险控制与管理，任何金融创新的核心都在于控制来自市场、信用、流动性以及操作中的风险，风险控制的丧失将会对金融活动带来巨大损失。而风险能够得以控制的关键在于把握供应链运营全过程中的信息，金融活动中的风险大多来自信息不对称，而对于处于经营初期阶段、风险较大的中小企业来说，这一点更加明显（Berger & Udell，2006）。信息不对称就容易产生逆向选择和道德风险，而这会进一步阻碍中小企业从金融机构获得资金。Brealey 等人指出：“如果存在大量信息不对称，而劣质项目的供给又大于优质项目的供应，那么风险资本市场就不可能存在”（Brealey，Leland & Pyle，1977）。因此，只有全面了解和掌握供应链各环节、各主体、各活动的信息，才能打造供应链金融的支柱，即信用。而天平的一端是资产，即供应链中的参与者以及业务的竞争力、固定和流动资产的价值；另一端是资金，即以数量、周期和利率三个维度为表征的供应链运营资金。供应链金融的特点是通过建立良好的资产，来对接资金，使得资金能真正与资产结合，从而使得供应链全过程的信息能够透明、可获取，从而建立起有效的企业和产业信用，进而有效降低因为信息不对称产生的风险。然而，在现实管理中，要实现这一目标具有诸多挑战。一方面，供应链运营的复杂性，使得能够全面了解和掌握资产状况非常困难，特别是在供应链运营逐步从线性走向网络结构时更为如此。de Boer 等（2015）就提及“供应链网络往往包括了两类组织形态：主要成员和支持成员。主要成员是供应链中的焦点企业及其所有的直接和间接的供应商和客户；支持成员是供应链中的第三方（物流服务商），它们提供了资产、知识和服务”。显然，在多主体构成的供应链网络中，要全面、真实地了解资产状况非常困难，特别是要把握每个业务活动、每件产品以及每项资产在每一个主体的状况。另一方面，供应链运营的复杂性，也使得确切掌握资金在供应链中的真实运用情况，以及可能的风险充满挑战。特别是资金需求是否基于真实的交易关系，资金在每个参与主体处是否处于有效的风险控制水准之下、相互之间是否合理运用资金，另外，资金利率是否切合借方真实的风险和经营能力等——这些通过传统管理手段很难实现，即便能实现，操作成本往往也很高昂。因此，现代 ICT 赋能于供应链金融，就需要切实地对资产端和资金端产生重要作用，促进供应链全过程信息的透明化、可介入、可获得，降低整个供应链运营的交易成本以及管理监管的操作成本。

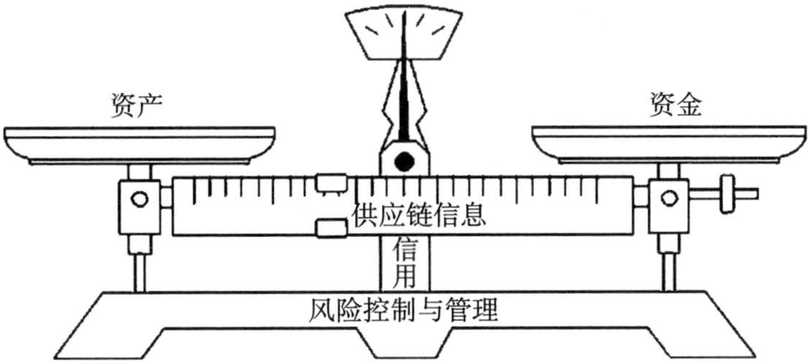

图 3－2　供应链金融核心要素示意图

具体来讲，ICT 对供应链资产端的赋能主要体现为“底层交互客观化、末端业务自治化”。底层交互客观化指的是供应链交易和运营活动能够做到真实、细致、透明化反映，从而实现物与物、人与物之间交互的客观体现，以及业务背景在真实性基础上的细颗粒度风险管理，进而激活物体本身的新经济价值。这里有两层含义：第一个重要含义是如何通过 ICT 赋能实现物与物、人与物之间的逻辑关系管理，进而推演到人与人之间的关系管理。在传统供应链金融运作中，对于风险的管控主要是基于对“人”的信用把握，即对经营企业的财务状况、资产状况、经营状况进行的全面刻画，从而全方面体现企业本身的能力和经营稳定性，以及该企业与其他企业之间的业务往来关系。然而随着供应链运作日益复杂，参与主体越来越多元，甚至跨产业运行，使得调查了解所有经济主体的信用和业务关系的难度日益增强、边际管理成本日益提高，因此，如何借助于 ICT，首先对企业的经营物或对象——即资产以及资产在供应链中的流动——进行实时、动态的监测与管理，让“物”本身的信用得以确立，变得越来越重要。根据“物”

以及流动中的“物”的信用关系，进一步确立“人与物”之间的关系，即对应资产运作的企业信用，或者说根据经营的产品以及流程来刻画、反映企业在整个供应链中的能力和经营状况，最终实现对“人与人”之间信任体系的管理。显然，要做到这一点一方面需要关注物与物的关系，以及人与物之间的关系，诸如什么企业在什么时候需要什么物、获取的方式和代价，只有充分理解物的性质，才能了解金融的作用，以及技术的运用场景；另一方面需要关注不同的物与物、人与物、人与人之间的关系需要什么样的 ICT 赋能，一般而言，“物与物”管理需要集成动态数字存储器、感知和通信能力，获取承载着整个供应链和生命周期中所需的各种必需信息。“人与物”管理需要通过标准化来确保这些不同来源的信息和不同供应商的解决方案不仅可以共存在一个系统中，而且还能做到相互的沟通和高度集成。人与人互联是人与人之间形成良好的组织生态，所有的利益相关者相互联系、相互作用、相互合作。底层交互客观化的第二个重要含义是资产的细颗粒度管理，所谓细颗粒度指的是供应链金融管理中对资产状况的把握和管理是基于每一件产品、每一项活动的真实状况和信息，以及可能的变化，而不是完全基于产品总量和全部经济活动、概率和大数法则，来控制相应的风险。这样做就能够真正了解到单个产品和业务的价值变化和流转状态，并且基于此差别化地开发运用供应链金融产品和活动。

末端业务自治化指的是供应链运营中的每一个阶段、每一项活动的自治和由行为所驱动的自组织智能业务的实现。该目标也同样包括了两层含义。其一，建立按需自主配置的场景化动态业务模式。以往的运营过程是一种固定模式、固定主体、固定要素之间的协同过程，或者说整个供应链是在确定的合作主体之间、按照事前确立的交易和物流方式开展的经营过程。然而，如今这种一成不变的模式已经发生了巨大变化，首先，客户端的价值诉求呈现出差异化、多变化的状况，即不同的客户会有不同的需求和价值诉求，而且即便是同一客户在不同的时间、不同的地域也会呈现出动态变化的诉求。其次，随着供应链运营逐渐从单链条式向网络化发展，参与供应链运营的主体日益多元化，而且也会表现出不同的资源和能力状态，因此，如何根据多变的应用场景及时组织差别化主体开展差别化的供应链运营，并且基于此提供差别化的供应链金融服务，成为当今供应链金融进一步发展的必然。要实现这一要求，必然会对 ICT 产生新的要求，这包括：产业互联互通需求与利益相关方异构信息系统集成之间的矛盾；复杂多样化的业务管理需求与快速应用服务开发部署能力之间的矛盾；多样化、高并发应用支持需求与资源配置之间的矛盾。没有这些矛盾和问题的有效解决，或者说系统化 ICT 的建构和赋能，供应链金融无法实现网络化、生态化，以及智慧化的发展。其二，与上述问题密切相关——末端业务自治化也需要建设标准化、集约化、平台化的智慧云服务。如果供应链中不同的主体、不同的环节以及不同的要素之间难以实现业务的标准化以及数据信息的整合管理，那么供应链金融就会因为信息不对称难以持续开展。显然，要做到这一点，也需要借助于系统化的 ICT 及时识别不同的利益主体，以及相应的价值诉求，要仔细了解、分析每个行业和业务的特点，发现金融对于行业和业务的价值。

ICT 除了对供应链资产端赋能外，同时也对资金端进行赋能，这种资金端的赋能主要表现为“债项结构客观化、主体信用自治化”。债项结构指的是在交易过程中所产生的债权债务关系，以及这种关系所形成的资金往来结构。供应链金融能够有效地稳定发展，一个很重要的前提是债权债务关系的明晰，以及资金结构与业务结构的吻合。一旦供应链中债权债务关系混乱或者复杂化（诸如联保贷款），抑或资金往来无法与资产往来相对应，则必然会产生巨大的金融风险，因此，如何真实地反映债项结构成为供应链金融有效控制风险的关键，这也就是债项结构客观化的本来含义。要做到债项结构客观化，需要实现三个方面的管理，而这些管理都需要借助于 ICT 赋能。一是业务与资产真实性背景下的交叉校核。即债权债务关系是否以真实的业务往来为基础，如果无法及时、有效获知资产的运营状况，以及资产在不同参与主体的往来过程，由此产生的债权债务会有较大风险。因此，管理的关键在于通过 ICT 支撑，交叉核实、交叉验证债权债务结构的真实性和完整性。二是电子订单、电子箱单、电子仓单、电子运单、电子税票、电子提单等各类电子票据和物流交割与应收账款的动态匹配。供应链金融资金端的安全还有赖于标准化、电子化的单证管理，供应链运作中涉及诸多的主体和环节，如果不同主体、环节之间难以达成业务共识，也就是建立标准，资金安全就难以保障。除此之外，不仅要实现标准，而且标准化的单证还要做到安全、难以窜改，同时传递要及时、透明，这就需要通过ICT来实现电子化，这里电子化的含义不仅仅是单证以数字化的形式表现，而且管理和流转都必须基于互联网才能够实现实时化、同步化、分布化、透明化。另外，因电子单证流转而发生的物流交割又能与应收账款实时匹配。三是供应链闭环与全流通环节无缝监管追踪。在上述两点实现的基础上，供应链运营过程的电子单证管理、债权债务管理、资产管理等需要实现闭环，而且能够做到任何单证、资产和关系的监管和追踪，这些都是有效防范金融风险的基本要素。

主体信用自治化指的是在ICT赋能条件下，通过业务和经营活动，让供应链参与者的主体信用客观自然呈现。它包含了三层意思：其一，能够通过供应链业务活动和金融活动客观反映主体信用。供应链经营活动涉及各类流程，诸如采购、生产、分销、库存等等，而金融活动也涉及借贷、对账、支付、结算等流程，借助于ICT将各类流程有效地整合管理，并且实时监控，可以让参与这些活动的主体客观呈现其履约能力和信用。其二，能够运用技术客观反映金融资产的真实信用。在供应链金融活动中存在着大量可进行交易，并且具有现实价格和未来可估价的金融资产，诸如库存现金、应收账款、应收票据、贷款、垫款、其他应收款、应收利息、债权投资、股权投资、基金投资、衍生金融资产等。确保这些资产的真实性是金融风险管理的关键，亦即金融活动本身的真实性以及金融活动与对应业务活动和资产的真实性，要实现这一目标，就需要借助于ICT，诸如IoT、区块链等手段。其三，能够客观反映多级供应链主体信用。在以往的供应链金融活动中，借助于直接管理或掌控的供应链业务，可以较好地把握与核心企业发生业务关系的上下游企业的信用。然而随着供应链运作范围日益网络化、生态化，供应链涉及的主体日益多元，而且供应链天然地涉及多级，不断延伸，即供应商的供应商、客户的客户，在这一状况下，如何全面地把握多级供应链主体信用成为新课题，也就是说能够客观、全面、完整地反映供应链中所有参与主体的信用。显然，这靠核心企业直接控制业务很难实现，它需要借助于 ICT 来达到这一管理目标。

3.3.5　智慧供应链金融效应

融合性 ICT 对供应链和金融活动的赋能，特别是资产端和资金端的赋能，使得供应链金融真正能够实现“智慧化”，从而达到智能化、生态化、服务化和可视化的效应。

供应链决策智能化指的是在供应链规划和金融决策过程中，能够运用各类信息、大数据，驱动供应链及金融决策，诸如从采购决策，经制造决策、运送决策，到销售决策的全过程，以及伴随着的金融服务决策。供应链金融决策智能化通过大数据与模型工具进行结合，并通过智能化以及海量的数据分析，能够最大化地整合供应链信息和客户信息，有助于正确评估供应链运营中的成本、时间、质量、服务、碳排放和其他标准，实现物流、交易以及资金信息的最佳匹配，通过分析各业务环节对于资金的需求量，并结合客户的价值诉求，能更加合理地安排供应链金融业务活动。

供应链服务生态化是供应链金融走向网络平台化的关键，生态系统理论认为众多的组织和个体都是价值创造的一部分，它们相互之间共同作用，有机地组织在一起，发挥不同的作用，推动商业网络的形成、发展、解构和自我更新。这种生态化的网络结构产生的结果便是供应链组织方式和行为方式发生改变，即从原有的双边结构（dyadic），经三边结构（Andersson-Cederholm & Gyimóthy，2010）向四边或多边结构转化（Chakkol，Johnson，Raja & Raffoni，2014）。供应链的生态化是从产业整体的角度来看待企业的发展问题，生态圈里除了传统意义上的上下游供应商和客户外，还包括其他管理组织、供应链的行业协会组织以及其他同等的供应链等，即以平台为基础而形成的生态圈是一个“小世界”，平台生态圈里的各方群体将建立一个良性循环机制。这种机制表现为 Iansiti 和 Levien（2002）所提出的三个维度：一是生态的稳健性（robustness），即各相关主体之间通过协同和合作，使得合作网络能够应对环境的不确定性和任何突然变化；二是生态的生产力（productivity），即各主体之间通过合作，充分整合各自的核心要素，并随着时间不断改进生产率，传递创新，共同实现更高的效率和效益产出；三是生态利基创造力（niche creation），即生态系统中的成员角色呈现出多样性的特点，并且形成了随之而来的创造力。显然，这三个维度的实现有利于供应链金融的创新与发展，不仅使供应链金融的风险得以下降，而且促进了供应链金融对产业供应链的优化。

供应链活动服务化是指在供应链运行中能有效地整合各种要素，使要素聚合的成本最低、价值最大。这种服务管理不仅仅是通过交易、物流和资金流的结合来实现有效的供应链计划（供应链运作的价值管理）、组织（供应链协同生产管理）、协调（供应链的知识管理）以及控制（供应链绩效和风险管理），而且更是通过多要素、多行为交互和集聚为企业和整个供应链带来新的机遇，有助于供应链创新。这主要表现在两个方面：一是通过供应链参与者之间的互相服务和价值互动，使得创新从单一企业推动、经上下游协同创新逐步走向生态开放式创新；二是通过金融服务供应链，以及供应链推动金融，实现资产端和资金端的创新。

供应链管理可视化就是利用信息技术，通过采集、传递、存储、分析、处理供应链中的订单、物流以及库存等相关指标信息，按照供应链的需求，使之以图形化的方式展现出来。其主要包括流程处理可视化、仓库可视化、物流追踪管理可视化、金融活动可视化以及风险管理可视化。将供应链上各节点进行信息连通，打破信息传输的瓶颈，使链条上各节点企业可以充分利用内外部数据——这无疑强化了供应链的可视化。而供应链的可视化则进一步推动了供应链金融风险管理的可视化。供应链金融风险管理的可视化对于企业的运营具有以下益处：第一，能及时感知真实的供应链正在发生什么，也即企业能在第一时间获得、掌握商业正在进行的过程、产生的信息，或者可能发生的状况；第二，帮助企业预先设定采取行动的时机，即在分析供应链战略目标和供应链金融运营规律的前提下，设定事件规则以及例外原则；第三，分析正在发生的情况，即企业具有能力有效地分析所获取的信息和数据；第四，确定采取的行动方案，即企业在获得商业应用型的、图示化的分析结果之后，供应链各环节的管理者根据此前确立的商业规则、例外等原则，知晓需要运用的资源、优化工具以对供应链运营以及金融活动进行调整；第五，落实行动方案，即实现上述调整优化目标，有助于企业确定具体实现供应链资产、资金流程的调整与变革措施。

3.4　普洛斯金融基于产业场景和金融科技的供应链金融

普洛斯金融通过旗下物流、食品冷链、快消品、跨境、IoT等业务条线，针对不同的行业、场景、客户群体开展业务，已经形成从产业的生产端、流通端、销售端、物流端到其他服务端的多款标准金融产品（见图3－3）。

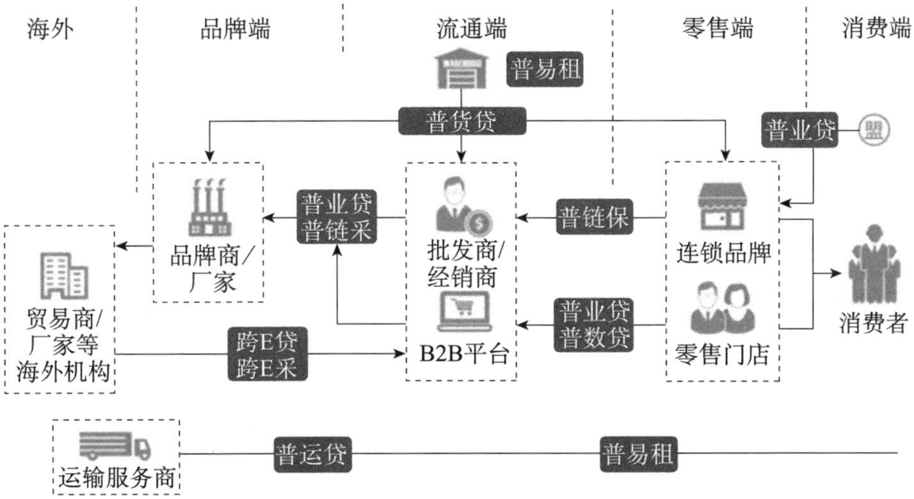

图3－3　普洛斯金融供应链金融产品图

3.4.1　普洛斯金融提供标准化金融产品

3.4.1.1　物流服务领域：普运贷和普易租

普运贷和普易租是针对物流运输企业和仓储服务企业的标准化供应链

金融产品（见图 3-4）。基于物流行业的场景，借助核心企业和核心平台的数据，普洛斯金融可以对物流运输的商流和物流进行把控，通过大数据风控的方式，为物流平台及核心物流企业提供金融服务支持。

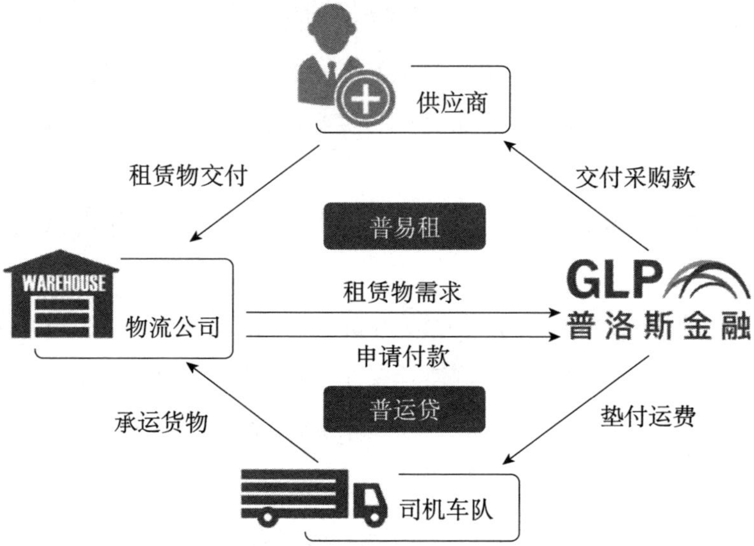

图 3-4　普运贷和普易租场景

3.4.1.2　跨境服务领域：跨 E 贷和跨 E 采

跨境服务领域的跨 E 贷（见图 3-5）和跨 E 采（见图 3-6），分为进口和出口两类，产品注重清关服务和物流服务。这两类数据比较特殊，对于进出口的产品需要跟海关的数据打通，形成三单对碰以保证数据的真实性，其难度就是对于数据的分析以及货物的管控。普洛斯金融借助普洛斯在保税仓以及物流领域的资源，已经形成了数据分析、物流控制以及货物监管体系，通过系统和 IoT 设备，管控风险。

3.4.1.3　冷链领域：普链采

针对冷链领域的普链采产品，基于食品冷链行业的场景，借助核心企业和核心平台的数据，对食品冷链贸易链条的商流和物流进行把控，借助大数据的风控能力，为贸易商、加工商、连锁餐饮等企业提供金融服务支持（见图 3-7）。经过多年的摸索，已经形成了基于整个产品链条的标准化以及线上化的操作流程。

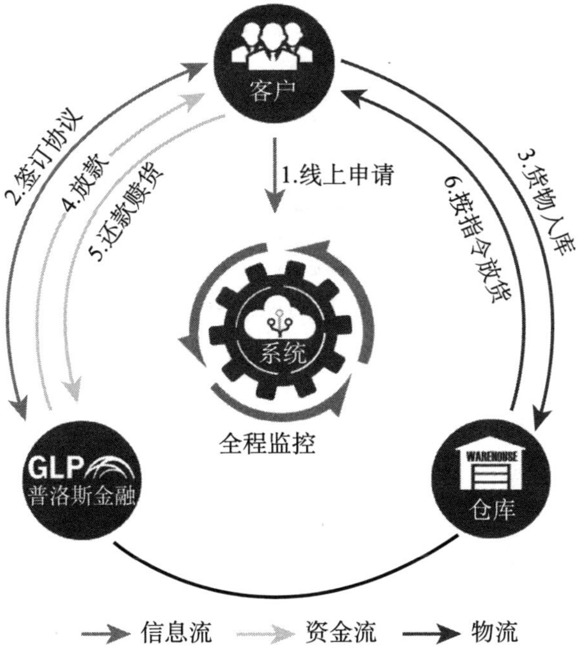

图 3-5　跨 E 贷流程

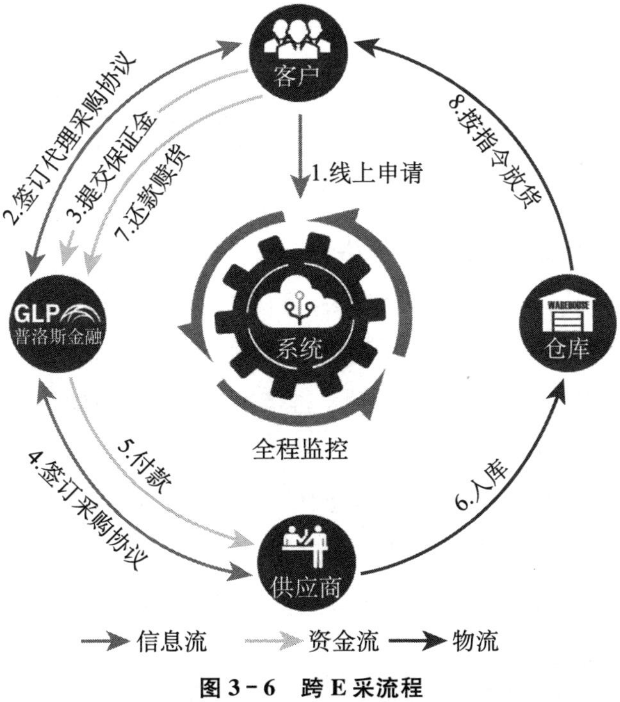

图 3-6　跨 E 采流程

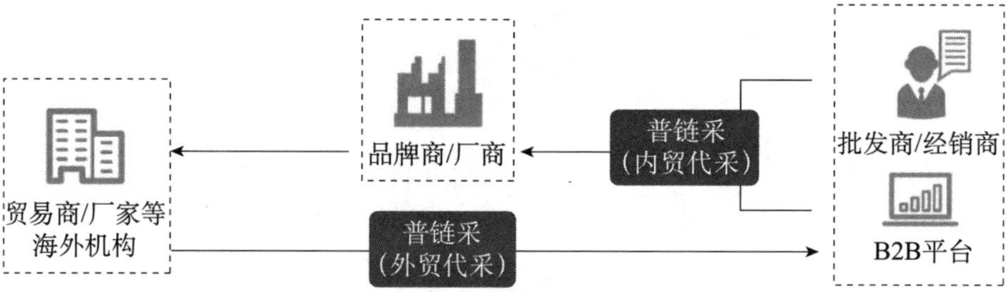

图 3-7　普链采场景

3.4.1.4　贸易领域：普链保

服务于贸易领域的普链保产品，通过标准化的流程，打破以前基于核心企业信用的借贷模式，通过产业数据分析以及 IoT 设备追踪来管控风险（见图 3-8）。

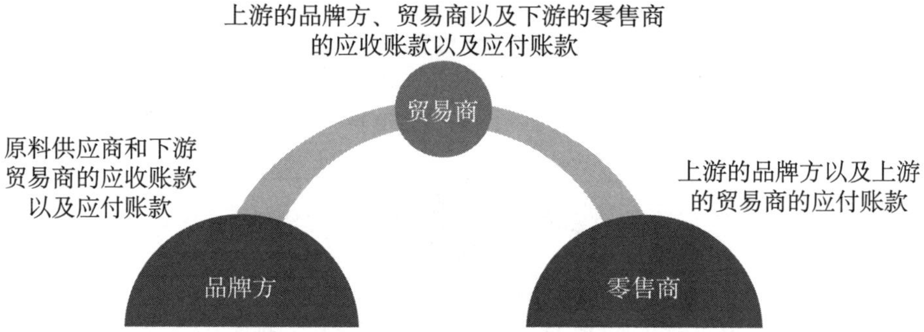

图 3-8　普链保业务场景

3.4.1.5　金融监管仓：普货贷

普洛斯在中国有将近 300 个园区，园区的仓库中有价值万亿元以上的货物。普洛斯金融基于在供应链金融业务中关于货押产品的经验，对业务规范以及业务流程进行了标准化，对于推动整个行业形成规范化和标准化的管理有非常重要的意义。

基于这个背景诞生的普货贷（见图 3-9），针对的是有货物的企业主，他们通过货物质押来获取融资服务的标准化产品，而配套这个产品落地形成的行业金融监管标准与流程，以及建立的监管联盟、质押联盟，将引导行业更加健康地发展。

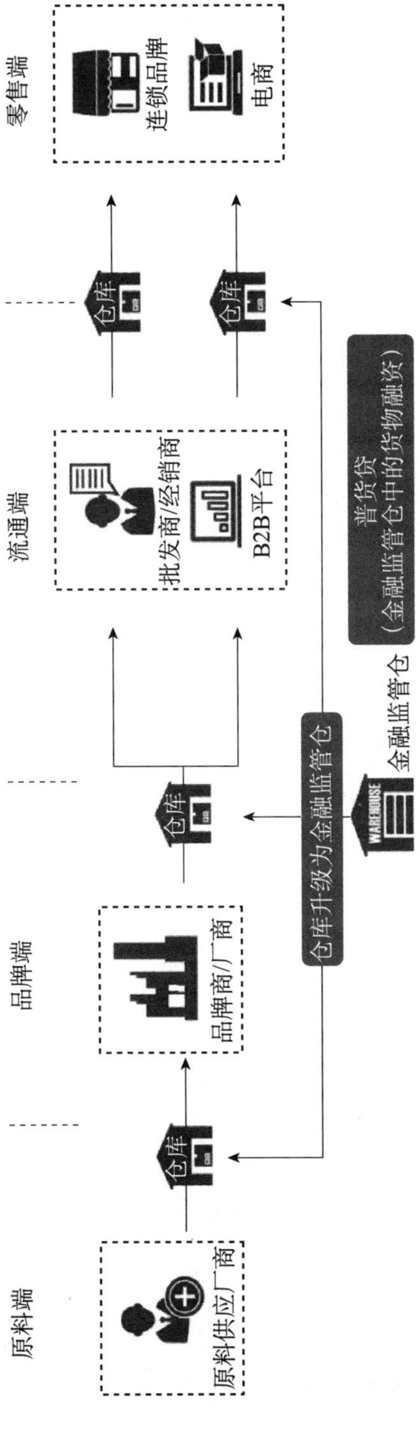

原料端
品牌端
流通端
零售端
原料供应厂商
仓库
品牌商/厂商
批发商/经销商
B2B平台
连锁品牌
电商
仓库升级为金融监管仓
WAREHOUSE
金融监管仓
普货贷
（金融监管仓中的货物融资）

图3－9　普货贷业务场景

3.4.1.6 大数据+场景：普业贷和普数贷

普业贷和普数贷是普洛斯金融基于物流中的数据场景推出的产品。普业贷是基于中小微企业在订货、开店等可受托支付场景下的数据信贷产品，从而为企业的经营提供资金。普数贷是基于物流场景结合发票数据设计的金融产品，服务的客户主要是场景中的中小企业（见图 3-10）。

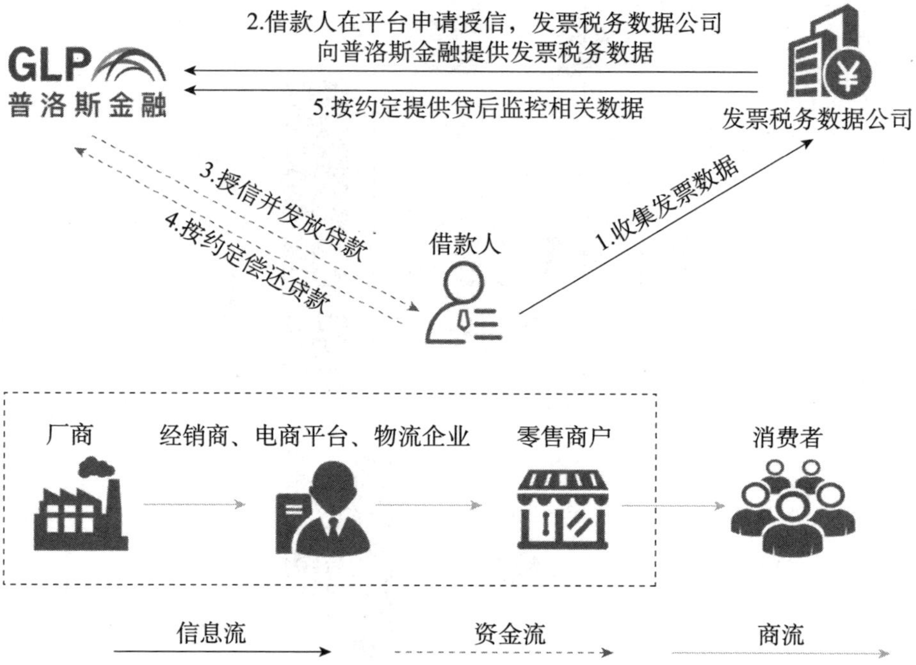

图 3-10 普数贷流程

3.4.2 普洛斯金融的产品优势

3.4.2.1 全线上化的产品操作

当前，普洛斯金融的标准金融产品已经抛开传统的运营模式，通过系统[结合普洛斯体系内的服务，除了提供场景内的系统服务，包括订单管理系统（order management system，OMS）、仓库管理系统（warehouse management system，WMS）和物流运输管理系统（transportation management system，TMS），还有物业管理等多样化的服务］和标准数据接口的输出，实现了标准产品的线上化和模块化，整体改善了使用金融产品的客户体验。

在资金申请阶段，普洛斯金融除了本身拥有的官网、App、小程序以及公众号等入口外，通过输出标准的数据接口和申请页面嵌入到普洛斯体系的内外部客户平台，让客户不用通过信息迁移就可以申请产品，极大地提高了用户的体验。

在授信及提款阶段，普洛斯金融运用互联网技术［图像识别（OCR）、AI等技术］并结合标准的数据接口以及授信和用信模型，使数据的对接和模型的实施极大地缩短了审批的时效，实现了秒级审批。通过审批后，客户即可线上提款，极大地提高了资金的流动效率。

在账户体系中，普洛斯金融实行账户管理，实现客户通过自身账户管理和使用产品，查询还款计划、审批节点、授信以及余额等多种信息。

同时，普洛斯金融开发的自动清结算体系已实现资金的调拨、系统实时划款、实时自动清分等多种清结算功能，在风险可控的情况下提升了客户体验。

3.4.2.2　针对产业产品特性的大数据风控

与传统金融机构相比，普洛斯金融聚焦传统金融业服务未能覆盖的长尾中小企业客户，其数据往往贯穿产业链全场景，而传统金融机构仅仅掌握企业的产业链局部节点。针对不同场景的数据，普洛斯金融整合内部的企业物流合作数据、企业间交易类数据、产品数据，以及外部的工商数据、公检法数据、征信数据等客户数据，梳理相关的实体以及实体之间的关系，形成普洛斯金融的供应链知识图谱，并且应用于普洛斯金融业务的流程中。从信用的维度看，普洛斯金融从主体、商品、合作平台等多个维度动态管控风险，而传统金融机构仅依靠静态的主体信用对中小企业授信——不仅难以触及征信记录不足的长尾客户，也难以对贷后的风险进行监控。

当前，基于场景内数据及产业链中的相关实体关系，普洛斯金融已经形成相应的供应链知识图谱及完备的风控模型。而数据风控最重要的是数据的维度和广度。前期的基础设施建设已经让普洛斯金融拥有的数据覆盖了商流、物流、信息流以及资金流，基于这四流的数据，针对不同的产业和节点的企业，普洛斯金融设计了针对不同客户的可分为贷前、贷中和贷后几个模块的风控逻辑。

在贷前阶段，普洛斯金融对提出授信申请的企业进行筛选，排除高风险客户；同时，通过接入中国人民银行征信中心、普洛斯金融内部及第三方黑名单等数据，进行欺诈侦测。对于通过筛选的客户，普洛斯金融利用反欺诈模型、信用评级模型等大数据模型进行审批决策，确定贷款条款，同时，在授信前，依托大数据模型确定授信的额度及期限。

贷中主要围绕着数据标准化、授信模型及授信额度与利率评估模型进行。首先，获取数据除了对接已经授权的数据，还可以利用爬虫、OCR 等技术，把多维度的非标准化数据进行标准化，使之成为可以验证的量化数据。其次，普洛斯金融的授信模型已经建立了覆盖行业准入、库存量单位（stock keeping unit，SKU）准入、公司准入的维度，并结合体系内部的数据和第三方的外部数据，形成了 360 度的授信评价模型，对授信企业做第一道审核，不符合模型标准的直接拒绝。而普洛斯金融的额度和利率评估模型能够预设授信额度和利率，通过模型预设输出可给客户的授信金额和利率，进而辅助风控决策，对于已批准的授信额度内的授信需求，可以通过风控模型直接授信。同时，授信额度模型输出提款审批条件以及预设的提款审批模型，辅助提款审核。

贷后监控平台主要由风险预警模型及催收模型支持，普洛斯金融会从多维度的数据来源还原客户经营信息，以便及时预判风险，保障资金安全。目前普洛斯金融针对不同的行业监控指标已形成一定的行业标准。

3.4.3 区块链技术在普洛斯生态中的应用

3.4.3.1 构建服务商体系：打造基于区块链的资产资金平台

（1）从资金与资产的来源看，普洛斯金融既是资产提供方，又是资金提供方。作为资产提供方，普洛斯金融为银行、券商、信托等机构资金提供优质资产。而作为资金提供方，普洛斯金融为产业中的上下游企业和服务机构提供资金支持。

（2）普洛斯金融打造基于区块链的资产资金平台。基于供应链物流和金融服务的特点，并结合区块链分布式、加密技术、不可窜改、可追溯等特点，让基础资产端、投资方等各参与方共同维护账本，从而打通供应链各参与信息孤岛，促使信息透明化，实现穿透式底层资产监管，提升风险发现与控制能力。

(3) 普洛斯金融的资产资金平台为资金方提供资产全流程管理服务（见图3-11）。首先，普洛斯金融从现有的物流端、货物端、零售端等场景中，通过前文所述的各种标准化金融产品获取客户。相比传统的资产方，普洛斯金融围绕着自身的产业生态打造适合产业场景的金融产品，这些产业场景有一定的进入门槛，金融机构自身很难复制这样的场景。普洛斯金融通过搭建平台帮助这些机构把资金投入到这些产业场景中，而通过普洛斯金融强大的产业背景和科技背景能够有效降低资产的风险。

(4) 同时，普洛斯金融运用大数据风控引领供应链金融新模式。普洛斯金融对于产业链条上下游的数据进行分析，在准入、贷前、贷中、贷后的全流程服务中，依托自主研发的准入模型、反欺诈模型、信用评级模型、风险定价模型及风险预警模型等，量化评估资产风险，能够实现对资产的强有力把控。通过标准化的金融产品，普洛斯金融将资产信息实时同步至区块链，防止信息被窜改，有效地确保数据的真实性。

(5) 基于大数据风控体系，普洛斯金融为客户的优质资产提供Pre-ABS及对SPV的放款服务，通过数据上链，普洛斯金融为合作资金方提供真实、优质的供应链金融资产及其他增值运营服务。在Pre-ABS阶段，普洛斯金融对合作资金方的SPV账户进行专户管理。同时在放款时，普洛斯金融通过银企直联或其他第三方支付通道进行资金流的收付，确保资金的有序、安全流动。

(6) 当客户有意愿对其存量债权进行资产证券化的包装及发行时，普洛斯金融利用其基于区块链的资产证券化平台，为客户提供数据真实、资产穿透、精准的现金流分析及高效的管理平台，在资产筛选、产品设计及产品发行等各个阶段，联盟链中的参与方将关键资产及券端数据写入区块链，确保投资人及合作资金方能够实时穿透底层资产；同时，客户在存续期管理时，可依据投资人服务平台，对贷中、贷后进行实时监控，线上获取资产服务报告等相关券端表现文件，同时可对违约指标进行监控，穿透券端风险。一旦资产表现下降，普洛斯金融也提供资产后续催收等服务，为客户进行资产后续的全生命周期自动管理，确保客户资金的安全性。

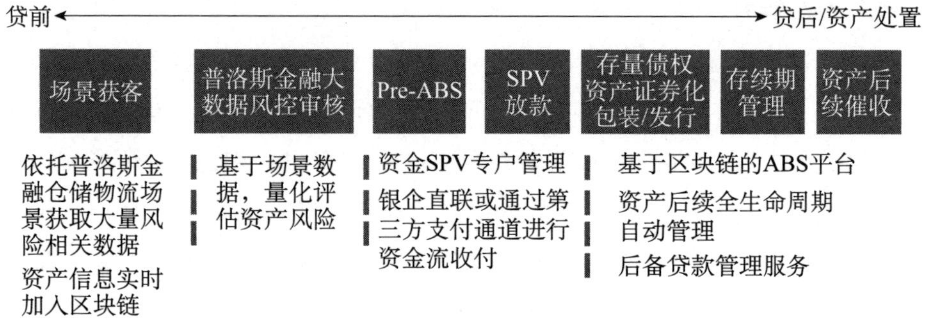

图 3-11　普洛斯金融资产全流程管理服务

基于现存供应链上中小企业所存在的几大痛点，普洛斯金融打造了基于区块链的资产证券化平台（见图 3-12）。基于资产端标准化的金融产品，接入标准化的数据，利用区块链上数据不可窜改的特性，联合中小企业将其核心关联数据写入链上。同时，基于实时入链的数据，平台借助大数据机器学习等方式对资产进行风险定价、动态风险预警及监控，助力金融机构穿透产品监管底层资产，从而实现对中小企业的实际经营数据进行科学“输血”，助力中小企业健康发展。

以普洛斯金融所打造的基于联盟链的资产证券化平台（见图 3-13）为例：

普洛斯金融利用区块链技术的智能合约、数据不可窜改等优势，服务于普洛斯体系内外部的物流仓储资产、供应链金融资产等优质资产，通过打造资产证券化产品等方式吸引市场资金，同时以区块链技术作为风控保障，将供应链上的资产方、资金方、监督方等各参与方作为区块链上的各个数据节点，随时穿透底层资产，确保资金方能了解底部资产，中介机构能实时掌握资产违约风险，监管方能有效把控金融杠杆，提前防范系统性风险。

在资产建仓期间，普洛斯金融基于区块链的资产证券化平台，在资产形成的建仓期实现了放款和还款信息流与现金流实时入链，实现底层资产的真实防窜改。通过将各个参与方部署为验证节点，区块链管理系统中每

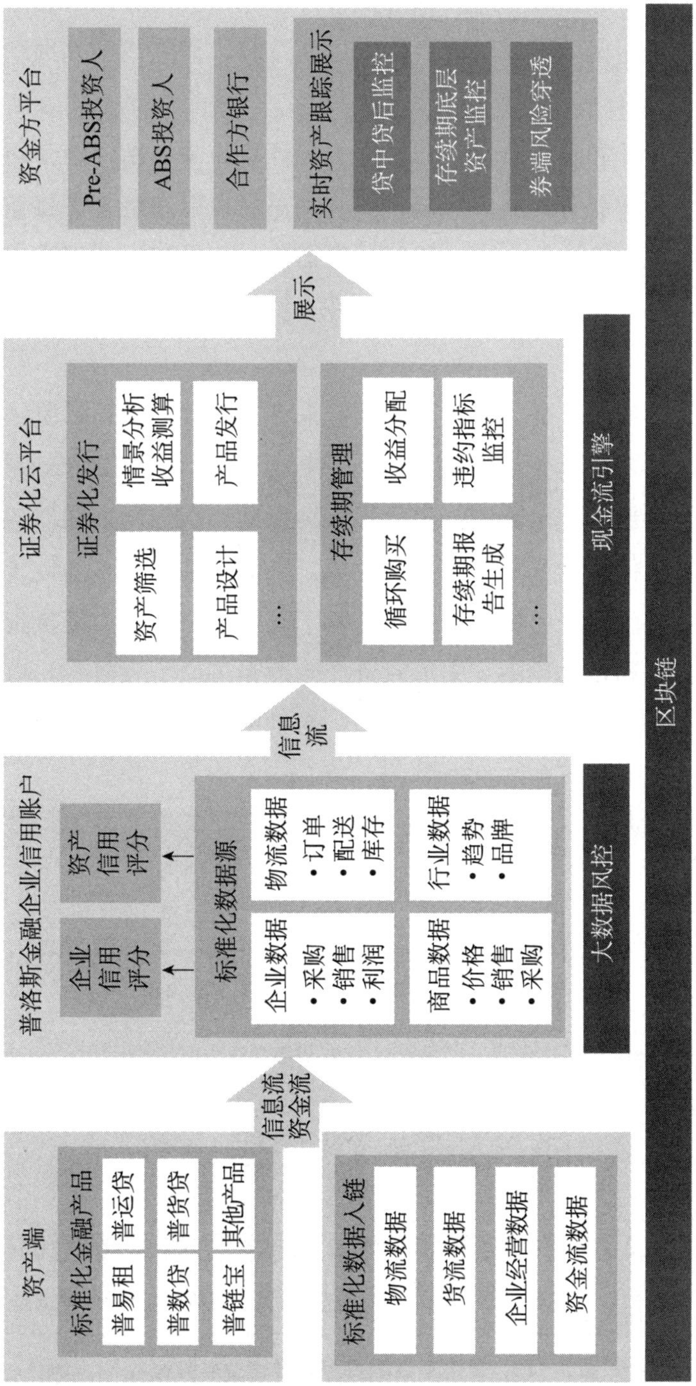

图3-12　普洛斯金融的资产证券化平台

笔交易的产生都需要所有节点达成共识后才能入链，入链之后将无法由单方私自窜改，从而保证了资产证券化服务商系统中底层放款和回款数据的真实性和完整性。

在产品的设计和发行阶段，交易结构和评级结果经由评级公司和券商确认后，将作为智能合约共识入链；同时交易所可以在链上直接获取全套交易文件，实现审批结果入链，帮助加强监管，实时穿透，把控底层资产风险，这为帮助监管方有效把控金融杠杆，提前防范系统性风险提供了一个重要的创新技术手段。

在产品存续周期，基于第一阶段登记入链的现金流和第二阶段入链的交易结构，存续期证券本息兑付信息可由链上智能合约自动发送给投资人，从而实现了交易执行的全透明，降低了人为操作错误风险，同时各类服务报告可基于链上信息由智能合约自动生成，从而帮助投资人和监管机构实时掌握风险，实现资产底层穿透。同时基于链上登记的真实底层资产现金流，依托大数据和量化模型，实现对资产包质量的全方位管控，以及更精细的现金流预测、资产包定价和预评级，帮助交易双方进行实时定价，并实时在链上完成证券所有权的转移。

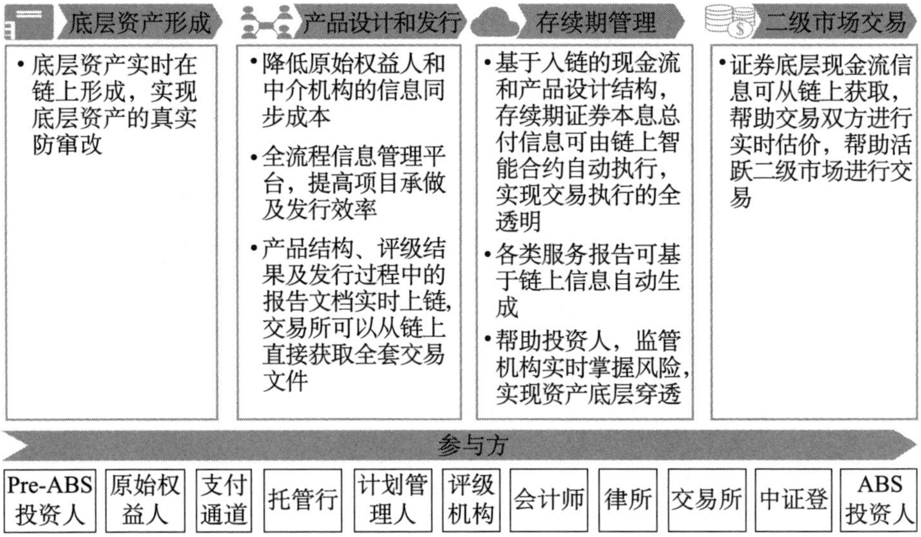

图 3－13　普洛斯金融资产证券化业务流程

普洛斯金融所打造的基于区块链的资产资金平台，将为供应链金融的行业标准制定提供参考，将为中小企业提供智能化、数据化的物流服务和金融服务，推动供应链金融行业的智能化发展。普洛斯金融将逐步通过对接各核心企业系统在资产生产时即将资产信息上链，为后续各类投资者通过资产证券化平台认购资产提供帮助。

3.4.3.2　构建基于区块链的信用联盟

当前，中小企业的主体信用难以得到有效验证，为解决中小企业授信难题，构建基于区块链的信用联盟，为企业的主体信用增信。虽然目前物流行业的信息化建设小有成果，但企业间的数据仍为一个个孤岛，对于金融机构来说，难以保证零散分散的企业数据的真实性，因此难以对中小企业授信。普洛斯金融利用场景和数据优势建立主体信用评价机制，连接自有生态领域内的核心企业和平台型企业，以及这些企业所延伸出的上下游企业，打通从生产、运输，再到仓储和销售各个环节产生的底层数据通道；与此同时，普洛斯金融也和各类大型的运力平台进行合作，通过系统对接，获取运力平台上各类订单信息、交易信息、车辆信息、位置信息；通过数据对接和各类信息的交叉验证，可以对平台上的融资人的应收账款信息配置更多的数据抓手，从而形成一套切实可行又高效的数据信贷模型。

同时，基于普洛斯生态圈内的企业信用信息，普洛斯金融构建基于区块链的信用联盟。当前，普洛斯金融的合作机构不仅有金融机构，还有品牌方、核心贸易商、零售商等核心企业，普洛斯金融作为平台方，与合作的金融服务机构等多种机构形成信用联盟体系，共享信用数据，并服务于联盟中各个机构的需求。当前，普洛斯金融打造的信用联盟主要依托普洛斯生态圈的风控体系。

普洛斯信用联盟的风控体系主要包含两部分内容：

第一，数据监管。普洛斯金融利用体系内的公司共享数据，通过资金流、产业信息流结合物流信息和债权信息流，进行四流交叉验证，保证场景可信。例如体系内的车辆 GPS 服务商、车货匹配平台的订单与物流数据等。

第二，线下监管。这个是普洛斯体系跟传统金融机构的一个很大的差别，体系内的物流园以及体系内公司的各个服务点都是有形的手，共享线路和体系可以成为风控的最后一道门。比如现在体系内的园区大门、仓库门等已经结合了新科技，让它们变成风控的抓手。

以普洛斯金融打造的金融监管仓库（见图 3－14）为例。

普洛斯金融的金融监管仓库体系是针对货物质押融资等一系列金融产品设立的关于监管仓库以及运营的一套评价标准，这个标准体系主要为金融机构服务。当前，对于动产质押融资来说，货物质押都是非标准化的资产，因此对于非标准化的金融资产进行评估和监管都是不一样的，但是对于流程层面、基础设施的管理可以整理出一套管理和监管的流程，统一的流程可以规范整个市场，降低风险。基于普洛斯金融的金融监管仓库标准，金融机构在投放货物质押融资贷款时可以参照此标准来进行操作。根据各项指标数值可形成金融监管仓库的分数，以此来对整个金融监管仓库体系进行分类和分级，进而支持金融机构业务评价。

目前市场上的货物质押融资业务在开展过程中存在很多问题：仓库标准不统一、运营方（监管方）评价不统一、系统标准不统一等，这些问题都阻碍了货物质押融资的发展。普洛斯金融从产业切入，围绕仓库开展供应链金融业务，从业务经验中提炼了金融监管仓库体系的标准，牵头建立金融监管仓库体系标准联盟并服务各方。

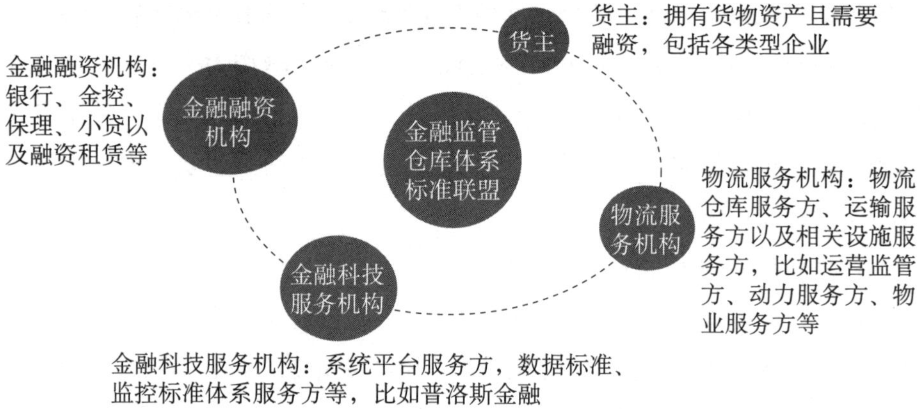

图 3－14　普洛斯金融监管仓库体系标准联盟

第 4 章 服务价值网络实现：智慧供应链金融基础

4.1 引言

供应链金融的宗旨在于借助于供应链运作和管理，帮助供应链中的参与者有效获得运营资金，从而加速现金流，因此，要实现这一目标就需要建构完善的组织间关系，并且相互之间形成协同的运营和服务体系。特别是当供应链金融越来越从单一的融资行为，转向基于网络开展的综合性金融服务时，有效地组织利益各方、相互之间形成互服务体系，并且在 ICT 的支撑下，有效地控制日益复杂的风险，精确地针对特定的组织开展金融活动，形成综合性的价值，使得网络整体竞争力得以形成，也就是服务价值网络的形成，已成为智慧供应链金融的特征之一。理解这一特征的关键在于，在供应链服务化过程中，服务是一个复杂的变量，单纯研究服务数量并不是服务化的本质所在（T. Baines et al.，2017），很多国外的研究指出服务化战略有可能并不能获得收益的增加和客户满意度的提升，相反企业还为此付出了额外的成本。而且不恰当的服务化转型会使企业失去战略重点，产生组织冲突（Barnett，Parry，Saad，Newnes & Goh，2013；Kohtamäki，Rabetino & Einola，2018），这种现象被称为“服务化悖论”。显然，要解决服务化悖论问题，就需要从服务如何产生和服务价值的定义角度，重新认识产业运营过程中的服务。事实上，随着产业和企业的不断发展，人们逐渐意识到协同创造价值是服务领域的新规则。客户由产品或服务的被动接受者转变为服务的共同生产者，价值在客户的使用中得以实现，各利益相关方良好的互动合作关系是服务导向市场中竞争的关键（Adrodegari & Saccani，2017）。可见，探寻与供应链服务化战略相匹配的协同创造价值的模式是供应链金融升级发展的基础，而这涉及的研究问题有：有利于供应链金融业务开展的服务价值网络的逻辑是什么？与以往的价值链和价值场相比，在结构、流程和要素上有什么区别？体现服务价值网络的供应链服务和金融产品有什么？另外，ICT 对供应链服务的具体影响有哪些方面？这些方面为什么能够促进金融活动的开展？

4.2 从价值链、价值场走向服务价值网络

经济发展从以生产制造为主导逐渐转变为以服务为主导已经成为一个普遍现象。尤其是在管理研究领域中，生产服务化背景下的传统产品制造供应链已不再适应管理实践，学者们开始探讨以服务为主导的供应链（Ellram et al.，2004；Waart & Steve，2004；Baltaciogle et al.，2007），这一过程在运营管理中被称为“服务化”（servitization）（Vandermerwe & Rada 1988；T. S. Baines，Lightfoot，Benedettini & Kay，2009），或者在营销服务学中被称为“服务主导的逻辑”（service-dominant logic）（Vargo & Lusch，2004，2008）。服务化被认为是将服务有效地与生产相结合，进而能够创造一种可持续的新竞争优势的运行模式。服务化是企业从单独提供产品到提供产品和相关服务的改变，是一个价值增值的过程（Barnett et al.，2013)。采取服务化模式的企业，并不是简单地从提供产品向提供产品和服务转变，而单纯地增加服务数量更不是服务化的本质所在，服务化本身体现了创新的特性。服务化战略的实施要求企业为了实现目标，需要依靠多样化的利益相关者网络，进行相互关联、相互依赖的价值创造活动，这是一个供应商和客户持续互动的过程（Martinez，Bastl，Kingston & Evans，2010；Kastalli & Van Looy，2013)。服务主导的逻辑与服务化的概念几乎完全一致，只不过后者更多的是从运营的视角看待服务价值创造，而前者更多地侧重于以企业与客户的视角看待服务价值的创造过程。服务主导的逻辑是相对于以往的产品主导逻辑而言的，之所以会从产品主导转向服务主导，一方面是因为客户的行为发生了很大变化，即客户不再是单纯的产品或服务的被动接受者，而是转变成产品或服务经营过程的参与者，能够积极主动地参与到价值的协同创造中（Vargo & Lusch，2008)；另一方面是因为采取服务主导逻辑也源于企业不断提升竞争优势的必要性，越来越多的实践和研究说明，通过服务企业能够增强其竞争优势。然而在服务主导逻辑下，交易双方交换的不再仅仅是物质和产品，而是以整合操作性资源为主的服务（Vargo & Lusch，2008)。服务不再是可以直接交换的产品，而是在客户使用过程中产生的，是服务提供商与客户协同创造的产品。这种业务导向的根本性变化要求企业重新定义其提供的产品和服务，改变其思考和工作的方式。因此，如何在有效利用被操作性资源的基础上，通过整合企业内外的操作性资源为客户提供满意的产品和服务，是企业在市场竞争中获胜的关键。有些学者（Basole & Rouse，2008；Grönroos & Gummerus，2014；Heinonen & Strandvik，2015）甚至认为客户才是真正的价值创造者，企业所有的活动都是为了支持客户的价值创造流程。由此可以看出，无论是服务化理论还是服务主导的逻辑理论都认为当今企业的经营模式发生了重要变革，这种变革的核心是价值创造方式与以往产生了较大不同，这与以往的价值链和价值场（value shop）都产生了较大差异（Stabell & Fjeldstad，1998；Li & Whalley，2002；Blau，Kramer，Conte & Dinther，2009；Fu，Wang & Zhao，2017；Song，Lu，Yu & Qian，2018)。

4.2.1 价值链的逻辑

价值链的概念最早是由哈佛大学的迈克尔·波特（Michael Porter）于1985年在《竞争优势》一书中首先提出的，他认为“每一个企业都是在设计、生产、销售、发送和辅助其产品的过程中进行种种活动的集合体。所有这些活动可以用一个价值链来表明”（Porter，1985），也就是说，企业的价值创造是通过一系列活动来共同完成的过程，从最初的投入，经中间产品，再到产生产成品，最终分销到客户处，这个过程完成了价值的实现。因此，各个活动之间是一种连续、首尾相连的过程。这种相互影响、相互关联的活动创造价值的形式，或者是成本效率的实现，能够以最低的成本、最高的效率来满足消费者或客户的需求；或者是差异化的实现，能够以独特的产品或形式，实现差别化的竞争力（Porter & Millar，1985）。显然，在价值链概念下，价值的载体是企业通过一系列活动所创造出来的物资产品，然后通过物资产品来满足市场需求。而价值创造的过程是通过一系列活动以及活动之间的关联（包括主要活动和支持性活动）来完成的，也就是组织活动之间是通过序列依存来实现协同（见图4－1）的。Thompson（1967）将组织活动的依存关系分为三类：即池依存、序列依存和相互依存。序列依存指的是组织活动的相互关系是一种前后关联关系，或者说是

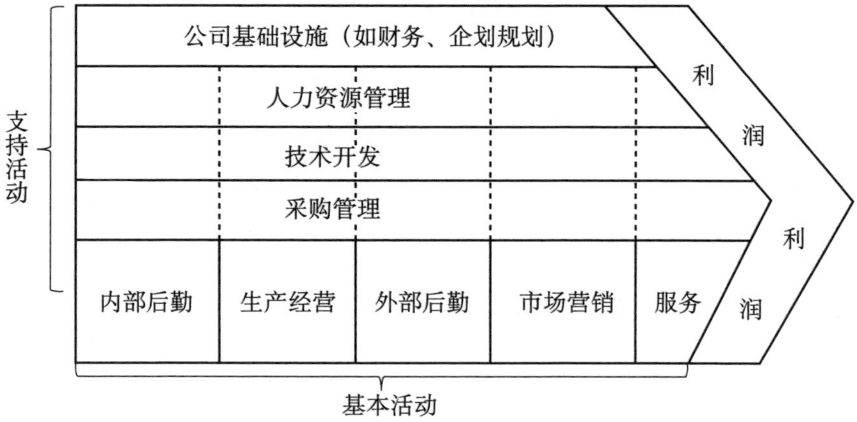

图4－1 企业价值链示意图

线性的投入产出关系。在价值的规制或者治理方式上，序列依存采用的是组织管理协调，或者说通过组织职能以及管理权威来实现活动之间的衔接和协调。

4.2.2　价值场的逻辑

价值场的概念最早由 Stabell 和 Fjeldstad（1998）提出，之后由 Gottschalk（2007）不断丰富发展成为广为接受的概念。随着该研究的不断拓展，它又逐渐演化成了价值构型（value configuration）的概念（Sweet，2001）。价值场或价值构型强调的是所有的资源和活动，通过灵活的选择、配置去满足客户特定的价值诉求，或者解决其面临的特定问题。从这个意义上讲，价值场与价值链最大的不同在于企业所有活动不是按照固定的顺序或者方式为客户创造价值，而是根据客户特定的要求，灵活地组织资源和活动（见图 4－2）。因此，需要解决的问题决定了价值场活动的“密度”（Stabell & Fjeldstad，1998），价值场所创造出来的价值由几个因素共同决定。一是客户差异化的价值诉求，客户在价值场中是主动参与者，而不是被动的产品或服务接受者，在价值场情境下，客户参与到了价值的创造过程之中，只有基于客户差别化的利益诉求，资源和活动的组织配置才具有针对性，并且真正创造价值。或者说价值场所实现的价值针对特定的客户是独一无二的，不存在通用的价值形式。二是在价值场中，价值的实现是基于密集性的技术和知识的，因为要根据客户的特定要求，提供相适应的服务活动，就需要灵活地识别、协调、组织和配置外部的资源和能力，这就需要较高的、动态性的学习能力和管理能力，因此，价值实现的过程是一种高度技术、知识密集性的活动（Gottschalk，2007）。三是价值的实现过程是通过循环迭代式的方式。价值场的价值识别和实现是服务商和客户反复沟通和反馈的结果，价值的实现不可能是单线性关系，而是不断根据客户变化的要求以及市场的改变，随时进行修正，并且灵活组织，最终使价值得以实现。因此，价值场中的活动是一种螺旋形的互动关系（Stabell & Fjeldstad，1998）。四是价值的呈现既可以是增值型（value added configuration）的，也可以是获取型（value capturing configuration）的（Sweet，2001）。增值型的含义是，如果在现有的产品或服务基础上增添新的特性、功能，并且客户愿意为之支付，则可以将该特性整合进产品或服务体系中，由此产生价值。诸如通过电子商务的形式为购买产品的客户提供安装服务以及在使用产品过程中提供咨询服务等。而获取型则是企业从用户或者发生源中获取有关业务流程、交易或客户的信息，运用这些信息产生价值。例如通过分析客户以往的购买历史数据或者行为偏好，探索客户真实的需求，并根据这一探知开发新的产品或服务，就属于价值获取型。这一价值呈现的方式与价值实现过程相关联，正是通过不断的循环迭代，与客户之间反复地沟通和交互，帮助客户解决既定的问题，产生新的灵感或发现，从而推动了新产品或服务的产生。

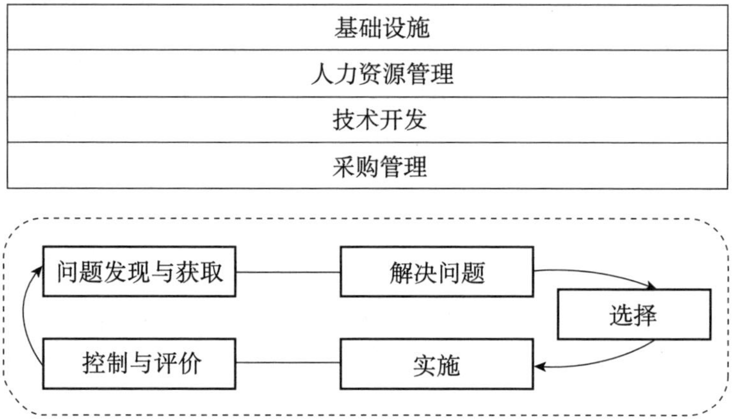

图 4-2　价值场示意图

4.2.3　服务价值网络逻辑

服务价值网络提出了一种全新的价值产生方式，可以说在价值场基础上极大地拓展了对价值和价值产生情景的理解（Stabell & Fjeldstad，1998；Sweet，2001；Basole & Rouse，2008；Blau et al.，2009；Lusch，Vargo，& Tanniru，2010；Adrodegari & Saccani，2017）。服务价值网络指的是一种智能商业网络，它基于稳定、开放、互补、可替代的标准化服务模块，通过灵活、基于市场的复杂服务组合，以及广泛运用的信息技术，敏捷、持续地向客户提供价值的网络系统（Blau et al.，2009）。服务价值网络不同于虚拟组织，虚拟组织是不同的独立组织为了获取互补资源或者利益而形成的暂时性的网络关系。虚拟组织强调价值创造过程中的资源互补，以及临时性的互动关系，随着目标的实现，互动行为就可能终止。这种网络关系面临的挑战是信任问题，也就是说，由于相互之间的随机性互动，使得各自缺乏对对方的深入了解，特别是在合作行为的把握上，因而容易产生合作的长远意识不足的现象。服务价值网络或者智能商业网络超越了虚拟组织的概念，它智能化地运用现代 ICT 作为网络成员间互动的促进器，同时也是网络敏捷性的触发器，亦即企业通过 ICT 能够根据市场或客户需求的变化，即插即用商业流程。此外，智能商业网络中的各个节点需要具备特定的能力，以便随时满足价值共同创造的特定要求（见图 4－3）。这种网络成员模块化的能力组件不仅能够顺应供应链网络协同的要求，而且也能够很好地保护成员企业的自身竞争力，同时依靠单一的模块难以产生价值，需要合作伙伴之间充分地协同，共同完成价值创造过程（Fu et al.，2017），因而，不同于虚拟组织，在这种服务价值网络情景下，成员企业之间能够

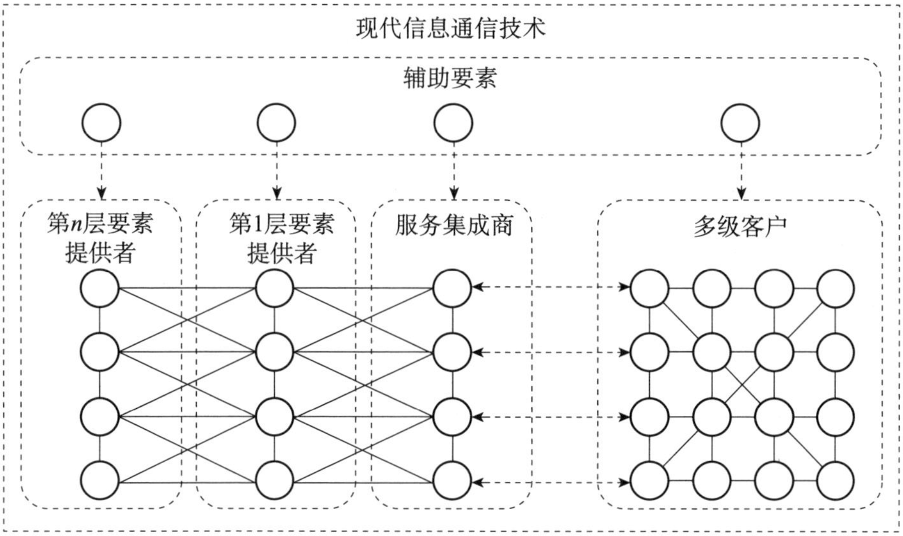

图 4－3　服务价值网络示意图

形成稳定的信任关系。具体讲，服务价值网络的特点可以从结构、流程和要素三个维度来辨析：

第一，在结构上服务价值网络呈现出模块化的特质。在服务价值网络中，服务价值的创造不是由某一个企业单独实现的，而是由众多的企业协同完成的，也就是说，通过各种产品或服务的组合最终实现价值。服务的模块化和服务提供者的多元化是服务价值网络的特征，即最终传递的服务是由众多服务提供者通过模块组合的方式实现的。这种服务模块一方面能够顺应市场或客户多变的需求，实现敏捷供应；另一方面借助于互联网，这些模块也可以为另外的市场或客户服务，具有开放性特点。应当看到不同客户对于服务的要求以及价值的定义不尽一致，因此，需要建立多样化的服务途径来实现各类客户的价值诉求（Turunen & Finne，2014）。在传统的服务化过程中，存在着服务化悖论之说，即为客户提供高质量的服务未必能提高经营绩效。这是因为不断扩展的服务会使企业面临模糊的商业焦点、更为复杂多变的交互，这种服务会造成企业成本急剧上升，利润下降，从而产生服务化悖论（Gebauer，Fleisch & Friedli，2005）。然而模块化的服务却能有效解决服务化悖论，这是因为模块化架构包含了众多可重复使用的核心要素，并且能够随时更换（Tuunanen & Cassab，2011），柔性化地支持规模经济和范围经济的同时实现（Thomas，Autio & Gann，2014）。对于供应链服务提供商而言，可以从众多不同的服务模块中及时整合服务，降低所提供服务的复杂性，增进相互之间的价值沟通（Böttcher & Klingner，2011），优化投资。

第二，在流程上通过客户高度协同实现价值创造。与价值场相同，在服务价值网络中客户不是被动的服务接受者，而是协同经营者，或者说客户参与到了服务生产的过程中。但是，在服务价值网络中，客户的参与程度较服务场更为深入，在服务场中客户作为一种价值提出者推动了双方的沟通和互动，以使供应者创造的服务能更有效地实现客户多变的价值诉求。而在服务价值网络中，一方面供需之间的共享价值会越来越高，共享价值建立在关系经济基础上，即参与各方共同努力创新大家均能收益的价值，或者说参与各方在这一过程中均获得了推动自身发展的新机会和新市场；另一方面供需双方的依存水平也越来越高，在服务价值网络中，供需均嵌入在复杂的业务关系网络中，各自提供了必要的能力，因此，相互之间的价值实现都有赖于合作方的投入和贡献。这种高度的价值共享性和依存度的合作体系也被称为既得性外包合作关系（vested outsourcing，Vitasek & Manrodt，2012），这种关系有五个特征：一是基于结果而非交易的商业模式，即商业模式的建立是基于参与各方共同的愿景和使命，而不是某一个企业自身的愿望；二是强调的是什么而非如何，也就是各自承担的任务或活动是根据目标以及任务的分配来进行的；三是清晰地界定可测量的预期结果，服务价值网络中价值的实现一定要有良好的预期结果来衡量和测度绩效；四是具有优化的定价模式从而均衡成本与效益，其含义是服务价值网络需要建立良好的定价体系和激励体系，一方面能够使参与各方均获得相应的报酬，在协同服务运营的过程中，让各方能持续稳健发展，另一方面，能以合理的成本代价获得最大的收益和发展；五是基于洞察而非监督的治理结构。良好的服务价值网络必须有良好的治理机制，能调节各方的责任义务以及相应的行为，但是这种机制的建立并不基于控制监督，而是基于能够引导参与各方向协同价值创造的方向发展，因此，其治理机制不是通过契约来规范各自的行为，而是一种关系性治理。

第三，在管理要素方面建立持续动态的知识服务池。服务价值网络通过组合不同的服务模块形成集成化的解决方案以服务于客户，协同创造价值，因此，需要形成良好的、能相互之间形成互补，并且不断发展的资源知识体系。否则，整合的互补资源和知识经过一段时间以后，一旦形成可替代的状况，价值的创造力就会削弱，合作关系就会走向解体（Dyer，Singh & Hesterly，2018）。Lusch、Vargo 和 O'Brien（2007）也认为服务价值网络如同有机体一样，需要持续地学习、演进，随时顺应变化了的要求，而这正是服务价值网络的竞争力。显然，要做到这一点，就需要建立知识和能力的池依存。池依存是 Thompson（1967）提出的一种依存形态，它指的是流程中每一部分都对整体产生了相应贡献，该依存形态基于标准化的工作活动，通过一系列的规则将专业知识整合到公司活动中，并且借助有效沟通确保该机制的效率（Holdt Christensen，2007）。也就是说，价值网络需要建立知识和能力的集合池，通过共享这些知识和能力，快速地形成定制化的服务，进而创造价值，而且在这个知识池建立的过程中，有明确的规则体系能够确保在提取和运用知识能力的过程中，保障知识能力提供者的权益，以及相互之间的沟通方式和运用程序。

4.3 服务价值网络的智慧化及实现

从上述服务价值网络的逻辑中可以看出，服务价值网络中的参与主体具有多样性，这些主体既包括了产业中的用户，也包括了提供服务集成和价值传递的服务集成商，以及提供模块成分服务的多级子服务提供商，大家充分协同，共同产生服务价值。要实现这一目标，需要良好的ICT来连接服务价值网络中所有的服务提供商、客户、生产者以及使能者（诸如金融机构等）来协调各类活动，从而一方面使得服务提供者能够降低供应链运营成本、提高生产率、改进工作流程；另一方面使得客户能够借助于ICT获取、知晓和处理以前难以获得的信息（Basole & Rouse，2008），实现ICT与服务价值创造的高度交融，最终实现服务价值网络的智慧化。

4.3.1 服务价值网络智慧化的含义和维度

服务价值网络的实现必须运用和借助于无疆界可介入的ICT，没有这一特点，服务价值网络就难以形成，这是因为服务的快速整合、价值的准时实现，都需要服务或知识池具备开放性，否则很难实现服务的创造和传递的效率。这一特征决定了在服务价值网络中，需要重新建构ICT来弥合供应链各个主体异质化的信息系统，真正实现资源迅速可介入、可整合，实现最大密度（maximum density）。最大密度是一种理论上的概念，指的是资源呈现和整合的连续集，当在既定的时间和地点，一个企业能在特定的情景下提供、整合所有的必要资源，协同创造价值时，就实现了最大密度

(Lusch et al.，2010)。换言之，最大密度反映的是价值网络建立和运营的效率，诸如当人们运用搜索引擎查询相关信息时，能够迅速获取来自世界各地的资讯，从而满足了人们对特定知识的获取欲望，这就实现了最大密度。显然，流动性的信息资源有助于提高最大密度，这是因为如果企业能够及时、实时获取相应的信息，就能够迅速做出反应，从知识池中组合服务，创造价值。Lusch 等（2010）认为，流动性信息资源获取能力的提升以及最大密度的实现需要重构形态、重构时态和重构域态。

4.3.1.1　形态重构（reconfiguration form）

形态或结构是一系列要素的安排形式，用以实现预期的目标，诸如，在供应链中通过布置和建立工厂、仓库、运输等要素，来完成分销产品的目的，这种要素构成的体系就是供应链形态。在服务价值网络中，为了实现最大密度，信息化的形态越来越需要通过嵌入化、场景化、模块化、再组化的形式实现供应链服务价值创造的敏捷和可适应（Lusch et al.，2010)。嵌入化反映的是通过现代 ICT 使得网络中的成员能够实时实现相互之间的沟通，并且共享细颗粒度信息（Uzzi，1997；Wu & Liu，2009)。例如，当互联网硬件从大型机逐渐转移到便携式电脑，甚至向更加小型化、智能化的智能终端发展时，信息获取的类型会变得越来越具体细致、信息的传递也会越来越及时透明，从而使得供应链服务能够根据变化的主体和变化的客户价值诉求实现灵活、有效的调整。场景化指的是根据供应链运营目标进行信息化的分析和建构，例如，为了实现全流程食品安全可追踪，就需要在食品原材料、包装、生产、分销等环节探索如何实现作业活动的可识别、可管理。显然，要实现场景化，需要信息化建设从全周期的视角来分析价值网络中可能产生的活动。Heeseok Lee、Choongseok Lee 和 Cheonsoo Yoo（1998）提出了基于场景和对象的超媒介设计方法论模型（scenario-based object-oriented hypermedia design methodology，SO-HDM)，即信息化的建立需要通过领域分析（包括通过情景图来确立系统的边界；通过事件列表以及场景分析来确认客户需求)、目标模型化（建立 CRC 卡，CRC 卡是一个标准索引卡集合，每一张卡片表示一个类。类名在最上方，类的职责在左侧，类的协作关系放在右侧。类代表一系列对象的集合，这些对象是对系统设计的抽象建模，可以是一个人、一件物品等。职责包括这个类对自身信息的了解，以及这些信息将如何运用。例如，一个人他知道他的电话号码、地址、性别等属性，并且他知道他具备说话、行走的行为能力。协作指代另一个类，我们通过这个类获取我们想要的信息或者相关操作)、审视设计（从 CRC 卡中审视对象)、引导设计（定义访问的信息化结构节点以及连接）以及实施设计（包括用户界面设计、数据库逻辑设计等）来实现。模块化指的是服务价值网络中的标准化成分或架构，例如成分化的软件和信息服务（Baldwin & Clark，2003)。当实现了模块化架构时，很多企业中的不具备核心能力的模块就可以外包给专业公司，而且模块化能够使得供应链网络价值实现更多的定制化，而这一点正是服务价值网络智慧化的关键之一，其原因在于客户所要求的服务解决方案往往涉及多种信息服务成分的整合，定制能够创造独特的价值体系（Baldwin & Clark，2003；Lusch et al.，2010)。再组化指的是通过供应链运营环节的分解和标准化，实现了客户驱动的流程再造。流程再造指的是从根本上重新而彻底地去分析与设计企业程序，并管理相关的企业变革，以追求绩效（Hammer & Champy，2009)。如今随着供应链运营环节不断地分解和标准化，加之信息化的变革，使得客户能够借助于 ICT 来推动服务价值的自实现。例如订单履行流程被分解成标准化的环节后，客户可以运用互联网技术自主配置订单和履行订单，像运用 ICT 进行订单验证、向供应商订购产品、追踪货物的去向、自动传递提单、自动开票等等。

4.3.1.2 时态重构（reconfiguration time）

服务价值网络的智慧化还涉及活动发生时态的重构。在供应链运营过程中，往往涉及一系列的活动，诸如技术设计、订单下达、寻源采购、原材库存、生产经营、产品库存、分销配送、售后服务等等。在传统的经营模式下，上述活动在时间上是一个先后的连续发生过程，即前一个环节的实现，才能触发后一个环节的发生，各个环节先后依存，这种前后贯通的作业方式必然导致信息的产生和管理都基于线性关系，而线性的信息化管理就有可能因为时滞而产生信息的不充分和不完整，为此，要实现最大密度，就需要重塑时态。时态重构的一个关键是供应链运营中的同步工程，这被广泛地运用于生产制造（Sobek II，Ward & Liker，1999）和系统开发领域（Lusch et al.，2010）。同步工程把目前大多按阶段进行的跨部门（包括设计、采购、生产、分销、物流、售后服务等）工作尽可能地同步进行作业，以避免因后续部门的需求而导致运营需不断进行调整。同步工程由于其同步性（所有活动尽可能同步进行）、约束性（事先考虑约束，同步满足各方面要求）、协调性（供应链各环节之间密切协调，以实现质量、成本和时间的最佳匹配）、一致性（所有活动都基于各方的充分沟通和认同），能够迅速地应对市场的变化，并且实现最大密度。当然，同步工程的实现需要用系统化的思想来分析整个服务价值网络的构成、流程和要素变化，以场景为基础进行综合性信息化战略架构设计，从而避免同步工程中由于不断迭代所产生的重复工作问题、由于并行作业产生的重叠问题、由于分解化产生的整合问题（Yassine & Braha，2003）。时态重构的另一个关键是客户的实时参与和零距离交互，即客户能够借助于 ICT 实时地获取上游信息，并且将自身价值诉求及时反馈给服务提供商，甚至参与到整个供应链运作过程中，此时供应链服务的目标性就会更加具有针对性，同时价值创造才能得以实现。

4.3.1.3　域态重构（reconfiguration field）

域态指的是服务价值网络发生的地域以及所有权归属域，也就是相互协同、合作的企业在地理上的分布空间或者所有权控制的空间。基于地理位置的产业集群一直以来是产业发展的主要形式（Morosini，2004；Feldman，Francis & Bercovitz，2005；DeWitt，Giunipero & Melton，2006；Oinas，2017）。因为这种产业集群具有实现技术与信息外溢、提供共享中间品和服务、降低采购与销售成本以及提供专用性劳动力市场等外部规模经济优势（Iammarino & McCann，2006）；同时能够促进集群内企业的集体行动（Schmitz，1995）以及降低进入壁垒等，从而增加了企业进入市场的机会。在信息与网络技术的推动下，依托各个企业核心竞争力，突破地域限制的专业化分工以及基于整体协作的服务价值网络虚拟产业集群逐渐成为服务价值网络实现的主要方式。虚拟产业集群（virtual clusters）也称为“电子商务社区”（e-business communities）或者“商业网络社区”（b-Web communities），它借助 ICT，是一种利用正式与非正式契约使相互关联的企业与组织机构之间产生依存关系，在虚拟空间中实现合作创新、风险共担与共同发展的集聚体。这种借助于 ICT 的虚拟产业集群使得服务价值的创造在极大范围内得以协同实现，从而重构了服务价值网络主体的组织场域。这种域态重构不仅适应于一些简单、重复的工作，而且适用于更为复杂的创造性活动，例如新产品研发（Ganesan，Malter & Rindfleisch，2005）。除此之外，域态重构不仅发生在空间范围内，同时也产生在所有权归属范畴内。以往要满足客户需求，需要创造物资产品，将产权让渡给客户，而服务价值网络更加强调服务作为交换的单位，通过服务的传递和价值的共同创造，推动供需之间的协同发展。因此，服务价值网络的实现不一定要拥有某类物资产品的产权，相反，可以通过市场性行为或者协作的方式实现最大密度，诸如，可以通过租赁信息系统的软硬件，与专业公司合作共同推动服务价值网络信息化的建构和管理。甚至有些信息化服务提供商通过免费提供硬件和系统，深度地嵌入到客户供应链体系中，通过创造价值、分享价值收益，实现共同发展。

4.3.2 服务价值网络智慧化平台架构

要实现服务价值网络的形态重构、时态重构以及域态重构，就需要全面系统地建设服务价值网络的信息化架构。Cenamor、Rönnberg Sjödin 和 Parida（2017）提出在服务化过程中需要从关注特定的要素转向关注整个架构设计，从而实现基于平台的数字服务化，即通过信息模块化同时赋能新的机会实现收益，并且降低服务供给中产生的成本（Vendrell-Herrero，Bustinza，Parry & Georgantzis，2017）。这一目标的实现需要重新界定信息化前台和后台在服务化信息价值创新中的作用。后台主要是建立和协调与平台架构相关联的活动，实现平台协同者的作用；而前台主要是通过组合各种模块，确立和实现最终服务的作用，也就是发挥服务建构者的作用。

此外，后台承担开发和设计标准化模块蓝图的工作，避免为了不同的服务场景不断地调整开发所产生的代价成本高昂的问题，前台则需要不断发掘机会，以便于推动新模块的开发，迅速获取和实现客户价值，这样就可以避免因相互关联的目标造成难以实现一致的冲突（Smith & Lewis，2011）。

具体来讲，这一架构是由多层体系组成的整体架构。Youseff、Butrico 和 Da Silva（2008）和 Leimeister、Böhm、Riedl 和 Krcmar（2010）提出了在服务价值网络情景下云计算的多层架构模型，分别对应的是云应用、云软件环境、云软件基础设施、软件内核和硬件（见图 4－4），以上五个不同的层次分别反映了从前台到后台的多层架构。

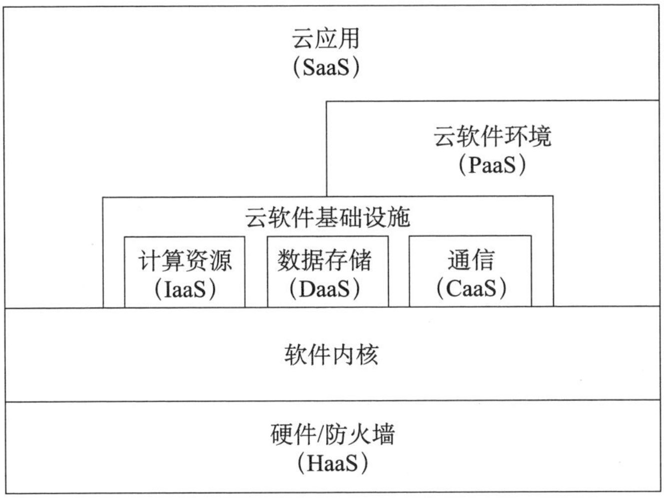

图 4－4　服务价值网络情景下云计算的多层架构模型

资料来源：YOUSEFF L. BUTRICO M，DA SILVA D，2008. Toward a unified ontology of cloud computing：1-10. IEEE.

具体来讲，在用户界面层，云应用层（cloud application layer）对于终端客户而言是最为显现的层级。它通常通过互联网门户访问，构建了应用的前台，用户在使用云服务时进行交互。应用层中的服务包含各种服务模块，每个用户可以根据其需要来选择相对应的独立服务模块，因而，这一层的架构也可被称为软件即服务（software-as-a-service，SaaS）。

云软件环境层（也被称为软件平台层）为云应用程序的开发提供环境，

这一服务架构也被称为平台即服务（platform-as-a-service，PaaS）。该软件环境还提供一组定义明确 API，从而使得平台的参与者可以利用云服务与其他云应用程序进行交互。然而，如果没有应用开发的标准，系统开发只能依赖于平台所提供的专用环境。

软件基础设施层为上述架构提供了资源，该层提供的服务通常可分为计算资源，数据存储和通信服务。计算资源通常被称为基础架构即服务（infrastructure-as-a-service，IaaS）。Leimeister、Böhm、Riedl 和 Krcmar（2010）认为虚拟机是向用户提供计算资源的常见形式，它们可以完全被管理和配置以满足客户的特定需求。虚拟化技术可被视为 IaaS 的支持技术，允许数据中心提供商按需调整资源，从而更有效地利用其硬件。与计算资源类似，服务价值网络智慧化平台中的数据存储被称为数据存储即服务（data-storage-as-a-service，DaaS）。DaaS 允许用户远程获得需求灵活的数据存储服务，也可以从任何地方访问这些存储数据。这一服务架构要求数据服务能实现可用性、可靠性、一致性。可用性指的是能够让客户便捷地使用远程数据存储读取服务；可靠性则反映为数据服务的稳定和持续；一致性是指当执行某项分析和应用时，必须使所有数据都具有一致的状态。另一个基础设施层的服务是通信即服务（communications-as-a-service，CaaS），它将高质量服务所必需的通信能力，如网络安全、专用宽带或网络监控等提供给客户，从而使得在一个协作云环境中，使用云科技，使每个参与者可以根据管理员授予的权限有效地建立通信群组，使用各种信息传递方式，增强通信效率。

软件内核层代表数据中心中物理服务器的软件管理环境，这些通常包括操作系统、虚拟机管理程序、监控系统或者群集中间件。

在服务价值网络分层模型的底端是实际的物理硬件，它构成了任何云计算服务产品的支柱。这些硬件既可能自己建构，也可以从数据中心提供商租赁获得（即通过外包服务获取）。这一架构也被称为硬件即服务（hardware-as-a-service，HaaS）。

上述五层架构形成了价值网络服务的智慧化平台，从而既实现了根据客户的需要提供全面按需定制的服务，也实现了前述的形态重构、时态重构和域态重构，为供应链金融的开展和风险管理提供了坚实的信息化基础。

4.4　智慧化服务价值网络与供应链金融

4.4.1　智慧化服务价值网络效应的三维度

上述五层架构的智慧化服务价值网络为供应链金融的开展提供了有效支撑，这种支撑作用所产生的效应主要表现为Wells和H Gobeli（2003）提出的触达（reach）、丰富度（richness）和主体多样性（range）。他们认为电子化和数字化建立在这三个维度基础上，并通过这些维度创造了整合性战略。而基于智慧化的服务价值网络也需要通过这三维的确立，支撑和推动供应链金融的发展，具体讲，智慧化服务价值网络对供应链金融的支撑作用表现为如下三点：

第一，金融资源的触达。这是指从事供应链金融的金融机构，迅速有效地触达目标客户，使得后者能在与服务企业互动的过程中，知晓和应用供应链金融服务，同时金融机构也能及时掌握客户企业供应链运营的真实状态，以及这种状态下的真实金融需求。客户触达一直以来被认为是客户满意的重要构成因素，其重要性仅次于服务能力（Sureshchandar，Rajendran & Anantharaman，2002）。供应链金融运营的一个很重要的关键是把握交易的真实性，即只有在及时、完整获取客户及其上下游真实的信息和生产经营的前提下，金融服务才能做到既有针对性，又能有效防范潜在风险。而作为供应链金融服务的对象，也需要借助于有效的方法触达服务企业，了解对方能够在金融活动上给予什么样的支持，通过这些支持，能够给客户企业带来什么明确的价值，只有在供应链金融服务双方都能有效触达的状况下，金融活动才能实现有效和安全，因此，触达性是供应链金融服务的基本要求。而智慧化的服务价值网络使得触达性得以实现，这是因为ICT使得客户能够更为有效地接触到服务提供商，通过与服务提供者之间的频繁直接互动，产生平台效应（Smedlund，2012），并且借助于这种智慧化平台，使流程整合和信息化整合更为直接有效，从而使得在从事供应链金融活动时，能够更为直接有效地掌握供应链运营的状态，以及各方的真实信息（Daugherty，Ellinger & Rogers，1995）。

第二，金融产品的丰富度。智慧化服务价值网络对于供应链金融的另一个重要影响在于它能够提供纵深、定制化的供应链金融服务，从而使供应链金融所必需的信息实现多维化。智慧化的平台架构通过后台的 Haas、IaaS、DaaS、CaaS 到中台的 PaaS 和前台的 SaaS 能够快速应对客户多样性的价值需求，满足其日常运营所产生的各类金融服务需求，这种按需定制的服务，一方面使得供需之间的关系更为密切，另一方面也使得服务企业获得的业务数据更趋多元，从而能够实现数据之间的校核——这些都为有效实施供应链金融、防范风险提供了有力保障。此外，这种多层架构的智慧化平台本身也能促进供应链金融产品多样化和按需服务。在供应链金融中，会有各类不同的金融服务产品，如同第 2 章中所详述的那样，供应链金融会随着不同的阶段、不同的担保状态呈现出多样化、差异化的产品服务，因此，如何能够快速应对客户生产运营的不同特点，提供相适应的服务，这是供应链金融发展需要解决的问题，而前、中、后台的多层智慧架构也为按需提供差异化金融服务奠定了基础。

第三，金融服务的主体多样性。将更多的参与主体连接起来，提供范围广且多样化的服务是智慧化服务价值网络促进网络化供应链金融的基础。从供应链金融的发展趋势看，建立多主体专业分工基础上的协同供应链金融网络是主要的组织方式，也就是说，以往供应链金融多是由单一金融机构或者组织推动的业务，例如某一银行为核心企业提供保理、反向保理、仓单质押等业务，然而随着供应链业务的复杂化和多主体化，使得依靠单一金融机构来服务企业变得捉襟见肘。这是因为一方面依靠单一金融机构很难全面满足各类主体的金融服务需求，另一方面，单一金融机构由于能力的局限性，很难对全局供应链实施有效的监督和管理。同理，未来的供应链金融也不完全是由某一垄断性核心企业自身推动的供应链金融，这是因为尽管垄断性核心企业在供应链中具有强大的谈判力，但是这类企业并不完全熟悉金融的运作和管理，特别是如何通过金融工具来管理和控制风险。此外，供应链金融发展成熟之后，需要专业化的 ICT 能力和多主体的连接能力，而单一的垄断性核心企业较难做到。更为重要的是封闭的垄断性核心企业搭建的供应链金融体系，较容易出现欺凌式流氓形态的供应链金融，即肆意拖延供应商账期，然后向供应商提供所谓的供应链金融服务。因此，专业化和平台化将成为未来供应链金融发展的方向。而要实现这一目标，就需要用有效的方式将分布在不同环节、不同领域、不同地域的专业化组织进行有效衔接，进而提供全局性的供应链服务以及金融服务。而智慧化的服务价值网络则提供了开放式的平台机构，一方面让不同的组织能够有效介入，提供专业化服务，另一方面又能实现高度的协同，避免以往供应链环节不能有效衔接而产生的低效率甚至运营风险。

4.4.2 基于三维度的供应链金融业务

沿着上述智慧化服务价值网络的三个维度效应，产生了不同的组合状态，这种组合状态形成了不同类型的供应链金融形态。其中几种供应链金融业务产生的基础是借助于智慧化的 ICT 在金融资源触达性和金融产品丰富度上产生的交互效应，从而构成了三种不同状态信息化的供应链金融业务（见图 4－5）。

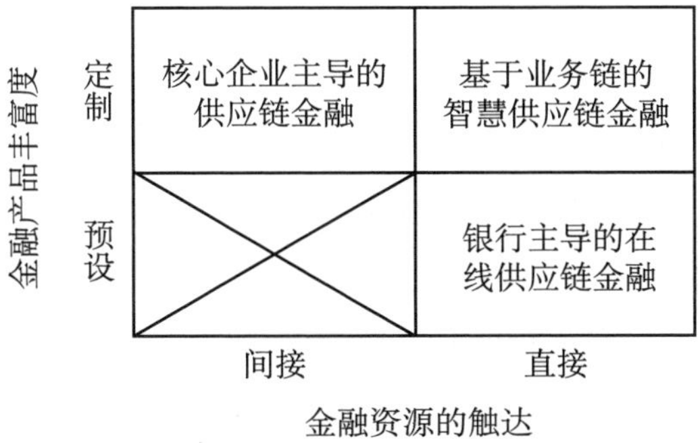

图 4－5 基于触达和丰富度的供应链金融业务

第一种状态是实现了较高的金融资源触达性，但是金融产品的丰富度不够深，这种状况常见于银行主导的在线供应链金融业务。通常银行借助于信息化的建设能够直接、及时了解客户的基本状况和资金借贷行为，并且通过信息化系统实现线上申请、线上征信、线上审批、线上还贷。站在金融机构的立场上，这实现了客户信息——特别是有关资金借贷——的直接触达。然而，这种金融机构主导的在线供应链金融业务有一定的局限性，即由于信息拥有的丰富度不够，使得金融产品无法实现根据客户的差别化资金需求及时提供定制化的供应链金融服务产品。具体讲，围绕供应链运营而产生的各类业务数据和运营数据并没有真正为金融机构获取，即便有些金融机构通过自己搭建 B2B 电子商务平台，试图实现对供应链运营全数据的把握，但是由于系统建设的非定向性和针对性（即不能完全适应行业运行的特定规律和企业运营的特殊需求），加之供应链企业对于将数据完全基于金融机构信息化平台的抵触，使得金融机构所获取的数字信息往往无法真正渗透到产业供应链的所有环节和所有上下游企业。在这种状况下，金融机构能够推动的供应链金融业务只能是将传统的金融业务实现在线化，诸如在线保理、在线反向保理等等，而无法实现根据客户的供应链状态定制化金融服务产品。

第二种状态是掌握了丰富的供应链业务信息，对客户的了解也非常深入，因而能够根据供应链客户企业的实际状况提供丰富的定制化金融服务产品，但是金融机构对于客户的触达性不强，这种形态常采用核心企业主导的供应链金融业务。在这一状态下，金融机构并没有直接触达客户，或者说对于客户供应链运营的状态以及伴随着的金融服务需求，并不是直接的了解和掌握，而是需要通过一种媒介来触达客户。而作为推动供应链金融服务的主体，由于自身处于产业供应链之中，并且具有强大的谈判力，因此，非常熟悉供应链业务，对融资需求方实际的经营状态和相关信息掌握全面，能够切实地解决其上下游企业供应链运营所需要的运营资金。这类供应链金融服务的关键是供应链中的核心企业，金融机构只能依托核心企业才能向上下游企业提供必要的资金，同时有效地管控风险，诸如金融机构统一授信，买方或卖方信贷就属于这一类产品服务。

第三种状态是基于业务链的智慧供应链金融，这种状态的供应链金融往往是由企业、金融机构与专业信息服务商协同推动的在线供应链金融，从而实现了高度的金融资源触达和丰富的定制化金融产品。在传统的供应链运营与服务中，金融资源的直接触达和定制化丰富的金融产品服务较难并存，这是因为金融机构与产业企业较难实现真正意义上的融合和协同。一方面，金融机构并不了解产业供应链的运营，以及运营所产生的数字和信息的价值。特别是绝大多数供应链金融服务的对象是中小微企业，它们的财务信息往往不完善，数据质量也不高。此外，随着供应链的运营越来越从单一的价值链，经价值场向服务价值网络转变，使得供应链业务活动越来越复杂，涉及的主体也越来越多，因此，只有真正把握其业务运营的状况，以及中小微企业在服务价值网络中的状态，才能知晓其在供应链中的地位和能力，判断融资行为可能带来的风险，而这些不是传统金融机构所具备的能力。另一方面，大多数产业企业也较难真正地将金融机构有效纳入服务价值网络中（除了各行各业中的龙头核心企业），这是因为其本身的经营规模、资源有限，因此，较难获得金融机构的认同和优惠支持。而专业化的信息服务商通过连接产业企业和金融机构，产生信息数据的汇集和整合，弥合了上述鸿沟，从而既能够根据产业供应链的实际运营状况，为产业企业上下游客户提供丰富的定制化供应链金融产品，也能够为金融机构传递有效的信息，为金融机构风险控制提供有力的支撑，实现金融资源的直接触达。

除了金融资源触达性和金融产品丰富度外，金融主体的多样性也是智慧供应链金融业务形成需要关注的因素。如果将触达性和丰富度作为一个维度，金融服务主体多样性作为另一个维度，那么同样产生了两种形态的供应链金融业务（见图4-6）。一种便是上述基于业务链的智慧供应链金融，如前所述，这类供应链金融是合作企业、金融机构和专业信息服务商协同的供应链金融业务，从特征上看，这类金融服务的对象是合作企业的上下游客户，或者说是以合作企业自身的业务链为基础的，专业信息平台对合作企业业务链的信息进行提取、清洗、挖掘和整合，传递给金融机构，以便于金融机构评估风险，从而将资金融通于合作企业的上下游客户。另一种形态的供应链金融是基于价值网的智慧供应链金融，与前一种形态不同，这类供应链金融不仅金融资源触达性和产品丰富度较高，而且金融参与主体多样性也较高，形成了广泛的业务合作网络。具体来讲，首先，供应链金融业务开展的基础不再是某个特定企业的业务链，服务的对象也不完全是合作企业的上下游，而是扩展到整个服务价值网络，所有参与到供应链服务过程中的企业都有可能成为供应链金融服务的对象。其次，由于参与主体的多样性，使得业务数据也变得多维度，这一方面表现为信息数据的类型日益多元，另一方面信息数据的来源也呈现多样性，正是这种多维信息数据，使得信息数据能够实现交叉校核，为有效控制金融风险奠定了坚实的基础。最后，基于价值网络的智慧供应链金融，其 ICT 部署也与基于业务链的智慧供应链金融不同，在基于业务链的智慧供应链金融中，ICT 是专业化的信息服务商，信息服务商起到的作用主要是连接、分析和传递，即通过其独立部署的云架构来对接合作企业和金融机构的信息化系统，提取有效的信息数据进行分析计算，然后将数据和分析挖掘的结果提供给金融机构以进行借贷决策；与之相反，在价值网智慧供应链金融中，ICT 多层架构内涵嵌入在服务价值网络中，所有参与者的业务行为、金融机构征信、风险管控等都自然建立在 ICT 云架构上。从某种意义上讲，不存在严格的系统连接、数据提取过程，借助云架构上的业务活动和数据，形成了金融机构风险管控的基础——信用管理体系。

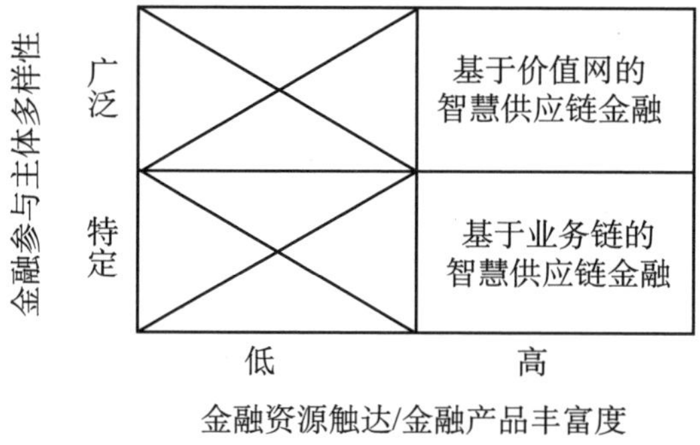

图 4－6　基于触达、丰富度和多样性的供应链金融业务

4.5　欧普照明与联诺基于业务链的智慧供应链金融

基于业务链的智慧供应链金融就是要让核心企业及其上下游、金融机构借助于信息服务商的信息化系统服务进行有效对接，实现信息数据的联通和智慧化管理，进而实现金融与产业的顺畅合作。这一状况典型地反映在欧普照明的供应链金融业务中，核心企业欧普照明与联诺、金融机构（青岛银行、青岛城投）合作，整合了资金、业务以及技术的专业优势和分销渠道网络、交易数据和物流业务等要素，通过平台的交易记录，将产业和金融通过互联网的方式集合在一起，开拓了针对经销商的“信用模式”互联网供应链金融业务，以及针对供应商的在线反向保理业务。

4.5.1　欧普照明的销售供应链运营及其项目背景

中山市欧普照明股份有限公司（以下简称“欧普照明”）始于 1996 年，是一家集研发、生产、销售、服务于一体的综合型照明企业。欧普于 2016 年 8 月 19 日登陆上海证券交易所主板正式挂牌上市。2018 年公司有员工 6 000多人，拥有上海总部及中山工业园、吴江工业园等多个生产基地。该公司产品涵盖 LED 及传统光源、灯具、电工电器、厨卫吊顶产品等领域。2017 年实现营业总收入超过 69 亿元，比 2016 年同期增长 27.03%。其销售终端达到 30 000 个，经销商 3 000 多个。欧普照明的销售策略采用的是终端价格指导，每个库存点不得超过年销售量的 10%，所有网点均采用下单排产付款 50%、款清发货的模式，在这种模式下其销售端毛利润可以达到 50%。此外由于行业专业性强，客户可替代性较低，欧普照明客户非常稳定，很多经销商是合作 4～5 年的客户，部分客户合作超过 10 年。

然而，在新的竞争态势下，欧普照明仍然面临着巨大的挑战，这主要表现为：第一，如何帮助经销商加快现金流、减缓资金压力。在传统的模式下，经销商下完单后，欧普照明接单生产，发货后开票，经销商就需要付款结算，这对于经销商而言，会产生巨大的资金压力。站在生产企业欧普照明的角度，同样为了降低回款风险，也希望及早获得资金，用于再生产。这种状况对于欧普照明的战略合作者更为显著，一方面越是战略经销商越希望能够获得良好的资金支持，另一方面欧普照明也希望通过资金上的安排能稳定核心经销商，保持其在行业市场中的领先地位。第二，从欧普照明供应链运营角度看，生产企业希望通过经销商交互平台整合物流、库存、采购与财务应付等数据，基于对全供应链数据的深入分析与挖掘，对货物的销售速度进行更准确的预测与采购整理。第三，消灭信息孤岛，实现欧普照明内部系统的数据对接，提升管理效率，助力实现财务、业务一体化，打通财务与仓储、物流间的信息壁垒，使物流信息对财务部门全流程可视，通过财务应付信息优化业务管理流程，将极大提升欧普照明内部供应链与财务管理的效率。正是基于上述挑战，欧普照明力图通过供应链信息化及金融服务来提升竞争力，稳定下游经销商，推动销售端供应链发展。

上述目标的实现，显然不是欧普照明自身就能完全解决的，这是因为欧普照明在供应链中相当于核心企业，其资金流充足，信誉好。欧普照明可以将其拥有的客户群体和规模庞大的经销商数据与金融机构系统连接，进而成为金融机构授信的重要依据。然而，要实现这一目标，就需要欧普照明能够搭建连接金融机构的信息化平台，并且能够结构化整合金融机构所需要的风控信息，而这显然并非生产型企业能完全实现的。另外，该系统的建设还需要考虑从业务发起、流程设计、责任权利划分等方面规避业务风险，保障对欧普照明现有业务操作没有影响，并且从流程设计、系统实现等环节保障信息安全，这些都需要专业化的企业来帮助欧普照明实现。基于上述问题，欧普照明与专业化信息服务商联诺，以及青岛银行、青岛城投形成了多方合作的基于业务链的智慧供应链金融。

4.5.2 联诺、欧普照明、金融机构三方协同的销售供应链金融模式

北京联诺金服科技有限公司（以下简称“联诺”）成立于2016年，前身

为 2014 年成立的联诺信息服务有限公司，总部和研发中心设在北京，在上海及武汉设有办事处，公司专门从事大型和复杂的在线供应链金融计划的咨询、实施运营维护业务。该项目实施之初，首先由联诺会同金融机构，在欧普照明的配合下，筛选出欧普照明的优质经销商。欧普照明的经销商总量有 3 000 多家，而其中核心经销商、一类经销商和二类经销商分层非常明显，资金需要较为迫切，且掉队率很低（即三年内销售下降，掉出所在等级）。具体看，在 2013—2015 年连续三年销售额在 500 万元以上的被称为核心经销商，该等级客户数在 50 家左右，客户掉队率为零，客户期望贷款额度大约为年销售额的 10%，利率小于年化 7%；连续三年销售额在 200 万～500 万元的为欧普照明的一类经销商，该等级客户数为 69 家，掉队率为零，期望贷款额度大约为年销售额的 7%，利率小于年化 8.5%；连续三年销售额在 30 万～200 万元的为二类经销商，客户数为 1 232 家，掉队率 0.73%，期望贷款额为年销售额的 5%～7%，利率小于年化 10%。显然，这些经销商是欧普照明的核心客户，也是供应链金融的主要服务对象。

在确定了经销商客户后，便是建设三方协同的智慧供应链金融模式。首先，由联诺构建整合化的互联网信息平台，实现联诺平台与金融机构的系统对接，同时向下游经销商开放接口，经销商能够通过互联网进行访问。此外，联诺平台也能够有效对接欧普的业务系统，提取和整合相关的数据，实现欧普照明、金融机构、经销商三者互联互通（见图 4 - 7）。其次，需要融资的经销商、欧普照明和金融机构签订合同，以实现基于互联网的在线融资。在此过程中，参与各方的责任义务表现为，作为核心企业的欧普照明，需要提供经销商历史交易数据和每月的增量数据，并确保各项数据真实准确，没有虚假。此外，对于违约客户，其在经销权授予、返利、库存调剂等方面协助银行减少损失，全程配合银行对于在流贷过程中的各项要求工作。而信息服务商联诺能帮助各方通过信息化架构获得所需要的信息，保证信息运行的顺畅和有效。青岛银行和欧普照明可通过融资平台全程看到经销商的回款、提货、融资申请、状态更新以及还款状态。最终实现贷前准备、融资申请、审批出账、还款以及贷后管理的全程透明（见图 4 - 8）。

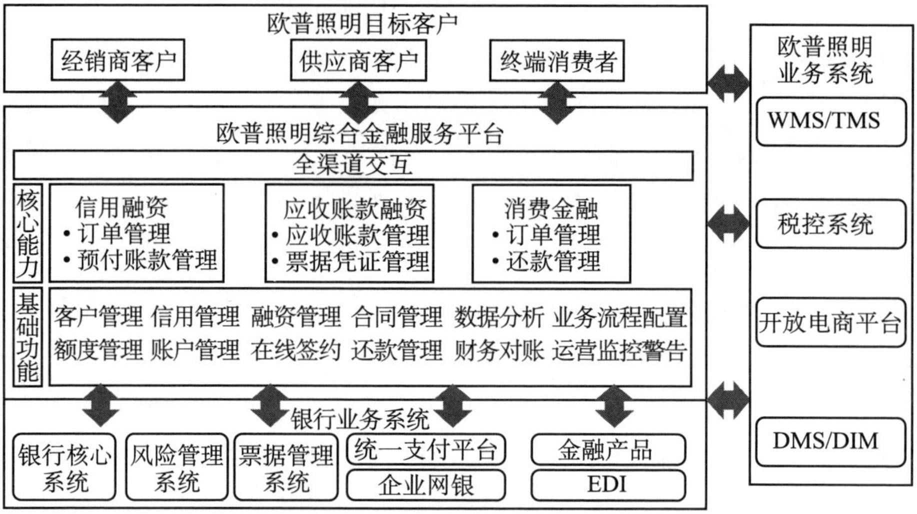

图 4-7　欧普照明/联诺供应链金融信息化平台架构

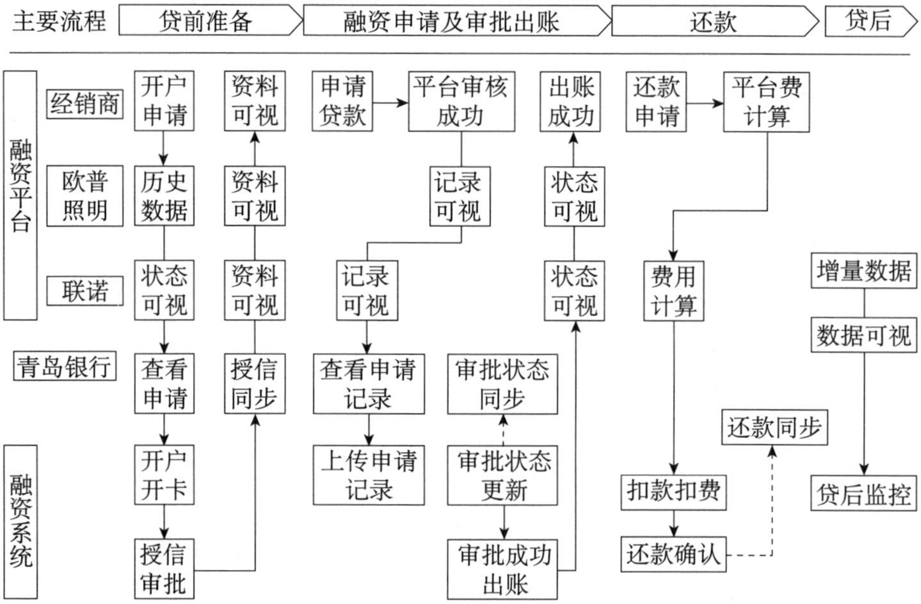

图 4-8　欧普照明/联诺供应链金融的主要操作活动

由于客户贷款申请是全线上操作，金融机构无法像传统融资服务那样根据具体情况考量中小型经销商面对的风险，同时该类经销商资金链受整体市场和所处环境影响较大，若发生到期强行提货或是由于经营不善不能到期打款提货的情况，金融机构信贷的违约风险和损失就会产生。针对这种情况，欧普照明和金融机构设计了相应的风控措施。首先，欧普照明与金融机构保持良好的合作关系和系统对接，欧普照明将合作的经销商近三年的销售数据传输给金融机构，从而便于金融机构分析判断经销商的经营状况和能力，确立相应的信用额度。其次，针对风险暴露的“信用模式”，由于都是申请借款规模较大、信用较好的优质经销商，因此金融机构和欧普照明更加重视经销商的资质，欧普照明经销商只有拥有大于三年的销售记录才能通过额度审批。再次，通过与平台数据的实时交互，金融机构得以监控经销商真实全面的交易信息和数据。且随着交易的重复进行，这些信息、数据得以不断积累和完善，从而建立起一套动态可监控、全生命周期的商业数据体系，而这便是金融机构为经销商提供商业信用融资服务的基础。最后，“信用模式”下的每笔融资金额一般都不大，通过小额动态循环，欧普照明和金融机构能借助大数原理控制相应的风险。对于该模式下各参与方而言，金融机构通过对欧普照明统一授信，并且建立完善的风险控制机制来管理欧普照明的经销商，既能减少对不同经销商分别设计供应链金融产品的成本，又可通过标杆复制的手段在短时间内以几何级数的方式增加客户数量。金融机构抓住这个契机与产业紧密结合，使供应链上的企业可以借助金融机构实现信用延伸和风险变量的转移。该项目基于互联网，通过组建生态圈，实现了产融结合，并基于信息化的大数据应用，可以实现商流、物流、信息流和资金流的统一，有效解决了金融机构的风控问题。在实施过程中，各环节的风险控制也通过控制数据流和建设授权机制等方式限制人员接触数据的范围，有效地防范信息泄露等问题。

从该项目的运作流程看（见图 4－9），当经销商向欧普照明下达采购订单后，借助于联诺搭建的在线供应链协作平台，该订单信息将同步到平台上；欧普照明也将相应的生产供货信息同步至联诺平台，从而形成订供货信息的交叉核验；基于上述信息和三方的合作协议，金融机构在线审核信息和资质后，将经销商信用贷款定向支付给欧普照明；经销商产生销售后，将资金归还金融机构，完成融资行为。

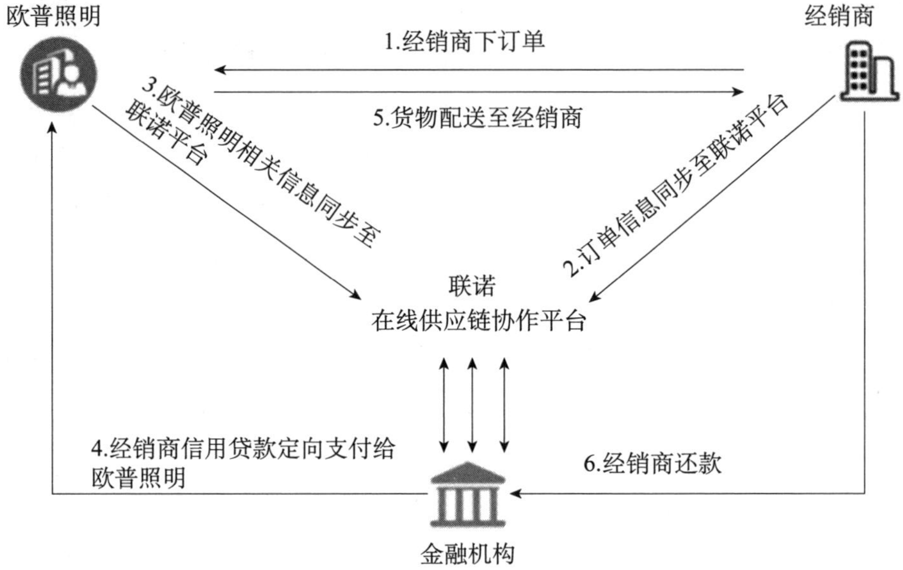

图 4-9　欧普照明供应链金融运作流程

4.5.3　欧普照明销售端供应链金融运营绩效

该项目第一笔业务始于 2016 年 8 月 19 日，止于 2018 年 10 月，累计放款总额达到 36 877.01 万元，放款 1 016 笔，服务的经销商客户 280 家（主要为核心经销商和一类经销商），年化利率在 6.5%～9.5%。

该项目是传统供应链金融基于互联网的升级迭代，通过组建生态圈，将金融机构、核心企业、经销商连接在一起，实现了三者共赢。这种供应链金融模式优化了供应链价值。具体讲，对于下游经销商来说，以较低的利率获得融资，且无须担保和抵押，及时有效地解决了资金紧张问题。对于欧普照明来说，优化了业务流程，缓解了供需紧张关系，在保障自身利益的同时，也实现了经销商的利益。对于互联网供应链的金融服务方联诺来说，解构核心企业的价值链，增强下游供应商的采购供应体系竞争力，使其融于核心企业的供应链价值体系中。对于金融机构来说，更好地扩展了业务空间，实现了无风险收益，也改变了简单的资金借贷关系。

显然，此项目主要解决了经销商的资金需求，这成为 B2B 平台的一个重点方向。平台上的经销商无抵押，无担保，不用实地办理手续，通过平台上的“在线融资”窗口，实现了资金及时到账，不仅方便快捷、效率高，还能享受与大企业一样的优惠利率，大大减少了利息支出。从目前操作的情况来看，该供应链金融已有了一些突破性的成果：一是经销商远程开户方面有了一定的突破；二是放款全流程打通，放款时间达到“秒级”，即客户从发起融资申请到出款能在几秒之内完成。

4.5.4　面向供应端的智慧供应链金融

在成功实施销售端供应链金融业务后，欧普照明与联诺以及青岛银行、上海银行等金融机构又于 2018 年 11 月启动了针对供应商的在线智慧供应链金融。之所以继续延伸至供应端，是因为欧普照明在生产过程中，需要从供应商采购大量的物资，而传统的采购模式也会使供应商面临巨大的资金压力。从采购流程上看，欧普照明向上游供应商下达订单，上游企业需要根据订单状况进行生产，然后实施货物运送，货物到达欧普照明处检验后，供应商开具发票，经过一段账期后，供应商才能获得销售资金。显然，在较长的时间段内供应商面临着运营资金缺乏的状况，因此，需要借助于供应链金融来缩短应收账款收款时间。

基于以上考虑，三方再次合作建立了供应商应收账款融资解决方案，其具体流程如下（见图 4－10）：欧普照明与供应商签订采购协议，供应商交付货物与发票；借助于联诺的供应链协同平台，欧普照明将应付账款信息同步至平台，同时供应商将付款通知及采购的相关条款确认也同步至平台，最终形成相互钩稽和验证的信息数据；当供应商需要融资时，供应商在平台提出申请，并确认应收账款转让的时间和接受的利率；银行向欧普照明供应商贴现融资；欧普照明按账期将货款付至供应商账户。

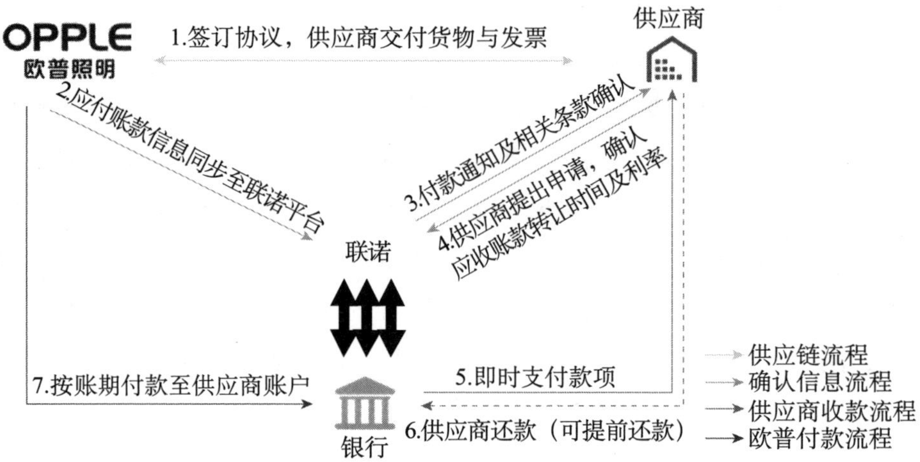

图 4-10　欧普照明供应端在线供应链金融

上述模式的实施，给供需双方均带来了收益。从欧普照明的角度看，该供应链金融方案的实施可以提高欧普照明的信用等级，在供应市场树立良好的诚信形象，并且能有效降低欧普照明的付款压力和采购成本，节约资金，增强软实力。此外，欧普照明借助于联诺搭建的在线信息化及金融服务平台，使自身能够系统化管理上游客户，大大提高经营效率。从供应商的角度看，大大降低供应商的融资难度和融资成本；高效缓解供应商的资金压力，优化企业现金流；降低采购成本，提高供应商产品的市场竞争力；提高供应商的业务规模和效率，增加利润。

4.6　欧冶云商基于价值网的智慧供应链金融

基于价值网的智慧供应链金融与基于业务链的智慧供应链金融有一个差别点就是前者通过综合信息服务平台，将多利益主体进行有效整合，既为不同的供应链参与主体提供了高度的金融资源触达，同时也实现了丰富的金融产品服务，从而同时实现了供应链金融服务的广度和深度，进而优化了整个服务价值网络。这一状态非常典型地反映在宝武集团身上，推动了钢铁大宗物资供应链网络及金融服务平台——欧冶云商——的建立。

4.6.1　欧冶云商价值网平台基本背景

中国宝武钢铁集团有限公司（以下简称“宝武集团”）发展产业供应链已有多年历史，是国内最早涉足 B2B 领域的钢铁企业。2000 年投资成立的东方钢铁电子商务有限公司就是供应链发展初期的代表，当时该平台可为战略大客户提供交易服务，实现包括期货销售、电子合同、电子提单、电子支付等业务的全程电子化，同时涵盖 JIT 供货等专业供应链服务。为满足中小用户对现货钢铁产品的需求，宝武集团在 2006 年成立的宝时达第二方现货平台基础上，于 2012 年成立了上海钢铁交易中心有限公司——增加社会钢材资源，向第三方平台拓展，并提供结算交易服务。此外，宝武集团于 2011 年成立了采购宝、化工宝等平台，为宝武集团及社会用户提供工业品采购和煤化工产品销售服务。

随着钢铁行业逐步进入微利时代，加上都市型钢厂产业结构调整的诉求，宝武集团积极推进“从制造到服务、从钢铁到材料、从中国到全球”的三大转型战略。2015 年 2 月，宝武集团整合内部和社会资源成立了欧冶云商股份有限公司（以下简称“欧冶云商”），2015 年欧冶云商注册资本 33.3 亿元，当初的股权结构为宝武集团 49%、宝钢国际 42.33%以及宝钢股份 8.67%。2017 年 5 月，欧冶云商完成了首轮股权开放，实现了混合所有制改革，选择了包括本钢集团、首钢基金、沙钢集团、三井物产、普洛斯、建信信托在内的 6 家投资者和 126 名员工组成的持股平台入股欧冶云商，增资约 10 亿元。

该平台试图构建集交易、仓储加工、运输、金融、数据、技术、资讯等服务为一体的第三方生态服务体系，力求实现从服务型制造向生产型服务转变。具体看，欧冶云商已形成多品种、跨区域的大宗商品市场服务架构，产业供应链已经覆盖原燃料、矿石、钢材、家电、汽车、造船等多个产业领域，贯穿采购生产、销售、加工、物流等各环节，具备为产业链用户提供综合解决方案的能力，形成全产业链、四流合一的大宗商品市场服务基础。同时，运用专业、多层次的风险控制手段，确保全流程交易和服务的真实、安全。其平台的架构主要包括三个层级（见图 4-11）：一是围绕钢铁全产业链的大宗商品交易服务平台，借助于该平台培养钢厂和客户线上化的交易习惯，形成资源集聚，进而优化生产、销售活动；二是基础设施服务平台集成货运、仓储、加工和金融服务等供应链要素，使大宗物资供应链物流能实现透明、高效管理和定制化服务；三是信用体系构建平台利用云服务的数据积累，实现资源配置的智能化，提高资源利用效率，构建新型生态圈。

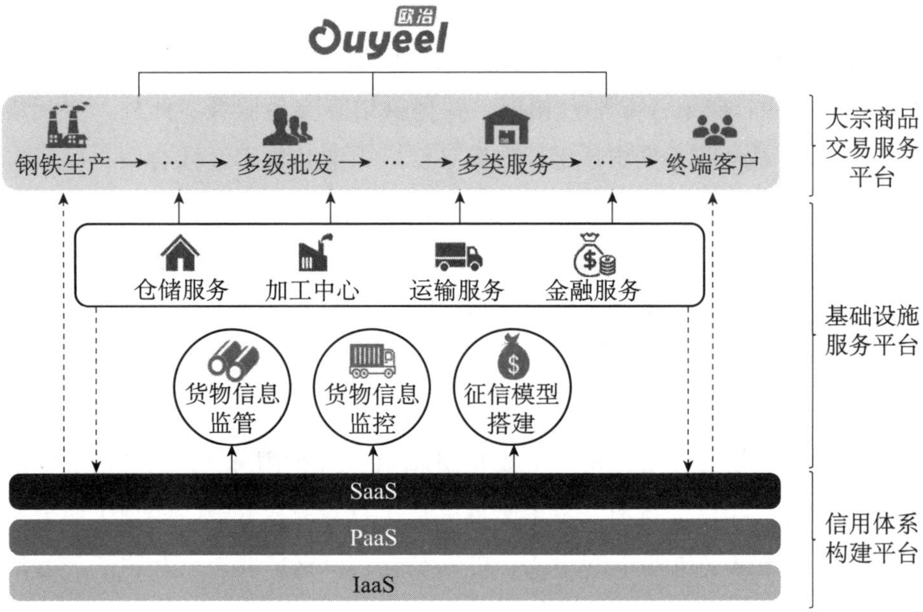

图 4-11　欧冶云商价值网平台三层架构

4.6.2　欧冶云商大宗商品交易服务平台

4.6.2.1　欧冶云商交易服务功能

目前欧冶云商已经形成钢铁产品、大宗原燃料、采购、化工品、循环物资和跨境业务 6 个电商交易平台，基本形成了钢铁产业链全品种、全流程、全地域、全体系的服务平台架构。

钢铁产品交易平台改变了传统的原料和资材采购以及成品钢材的销售

模式，通过制定标准化的交易规则和在线采销方式，降低了交易费用，缩短了流通时间，为钢厂、供应商和最终用户创造了直接价值。平台依托宝盈通仓储管理系统，保证了货源的真实性和质量可靠性。2016 年度，欧冶云商平台累计实现交易量 3 786 万吨，累计交易金额 645.6 亿元。用户数从 2013 年的 0.52 万家逐步增长至 2016 年的 5.5 万家。2017 年上半年，累计注册用户达 60 915 家，日均有效挂货量 110 万吨以上，钢厂有效挂货量 50 万吨，钢材交易量 550 万吨，钢材结算量 328 万吨，钢厂成交占比 267 万吨，合作钢厂（含配套渠道商）179 家。

大宗原燃料交易平台是一家提供铁矿石、煤炭、合金及有色金属等大宗商品交易的第三方平台，除为矿山、钢厂、贸易商等提供原燃料撮合服务外，还创新推出代理采购、寄售、供应链串换、竞价和担保等服务产品，以提升用户黏性。2016 年度平台交易量达到 703 万吨，2017 年上半年平台交易量为 346 万吨。此外，通过和中储股份等大型物流仓储企业，以及国内大型港口、码头等物流资源的合作，提升了物流监管能力，为拓展供应链金融奠定了基础。

采购平台是实现备品备件、工程机械等采购全流程在线运行的综合性采购服务第三方平台。2016 年度采购平台注册供应商超过 3 万家，采购客户 300 余家，采购交易额达到 433 亿元。2017 年上半年采购交易额为 272 亿元。

化工品交易平台是一家成立于 2011 年的国内最早的煤化工第三方平台，也是中国炼焦行业协会唯一指定的煤化工交易平台。截至 2016 年，该平台取得了快速发展，注册用户超过 3 000 家，交易发起方近 50 家，交易品种涉及煤化、石化领域 50 多个品种。2016 年度平台交易量达到 145 万吨，2017 年上半年为 104 万吨。

循环物资交易平台为企业提供功能完整、专业、诚信的闲废物资处置网上平台，严格审核交易对象和交易物资，保证交易过程的公平、公开、公正。同时帮助制造企业打造循环物资处置的互联网化，实现规范、快速和增值销售，提高客户黏性。2016 年度平台成交金额为 21 亿元，2017 年上半年平台成交金额为 15.5 亿元；截至 2017 年上半年平台拥有买方用户 9 000 余家，卖方用户 400 余家。

跨境业务平台旨在解决钢材等大宗商品进出口及第三国贸易中的痛点，推进国际贸易流通领域的变革。通过整合全球钢厂、仓储企业、加工中心、贸易商、终端用户等产业链资源，为全球钢铁生态圈客户提供钢材及相关制品、工业品等大宗商品的担保和撮合交易、金融、物流等服务。欧冶国际平台于 2016 年 6 月 30 日上线，全年交易量达到 55 万吨，其中居间交易 6 万吨。目前欧冶国际平台正在积极构建海外仓储物流体系，通过和国际生态圈用户的合作，在东南亚、南亚等重点区域布局仓储网络，提升大宗商品跨境物流服务能力。

4.6.2.2 欧冶云商交易服务带来的价值

通过上述交易服务功能，欧冶云商借助于产能预售、仓单交易、统购分销和撮合交易实现了如下价值和利益：

第一是挖掘长尾效益。钢铁行业存在着一些冷门、交易量不大的产品，诸如品种钢、非标产品，这类产品由于用途特定、交易分散、规模较小，往往少人问津，产品效益也不大。然而，欧冶云商的交易服务平台，汇集了各类主体的需求和意愿，通过交易透明化实现了长尾效益，增强了这类产品的价值。诸如通过欧冶云商交易平台，SPHC 6.0（非标品）比 SPHC 3.0（正标品）多卖 100 元/吨。

第二是创造了溢价收益。欧冶云商交易平台着眼于将钢铁供应链上的所有参与主体有效地整合在供应链平台上，直接对接钢铁生产企业、加工企业和客户，缩短了供应链，产品直卖终端/次终端，帮助钢厂增加利润，降低了终端用户采购成本。例如钢厂 A 全面上线后，热轧吨钢增值 110 元/吨，体现了溢价收益。

第三是实现了高效在线集控。欧冶云商交易服务平台可以为钢厂提供高效的在线集控销售模式，通过平台解决销售过程中的事务性工作，使得钢厂人员可聚焦管控、定价与销售分析，有效降低人力成本。钢厂 B 全面上线以来，用户数已达上百家，客户离散度也由原先的平均 50% 改善至30%。

第四是实现了全面的数据分析。欧冶云商的交易平台由于覆盖了钢铁产业链的全流程和各个环节，因此能够做到全方位的数据监控，把握销售关键点，搜集平台交易数据并分析下游用户习惯及市场情况，制定最佳生产计划与销售策略。目前欧冶云商为主要钢厂提供《欧冶云商平台交易服务月报》，从不同角度分析产品情况。

4.6.3　欧冶云商基础设施服务平台

钢铁行业的综合供应链服务需要强大的基础设施作为后盾，这包括仓储、运输、加工和建材服务，围绕这些基础设施，欧冶云商配套打造了相应的服务平台。

目前社会物流资源比较分散，亟待整合。欧冶云商旗下的欧冶物流作为第四方物流平台，依靠物流供给端整合能力，通过相对轻资产的资源整合方式，低成本、快速地构建了供应链物流网络。在仓储服务上，欧冶云商通过协议合作、管理合作、资本加盟、战略合作四种方式，构建线下组织严谨的物流供给端网络，为重构钢铁流通领域的信用体系打下了扎实基础。在钢材库的基础上，欧冶云商同时也在积极向有色金属及其他大宗商品仓库进行横向拓展，提升B2B领域的仓储能力和价值，为开展有色金属等期现货交易及金融服务创造条件。目前，欧冶物流已经和欧冶云商资源等协同，开展有色金属仓库的布局，为上海打造国际金融中心、发展大宗商品期货交易提供相应支撑。2016年欧冶物流积极推进“千仓计划”，即通过宝盈通仓储管理系统覆盖的方式，整合全国1 000家社会仓库，实现覆盖全国的目标——该目标在2016年6月中旬即已实现。截至2016年底，欧冶云商系统合作仓库数量已达208家。

在运输服务上，依托“运帮”平台，累计整合1 832家承运商、2.5万多辆运输车辆，注册委托方达到4 000多家，并创新专线、专营店等服务产品，积极拓展乐从站等区域市场。2016年全年交易量达到1 741万吨，日均交易量达到6.5万吨以上；2017年上半年欧冶运帮交易量1 134万吨，运帮结算量 241 万吨，专线交易量 13.3 万吨。通过使用运帮平台的服务，承运商的车辆利用率和运输效率得到有效提升；通过竞价等方式，委托用户的运输成本得到降低，承运商响应效率大幅提升。运帮平台通过提高平台承运商规模，使得委托用户订单成功率得到有效提升，目前订单响应比例达到 60%，另外通过使用运帮平台，委托用户运输成本相比常规线路降低 20%～30%。

钢材流通过程中需要大量的加工服务，以往客户需要自己寻找社会加工商帮助提供加工服务，从而使得服务成本高昂，管理效率较低。为此，欧冶云商整合社会和自有的加工商，形成专业化的“工帮”服务平台，通过团结加工厂、单轧厂，为钢材服务商、零部件制造厂和终端装备商等用户群提供集加工能力、加工制品、加工需求的展示、匹配和交易等一揽子服务。在初期，平台为板材的剪切加工提供全流程的过程服务，后期延伸到其他品种。这一平台的建立不仅能使客户多渠道登录，便捷下单，而且平台与加工厂管理系统实现无缝对接，加工过程尽在掌握中，为用户解决了异地寻找加工厂效率低、议价能力差、异地配送难等痛点。2016 年 1 月上线至 2018 年底，累计整合宝武集团和社会加盟加工中心 247 家（其中社会加工中心 216 家，单轧厂 31 家）。2017 年上半年宝盈通合作仓库仓储规模 1 200 万吨（日均库存量），加工交易量 284 万吨，采购用户 2 149 家。

欧冶建帮依托建材类的钢厂，为钢厂渠道下沉提供电商、金融、物流服务的同时，依托钢厂一手资源吸引用户，通过建立中心库、铺设业务系统和设立合作加盟店，服务于建材销售门店、工程、承包商、农户等建材供应链的终端用户群体。通过建帮产品，可提高欧冶寄托、金融、物流等各子产品的黏性，并促进产品互相引流，不断扩大服务范围。建帮是服务终端农户的“触角”，通过推进“移动终端”服务，为加盟建材零售店提供收银机系统，实时获取终端消费数据，为价格指数编制以及提供融资服务打下坚实基础。

4.6.4 信用体系构建平台

欧冶云商的交易服务平台以及基础设施服务平台为产业链风险管控提

供了基础，这是因为通过这一系列平台不仅将各类参与主体有效地整合在了一起，而且实现了全流程的数据积累，通过数据挖掘，确立了相应的信用体系，支撑了产业和供应链金融的发展。

首先，云端验证是交易风控的有效手段。欧冶云商利用仓储管理系统和质量信息系统对供应商货物进行云端验证，为客户提供验灯、验印服务，保证货源的真实性和质量可靠性，有效降低交易风险。平台上的货物如果显示绿灯，即表示货物真实存在且货主信息一致，客户可以放心购买；如果货物显示红灯，则不允许购买。欧冶云商利用互联网技术对交易风险进行有效监管，为客户提供信用背书，保证了诚信的交易环境，提升了客户体验度。

其次，数据是可交易、可变现的资产。欧冶云商推进数据征信产品的开发和应用，通过对交易行为数据的挖掘，为供应链金融服务提供支撑。在绿融产品（即欧冶云商的供应链金融产品，是欧冶云商 2016 年下半年推出的具有互联网属性的融资服务产品，它结合欧冶云商在电商、物流、金融领域的能力和体系建设，以及在“寄托”业务上的积极探索，融合信息流、物流和资金流的综合服务，并以“小额、高频、分散”为原则开展业务。）推进中，欧冶云商通过客户在电商平台的交易行为、累积的交易数据，并结合征信手段来确定用户授信额度，并积极探索建立欧冶征信共享平台，实现征信数据的实时调用。

最后，高效的资产管理能力是重要保障。欧冶云商通过仓储管理系统覆盖、管理能力输出以及资本加盟等多层次的合作方式，整合社会仓储资源，为动产质押等金融服务的开展创造条件。此外，欧冶云商搭建诚融动产和自贸大宗平台，提供仓单信息公示服务，增强仓单增信能力。其中诚融动产主要服务于银行业的融资业务风险防范，并提供价格盯市等服务，之后逐步形成覆盖全国银行业的大宗商品金融监管服务体系。自贸大宗服务于自贸区内大宗商品交易，目标是建立以公示仓单为基础、自贸大宗为窗口的保税仓单服务体系，为自贸区大宗商品融资提供便捷、高效的融资服务。

4.6.5 欧冶云商供应链金融服务

基于欧冶云商搭建的三层架构，欧冶金服发展了存货融资、保理、典当等自营融资服务，同时充分挖掘产业链信用资源，推进不动产抵押融资和厂商银、票据融资等金融服务产品。2018 年全年融资发生额达到近 200 亿元。搭建欧冶票据池，满足各单位的开票额度需求，同时积极拓展第三方支付外部市场，实现了东方付通牌照的成功续展。通过加强和银行的对接，积极落实授信额度，有效提升了自身的筹资能力，满足了欧冶云商体系各单元的资金需求。

具体讲，欧冶金融作为欧冶云商旗下唯一的互联网金融平台，背靠宝武集团丰富的线下资源和金融资源，围绕整个钢铁产业链，利用金融手段，建立了基于产业链的金融服务体系，与各类金融机构合作，形成了全方位的金融服务集群，为生产厂家、大宗商品交易平台、贸易企业、终端用户等提供在线支付、融资服务、投资理财、资产管理等金融产品。

从供应链金融服务形式来看，欧冶金融可根据客户在融资门槛、融资成本等方面的不同需求，不断完善产品，借助互联网手段提供多渠道、多层次的融资服务产品。目前的供应链金融产品主要有基于信用的融资（如欧冶白条、平台透支等）、基于供应链的融资（如供应商融资、买方融资、应收账款保理等）以及基于动产质押和不动产抵押的融资（如钢材存货质押融资、票据融资、房屋典当和汽车典当等）。信用融资借助于所形成的信用体系，实现了信用的多级穿透和服务。例如，基于宝武集团与长城汽车的长期良好合作，欧冶金服在获取双方长期交易数据、物流数据和支付数据的基础上，挖掘分析并确立长城汽车的信用。在此基础上，欧冶金服通过受让上游供应商鹤壁天汽模汽车模具有限公司对长城汽车的应收账款，成功对鹤壁天汽模完成放款 7 900 万元（见图 4－12）。2018 年欧冶金服对长城汽车的 3 家供应商成功实施了信用融资。欧冶白条是欧冶金融提供的小额贷款产品，是面向电商平台企业客户提供的信用融资服务，依托大数据评定客户授信额度，客户可在指定商城使用该额度进行支付。欧冶白条可用于货款补差、运杂费、仓储费等在线支付场景。

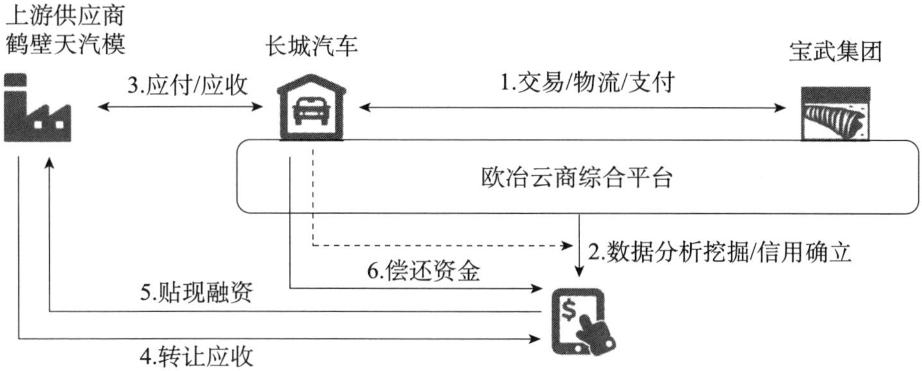

图 4-12　欧冶金服信用融资示例

供应链融资主要是基于欧冶云商各类平台业务所产生的债项，向平台参与者提供各类金融服务。动产质押是基于欧冶云仓所管理的动产，向企业实时提供融资。动产质押的关键是能对动产进行有效、实时的监管。欧冶云商针对产业链客户的资产管理需求，面向大宗商品提供仓单登记、资产监管、资产估值、价值预警、资产处置等整体解决方案。依托“技防＋人防”的管控体系，一方面实现对大宗资产实物层面的管理，确保货物管得住、控得牢；另一方面依托专业价值管理模型，实现对大宗资产的动态价值管理，降低市场风险。同时提供统一共享的资产质押登记平台，构筑防范重复质押的风险防线。

第 5 章
多主体协同者：助力智慧供应链金融

5.1　引言

供应链金融所产生的场景越来越从单一业务或者序列式的链条转向服务价值网络，以及随着参与主体日益多样化、多层级化，它不仅涉及从事交易的买卖双方，而且还涉及其他利益相关方，包括各类金融机构、服务型企业（诸如第三方物流）以及调节和管理交易过程的机构、行业协会和政府管理部门，如此众多的主体参与服务价值网络的运行，必然使得交互活动非常繁杂，性质各具差异，因此，明确各主体在供应链中的角色和应该发挥的功能成了供应链金融组织过程中的难点，特别是当供应链活动日益多级化以后，更使得供应链金融组织管理的难度提升。这是因为供应链活动多级化使所有的交易活动变为分散化、序列化或同步化进行，在服务价值网络情景下，不存在 2.0 时代核心企业通过掌控所有上下游业务来提供供应链金融服务，各个参与主体是具有均等地位的独立群体，相互之间通过行为交互和价值共创实现松耦合合作，因此，网络中某一特定企业无法实现对所有交易细节的全局管控，例如供应商的供应商与供应商的交易和物流行为就不是下游服务商能够完全直接介入的，甚至更上游的企业与上上游企业之间的业务行为已经完全脱离了特定企业的掌控范围。尤其是在产业互联网时代，生产经营和组织过程不是基于地理上的集群，而是虚拟化的产业集群，因此，业务合作的范围和空间大大拓展，呈现出复杂化的状态。此外，与这一现象相关联，在服务价值网络情境下，供应链业务活动或事项也日益多元化，这既包括了技术、设计、协议、采购、生产、营销、分销、退货等供应链业务活动，以及支付、结算、退税、保险、投资等各类金融活动的差异，也包括供应链管理中所强调的商流、物流和资金流的内涵和外延所产生的巨大变化。这一方面表现为这些要素内在的表现形式呈现出了时间和空间的错位，例如在交易买卖过程中，可能不同的交易对手、不同的交易产品会采用不同的交易形态（如地方生产全国交易、季节生产全年交易等）；另一方面四流之间也会呈现出各种各样的匹配关系，有时商流和物流会发生分离（如先发生物流行为，之后发生交易行为），交易与资金流也会产生错位（如预付采购是先发生资金流，之后产生采购行为），正是因为如此纷繁复杂的业务活动，加之多主体的参与使得信息不对称的问题在服务价值网络时代显得日益突出，从而使得供应链金融开展的风险呈几何级增长。因此，要实现供应链金融的有序发展，就必须实现组织创新，即通过专业化的组织（即金融科技公司）来解决上述问题，推动基于服务价值网络的供应链金融发展。本章将首先从理论的视角探索这类专业化组织产生的基础，其在服务价值网络中发挥的具体作用，之后将分析目前中国供应链金融市场，以及这类专业化组织与产业供应链其他成员之间的不同合作模式。

5.2　信号理论及其在供应链金融中的挑战

金融决策过程中一个重要的前提条件是信息的完备与对称，一旦借贷双方产生信息不对称，任何借贷行为都会产生巨大风险。传统经济理论假定所有的决策都是基于完备的信息，因此，人是具有理性的特点，然而，现实的状况是信息往往是不完善、不对称的，这是因为有些信息是私有的，特别是在拥有信息的人以及如果拥有信息能够优化决策的人之间存在信息不对称（Stiglitz，2002），这种不对称的信息就会产生逆向选择和道德风险，从而成为社会交易成本的重要来源（Williamson，1973）。Stiglitz（2000）指出有两种信息不对称特别重要，一种是关于质量的信息；另一种是关于意图的信息，前者指的是一方并不了解另一方的实际状况，后者则是一方不了解对方的行为和行为意图。这两类不对称的信息在金融借贷中表现得尤为典型。一方面贷方并不完全知晓中小企业的实际状况，特别是当中小企业处于创业初期时，其经营的稳定性和投资回报并不明朗，很难对其实际的发展潜力进行直接判断；另一方面，中小企业的经营行为也难以直接为贷方所了解，特别是在缺乏完善的财务报表的情况下，更是无从了解中小企业的实际运营状态，包括运用资金的真实意图。因此，常常会产生较严重的信息不对称，这也就是为什么金融机构难以向中小企业借贷的原因。为了消除这两类信息不对称，就需要通过一种手段来促进信息传递，降低不对称程度，这也就是信号理论的基本逻辑。Spence（1978）在研究劳动力市场时探索了教育作为信号的作用，由于雇主很难了解就业者的质量信息，因此，就业者就会通过教育程度来显示其质量，降低信息不对称。Kirmani 和 Rao（2000）提出了信号理论的基本模型，他们区别了两类主体，即高质量企业和低质量企业，每个企业可以选择传递信号或者不传递信号，如果传递信号，就可以获得高额收益，否则只能得到低收益。同样，金融市场也有很多手段来显示信号，例如企业的债务（Ross，1973）、股息（Bhattacharya，1979）等都是反映企业质量的信号。只有高质量的公司才有能力长期支付利息和股息，相反，低质量的公司将无法维持此类支付，因此，这些信号将会影响外部观察者（例如贷方、投资者）对公司质量的看法。因此，信号成为降低金融市场信息不对称的重要手段，然而，谁来传递信号、传递给谁、传递什么信号以及传递信号的环境等都是需要探索的重要课题。

5.2.1　传统信号理论的发展

传统的信号理论探索主要是围绕信号传递的主体、内容和过程展开的（见图5-1），主体指的是信号传递者和接收者，他们是发出信号，获得收益的主体，他们是通过获取信号来观察传递者质量，进而做出决策的决策人。内容则是传递的信号本身，它是反映信息质量高低的载体。而过程指的是接收者获得信号后，对于传递者的反馈以及整个信号传递的环境。

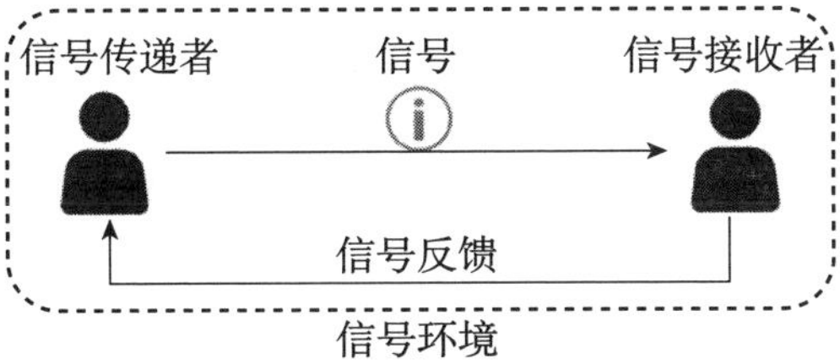

图5-1　信号理论整体研究框架

对信号传递者的研究构成了信号理论的重要方面。信号传递者是局内人，他们知晓他们自身（Spence，1978）、产品（Kirmani & Rao，2000）或者组织（Ross，1973）的信息，而这些并不为他人所知。对信号传递者的研究主要集中在信号传递者的特质、动机和行为方式三个方面。特质研究主要是探索什么样的人会传递高质量的信号。市场交易中的信号既有正面的信号，也有负面的信号，信号传递者会选择传递什么样的信号给外部人。不诚实的信号传递者会选择欺骗，将错误的信号传递给接收者，从而使自己在接收者损失的基础上获益，同样，诚实的信号传递者会将高质量的信号传递给接收者，使得观察或接收者做出正确的决策。因此，什么样的信号传递者会是诚实者这是理论界探索的话题。一些学者认为诚实的信号传递者能将不可观察的信号如实反映（Arthurs，Busenitz，Hoskisson & Johnson，2009；Ndofor & Levitas，2004）；有些研究认为企业任命有声誉的董事可以向投资者传递合法性信号（Certo，Daily & Dalton，2001）；也有的研究从现有与过去的行为表现来界定诚实信号传递，即一个企业传递的信号取决于历史上以往传递的信号状况（Heil & Robertson，1991a；Connelly，Certo，Ireland & Reutzel，2011），如果传递者拥有以往传递高质量信号的声誉，那么他就会在现在被认为是诚实的信号传递者（Heil & Robertson，1991a）。有关信号传递者传递质量信号的动机，管理研究认为信号传递者是传递诚实的信号还是欺骗式的信号，取决于高质量和低质量信号传递者的差异化信号成本（Ndofor & Levitas，2004）。例如，Westphal 和 Zajac（2001）探索了一些表示未来会再购买股票而实际最后没有购买的企业，他们将原计划与后续实际行为之间的分离称之为解耦（decoupling），长此以往的解耦状态就会产生不诚实的声誉。因此，信号理论在信号传递者研究方面认为，激励机制是促进传递高质量信号的关键，只有信号传递者传递真实信号能够给自身带来良好的激励或回报时，传递者才会如实传递信号。例如当 CEO 处于试图影响股票价格的激励下，怎么样反映企业质量的信号能够或多或少地预测企业的绩效状态（Westphal & Zajac，2001）。信号传递者的信号传递行为方式也是理论研究关注的话题，即传递者选择在什么时候、以什么频次传递信号，例如 Janney 和 Folta（2003，2006）研究发现信号传递者的信号传递会随着时间的推移而减弱。因此，Connelly 等（2011）认为在未来的研究中，需要探索信号传递者如何均衡信号的传递频次以及信号传递时间，即均衡信号变化更快或更慢带来的结果，以及各方交互时不同频次的信号传递对信号显示过程的作用。

除了对信号传递者的研究，信号本身也是经济学和管理学关注的问题。对信号本身的研究主要集中在信号质量上，即信号的分类和不同特质。有些研究将信号根据可观察与否进行分类，即某些信号可能比其他信号更容易为接收者或观察者识别，因此，信号可以是“强”，也可以是“弱”（Gulati & Higgins，2003）。例如 Julien、Andriambeloson 和 Ramangalahy（2004）认为中小企业在强关系网络中反映的是一种强信号，因为中小企业与其他企业是基于共同的语言、习惯和良好的互补知识，然而在弱关系的网络中，反映的是弱信号，这种信号往往较难捕捉和解释。Ramaswami、Dreher、Bretz 和 Wiethoff（2010）在理论上区分了信号的强度和可见性

(或称清晰性)，信号强度指的是信号对于既定信号者而言的重要程度或显著性程度，所传递的信号如果对于接收者越重要，这类信号的质量越高。Heil 和 Robertson（1991）在研究中提出信号特质的一个重要方面是信号进攻性（signal aggressiveness)，即所传递的信号在多大程度上威胁了接收者的生存和发展，诸如一个竞争对手的降价行为可能威胁到了其他同行的经营和发展，这种进攻性信号就会对接收者解读和运用信号起到重要作用。信号可见性指的是信号是否可以被观察的程度，可观察或清晰的信号能够容易为观察者识别和运用，不会产生较大偏差。这两类信号带来的一个质量问题便是信号吻合（signal fit)，即传递的信号是否与传递者无法观察的信号有关，如果传递的信号反映了传递者的重要状态和信息，而这类信息对于接收者或者观察者而言往往无法获得，那么信号本身就具有很好的吻合性，因此，信号吻合是反映信号质量的重要维度，它能降低信息不对称产生的诸多问题。除了信号吻合性之外，信号的频次和一致性也是信号质量的体现，信号的频次指的是如果传递的可观察信号越频繁、越充足，那么信号的质量和效能就越高（Janney & Folta，2003)。特别是在动态市场环境中，由于市场的复杂性和动态性，信息不断产生和变化，以往的信息和信号可能会随着环境的变化而产生滞后效应，甚至呈现出完全差异的状态，因此，只有不断地传递可观察信号，才能使信息不对称的程度逐步下降。信号的一致性反映的是同一来源所体现的信号是相同的，不会呈现出差异化，甚至是矛盾的信息（Heil & Robertson，1991)。例如，判断一个企业的能力，既可以观察其产品技术含量，也可以观察其竞争行为、市场地位或者供应链管理能力等因素，但无论是什么样的信号，都能一致地反映企业的能力状态。如果对同一事物反映的信号不一致，那么信号的作用就会下降，信息不对称的状态就不仅没有得以控制，反而可能会变得更为复杂，因而，信号的一致性也是信号质量的重要体现（Fischer & Reuber，2007)。对信号质量的研究，还有些是从动机的视角进行的分类，即将传递的信号分为意向性信号（intent signal)、伪装性信号（camouflage signal）和需要性信号（need signal)（Connelly et al.，2011)。意向性信号是传递者为了实现其意图，或者使接收者做出一种反应，而有意识传递的信号，例如，企业为了获得贷款，有意识地向金融机构提供财务报表，这时财务报表就是一种意向性信号。伪装性信号是信号传递者为了掩饰其脆弱性或不良特征，或者转移接收者或观察者注意力，而释放的信号。例如 Song、Turson、Ganguly 和 Yu（2017）在研究中国食品企业供应链安全管理时发现，如果企业面向国内市场，一般会选择建立声誉来展现食品质量和安全，从而掩饰外部供应链管理较弱的现实。需要性信号是接收者需要的信号，例如，当一个集团的所有分支机构都表达需要资金或资源的需求时，总部可以决定哪个分公司是最为急迫的，这种信号就是需要性信号。

信号接收者是接收、解读和运用信号以做出决策的个体或组织，信号理论研究认为信号传递者与信号接收者是具有潜在冲突的，也就是信号传递者的利益实现可能会使接收者付出代价，因此，要使信号传递确实发生，就需要让传递者从接收者处获得本来不会产生的利益（Connelly et al.，2011）。这种信号接收者一定是能给传递者带来利益的个体或组织，包括股东（Certo et al.，2001）、债权人（Elliott，Prevost & Rao，2009）或者客户（Basuroy，Desai & Talukdar，2006）。理论研究认为信号传递的效率部分取决于信号接收者的特征。首先是信号接收者的注意力（signal attention），即接收者观察环境获取信号的警觉程度，如果接收者没有搜寻信号或者不知道搜寻什么信号，那么信号传递是无效的。例如 Gulati 和 Higgins（2003）的研究表明，新创企业的信号显示在很大程度上取决于接收者关注 IPO 市场的程度。同样，在获取弱信号时，环境监测非常重要，因为这类信号很难捕捉，除非接收者有意识地寻求这类信号（Ilmola & Kuusi，2006）。其次是接收者的专业技能（signal expertise），即信号接收者准确解读信号的能力，而这种能力有赖于管理者长期积累的经验（Heil & Robertson，1991）。如果接收者能有效地理解并应用信号，那么信号传递发挥的作用就会很显著，信息不对称的问题就能得以控制，相反，即便传递者发送了信号，但是由于不能有效解读，甚至是错误解读，不仅不能降低交易成本，反而增加了潜在风险。信号接收者的专业技能还有一个重要的方面是接收者综合性解析信号的能力（Connelly et al.，2011），因为接收者接收的信号往往是复杂、分离的，也就是连续集中的信号往往是短暂的、相互之间分离的，同样，可能一个信号的出现意味着下一个信号的出现，因此，信号接收者需要有能力将这一系列分散的信号组织起来，赋予整体明确的含义（Rindova，Ferrier，Wiltbank & Basdeo，2002）。最后是信号接收者对信号域（signal field）的界定，即信号接收者如何定义其关注的信号源。信号能否有效地为接收者接收、运用还取决于接收者对什么领域的信号给予关注和解释。例如 Heil 和 Robertson（1991）的研究认为，如果接收者与信号传递者处于同一战略群组，这时信号解释往往最为直接、有效，这是因为处于同一领域的竞争双方往往非常关注对方的状态，并且能够很快、很好地解读对方发出的信号。相反如果不同行业和战略群组的新进入者发出信号，接收者较难解读和应用，因为这种信号往往会被接收者忽略。

在信号理论研究中，传递者的反馈和环境也是接收者关注的重要因素，由于信息存在不对称，因此，往往需要双向信号显示（Connelly et al.，2011）：一方面信号接收者需要从传递者获得有效信号，降低由于信息不对称造成的高昂交易成本；另一方面信号传递者也需要获取接收者的信号反馈，从而了解传递的信号中什么最为稳定可靠？接收者关注什么信号？以及接收者如何解释信号？根据这些反馈，信号传递者可以适应未来信号传递的要求，不断增强传递信号的质量和稳定性（Gulati & Higgins，2003）。在信号反馈和环境研究中，有些学者提出信号传递成本是影响信号效果的重要因素（Rao，Lee，Connelly & Iyengar，2018），这是因为在最初建立信号理论的过程中，信号是存在单一拐点的，即在拐点之上的信号就能够降低信息不对称，否则就会使信息不对称加剧。Spence（1978）在研究劳动力市场时，认为教育证书就是信号的拐点。然而，在现实的组织环境中，信号往往是连续的，不存在单一拐点，例如，在劳动力市场，当求职者考虑是否在一个组织就职时，往往会将与雇主的互动来作为一种信号，以判断他们一旦被雇用，会获得何种待遇（Walker et al.，2013），因此，信号传递成本会随着连续集而变化，信号传递成本越高，信号传递效率可能以递减的速度增加（Rao et al.，2018）。除了信号传递成本因素外，另一个被忽略的因素是对信号传递者的惩罚成本，这是一种来自接收者的负面反馈（Gammoh，Voss & Chakraborty，2006）。这种负面反馈往往会有多种形式，例如在组织间合作过程中，当传递者发送了虚假或错误的信号时，接收者一旦发现，可以终止双方合作关系，也可以延迟合作（即维系现有合作，而不是开展新的合作），或者寻求第三方实施惩罚，抑或将传递者不诚实的信号告知他人。因此，建立强大的信号环境需要了解如何最好地处理负面信号、信号优先的意义，以及信号（反馈）在信号传递过程中的作用（Taj，2016）。

5.2.2 传统信号理论在供应链金融场景中的挑战

传统信号理论通过对上述问题的探索，试图解决因为信息不对称而造成交易成本高昂的问题，然而，在供应链金融情境下，传统的信号理论仍然面临着诸多挑战。

第一，从信号传递者的视角看，大多数供应链金融服务的对象是中小微企业，这些企业存在经营规模较小、经营模式不稳定、经营历史较短等现象，因此，它们要被认定具有诚实信号传递者的身份，就需要建立声誉和信任（Deelmann & Loos，2002）。这一过程需要较长时期才能形成，从短期来看，在金融借贷中，金融机构很难识别中小企业的诚实特质。尽管目前所有金融机构都会在借贷决策之前对企业进行征信，但是由于大多数中小企业缺乏有效的财务报表和抵质押的资产，加上经营历史较短，使得银行征信数据获取面临巨大挑战。特别是当经营环境处于高度不确定的状况下，中小企业过往经营的状况很难反映企业目前或未来的发展潜力，这就使得贷方很难判别中小企业的声誉并建立信任。此外，也正是因为这种状况，会使贷方忽略采用反信号（countersignaling）的优质中小企业。反信号是信号理论发展的成果，最初是由 Feltovich、Harbaugh 和 To（2001，2002）等提出的，他们认为反信号可能表现为高质量的企业通过不揭示信号来展现自身的高品质。例如，在求职市场，他们将学生求职者分为三种类型及两种信号集，即高能力、中等能力和低能力求职者，以及内生（诸如学分绩 GPA）和外生（密封的推荐信）两种可以显示的信号。无论是内生还是外生信号都是有噪声的：一方面高能力和中等能力的学生会有较好的 GPA，而低能力学生的 GPA 较差，因此，GPA 作为一种信号能够将高中和低区别开，但是无法区别高和中；另一方面高能力的学生一般推荐信会写得很好，而低能力的学生推荐信一般不太好，中等能力学生的推荐信可能好也可能不好，因此，推荐信作为一种信号能够将高与低区分开，而无法区分中与低。而将这两种信号结合起来，也无法有效区分高能力的学生与幸运的中等能力学生。因此，在这种状况下，他们认为反信号可以有效区分三种不同能力的学生求职者，在某些情景下，高能力的学生可以通过不提及 GPA 而只是提供优秀的推荐信，来区分同时提供 GPA 和推荐信来展现自身质量的中等能力学生，中等能力的求职者不敢不提供 GPA，因为他们无法知晓推荐信的状况。这一理论同样存在于金融借贷市场，能够反映借款方真实状态的信号也分为内生（诸如财务报表、抵质押资产等因素）和外生（如竞争能力、展现自身的商业模式等）两种，但是由于内生信号具有混同效应（即无法区分美化的财务报表的信息真实性），因此，优质的中小企业可能只是凭借其外生信号来展现其实力，这也就是为什么有些企业会采用一些修饰性信号（rhetorical signal，例如发布新闻稿，展示新产品的原型，以及聘请知名经理）来获取相应的资源（Steigenberger & Wilhelm，2018）。但是供应链金融活动不同于风险投资性行为，后者仅提供资金及专业上的知识与经验，以协助被投资公司获取更大的利润，是一种追求长期利润的高风险高报酬事业，而前者的目的在于解决中小企业的短期运营资金问题，贷方是通过融资获得相应的合理利率，而借方则是运用资金解决运营流动性问题，因此，确保每一笔资金的安全是贷方关注的重点。作为贷方的金融机构并不会完全采用修饰性外生信号来判定中小企业的品质，而是会采用更为客观的外生信号（诸如产品竞争力、技术能力等）来鉴别借款方的实际状态，而这种客观的外生信号往往是长期运营的自然体现，因此，中小企业较难通过自身的信号传递或不传递行为来展现其诚实性和高品质。这时作为贷方的金融机构较难区分高能力和中等能力甚至劣质的中小企业，一方面造成可能丧失采用反信号的真正优质的中小企业，另一方面由于无法有效区分高中品质和低品质的中小企业，或者不加区分地提高借贷代价和成本（如要求所有中小企业提供抵押担保），或者由于无法判别中小企业的品质和诚实性，而产生较高的违约率。

第二，从信号本身的角度看，信号吻合问题也是供应链金融面临的巨大挑战，即如何实现意图信号与需要信号之间的完好匹配。一般而言，中小企业拥有自身的私有信息，即关于自身真实贷款意图以及经营能力等的信息，这些私有信息中有些是有利信息，有些可能是负面信息。为了达到获取资金的目的，中小企业往往会传递有利信息，而隐藏负面信息。但是作为贷方的金融机构往往需要全面的信息来做出借贷决策，因此，信号吻合问题成为供应链金融活动能否开展的关键。要实现信号吻合，就需要信号本身能客观地呈现供应链参与各方创建的、具有意义的、非人为性的信息（Connelly et al.，2011），而不是基于中小企业有意识传递的信息。这种信号需要具备两个特性，一个是为主体（即中小企业）部分控制的信号（Podolny，1993），即虽然这些信号是由中小企业的行为所反映的，但是这类信号的评估和传递是由其他主体进行的，因而说中小企业对这类信号只能部分控制，例如，中小企业在供应链运营中表现出来的服务能力、物流能力、生产能力等，尽管是中小企业自身的运作行为，但是其能力高低的评价是客户或其他利益相关者实施的。正是因为这种信号的相对客观性，因此，很容易为贷方信赖并接受，正如 Pollock 和 Gulati（2007）所言"行动者仅部分控制的许多特征经常可以被用作信号"。另一个所需要的信号特性是情境性或中小企业完全不可控的信号，也就是说这类信号只是完全客观地反映中小企业生存发展的情景和业务往来关系，这种情景和关系不会随着中小企业的意识选择而改变，而是现实状态的客观反映，中小企业运营网络和组织间关系便是这种完全不可控的信号（Plummer，Allison & Connelly，2016；J. Wu，Li，Zheng & Xu，2017；Posthuma，Flores，Barlow & Dworkin，2018）。特别是在供应链金融中，中小企业与其他参与方形成的业务网络和关系往往在短期内难以建立和维系，因此这种信号能够较好地显示其质量和未来预期（Gulati & Higgins，2003）。显然，这两种信号规避了以往信号不稳定、不可靠的状况，能够使贷方更全面、客观地评价中小企业的实际状态和质量。但是由于这两种信号是供应链运营自然产生的信息，金融机构作为供应链的外围参与者，很难直接观察、获取和评价，因此，如何能够切实地了解、把握和运用客观的信号成为供应链金融发展需要解决的问题。

第三，从信号接收者的视角看，传统信号理论较为关注接收者的注意力和能力，即能够有效得到和解构传递者发出的信号，而这一问题在供应链金融活动中会变得更为复杂。由于大多数中小微企业缺乏运营资金，为了能够及时获得资金，即使它们都向金融机构呈现信号，甚至在承担高利率的状况下申请融资，也会产生新的信贷配给问题，亦即即便中小企业提供各类信息，并且在承诺高利率的状况下，金融机构也不敢放贷。这种状况不完全等同于传统的信贷配给问题，信贷配给问题首先由 Stiglitz 和 Weiss（1981）提出，他们从信息结构角度对信贷配给现象进行了分析，对不完全信息下逆向选择能导致长期均衡现象存在的信贷配给做了经典性的证明。此后，Bester 和 Hellwig（1987）在此基础上对事后借款者的道德风险行为造成的信贷配给现象做了补充。具体讲，在信贷市场上存在着信息不对称，在融资前，一方面借款者拥有其能否如期还款的私有信息，另一方面贷款者在事先难以从借款者过去的关于违约情况、资产状况和贷款用途的资料中确定借款者的违约风险。同样在融资后，贷方无法完全控制借款者的用贷和还贷行为，借款者有可能采取风险行动，贷方面临着违约的贷款风险。因此，贷方的预期利润率不仅取决于贷款利率，而且取决于贷款风险的大小。如果融资风险与利率相互独立，就不会出现信贷配给问题，因为贷方可以通过提高利率来增加利润。但是，当贷方缺乏借方的有效信息时，单方面提高利率可能会面临两重困境，一是真正低风险的借方可能因为高利率而退出融资市场；二是诱使高风险借款者选择更具风险的项目进行投资，提高了违约率，因而，即便借方承诺高利率，贷方也不愿意满足所有借款者的贷款申请。在传统的信贷配给理论中，之所以会出现贷方惜贷，是因为缺乏借款方贷前和贷后的信息，或者说是因为信息的稀缺造成了信息不对称。然而，在目前的信贷市场中，同样也会存在信息过载问题。特别是现代 ICT 的发展使得产生、获取和传递信息要比以往更加容易、快速和低成本（Johnson，2001），但是也正是因为如此，使得如今信息不对称的问题不在于信息稀缺，而在于产生了信息和数据的迷雾（Shenk，1997；Wallis，2003）。即使金融机构没有被大量信息吓倒，它们仍然需要决定如何在各种信息来源中分配它们有限的注意力。在此过程中，贷方通常需要将它们的认知能力分配到处理不相关、不清楚和不准确的数据上，以便找到所需的信息。因此，贷方处理信号的成本反而大大上升，这就使得即使中小企业传递有效信号，并且承担一定的利率，贷方也不一定会产生借贷行为，这是因为后者过滤、挖掘和运用信号的成本过高所致。因此，在供应链金融中，不仅存在信号传递成本的问题，而且会出现信号接收者信号处理成本的问题，这两重因素都会阻碍信号的有效传递和接收，产生信息不对称。

第四，就信号反馈和环境因素而言，传统信号理论将反馈界定为接收者对于传递者信号传递的一种反应，这一理论的基础是将两者的角度进行了独立界定，即信号传递者是需要获取资源的一方，因此将自身不可观察的信号传递给对方，而接收者是给予资源的一方，是接收和解析信号的主体。然而，在供应链金融情境下，作为贷方的金融机构不会完全是被动接收信号、解析信号的主体，因为为了有效评估借方的潜在风险，它们会主动搜集、探索各类有关借方的信息。也就是说，严格意义上不存在纯粹的“接收者”，借方和贷方在借贷决策过程中，存在一种交互行为过程，决策方既会接收来自借方发出的信息，也会主动探寻各类信息，通过对这两类信息的综合分析，最终做出决策。此外，传统信号理论提出了惩罚成本，即传递者发送错误的信号，会受到来自信号接收者的惩戒。事实上，在供应链金融中，作为贷方的金融机构也会存在“惩罚成本”，这种惩罚成本有两种形态：一是由于接收者没有有效解析信号，导致错误决策而产生的损失，亦即金融借贷中出现了违约或坏账；二是由于接收者没有有效识别优质的中小企业，特别是采用反信号的优质中小企业，而产生的机会成本。这两种类型的惩罚成本尽管性质不尽一致，但都导致了金融借贷的阻滞。

5.3　信号中介与金融科技公司

基于上述分析可以看出，在供应链金融领域，要促进信息在中小企业和金融机构之间有效顺畅流动，降低信息不对称，实现有效的金融行为，就需要专业化的组织或机构来过滤、整合和传递信号，并且运用信号连接供应链中的中小企业和金融机构，实现供应链运营和金融资源的合理有效对接，这也就是金融科技公司存在的必然。

5.3.1　金融科技公司特征

信号中介在信息经济学中也被称为信息中介。Rose（2012）指出“信号中介是一个独立的、利润最大化的经济信息处理系统，它代表其他代理商的信息需求及其执行活动（即信息获取、处理和传播）”；也有的学者认为信号中介是通过创建和整合信息，将信息传递给买方或潜在的买方，促进供需之间信息交换的实体（Caillaud & Jullien，2001）。显然，这些定义认定信息是大量存在的客观现实，而信号中介的作用是根据预定的客户要求搜集和解构信息，从而满足客户的特定需要（Womack，2002）。从这些定义中也可以看出，信号中介有几个重要的特征：

一是识别和搜集有用的信息。在信息过载或迷雾状态下，信息不是稀缺的，而是大量冗余的，并且信息的来源具有复杂性和多源性。有些容易获得的信号可能会是大容量但质量不高的，而有些高质量的信号却也可能不太容易获得，因此，信号中介需要识别什么是有效信号，并且能够有能力和渠道将需要获取的信息搜集到。

二是能过滤掉客户不需要的信息。信号中介的作用在于能够知晓供需双方需要的是什么样的信息，从而能够有针对性地搜集和处理信息，这往往要求信号中介非常了解供需双方的状态，以及它们之间业务往来的特征和对信息的特定需求，否则很难找出有效的高质量信号给需求方，并且将具有噪声的无用信号过滤。

三是能够结构化处理信息。信号中介的作用在于促进供需双方的信息交换，而这些信息交易主体自身往往较难处理，因此，信号中介需要有能力将搜集到的复杂信息进行加工，以结构化的方式提供给信息需求方。Kauffman、Subramani 和 Wood（2000）认为信号中介需要具备无形和有形两种能力，无形能力是获取无形资源的技能和诀窍，例如知道用什么模型和方式能够获得有效分析数据和信息的能力，而有形能力则是具备复制物理结构服务于客户的能力，例如股票代理商能够运用程序、网络或者数据库将客户和交易所进行有效连接的能力，这两种能力均能将信息结构化服务于客户。

显然，在供应链金融活动中，信号中介的特征就是金融科技公司需要体现的作用，如前所述，在供应链金融中，由于信息涉及多元化的主体、多元化的资产、多元化的活动，信息明显具有过载的特点，加之作为接收方的金融机构难以认同中小企业传递的信号，因此，需要有专业的独立机构来搜集、分析、过滤和传递结构化信息，从而促进真实有效的信息在中小企业和金融机构之间的流动，降低信息不对称，促进金融活动的开展。当然，这就需要进一步探索什么样的金融机构会需要金融科技公司提供信号中介服务？金融科技公司作为一种信号中介组织中介的是什么信息？另外这种中介服务为供应链金融带来了什么效益？

5.3.2 什么样的金融机构需要金融科技公司的信号中介服务？

什么样的金融机构会与金融科技公司这种信号中介合作？对这一问题的探索涉及金融机构的价值关注。价值关注理论（value-intention framework）是由 Dodds 和 Monroe（1985）提出的，他们认为一个人或一个企业表达某种行为的意愿直接受到行为后果感知价值的影响，或者说一个组织所期望的价值决定了其所采取的行动。价值关注理论强调预期的成本、质量和收益之间的关系，即预期从中获得的价值与实施代价之间的比较。从价值的视角看，预期的价值是客户基于其获得的东西或给定的东西，对产品效用的整体评价（Zeithaml，1988）。具体而言，这种评价涉及信息的功能性、可靠性和有用性（Diniz，Porto & Adachi，2005）。功能性指的是所提供的服务是否有助于需求方的战略和决策。在供应链金融领域，金融机构遇到的最大挑战在于它们并不知晓中小企业的实际状态，特别是难以直接观察的质量信号，而中小企业主动传递的信号，金融机构基于其借贷动机不纯的思考并不接受，因此，如果金融科技公司能够帮助金融机构获得难以观察的中小企业的质量信号，那么信号中介的价值就会很高。可靠性指的是其提供的信号具有内在的稳定性，即不同的信息来源，以及不同时间点获得的信号能够帮助金融机构稳定一致地判断中小企业的质量。有用性指的是信号中介呈现的信号，能够及时根据金融机构的要求进行加工、定制，并且能可视化呈现。显然，对这三个特性期望价值越高的金融机构，越愿意与金融科技公司合作，以此获取中介的信号，并作为金融借贷决策的依据。

金融机构价值关注中另一个重要的因素便是代价或成本。金融机构面临的成本代价包含了三种形式：一是信号的传递成本，即传递成本越高，金融机构获得高质量信号的可能性越低；二是处理成本，即如果金融机构自己分析、解析信号的代价越大，信息不对称的程度也会越高；三是惩罚性的机会成本，即丧失优质中小企业的成本代价。因此，金融机构与信号中介的合作，也取决于金融科技公司能否帮助金融机构降低这些成本代价，即一方面能够使结构化、高质量信号的传递成本降低，另一方面也帮助金融机构有效降低实际处理信号的代价，从而有效获取优质的中小企业客源。另一个与金融机构代价相关联的因素是金融科技公司的服务收益。信号中介由于桥接了收、发信号双方的信息交换，促进了信息交换，降低了信息不对称的程度，因此，需要从信息受益方（即金融机构）获得一定的费用来支付为此付出的努力。换言之，信号中介的服务不是免费的，需要受益方为此支付费用来限制其他人无偿获得，并且要覆盖信号中介处理信息时产生的费用，但是这种费用需要远低于信息对称提高所产生的增益，亦即这种信息费用会随着受益人的信息收益边际递增而边际递减，甚至为零。换言之，信号中介组织尽管收取服务费用，但是如果将费用与给金融机构带来的增益相比，比例较小甚或趋近于零时，金融机构与科技公司合作的动力会增强。

5.3.3 金融科技公司中介的是什么样的信号？

金融科技公司搜集、处理、加工和呈现的信息是信号中介的关键要素，之所以金融机构需要信号中介组织来媒介信息，就因为这种信息的获取和管理具有不易观察、不易获取以及不易加工的特点，并且能够显著有别于金融机构传统征信所得到的信息密度。由于中小企业借贷的特殊性，凡是能够为中小企业控制、选择和处理的信息，往往是金融机构难以信任的信息，因此，金融科技公司就需要中介中小企业掌控的信息资源。具体讲，有三类信号是金融科技公司中介的信号：一类是中小企业完全不可控的信号，即这种信号是中小企业运营环境的客观呈现，这主要表现为中小企业业务关系所构成的网络信号。在当今的互联经济中，组织间的关系越来越重要，这些关系可以为组织提供信号，用于识别和更好地响应其环境和组织间关系的变化（Posthuma et al.，2018）。Ozmel、Reuer 和 Gulati（2013）研究认为在缺乏其他形式的信号时，网络信号往往是降低逆向选择的最佳方式，诸如创业企业与风险投资的关系，以及其他企业的关系等都是展现创业企业的有效途径。之所以这种网络信号是一种重要的中介信息，不仅是因为关系的建立需要长期的时间（Gulati & Higgins，2003），而且在于网络中的结构嵌入和关系嵌入提供了丰富的信息和信号（J. Wu et al.，2017）。结构嵌入反映了中小企业在商业网络的位置，良好的网络位置会使其拥有更多必要的资源（Zaheer & Bell，2005），关系嵌入则衡量了一个企业识别和运用资源的能力（Ebers & Maurer，2014）。此外，共享的网络为处于其中的参与者提供了明示和暗示的身份证明，促进了相互之间的信任（Fischer & Reuber，2007；Lampe，Ellison & Steinfield，2007），也就是说，这种共同的业务往来和交流促进了交易各方的认知和协同，降低了连接的成本，有利于信任的产生。

金融科技公司中介的第二类信号是无意识的行为信息，也就是说虽然行为是企业做出的，但信息却是自然呈现的，对这种行为信息中小企业没有进行选择、加工和传递，但成了金融机构的决策依据之一。这类信号包括客观呈现信息或者第三方反映信息。客观呈现信息反映的是中小企业的一些自然行为或其经营环境中反映的行为信息。例如，Balvers、McDonald和Miller（1988）在对投行的研究中发现，可以把审计公司的选择看作投行声誉的信号，即投行选择什么样的审计公司反映两种信号，一是可以显示其不确定收益的降低，二是反映内在合作的声誉。有些学者甚至认为企业的噪声也是一种信号，诸如其他同类企业发生的负面事件，或者企业对待负面事件的状况等都是一种可以学习的信号（Maslach，Branzei，Rerup & Zbaracki，2018）。在供应链金融活动中也同样存在中小企业无意识地客观呈现信息的情况，例如中小企业的战略行为、遵守契约或对待机会主义的态度、面临危机事件的态度或者反应等都是一种自然呈现的行为信号。第三方反映信息指的是从中小企业之外的机构内获得的信息。中小企业融资面临的是一种特别嘈杂的信号环境，特别是当大量中小企业申请融资时，这时第三方所能发挥的作用在于能够释放有关企业的潜力信号（Plummer et al.，2016）。Islam、Fremeth和Marcus（2018）的研究也反映出中小创业企业能够获得有声誉的政府研究机构的认同是一种重要的信号。因此，金融科技公司如果能将上述第三方拥有信息进行收集、加工、整理、传递，无疑也是重要的供应链金融决策依据。

金融科技公司中介的第三类信号是中小企业部分可控的信息，即虽然行为是企业有意识的作为，但是对其行为的评价是独立机构做出的，也就是说这类信息是中小企业发出的，但是对于这类信息质量的评价和选用与否不是中小企业所能操控的。这类信息主要反映为中小企业在供应链中的动态能力和运营能力。从资源基础观的视角看，能力是企业所拥有的超越竞争对手、保持其市场地位的一种综合性状态（Prahalad，2000），这种能力可以划分为动态能力和运营能力（S. J. Wu，Melnyk & Flynn，2010；Helfat & Winter，2011）。动态能力反映的是企业运用资源达到特定目的的能力，直接反映为“如何改变你的运营方式”（Helfat & Winter，2011），例如 Sharma、Davcik 和 Pillai（2016）的研究认为企业的产品创新就是一种信号。事实上，在供应链金融中，如果一个中小企业的创新能力越强，那么违约的可能性越小（Hsu，Lee，Liu & Zhang，2015）。运营能力反映的是企业日常经营表现出的能力状态，是“如何更有效地经营”（Helfat & Winter，2011），它表现为企业如何有效地与其他企业一起改善业务的能力。具体讲，中小企业在供应链运营中的持续改善能力（如质量改进、流程改进、财务费用控制等）以及持续探索能力（运用新方法、新手段提高效率）都间接反映了企业的质量状态，这些都是金融科技公司可以探索的中介信号。

5.3.4 金融科技公司的信号中介为供应链金融带来了什么效益?

由于信号中介的作用，信息的边际成本几乎为零，而信息再配置的成本也非常低，特别是在 ICT 情境下，这种信息再配置的低成本使得信息搜集和组织的规模经济性得以实现（Womack，2002），也就是说，正如一个特定类型的信息生产者可以满足整个市场的需求一样，某个信号中介也可以满足整个客户群的信息需求，从而实现了信息服务的规模经济性。在供应链金融场景下，这种规模经济性主要表现为通过金融科技公司的信号中介服务，能够实现中小企业端和资金端的规模化发展。一方面在中小企业端，金融科技公司使得有效信息汇集和辨识成为可能，能够将真正具有价值的中小企业纳入供应链金融服务的客户端，因此，不仅能将越来越多的供应链金融服务惠及符合条件的中小企业，而且还能够挖掘中小企业潜在的供应链金融服务机会，例如金融科技公司可以根据掌握的信息，告知中小企业可以在金融机构获得的信用额度，促进其优化产业资金流；另一方面在资金端，由于金融科技公司降低了有效信息的传递成本、操作成本和惩罚成本，使得更多的金融机构加入到了供应链金融服务的行列，并且由于金融科技有效降低了信息不对称产生的逆向选择和道德风险问题，使得借贷的资金成本下降。这两个方面的规模经济性实现了企业端与资金端这种供需双方的匹配规模性以及高增值的服务价值（Bhargava & Choudhary，2004）。

金融科技公司能够实现的另一类效益是范围经济性，即同时实现了中小企业端和金融端的多样性发展。一方面通过金融科技公司的信号中介，能够很好地识别不同类型的中小企业。不仅能够将低品质的中小企业加以区分，降低逾期率和违约率，而且也能够将采用反信号的高品质企业与中高品质中小企业细致区分，采用不同的风控手段，有针对性地提供金融服务。另一方面，金融科技公司的信号中介作用，还能够丰富资金端资源，这表现为通过信号中介可以将越来越多的非银行金融机构纳入供应链金融范畴，提供相适应的金融服务。例如，金融科技公司同样可以提供全面有效的信息给保险公司，从而更好地将保险纳入供应链金融服务，降低供应链金融服务的综合风险。

5.4　智慧供应链组织方式

从上述理论分析中，可以看出，要推动供应链金融的发展，除了服务价值网络中的中小企业参与者、网络生态服务商以及提供金融服务的银行等机构外，还需要专业化的金融科技公司实现不可观察信息的收集、清洗、挖掘、结构化和传递，从而通过信号中介降低信息不对称，控制金融借贷中的逆向选择和道德风险。具体讲，金融科技公司拥有交易、物流数据、聚合数据，并能将整合的数据传递给投资者以做出相应的决策，它将各类不同的经济主体有机地组织在一起从事供应链金融活动，包括供应链买卖双方、第三方物流服务提供商、金融机构以及其他所有相关机构。其功能在于证实数据、整合数据、分析数据以及呈现数据，促进供应链中金融活动顺利开展（宋华，2015）。从目前金融科技公司与其他参与者的合作形式看，形成了几种智慧供应链金融组织方式。

5.4.1 智慧供应链金融类型一

这一类供应链金融组织方式是一种较为特殊的组织形态，其特点为供应链服务的网络生态组织者是特定的焦点企业，也就是说该企业建构了服务价值网络，将大量的中小企业嵌入到网络中，组织生产经营，并且整个网络的管理也是由该企业承担，从而促进了采购订单、票据、应付等文件在供应链买卖双方以及金融机构之间的交换。与此同时，焦点企业本身也是业务的参与者，直接从事供应链生产运营，更为重要的是，金融科技这种信号中介服务也是由该特定企业发起组建的，或者说焦点企业投入了资源和能力，建构了金融科技公司，专业化地进行信息收集、清洗、挖掘和分析，并且基于数据解析，将结构化的信息反馈给企业的其他机构，以作为金融服务决策的依据。此外，焦点企业也直接或部分地参与了供应链金融的资金端，换言之，为中小企业提供融资服务的资金部分或全部来自焦点企业持牌经营的金融机构，例如，当焦点企业拥有保理、小贷、支付、信托等金融资格时，就可以由这些持牌的机构向中小企业提供融资等金融服务（见图5－2）。

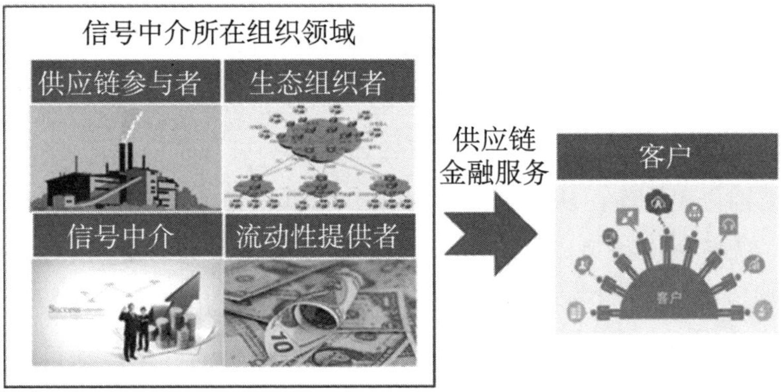

图5－2 智慧供应链金融组织方式之一

这种供应链金融组织方式一般由具有强大资源能力的大型核心企业推动。这是因为第一，其自身的供应链业务量巨大，有足够的业务空间开展供应链金融服务，否则如果业务规模较小，交易对手特定，很难组织完善的价值网络生态，这时自己从事金融活动的价值就会下降；第二，这类企业需要有很好的资源和人才，组建金融科技公司，开发和利用各类 ICT 技术，能够将供应链网络生态中的业务转化为数字，并且选择、清洗和整合数字，支持供应链金融服务决策；第三，这类企业还需要有足够的能力从事金融服务，同时获得从事相应金融服务活动的资质或牌照。这类供应链金融组织方式的优势在于，由于整个供应链网络和业务的组织都由核心企业推动，并且金融资源的对接也是在系统内完成的，从理论上讲，资源的对接性相对较强。另外，从信号中介的角度看，信息的获取、加工应当更为便捷有效。然而，这类组织方式最大的挑战在于，一方面，由于所有的资源都由核心企业自身掌控，相对而言，整个供应链金融系统的构成较为封闭，不能有效地将外部资源进行合理整合，也无法将业务拓展到系统外的客户；另一方面，正是因为所有的信息获取以及资源配置都是在系统内完成的，所以会导致企业系统内部管理成本上升。也就是说，本可以用市场方式完成信息或资源的获取、配置，将改为通过内部管理控制来实现，这往往会产生大量的内部协商、沟通和协调的行政成本。例如，供应链金融的开展可能需要企业各分支机构进行业务上的确权，在市场化方式下，通过利益分配可能可以得以解决；然而在内部化行政管理方式下，往往会受到其他部门或公司的抵制。同理，供应链金融的风险管理需要确保资金的闭合性，而这一目标的实现往往需要公司财务部门的支持和协助，而在无激励机制保障下，这一状态往往会成为大型核心企业推动供应链金融的最大阻力。

5.4.1.1　UPS 的供应链金融服务

UPS 于 1907 年成立于美国华盛顿州西雅图，是一家全球性的物流公司。作为世界上最大的快递承运商与包裹递送公司，UPS 同时也是运输、物流、资本与电子商务服务的领导性提供者。2000 年 UPS 并购美国第一国际银行成立了专门从事供应链金融服务的公司——UPS 资本（UPS Capital），同时，也组建了专门从事信息化服务以及信号中介的平台公司——

Kabbage，它基于UPS为客户提供全程物流服务业务，开展了一系列供应链金融业务。目前UPS开展的供应链金融业务包括UPS资本货物融资（UPS capital cargo financing）、全球基于资产的贷款（global asset-based lending）、小企业融资（small business financing）以及货到付款选项计划（C. O. D. payment option）。这些供应链金融产品的特点是UPS本身承担了物流服务，并且建立了供应链物流服务平台和信息化平台，同时资金主要来自其自身的金融公司（即UPS资本）。

（1）UPS资本货物融资

货物融资严格意义上讲是在途货物融资，其服务的对象主要是美国进口商，一般而言，进口商从海外供应商采购货物，需要大量资金，但是从供应商处形成提单，到进口商收到货物往往要经历几十天的周期。此外，进口商销售货物给下游客户，收到货款也需要很长的时间，因此，这时进口商会面临着几十天的资金短缺问题，从而无法有效地正常经营。

针对这种状态，UPS资本推出了货物融资业务（见图5-3），亦即进口商和海外供应商需要与UPS物流（UPS Logistics）形成紧密的业务合作关系，在买卖双方签订采购协议的基础上，将两方的全球物流业务外包给UPS物流，形成在途货物担保。基于此，UPS资本先将资金融通给进口商付至海外供应商。之后，UPS物流承担该商品的全球物流业务，当进口商需要进一步将商品销售给下游客户时，进口商需要事先将销售和配送信息传给UPS物流和UPS资本，然后，送至进口商客户处形成发票，之后，进口商将资金和利息返还给UPS资本。该业务融资规模一般在30万～150万美元；付款期限最长为90天，该业务完全是无抵押信用贷款。

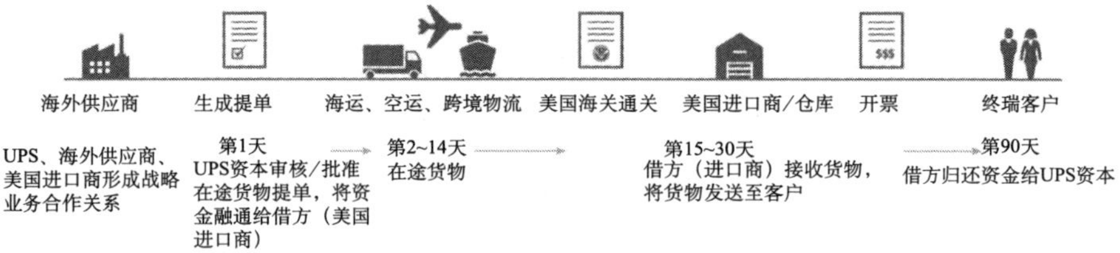

图5-3　UPS资本货物融资示意图

（2）基于资产的贷款

UPS 基于资产的贷款面向的是从事全球采购业务的美国企业，传统的供应链金融只基于本土的应收账款或者仓单质押，而这一状况难以适应全球供应链运作。特别是当今随着全球化的发展，很多跨国公司往往需要在多国从事采购，形成了全球化的库存、在途库存，因此，UPS 资本利用 UPS 全球物流服务网络提供了面向全球供应链业务的存货融资服务（见图 5－4）。具体的要求是跨国公司需要与 UPS 形成全面战略合作，由 UPS 物流提供端对端的供应链物流服务，即从产地物流，经通关、报关、清关，到销地物流，全程由 UPS 物流进行运作管理。在此基础上，融资企业（跨国公司）向 UPS 提出申请，UPS 向指定的国外供应商提供资金，供应商交付商品或提单给 UPS。所有的在途库存、产销地库存均形成质押，当客户返还资金本息给 UPS 资本后，再由 UPS 资本通知物流解除质押，并将其配送至客户指定地。UPS 的这类供应链金融产品只服务于美国本土从事全球采购的企业，年营业额至少 1 000 万美元，UPS 资本可以融通的资金最多覆盖客户 50％的库存以及 85％的应付账款。

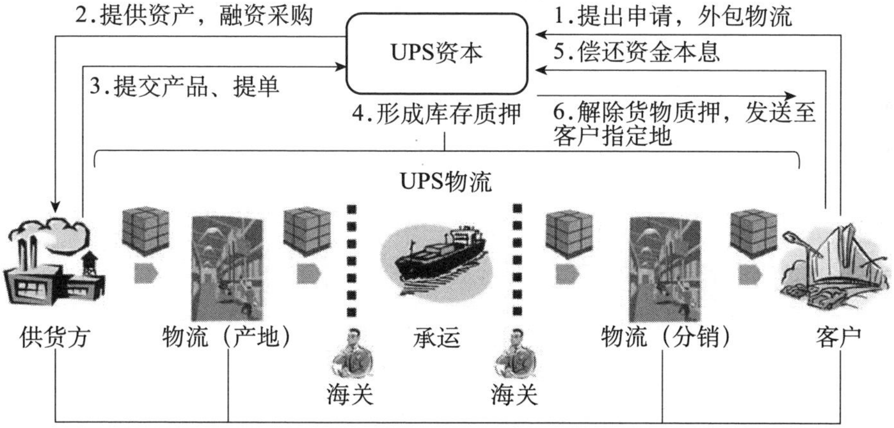

图 5－4　UPS 基于资产的贷款示意图

（3）小企业融资

小企业融资是 UPS 专门为中小企业提供的供应链金融服务，以解决小企业流动性运营资金的需求，其融资额度一般在 2 000 美元～25 万美元。该业务的具体操作流程如下（见图5-5）：首先中小企业需要将物流业务外包给UPS物流。此外，还需在Kabbage.com上注册账户，并将基本经营信息上传到Kabbage。Kabbage根据小企业的业务信息以及其他信息，审核小企业信用，并通知小企业可能获得的额度。小企业需要资金时，通过Kabbage提交融资申请，后者根据信用情况提供相适应的资金。最后，小企业偿还资金本息。这一产品通过对小企业信息的获取与分析，满足了小企业临时性运营资金需求。UPS资本的这项产品一般要求小企业的年经营额在10万美元以上。

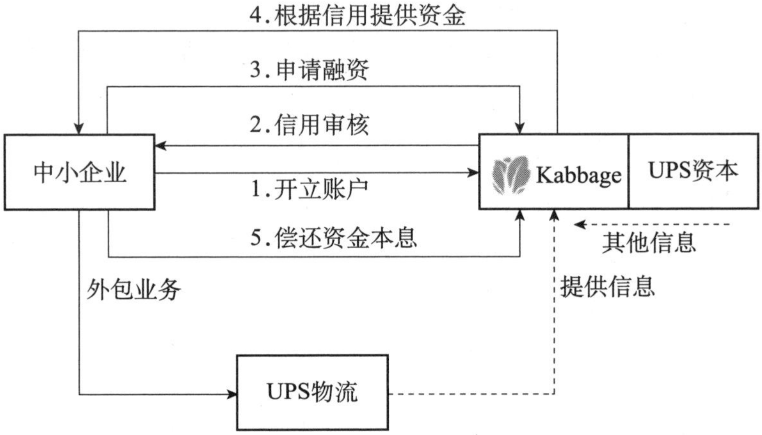

图5-5　UPS资本小企业融资示意图

（4）货到付款选项计划

在货到付款选项计划中，供货方采用货到付款方式（payment after arrival of goods）将产品销售给客户，在对外贸易中是指出口商先发出货物、进口商后付款的结算方式，此方式实际属于赊账交易，或延期付款（deferred payment）结算。这种结算方式对客户是一种较为灵活的付款方式，但是对于供货方而言，却存在着巨大挑战，因为客户需要在一段时间之后支付货款，而在此期间供货方可能会面临运营资金短缺问题。为此，UPS资本提供了三种货到付款选项：C.O.D.保障服务、C.O.D.自动服务以及C.O.D.直接服务（见图5-6）。这三种C.O.D.服务均要求企业在UPS开立账户，并且将业务外包给 UPS 物流，在此基础上，UPS 资本帮助供货方优化现金流，维持其客户群。具体讲，如果 UPS 资本通过信息发现供货方非常优质，可以提供 C. O. D. 保障服务，即 UPS 资本可以在任何状况下，保障供货方获得规定额度的资金。C. O. D. 自动服务是在供货方客户票据无问题的情况下，UPS 资本向供货方提供金融服务，并且 UPS 资本帮助供货方监控和管理现金流，减少烦琐的人工会计处理事宜。C. O. D. 直接服务可以向供货方提供资金融通，但不提供其他增值服务。显然，这三种产品是针对不同信用等级的客户提供的差异化供应链金融服务。

	C.O.D. 保障服务	C.O.D 自动服务	C.O.D. 直接服务
含义	发运后2~3天内接收货到付款支付，并且保证按照预定限额获得支付。	发运后2~3天内接收货到付款支付。	发运后6天内接收货到付款支付。
节省收益和时间 以电子方式将资金直接转入银行账户。无须每日准备银行存款，通过票据和发票进行分类，或将票据存入银行以参与C.O.D.计划。	✓	✓	✓
管理现金流 资金紧张时预警。如果出现退货，除标准C.O.D.费用外，不收取任何其他费用。	✓	✓	✓
降低处理成本 没有人工核查处理成本，降低每月银行存款或存货不足等处理费用。	✓	✓	✓
专业客户支持 UPS资本协助帮助解决问题，提供信息。	✓	✓	✓
准确预测应收账款 每日报表将通过电子邮件或传真自动发送，以帮助监控收到的贷款，账户净存款和返回的支票。	✓	✓	
减少会计处理 获取在线访问权限以查看可以多种格式快速下载的副本和声明信息，以简化发票对账。	✓	✓	
控制风险 如果客户C.O.D.支票在存款时被拒，UPS资本将支付该项目的费用，最高可达到特定的责任险额。	✓		
扩展客户群 C.O.D.保障服务可以降低不付款风险，并可以通过允许企业提供C.O.D.来帮助增加销售额。	✓		

图 5 - 6　UPS 资本三种不同形式的 C. O. D. 选项计划

5. 4. 1. 2　传化集团的供应链与金融服务

传化集团创办于 1986 年，涵盖智能物流、科技城、化工、现代农业、金融投资五大事业板块，拥有“传化智联”“新安股份”2 家上市公司和 8 家国家高新技术企业、2 家国家级技术中心。中国目前除了缺乏智能化、数字化的基础设施与生产装备外，本质是缺乏服务中国制造的一揽子供应链系统解决方案。为此，传化集团旗下上市公司传化智联（002010）以智能物流供应链为切入点打造传化网。传化网的本质是以全国公路网平台（城市物流中心、智慧物流商城）为基础，打造现代数字化供应链服务平台，以物流供应链业务、金融服务为两大引擎，服务生产及消费资料的高效流转（见图 5－7）。截至 2017 年 6 月，各类业务已经覆盖超过 30 个省市自治区，200 多个城市，累计为 399 万名司机及车辆、16.2 万个物流商提供了服务。

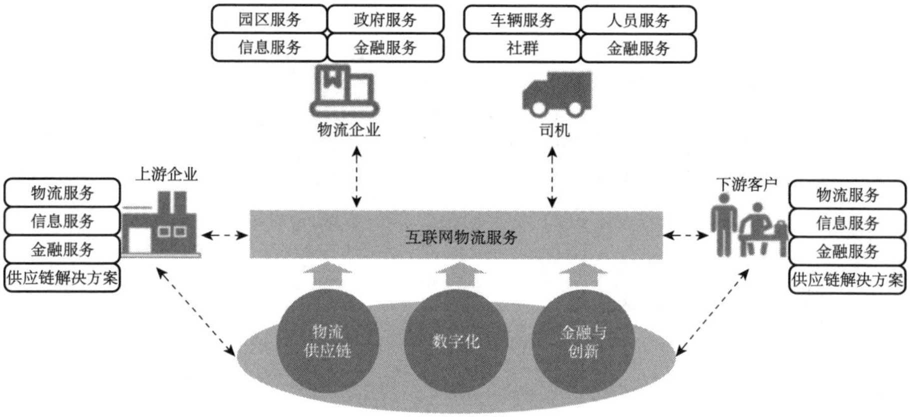

图 5－7　传化集团的供应链网络服务体系

这一模式的特点是通过公路网将供应链物流的参与者有效纳入平台上，通过提供多样化的服务，有效连接各方。然后通过这种连接实现物流业务的推动和数字化，获取相应的供应链物流信息，在此基础上进行数据挖掘，进而推动供应链金融和其他服务，赋能上下游企业、物流企业和承运商。在这一模式中，传化集团本身参与到供应链物流运营之中，同时构建了综合性物流供应链服务平台——传化网，并且通过数字化，发挥了信号中介作用。同时传化集团本身拥有从事金融服务的资质，结合自己的能力和外部的金融机构，为符合条件的供应链参与者提供相应的金融服务。

（1）公路港服务网络体系

传化集团的公路港模式的目标是“平台服务于第三方物流企业群，第三方物流企业群服务于货主企业”，从而试图解决国内物流“小、散、乱、差、多”的状况。其公路港提供的服务包括：

提供标准化的基础设施服务。传化公路港平台通过园区规划、设计与建设，为中小微企业及个体司机提供标准化的停车、生产作业、办公场地，通过一体化管理及资源共享，解决个体司机及物流企业的停车、作业、办公用地、用房的问题，降低其基础设施建设投入。除了硬件服务外。另外一个重要的服务是为物流公司提供配套和软件服务，这主要是指传化公路港平台通过引入运管、税务工商、治安等政府相关行政部门以及银行、保险、电信、邮政、车辆维修保养等生产经营相关配套企业，为入驻的中小微物流企业及个体司机提供证照办理、纳税、三证核查、网络通信、金融保险、车辆维修保养等一站式的办公配套服务。

以分拨中心及仓储的互联互通构建全国货物流通网络。分拨业务是传化网的有机组成部分，连接公路港、形成互联互通的干线与分拨网络平台。传化公路港平台通过建设分布全国的分拨中心、网点，开发运营运输线路，铺设货物流通的全国化网络，并制订统一的服务标准与价格体系，助力打造城市物流中心，致力于集聚城市物流货源，为平台内外客户提供集分运配一体化的物流服务，并重点解决物流最后一公里难题，以全国统一的产品、服务标准、系统与价格，推动公路港实现互联互通，助力传化网生态布局。

（2）传化互联网物流业务

除了搭建供应链物流的基础设施服务外，传化集团还聚焦物流“干线+城配”的端到端智能调度服务，开发了“陆鲸”“易货嘀”两大产品，形成互联网物流平台，试图实现物流服务供需的精准匹配。

陆鲸是传化网的运力调度指挥系统，提供可控、高效、稳定、匹配的运力资源，以共享班车为载体，形成港港之间的互联互通。为会员提供全网信息发布、全网信息调度（基于LBS）、全网信息匹配的物流信息交易平台。自主研发“一卡通”在线支付系统保障交易安全。陆鲸已经成为集发货、配货、停车、住宿、餐饮、维修、支付、团购、结算、账单管理、营销支持等综合服务于一体的首个实现全场景服务的物流交易平台。

共享班车以平台化理念建设连接城市物流中心的货运共享班车体系，促进相关城市货物的高效流通。共享班车将根据货物流向大数据，协同分拨业务共同规划全国干支线运输线路网络，通过自建车队、整合采购社会车队及社会车辆构建丰富的干支线运力池，以标准化的服务产品与调度系统，为平台客户提供稳定可靠的高品质运输服务，通过共享高质量运输产品促进行业降本增效。

公路袋鼠将以互联网智能调度技术创新机挂社会共享模式，推行全国甩挂运输服务，大幅降低车辆空驶率和等待时间，公路袋鼠将为共享班车和平台客户提供可靠的优质运力资源支撑。

易货嘀是传化网“最前一公里”集货和“最后一公里”配送的城市物流服务平台，致力于通过技术连接社会化的仓储和运力资源，搭建全国化的城市配送网络，为企业提供一站式城市物流解决方案。仓配一体：根据客户需求灵活建仓，高效运营，通过专业化、智能化的管理模式，为客户提供有保障的仓配服务。车队加盟：集结社会运力、个体司机，为其提供专业培训、信息化管理、增值服务，并为优质车队提供稳定货源。城市合伙人：面向物流企业、第三方物流（3PL）、车队运力等，提供城市加盟业务，共享优质资源和收益。

（3）传化智能信息系统以及数据服务

供应链服务和金融服务的核心是信息化和对供应链数据的把握，为此，传化集团建立了相应的供应链物流信息化系统和数据服务。这包括：

传化云仓是一款基于云端部署的专业 SaaS 平台——智慧云仓储管理平台 OWMS。系统平台通过作业策略、订单交易、智能设备应用等，帮助货主和仓库改善管理效率，通过订单管理实现全网多仓协同与调度；连接社会化的仓储，打造统一入口，为客户提供全国化的共享多级分仓网络。

传化链云是一站式智慧 TMS，集落货分拨、落地配送、干线运输、财务结算、信息管理于一体。可连接物流园区分拨中心、专线、网点，是一款多场景适配，多线路协同的物流管理 SaaS 平台。依托“传化链云＋

传化公路港”的融合，将小散乱差的零散专线运力整合起来。通过分拨中心的区域网络加专线的干线网络形成全国性规模效应，在形成庞大运力池的同时扩大货源渠道，提升物流企业信息化水平，提升企业综合竞争力。

为了提升加盟物流园区的管理和运营能力，打造了园区O2O运营与服务平台（PMS）——通过打造园区管理和一站式园区线上服务，提高O2O消费的用户体验，增加物流园区附加值，提升园区的管理和运营能力。

鲸眼是一款基于大数据算法与技术应用的开放式运力调度平台。基于大数据、云计算、IoT等技术，围绕干线司机、货主建构的物流AI鲸眼系统，能够实现干线物流交易的每一个环节和场景的全覆盖，用智能算法从整体上优化升级干线物流周转效率。鲸眼智能管车结合AI、用户标签和用户车辆使用场景需求，能够对平台内车辆进行标签组合，并快速形成虚拟车队，推送给调度方，通过它，企业会员客户可以方便调度，快速构建自己的虚拟车队，并在平台内完成精准调度与虚拟车队社群的维护；可以通过开放的货源与订单API接口与平台对接货源。鲸眼系统的各个模型和算法的优化依赖于陆鲸平台内人、车、货的日志数据和特征数据，其系统内的应用基于鲸眼AI的模型和计算，产生的业务数据又可反哺与训练鲸眼AI。

风豹系统是城配行业先进技术驱动力的“城配智慧大脑”。基于技术优势，传化集团试图实现城配运营过程的全透明化，以实现运输效率的提高、运输成本和风险的有效降低。同时，通过算法，进行智能定价、智能排线、智能派单、共同配送，用计算来优化配送效率、成本和体验。最后，留存的大数据回到数据中心，经过分析处理后，可以分析预测未来，做到货未动、车先行、仓已备的高效城配体系。

（4）传化的供应链金融

物流运输行业里面中小企业居多，资金成本非常高，资金利用效率很低。据中国物流与采购联合会物流金融专业委员会估算，我国物流企业的贷款融资需求在每年3万亿元以上，目前被传统金融机构满足的需求不足

10%；仅物流运费垫资一项，每年约有万亿元的融资需求，但这部分需求只有不到5%是通过银行贷款方式得到的。

传化金服源自物流，服务于物流。传化金服目前已经获得第三方支付牌照、保理牌照、租赁牌照、保险经纪牌照。以大数据信用作为推动力，为物流行业中小微物流企业/货主企业提供产融一体化的服务。传化金服定义的金融业务类型包括：为物流公司、货运司机提供运费保理、分期购车/融资租赁、油费/过路费代垫、供应链白条、保险、理财等金融服务，为货主企业提供存货/仓单质押、保兑仓等金融服务。

运费保理是传化供应链金融的重要产品，其产品名为云易融（见图5-8）。云易融是针对体系内外，3PL及中小专线物流企业、车队等打造的一款基于运费贴现服务的“纯信用、低利率”金融产品，具有额度高、利率低、期限长、纯信用、还款便等优势。其具体业务流程如下：第一，上游货主与物流企业签订物流服务合同，并且产生相应的应收账款；第二，通过传化集团自身的信息化体系的分析，推荐可以提供供应链金融服务的客户白名单；第三，传化保理公司对物流企业进行进一步尽职调查，并且授信签约；第四，物流企业将手中的应收账款进行转让，同时上游货主确权；第五，传化保理公司向物流公司放款；第六，上游货主到期支付货款，物流企业还款（实际在确权状况下上游货主直接将资金还至保理公司）；第七，到期还款。上述基于数字信息化的供应链金融不仅能够实现金融有效服务物流产业，更能帮助企业根据业务发展状况有效提供金融服务，例如，杭州某车队型物流公司（顺丰下游大型承运商）于2017年8月通过传化保理公司对其运易融授信1 000万元。2017年11月中旬，传化保理公司通过后台GPS系统数据运行情况，获知其“双11”期间，业务量增长迅速，垫资压力较大，传化保理公司第一时间根据该公司业务情况为其增加400万元临时授信额度，用于“双11”“双12”业务高峰期间的运费垫资，最大程度满足了客户的融资需求。与此同时，依托传化智联平台优势，通过传化保理公司的协调，调配300平方米修理场地、18间员工宿舍，解决了该公司经营发展中的重大难题。

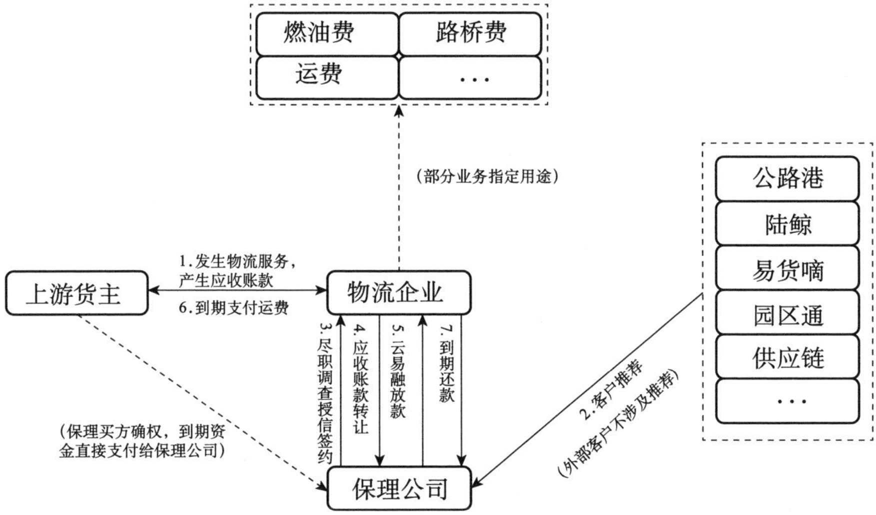

图5-8　传化云易融基本流程

传化供应链金融产品中另一个特色业务是传化白条（见图5-9）。传化白条针对小微物流企业专线客户，其与传化智联城际运力调度指挥平台陆鲸合力打造，以操作灵活、使用便利的产品优势，帮助小微企业解决运费垫资问题。其具体的流程是：第一，物流企业与传化合作，提出融资需求，并且提交相关资料；第二，传化基于数字信息化平台，对小微物流企业进行尽职调查、审核，并且进行审批；第三，如果物流企业信用通过，物流

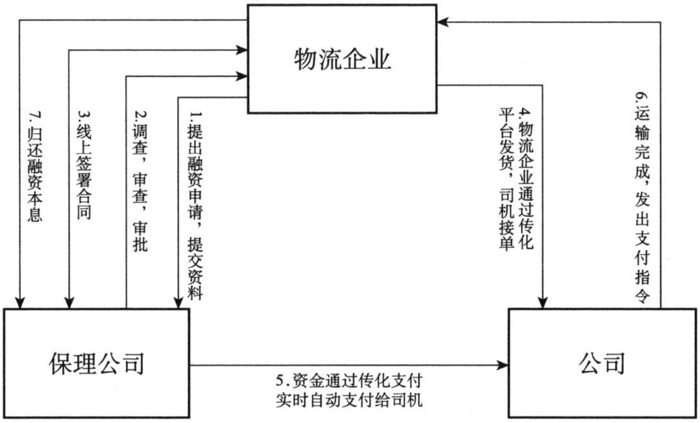

图5-9　传化白条示意图

企业与传化保理公司签署合作协议；第四，物流公司通过传化平台发货，司机接单；第五，基于这些运输业务，传化保理公司将资金通过其支付系统支付给司机；第六，司机完成运输安排后，向物流公司发出支付指令；第七，物流公司将本息归还传化保理公司。显然，传化白条实现了无抵押、无担保，凭借公司在陆鲸上良好的交易记录就能快速融资，授信通过以后直接在线上用白条支付运费。

5.4.2 智慧供应链金融类型二

这一类供应链金融的组织方式与上一类有相同之处，也有不同之处。相同之处在于焦点企业是供应链业务参与者，并且建构了供应链服务平台，同时也搭建了从事信息数据挖掘、分析和整合的金融科技体系，而不同之处在于资金端来自外部金融机构（见图 5－10）。这种供应链金融组织方式同样比较适合于大型核心企业，因为要组织供应链服务平台，有效获取各主体、各环节和各要素的信息和数据，需要有很好的资源和能力。但是这一类服务平台的不足之处在于，由于资金端是外部独立的金融机构，因此，如何有效地联结金融机构成为产业端面临的巨大挑战。针对这一挑战，核心企业需要建立专业化的信号中介，即通过金融科技公司来应对这一挑战。

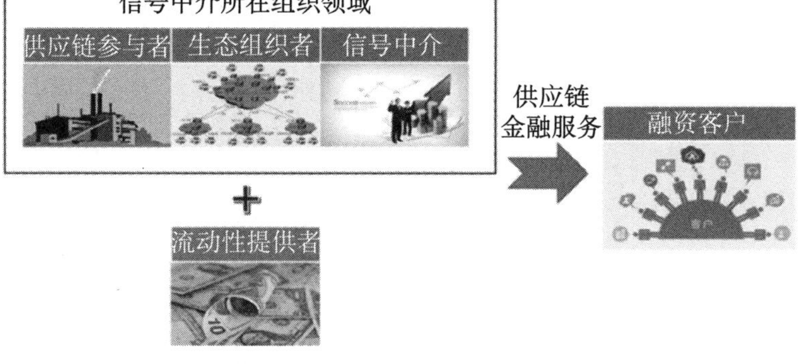

图 5－10　智慧供应链金融组织方式之二

这种类型的金融科技公司与第一类金融科技公司所实现的目标有一定

差异。第一类组织方式中的金融机构其目的只是获取、分析、挖掘、整合业务信息，从而将信息及时传递给企业其他部门，支撑供应链金融决策，因此，在这一场景下，对金融科技公司的关注影响到获取的信息是否全面、及时，是否有利于决策分析，亦即有效性问题，而并不会产生对金融机构本身合法性的质疑，即金融科技工作是否值得被信任，其存在是否可靠。但是在第二类组织方式中，金融科技公司不仅要面对有效性问题，同样需要面对合法性问题，即如何说服外部独立金融机构对中介的信号质量产生认同，这是因为该金融科技公司是供应链业务和服务平台组建的推动者，因此，其公正性和诚实性容易引起独立金融机构的质疑和挑战。为了解决这一问题，这种供应链金融组织方式中的信号中介需要基于自身供应链运营体系通过两种途径来实现自身合法性。一是帮助金融机构有效获取和明确核心企业客观的隐性信息，实现供应链信息的纵向整合。核心企业由于在供应链中拥有强大的谈判权，供需之间的力量对比不均衡，因此，容易造成信息不对称，例如，在供应链运营中，核心大企业往往对交易不予以确权，因此，如何确定应收应付，以及产品在核心企业的使用状况，就成为信号中介需要提供的服务，即帮助金融机构了解核心企业真实的业务信息。此外，如何实现核心企业资产全供应链穿透，也成为信号中介需要向金融机构提供的重要服务要素，即客观地反映核心企业的多级供应链结构、状态和运行。二是能够通过金融科技实现多核心企业的信息聚合，即实现信号的横向整合。金融机构面临的另一个挑战是，当面对多个核心企业（同行业）时，它往往难以获取全面的结构化信息，因此，信息的获取成本和处理成本高昂，如果核心企业的金融科技能够帮助金融机构聚合、处理整合化的客观信号，就容易获得金融机构的认同。

5.4.2.1　TCL的供应链金融

TCL的供应链金融是为了解决核心企业多级中小供应商资金问题而建立的。中小企业融资难、融资贵是当今产业面临的重大挑战，而且随着供应链的级数越高，其面临的资金挑战越严重。传统的供应链金融主要解决的是核心企业的一级上下游资金问题，即直接的供应商和直接下游企业的应收应付问题。然而，在产业供应链运营中，往往一级上下游不一定缺乏运营资金，特别是与大型核心企业交易的直接上下游往往也是具有一定规模的组织，对融资的需求并不急迫。即便一级上下游缺乏资金，凭借核心企业的信用资源，金融机构也较为容易服务到这些一级供应商和一级客户，诸如保理、反向保理等都是基于这一原理的。而产业供应链大多涉及多级供应商，并且随着级数增加，中小企业的比例也会上升，由于它们远离核心企业，金融机构难以将金融服务有效覆盖到这些供应商和客户。另外，金融机构并不了解这些供应商和客户的真实运营状况和履约状况，即便能够提供金融服务，出于控制风险的要求，往往利率也会偏高。为了解决这一问题，TCL 基于自身的产业供应链，建构了供应链服务平台和金融科技体系——简单汇，与金融机构协同，有效解决多级供应商的应收账款问题。

简单汇平台是 TCL 集团旗下的为实体企业提供应收账款信息服务的互联网平台，其运营方为 TCL 集团全资控股公司“简单汇信息科技（珠海）有限公司”。简单汇平台成立的主要目的是通过搭建应收账款信息沟通桥梁，助力中小微企业在金融机构更便捷地开展应收账款融资业务，从而解决中小微企业融资难问题。简单来说平台上有核心企业、供应商（一级到多级）、资金方等角色，核心企业在平台对其供应商的应付账款进行确权从而形成债权凭证“金单”，持单人根据自身的需求，可以将金单在平台内进行灵活流转，也可以在资金方进行融资（见图 5-11）。

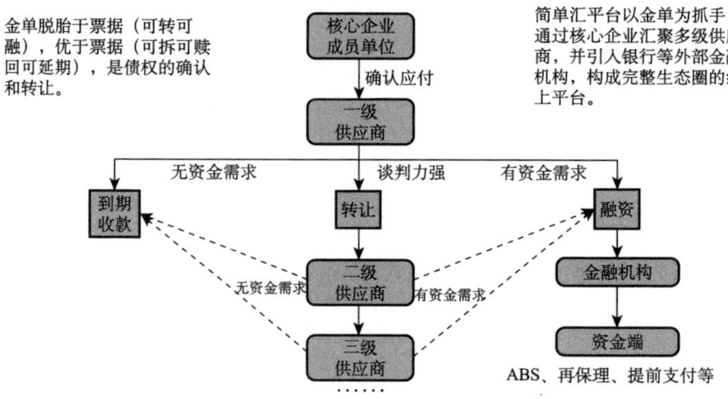

图 5-11　TCL 供应链金融简单汇示意图

该模式的基本流程是，当TCL与一级供应商签订采购合作后，TCL在线确权，形成债权债务的凭证——金单，一级供应商获得金单后，可以到期向TCL要求支付货款。在付款期之前的任何时间，一级供应商也可以将金单进行分拆转让给二级供应商。二级供应商获得拆分的金单后，有三种选择：一是持有金单，到期向TCL申请支付；二是进一步拆分金单，将其转让给三级供应商；三是向金融机构申请资金融通，金融机构将资金提前支付给二级供应商，在金单到期之后，TCL将资金支付到银行账户。

显然，这一模式虽然有利于惠及TCL的多级供应商，但是对于金融机构和其他利益相关者而言，它们面临着对平台合法性的认知问题。这是因为平台对金单流转交易数据采用传统的中心化方式存储，然而在这种状况下，企业如何能信任平台，供应商如何能信任核心企业，资金方如何能信任核心企业与平台，都需要一种技术手段将核心企业的信用在其供应链条上进行无缝传递，而区块链拥有分布式存储、不可窜改、可追溯的技术特点，这就为供应链体系内核心企业的信用传递提供了可能。

由于金融行业的信息敏感性，对于金融机构而言，需要的是一个自主可控的系统，而公有链显然做不到这点，所以简单汇平台的区块链项目更适合选择联盟链。因此简单汇平台作为基础，负责联盟成员的加入与授权，使多个核心企业以及金融机构形成一个联盟组织，共同维护区块链账本。简单汇区块链项目选用全球影响力最大的开源联盟链，以Linux基金会下面的超级账本（hyperledger）项目作为底层技术架构，是TCL金融科技与深圳天农科技共同研发的区块链金单项目。系统架构如下（见图5－12）：

第一层：源数据层。简单汇平台作为源数据层生成交易数据。

第二层：数据接口层。简单汇平台与中转系统交互，由中转系统转发数据上链。数据接口层根据简单汇平台的应用场景做个性化开发，屏蔽上层应用对区块链底层的依赖。

第三层：区块数据层。为区块链核心，由Fabric标准架构实现，其中多个peer节点存储区块数据，可单独部署在核心企业本地，order节点负责对所有交易进行验证、共识、打包，然后广播peer节点群上链，CA节点负

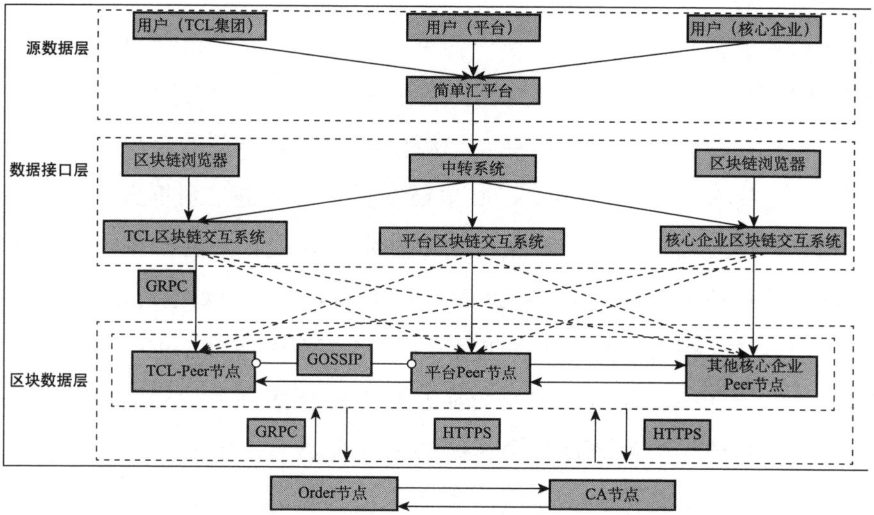

图 5-12　TCL 简单汇架构

责对所有节点实现接入认证。

交易上链流程如下：

第一步：区块链系统开户，开户完成后系统自动产生企业的密钥——公钥和私钥，私钥存放在核心企业本地节点，由核心企业自己保管，公钥在区块链上公开（若已开户跳过第一步）。

第二步：企业在简单汇平台完成应收账款确权或转让交易，系统在中心数据库保存数据。

第三步：交易信息自动上链，结合 AES 和 RSA 加密算法完成签名和加密之后的上链，各节点保存相同的数据副本。

第四步：企业可以在本地区块链节点查看金单交易信息、权益等信息。

由上述信息化架构支撑的简单汇给供应链多利益相关方带来了巨大的价值。具体而言，对于中小企业而言，第一，高效确权。传统商业保理融资最大的痛点是买方企业确权难，而简单汇平台则是核心企业主动在平台上进行确权。第二，融资成本低。平台对接了多方融资渠道，融资企业无须提供抵押、担保，资金方关注买方企业的信用，根据核心企业信用定价，所以利率更低。第三，融资效率高。应收账款的整个生命周期——从金单的开立、转让、融资到托收实行全线上化操作。第四，可拆分、可延期。传统商票最大的缺陷是不能拆分、期限不能变更，由于企业手上持有票据的金额和期限与其下级供应商应付的金额与账期不能匹配，企业只能将资产放在银行质押并重新开立新票付给供应商，这种手续非常烦琐，导致效率低下，资源利用率低。而金单可以做到金额、期限灵活错配，使企业资产流转灵活高效，企业可以按需融资，节省融资成本。

对于核心企业而言，可以借助简单汇平台对其产业链的企业做穿透管理、供应商精细化管理。产业链上中小企业的成本最后会转化成核心企业的成本，链上企业的成本就是核心企业自身的成本，所以降本增效必须从整个产业链着手。简单汇平台上的中小企业受益后，整个供应链稳定性会增强，供应商对核心企业会更有黏性，核心企业对供应商的管控能力才会提升。核心企业在管理自身现金流的同时，通过“链主”的地位，能够保证整个产业链现金流的健康，促进自身与聚集在核心企业的周边企业共同发展。

对于资金方来说，第一，降低获客成本。简单汇平台集中了优质产业资源、核心企业以及产业链上的客户资源，银行、保理、网贷等资金方可以借助简单汇平台这个通道快速获取客户资源，可批量获取客户，降低获客成本。第二，降低出资风险。简单汇平台实现了核心企业 ERP 系统直连，拥有企业原始经营数据，平台上集中了信息流、资金流等多方面信息，为金融机构提供真实可靠的风控数据，而且金融机构可以摆脱以往针对单个企业进行授信的弊端，通过对整个产业链进行风险控制，将风控落实到企业间贸易环节。

5.4.2.2　中企云链的供应链金融

中企云链（北京）金融信息服务有限公司（以下简称“中企云链”）由中国中车发起，联合中国铁建、国机集团、金蝶软件等部分国有和民营企业，经国务院国资委批复于 2015 年 5 月在北京成立。2016 年 11 月增资扩股后，拥有 23 家股东，聚集了中国中车、中国铁建、国机集团、航天科技、中船重工、鞍钢集团、中国铝业、中远海运、招商局、中国能建、中铁物资等 11 家央企，北京首钢、北汽集团、上海久事、厦门国贸、云天化、紫金矿业等 6 家地方国企及中国工商银行、中国邮政储蓄银行 2 家金融机构，金蝶软件、智德盛、北京华联、云顶资产 4 家民营单位。中国中车为中企云链第一大股东，持股 22.22%。中企云链供应链金融与 TCL 供应链金融相同，都是为了解决多级供应链上中小企业的资金困境，将核心企业的信用穿透供应链。但是，有一点与 TCL 供应链金融不同，该平台实现了多核心企业的横向联结，从而将多个核心企业有效地联系起来，通过信息和数据分析，结合金融机构，向中小企业提供综合性的供应链金融服务。

（1）中企云链供应链金融服务的基本思想

中企云链提出的供应链金融服务理念是“开放、免费、共享、共赢”，依托金融科技技术，搭建免费的全线上信息系统平台，实现产业链企业资产与金融机构资金的有效对接。其具体的原则是：

集聚产业资源，让大企业成为供应链金融的主角。一是中企云链为大企业提供免费的供应链金融平台，大企业自主决定自身银行授信在成员单位间的具体分割，自主决定产业链中小企业融资成本而不再由金融机构定价，自主决定是否将自身优质信用转化为价值收益。二是大企业通过中企云链平台掌握产业链上下游多级供应商的交易数据，清晰了解自身信用流转到终端末梢企业的过程，精细化管理供应链。三是大企业成为决策主体，将具体业务操作等免费外包给中企云链，充分享受共享成果，省去自建平台的投资与运营成本。

调动金融资源，共建供应链金融新场景。传统金融机构在开展供应链金融过程中，产业链上的大企业诉求千差万别，没有积极性。此外，广大中小企业缺少交易数据，金融机构难以开展资信评估和风险定价，所开展的供应链金融业务也是类似“点对点”的零售业务。中企云链通过引入中国邮政储蓄银行和中国工商银行两家金融机构成为股东，探索银行只对核心企业授信，而核心企业再基于真实交易将自身授信向上下游企业分割，让产业链上中小企业也共享大企业的信用；产业链上中小企业的资金风险敞口由银行端下移至核心企业，作为风险承担主体，核心企业也将获得相应的风险溢价收益。因此，一方面银行提高了工作效率，降低了供应链金融的坏账风险；另一方面银行的供应链金融业务从“零售”变为了“批发”，批量获取众多大企业产业链资源的金融收益，与大企业均实现了共赢。

打造“N+N+N”供应链金融共享平台，探索金融服务新模式。中企云链试图将传统线下需投入大量人力物力的供应链金融服务全部实现线上化，将过去数日完成的业务即日即时完成，重构供应链金融服务场景。中企云链为企业提供免费平台服务，并坚持资源来自核心企业，收益回归核心企业，让实体企业既是平台的资源提供者，也是资源的最大受益者。具体讲，中企云链创新出一种“N 家银行+N 家核心企业+N 家上下游企业”的全线上“N+N+N”供应链金融平台模式。中企云链第三方服务模式，既不同于当前部分产业集团建立的行业供应链金融模式，也不同于银行等金融机构建立的交易银行供应链金融模式。该模式相较于部分产业集团自建平台：一是不局限于单一核心企业供应链，具有明显的资金比较优势；二是资产丰富、风险分散，有利于满足监管部门对资金端防范资金风险、分散投资的实际要求；三是具有规模优势，可以为企业级用户提供综合、全面的一揽子解决方案。而对于银行自建银企平台，尽管银行在资金、支付结算及金融专业性上有优势，但大企业及其供应链上企业加入其平台后，受其授信限制，其他金融机构无法加入，大企业将被绑架在一家银行上，导致企业存在巨大的流动性风险，这是所有大企业都不愿意做的。

(2) 中企云链的供应链金融运营模式

在现行的授信体系中，产业链核心企业由于实力雄厚、资产丰富、风险程度低，获得了大量银行的主动授信；然而核心企业融资渠道广泛、成本低，且往往处于供应链供求关系强势地位，自身资金压力不大，导致银行等金融机构给予核心企业的授信大部分被闲置。与此相反，产业链上的广大中小企业由于规模小、发展慢、缺乏资信积累，融资难、融资贵。同时，供应链核心企业与上下游企业是供应链上的共生体，由于价值传导作用，核心企业客观上背负了部分中小企业高昂的融资成本。因此，供应链上的企业资金需求与金融机构资金供给出现错配，大量银行资金无法安全地投入实体产业。

为充分盘活银行等金融机构给予核心企业的授信和资金支持，发挥核心企业在实体经济中的行业领军地位和优质信用，中企云链在严格遵循国家法律框架基础上，创新推出“云信”产品（一种可拆分、流转、融资的电子付款承诺函），为企业间应收应付往来款清算提供新选择。通过云信实现了核心企业的信用流转和中小企业快速融资，让传统金融无法涉足的产业链末梢企业也能享受到产业链中核心企业的优质信用，充分发挥互联网金融带来的长尾效应，惠及产业链上下游的广大中小企业。

核心企业首先从银行等资金方获取授信支持，而后由核心企业根据其所属子企业的规模大小、经营状况、发展方向、市场导向等信息进行风险程度评定，经中企云链平台核实后，由核心企业分配并在中企云链平台设定所属子企业可使用云信的最高额度，其可分配的总额度即该核心企业取得的银行专项授信额度。核心企业通过支付云信向供应商支付货款，供应商收到云信后有三种选择：一是选择部分或全额继续持有；二是选择部分或全额向平台进行保理融资变现；三是选择部分或全额继续支付给其他企业，实现云信在产业链企业间的广泛应用（见图 5－13）。

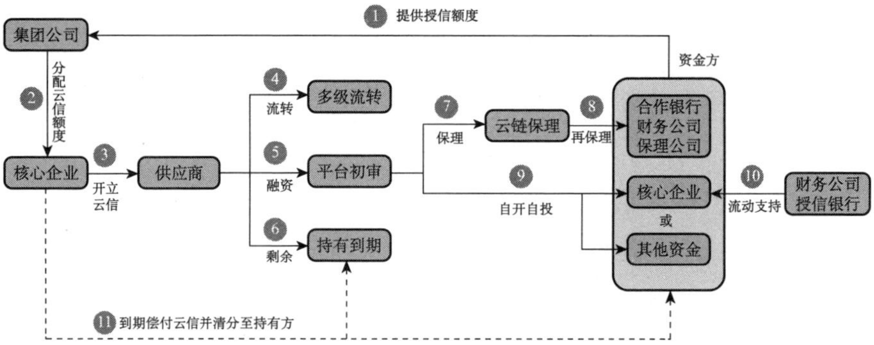

合作银行/财务公司的授信额度，根据云信业务的专项授信额度来确定

核心企业/其他资金的授信额度，根据企业过去6～12个月空闲银行授信的10%～30%来确定

图 5－13　中企云链的供应链金融模式

供应商通过拆分流转所持有的云信，使其快速流转到更多供应链上的中小企业，免费清理企业三角债，降低供应链交易成本。同时，供应商也

可以将持有的云信进行转让融资，向平台提交合同和发票，即可实现T+0两小时内的高效低成本融资。中企云链平台保理公司以应收账款商业保理的形式受让相应云信，以再保理的形式将云信转让给银行金融机构取得融资，在此过程中平台保理公司仅收取融资额 2‰的年化手续费，不收取利差。从而将银行资金以安全、便捷、高效的方式引入产业链末端的中小企业。如果核心企业资金充裕，可以利用自有资金或财务公司和其他授信银行提供的流动性为产业链中小供应商提供自融资服务。云信到期后，由核心企业将开立云信金额等值的资金划入银行，由银行根据最终持有云信的不同对象进行清分，将资金划入持有云信对象的银行账户。

具体来看，云信具有以下几个显著特点：

第一，所有平台用户在平台进行的注册、实名认证、开户、开立云信、接收云信、拆分流转支付云信活动全部免费，仅在供应商将云信融资变现时平台按融资额收取年化 2‰的手续费，除此平台再无其他费用。

第二，云信＝银票（可靠）＋商票（支付免费）＋现金（随意拆分）＋易追踪。一是易操作：企业在平台进行的全程注册、收支流转甚至融资等完全实行线上操作，足不出户。二是易拆分：各供应商收到云信后，可以自主任意免费拆分，进行再次流转和融资，具有类似现金的高度灵活性。三是易融资：任意一级供应商收到云信后，仅需在线提供与上一买家的合同和发票，即可实现当日融资变现。

第三，中企云链的目标是打造服务产业链企业的产业互联网，通过产业互联网服务获得中小企业与核心企业之间真实的应收应付信息，从而联结独立金融机构，实现金融资源进入供应链全程。

第四，中企云链针对平台融资小额高频、单笔业务成本趋同的特点，在天津滨海新区建立了金融工场，以流水线工作模式改造金融业务后台处理，采用流程标准化、工业化、任务池、抢单、计件工资等方式，大幅降低平台运营成本，建造了大企业供应链金融共享中心。

5.4.3　智慧供应链金融类型三

这类供应链金融组织方式与前两类具有很大差异，能够从事前两类供应链金融服务的企业往往是大型核心企业，需要拥有充足的资源和能力才能搭建平台和提供信息数据服务，并且也需要有足够的供应链业务来支撑平台服务和金融服务。而第三类供应链金融的组织方式不同，从事信号中介服务的企业是信息数据分析管理的金融科技公司，同时也是生态网络的组织者，能够将产业供应链的各个参与者有效联结起来，开展供应链运营。它们通过有效的供应链组织、服务和管理，使得原来的供应链能够更好地协调、降低交易成本，提高产业供应链的运营效率。并且借助于其联结的网络能够有效地获取网络各节点的客观数据以及中小企业在网络生态中的信息，再对这些信息进行清洗、挖掘和分析，有效地传递给独立金融机构，从而为金融机构融资服务中小企业提供支撑服务（见图 5－14）。

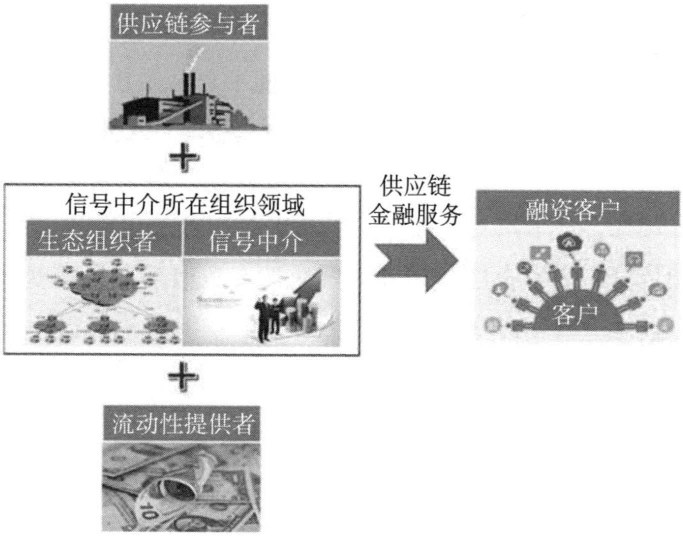

图 5－14　智慧供应链金融组织方式之三

这类推动供应链金融的组织实现了两个方面的价值：一方面通过网络生态组织，将原来分散化、相互孤立的大量行业内企业进行联结，产生相互之间的协同，从而优化了产业供应链，提高了产业运行效率，降低了原来产业小、散、乱而导致的交易成本；另一方面由于该组织能够将产业进行联结和协同，因此，便于更好地获取产业数据，进行信息数据的挖掘和分析，从而为产业优化决策，特别是为供应链金融服务提供决策。但是这类组织面临的挑战是如何有效地组织产业既定企业介入、参与到其所搭建的网络生态中，由于该类组织者本身并不是供应链运营中的参与方，因此，其存在的合法性容易受到其他企业或机构的挑战。这种合法性的挑战，既来自产业端，也来自资金端。这类组织要能进入产业端，得到其他主体对其合法性的认同，有两种实现方式：一种方式是完全改变产业供应链的交易模式，实现产业交易结构的极简化，这种方式往往是颠覆性的，需要长期资源和培育能力，没有足够的资本和资源难以达到这个目标。尤其是在产业供应链状态下，这种模式具有巨大挑战，这是因为产业供应链交易结构是特定的，即产业供应链参与者和客户都是特定的，二者形成了稳态的交易结构，短期内难以完全加以改变。另一种方式是修正优化，即这类组织在原有供应链交易结构基础上，通过整合交易、物流和信息流，淘汰掉低效率、无效率的环节，提升产业供应链组织间的协同效率，降低整个产业供应链的交易成本，以及参与企业的所有权成本，从而成为网络生态的组织者。这类组织的另一个合法性挑战来自资金端，即金融机构的认同，要解决这一问题，就需要这类组织在处理、整合和传递信息时，具有多组织、多层级和多要素的信号处理能力。多组织指的是能够收集、分析和传递多企业信息，并且进行交叉校核；多层级指的是不仅能了解特定企业的信息，也能把握整个供应链甚至是行业的信息；多要素指的是供应链商流、物流、资金流等信息的聚合和交叉校核。

这类供应链金融组织方式的典型企业之一有中驰车福互联科技（北京）有限公司（以下简称“中驰车福”），该公司成立于2010年，由联想原全球副总裁张后启博士创立。经过近9年的探索，中驰车福已成长为国内规模最大的汽配供应链服务云平台。从其发展历程看，该公司经历了两个发展阶段：第一阶段是自营阶段，即中驰车福开展自营业务，从0到1打造配件供应链平台，从买货、备货、卖货到送货，深入了解行业，不断打磨平台。第二阶段是开放阶段，即中驰车福从“自营”走向“开放”，不断夯实配件供应链业务，且逐步向产业链上下游扩展，不再介入交易，打造核心汽车产业链云平台。目前，中驰车福已在全国设立 20 多家分支机构，业务覆盖全国近 30 个省份。其中易损件业务直连国内外一线厂商，实现原厂件、品牌件、定制件品类覆盖；车型件业务在多个核心城市快速推进，覆盖主流车型和主流品类；轮胎业务快速整合全国优质供应商。

（1）中国后汽车市场产业供应链基本状况

2018 年 9 月，中国汽车保有量达 2.35 亿辆，全年相比 2017 年增长超过 10%，预计 2020 年将超过美国（约 3 亿辆）。2018 年中国后汽车市场规模达 1.3 万亿元，同比增长超过 20%，成为仅次于美国（2 410 亿美元）的全球第二大市场。同时，2018 年中国平均车龄有望超过 5 年，根据发达国家的发展历程，一旦车龄超过 5 年，后汽车市场将进入快速增长期。显然，中国的后汽车市场具有巨大的发展空间，然而，目前的后汽车市场面临着小、散、乱的挑战，这主要表现为：

传统授权体系垄断严重，流通市场非常混乱。由于种种历史原因，多年以来，国内汽车配件和技术垄断现象严重，主机厂只向 4S 店、特约维修店等授权机构供给汽车配件和提供维修技术，导致授权体系内的产品和服务价格高昂，汽车零整比甚至达到近 10 倍（2017 年 10 月奔驰 GLK 车型的零整比达到 8.3 倍）。授权体系外独立售后市场存在 40 多万家独立维修企业，服务水平良莠不齐，它们在整体行业处于垄断情况下无法从正规渠道获得原厂配件，只能通过若干级代理商采购其他品牌配件，而市场充斥着高仿、假冒伪劣配件，配件质量无法获得保证，流通市场非常混乱。

行业信息化程度低，交易效率相对低下。汽配行业的信息化基础设施薄弱，大部分经销商、汽修厂采用传统经营方式，缺少信息化 ERP 系统。相关从业人员的互联网认知水平较低，旧有习惯根深蒂固，难以接受互联网化的采销、结算方式。汽配行业的销售模式还停留在客户电话下单，业务员手工接单发货的水平上，信息传递效率低且错误率极高，高度依赖于前台业务员的个人水平。结算方式上，账期交易普遍存在，且没有统一标准，常常依托于人工电话、上门等方式催收。店面、库存手工化管理现象同样普遍，没有信息化系统的支持，低效易错，更谈不上对库存、业务的分析和人员的标准化、数据化管理。

支付结算、账期、融资问题突出，资金效率低下。在后汽车市场供应链的互联网化、智慧化发展过程中，支付结算、账期、融资等问题难以解决成为掣肘汽配 B2B 平台发展的关键问题之一。目前，中国后汽车市场大概有 44 万家汽修厂，在传统线下模式中，众多汽修厂均有账期结算的习惯，而多数汽配电商平台主要的支付方式为在线支付与货到付款，没有办法解决企业用户在线账期结算问题。另外，由于汽修厂在实际业务场景中的支付结算多为小额高频，而原来在线支付的企业网银支付效率太低，不能满足汽修厂支付高效的需求；同时，部分修理厂希望实现在线弹性账期，到期后可以付出一定的利息成本进行延期融资。

（2）中驰车福的供应链服务平台

2018 年，中驰车福秉承“开放、连接、赋能”的核心理念进行商业模式升级，专注打造产业互联网平台，致力于实现汽车产业链“商流、资金流、物流”的线上闭环。配件供应链方面，以区域布局快速拓展全国；维修终端方面，建立新车、二手车、保险、维保、救援五大车主服务矩阵。最终为产业链中各个主体提供优质 SaaS 服务，实现产业链线下主体在云端的互联互通，逐步建立后汽车市场新生态（见图 5-15）。

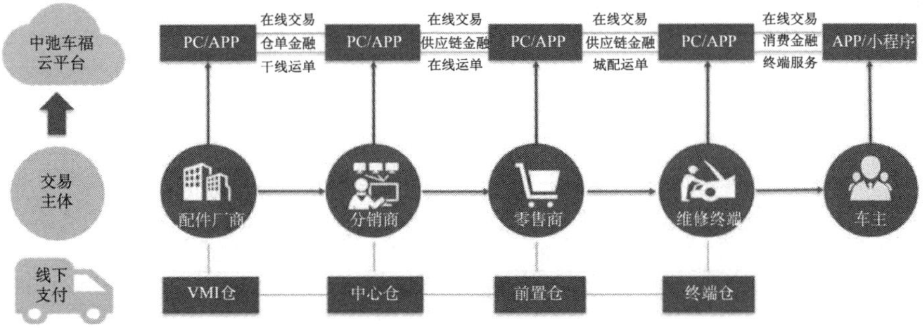

图 5-15　中驰车福供应链服务框架（1）

交易云平台

中驰车福为产业链各主体提供在线交易与在线管理一体化的平台。持续迭代供应链交易云平台支持精准搜索、VIN 码识别、在线下单和在线支付；平台面向全行业开放，支持社会化 ERP 与平台无缝对接，实现供应链交易与在线管理一体化，避免数据二次录入；持续投入上百人和数千万资金建立行业配件数据库，覆盖上百个汽车品牌、数万种车型、千万级配件数据 SKU，实现易损件和车型件全覆盖、原厂件和品牌件全覆盖。

金融云平台

中驰车福基于不同的业务场景，打造行业领先的供应链金融云平台——量子金福，通过大数据风控技术（DT）和互联网技术（IT）将电商平台/核心企业及其上下游企业的外部征信数据、内部业务数据转化为信用资产，基于真实的交易订单为产业链中小微企业沉淀信用数据。围绕产业链各环节打造可控的供应链交易场景，服务产业链上下游的交易主体。不断迭代升级供应链金融产品（如信用贷、运单贷、仓单贷、票据贷等）。随着交易量的提升，不断签订及引进多资金方和非银机构，并且正在积极准备引入信托资金和 ABS，不断降低资金成本。同时，将基于大数据和区块链技术等进一步完善风控模型，打造“线上＋线下”的风控联防体系。具体金融产品如下：

仓单融资：基于中驰车福供应链业务场景提供仓单类金融产品——“仓单融资”。主要围绕世界五百强品牌的机油、电瓶、轮胎等标准化、高周转、硬通货的快消品提供仓单金融服务，缓解配件厂商及分销商的资金压力。

量子金贷：基于中驰车福零售业务和分销业务场景提供下游供应链金融产品——“量子金贷”。通过 Fintech 手段为零售商、汽修厂等小型 B 端提供创新、高效的金融服务，一站式满足小型 B 端高效支付、在线账期、延期融资三大需求。

量子分期：基于中驰车福车主的业务场景提供消费分期产品——“量子分期”。围绕车主用车的全生命周期联合金融机构提供金融服务，满足车主新车、二手车、租车、保险、维修保养的消费分期需求。

中驰车福金融云平台，在第一阶段解决多场景在线融资，在第二阶段致力于解决产业链主体交易之间的智能风控管理，在第三阶段目标成为企业间的支付结算平台（见图5-16）。

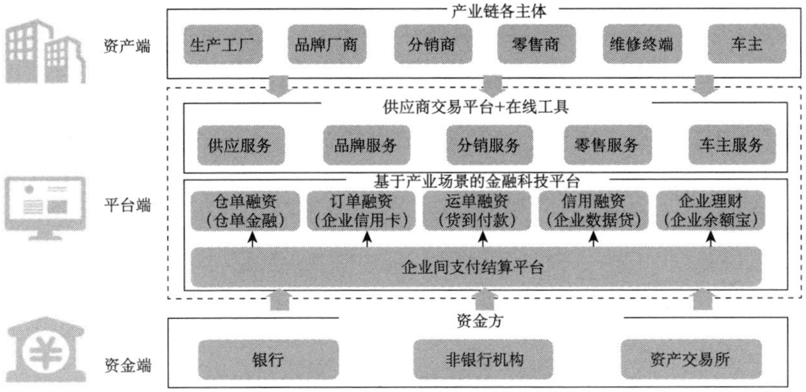

图5-16　中驰车福供应链金融服务框架（2）

物流云平台

中驰车福物流云平台通过互联网连接经销商、物流公司和汽修厂，实现运单电子化、在线化、透明化，提供安全、高效、省心的货物承接、运输和支付服务，以及提供创新的在线支付工具和贴合业务场景的在线金融产品，彻底解决物流公司代收代付跑路问题，为产业链交易保驾护航（见图5-17）。其中，驮付宝是集成在中驰车福物流云平台的在线支付工具，以绑定平安银行账户的快捷支付为基础，向用户提供安全、快捷、高效的支付服务。

图5-17　中驰车福物流云平台框架

车主平台

为连接维修终端与车主，提供面向车主的消费分期服务，全面提升维修终端的盈利能力，打造车主服务平台（见图 5－18）。

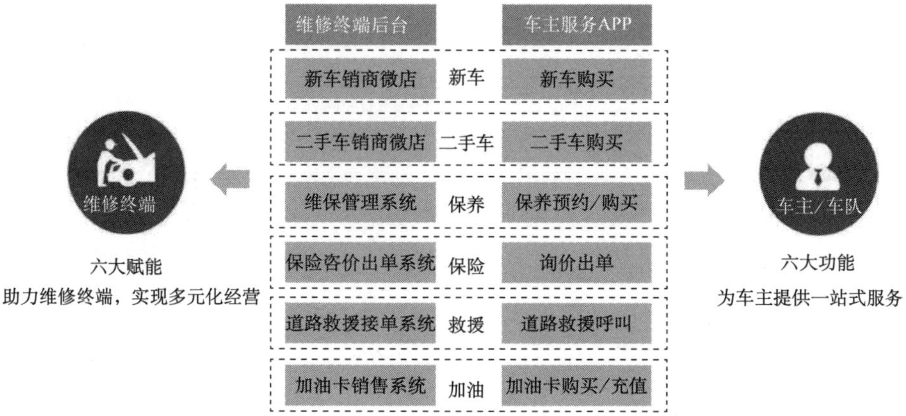

图 5－18　中驰车福车主服务平台框架

中驰车福围绕维修终端场景的车主服务平台，有效提升了维修终端收入，增强了维修终端对中驰车福平台的黏性和认可度，进一步扩展了业务边界，形成了对维修终端的全面赋能。中驰车福车主服务已形成“新车＋二手车＋保险＋维保＋救援”五大服务矩阵，助力其服务能力全面升级；同时，配件供应端精选优质配件供应，对优质维修终端提供精选配件供应服务。通过“左手配件供应＋右手车主服务”协同赋能维修终端的方式，目标成为后汽车市场维修终端第一品牌。

（3）中驰车福供应链价值实现

中驰车福依托平台、数据、金融三大核心优势，打造产业链云平台并实现供应链交易与在线管理一体化，推动产业链端到端的信息化升级改造，实现交易的数字化和智能化，大幅提高全产业链运营效率和协同水平，充分赋能配件厂商、配件商（分销商和零售商）、维修终端。

赋能配件厂商

中驰车福赋能配件厂商，为其提供在线营销和分销管理，构建智慧供应链，实时实现每个节点销售订单数据和各级仓库库存数据的可视化，指导配件厂商实现更精准的补货和生产。面向上游供货工厂提供票据贷金融服务，为下游分销商提供仓单金融服务，为配件厂商解决资金周转问题；

提供厂商ERP和供应链平台对接，实现供应链交易与在线管理一体化；依托物流云平台提供完善的物流管理服务。

赋能配件商（分销商和零售商）

中驰车福赋能配件商，通过配件集采获得更优的性价比产品，实现在线销售以获得更多销售机会。基于在线交易订单，为上下游提供供应链金融服务，提升资金周转效率；提供供应链交易与在线管理一体化平台，避免数据二次录入；提供配件数据查询工具，实现车型与配件数据精准匹配。

赋能维修终端（汽修厂和4S店）

中驰车福赋能维修终端，为维修终端提供多、快、好、省、准的配件供应链服务；开发专业的汽修ERP，支持打通汽修ERP与供应链平台，提升维修终端的规范管理；提供技术服务可视化在线服务平台，实现专家技术共享；面向C端车主提供整车分期、维保分期和保险分期等消费金融服务；建立车主服务平台，为维修终端导流，并提升自身盈利能力。

5.4.4　智慧供应链金融类型四

这一类供应链金融组织方式是由纯粹的信号中介公司联结其他参与者共同推动的，具体讲，从事信号中介服务的公司是完全独立的外部组织，它们一方面联结产业供应链参与者、生态服务组织者；另一方面联结外部的金融机构，通过信息服务，推动供应链金融的发展（见图5-19）。这类金融科技公司面临的挑战最大，这是因为它们既不参与具体业务经营，也不组织产业服务生态，提供供应链服务，是一种严格意义上独立的金融科技公司。这类公司要想与产业企业或产业服务平台形成良好的合作关系，从事信号中介服务，就需要下沉到客户供应链底层，帮助产业参与者或其他企业实现产业供应链或者供应链金融活动的信息化、数字化，从而更好地处理、呈现和传递客观信息。与此同时，能够帮助金融机构利用ICT有效联结到产业端，实现信息的及时化、综合化、孪生化。及时化指的是金融机构获取的信息零延迟，亦即任何产业供应链的信息，以及相应的金融活动（支付、结算等）能够实时传递到金融机构端，从而为有效借贷决策提供及时支撑。综合化指的是产业供应链端不同组织间产生的交易、物流和资金信息能够相互印证、相互匹配。孪生化指的是能够基于实时历史数据，集成不同方法和先进分析，实现未来映射，即不仅能够有效回溯过去的金融借贷行为和决策绩效，同时也能实现对下一步金融决策的预测，从而实现金融活动的全周期管理。

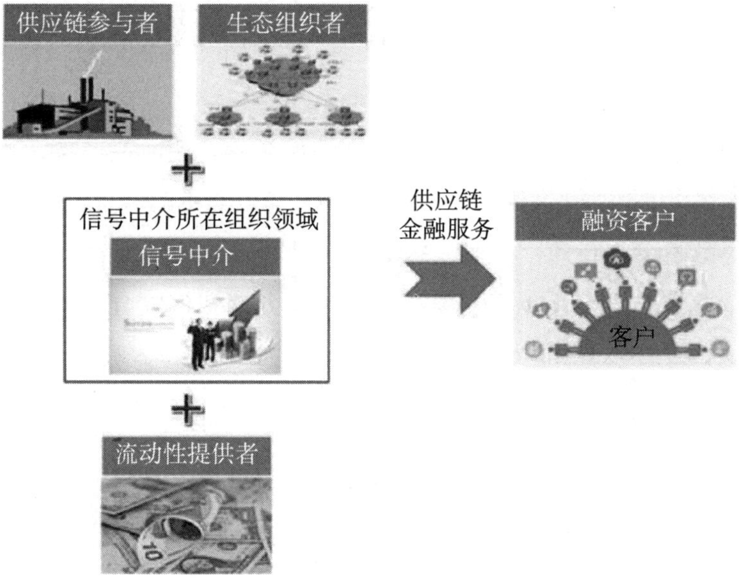

图 5-19　智慧供应链金融组织方式之四

从事这一类信号中介的专业化金融科技公司较多，联诺是其中的代表之一。公司专注于为企业及金融机构提供基于供应链信息整合的金融服务解决方案。其信息技术产品主要包括：供应链融资服务平台（EASYSCF）；供应链一体化协同管理系统（SCCS）；电子数据交换网关（exchange gateway）；经销网络管理信息系统（DMS）和企业电子商务平台（e-business suite）。基于上述技术产品，联诺主要为医疗、制造、零售行业龙头企业及金融机构提供相关服务，依托互联网平台和技术服务能力与优质客户协同，设计研发一体化、系统化的行业供应链金融解决方案。其主要的服务领域和信号中介服务包括：

（1）医疗行业供应链金融信息服务解决方案

联诺的医疗行业供应链金融信息服务解决方案是为了解决目前医院供应商的应收账款问题。在医药医疗行业，由于供需双方之间谈判力不均衡，导致除一部分强势供应商外，大多数供应商面临着谈判力不强、应收账款巨大、现金流不足的挑战。特别是在国家两票制（“两票制”是指药品从药厂卖到一级经销商开一次发票，从经销商卖到医院再开一次发票，以“两票”替代目前常见的七票、八票，减少流通环节的层层盘剥，并且每个品种的一级经销商不得超过 2 个）、零加成（2017 年国家实施的所有公立医院全面取消药品加成，实现零加价）的政策影响下，医院拖欠账款成为常态。为了解决这一问题，就需要运用供应链金融优化供需之间的应收应付。然而，供应链金融的实现需要解决两个方面的问题：一是如何有效整合上下游信息，即供应商的票据、配送库存、财务对账，以及下游医院的应付确认和线上对账，如果上下游信息难以实现整合，那么就很难反映供应商与医院的真实交易状态；二是如何能将整合客观的信息有效传递给金融机构，保障金融机构能够有效控制风险。为此，联诺探索帮助医药行业上下游实现供应链业务活动的在线化，通过信息挖掘和整合，将信息实时传递给金融机构，推动供应链金融业务的发展（见图 5－20）。

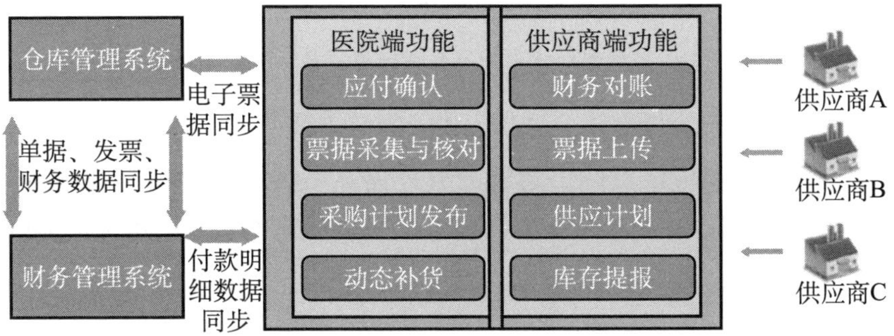

图 5－20　联诺医疗行业供应链金融信息服务解决方案示意图

（2）制造业供应链金融信息服务解决方案

这一信号中介服务主要针对生产制造企业的采购和产品分销提供供应链金融服务，很多制造企业拥有很多战略性供应商和客户，这些都是制造企业的核心资源，需要将这些上下游企业有效嵌入到生产企业的供应链体系中，同时通过有效解决上下游企业的运营资金问题，推动生产运营的发展。但是对于大多数生产制造企业而言：一方面，面临着信息化人才不足、数据整合运用能力欠缺的问题，即如何建立信息化平台、有效提取相关的信息、筛选合格的供应商和客户，推动上游的线上现货融资、在线保理，以及下游的在线订单融资、线上现货融资的发展；另一方面，也面临着对接金融机构风控系统的问题，即将企业业务数据转换成金融机构能够理解和接受的形式。为此，联诺针对这些问题，提供相应的技术数字化解决方案，提供综合性信号中介服务，其技术框架如图 5－21 所示。

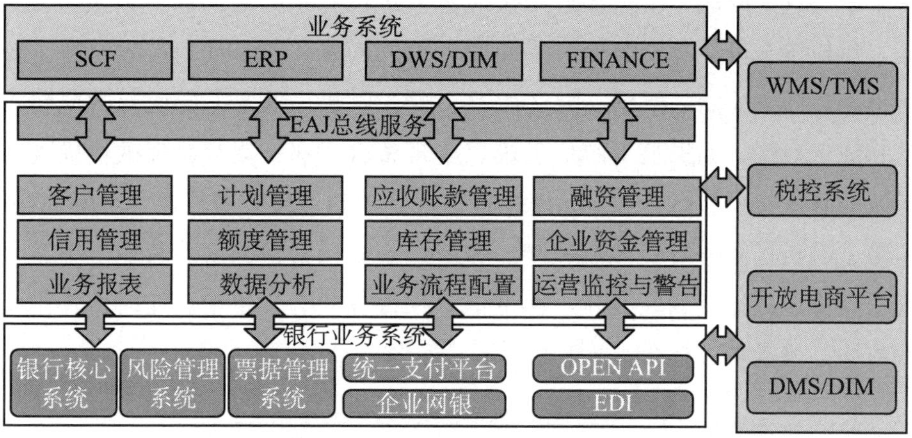

图 5－21　联诺制造业供应链金融信息服务解决方案示意图

（3）第四方物流供应链金融信息服务解决方案

第四方物流供应链金融信息服务解决方案是联诺针对物流运输与园区管理的承接上下游交易管理业务的服务平台，又称为第四方物流金融服务平台。该平台是集物流运输管理、园区运营管理、在线贸易与融资服务于一体的综合服务平台（见图 5－22）。

5.4.5　智慧供应链金融类型五

这类供应链金融组织方式中的信号中介建构者，既非产业供应链核心

图 5－22　联诺第四方物流供应链金融信息服务解决方案示意图

企业，也非产业网络生态的组织者或者专业化的独立金融科技公司，而是金融机构推动发展的金融科技公司。产业企业是供应链运营的参与者，同时也建立了相应的供应链服务生态网络，但是信息数字的获取、分析和传递是金融机构自身完成的，并且基于客观全面的数字信息，金融机构向产业企业的上下游提供供应链金融服务。之所以金融机构会自己搭建从事信号中介服务的金融科技公司，其原因在于，尽管产业核心企业具有强大的声誉和信用，但是，金融机构并不完全掌握核心企业与其上下游企业之间的业务往来以及真实的交易状态，而这一状态显然会产生潜在信贷风险。因此，为了把握核心企业真实的交易背景，就需要金融机构运用 ICT 有效获取交易过程中的完全和客观的信息，为金融机构信贷决策提供支撑，并且还能够借此积累核心企业以及其上下游的信用（见图 5－23）。

这一类组织方式要取得绩效，除了数据挖掘和分析外，需要金融机构主导的科技公司实现两个方面的突破。一是由于核心企业是供应链运营的参与者和供应链服务网络生态的建设者，因此，要想有效获得完整的供应链业务信息，就需要金融科技公司协同核心企业实现供应链业务活动的标

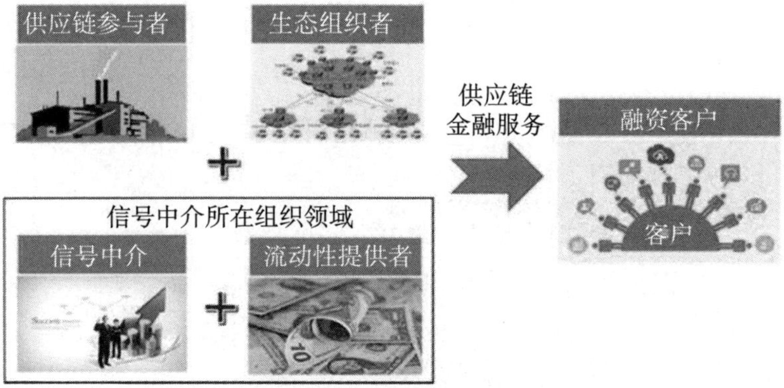

图 5-23　智慧供应链金融组织方式之五

准化、电子单据化。这样既有利于金融机构了解和把握供应链流程和业务状态，也有利于让金融机构实现多源数据交易校验，客观反映贸易和资产的真实背景。二是因为产业供应链服务网络生态平台是由产业核心企业建设的，所有供应链运营原始数据都发生和存储在网络平台上，因此，对于金融科技公司而言，如何运用 ICT 实现供应链业务信息的实时同步化也是科技公司需要解决的问题，或者说能够实现供应链运营服务数字的同步化和并行化是需要解决的问题。

这类供应链金融组织方式成为当今很多金融机构发展的主要模式。例如，星展银行与渣打银行联手与科技公司 Ripple 合作，将区块链技术应用在供应链金融业务上，利用智能合约及点到点跨境交易技术，将流程自动化并提高安全性。在国内较为典型的有中建电商与招商银行合作打造的中建产业互联网协作平台。中国建筑集团有限公司是中国专业化经营建筑房地产的企业集团之一，拥有产品技术研发、勘察设计、工程承包、地产开发、设备制造、物业管理等完整的建筑产品。在建筑产业供应链运营中，存在着大量供应商，这部分供应商面临着融资难、融资贵、融资流程不透明、融资风险大等痛点问题，为此，集团通过旗下的中建电商与招商银行合作，共同推动建设基于集中招标采购的智慧供应链金融。中建旗下企业是建筑供应链的参与者，中建电商搭建了产业供应链服务网络平台——云筑网，招商银行的金融科技部门基于云筑网，运用区块链构建了实时并行的数字化平台，基于此，招商银行对中建中标的供应商提供相应的供应链金融服务。

具体来讲，针对金融机构难以判断业务数据的真实性、各种业务数据存在虚假交易的可能、业务数据零散不方便统计汇总、产业链上下游数据造假骗贷等情况：首先，双方通过合作将中建招标采购以及银行放贷活动流程化、标准化，从而实现整个供应链业务和金融活动分步骤、分阶段管理，保证数字流的完整性，以及数字的交叉校核；其次，基于区块链解决方案，实现在线供应链金融反向保理（见图5-24）。该平台技术方案基于Hyperledger Fabric V1.1联盟链，实现了采购各环节交易数据实时写入由核心企业、金融机构共同维护的分布式账本，实现了每笔交易可追溯，杜绝交易数据被修改，提升了交易数据的可信度。平台通过“智能合约”等技术手段，为企业间除“合同信任”关系外，添加新的保障措施，简化企业间互担保、企业分摊、回购、履约等经营行为流程，降低违约纠纷处理时间成本和资金成本。中建产业互联网协作平台通过预先导入所有有效的融资业务数据，实现供应链数据的有据可循——从招标任务到中标通知、

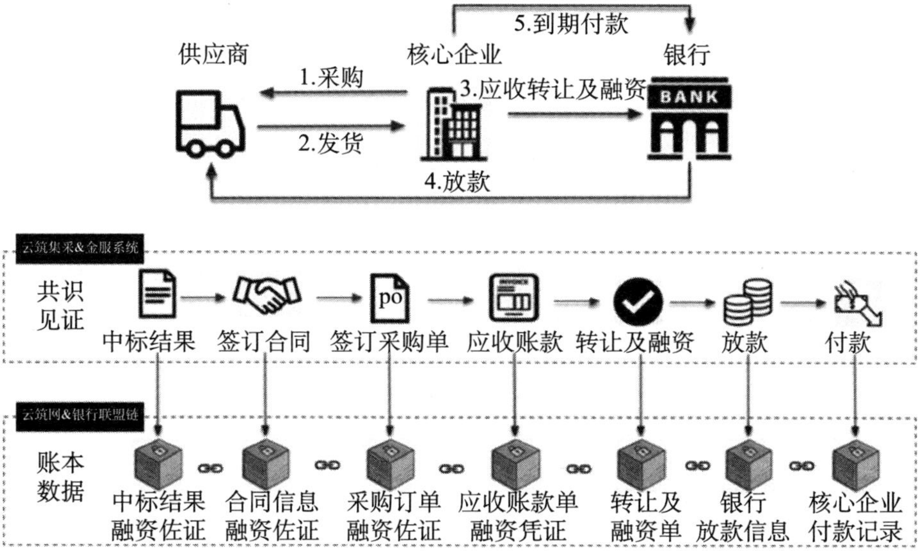

图5-24 中建电商与招商银行的智慧供应链金融示意图

合同、订单/产值单、应收账款闭环查询——保证数据的真实有效性。平台支持中建电商和招商银行实时跟进融资进度，保证业务顺利开展，截至2018年底，中建产业互联网协作平台已完成有效交易136笔，融资总金额20 560万元。

5.4.6 智慧供应链金融类型六

这类供应链金融完全是由金融机构主导的，即金融机构自己构建了供应链服务网络生态平台，将供应链各参与方有效嵌入到供应链网络中，同时对基于供应链服务积淀的信息数据进行挖掘、分析，通过对交易过程进行真实还原和把握，以及对各参与主体的信用刻画，为各参与方提供资金融通，开展供应链金融服务（见图5-25）。

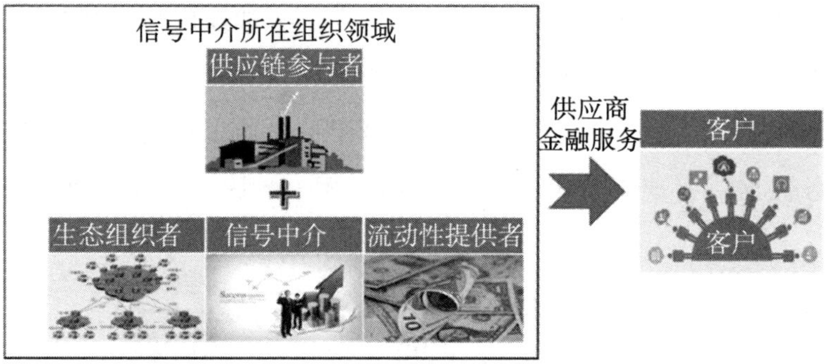

图5-25　智慧供应链金融组织方式之六

这类供应链金融组织方式由于是金融机构建构的供应链服务平台，因此，能够更加直接地获取供应链各参与者的业务信息，并且通过信息的挖掘和刻画，更好地掌握产业企业信用，设计相适应的金融产品，控制风险。但是这类组织方式最大的挑战在于，金融机构因为不是供应链运营的直接参与者，甚至不间接从事供应链运营服务，因此，尽管金融机构能够搭建供应链服务平台，但是并不能完全获得产业供应链企业的认同。特别是出于业务数据保密的考虑，产业供应链企业甚至会抵制将业务数据沉淀在该类平台上，因此，金融机构要想成功建设供应链服务平台，一定需要发挥其独特功能，真正为产业供应链企业带来价值，解决供应链运营中的痛点，才有可能将供应链企业纳入生态平台中。具体讲，金融机构要想成功成为供应链服务的生态网络平台，可以从两个方面来实现：一是成为全球供应链运营的资金和金融解决方案提供者；二是成为行业供应链金融服务解决方案提供者。前者帮助产业企业解决其在全球供应链运营过程中，因为国别和地区不同导致货币不同、贸易惯例和规则不同、金融体系不同而产生的交易和管理成本较高的问题。这类供应链金融组织的典型代表之一是汇丰银行（宋华，2015）。后者则需要金融机构深入到产业或行业中，制定出切合行业规律的金融服务解决方案。

第 6 章 ABCD 综合赋能：智慧供应链金融要素

6.1 引言

供应链金融的稳步发展离不开供应链信息化，没有完善的供应链信息化，金融活动就会产生风险，从而阻碍了资金在供应链参与者之间的有效流动。供应链信息化可以追溯到 20 世纪 70 年代，作为第一代供应链信息平台，电子数据交换（EDI）的出现解决了跨系统之间的信息交换，它是一种利用计算机进行商务处理的新方法，将贸易、运输、保险、银行和海关等行业的信息，用一种国际公认的标准格式，通过计算机通信网络，在各有关部门、公司和企业之间进行数据交换和处理，并完成以贸易为中心的全部业务过程（Iacovou，Benbasat & Dexter，1995；Premkumar，Ramamurthy & Nilakanta，1994）。到了 80 年代，随着供应链管理概念的确立，上下游企业之间的协同成为企业关注的重要课题，越来越多的研究开始关注组织间的信息交换以及信息整合，即组织之间如何将相应的交易信息、物流信息传递给合作方，既能够实现信息共享，又能有效整合不同来源、不同形态的信息，以支持供应链业务系统决策（H. L. Lee，So & Tang，2000；H. L. Lee & Whang，2000；Z. Yu，Yan & Edwin Cheng，2001）。特别是90年代，随着对供应链运营中牛鞭效应的认识（H. L. Lee，Padmanabhan & Whang，1997a，1997b），理论研究者和实践管理者都逐渐认识到，不仅需要系统在组织间分享信息，而且需要一种平台来整合信息，以实现供应链运营的协同化，也就是通过信息整合，对供应链业务产生良好的促进作用，有效抑制牛鞭效应。例如在供应商管理库存中有效分享和整合信息，实现供应链库存的优化（Angulo，Nachtmann & Waller，2004），或者通过信息分享实现供需之间高效率的连续补货（Raghunathan & Yeh，2001）。进入21世纪，随着ERP、WMS、TMS等信息化系统的出现和不断完善，需求导向的供应链运营逐步得到了越来越多的学者和企业的关注，特别是拉动式供应链以及推动加拉动式供应链成为公认的供应链运作形态（Vakharia，2002）。然而如今，随着信息的发展和网络技术的发展，供应链的信息化和转型面临着新的挑战。随着A（AI）、B（区块链）、C（云计算）、D（大数据挖掘）等新技术的出现，以及不断给企业带来的冲击和影响，这些新型的ICT为企业和供应链执行者提供了新的灵感和解决方案。此外，它们把供应链信息化推向了一个新的步骤，过去被供应链执行者视为无法实现的智慧供应链实际上已经实现，从而为推动供应链金融发展提供了有力的支撑。

6.2 基于供应链运营全流程综合赋能的融合式ABCD框架

现代ICT一直是有效供应链管理的助推剂（Ross，Kuzu & Li，2016），其在帮助供应链降低环境不确定性带来的挑战和风险方面一直发挥着重要作用（Ben-Daya，Hassini & Bahroun，2017）。信息技术对于供应链的实质以及供应链的结构设置具有重要影响，信息技术促进了企业内部供应链各个流程环节的整合，并且也加速了企业与外部供应商和客户的运营整合（Ben-Daya et al.，2017），因为信息技术在提高内外部供应链各个节点之间的沟通能力、信息获取和转移能力方面具有突出贡献，由此，供应链各个节点也能做出更有效的决策，进而提高了供应链整体的运营绩效。供应链运营效率的提高，不仅直接推动了整个供应链的发展，也为参与供应链的各类主体有效获得运营资金提供了坚实基础，这主要是一方面先进的信息技术使得合作伙伴之间的信息和数字实现了聚合，特别是平台化的供应链能够使不对称的程度下降，增加信息透明度，并且实现了供应链资产的有效追踪，从而对贷方产生说服效应（persuasive effect）；另一方面，综合性、全方位的信息数字也为预见和防范供应链运营风险奠定了基础，通过更好地揭示借方信用，使得供应链参与各方能够及早地发现和管理供应链金融中存在的各种主观和客观潜在风险，产生资讯效应（informative effect），从而增强金融机构对中小企业借贷的信心（Z. Zhou，Xiao，Ho & Tan，2018）。

然而，上述目标却并不容易实现，这是因为一方面随着各个产业中 ICT 的快速发展和广泛应用，供应链的每项活动中普遍产生了大量数据，尤其是供应链运营涉及多个主体、多个环节。具体讲，从研发设计经采购、生产、库存、分销到销售、退货等，每个主体和环节都会产生大量的信息数据。国际数据公司（international data corporation，IDC）称，到 2020 年，数字数据的增长量在医疗行业就将高达 40 万亿千兆字节。这为商业组织有效利用庞大数据量来做出商业决策提供了巨大机会，同时也带来了巨大挑战（上海市经济和信息化委员会，2017）。另一方面，现行企业信息化系统，诸如 ERP、WMS、TMS、客户关系管理（CRM）等虽然能够有效地帮助单个企业实现高度的信息化和数字化，但是一旦业务跨越企业系统边界而处于上下游合作企业之间，就会因为相互的信息系统异构而造成一个个信息系统孤岛，而信息孤岛之间的业务传递仍然依赖于传统的线下沟通。这个沟通模式势必产生信息数据的再次“失真”，这种“失真”既可能是因为技能水平不足或者规则不一产生的差异或错误，也有可能是因为人为道德风险产生的造假。这些现象都对供应链运营以及供应链金融带来了巨大挑战，因此，要有效解决上述问题，实现供应链运营及其金融绩效，就需要系统化的科技手段来实现供应链运营全过程、全方位的交易和资产信息数字管理，这也就是融合式ABCD的实质所在。

6.2.1　融合式ABCD的内涵与框架

融合式的ABCD有两层含义：一是各类现代ICT是相互关联的整体，ABCD不仅仅指的是AI、区块链、云计算、大数据这些具体的技术本身，而且还包括这些技术手段相互之间在不同的阶段、不同的环节、不同的状况下发挥的既有关联又有差异的作用，任何单一的ICT都不可能单独发挥作用，而是通过相互之间的关联、配合，综合发挥作用；二是这些关联化的技术协同作用于供应链业务和运用场景，实现技术与商业之间的互动和相互促进，也就是说，ICT需要嵌入到供应链运营场景中，同时供应链场景又推动了ICT的发展。一方面通过融合式的ICT可以帮助所有参与主体有效评估供应链运营的价值，另一方面供应链价值创造的要求又进一步推动融合式ABCD的发展。具体讲，融合式ABCD是立足供应链全过程的四层ICT架构（见图6-1），其中，位于感知层的ICT，例如RFID、M2M（machine-to-machine/man）、IoT、AI等技术，用于获取供应链各个流程环节的基本数据。感知层获取的数据将传递给数据层，数据层将利用移动边缘计算、雾计算、云计算等技术以整合、挖掘和分析供应链数据并基于以上挖掘与分析的数据信息进行决策。决策结果将会传输给位于第三层的流程层。流程层负责供应链单证、票据、凭证等电子化的流转以及基于上述电子单证的区块链技术和管理。电子单证及管理信息将会被传输给模式层来进行进一步的价值评估与价值创造，例如，行为监控、利益确认、流程活动图示化呈现，被用于供应链流程管理与风险管理，以及供应链业务的确立与创新。价值创造结果最终以数据需求的形式反馈给底层供应链业务，以便感知层根据最新的数据需求来重新获取业务信息。

（1）感知层

感知层是供应链技术结构的基础，是实现供应链智慧化的最底层技术。

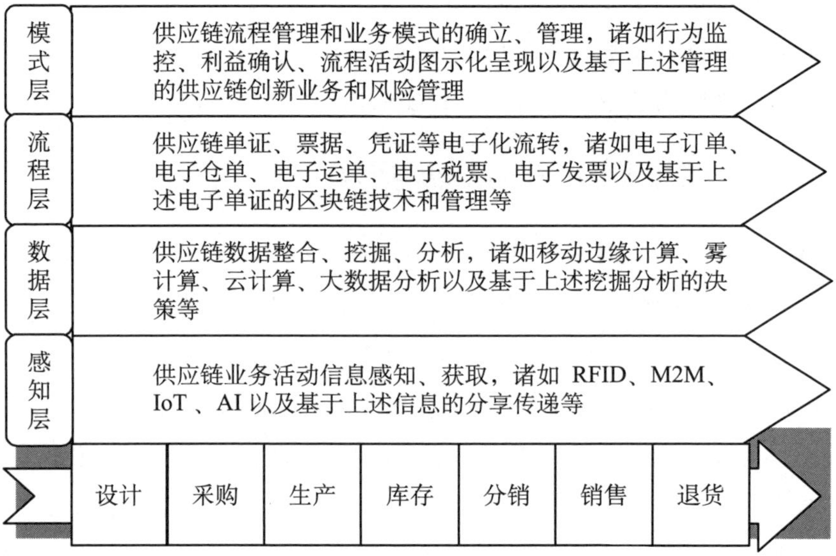

图 6－1　融合式 ABCD 的四层架构

感知层更多是发挥一个数字孪生的作用，用来感知物理世界，对物理世界进行数字化。通过 ID、Sensor、IoT、边缘计算 AI、云端 AI 来做到一个数字孪生，这些技术保障了 ID 可信、传输可信、识别可信等。数字化技术将物理世界完全重构建模到数字化世界，而供应链中的人的大部分活动及交互都在数字化世界中进行，少量决策指挥信息会回到物理世界指挥设备和机器完成操作。感知层的主要目标是获取供应链全流程各个活动的基础数据信息，并将数据传递给数据层用于数据分析（A. Khan，Pohl，Bosse，Hart & Turowski，2017）。位于感知层的技术有 RFID、M2M、IoT、AI 等。例如，IoT 是在计算机互联网的基础上，利用 RFID、电子产品码（electronic product code，EPC）、无线数据通信等技术，实现物品的自动识别和信息的互联与共享。IoT 技术具有全面感知、可靠传递、智能处理的特点（R. Khan，Khan，Zaheer & Khan，2012）。基于 EPC/RFID 技术的物联网能够充分结合两种技术优势，在供应链中发挥着越来越重要的作用。利用 EPC 系统对商品实体进行编码，这解决了商品标识的唯一性问题。以此 EPC 编码为索引能够实时在 IoT 上查询和更新产品的相关信息，也能以它为线索，在供应链的各个流程环节对产品进行定位追踪。同时，利用 RFID 技术，当电子标签进入发射天线工作区域时会产生感应电流，此时电子标签获得能量被激活，然后将自身编码等信息通过内置标签发送天线发送到后台主系统进行相关处理（王曼等，2011）。

（2）数据层

数据层将感知层获取的数据进行处理和分析，并基于分析结果进行决策。以大数据分析技术为例。大数据描述了收集、管理和分析大量数据的方法。供应链运营在大数据的支持下发生了脱胎换骨的变化。根据麦肯锡公司的定义，大数据是“超过了典型数据库软件工具捕获、存储、管理和分析数据能力的数据集”，这一数据集呈现了大数据的 4V 特性，即数据量大（volume）、数据种类繁多（variety）、数量增速快（velocity）以及数据经分析处理后具有很大价值（value）（Katal，Wazid & Goudar，2013；Robak，Franczyk & Robak，2013）。事实上，数据分为两大类：业务交易数据（往往是人工参与，或者从运营数据中提取出来的业务交易数据，往往存在于各种 WMS、TMS 等系统中）和运营交易数据（operational data，这类数据往往是设备采集数据，比如时序数据、视频、图像、音频）。如果只是业务交易数据，其往往很难达到 4V 中前三 V 中的任何一点，第四个 V，传统的数据分析系统也很难能做到。只有当把运营交易数据算进来的时候才比较有希望达到 4V 的要求。边缘计算/雾计算往往处理的是局部数据分析，云端则是全局协调。云供应链平台是指基于云计算应用模式、利用大数据和通信网络技术，提供供应链产品信息、技术、设备等数据网络共享服务的信息平台。在云平台上，所有的节点企业、管理机构等都被集中整合成资源池，依靠大数据处理能力精确的环节控制、智能的决策支持及深入的信息共享来完成供应链各环节所需要的信息化要求（Wu，Cegielski，Hazen & Hall，2013）。云计算技术在供应链内部简化并提高了数据的处理效率，使得供应链的流程能见度大大提高，促进了伙伴之间的协作（Jun & Wei，2011）。另一个与其相关的技术是边缘计算，其数据处理部分地在网络边缘发生，而不是完全在云中发生，边缘计算可以解决供应链运营中诸如延迟、移动设备有限的电池寿命、带宽成本、安全性和隐私等问题（Shi，Cao，Zhang，Li & Xu，2016；Shi & Dustdar，2016）。云制造（cloud manufacturing）是一个基于边缘计算和云计算技术，通过云平台上的智能搜索技术，实现制造资源整合、集中生产管理的示例（B. H. Li et al.，2010；Xu，2012；L. Zhang et al.，2014）。在云制造中，在产品的开发设计、制造、测试、管理等整个生命周期内，客户都可以通过云服务平台请求资源满足生产需求，从而快速、有效地完成供应链运营（B. Li & Li，2017）。

（3）流程层

流程层连接了数据层和模式层，主要目标是利用区块链技术等实现供应链单证、票据、凭证等电子化流转。区块链是一个对等的网络（Iansiti & Lakhani，2017），是一个由多方参与共同维护且持续增长的分布式数据库，其核心是通过分布式共识机制、时序不可篡改的密码学和分布式数据存储建立彼此之间的信任关系（Weber et al.，2016），利用智能合约来编程和操作数据，从而实现价值互联（蒋东东等，2017；李晓等，2017）。数字票据是结合区块链技术和票据属性、法规、市场而开发出的一种全新票据展现形式。与现有电子票据体系的技术架构完全不同，数字票据的核心优势主要表现为四点。一是实现票据价值传递的去中介化。在传统票据交易中，票据中介往往利用信息差进行撮合，借助区块链实现点对点交易后，票据中介将失去中介职能，需重新进行身份定位。二是有效防范票据市场风险。区块链由于具有不可篡改的时间戳和全网公开的特性，一旦交易，将不会存在赖账现象，从而避免纸票“一票多卖”、电票打款背书不同步的问题。三是系统的搭建和数据存储不需要中心服务器，省去了中心应用和接入系统的开发成本，降低了传统模式下系统的维护和优化成本，减少了系统中心化带来的风险。四是规范市场秩序，降低监管成本。区块链数据前后相联构成了不可篡改的时间戳，使得监管成本大大降低，完全透明的数据管理体系提供了可信任的追溯途径，并且可以在链条中针对监管规则通过编程建立共用约束代码，实现监管政策的全覆盖和硬控制。

（4）模式层

模式层的主要目标是供应链流程管理和供应链金融模式的确立、创新和风险管理。ICT使得整个供应链在瞬息万变的市场环境中能够迅速做出反应，提高了供应链的市场反应力。随着ICT的不断发展，一些创新要素开始渗透到供应链的运行中，这不仅使供应链运营日益智能化和高效化，还使供应链运营模式、风险管理和控制都发生了巨大变化（Giannakis & Louis，2011）。ICT的应用基于的是供应链全流程的运作和管理，主要体现在设计、采购、生产、库存、分销、销售和退货等环节。供应链焦点企业必须具备有效协调各节点间的竞合关系的复合型能力，同时协调内部能力和外部资源，使各参与方在整个供应链获益的基础上实现自身的发展，及时有效地传递集成化服务。ICT促进了供应链运营过程的信息化，使得企业能够及时掌握供应链运行的状况并保证信息的正确性。

融合式ABCD对于供应链运营模式的影响主要反映在三个方面。第一，通过将IoT、AI、增材制造等技术运用于生产过程中，推进生产装备智能化升级、工艺流程改造和基础数据共享。另外，借助于边缘计算、雾计算和云计算构建并促进工业大数据的开发与利用，有利于制造业智能化转型，促进开放、共享、协作的智能制造供应链产业生态的形成。第二，利用互联网采集客户变化的价值诉求，并对接个性化需求，推进设计研发、生产制造和供应链管理等关键环节的柔性化改造，实现C2B2M个性化产品的服务模式和商业模式的创新。第三，企业通过互联网与产业链各环节紧密协同，促进生产、质量控制和运营管理系统全面互联，推行众包设计研发和网络化制造等新模式。第四，通过构建网络化协同制造公共服务平台，促进创新资源、生产能力、市场需求的集聚与金融服务的对接，提升服务中小微企业的能力。

6.2.2　融合式ABCD实现的功能

上述融合式ABCD架构，增强了供应链运营的可视性（visibility）、透明性（transparency）、可追溯性（traceability）以及可信性（creditability），从而提升了供应链运营的效率，也为供应链金融的开展提供了良好的环境和基础。具体来讲，融合式ABCD带来了供应链运营的如下变化：

第一，可视性。供应链管理可视化就是利用信息技术，通过采集、传递、存储、分析、处理供应链中的订单、物流以及库存等相关指标信息，按照供应链的需求，以图形化的方式将其展现出来，其主要包括流程处理可视化、仓库可视化、物流追踪管理可视化以及应用可视化（郭仁正，2015）。通过将供应链上各节点信息进行连通，打破信息传输的瓶颈，使链条上各节点企业可以充分利用内外部数据，这无疑增加了供应链的可视性。而供应链的可视化则进一步推动了管理的可视化。此外，ICT 能够实时监控、远程访问供应链中的物流、商流、资金流、信息流（Caridi，Moretto，Perego & Tumino，2014）。可视化体现在供应链的多个环节中，例如库存管理可视化（A. N. Zhang，Goh & Meng，2011）、风险可视化（M. -C. Yu & Goh，2014）、供应链合作者之前的交互与协作可视化（Williams，Roh，Tokar & Swink，2013）等。

第二，透明性。透明性意味着 ICT 使得企业能够获得有关供应链产品的组件、供应商的名称、设施的位置、相关的认证等信息，从而使得所有利益相关方共享其所要求的供应链中产品的相关信息，并且不会产生损失、噪声、延迟和扭曲（Trienekens，Wognum，Beulens & van der Vorst，2012）。透明是供应链管理的关键，它使得供应链呈现出高度的责任感，供应链中的这种开放性使公司能够了解其合作伙伴的表现——从原材料采购到交付。要实现供应链更高的透明度，需要开发全面的 ICT，在从订单到交付流程的每个阶段为所有参与者提供开放式的沟通和共享信息，从而最终实现虚拟供应链管理（Gunasekaran & Ngai，2004）。需要补充的是，传统的中心化系统也可以提供可视化和透明化，但是缺点在于中心化系统存在单点信任失败的问题。也就是说，虽然可视透明，但外部对系统的查看都是围绕这个单点系统展开的，如果这个单点系统恶意窜改数据，那么就会有问题。因此，可以应用分布式共享账本，同时保障数据只对相关参与者透明，或者通过选择性全透明来保障业务数据的隐私性。

第三，可追溯性。可追溯性是指通过整个供应链中（包括生产、处理、分销各个阶段）的记录标识跟踪实体以及流程的历史、应用或位置的能力（Bechini，Cimino，Marcelloni & Tomasi，2008；W. Zhou & Piramuthu，2015）。在实践中，如果企业保留供应商和客户的记录并在整个供应链中交换这些信息，则可以实现追溯的目标。对每个组件或产品的每个生产批次而言，它们必须是可追溯的（trace）及可跟踪的（track）。其中，追溯实体意味着通过追溯供应链来识别其来源，而跟踪意味着通过供应链跟踪实体从供应商到消费者的路径（Bollen，Riden & Opara，2006）。W. Zhou 和 Piramuthu（2015）认为供应链可追溯性分为三个层面：一是实物流的可追溯，即供应链运营中所有产品或资产的状态能够有效追溯和跟踪；二是商业流程的可追溯，即能对业务操作及其决策的过程实现追溯和跟踪；三是绩效的可追溯，即对供应链运营各阶段以及全局的绩效实现追溯跟踪。显然，要能实现上述三层面的可追溯，就需要完善的 ICT。Choudhury（1997）提出实现可追溯性的信息化系统有三种类型：集中型、多边系统型以及电子对等型，其中采用点对点（P2P）方法进行 B2B 协作的可行性越来越高，减少了集中交换的需求，使得电子对话越来越有吸引力。而这种电子对等型系统正是融合式 ABCD 的特征，即能将供应链中的所有实物和流程由被管理对象变为主动、平等参与供应链运营的要素，与人的行为进行校核共识，借助于互动，不仅能够规避人为差错、道德风险，而且能够有效全面地追溯资产、流程和绩效状况。

第四，可信性。目前，大多数基于 RFID 的供应链可追溯系统都基于与政府部门或第三方组织使用一个集中系统以实现供应链信息透明化的目标。但是，这些集中式组织完全不透明，用户也永远无法知道事务的内部细节。这可能导致供应链成员的信息欺诈和信息失真。通过融合式 ABCD，特别是区块链，可追溯系统消除了对集中组织的需求，并为供应链中的所有成员提供了开放性、透明性、中立性、可靠性和安全性的信息平台（Tian，2016）。

融合式 ABCD 的运用使得数据从供应链全流程活动中初步获取数据，并由感知层逐步传输给数据层、流程层和模式层，最终以新的数据需求的形式反馈给供应链全流程的各个活动环节，使得供应链实现了可视性、透明性、可追溯性以及可信性，各个节点借此做出更有效的决策，使得赋能的供应链实现智慧化。具体讲，融合式 ABCD 实现了供应链流程和管理再造（见图 6-2）。其一，在线下业务执行环节中，根据业务规则确定规范

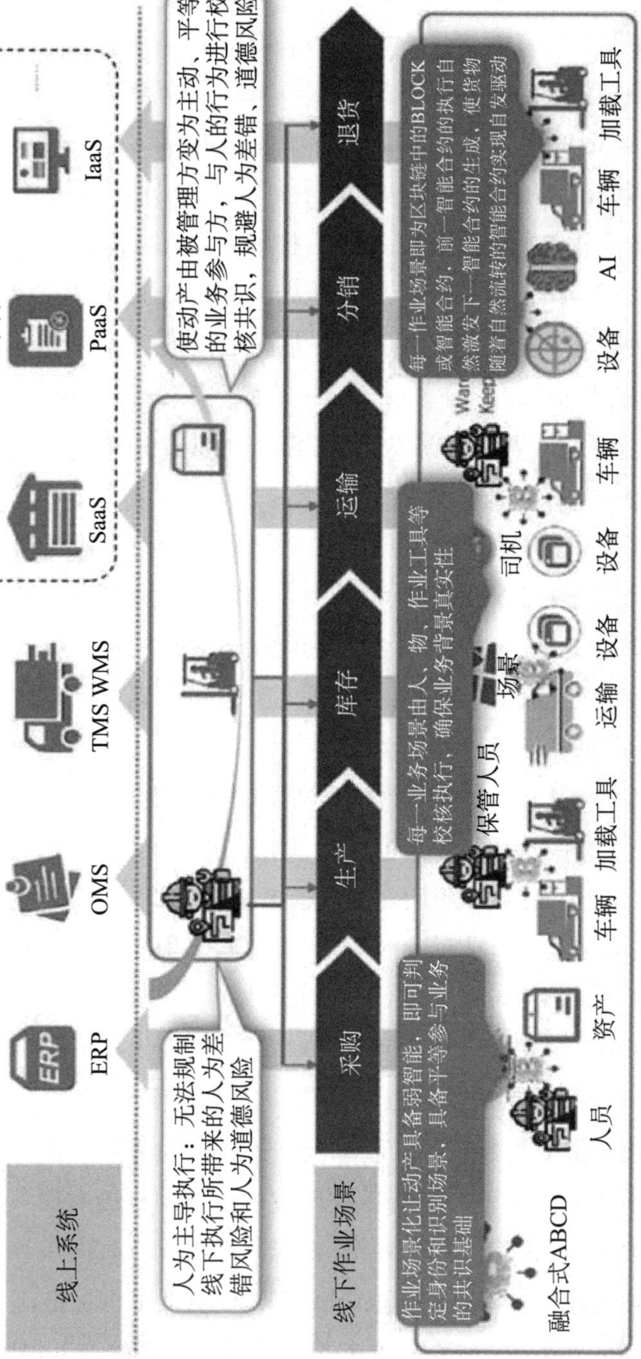

图6－2　融合式ABCD综合供应链赋能示意图

执行的作业任务并将其分发，通过约束线下作业人员来保证线上业务员可以准确有效地在线下执行。其二，把各类 ICT 进行结合，建立一条场景化的线下人物多模共识区块链，其作业共识校验结果是一个真实刻画了资产、作业、人员、时间的通证或者单证，所有线上系统都能基于赋能后的供应链资产或业务顺利开展决策，并以智慧化的动产或业务为入口直接建立企业间的高效业务协同体系。

6.2.3　融合式 ABCD 实现路径

融合式 ABCD 体系的建立和应用需要有系统化的路径和方法，总体上讲，任何 ICT 的采用都需要结合特定的供应链场景和需求，也就是要系统分析产业供应链优化调整，或需要确立的供应链体系。供应链体系包括了复杂的业务活动，通常可以从三个视角来加以分析，即商业价值、商业流程和系统架构（Liu & Jia，2010）。商业价值视角展现的是网络中经济价值创造和传递的方式；商业流程视角描述了商业流程中价值创造的过程；系统架构视角反映的是支持商业流程的系统（Gordijn，Akkermans & Van Vliet，2001）。基于上述三个视角分析，可以从业务模式和技术开发互动的过程建立体系化、融合式的 ABCD（见图 6-3）。

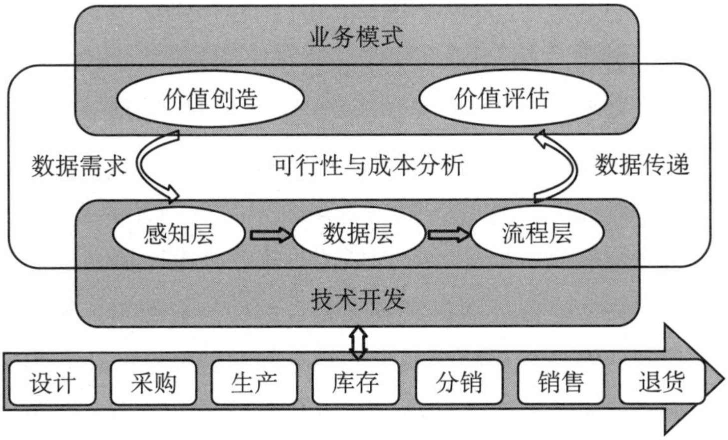

图 6-3　融合式 ABCD 体系实现路径

首先是价值创造分析。基于产业供应链三个视角，价值创造解析出供应链价值创造的要素，这些价值创造元素包括主体（actor）、细分市场（market segment）、价值活动（value activity）、价值对象（value object）、价值站（value port）、价值界面（value interface）和价值交换（value exchange）。其中主体指的是独立的经济组织或个体，在供应链中的主体通过实施价值活动创造利润；细分市场是将市场分解成特定的具有相同属性的子市场；价值活动反映的是价值增值的过程，它是由主体实施的；价值对象是通过价值活动创造和消费的目的物，它包括产品、服务、资产、资金等；价值站是主体提供或者获取价值对象的领域；价值界面反映的是提供或接受商业服务的边界；价值交换体现的是通过连接两个价值站从事价值对象的一个或多个交易。之所以需要从这些要素来解析价值，是因为只有充分了解这些价值创造活动的细节，才能将各个主体之间的供应链活动拆分成标准化的作业场景。

其次是基于价值创造分析提出数据技术服务需求。即在充分了解和把握线下供应链作业场景的基础上，提出相应的数据服务和技术服务需求，这包括对应用场景的可追溯程度、状态、存储情况、运输状态、发生地点等要素的确立。数据和技术服务需求往往需要考虑到感知层、数据层和流程层的要求。应当看到的是感知层实质上并不是传感器采集，而是物的互联网和人的互联网最后结合在一起构成的对应场景的应用服务。实际上，它的核心就是把原来人的管理对象拉入当中，让它在 AI 的技术支持下能够和原来主宰整个过程的人一起介入这个系统进行管理。这样整个数据和业务管理能力就会加强。管理点、数据采集点以及参与作业协同的点多了，业务的管理力度自然就会提升，管理的困难程度就会下降。同样数据层和流程层的核心是根据业务规则定义好交易合约的执行逻辑，在实际作业场景中通过 IoT 智能终端自动触发相应的指令和规范操作，让人和物都按照各自标准通过规范作业来保证合约的执行，同时产生一个有效单证作为记账凭证返回到线上存储，从而保证链上数据来源的真实性，实现人和物的多模对等共识以及有效决策。

再次是在分析相应数据和技术服务需求的基础上进行可行性和成本分析，这是落实融合式 ABCD 体系建设的关键要素。可行性分析在于通过明确如何保障资源和能力来实现所需要的技术和服务，即能否通过有效的手段建立相应的技术体系，获取相应的数据，并且保证数据的真实、及时和安全。成本分析是探索实施 ICT、运用数据支持供应链有效运营的代价，如果建设和应用的代价过高，必然限制了 ICT 的普及和运用。要使融合式的 ABCD——即综合性 ICT——能有效赋能供应链活动，必须要实现 ICT 随着服务的场景和用户的增加边际成本逐渐递减，甚至为零。

最后是评判融合式 ABCD 给供应链带来的价值。即明确 ICT 赋能供应链所产生的绩效，这种绩效既包括经济成本或交易成本的削减，又包括市场机会的创造。需要关注的是，针对供应链中不同的参与者，它们对成本和机会的评价会有差异，这意味着同样运用 ICT，谁会是融合式 ABCD 的受惠者，谁更愿意为这样的 ICT 建设和数据服务支付代价？

6.3　供应链运营中应用的关键技术

如前所述，融合式的 ABCD 立足供应链全过程的四层 ICT 架构（见图 6－1），层次自下向上主要将应用到以下 5 项关键技术，包括 IoT、边缘计算、云计算、AI 和区块链技术。其中位于感知层的 ICT 主要通过 IoT 技术获取供应链各个流程环节中设备端所采集的基本数据。感知层获取的数据将传递给数据层，利用移动边缘计算在靠近设备端进行诸如降噪、降维和特征抽取等数据处理后，将后续分析所需的信息发送到云端，通过云计算技术以整合、挖掘和分析供应链数据并基于以上挖掘与分析的数据信息进行决策。而在决策过程中，通过 AI 技术能够精准按需分析数据层的数据并基于数据构建决策模型从而可靠地辅助决策者进行决策。决策结果将会传输给位于第三层的流程层。流程层负责供应链单证、票据、凭证等电子化流转以及基于上述电子单证的区块链技术和管理，同时区块链技术也将服务于数据信息的共享和访问，为供应链中各参与方的流程层提供可靠和按需共享的数据源。而电子单证及管理信息作为流程层的输出结果将会被传输给模式层来做进一步的价值评估与价值创造，例如，行为监控、利益确认、流程活动图示化呈现等——用于供应链流程管理与风险管理，以及供应链业务的确立与创新。价值创造结果最终以数据需求驱动的流程演化形式反馈给下层供应链业务。

具体而言，感知层根据最新的数据需求来重新获取业务信息，数据层根据新的数据需求来分析和提炼新的数据特征并调整数据分享规则以共享新数据，流程层则根据数据需求的变化调整流程并进行演化。各层的演化将在供应链运营过程中反复迭代进行，从而使得供应链运营中的各层能够自适应调整——从数据采集到数据处理，从流程制定再到模式更新，形成了完整的供应链运营反馈演化闭环，从而提高了供应链运营的总体效率。同时，通过应用 IoT 和边缘计算技术，数据采集与分析过程逐步从面向设备数据采集的信息化阶段迈进到面向数据分析需求进行数据采集和分析的数字化阶段，从而利用 AI 和云计算技术将供应链中的设备端数据采集完全重构建模为数字化流程与模型，使得供应链运营全生命周期中大部分活动及交互都在数字化流程中进行，少量决策信息反馈回到供应链设备端指挥设备和机器完成操作。

6.3.1 智慧供应链中的 IoT 技术

广义上的 IoT 技术是指通过各种信息传感设备和协议［即通过 RFID（RFID＋互联网）、红外感应器、全球定位系统、激光扫描器、气体感应器等］，实时采集任何需要监控、连接、互动的物体或过程等各种需要的信息，并将其与互联网结合而形成的一个巨大网络。其目的是实现物与物、物与人及所有的物品与网络的连接，方便识别、管理和控制。IoT 技术在融合式 ABCD 架构中主要应用于供应链各环节所涉及的设备端的数据采集的感知层。感知层好比融合式 ABCD 供应链运营体系中的神经末梢，起到以下两方面的作用：一是设备端数据的采集和共享，对设备端所涉及的所有有价值的数据进行实时收集并分享给上层数据层以进行进一步的数据提炼和抽象；同时设备端也可能需要按照参与方之间的流程的共识结果将该设备的实时数据直接分享给其他参与方。二是设备端根据流程层的决策做出相应反应并执行指令。

而为保障供应链运营过程的可靠可信，设备端必须应对以下两方面的挑战。首先是数据的可靠性保障，此处的可靠性不仅指需要排除人为因素对设备端采集数据的干扰和窜改风险，而且也指设备数据接收端需要有足够的数据预处理能力（如快速缓存和数据压缩）以并行处理高频传感器端所产生的高频数据流，同时也需要考虑到数据信息本身的异构性。其次是设备端数据基于身份的访问控制。在设备与供应链上层数据层和流程层进行数据和指令交互的过程中，如何保证设备端数据在传输过程中不被窜改，如何使对设备的指令在设备端或者靠近设备端得到可靠验证，同时不同的参与方如何根据流程预定义的访问控制规则获取设备端的数据。以上所有需求均需要对设备端在 IoT 层面上进行统一的身份管理。通过 IoT 身份管理赋予每个 IoT 设备唯一的网络可识别身份，并基于此进一步在供应链运营框架内管理设备端与使用方、拥有方和租赁方等之间的关联关系，从而使得设备端与交互方能双向验证对方身份和访问控制权限，以保证供应链运营过程中端设备数据流可信安全地从感知层流向流程层，而设备指令流可信安全地从流程层流向感知层。此处，设备数据流和指令流的可信性主要指接收端能够通过身份机制验证数据和指令的真实性，也即未被窜改。而设备数据流和指令流的安全性则主要指数据与指令传输过程中通过加密等数据隐私保护技术保证数据传输过程中不被未授权的第三方截获并破解。当前对于设备端的数据预处理主要通过边缘计算技术得以实现，而对于设备端隐私保护和可靠身份管理的主要研究方向集中于嵌入式硬件安全模块（HSM）。其主要思想是通过为传感器等设备物理嵌入带有不可获取私钥且私钥唯一的加解密和签名硬件模块，从而唯一标识其身份，并通过该模块对其所输出的数据按需进行加密和签名。

6.3.2　智慧供应链中的 AI 技术

在供应链运营中，如果说 IoT 技术为感知层提供了可量化、可采集的直接数据源，那么 AI 技术则为供应链运营中感知层数据的采集赋予智能。当前其在感知层主要用于以下四个方面。

首先是从传感器采集的数据中转换获取所需信息，例如物流运载车辆的 IoT 传感器所采集的视频图像通过 AI 图像识别技术能够识别车辆驾驶人员的身份信息；又比如产品通过安全检测后，检测人员通过语音进行确认并由 AI 语音识别系统核实后为产品信息加上检测人员的电子签名，然后写入数据库。

其次是对传感器数据进行实时监控分析，例如钢材成品可能存在内部气泡，也就是缺陷，而超声波探伤技术是探测钢材内部气泡的有效途径之一，通过分析超声波穿透钢材成品过程中震动传感器所返回的震动图像的形态，AI 能够对潜在存在缺陷的钢材成品实时报警并提高质检效率。

再次是 AI 技术还能够在感知层实现人机交互并收集交互信息，例如在驾驶过程中车辆驾驶人员可实时通过语音识别系统与 AI 交互了解冷链运输的实时温度和湿度。

最后是 AI 能够将物理世界中的资产实体与数字化之后存于参与方的信息进行自动识别和映射，从而实现由感知层的反馈触发，由模式层和流程层发起的对物理世界资产在参与方账本中的数字投影的更新。例如在货品运输过程中，货运车辆入库可通过 AI 图像识别技术利用车辆图像识别车辆唯一 ID（例如车牌号），并由流程层触发对货运车辆入库后的一系列的货品验收等流程环节。这些图像、视频、音频的识别分析，根据其响应时间的要求，往往会在边缘测进行实时计算，而对于大量的数据训练的建模往往会依赖云计算来进行。

6.3.3 智慧供应链中的边缘计算技术

边缘计算是指在靠近物或数据源的一侧，采用网络、计算、存储、应用核心能力为一体的开放平台，就近提供最近端服务。其应用程序在边缘侧发起，通过产生更快的网络服务响应，满足行业在实时业务、应用智能、安全与隐私保护等方面的基本需求。具体到供应链运营的融合式 ABCD 架构中，边缘计算技术主要用于衔接感知层和数据层之间的数据预处理环节，在数据预处理执行、数据处理程序的安全部署与更新以及数据在设备端可靠共享方面发挥核心作用。

在数据预处理执行方面，通常数据层所需的是从原始数据提炼抽象之后的数据特征，例如数据层需要对多个传感器数据每 5 分钟的平均值进行数据相关性分析。若直接将传感器数据传输到云端并对数据层进行计算将导致浪费网络带宽和过大的延时，而供应链中的设备传感器（例如运输车的车载温度和湿度传感器）通常是通过将数据先收集到车载数据网关设备，再经由具有较大数据存储和计算能力的网关设备将数据发送至云端数据层的。因此通过在靠近设备端的本地网关设备上运行可定制化的边缘计算处理程序，通过其对设备数据进行特定分析场景所需的预处理并将处理后的数据特征或摘要上传至数据层，将能够大大降低数据层的计算负载。

同时，靠近供应链运营所涉及的设备端的网关通过采用边缘计算技术能够实现感知层与数据层之间的数据预处理，根据流程层对数据需求的变化动态地接收来自上层的数据预处理程序在设备网关端的自动化部署与更新，从而简化了数据层和感知层对模式层和流程层数据模型更新的响应，增强了数据层数据处理的灵活性。此外，通过为设备网关配置前述身份管理模块，将能实现基于身份识别的访问控制，从而安全地管理边缘计算程序在设备网关的部署与更新，设备网关端也能够通过身份管理模块验证边缘计算程序部署请求者的身份合法性。

再者，边缘计算也可实现多方安全的数据共享。参与方通过设备拥有方的授权即可访问已部署于该设备网关上的指定边缘计算服务。该过程能够支持双向验证，即设备端可验证参与方的授权签名的合法性，并在验证通过后向参与方推送指定的边缘计算结果并对计算结果签名；参与方接收计算结果并验证设备网关的签名以确定数据的真实性。该方法的优势在于降低了数据共享的信任成本。

具体而言，设备数据使用方无须也无法获取设备原始数据，而是通过授权访问指定边缘计算服务获取数据处理结果，从而降低了设备拥有方数据隐私泄露的风险；同时又通过在设备侧引入基于身份识别模块的验证机制使数据使用方可验证所接收到数据的真实性。

6.3.4 智慧供应链中的云计算技术

前述 IoT 技术以及边缘计算技术在功能上主要着眼于设备端的数据采集和数据预处理，然而供应链运营的决策所需的数据通常不是单个传感器设备所能提供的，而可能需要对整个供应链运营所涉及的大量设备的数据进行密集型的数据聚集、数据融合和特征提取；也可能需要对大量设备端的数据进行迭代式的数据模型训练。而这些场景非常适合采用云计算技术以发挥其在并行性和可伸缩性方面的优势。具体而言，在融合式 ABCD 框架下，对于历史业务交易数据分析而言，采用云计算服务可以加速从历史交易的金融数据中提炼特征并构建金融模型，从而为供应链金融的风险控制和供应链优化等分析需求构建价值模型。例如，对供应链上下游企业的历史货款应收应付的逾期情况和交易金额等敏感数据进行风控建模的过程。对主要由供应链设备端产生的大量操作数据而言，通过云计算和大数据分析设备端数据能够帮助供应链上下游企业从微观传感器数据提取供应链全局特征，并以全局的视角构建供应链优化模型，优化企业在供应链中的原料配置、产能安排以及交付日程等重要生产活动。此外，云端能够分析企业管辖范围内的设备端数据，例如，通过大型机床的生产和检修时间段以及设备温度传感器与故障率之间的关联等因素评估企业当前的最大月产能；通过各物流供应商的历史出车和故障率以及当前运载负荷等因素评估供应商当前可用运力等。

在云计算应用于供应链运营的过程中，需要特别注意云计算如何安全地运用在数据层之上。其原因在于，数据层所包含的信息分布于供应链所涉及的各参与方，而如何在各参与方之间可信地共享设备数据是云计算能够用于供应链运营分析场景下的前提。一种可行的思路是各参与方通过边缘计算服务以信息可控的方式向云计算任务提供所需的输入数据，从而保证云计算所涉及的所有输入数据均具有各参与方的访问授权；另一种更加先进的方案是同态加密技术，在数据传输到云计算服务之前，各参与方对传输数据进行同态加密，保障数据对其他参与方不可见性的同时，仍然保持数据在云计算环境内的可计算性，该方案适用于对涉及多参与方的高度敏感的海量数据进行数据抽象。

6.3.5　供应链运营中的区块链技术

狭义上讲，区块链是一种按照时间顺序将数据区块以顺序相连的方式组合成的链式数据结构，同时也是以密码学方式保证难以窜改不可伪造的分布式账本。广义上讲，区块链技术是利用块链式数据结构来验证与存储数据，利用分布式节点共识算法来协调智能合约的执行和生成更新数据，利用密码学的方式保证数据传输和访问安全，利用由自动化脚本代码组成的智能合约来编程和操作数据的一种全新的分布式基础架构与计算范式。

区块链有两种常见形态——公有链和联盟链。其最大区别在于身份和权限管理。在公有链上，任何节点成员都可以入链并获得相同的操作权限；在联盟链上则需要专门机构审核许可，发放证书，不同身份的节点具有不同的操作权限。公有链一般适用于对权限、身份管理要求较为宽松的场景；而联盟链可以根据业务场景设计出不同的网络拓扑架构，实现完善可靠的权限管理，满足更加多样的需求。考虑到供应链网络应用的自身特点，一般来说，有权限身份管理的联盟链技术更加适合供应链网络中的各种应用。具体而言，联盟链技术主要由共享账本、智能合约、机器共识以及权限隐私四大类技术构成。

（1）共享账本

共享账本以链式结构存储了交易历史以及交易以后的资产状态。每一个区块的哈希将作为下一个区块的数据头，如此一个一个地串联在一起。由于各个有存储账本权限的节点和相关方有相同的账本数据，于是通过哈希校验可以很方便地使得账本数据难以窜改。账本中存储了交易的历史，且这些交易都是由交易发起方签名的，经一定的背书策略验证过，并经过共识以后写入到账本中。

（2）智能合约

智能合约描述了多方协作中的交易规则和交易流程。这些规则和流程将会以代码的形式部署在相关的参与方的背书节点中。智能合约将由一个内外部事件来驱动执行。

（3）机器共识

机器共识指的是在分布式网络中，各个相关节点按照同样的顺序来执行所接收到的交易。这些交易都会通过智能合约所代表的逻辑来执行，最终保障各个账本中所记录的交易记录和交易结果一致。

（4）权限隐私

所有加入区块链网络的人、机、物、机构都经过授权得以加入联盟区块链网络。权限隐私保障共享账本的适当可见性，使得只有一定权限的人才可以读写账本、执行交易和查看交易历史。同时保证交易的真实可验证性，保证交易的可溯源性，保证交易的不可抵赖性，保证交易的不可污蔑性。

从商业角度看，区块链可以帮助供应链网络更方便地管理共享的流程规则和数据，如图 6－4 所示。基于这样的一个模型，可以使得供应链网络中的各个参与主体之间更好地进行共享、互信以及价值交换。从法律角度来看，其交易可溯源、难以窜改、不可抵赖、不可伪造的特性，能使人、企业、物彼此之间因“连接”而信任，这将带来前所未有的组织形态和商业模式。当监管部门以联盟节点的身份获得审阅权限模式介入的时候，由于联盟内相关节点的可见性，监管部门可以非常方便地实施柔性监管。通过将区块链技术介入到供应链网络，可以形成核心企业内（从设计到生产，到销售，到服务，到回收的上下游的数据共享价值链）、核心企业间（基于生产、运营、维护和经验分享的价值链）的互信共享和价值交换，通过各类相关的数据可信共享来全面提高企业在网络化生产时代的设计、生产、服务和销售水平。

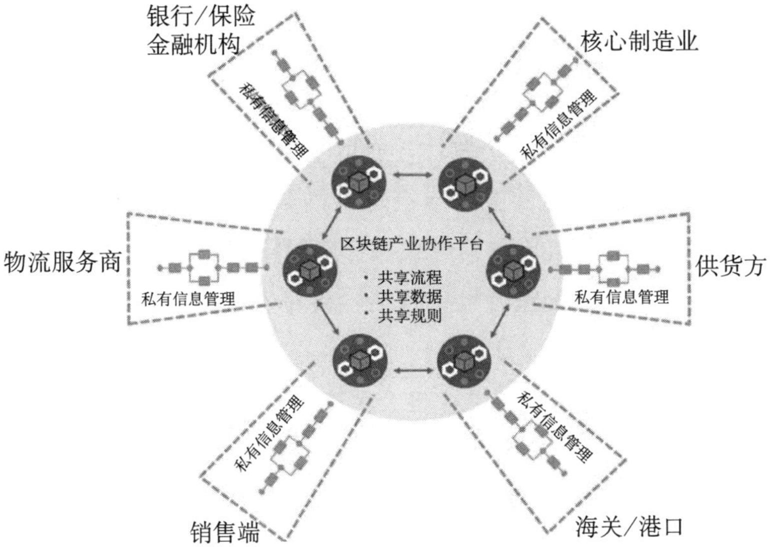

图 6-4　区块链+供应链双链商业网络

区块链技术在供应链运营框架下主要运用于流程层，如前所述，流程层连接了数据层和模式层，主要目标是利用区块链技术等实现供应链单证、票据、凭证等电子化流转。供应链运营过程涉及多个参与方，而供应链上下游参与方之间的资产、物权货权关系的变更以及资金的流动过程中的中间可追溯状态，是由大量参与方信用背书的票据、单据等凭证来进行记录的。传统票据管理和记录模式管理方式存在以下两大挑战。其一是如何对贸易的真实性进行多方验证；其二是如何对贸易过程中所产生的票据等数据记录进行追溯并可信地共享。对以上两个问题，一种行之有效的方案是通过在参与方之间共享不可窜改的一致性的贸易规则流程，以保证流程执行状态以及所产生的电子票据等记录在多方账本上的一致性、可追溯性和可验证性。这就需要在供应链运营的多个参与方之间建立分布式可信的账本来记录流程的所有中间环节以及其所涉及的电子票据，以保证从电子票据到流程执行状态的可追溯和多方可验证性。可信票据共享，以及基于票据的融资的核心是票据所对应的贸易真实性。因此，电子票据的可信共享不仅需要可信地共享票据本身，也需同时共享该票据所关联的一系列流程的执行状态。通过这些流程以及相关状态的可追溯和多方可验证性，来确保交易的真实性。此外，通过一致的智能合约来刻画流程执行的各个环节并由参与方各自执行智能合约，并在对合约执行结果达成共识后写入各自账本以保证流程执行状态的一致性。而区块链正是实现上述过程的一种切实可行的解决方案，通过建立供应链运营网络，各参与方以密码学可验证的身份加入网络并以智能合约的方式执行流程各环节，并对流程环节中所产生的票据进行密码学签名后，经一致性检验写入各自时序不可窜改的账本，以保证之后的流程环节可验证、密码学签名的合法性以及流程执行与其所产生票据之间可追溯的因果关系。这将大大降低各参与方之间由验证票据所带来的信任成本，提高流程层的流程执行的总体效率，加速价值流通。

6.4　融合式 ABCD 与智慧供应链金融

AI、IoT、大数据、云计算、区块链等融合式 ABCD 的发展，使得供应链运营更加高效、透明，从而为大范围开展供应链金融服务打下了坚实基础。这是因为一旦供应链实现了智慧化，不仅能够及时、有效地反映供应链竞争力和运营的真实状态，而且使得供应链中的每件资产、每个参与主体的状态和信用能够得到实时的管理和反映，从而极大降低了由于信息不对称而产生的金融借贷违约。同时融合式 ABCD 所发挥出来的信息数据发现、挖掘和传递功能直接为相应的供应链金融产品提供了相对完善的管理环境，不仅能够降低金融服务中的风险，而且挖掘了潜在的金融服务机会。这种风险管理和机会发现的典型应用场景涵盖了供应链金融服务的全周期(见图 6-5)。事实上，不同的 ICT 能够支持全流程的供应链金融服务，或者说在供应链金融的不同作业阶段，需要运用差别化的 ICT，以支持相应的服务和决策。

具体来讲，根据 ICT 运用的目的以及与供应链金融活动的结合方式看，融合式 ABCD 支持供应链金融的场景可以分为大数据先进分析，智能监控、管理以及电子凭证、智能合约三种状态。

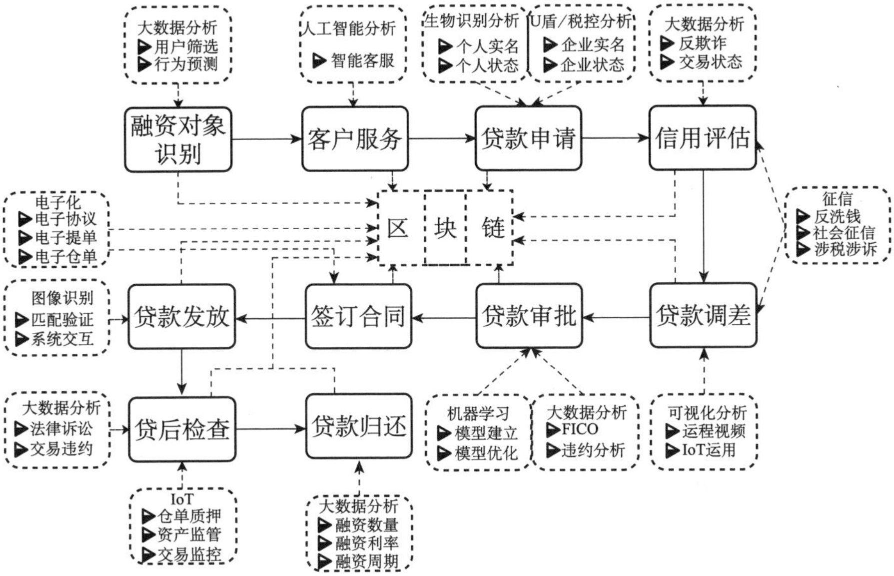

图 6－5　融合式 ABCD 服务供应链金融全周期示意图

6.4.1　大数据先进分析与智慧供应链金融

在当今由数据驱动的世界，大数据先进分析能帮助企业更快更好地进行经营管理，同时也能使金融机构更好地决策运营资金借贷，推动供应链金融服务。IndustryARC（2018）的研究指出，大数据先进分析将是供应链领域最为重要的应用场景，预计 2023 年全球数据分析市场规模将达到 960.6 亿美元，复合增长率将达到 27%。Waller 和 Fawcett（2013）也指出，数据科学、预测性分析和大数据将会改变供应链的设计和管理方式。供应链中的大数据主要包括以下四种类型：第一，结构数据：主要包括交易数据和时间段数据。现在的大数据分析大多以这一类数据为主，但受其结构化数据形式的限制，虽然对于预测式分析也能够起到一定作用，但仍需要加入更多的非结构数据、传感器数据、新类型数据，才能提高现有数据的应用价值。第二，非结构数据：主要包括库存数据、社会化数据、渠道数据以及客户服务数据。这类数据目前按照传统信息系统中的数据显示为结构数据，多用来通过历史数据进行分析和预测，但是预测和分析的结果准确度比较差，需要引入更多非结构化库存数据进行分析以增加准确性。第三，传感器数据：主要包括 RFID 数据、温度数据、QR 码以及位置数据。这类数据的量目前增加较快，随着 IoT 技术的发展将形成新的产业，构建新的物流供应链，这类数据能为供应链金融带来巨大商机。第四，新类型数据：主要包括地图数据、视频数据、影像数据以及声音数据等，目前更多用于数据可视化领域。这部分数据使大数据的质量进一步提高，使数据的实时性更强，也使得数据分析的精准度提高。

（1）供应链金融决策中的数据数字质量

能够借助于融合式 ABCD 获取数据支持供应链金融决策的一个重要的前提是数据数字的质量很高，否则不仅不能有效地推动供应链金融活动，反而可能会增大资金借贷中的风险。有研究显示，数据质量存在问题会导致企业有形或是无形的损失，数据是否可用，在很大程度上是由其质量决定的（Batini，Rula，Scannapieco & Viscusi，2015）。事实上，企业进行大数据分析支撑决策所依据的数据往往存在较多错误，因此在进行大数据分析的时候需要强调数据的质量问题（Hazen，Boone，Ezell & Jones-Farmer，2014）。

虽然现在学术上对于什么是高质量的数据还没有一个统一的认识，但是大家一致赞同对于数据质量的评价应该有多个维度（Ballou & Pazer，1985；Wang & Strong，1996；Cai & Zhu，2015）。Wang 和 Strong（1996）以及 Y. W. Lee、Strong、Kahn 和 Wang（2002）都认为数据质量的评价应包括两个部分：数据内在的（intrinsic）要求和情境的（contextual）要求。内在的要求是指数据本身所具有的客观属性，主要包括数据的准确性、及时性、一致性和完整性。情境的要求是指数据的质量依赖于数据被观察到和使用的情境，包括关联性（relevancy）、价值增加性（value-added）、总量（quantity）（Wang & Strong，1996）、可信度（believability）、可及性（accessibility）、数据的声誉（reputation of the data）（Y. W. Lee et al.，2002；Madnick，Wang，Lee & Zhu，2009）。由于依据低质量的数据进行分析后所做出的决策会给企业造成不小的损失，因此，依赖于大数据做出决策的供应链管理者应当像对产出产品的质量一样重视供应链产出的数据的质量（Hazen et al.，2014)。Hazen等（2014）根据数据的内在的质量评价在供应链中的表现进行了举例说明（见表6-1），提出应该对数据进行TQM。

表6-1　数据质量评价在供应链中的举例

数据质量的评价维度	描述	供应链运用举例
准确性	数据是否有误报?	在顾客关系管理系统中，已存在的顾客收货地址应该和顾客最近发出的订单上的地址一致
及时性	数据是及时进行更新的吗?	每个零售地点的存货水平都能准确及时地反映在库存管理系统中
一致性	数据是以相同的格式呈现的吗?	所有要求的交货日期都以DD/MM/YY的格式呈现
完整性	需要的数据是否是完整的?	顾客的收货地址应包括能够完成货物运输的所有信息（例如，姓名、街道地址、城市、国家和邮编）

资料来源：HAZEN B T，et al.，2014. Data quality for data science predictive analytics and big data in supply chain management：an introduction to the problem and suggestions for research and applications. International journal of production economics，154：72-80.

（2）大数据先进分析推动的智慧供应链金融

供应链金融是一种集物流、商流、信息流以及资金流为一体的管理行为和过程，其运作过程将卖方、买方、第三方物流以及金融机构紧密连成一体，具有将供应链中的资金盘活，用资金拉动供应链运作的作用（宋华，2014)。既然供应链金融将供应链运作中的四流集为一体，完成全链条式的闭合运作，那么大数据先进分析对供应链金融的健康运作的影响就更为深远。基于融合式ABCD所实现的高质量大数据先进分析对于有效开展金融活动提供了完整的解决方案，相婷婷（2013）就指出，供应链金融通过引入大数据技术，利用成熟互联网和IT构建平台以连接供应链金融运作中的各个参与者，可以加强整个链条与第三方物流企业和金融机构之间的互动、协同，并使整个交易更加可视化。此外还可以将相关各方经营活动中产生的物流、商流、资金流和信息流归结并进行整合，针对不同供应链的特点提供不同的在线融资、结算以及投资理财等综合的金融和增值服务（Zhao，Yeung，Huang & Song，2015)。

具体来讲，以大数据先进分析为支撑的智慧供应链金融的运行特点是通过获取分析高质量的数据数字，能够对供应链网络中各参与者的主体信用、交易信用进行全方位的刻画，同时能够有效分析和发现贷后资金去向，为金融机构高效锚定目标客户、加快贷款审批，提供相适应的金融服务产品，同时为控制风险提供必要的数字化支撑。显然，要实现这一目标，就需要大数据分析具备如下能力：一是全量反映。全量的含义是全维度供应链关系分析，不局限于单个供应链。通常在任何一个供应链网络中，企业有多个下游客户和多个供应商。而在传统的供应链金融模式下，只能核实与核心企业的交易，这种交易关系存在单一性，不易于反映供应链的整体交易关系和信用。因此，在新模式中，需要通过大数据先进分析对供应链交易特征开展全量聚合评估。二是闭环。指基于大数据先进分析的风险评估覆盖贷前审查、贷中审批以及贷后监控，实现全流程风险管理。三是触达。即中小企业能够通过便捷的入口发起申请，进行审批过程，结果反馈要简洁高效。

6.4.2 智能监控、管理与智慧供应链金融

供应链金融业务产品中有很多涉及实物资产，最为典型的是存货或库存融资。库存融资与应收账款融资在西方统称为 ARIF（accounts receivable and inventory financing)，是以资产控制为基础的商业贷款的基础。存货与金融的结合历史悠久，甚至可以追溯到公元前 2400 年美索不达米亚地区出现的谷物仓单，以及英国最早出现的流通纸币（这种纸币是一种可兑付的银矿仓单）（陈祥锋，朱道立，2005)。到了 19 世纪，随着仓储行业的发展与成熟，物流企业（实际上绝大多数都是仓储企业）开始以第三方身份参与存货质押业务，从根本上改变了传统质押业务中银行与借款企业的两方关系。到了 20 世纪中后期，不仅质押货物的范围得到了拓展，更为关键的是在物流企业的参与下，原有的静态质押转变为动态质押，从而能有效地支持企业运作，之后基于库存的融资成为供应链金融的一类重要形态（Buzacott & Zhang，2004；Hofmann，2009)。然而，存货或库存融资面临着的巨大风险之一就是存货或库存的管理，也就是要保证实物资产的真实

存在，这种真实存在不仅指的是能够对货物实现全程无缝式的跟踪与管理，实时了解资产货物的位置、物流状态、作业计划，连续实时监控和采集各项环境参数和状态数据，而且能够做到实物资产与凭证单据的唯一对应与多模共识，与交易流、物流和资金流形成完全的映射关系，保障客户交易管理与资产的真实可信，确保供应链业务背景与数据真实。

融合式 ABCD 通过实时获取供应链现实场景中的资产信息以及环境状态，允许管理者在任何时间、任何地点控制与追踪交易和资产的状态，使得上述目标能够得以实现。具体来看，通过 IoT、AI 给动产赋能，让动产可以自治自发地带动供应链业务链条的流转，同时通过线下进行多模共识校验确保线下作业执行的真实性。供应链的每个作业环节就是所执行的智能合约执行结果的电子凭证和数据构成的不可窜改的账本。融合式 ABCD 构成了供应链资产与业务管理的整体监控管理解决方案，其中场景化的多模共识校验、智能合约线下执行的确认、凭证与账本记录这三个环节是技术落地的核心。

基于三个关键技术环节，实现了供应链金融的有效开发和应用（见图 6 -6）。线下感知技术确认了供应链的业务背景真实性，保障了数据源头的可信与真实，同时通过加密数据存储和访问授权与审计，在确保供应链信息透明的情况下，也能保障企业的关键数据不会泄露给供应链环节上的非授权方。供应链金融服务平台对供应链全流程进行贸易刻画，按需获取数据授权，实现信息闭环，同时监控资金流向，实现资金闭环，并提供创新金融服务产品给客户。与此同时，技术服务平台可以对接其他金融服务平台或应用软件系统，比如给交易所系统的债券融资计划和信息披露提供底层资产穿透管理支持，给金融机构系统的保理/反向保理和虚拟账户提供真实可信的贸易背景支持，并支持供应链金融的资产证券化。企业将需要融资的资产上挂平台，发布融资需求，金融机构在平台上对意向资产进行选择，双向选择完成后在平台完成交易。平台可与非银行金融机构连通，极大丰富企业对外融资渠道。供应链从购销信息发布、物流资产实时监控、单据流转跟踪到即时结算的全链条相关信息均通过标准电子凭证记录在区块链上，并由系统智能合约自动处理执行。线下作业执行与校验、区块链上数据的不可窜改和可溯源、业务数据在企业端加密后全程使用区块链存储和传递，解决了信息闭环和信任问题；智能合约保证交易自动化强制执行，贸易回款直接划转至金融机构，解决了信贷资金闭环和金融风险问题。

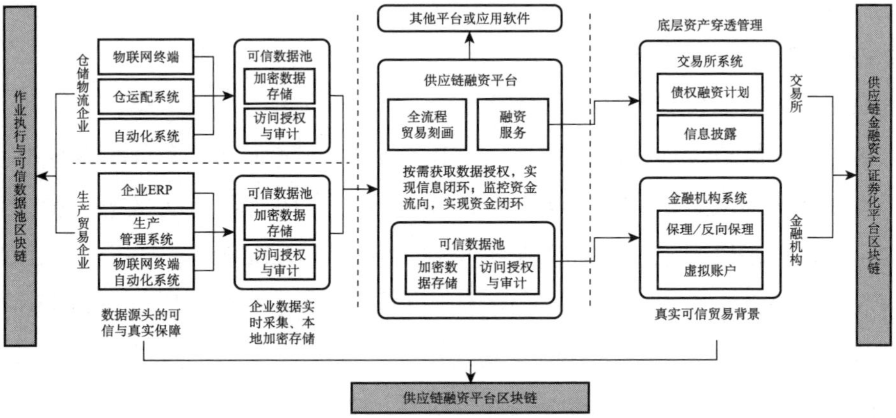

图 6-6　智能监控管理基础上的智慧供应链金融

6.4.3　电子凭证、智能合约与智慧供应链金融

供应链金融是银行、平台、物流公司等多方参与、多角色参与的财富管理与信用创造的过程，每一个角色的行为在融资全部过程中都以法律为行为边界，需要对每一个角色的“责、权、利”做出明确的界定，也需要记录每一个角色的行为轨迹以作为日后产生争议的证据。依法办事、按合同约定执行和及时存证，是供应链金融合规和风险防范的基本策略。金融服务借助于独特的供应链结构并结合存货质押，构建比传统信贷更为复杂的、多样化的资产交易场景，使信用的构造更为精密与立体化。特别是在主体信用存在风险时，供应链金融就需要为互不信任节点之间的资产交易行为确立资产的形成过程及其交易历史，以此来验证该项资产的真实性、合法性。要实现上述目标，就需要解决两个很重要的问题：一是交易资产

或活动标准的电子凭证化；二是智能分布式记账以及智能合约的实现。

（1）电子凭证与智慧供应链金融

供应链金融涉及众多的主体，要想保证交易在多主体之间达成共识，形成对供应链金融中交易资产和活动的唯一对应，首先需要解决的问题便是交易资产和活动的标准电子凭证，这是形成一致认同的基础。这包括如何将供应链运营中的交易单证、仓单、提单转化为标准化的电子凭证。这里有三层递进的要素：一是供应链运营的对象，诸如交易活动、资产、动产等；二是凭证，即按照商业管理和规定的要素所形成的交易、资产保障的合约形式；三是电子化，即将合约通过电子化的形式实现众多主体协同、安全管理，从而产生高效流转的管理环境。

以电子仓单为例，仓单对应的是供应链运营中入库的资产或产品，是以实物形态表现的物体。而仓单则是将上述物体以大家公认的形式形成具有法律效力的合约。根据国家标准《仓单要素与格式规范》（GB/T30332—2013）的定义，仓单是“仓储保管人在与存货人签订仓储保管合同的基础上，按照行业惯例，以表面审查、外观查验为一般原则，对存货人交付的仓储物品进行验收之后出具的权利凭证”。从仓单的要素来看，仓单需要记载必备的要素才能具有法律意义上的有效性。根据《中华人民共和国合同法》第三百八十六条的规定，仓单应含有以下八项内容：存货人的名称或者姓名和住所；仓储物的品种、数量、质量、包装、件数和标记；仓储物的损耗标准；储存场所；储存期间；仓储费；仓储物已经办理保险的，其保险金额、期间以及保险人的名称；填发人、填发地和填发日期。最高人民法院颁布的《关于审理仓储合同纠纷案件适用法律问题的解释》，其中第 5 项规定，欠缺绝对必要记载事项的仓单是无效仓单，绝对必要记载事项包括存货人姓名、仓储物的品种、数量、存储场所、仓单出具人。这种要素凭证特点使得仓单成为无因凭证，即仅凭仓单即可行使物权，不需要其他原因和证据。显然，仓单服务不单是有仓库就能做起来的，还需要配套高水准的作业流程、高素质的作业人员和可靠的风险管理手段。动产与仓单的区别见表 6－2（杨沁河，2019）。

表 6-2　　动产与仓单的区别

序号	要素	动产	仓单
1	流通方式	实物形式的转让、抵押、质押	背书形式的转让、质押
2	转移占有方式	交付	交付或背书并交付
3	定价机制	货物的地点、交付方式、验收方式、交易单位规模个性化，导致无法进行标准化定价，必须每单议价，难以形成公允价格	仓单要素具备货物的地点、交付方式、验收方式，交易单位规模按照行业标准或惯例形成，具备根据付款方式和批发规模实行标准化公允定价的全部条件，这导致仓单签发地点容易成为定价中心
4	流通效率	交易双方就付款和交付的先后、交付地点、验收方式、交付程序进行博弈谈判，每一次流通需要实施一次谈判和交付，一单货物从生产者到最终的消费者要经过多次不同交收地的交付，原始、低效、高风险	仓单的存货地点、验收方法、兑付机构都是交易各方认可通用的，可实现一手交单一手交支票（或信用证）付款，同一仓单仅仅书面背书即可实现多次快速交付换手，效率数倍于动产流通
5	流通成本	每次流通需要验收交付一次，耗费人力物力，同时造成耗损	仅需对仓单进行核实，一次交付，多次背书流通
6	信用基础	卖方信用＋买方信用（或附加独立仓储机构信用）	独立第三方仓储机构信用
7	国际化	依赖商品本身的国际标准建设和应用情况，各商品差异较大	中国和欧美国家、欧洲国家的亚非拉前殖民地国家都有仓单法律基础和商务惯例，仓单业务水平不一

除了将动产转化为具有法律效力的标准仓单，另一个重要的变化是电子化。这是因为纸质仓单存在伪造、变造、验证等不容易被克服的难点，流转上依旧不够快捷；依托技术发展和法律的支撑，纸质仓单实现了电子化，可线上生成、存储和传递。最为重要的是，由于仓单的底层商业制度和立法司法基础，电子仓单的签发方合法占有了货物，可以轻松支持电子仓单的持有人兑付实物财产，并且可得到各国的司法和商业保障，充分实现商品的线上交付。纸质仓单与电子仓单的区别见表 6-3（杨沁河，2019）。

表 6-3　　　　纸质仓单与电子仓单区别

序号	要素	纸质仓单	电子仓单
1	媒体	纸	电子介质
2	转移占有方式	交付或背书并交付	背书并转移控制、公示/登记
3	存储方式	传统方式通常是由专人保管，存储在特定部门或人员管理的保险柜或上锁的柜子内	存储在电子介质，需要账号密码或者数字证书登录取得控制管理权
4	验证方式	通过仓单上的印章、签字与仓库当面或电话传真来核实验证	通过电子仓单上的数字签名和时间戳来验证
5	内部流程	内部流程耗时较长，人工清点计量、多次传递、多次汇总计算、人为出错的概率较高，对现场值班人员能力、道德水平依赖程度较高，作弊的条件多，审核复杂，成本高	可事先设置好权限，缩短网上审核时间，同时增加物联网自动读取清点和计量、技术校验等，对现场值班人员能力、道德水平依赖较低，出错作弊的条件、可能性大幅降低
6	传通	传递慢，人为变造的机会大，核实成本大，没有有效的核实方法、较为依赖肉眼和经验	通过加密网络传递，大大缩短传递时间，同时已生成的仓单不可变更，人为变造容易发现，核实依靠密码非常可靠便利
7	信用来源	依靠仓库长期自身积累	仓库自身信用＋独立第三方认证机构和专业商业保险
8	证据来源及类型	持单人提供仓单正本、仓储合同、预留传统印鉴	第三方存管、认证机构提供线上存证，包括身份信息、操作信息、视频信息、仓单信息、数字证书信息等，预留法人电子证书和授权人员电子证书
9	法律基础	中国合同法、物权法、担保法（部分国家有仓单法或动产担保法，统一商法）	电子签名法、合同法、物权法、担保法、联合国电子记录示范法

供应链交易活动和资产一旦实现了标准电子凭证化，就大大促进了供应链金融的发展，这种促进作用不仅表现为实施供应链交易和动产融资的成本下降、效率提升，而且更是实现了供应链金融活动的透明和安全。例如标准电子仓单的发展促使供应链金融产品从传统的动产质押转向了标准仓单质押，而这种转变使得质押物、生效要件、公示、特定化、操作流程、

流通性、权责关系、善意对抗、违约处置以及服务条件和水平都发生了较大改变（见表6-4）。由此可以看出，电子凭证是实现智慧供应链金融的基础设施，它促进了交易对象的标准化以及供应链多主体、多地区之间的流转和认同，强化了对交易活动和资产的统一、及时有效的管理。

表6-4　动产质押与电子仓单质押的区别

序号	要素	动产质押	电子仓单质押	说明
1	质押物	货物	电子仓单	前者质押动产，即货物；后者质押权利，即保管人在货物存入仓库后签发的仓单，仓单本身是质押物。
2	生效要件	转移占有	背书交付	前者是将货物交付给质权人（银行等）占有，由于多数质权人不具备直接保管货物的能力，需要委托第三方监管公司代为占有，因此专门担保占有实物的设施和成本较高。有效占有的证据没有简单统一的标志，需要多种证据，例如进销存所有证据，方可证明有效占有，这个给质权方举证带来较大的困难和成本，质权方经常由于证据不全，被法院认定质权未能生效。后者是将货物的提货权利背书转让给质权人，使电子仓单处于质权人的控制之下，由于仓单的交付占有最为便捷，因此成为生效最简单、成本最低的模式。
3	公示	转移占有	交付附加登记	前者以转移占有的方式对外公示，但因多为委托第三方监管公司代为占有，其公示效果实际上弱化了；仅仅可以原则性公示，难以进行特定公示导致作用很弱。后者在电子仓单背书后处于质权人的控制之下，同时质权人如有需要，还可在中登网或其他物权人共享的平台进行准确特定化登记。
4	特定化	不能或困难	能且简易	前者多数是动态质押和浮动抵押。动态核定库存，难以明确某一时点具体货物与权属人的对应关系。相应地，不能或难以特定化导致动产质押登记实质难以列明公示物品，导致公示作用大幅度降低。后者仓单详细记载货物规格、品牌数量、库位等要素，仓单实行清晰编号管理，即使动态质押也能保证逐单对应货物，逐单对应持单人权属。

续前表

序号	要素	动产质押	电子仓单质押	说明
5	操作流程	烦琐	简便	前者一笔业务需要涉及查复通知书、监管物价格核定/调整通知书、最低下限通知书、提货通知书，输出监管方式还需同意转租函、四本三张两表一图、进出仓记录本等一系列文本资料，再经三方确认盖章后由人工送单往来。动产质押下，一方面流程多而烦琐，另一方面容易出错。后者是权利质押，质权人无须过多参与仓单项下货物的保管等细节流程，仓储企业作为保管单位，履行见单即付的责任。期间仓单数据的变化及背书通过配套的仓单系统即可完成所有指令的归集和执行。
6	流通性	慢、成本高	快速、成本低	前者实物交付，在物转方面，需要逐次验货交付，每一次交易都需要承担验货、点交、搬运、出入库等成本。后者是单据流转，实施标准化、电子化后，经过认证承保，即可成为优质物权凭证资产，一次验收制作仓单后，可以多次快捷背书流通，交易成本远远低于实物交易、交易速度十倍以上于实物交易。
7	权责关系	复杂	清晰简单	前者质押监管协议个性化约定，隐性条款时常侵害或不能保障质权人的合法权益，或使得质权人物权不能得到实质性控制或占有，服务方式也是非标准化约定。后者在法律上有清晰明确的权责，由于仓单属于无因票据，仓单服务方与仓单持有人之间是见单兑付，如果票面货物合乎记载规格，双方保质保量履行交付等仓储合同权责、附加仓单国标条款后，就可以完全标准化地确定服务标准和法律权责。
8	善意对抗	弱	强	前者由于出质人将实物交付给质权人，而质权人又不能直接占有保管货物，以及货物进出的不特定化，导致质权人对货物的控制能力极弱，从而暴露风险，当遇到第三人纠纷，时常因无法举证特定质权关系或有权利瑕疵而得不到司法保障和优先受偿。后者详细记载仓单项下货物信息要素，经过背书确权，设立便捷质押公示和仓单状态查询通道，能够对抗一般债权和未经登记或登记在后的抵押权。附加持续仓单征信和所有权隔离或仓单持有等操作，能够进一步强化质权人或持有人权益。

续前表

序号	要素	动产质押	电子仓单质押	说明
9	违约处置	法院诉讼仲裁等	商业变现优先	前者在客户违约之后一般通过法院诉讼解决，程序漫长且各项不确定性风险或积聚或爆发，严重侵害质权人实际利益，动产质押名义上也不禁止协商变现，但是由于质权人往往没有实质性控制，导致出质人强势，难以实施协商变现。后者由于仓单资产控制与出质人隔离，担保双方通过独立仓单服务机构控制货物，便于优先采用非诉协商的方式，在客户违约之后，通过提前选定的第三方变现机构快速变现受偿。仓单流通便捷的特点有助于商业性处置。
10	服务条件和水平	较低	较高	前者适应较低的物流基础设施和较低的仓储服务水平，在第三方物流能力较弱的时候，不得已采用，因此金融行业相应承受较高的风险。后者在区域第三方公共仓储设施较为普及，设施安全性较高，在仓储公司的仓单服务能力标准化水平到位条件下方可发挥优势。

(2) 分布记账/智能合约与智慧供应链金融

为了实现网络化供应链交易的高效、公正和安全，除了电子凭证化之外，还需要一种技术能够依据参与节点的结构来布置分布式账本，数据无须单一的中心化机构来统一维护，同时多主体之间达成的协议具有不可窜改性，节点不可能按照有利于自己的原则来操控数据，最终使得资产交易与转移这类融资的核心功能在满足执行条件时由机器自动执行，避免人工执行时的延迟和道德风险，这也是区块链发挥的重要作用。具体讲，区块链所发挥的功能在促进供应链金融发展方面，产生了如下效应：

第一，可信数据与交易真实性证明。通过区块链、IoT、互联网与供应链场景的结合，从交易网络中实时或及时取得各类信息与数据。多主体数据上链后，数据的真实可信将得到进一步保障：一方面是由于区块链的技术特点，数据不可窜改、不可复制、可追溯；另一方面，可依靠多维度数据的相互印证，提升数据的有效性及可靠性，降低信息不对称所造成的流程摩擦，如采购数据与物流数据匹配、库存数据与销售数据印证、核心企业数据与下游链条数据核验等。

第二，交易确权。实现供应链上各参与方动产权利的自动确认，形成不可窜改的权利账本，解决现有权利登记、权利实现中的痛点。以应收账款权利为例，通过区块链对接核心企业 ERP 系统，可通过核心企业的系统数据实现实时的数字化确权，避免了现实中确权的延时性。

第三，智能合约。为供应链金融业务执行提供自动化的操作工具，保障在满足条件时，货物、货权、资金、债权等资产转移的自动性与强制性，以及保障合约规定的其他责任与义务的执行，解决人工操作带来的效率低成本高问题，同时解决人工操作中的阻滞（不愿意配合）和风险（无意或故意错误操作带来的损失）。

第四，信用拆解。供应链金融的目标是对中小企业融资的全面覆盖，但目前大量的二级、三级等供应商/经销商的融资需求仍然难以得到满足。比如，某汽车制造商有十几万家供应商，但一级供应商只有 100 家；下游的十几万家供应商，却很难享受到供应链金融服务。中小企业融资缺乏便利性、融资贵等问题在供应链金融中只得到部分缓解。利用通证（token，等同核心的信用背书），区块链能把核心企业的信用拆解后，将其逐级传递下去，使得信用可以穿透整个链条，覆盖到一层层的全链供应商。下游的供应商能够拿到通证，就等于证明与核心企业有合作，可以通过通证进行融资。

显然，这一技术本质上是建立一种机制，它以公开透明和不可窜改机制来抑制人性的弱点（机会主义和道德风险），形成公正、客观、可信的交易环境。它将多家协作机构共存于互相监督的场景下，使得传统模式下的私下串通行为难以发生。在公开透明的机制下，讲信用的机构会获得参与者的一致认同；连续的交易也使得交易和资产无须重复地进行真实性查验。交易行为的互相印证，将产生“信用自证”和“信用自增”，这是传统信用技术与交易模式不可能产生的信用增级现象。

6.5 基于大数据先进分析的供应链金融——菜鸟网络、微众税银

6.5.1 菜鸟网络基于先进分析的预付融资

菜鸟网络科技有限公司（以下简称“菜鸟网络”）成立于2013年5月，由阿里巴巴集团联合银泰集团、复星集团、富春集团、申通集团、圆通集团、中通集团、韵达集团等共同组建。菜鸟网络定位于做一家基于互联网思维和技术的创新型互联网科技企业，其愿景是建设一个数据驱动、社会化协同的物流及供应链平台，提供开放、共享、社会化的物流基础设施平台服务，努力实现中国范围内24小时内送货必达、全球范围内72小时送货必达的目标。成立以来，菜鸟网络以数据为核心，通过社会化协同，打通覆盖跨境、快递、仓配、末端配送的全网物流链路，提供大数据联通、数据赋能、数据基础等产品，为商家提供仓配一体解决方案、跨境无忧物流解决方案等一站式服务，使得中小商家可以专注于生产和营销运营，赋能物流行业合作伙伴提升服务水平，从而推动整个行业降本增效、转型创新。

截至2018年底，菜鸟网络联合合作伙伴构成了全国最大的物流生态体系。菜鸟网络数据系统运行着全国70%的电商包裹数据，合作伙伴包括占全国电商快递市场份额90%以上的15家快递公司，协同200万以上的快递和仓储从业人员，跨境物流服务覆盖全球224个国家和地区。2016年5月，菜鸟网络成立供应链金融事业部，专业提供物流供应链金融服务。2016年9月，供应链金融官网对外发布，为电商平台上的商家、物流合作伙伴提供完善的供应链+融资解决方案，服务产品包括存货融资、预付融资及应收保理、设备融资、车辆融资等。截至2017年3月30日，累计发放融资规模接近15亿元，为300家客户提供了融资服务。

6.5.1.1 菜鸟网络预付融资案例背景

某品牌电器厂商（以下简称“A厂商”）是一家横跨消费电器、暖通空

调、机器人及自动化系统的全球化科技集团，2016 年销售规模达千亿元级，净利润达百亿元级，是全球规模最大、品类最齐全的电器生产公司之一。由于上游原材料价格持续上涨，A 厂商决定在 2017 年 4 月 1 日上调产品出厂价格。

上海某电子商务有限公司（以下简称“B 公司”）成立于 2013 年，在天猫商城经营某品牌微波炉官方旗舰店，年销售金额达数亿元，毛利率 15%，日常存货周转天数在 20 天左右，大促（“618”“双 11”）期间由于经营需要，需大量采购囤货，导致存货周转天数超过 40 天，资金压力凸显。菜鸟供应链金融上线后，B 公司即成为第一批存货融资客户，日均融资余额近千万元。2017 年 3 月中旬，B 公司获知上游 A 厂商即将调整价格，为保障利润，需在 A 厂商提价前完成一笔 1 800 万元的采购，缺乏充足的周转资金，而传统金融机构由于信贷审批周期较长，难以满足 B 公司紧急的资金需求。

基于 A 厂商即将涨价的情况，在现有库存融资额度基本用满的前提下，如何满足 B 公司此次采购资金需求？菜鸟供应链金融部门经过充分调研和沟通，对 B 公司天猫上的经营数据进行挖掘分析，向 B 公司提供了“预付融资”，即商家基于与上游厂商签订的购销合同，向菜鸟供应链金融申请预付采购资金的短期融资。该产品的主要特点包括：

额度更高、支用更早。“预付融资”的融资额度由商家过往交易数据及整体经营情况综合评估而得，最高不超过 3 000 万元，在商家与上游厂商达成采购协议的时候即可申请放款，资金指定用于支付订单项下的货款，按日计息，随借随还。

高效便捷、线上操作。“预付融资”依托菜鸟网络的订单管理系统（BMS）及供应链金融系统（SCF），全流程线上操作，采购与融资一站完成，融资后还可继续操作商品发货预约入库等流程。

双方确认、安全可靠。厂商与商家分别以不同身份登录系统进行操作，发布商品与采购操作均需双方审核确认，确保订单的真实性、有效性及合规性，避免因某方发起虚假订单而导致的异常资金风险。

6.5.1.2 菜鸟网络预付融资实施过程

菜鸟网络“预付融资”产品的实施过程可分为四个阶段。包括：

商务谈判。A厂商系阿里巴巴集团战略伙伴，与天猫及菜鸟网络均保持良好的互动与沟通，菜鸟供应链金融业务人员正是在与A厂商的日常交流中得知其计划4月调价，而B公司苦于缺少流动资金无法于调价前完成采购。菜鸟供应链金融业务人员借机分别向A厂商及B公司推介了“预付融资”产品。方案中菜鸟网络提出A厂商仅承担发货入仓的责任，即保证在约定时间内将订单项下货物完整配送到菜鸟网络指定仓库，而不要求其提供回购等担保。各方约定3月30日为放款日，后续流程以此时点安排进度。

协议签署。由于此次合作共有四方（菜鸟供应链金融、网商银行、A厂商、B公司），所以协议条款的起草涉及了四方的法务、业务及风控团队，菜鸟供应链金融承担牵头、沟通、统筹责任，在原有标准协议文本的基础上整合各方诉求。3月29日，正式签署四方协议。

系统操作。首先，A厂商在菜鸟BMS系统发布此次采购的商品信息，并推送至网商银行进行准入审核，审核完毕后，B公司发起总金额1 800万元的采购，采购订单经A厂商确认，由网商银行做授信终审，终审额度1 200万元（不超过订单金额的70%），并实时在B公司菜鸟SCF系统界面中体现。A公司随即申请支用，随着线上签署《贷款合同》与《最高额质押合同》，在申请支用后三分钟，贷款资金即进入B公司在网商银行开立的监管账户，并即时划转到A厂商指定收款账号。同时，B公司将自付部分款项（订单金额的剩余部分）划转至A厂商账号，A厂商确认收款后，系统操作阶段结束。

发货入仓。A厂商确认收款，随即开始准备发货，此时B公司需要再次操作菜鸟BMS系统预约入仓日期，预约成功后，A厂商发出的商品即可顺利进入菜鸟网络仓库进行质押监管，后续随着B公司不断销售，产生的回款便可用作还款。

菜鸟网络预付融资产品的基本流程如图6-7所示。

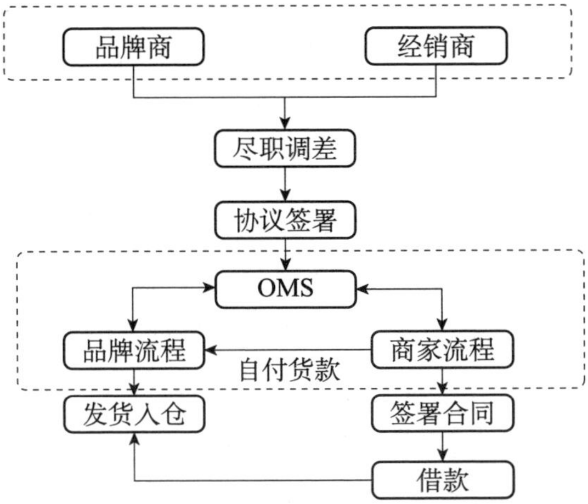

图 6－7　菜鸟网络预付融资基本流程

6.5.1.3　菜鸟网络预付融资成效

菜鸟网络预付融资帮助 B 公司成功解决了其大额采购资金需求，使得 A 厂商也提前回收了货款，提高了存货及应收账款周转效率。总的来看，其供应链金融产品的特点在于：

实现信息全链联通。依托菜鸟网络自主开发的 BMS 系统和 SCF 系统，商家与上游厂商之间原本复杂且分散的商品发布、采购下单、融资申请、结算支付、仓储配送等环节可以一站完成；融资到期后，还可对接“存货融资”，理论上融资期限可以延长至 9 个月。而且由于 BMS 系统与 SCF 系统天然的共生关系，上述所有环节均可无缝链接，数据推送即时、准确。未来，菜鸟供应链金融还计划利用阿里云强大的云计算能力，将系统中沉淀的数据予以整合、分析，形成标准化的数据产品，为商家和厂商提供战略布局、经营预测、资源分配等方面的建议。

实现上下游多方共赢。传统的预付类融资产品对核心企业即上游厂商的依赖程度很高，基本上是将商家的信用风险转移至厂商，因此需要厂商对融资进行强担保，比如回购、调剂销售等。由于厂商承担较大风险，此类条件往往难以大规模推广。菜鸟供应链金融提供的预付融资，以菜鸟网络强大可控的仓储监管能力为基础，凭借对阿里巴巴电商平台上销售数据的实时监测，可以有效控制和处置质押物，大大简化和降低对厂商的操作要求及责任要求，从而带动了下游经销商对它的普遍使用。

实现普惠与风控的有机结合。额度核定与风险定价是融资的核心环节。传统金融机构对于额度及定价核定更多基于商家自身的资产实力、财务状况以及抵押物。大多数的电商商家都是轻资产运营且体量规模较小的，即便符合传统金融机构的准入门槛，获得的授信额度也无法完全满足其经营需要，相应的定价也普遍高于正常水平。天猫商家获得的传统渠道融资年化成本不低于10%。菜鸟供应链金融预付融资产品对于商家的授信额度采取的是多维度评价模型，包括商家在天猫和菜鸟网络平台过往的交易及物流数据、所采购标的商品在天猫平台的历史销售价格、商家信用履约记录等，同时对于订单本身也会进行综合评估，而商家资产、财务指标及抵质押物情况在额度评价模型中的权重将显著降低，甚至不纳入评价模型。至于风险定价，也将严格依照评价模型得出的结论，依照“风险与收益匹配”的原则，采取分层定价。

6.5.2 微众税银先进分析支撑供应链金融服务

深圳微众税银信息服务有限公司（以下简称“微众税银”）成立于2014年，总部位于深圳，在北京、上海、山东、江苏、广东等地设有18个分支机构，股东包含国有资本、资本机构、金融机构等。自成立以来，微众税银在全国20多个省市建立了税银服务公众平台，可为全国2 000万家中小微企业提供供应链金融服务。同时，微众税银联合税局、银行共同打造了国内首个基于企业征信的在线企业融资产品全自动审批平台，促进了银行金融科技创新，为中小企业提供了快速便捷的金融通道。微众税银整体策略是通过涉税数据对企业实施整体信用评价，即主体征信评估，开发交易征信模型评价供应链交易信用，共同构建审批决策引擎，并运用发票数据对信贷资金用途和流向实施监控分析。其整体业务逻辑如下：

6.5.2.1 数据基础

本模式下的核心数据是企业的税务数据。由于税收征缴、开票认证等涉税行为贯穿企业的全部生命周期，产生的税务数据涵盖了企业基本信息、申报征收信息、缴纳税信息、纳税信用评级、供应链信息、财务信息等，这些是企业经营的强相关数据，既丰富又客观，是开发企业信用评分模型的核心基础。

6.5.2.2 建立企业信用风险评分模型——主体征信

利用涉税数据开发企业信用评分模型，区分客户风险等级。商业银行一般有内部客户信用评级办法，可以和信用评分模型有机结合，或者将现有内部评级办法中的一些定性和定量指标与新的评分模型有机结合，增强模型解释能力，并使模型输出结果更加贴合银行原有的风险偏好。

在风险评分模型开发过程中，构建自变量指标要把握两点原则：一是深度理解涉税数据业务含义，结合专家经验科学构建指标；二是变量精简原则，模型中的自变量并非越多越好，只要通过合适的方法确定出强相关指标变量即可。

目前，针对微众税银互动业务中的小微企业信用评分模型，挖掘出了一些具备较强预测能力的自变量，简洁而富有解释性。部分指标示例如表6-5所示。

表6-5　　微众税银评价指标

序号	指标名称	
一、中报信息		
1	近6个月收入增长率	与逾期的概率呈U形关系
2	近12个月收入的离散系数	与逾期的概率呈正相关
3	近12个月的总收入之和	与逾期的概率呈负相关
二、证书信息		
4	近12个月交纳滞纳金的次数	与逾期的概率呈正相关
三、供应链指标		
5	上游前10大供应商重合采购占比	与逾期的概率呈负相关
6	下游重合交易商数量	与逾期的概率呈负相关
7	……	

银行风险建模人员可利用银行全部数据资源，建立好坏样本，结合专家经验、行内授信政策，通过数据驱动开发基于税务数据的信用评分模型，

用于开展供应链金融中的首要环节，即企业整体风险评估。

6.5.2.3 供应链关系交易征信评估

利用交易信用评估结果，筛选出合格下游交易商。所谓合格下游交易商是指：具有稳定供应链关系且交易信用或特征符合一定标准的下游客户。具体标准可由业务人员、风控人员、建模技术人员充分沟通、共同制定。例如，合格下游交易商标准可以是：

- 与该下游交易商的供应关系存续时间是否达到三年；
- 下游交易商是否稳定在前十名；
- 该下游交易商三年以来的重合度是否达标；
- 近12个月交易呈上升趋势或波动性在均值±30%以内。

下面以简单的例子（见图6-8）可以对此进行解释和说明。

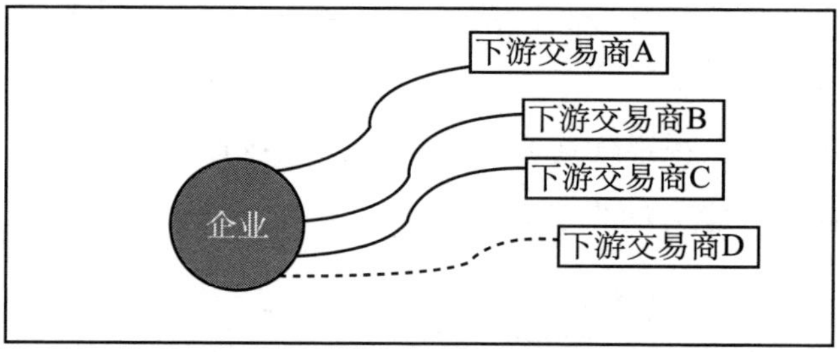

图6-8 企业业务关系示意图

图6-8中，假设某企业有若干下游交易商：A、B、C、D。通过运算税务数据得知，A、B、C三家公司与该企业存在三年以上交易关系，且三家公司近三年来均稳定出现在该企业的前十大下游交易商中，则A、B、C被判定为稳定客户。D公司与企业发生业务往来不超过三年或销售占比很低，不符合稳定供应链关系标准。

对A、B、C三个客户进一步构建区分指标，对交易特征进行评估，判定是否符合理想的交易特征标准。

通过对税务数据中发票信息进行汇总运算，得出企业与A、B、C三家公司近12个月的每月交易额。这是基于发票销项的精确计算，能够非常客观地反映企业与下游交易商的真实交易情况。近12个月交易可能会有三种特征图（见图 6－9）。

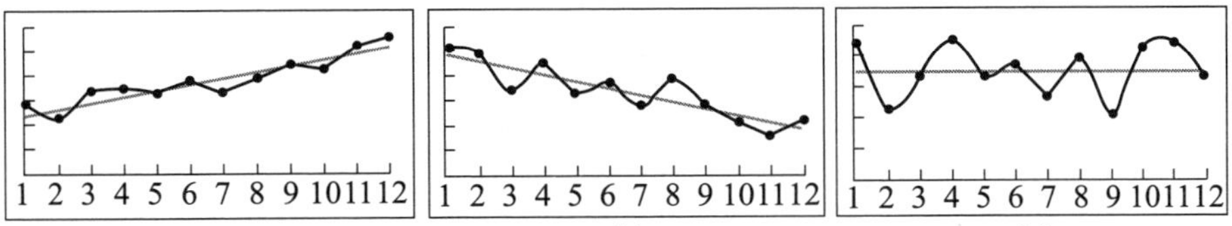

(a)　(b)　(c)

图 6－9　企业供应链交易特征示意图

假设 A 公司是稳定上涨趋势，符合（a）的特征；B 公司的交易呈下降趋势，符合（b）的特征；C 公司交易呈波动性，符合（c）的特征。显然，A 公司的交易情况是最容易被接受的，B 公司的销售趋势不理想，而 C 公司的交易波动性如果维持在±30%以内，则 A 与 C 是合格交易商。实务中，为了更精确地判定交易特征，可以前推一个周期，即采用 24 个月交易数据分析，结合行业、产品、专家经验对比两个周期的交易特征曲线的变化情况，对交易的稳定性、成长性、规律性进行交易信用量化评估，找出符合理想标准的合格交易商。

6.5.2.4　输出额度

额度是基于企业主体信用和交易征信而产生的信用额度。上例中仅有 A、C 两个合格交易商，则开始实施额度输出如下：

首先，计算 T 值。T 值表示企业与合格交易商月均交易量合计。与 A 的月均交易量以 t1 表示，与 C 的月均交易量以 t2 表示，则 T＝t1＋t2。

其次，计算企业的平均账期 P。账期 P＝12/应收账款周转次数 K。其中，应收账款周转次数 K＝近 12 个月销售收入合计/近 12 个月平均应收账款。

一般计算应收账款周转次数中的平均应收账款以期初加期末进行算术平均，但是对于有季节性特征的企业，简单平均会与实际情况产生较大偏差，所以采用区间平均。

再次，计算额度输出值。

用 L0 表示客户申请额度。

额度 1（L1）：L1＝T ×P。L1 的含义是：借款人与合格交易商月均交易额放大 P 倍，相当于将借款人对所有合格交易商的铺底流动资金/应收账款近似全部盘活。

额度 2（L2）：L2＝R ×0.4。其中，R 为近 12 个月企业账面应收账款平均值。商业银行对动产抵质押率的要求通常为 0.4。

额度 3（L3）：L3＝C/N。其中，C＝上年度主营业务成本，N 为营运资金周转次数，二者可以从税务数据中的财务报表数据运算而来；L3 近似地表示企业的全部营运资金量。

最后输出额度 L＝min（L0，L1，L2，L3）。最终输出额度为 L0、L1、L2、L3 四个值中的最小值，通常输出结果应为 L1。

6.5.2.5 发票用于贷后监控

首先，进行进项发票数据分析——掌握贷款资金的用途和流向。通过进项发票数据分析，核实贷款资金支付的贸易背景与支付合理性，实现贷款资金用途监控的两个精准定位：一是支付的交易对手范围确定。通过进项发票数据鉴别企业与贷款资金支付对手的交易往来记录；二是贷款支付金额合理范围的确定。例如 A 公司，根据进项发票运算额计算出月度平均采购额在 200 万元左右，如果贷款支付金额过度偏离该数值，必须人工干预审查。

贷款用途监控构成业务风险体系闭环的重要一部分，目的是要确保信贷资金用于真正的生产经营、用于供应链对上游的采购支付。当前，银行对贷款用途审查通常局限于对购销合同、发票等材料的形式审查，以“受托支付”的形式孤立地判定贷款用途的合规性，对贸易背景的审查和支付合理性缺乏更有效的审查手段。基于发票数据分析运算可以很好地弥补传统审查方式的不足，甚至可以通过内置预警模型，极大地提升监控的效率和精确性。

其次，进行销项发票数据跟踪分析——贷款后评价。通过跟踪贷后持续销项发票数据，可以进一步评估贷款资金是否有效促进了下游客户的供应能力。通过基于销项发票数据的运算，得出企业对某特定下游客户的供应交易量是否在放大，评估企业与下游客户在贷款期内的交易量表现。

6.5.2.6 基本服务流程

立足于上述税务大数据先进分析逻辑，微众税银形成了服务金融机构开展供应链金融的基本业务流程（见图 6－10）。首先是申请供应链融资的小企业在平台上进行注册，之后微众税银授权获取征信数据、税务相关数据、工商数据、司法数据、黑名单数据等，在此基础上，通过先进分析，向金融机构输出建议和额度，之后通过贷后数据分析，支持金融机构的风险管理。

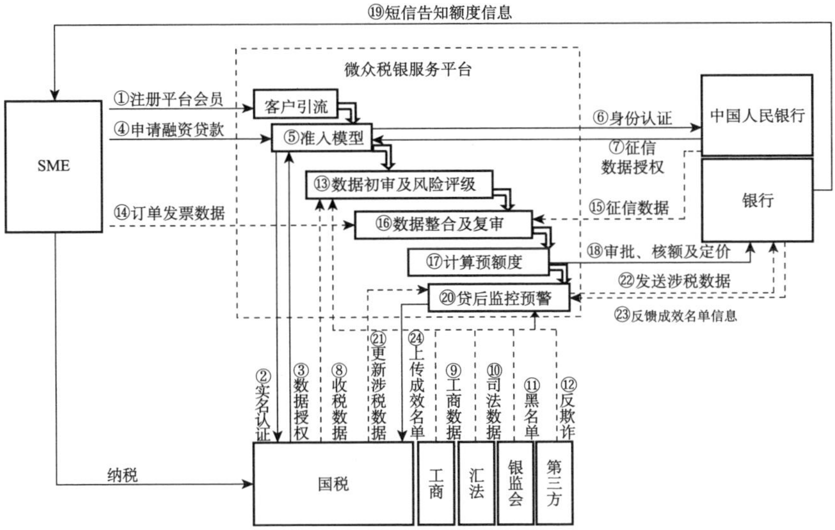

图 6－10　微众税银供应链金融服务流程

6.6　基于监控管理的供应链金融服务——感融科技

6.6.1　感融科技概况与供应链金融资产监管服务

感融物联网科技（上海）有限公司（以下简称“感融科技”）业务正式开展于 2016 年，公司总部及运营服务中心设在黄浦区，入驻原世博澳门案例馆德成楼。公司是一家 IoT 科技创新服务公司，核心研发团队具有超过 10 年 IoT 行业共同工作经验，并参与提出 IoT 核心架构标准。该公司目前主要的业务定位于 IoT 动产管理运营服务与相关 IoT 金融业务，从技术上推动动产质押登记业务由现有的自发自主描述化登记的模式向标准化结构化登记模式转变。目前，感融科技通过其“感融卫士”和“智链云”，适配不同的资产类型和客户需求，对应车辆运输智能管理、大宗仓储仓库管理、集装箱与托盘智能管理、流体动产管理四大类业务场景。目前，感融科技的“感融卫士”主打服务产品主要有以下三种。

6.6.1.1 W-Pledge

W-Pledge 主要是指面向仓库的大宗货物和仓单的精准监管与技术服务。通过在仓库现场建设 IoT 感知系统，实时感知货物的物理状态与货值变化情况，并生成保证唯一性的 IoT 仓单，通过在中国人民银行征信中心形成动态仓单登记，确保货物的客观存在与唯一登记。通过 W-Pledge App，约束仓储操作员的合法合规操作，同时为银行、监管方、仓储方提供第一时间报警及异常行为预警服务。

具体而言，在对银行大宗商品质押业务系统的支持方面，感融科技通过完全配合银行和信贷机构的管理要求，实现了线上线下和系统对接几个层面上的集成。主要针对的质押业务类型是目前流行的静态货押监管和动态货押监管模式，其中动态货押监管模式中包括定额控货和核定库存模式的动产质押融资支持。感融科技利用 IoT 支持整个监管货物的入库、出库、置换和质押解押操作，实现对货值、物理状态和仓储环境的动态管理，从而达到动态风险管理的目的。此外，感融科技还实现了对担保物权统一登记方式下的确定性或者一般性公示方式的支持，以此支撑融资业务。

感融科技的大宗商品仓库监管系统（见图 6－11）主要包括货物物理属性感知子系统、作业设备管理子系统、异常行为感知子系统以及货物重量感知子系统。利用这些子系统可以对仓库货物重量和状态的变化进行准确感知，实时感知操作机具的作业情况，能够检测非授权人员的机械操作，并实时检测追踪货物物理状态变化等。因此，感融科技通过 IoT 实际上把平面场景通过现有的虚拟现实手段进行三维空间化，把原来的平面坐标变成一个三维的空间坐标，最后完整地对货物和仓库进行数字化。数字化之后就可以动态了解货物的物理属性，那么在这个物理属性的直接管理下，可以对某一个仓位内的仓单所有动态的货值和风险变化情况，在一个连续时间段进行精确管理。这个时间段的货值变化及风险状态与银行金融机构的控货要求，包括控货方式等进行动态的匹配和修正，每时每刻根据它的风险关系来确定它的融资余额限制，及贷款余额的调整。因此，这实际上是自动化的现场审计过程。并且，如图 6－12 所示，感融科技利用仓押风险管理服务 App（IOS 和 Android）将货物的作业数据进行及时传递，并根据异常情况及时报警，从而实现了货物（包括仓单）的完整管理过程。因此，针对大宗商品感融科技可以提供的服务包括了监管服务、仓单管理服务、仓储作业服务和报警服务四类。

图 6－11　大宗商品仓库监管系统示意图

图 6－12　仓押风险管理服务 App

此外，在这种管理方式下，感融科技所支持的仓单从一个文字的概念和一个法律逻辑的概念演变成一个物理关系的直接结合，也就是说具有实物属性的仓单。这个仓单实际上跟实物是一一对应的关系，因此便具备了实物的所有属性，从而可以进行管理和交易。鉴于此，感融科技与中国人民银行征信中心一起合作推动开展了 IoT 动产质押登记服务，试图通过一个可以明确描述的仓单，在中国人民银行的登记系统里面完成仓单的担保登记，以实物化仓单为基础提供确定性和一般性担保物权登记公示。

6.6.1.2　V-Pledge

V-Pledge 是指感融科技所提供的汽车整车供应链管理与质押监管数据服务。通过 V-Pledge 终端实现对整车供应链的端到端智慧化管理，弥补传统人工管理模式下，信息传递不及时、无法掌握业务最新状态、业务真实性背景缺乏、业务过程无法自主发现和自主跟踪等不足，实现了对整车供应链的动态闭环与业务的场景化自主智能驱动，实现了供应链全过程的人机自主高效智慧化协同与动态校核和风险告警，大幅提高了管理效率和业务衍生服务能力。

与针对大宗商品的货物属性、货物货值进行管理不同，如图 6－13 所示，感融科技对汽车行业的管理是从出厂到销售完成的整个全链闭环管理：包括从汽车的出厂到它的运输、在库、移库，再到汽车的销售整个过程中的作业单据的自动化业务处理；从汽车的出库单、入库仓单到运输过程的多式联运单，一直到它的销售清单和最后的违规作业清单全部都是自动生成、自动监控、自动交叉校核、自动匹配的，而且中间的交割交付作业过程全部是严格的确定性操作，在整个过程中所有的不同主体的交付环节都以一体化的管理方式自助集成和处理。

感融科技利用 V-Pledge 车辆监管终端装备与管理汽车进行结合，不需要在汽车上附加什么装备，安装后就可以作为软件直接进行服务。V-Pledge 车辆监管终端装备具有车辆真实性 CA 、智能工作模式、业务交互操作、超低功耗控制、拆除检测算法、独立电池供电、安装拆卸简单等技术优势。在

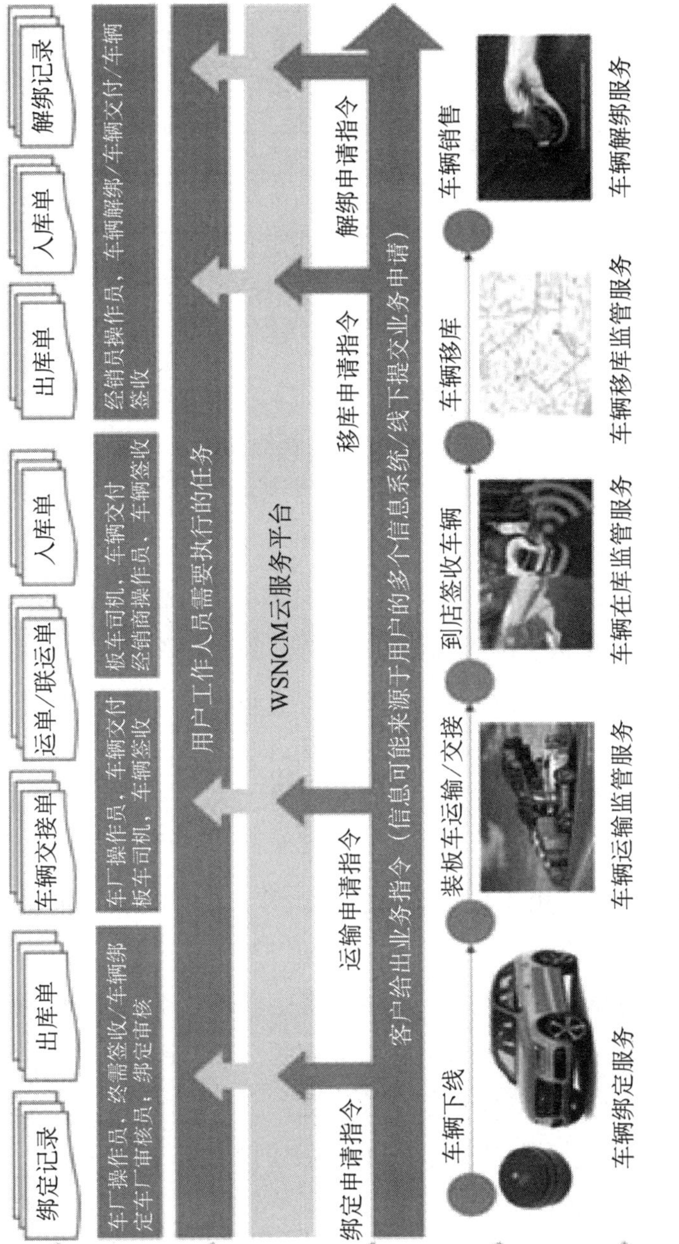

图6－13　感融科技整车供应链全流程服务

此基础上，感融科技的 V-Pledge 报表大数据服务平台可以查看绑定车辆的当前状态与历史状态，包括位置和轨迹；查看在库监管、运输监管、移库监管的业务状态；查看操作员、审核员、司机的所有任务状态；查看消息与告警；可根据车辆、经销商、单据、任务等字段进行索引查询，系统支持报表的生成、查询、导出、打印；可提供数据接口帮助客户集成进 ERP 或其他信息管理系统等。因此，可以提供作业导引和数据服务，其中作业导引在全面的管理下可精确地产生下一链条的作业指示、作业推送和任务推送，可以推送给相关的作业人员且他的作业可以同时进行校核，即物和车及人的双向校核和确认。同样，V-Pledge App 也可以实现绑定解绑、交付签收、报警消息、申请审核以及状态查看等功能。

感融科技的 V-Pledge 服务有效解决了汽车供应链行业中目前存在的多个痛点。首先，能够对企业供应链中的资产进行有效管理，能够及时预测与发现经销商的极端行为和潜在风险，使得经销商的实际销售和库存与主机厂的台账保持统一、准确，并能够对资产进行全程无遗漏风险管控；其次，能够对汽车行业中的资金进行优化，督促经销商在发生真实卖车时能够及时赎证和回款，并且可以实现跨地域、跨渠道金融贷款；再次，在渠道管理方面，可以把经销店所有停放点（包括二网二库）纳入管理，及时发现经销商的车辆私移私售行为，帮助二网二库客户更容易获得银行授信的金融支持，以及实现车辆销售的真实信息确认等。在解决这些痛点的基础上，也解决了众多供应链参与主体的相关问题，例如在帮助汽车主机厂进行全过程监控以及销售渠道管理等的同时，解决监管方手工记账麻烦易错、高成本驻店监管以及人为道德风险隐患等问题，帮助银行解决日常风险缺乏管理手段、经销商二网二库授信难等问题。因此，感融科技基于 V-Pledge 服务对汽车供应链金融服务业务起到了重要的支持作用（见图 6－14）。

6.6.1.3 B-Pledge

B-Pledge 是指感融科技所提供的供应链全程无缝实时感知服务，为供应链服务商、仓储物流企业、金融机构、商品生产与经销商构建开放的联合研发与体验计划。提供基于标准化托盘和集装箱的标准集约化管理，具

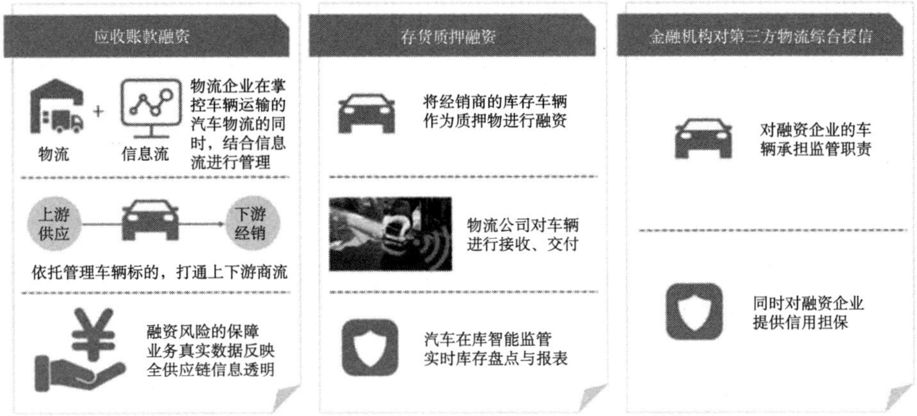

图 6-14 感融科技对汽车供应链金融服务业务的支持

备商品在库、在途、跨境以及最后一公里的全供应链自主发现、自主跟踪服务能力，实现了对供应链的动态闭环与业务场景化的自主智能驱动，实现了供应链全过程的人机自主高效智慧化协同与动态校核和风险报警，大幅提高了管理效率和业务衍生服务能力，同时确保商品在物流运输环节对保存状况、安全情况、野蛮装卸情况的全状态感知。

感融科技将汽车管理作业延伸到其他供应链全程管理当中，实际上就是将管理的对象从汽车整车扩展到细粒度的托盘、集装箱、中转箱等可以集约化管理的物流体系，包括部分原材料、快销品、电子元器件、配件。这些货物的全链信息跟整车的性质是一样实时的，同时需要跟踪跨地域业务，包括国内和海外业务。供应链全程管理过程包括风险和作业关系的实现，但更多的是强调货物的有效性，即货损的管理。感融科技的供应链全程管理对象包括生产贸易企业，为其提供供应链、仓储管理以及金融服务，其中金融服务是最核心的。金融服务不是以实物存货质押为主，而是在确保订单和应收账款真实性，以及订单执行全程作业贸易真实性的基础上，实现风险测量和预警，降低供应链融资风险。

如图 6-15 所示，感融科技针对一个生产光伏组件的企业，利用 B-Pledge 终端、感知网络设备、B-Pledge App 以及 B-Pledge 云等系统，对太阳能光伏组件供应链全流程进行标准化、流程化的无缝监管，让银行对光伏组件的贷款风险评估为可控，并基于该 IoT 技术监管解决方案提供光伏组件的供应链融资服务。从仓库、储运、码头、海运公司、海外港口到海外物流仓库，感融科技对光伏组件从装箱、出入库、运单、离港、海单到提货开箱的整个过程进行完整的作业体系管理。在进行跨部门、跨主体、跨运营商、跨物流商、跨区域、跨国全链条管理之后，将原有的信用证、提单全部纳入了银行一揽子的金融服务当中，也就是将它的订单、应收账款、预付款、订单交割和所有原来的信用证还有提单全部纳入了打包的服务当中，进行非常精细化的逐箱逐托盘式管理。

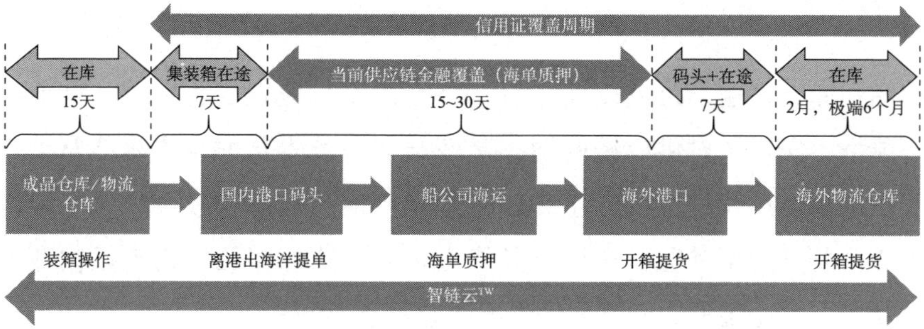

图 6－15　感融科技供应链金融服务光伏组件全周期覆盖

因此，感融科技的供应链全过程管理将产品装箱、产品入库、产品出库、运至海外仓储库，一直到开箱，即开托盘分解等全部纳入监管范围之内，大幅度提高了供应链运营的效率和准确度，更重要的是，对差错及时校正、自主校正。这对于融资企业来讲，是一个典型的业务真实性背景下的供应链金融的全过程，从而使得供应链金融风险管理所需要的业务闭环和精细化管理在这个背景下全部都能够具备。

6.6.1.4　智链云

除了上述 3 类“感融卫士”产品外，感融另一个重要的技术服务是智链云（见图 6－16），智链云产品服务是把原有线上系统数据从传给操作人员转变为传给感融系统，系统通过 IoT＋区块链的模式一方面让动产能够主动平等地参与业务并与操作人员在不同业务场景中进行协同，同时进行数据校核（多模共识）以保证业务执行的背景真实性。另一方面感融科技通过大

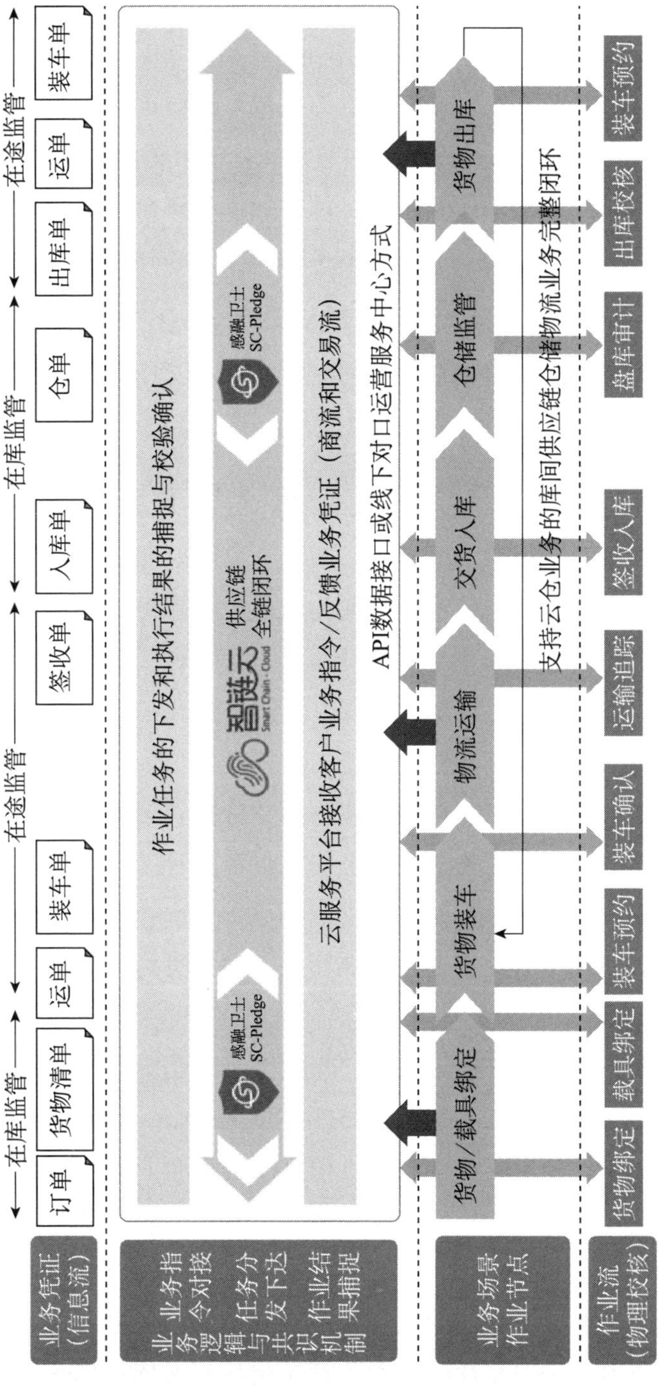

图6－16　感融“智链云”与“感融卫士”构成的融合式ABCD

数据分析将作业指令拆分成标准化的作业场景（一次出库、一次装车、一次验收卸车、一次入库、一次移库、一次销售），动产在某一标准化业务场景的作业结束，自然激发下一个业务场景的生成，同时向线上系统上传真实的业务数据（人员的作业与物的状态同时校核，不可窜改）。可见，智链云服务的目标是确保业务背景的真实性，且实现供应链全链自发打通业务闭环，激发了动产的金融属性，为金融机构向企业提供流动资产贷款模式，以动产和供应链业务为载体的供应链金融产品提供了可能和保障。

6.6.2 感融科技与枣矿物产基于 IoT＋区块链的供应链金融科技服务

隶属于世界 500 强的山东能源集团有限公司的枣矿物产有限公司（以下简称“枣矿物产”）是集大宗商品贸易、物流、金融、投资于一体的多元化发展的国际化企业集团。枣矿物产负责构建供应链服务生态圈，整合与优化从原材料到最终消费者的整个供应链运作过程。通过管理手段，对供应链中的“四流”进行组织、计划、协调、控制和优化。提供供应链管理服务，联通供应链上的采购、生产、销售、结算等环节，通过集采降低采购成本；对下游企业通过金融工具进行应收账款保理；运用电子商业承兑汇票依托供应链核心企业打通整个链条上的支付清算环节，降低链条内中小企业的融资成本。

（1）利用 IoT 技术对货物进行精准管控，确保货物的安全与客观真实存在

感融科技服务枣矿物产是建立在“感融卫士”基础上的，能够帮助后者有效监控质押的资产。在感融科技的 W-Pledge App 或者 Web 端上，枣矿物产供应链服务平台上的金融服务机构可以看到企业质押动产的存放地理坐标信息、地址与室内的精确位置区域，实时感知质押动产的各种监管要素的变化，包括重量、位置、移动状态、授权区域、轮廓和堆放形状、货物交易和交割作业等，不同的监管动产对应不同的监管要素。同时会生成一张监管服务激活时的照片以作为监管初始状态的依据之一。系统会将

质押动产所涉及的监管要素物理信息连同初始监管状态的照片打包封装，形成一张电子凭证与质押动产形成唯一对应的关系，并记录在区块链账本上。只要这些监管要素的物理状态不发生变化，则表示质押的动产没被人动过，如此一来货物凭证便无法造假。

在动产质押给金融服务机构之后，监管报警服务将被激活。在没得到金融服务机构许可的情况下，一旦系统感知到质押动产的位置、重量、形状轮廓、移动状态、运输和交易交割过程等这些足以改变货值或质押状态的监管要素发生变化，就会报警。金融服务机构、监管方和仓库管理方都能在第一时间收到报警信息，同时附带的还有此时此刻系统捕获抓拍的“作案现场”的参数变化并与之前打包封装的信息照片进行比对。当企业偿还了金融服务机构的贷款之后，系统对货物的报警服务解除，企业可正常从仓库出货。

感融服务系统除了监控管理质押的资产外，还能够对仓储作业行为进行有效的监管。系统将把中心化仓储管理系统的标准化作业指令下发到每个仓库的仓管员，仓管员按照作业要求执行相应的出入库和吊装作业，IoT 终端可以实时监控仓储作业的合规，并且通过仓位管理工作站对应操作货物进行校核。枣矿物产供应链服务平台可通过中心化非现场的方式对其全国的所有仓库，包括自营和合作仓库，进行统一的标准作业管理。动产从仓库出货、装车、运输再到卸货、入库形成在库—在途—在库的完整业务闭环，实现了客户仓配一体化服务能力。

（2）架构在区块链与 IoT 基础上的供应链四流合一

感融科技服务枣矿物产的另一个重要技术平台是智链云，智链云服务覆盖了供应链的在库监管、在途运输、出入库和货物交付的全业务场景，通过 API 数据接口或线下运营服务的方式让云服务平台接受枣矿物产供应链服务平台的业务指令并反馈业务凭证（商流和交易流），并将每个场景的作业流下发给一线岗位人员的 App 以进行线下作业的交互与智能合约的执行确认，经过多模共识确认，形成一系列完整的业务单证（信息流），并记录在区块链账本上。动产自发驱动业务流转，完成了信息流、资金流、物流、商流的四流合一的整合。

通过IoT+区块链+供应链管理服务，在构建供应链智慧生态圈的实际应用场景中，枣矿物产与感融科技合作，在与其合作的无锡硕放不锈钢仓储加工中心与常州溧阳铜材仓储中心实现了供应链服务与智慧金融的应用落地。将当地传统一买一卖的贸易融资方式，改造升级为依托枣矿物产供应链服务平台的全国服务网络及感融科技的“IoT+区块链”技术手段的产融结合模式，全面提升业务效率，同时大幅降低了供应链金融风险。截至2018年底，两试点区域已经通过平台实现销售额超10亿元，融资规模超5亿元，结合市场规模，预计未来两地将实现交易额超过350亿元。

6.7 基于电子凭证的供应链金融服务——中仓单

中仓仓单服务有限公司（以下简称“中仓单”）是由中国骨干物流、金融机构发起成立的国家级现货仓单专业公共服务机构，首创中国现货电子仓单认证、质检、背书、征信、保险、保价等全流程金融外包服务，中仓单经过两年时间的筹备，于2014年10月14日，由中国物流股份有限公司、深圳铁银基金管理企业（有限合伙）、深圳市霖峰投资控股有限公司三家创始股东发起并在深圳前海成立注册，首期注册资本1 850万元，后经改制后，变更为自然人、深圳普惠国际能源贸易服务有限公司、深圳市霖峰投资控股有限公司三方共同拥有股权。后将持续引入科技、金融行业（保险、期货）、征信领域等具有代表性的境内外企业或机构，形成多元化股东结构，以提升该公司的服务公信力。根据投资协议的规定，后续将持续引入科技、金融行业（保险、期货）、征信领域等具有代表性的境内外企业或机构，形成多元化股东结构，以提升该公司的服务公信力。

中国金融认证中心（CFCA）是以电子认证服务为基础的综合性信息安全服务机构，提供电子仓单的电子证书和电子信息传递安全服务。

深圳市银雁金融服务有限公司为金融信息和金融物流服务机构，隶属深圳金融电子结算中心有限公司，配套提供仓单客户开户见证和仓单权属征信、金融凭证转递等专业技术服务。

保险服务由中国人民财产保险股份有限公司、阳光财产保险股份有限公司、中国平安财产保险股份有限公司组成的仓单保险共保体承保，其中以人保财险为仓单保险主承保。

中国检验认证集团是经国家质量监督检验检疫总局（AQSIQ）许可、国家认证认可监督管理委员会（CNCA）资质认定、中国合格评定国家认可委员会（CNAS）认可，以“检验、检测、鉴定、认证”为主业的第三方独立检验认证机构。

6.7.1　中仓单的国际仓单服务体系

高信用国标仓单综合服务以维护仓单交易及融资的便捷与安全为目标，为仓单业务的供需双方提供认证、质检、征信、保险、保价等一揽子仓单基础配套服务。中仓单试图建立高信用国标仓单综合服务体系，体系中包括以上多家服务机构和中国骨干电商平台、现货交易所、期货风险管理子公司、仲裁机构等，创立了面向金融机构、物流仓储企业和货主企业的“高信用国标仓单综合服务”，即提供仓单认证、质检、征信、保险、保价等服务，在仓单格式规范国家标准的基础上，为推动国标仓单的实务运行，发挥了基础服务支持作用（见图 6－17）。

（1）认证

仓库认证。中仓单制定仓库的认证标准，协同保险公司采用物流和保险的复合标准对仓库的管理能力、失信信息、出险情况等多方面进行综合评估；同时，中仓单联合专业认证机构，通过电子加密的技术手段对仓库基础设施进行电子认证，保证数据采集的真实性和不可抵赖性，以及传输过程的安全性。

电子仓单生成和存续期认证。中仓单自主研发的仓单系统支持从入库预约到仓单生成以及仓单存续期信息变更至仓单兑付全过程的管理和记录保全，同时支持融资机构、货主通过安装在仓库的 IoT 设备进行 7×24 小时的远程验单、验货。

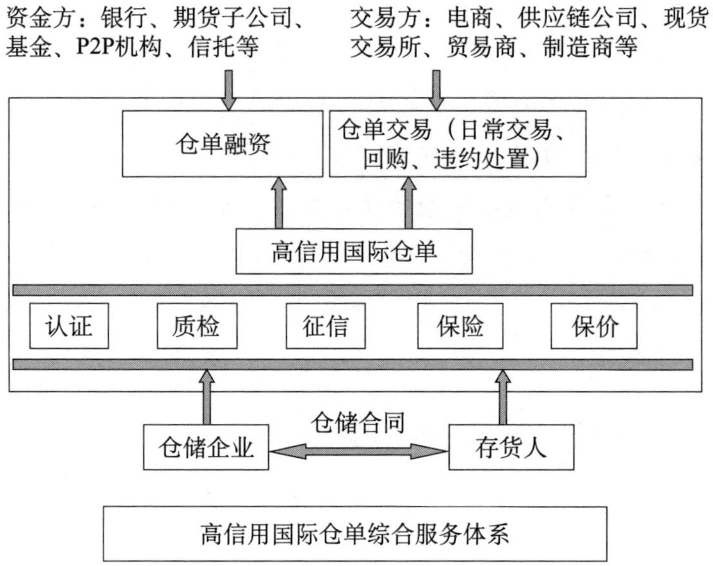

图 6-17　中仓单电子仓单综合服务体系示意图

（2）质检

中仓单联合国内领先质检机构，提供高信用国标仓单质检服务，包括厂检、溯源和库检。溯源——中仓单系统通过对接的产品溯源系统，对仓单项下货物的产地、规格、数量、质量标准、生产日期等信息进行核对，确定货物品质；库检——对于需要库检的仓单项下货物，客户可通过中仓单系统在线申请质检，由质检机构派人到仓库现场进行取样，质检报告通过中仓单系统进行上传，中仓单对库检取样、质检报告的上传和确认进行电子认证，保证信息的真实、有效和不可抵赖。

（3）征信

中仓单研发了符合仓单商业特点的指数和评价体系，通过拥有自主知识产权的“中仓企业征信系统”开展国内首创的仓储企业征信和仓单征信服务，并支持实时征信和主动征信，在信息化时代能及时满足客户对最新信息的需求。

仓储企业征信。仓储企业征信要素包括：企业基本信息、管理人员及重要岗位人员信息、财务状况、经营情况、仓储设施情况、仓储管理情况、诉讼及不良信息、投保及历史理赔信息等。

仓单征信。仓单征信要素包括：仓单要素、仓单背书记录、物权情况、质检情况、仓储场所情况、保险情况、货物价格和市场交易规模等。

（4）保险

中仓单提供的高信用国标仓单认证、征信服务，以及部署在仓库端的IoT技术和安防技术，支持定制仓单保险的承保公司人保集团完成保前风险评估、风险定价，保中风险监控和预警，并且为出险后快速定责定损提供技术支持。中仓单首创的高信用国标仓单服务体系，将动产转化为标准的仓单信息，为传统企业财产险向互联网化升级提供了基础。

（5）保价

对具有期货品种标的的货物，根据市场行情分产品制定套期保值方案或利用场外期权提供保价服务，以规避货物价格波动带来的仓单贬值风险。与没有进行价格风险管理的仓单相比，经过保价的仓单作为融资担保物时可以适度提高资金利用率和价格风险抵抗能力。

6.7.2　中仓单对供应链金融的服务支撑

中仓单打造的高信用国标仓单服务体系，提供仓单认证、征信、保险、保价等服务，物流企业可以有效扩大其供应链金融业务规模，规避其内部不规范操作导致的重复质押、无效质押风险，同时可以开展代为收货、收款和代为保险、转质交割等金融增值服务，提高市场竞争力。银行等金融机构可以回避原有质押监管业务的仓单重复质押风险，提高质押业务的操作效率，提高仓单变现的流动性和安全性，大幅度提高供应链融资的规模，降低坏账率。中小企业可以通过仓单的质押提高融资效率、降低费用，解决因为缺少不动产而导致的融资困难。

（1）物流仓储企业

高信用国标仓单服务体系可以使物流仓储企业的金融物流业务脱离自身授信的规模限制，有效扩大其金融物流服务业务规模，使其业务规模仅受其库容、效率和市场声誉的限制，有效规避其内部不规范操作导致的重复质押、无效质押的风险，有效开展代为收货、收款和代为保险、转质交割等金融增值服务，切实支持仓储企业转型升级，有效开展高端物流业务，提高市场竞争力，这是物流供给侧改革的有效举措。

（2）金融机构

高信用国标仓单服务体系为银行完全回避了原有质押监管业务的仓单重复质押风险，以及基层支行同物流企业串通伪造仓单和自身审核仓单真伪的技术风险，提高了多地质押监管业务的操作效率以及仓单变现的流动性和安全性，可以大幅度提高供应链融资的规模，降低坏账率。其中仓单便捷可靠的背书和转质，将显著降低银行的不良贷款发生率，合规操作还会为该机构服务系统形成自有代偿资金，并为其他会员（金融机构、投资机构和贸易商）的流动资金提供有效的资产配置和获利渠道。

同时，可以支持的银行贸易融资服务产品包括：仓单质押信贷业务（含本地和异地仓单两类）、委托提货权质押开证业务、未来提货权质押融资业务、仓储公司担保质押融资业务、保兑仓融资业务以及以上业务之间的组合、保理业务组合等业务品种。

（3）货主和贸易企业

高信用国标仓单服务体系可以使货主企业提高融资效率、降低费用、提高动产抵押比例；支持货主企业在高信用国标仓单服务体系中选择合适的物流仓储企业在多地存放质押货物，以便接近市场区域，提高物流效率；货主企业可以委托物流仓储企业代为收取货物或货款，代为转质配送货物，同时提供仓单资产交易条件和大宗商品低成本购销平台。

高信用国标仓单服务体系对贸易企业有如下几个重要价值：其一，可以用转让仓单代替实物交易，大大降低多次交易的增值税和附加税费。目前在供应链融资中，即使货物还在同一仓库，若融资方采用多次实物交易方式，也需要多次开具发票，每一个环节产生的增值税和附加税费都必须由融资方承担，成为交易的“制度成本”。高信用国标仓单服务体系可以用多次背书的可靠的仓单代替实物交割。其二，各贸易商可以高效低成本地在该系统竞价采购过程中通过法院拍卖程序获得银行质物，并且容易在系统内找到大宗交易对手，实现仓单变现。其三，各家金融资产公司、担保投资公司、短期理财计划等有高流动性资金配置需求的合法机构，可以在仓单转质和转让通道中选择符合自身风控标准和收益标准的仓单和企业以贸易商身份进行交易、投资。

6.8 基于区块链的智慧供应链金融服务——易见、复杂美

6.8.1 易见区块链支持的供应链金融服务

易见供应链管理股份有限公司（以下简称“易见股份”）成立于1997年6月23日，注册资本11.22亿元，是西部最早上市的企业之一，A股代码600093。易见股份以区块链和IoT等先进技术为支撑、以客户需求为导向、以加速中小企业资金周转和降低交易成本为服务宗旨，专注于供应链管理、供应链金融科技服务，其涵盖三个业务板块：供应链管理、商业保理、金融科技服务。易见股份自2016年起致力于“区块链＋供应链金融”技术平台的研发，依托技术创新和模式创新双轮驱动，联合IBM中国研究院共同开发“易见区块”平台系统。易见区块平台自2017年4月上线以来，线上注册约170家企业客户，截至2018年7月31日，投放金额近42亿元，对接核心企业近20家，涉及医药、化工、制造、大宗、物流、航空、地产等行业，其中，金融机构直接投资超过10亿元。易见区块链解决方案主要关注供应链金融中的“信息闭环”与“资金闭环”两个核心风控逻辑；基于区块链作为底层技术，以不可篡改的方式刻画交易双方真实的贸易背景。提供可视化贸易信息，体现从购销信息发布、货流实时监控、单据传递跟踪到结算的快捷准确特点；支持开放式的融资需求双向选择、融资随借随还等多样化流程设计；实现金融机构对贸易融资投放与回收的专户管理，以解决资金闭环问题。解决方案中还包含企业与用户管理、资金管理、资金账户服务、电子合同服务、报表服务、通知服务等功能。具体来看，它提出的解决方案包含可信数据池、供应链贸易系统、供应链融资平台以及易见应收账款资产证券化管理系统（以下简称“易见ABS”）四个组成产品（见图6－18）。

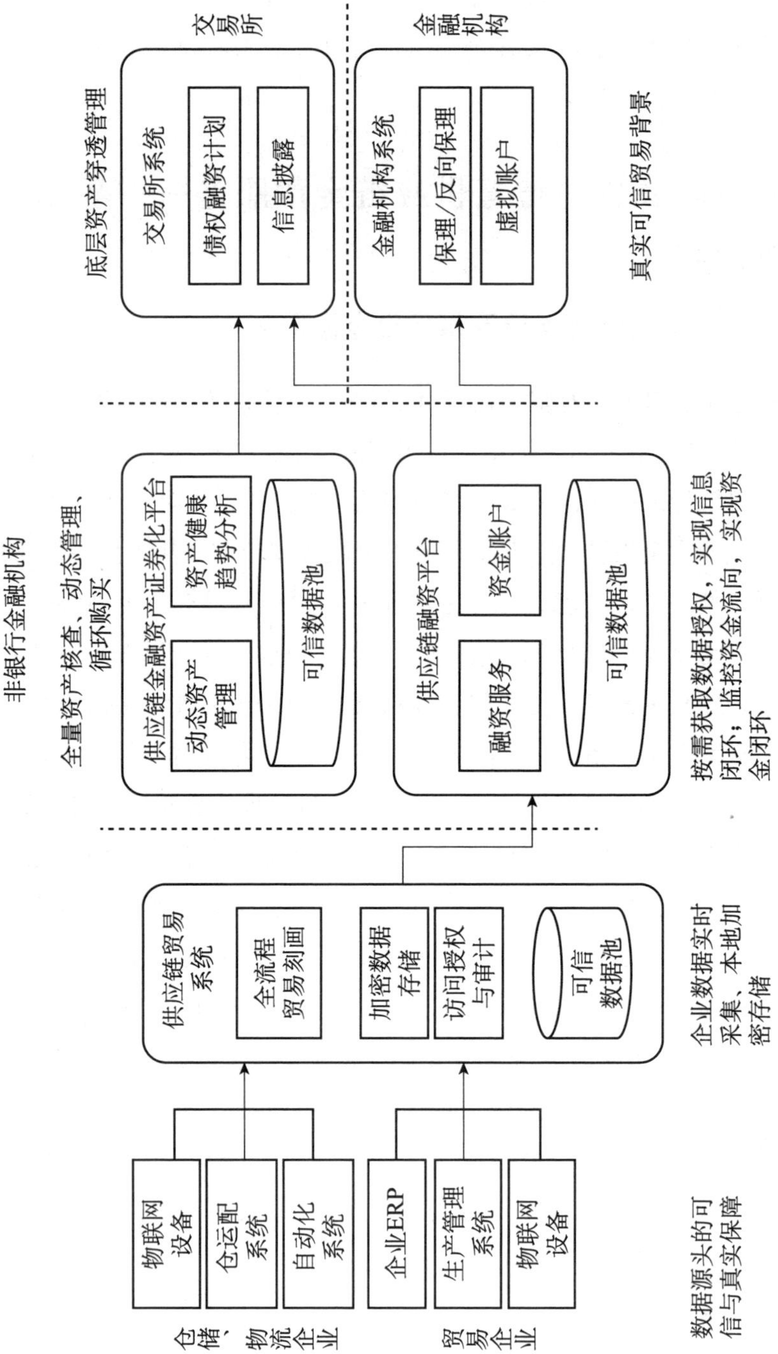

图6－18　易见区块链供应链金融服务架构

6.8.1.1　可信数据池与供应链贸易系统

传统的供应链行业数据传递存在着以下问题：一是贸易参与各方线下点对点的信息交互导致各方对账不符、数据冗杂、供应链效率低下；二是不可自证清白，即无法向金融机构和第三方证明交易数据的真实性，存在窜改的可能性，数据大多为“自用”，无法提供信用保障；三是数据不可追溯，所有的交易及融资数据不能被追溯审计；四是数据乱用，所有的交易及融资数据存在被泄露、被乱用的风险。

致力于解决以上问题，易见股份研发设计了可信数据池产品解决方案（见图6-19），帮助企业基于区块链技术建立权属明晰、可信可溯源的数据保护机制，企业可以选择基于公有云的SaaS服务、私有云部署和软硬件一体机三种部署方式，通过与企业的贸易系统、生产系统、ERP系统实时连接，将数据以区块的形式写入企业权属下的“可信数据池”节点，对数据进行加密保护的同时，也通过密钥管理建立数据授权访问机制，让数据增信并可追溯。基于区块链底层技术的“可信数据池”，既可以架接多样化的软件应用，又可以实现区块跨链交互引用，具备功能应用及连接模式的灵活性和延展性。

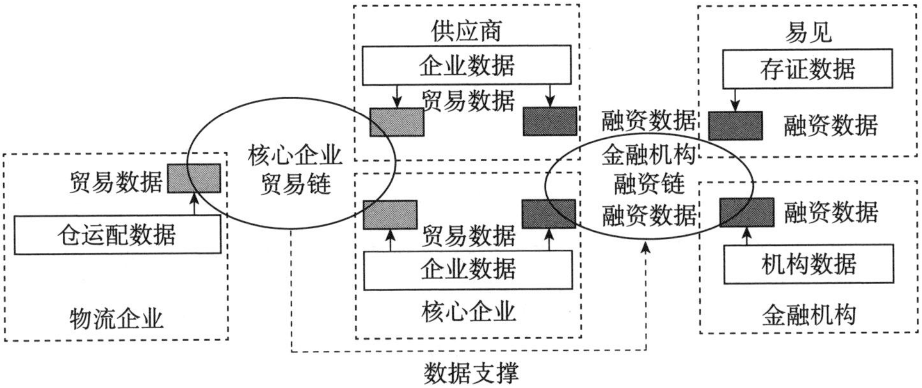

图6-19　易见可信数据池产品解决方案

易见可信数据池产品的价值体现在：企业数据直连存证，平台和企业生产数据系统直连，实时获得企业数据，可搭配可信数据池数据应用，实时完成企业金融数据刻画；数据上区块链之中，所有数据记录在企业级区块链分布式账本之上，保证数据真实、安全、可靠；数据授权使用，企业作为数据所有权人，可以对所有的数据使用进行单独授权；数据审计上区块链之中，数据池所有数据操作均记录在单独的企业级区块链分布式账本之上，可随时进行数据操作审计；可选多种数据应用，可在可信数据池上使用多种金融数据，刻画、分析及应用金融大数据，完成企业数据实时存证、刻画及数据增值。可信数据池是整个可溯源供应链金融解决方案的基础性技术产品，供应链贸易、供应链融资以及易见 ABS 均使用可信数据池进行数据管理和存证。

基于可信数据池的供应链贸易系统在保证数据的真实、可溯源的基础上，遵从供应链贸易业务逻辑对数据和业务流程进行了梳理和管理，实现了供应链业务中数据的多方提交和确认、统一管理和展现，为业务操作提供了便捷性。

目前易见股份所使用的数据对接方式主要有如下三种模式（见表 6－6）。

表 6－6　　易见数据对接方式

场景/模式	供应商接入方式	核心企业接入方式	第三方数据接入	代表客户
医药	供应商 ERP	人工确认	—	等级医院及其供应商
生产企业	手工输入	ERP 和生产管理系统、过磅系统	—	大宗生产制造企业
第三方数据	Excel 数据上传	ERP 系统	物流单据 仓运配系统 物联网数据	物流公司 仓储公司

可以看到，在数据源头采集上，通过使用系统对接、IoT 设备采集等手段，合同、订单数据可以从企业 ERP 系统中接入；收货数据可以从 IoT（扫码、电子过磅等）设备中获取，能够最大限度地保证数据源头的真实性。数据源头的真实性保证可信数据池中区块链技术的应用，解决了业务所需的贸易数据真实性问题。

可信数据池提供多种外部对接接口，可以开发数据应用网页入口，也可以与金融平台（如银行融资系统、金融交易融资平台、交易所系统等）

对接集成，实现可信数据在授权前提下的对外共享。

6.8.1.2　供应链融资平台

供应链融资平台同样基于区块链作为底层技术，以不可篡改的方式刻画交易双方的真实贸易背景，提供可视化的贸易信息，实现金融机构对贸易融资的投放与回收的专户管理，解决资金闭环问题，从而实现全流程的管控和可视，提高贸易和融资效率。

基于架构在“易见区块”平台上的供应链服务模型，供应链上的各参与方，包括核心企业、上下游中小企业、银行等资金提供方等，将供应链中的物流、商流、资金流、信息流在线化，实现“四流”相互交叉验证核对和贸易可视、透明、不可篡改，为金融机构提供贷前预审及贷后管理辅助功能。供应商在平台上发起融资需求，由金融机构进行响应，由核心企业进行确权，由易见区块提供平台服务，由金融机构为供应商提供融资服务。这种“四流合一”的模式，有效扩大了金融机构的低风险资金投放，提升了供应商的资金周转率，降低了融资成本，优化了核心企业的采购环境（见图 6－20）。

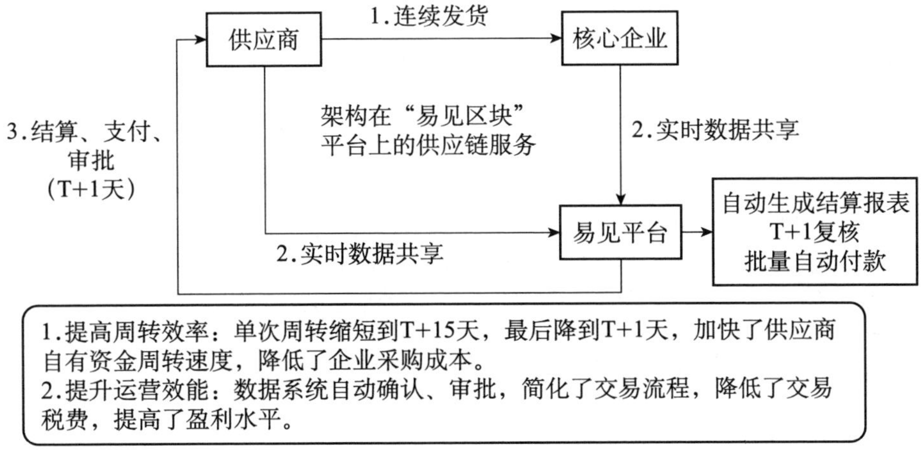

图 6－20　易见供应链融资服务模型

平台可呈现贸易合同、订单、发货单、收货单、单笔结算单、结算汇总单等信息。通过平台“贸易背景表”，用户可以查看中间每个环节的详细数据。由于数据在线且通过了“四流”的交叉比对，供应商可以大大缩短回款周期，由原来的 90～180 天缩短到 15 天，最后可实现最快 1 天回款，加快了供应商自有资金周转，降低了企业采购成本。

在这种供应链服务模型中，区块链技术的应用解决了数据真实性问题，结合可溯源的跨链数据访问，通过技术实现了增信和增量。金融机构由于能够获得真实的贸易数据，可以基于核心企业信用为上游供应商授信，向供应商提供融资服务，解决了中小企业供应商融资难的问题；同时也缓解了核心企业的支付压力，盘活了核心企业的资金。

6.8.1.3 易见 ABS

易见 ABS 借助区块链不可窜改、数据可追溯等优点，有效解决资产证券化过程中存在的环节多、流程复杂、底层资产透明度低等问题。

（1）应收账款资产证券化涉及的系统和参与方

以应收账款为底层资产进行资产证券化的过程中，涉及多家参与方以及不同的系统。通过使用“易见区块”来形成底层资产，由资产管理系统易见 ABS 进行资产管理，最终将全部数据导入交易所，完成发行以及发行后存续期的信息披露，如图 6－21 所示。

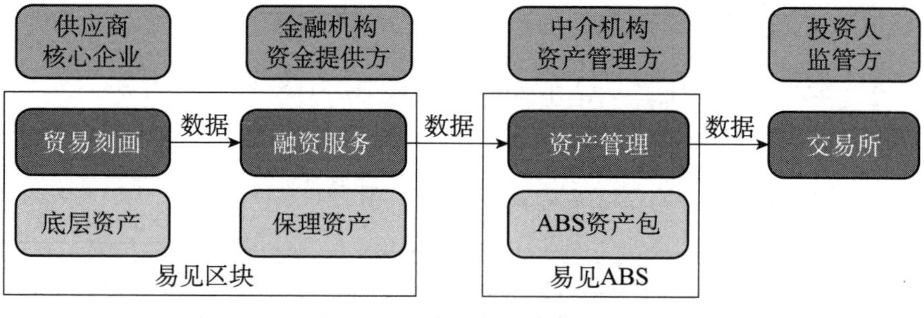

图 6－21 易见 ABS 动态资产管理产品解决方案

（2）动态资产管理

易见 ABS 对入池资产从数据源头进行穿透管理，每个资产的状态和属性都对应于“易见区块”中的应收账款。易见 ABS 对资产属性进行实时监测，并对存续期内资产包超出设定值的资产条目进行预警。对所有数据从源头进行系统管理，发行期及存续期的所有操作均由系统记录上链，并保留相应附件，降低人工处理产生的错误率，实现全链条在线协同，提高效率，保证操作可视、数据可溯源。通过对资产数据的分析和交叉比对，可以根据属性和趋势对资产包中的资产进行分类，并对资产包的健康状况进行评估。易见 ABS 解决了资产证券化过程中信息不透明、披露不充分的问题。同时有效保证了资产自身数据和资产管理过程数据的真实性，实现全流程的价值转移和信用转移。

（3）底层资产全量信息披露和穿透式管理

易见 ABS 主要是作为资产管理工具来设计和开发的。但由于其刻画了资产形成、审核、发行、循环及成熟的全生命周期，并利用区块链技术保障了数据的真实性和不可窜改，使整个系统实现了信息闭环，能够准确把控资产的真实性和风险，事实上为底层资产全量信息披露和穿透式管理提供了有效支撑。

6.8.2　复杂美海平线“海票惠”票据撮合系统

杭州复杂美科技有限公司（以下简称“复杂美”）成立于 2008 年，拥有撮合交易系统低延时、高并发技术。2013 年启动区块链、智能合约的研发。公司总部位于杭州，并在上海、南京设立分部。目前，公司主要项目方向是区块链票据、应收款、预付款、仓单抵押、积分、交易所等，已在海航海平线、美的金融、电力巨头等多家世界 500 强企业正式上线区块链项目。

6.8.2.1　“海票惠”方案背景

复杂美区块链票据交易所是一个使用区块链技术的票据交易系统，由复杂美开发，为用户提供票据融资、票据投资、债权转让等服务，并且每张票据的录入、挂牌、摘牌、承兑信息都被写入区块链，投资者可随时查询，数据真实、不可窜改伪造，交易记录可作为证据保全。

海平线“海票惠”票务撮合系统是复杂美针对海航集团设计的票据交易所。“海票惠”利用区块链技术，汇集企业商业票据信息，对接多渠道资金方，有效解决中小企业融资问题。融资方与资金方的交易在极具公信力的区块链上完成，使得智能合约上的票据信息、参与方信息和交易信息不可窜改，可轻松解决票据交易的信用缺失问题。

6.8.2.2 复杂美区块链＋供应链金融解决方案

（1）系统功能介绍

注册登录号码

用户使用手机号码、邮箱、用户名注册登录，分配私钥和公钥地址，并与账户绑定。

实名认证、CA 认证、企业授信

实名认证：企业用户首先填写企业全称、证号、开户银行等信息，然后平台随机给企业的开户银行汇款，最后企业将实际收到的金额数在平台实名页面输入，确认正确即通过实名认证；未来个人用户可以直接使用四要素（姓名、身份证号、某张银行卡、该银行预留手机号）完成实名验证。

CA 认证：对接第三方数字证书安全管理中心，对于实名的用户，CA 可用私钥签名认证，绑定用户与公钥，并写入区块链。

企业授信：信息平台根据企业的信息、信用等大数据，给予初始的信用额度，企业可在此信用额度内，获得票据融资，此授信可由海平线随时调整。

票据融资

①电子商业汇票系统（electronic commercial draft system，ECDS）开票、收票：借款人通过 ECDS 系统，收到票据。

②申请票据融资：借款人提供票据基本信息与 ECDS 票据截图，填写票据融资细节并申请借款，平台后台人员对票据信息与融资细节的一致性和可行性进行初级审核。

③平台发行数字票据：平台初审通过后，发行专属的数字票据资产。因为目前的业务需求是不拆分，直接进行单笔背书转让，所以只需发行 1 个专属的数字票据资产即可，即 1 张票据和 1 个专属票据资产。该票据资产发送至借款人账户中，显示在借款人持有的票据列表中，操作状态为“转让”。

④挂牌转让：借款人点击“转让”，该票据项目进入票据列表，可供投

资方筛选（如果借款人曾经有过不诚信行为，可要求预交融资额的 10%作为保证金，交易成功后退还），在区块链上，这 1 个专属票据资产将被发送至平台智能合约约定的地址中。

⑤撤销挂牌：借款人因自身原因，需要放弃借款融资，可在转让票据列表里找到这张票据，点击操作状态“撤销挂牌”。这时，专属票据资产回到借款人账户中。

⑥平台摘牌：投资人选择了这张票据，确认接收票据的银行后，点击“投资”，投资人账户里等值票据融资额的数字结算资产将被发送至平台智能合约约定的地址中。

⑦ECDS 背书转让票据：借款人在转让的票据列表中，可以看到自己的票据状态变成“已摘牌”，这时它可通过 ECDS 将票据背书转让给投资人。

⑧确认票据权利转移：投资人在投资的票据列表中，可看到这张投资的票据，操作状态有“收到票据”和“撤销交易”：收到票据，就是确认票据已经到自己的 ECDS 系统中，可以执行合约，完成交易。撤销交易，理由可以有：票据与实际不符；借款人超过 4 小时未转让，并提供截图证明。此时平台介入核查，如果属实，该笔票据交易撤销，并相应追责。

⑨执行智能合约：数字结算资产发送给借款人，专属票据资产发送给投资人。

⑩票据核销：在投资人的持有票据列表中，可以看到这张票据，操作状态为“已承兑”，一旦该票据到期承兑，投资人需确认已承兑，则这 1 个专属票据资产将被发送至平台账户，平台对其进行核销，该资产不再流通。

（2）技术实现

区块链交易所架构

区块链交易所采用 Kubernetes 管理调度系统（见图 6－22），它由硬件层、虚拟层、区块链层、接口层、UI 层、代理层以及防火墙构成。后端区块链采用 Kubernetes 管理调度系统，为负载大的容器提供了编排和管理能力。Kubernetes 编排使得多容器的应用服务得以搭建，可在集群上调度或伸缩容器，以及管理其健康状态。硬件层提供区块链运转硬件设施；虚拟层提供区块链底层开发环境；区块链层完成区块链开发运转；接口层完成系统业务逻辑；UI 层为用户提供操作界面；代理层优化系统运行速度及处理能力；防火墙为系统提供安全保障。

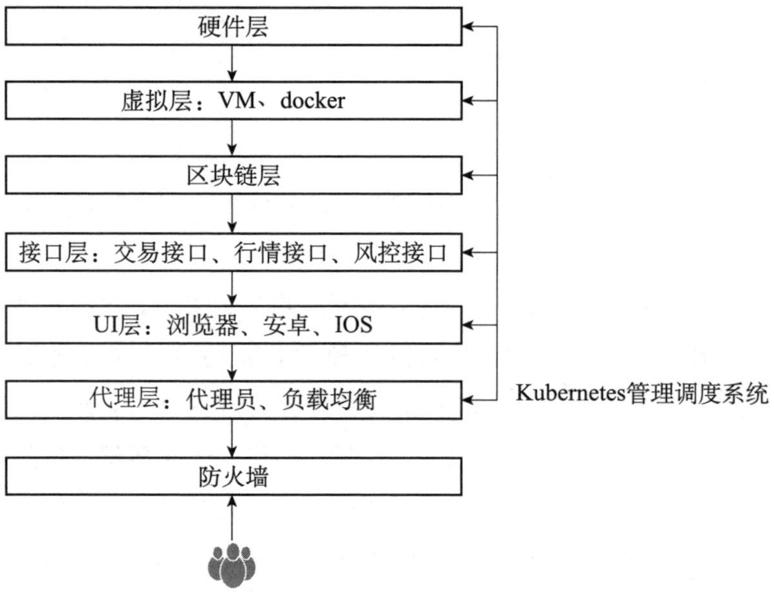

图 6-22　海平线区块链交易所架构

区块链浏览器

区块链浏览器提供了区块信息查询功能，包括对区块、区块详情、操作、交易记录、交易详情、地址列表、票据信息等的查询和搜索功能。具体查询信息如下：

①查询区块列表页：包括区块高度、哈希、产块时间、交易笔数、产块节点等。

②查询区块详情页：包括区块高度、哈希、父块哈希、产块节点、随机数、根哈希、难度、时间、区块大小、区块内交易列表。

③操作查询页：包括账号操作记录、操作时间、票据承兑人、票据贴现费、贴现率，交易双方可按照操作类型录入、挂牌、摘牌、收票筛选记录。

④交易列表页：包括交易哈希、所属区块高度、时间戳、交易类型、交易数量、发送地址、目标地址、合约地址等。

⑤交易详情页：交易哈希、所属区块高度和哈希、时间戳、合约地址、发送地址、目标地址、交易类型、交易细节、第三方签名标志等。

⑥地址列表：普通地址、合约地址，点击地址，进入地址详情页，可查询所有相关交易记录。

⑦搜索引擎：根据区块高度、哈希值、公钥地址跳转相关页面。

⑧票据查询：根据票据编号、承兑人、票据金额、到期日查询。

（3）业务流程

票据背书转让流程

票据背书转让系统（见图 6 - 23 和图 6 - 24）实现了区块链数字资产和数字票据在企业之间的流转。背书转让流程包括：

①当一笔订单生成后，收票企业或借款人提供货物交于收货商，收货商（即出票企业或承兑人）使用汇票进行支付。

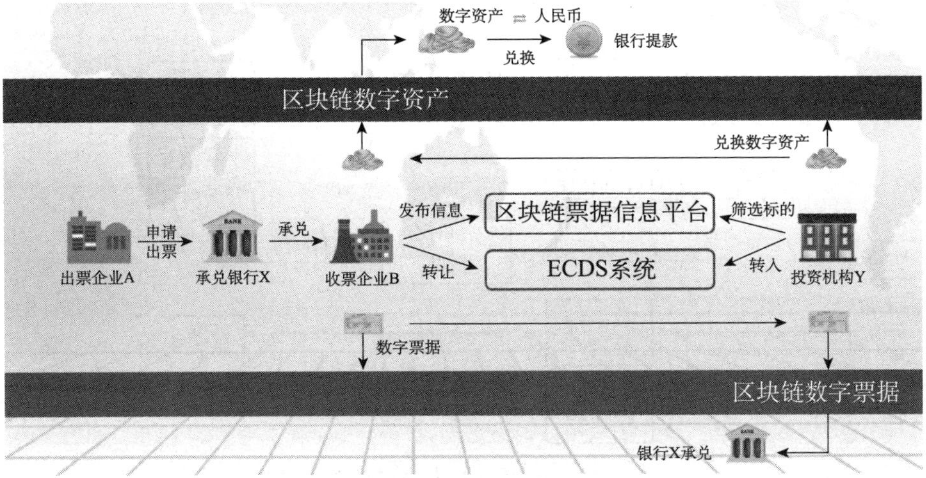

图 6 - 23　海平线票据背书转让流程（1）

②当汇票生成后，出票企业将商业汇票信息数据上传至 ECDS 系统中，ECDS 系统负责出票、收票和票据担保。

③当ECDS系统成功生成汇票后，出票企业在票据平台上申请出票，申请信息将上传至担保机构（银行、非银金融、保理、P2P平台等）等待审核。

④当担保机构通过审核后，该笔票据归收票企业所有，可兑换成区块链数字资产，或用于融资和交易。该数字票据信息将被上传至区块链中，生成数字票据资产合约地址。

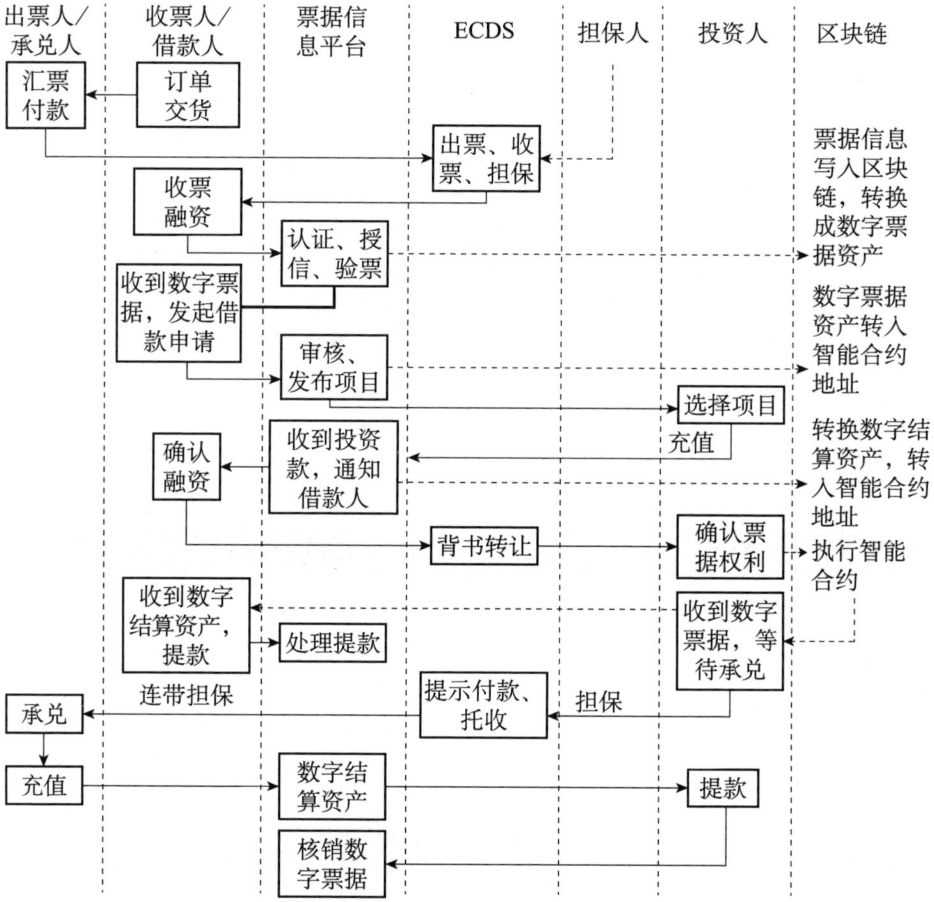

图6-24　海平线票据背书转让流程（2）

⑤收票企业可将票据信息发布至区块链票据信息平台，或者在ECDS系统进行转让。

⑥投资机构可将资金转入ECDS系统以获得数字票据的所有权，或在

区块链票据信息平台筛选标的，对选中的票据进行支付之后，同样能够获得票据的所有权。当有资金方选择企业票据时，票据撮合平台将收到资金方转入的资金，并记录在区块链上，同时发行数字结算资产，转入智能合约地址；同时平台通知收票企业有新的一笔交易等待操作。

⑦当票据背书转让完成时，投资人确认票据后，区块链后台将执行智能合约，投资人将收到票据资产地址，出票企业将收到出资人的资金资产地址，完成整套票据背书转让流程。

⑧区块链数字票据可由担保机构或银行进行承兑，数字资产换成人民币后可提款于银行卡中。

区块链智能合约执行流程

融资企业将手中的数字票据上传至海平线的海票惠平台后，会生成一个安全的票据地址，并存储在区块链中。当某企业将手中的流动资金转换为数字资产时同样会生成一个数字资产地址，同样存储在区块链中。当协定达成时，区块链的智能合约撮合系统将会自动执行，将融资企业的票据地址提供给出资企业，将出资企业的资产地址转移给融资企业。智能合约系统有效地解决了传统票据背书中先给票还是先给钱的问题，借助智能合约，双方无须信任即可完成票据交易，打造了电子商票交易行业的支付宝（见图6-25）。

6.8.2.3　未来发展需要解决的问题

（1）交易时限

票据撮合系统致力于为企业用户提供快捷方便有效的交易，但受交易条件所限，资金方预支付款项需要存入可信账户中，即银行系统。海票惠票务系统与中信银行达成合作协议，将企业资金安全保存在中信账户中。由于银行自身体制，资金处理时间仅在工作日工作时间内。如果企业在非工作日工作时间在平台进行出入资金操作，操作记录会被延时处理，为企业的便捷操作带来一定困难。

央行数字货币的发行将有效解决这类问题。央行提供了国家级的可信平台，数字货币的交易能成功解决人工处理交易操作的痛点。每笔交易都记录在案，减少了人工审核的繁杂手续，提高了企业间票据背书效率。

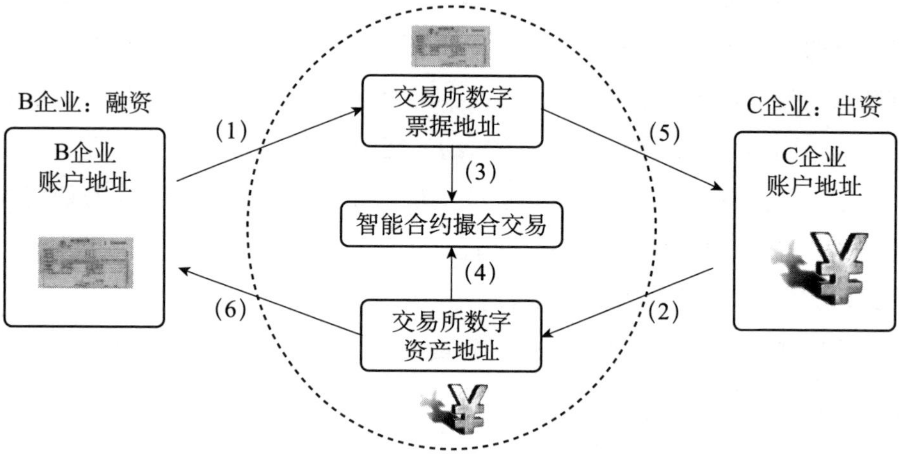

图 6-25　海平线票据交易所的区块链智能合约执行流程

（2）ECDS 系统票据同步

在海票惠平台中，持票企业需要上传票据信息并通过后台审核后才能进入平台交易系统。当交易完成时，同样需要通过 ECDS 系统转让票据。在整个票据转让流程中涉及了多次与 ECDS 系统的交互，降低了用户体验。

若 ECDS 系统可以与票务平台进行合作，将票据信息在海票惠平台进行同步，企业用户将无须在两个平台切换操作，可增强操作的便利性和用户满意度。

（3）中小企业信用累积

银行或金融机构出于风控原因，在大多情况下只愿意对核心企业及其一级供应商提供保理业务或融资。简单来说，中小企业因信用记录不够好，即便握有应收账款也无法进行融资质押，这就使得企业运转资金限制较高，需求无法得到满足，业务量受限，进而影响整个供应链体系。

区块链作为“信任机器”的一种，具有可溯源、高度共识和不可窜改的特性。以往的纸质交易纪录不利于被保管和公开检验；运用数字签名身份认证，中小企业把应收或者应付账款记录在区块链上后，可有效累积自身信用积分，解决融资信用不足的问题，提高资金运转效率。这种模式把整个商业体系中的信用变得可传导、可追溯。

（4）应收款拆分打包

供应链体系内，不同企业间应收账款的金额差别较大，企业在进行票据背书或应收账款质押融资时，会受到各种客观限制，例如票据不可分拆，导致二级供应商等无法再利用核心企业的良好信用进行融资。但是，区块链将核心企业的应付账款进行拆分支付或打包支付，可以加速中小企业资金周转，降低其融资成本。

应收账款或应付账款在区块链的逻辑中，可被视为是一种数字资产，在公开透明、多方见证的情况下对资产进行拆分和打包，本质上是实现了信用的流转。

第 7 章
负责任的运营（一）：智慧供应链金融可持续化

7.1 引言

供应链金融的本意就是通过对供应链中商流、物流和信息流的把握帮助优质中小企业解决融资难融资贵的问题，通过持续有效的供应链运营来推动资金在组织间的合理配置和流通，同时运用资金流进一步优化供应链，最终能够将所有供应链利益相关者有效地组织起来，实现共赢，达到企业、合作伙伴、产业和社会长期持续发展的目标。显然，这一目标隐喻着供应链社会责任的含义。供应链社会责任是近年来实业界和学术界关注的重要话题，其基本的内涵是首先要求企业自身能够履行社会责任，并将社会责任行为嵌入到治理和管理框架中去；其次，社会责任不是某一家企业的独立行为，它需要在广泛的合作伙伴范围内扩散。因此供应链社会责任准则是从整体上看待企业的社会责任行为，不鼓励企业只在自我范围内履行社会责任，而不顾及对上下游企业社会责任承担能力的影响。

尽管企业社会责任的探索有着很长的历史，但是将社会责任置于供应链场景却只有不到二十年的历史（Maloni & Brown，2006），Poist（1989）较早提出需要在供应链中考虑社会责任问题，即供应链运营中除了考虑经济要素外，还需要增加社会要素，从而确立全面的责任体系。Murphy 和 Poist（2002）认为尽管很多企业在社会责任考虑方面行动较为迟缓，但是社会责任在供应链中的重要性与日俱增。之后供应链社会责任得到了学术界和实业界的广泛关注和探索（Carter & Jennings，2002；Maloni & Brown，2006；Carter & Rogers，2008；Cruz，2008；Andersen & Skjoett-Larsen，2009；Salam，2009；Spence & Bourlakis，2009；Awaysheh & Klassen，2010；Park-Poaps & Rees，2010；Tate，Ellram & Kirchoff，2010）。最具代表性的观点认为供应链社会责任不同于以往的企业社会责任（corporate social responsibility，CSR，指的是企业超越法律合规基础，将社会责任行为融入其核心价值观，以实现更为良好的商业利益）以及企业社会监督（corporate social watchdog，CSW，指的是企业通过制定标准并根据公司的价值观和期望来指导交易伙伴或对手），而是对供应链中除狭隘的经济、技术和法律要求之外的问题的全方位考虑和回应，以实现社会（和环境）利益以及该供应链中每个成员所寻求的传统经济收益（Spence & Bourlakis，2009）。供应链社会责任一般被认为具有四个特点：一是全链实现社会（环境）效益；二是供应链中所有的主体都具有合法性和发言权；三是利益相关者之间能够形成真正的合作关系；四是通过不同的供应链组织方式确立伦理道德（Maloni & Brown，2006；Spence & Bourlakis，2009）——显然，前两点关注的是供应链可持续的问题；后面两点则是从环境和商业文明的角度看待社会责任。

供应链社会责任问题同样也是供应链金融开展的基础，一方面供应链金融如何能够更广泛地服务于中小微企业，特别是以往较难服务的对象（特别是金字塔底部的人群），让其平等、合理、有效地进入供应链金融服务领域，进而在实现经济利益的同时（即灵活、低利率获得资金），实现社会效益和环境效益，做到供应链金融发展的可持续；另一方面供应链金融应当如何组织协同，特别是确保运营制度环境的合理性，确立具有商业文明的体系，这都是当今供应链金融发展的关键问题。本章将主要探索前一方面的问题，即供应链金融可持续问题；下一章将主要探索供应链金融的环境和伦理，即制度和商业文明建设。本章主要从可持续的角度探索供应链和供应链金融的关键要素，进而结合供应链金融未来发展最为重要的两个领域——农业和循环经济，探索可持续供应链金融的运营模式。

7.2 可持续供应链与可持续供应链金融

对社会和环境的关注一开始是独立于经济因素进行考虑的，之后逐步成为与经济因素共同作用的完整体系，从而形成了供应链社会责任的概念，进而进化到了可持续供应链概念（Carter & Liane Easton，2011）。并且这一概念逐步与供应链金融相融合，产生了可持续供应链金融（sustainable supply chain finance，SSCF），使得供应链金融如何从可持续的视角进行管理，并且通过供应链金融实现可持续发展成为当今供应链金融研究的重要方向。

7.2.1 可持续供应链管理

供应链领域对可持续的关注，一开始是零散、片段化的，即环境、多样性、安全等因素都是独立地在供应链中被加以研究，而没有从整体上予以探索，并且最初对这些因素的探索尚未与供应链中的经济因素紧密结合。事实上，早在20世纪90年代末至21世纪10年代初，已经有学者开始探索供应链中的绿色因素（Green，Morton & New，1998；Walton，Handfield & Melnyk，1998；Beamon，1999；Van Hoek，1999；Bowen，Cousins，Lamming & Farukt，2001；Hall，2001；Rao，2002），例如Bowen、Cousins、Lamming和Farukt（2001）就是早期提出将环境因素纳入采购供应链中的学者。这些研究认为绿色供应链应当将环境因素整合进供应链管理，使整个供应链包括产品制造、原材料采购与选择、生产、将产品专递给客户，以及使用周期结束后的回收等全流程（Srivastava，2007）。之后的研究开始逐步拓展了供应链领域的这些要素，开始从单一的环境因素，丰富到环境、社会和经济，即三重底线（triple bottom line）。三重底线最初是由英国学者Elkington（1999）提出的，他认为就责任领域而言，企业社会责任可以分为经济责任、环境责任和社会责任。经济责任也就是传统的企业责任，主要体现为提高利润、履行纳税责任和对股东投资者的分红；环境责任就是环境保护；社会责任就是对于社会其他利益相关方的责任。基于这一理论框架，很多学者将其运用于供应链领域，并且形成了可持续供应链的整体框架（Carter & Rogers，2008；Seuring & Müller，2008；Pagell & Wu，2009）。

Carter 和 Rogers（2008）提出可持续供应链是在跨组织流程中，通过战略性、系统整合来实现组织的社会、环境和经济目标，以改善单个公司及其供应链的长远经济绩效。并且在研究中，他们提出这三个因素与供应链密切相关，实施可持续供应链的企业要比采用单一因素或者某两个因素的企业能够获得更高的经济绩效。这是因为能够整合社会、环境资源或知识的供应链难以为竞争对手模仿，从而产生了竞争优势。该研究指出，实现社会和环境目标并不是不考虑经济因素，否则可能会因为实施的成本代价过高，而对经济收益产生挑战，因此，要实现可持续供应链需要同时考虑社会、环境和经济因素，并且需要从战略、组织文化、风险管理和透明性几个方面合理地组织和管理（见图7-1）。

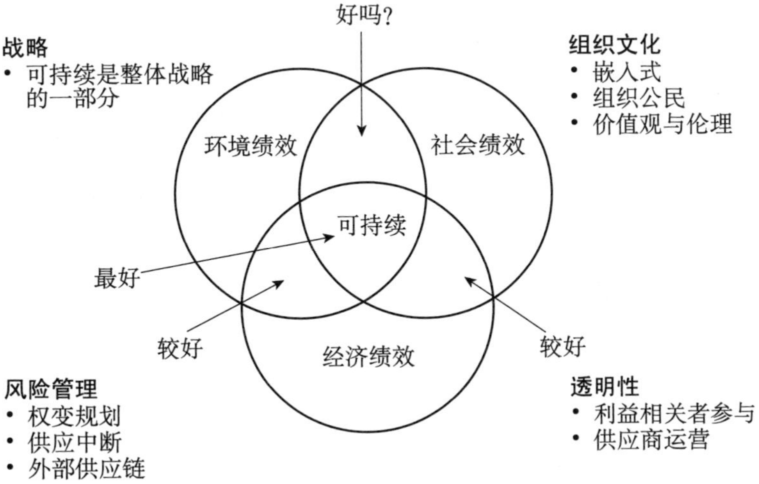

图7-1 可持续供应链整合框架图

资料来源：CARTER C R，ROGERS D S，2008. A framework of sustainable supply chain management：moving toward new theory. International journal of physical distribution & logistics management，38（5）：360-387.

第二篇对可持续供应链进行探索的典型文献是 Seuring 和 Müller（2008）的研究，他们基于 1994—2007 年 191 篇文献的综述，提出了一个综合性的框架。该研究首先探索了触发企业实施可持续供应链的因素，研究认为三个来源构成了实施可持续供应链的压力和激励，即政府、客户和利益相关者，企业在接受来自这三个来源的压力和激励下，会将这种压力传导给供应商，从而推动了两个方面的可持续供应链战略，即供应商风险和绩效管理（见图 7 - 2）以及可持续产品供应链管理（见图 7 - 3）。

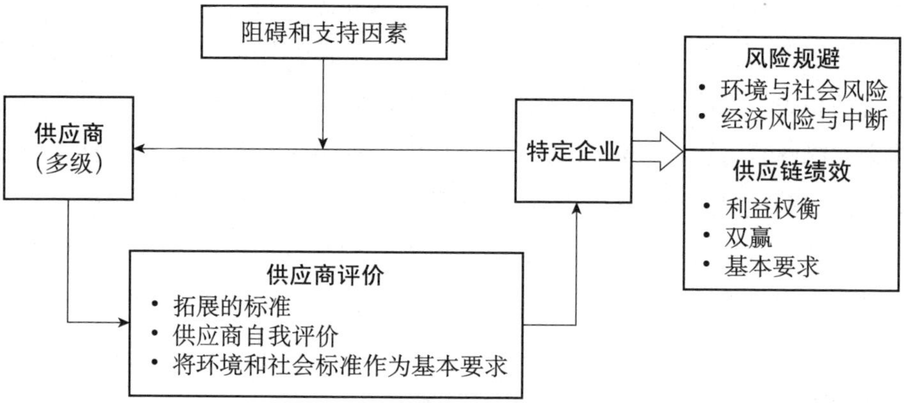

图 7 - 2　供应商风险和绩效管理

资料来源：SEURING S，MÜLLER M，2008. From a literature review to a conceptual framework for sustainable supply chain management. Journal of cleaner production，16（15）：1699-1710.

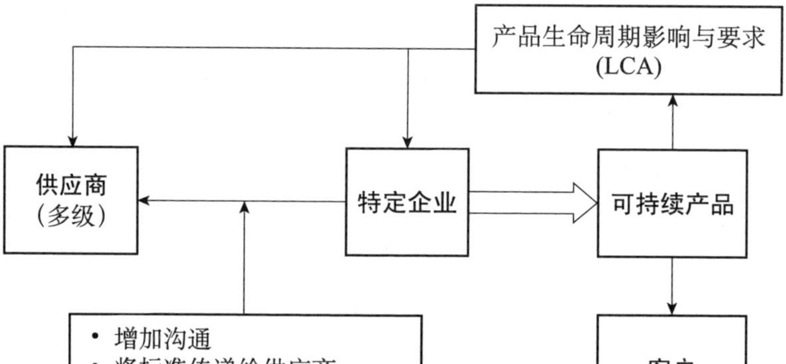

图 7 - 3　可持续产品供应链管理

资料来源：SEURING S，MÜLLER M，2008. From a literature review to a conceptual framework for sustainable supply chain management. Journal of cleaner production，16（15）：1699-1710.

在供应商关系方面，Seuring 和 Müller（2008）探索了可持续供应链的几个主要障碍因素（按照重要程度划分），这些因素包括：高额成本、协调与复杂性以及供应链中的沟通不充分或者缺乏沟通。而促进因素包括：沟通、环境和社会管理体系（如 ISO14000 或 SA8000）、监督/评价/报告/制裁、采购管理人员和供应商的培训教育以及将可持续性整合进企业的整体战略。其中沟通既是阻碍因素，也是促进因素，他们认为供应链合作伙伴之间的共同努力会降低这种沟通成本。另一个他们认为的重要因素是环境和社会管理体系（ISO14000 等），这是监督和控制企业行为，以实现最低要求的保障。

第三篇有关可持续供应链的研究论文是 Pagell 和 Wu（2009）的研究，他们基于对 10 个案例企业的研究，提出了指引管理者发展可持续供应链的框架。他们认为实施可持续供应链与单纯从事供应链的企业领导者在行为上具有很大差异，因此，要发展可持续供应链就需要在这些方面做出努力。这些因素包含了五个方面（见图 7－4）：第一，共性、认识和导向。采用可持续的供应链需要将可持续性作为一种共识融入整个供应链体系，特别是将相应的因素与商业模式、品牌和决策紧密结合。第二，确保供应商的连续性。可持续供应链领导者努力确保其所有成员保持业务，使其能够蓬勃发展、进行再投资，从而推动创新和发展。因此，企业会采用一些有效的激励手段帮助供应商实现可持续，诸如提供长期合约或者帮助供应商获得其发展必要的资源。用于帮助供应商在可持续发展问题上表现优异的一些激励措施是提供长期合同和获取供应商开发资源，或支付高于市场价格的费用。进而，买家通常会要求供应链流程更加透明，例如有关资金流动的更详细信息。可持续供应链领导者将透明度视为社会责任的一个重要因素，因为它有助于确保链条中没有任何成员被欺凌。第三，重新界定供应链及其参与者。可持续供应链领导者通常会与其他利益相关者合作，例如非政府组织、地方政府甚至竞争对手。第四，供应链管理实践。可持续供应链领导者通常将供应商选择决策与可持续发展目标联系起来，与供应商合作以帮助实现可持续发展目标，或者对供应商的社会或环境行动和结果进行认证。大型买家通常直接向供应商索取信息。此外，可持续供应链领导者的另一个共同特征是他们通过一些人力资源政策投资人力资本，从而提高员工福祉和对组织的承诺。第五，测量。Pagell 和 Wu（2009）研究的一个引人注目的发现是，供应链可持续发展领导者也在努力衡量其环境和社会活动的影响。当可持续供应链实践扩展到供应商时，测量复杂性会增加。他们的研究发现一些公司初步使用了生命周期分析法，但是这种测量也仅仅是衡量了供应链中的环境因素，而没有充分考虑社会因素，因此，如何全面地测度经济、环境和社会是可持续供应链发展的挑战。

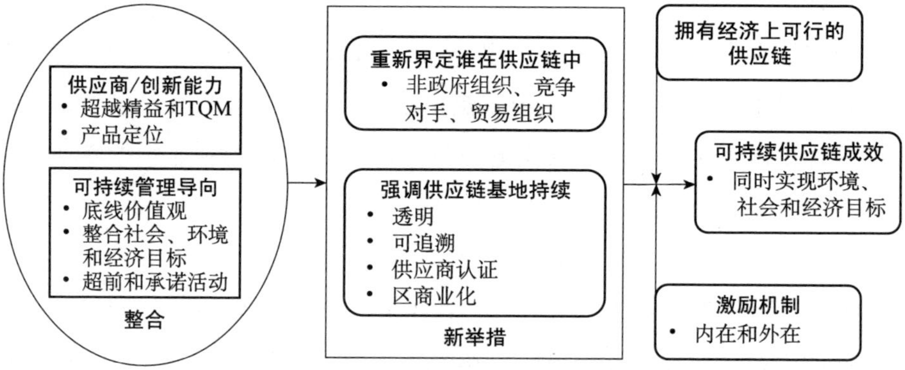

图 7-4　可持续供应链管理实践框架

资料来源：PAGELL M，WU Z，2009. Building a more complete theory of sustainable supply chain management using case studies of 10 exemplars. Journal of supply chain management，45（2）：37-56.

在可持续供应链探索中，除了实施的整体框架外，还有一个方面是很多理论界和实业界关注的话题，即环境与社会管理体系。环境与社会管理体系指的是国际上制定的规范管理行为的标准或准则。在环境方面主要是 ISO14001 和可持续供应链之间的关系（Nawrocka，Brorson & Lindhqvist，2009；Curkovic & Sroufe，2011；Chiarini，2012；de Sousa Jabbour，Jabbour，Latan，Teixeira & de Oliveira，2014）。ISO14001 要求企业制定和实施考虑环境要素的政策和目标，并且需要体现法律要求和其他要求，以及揭示相应信息。显然，ISO14001 涉及整个供应链生产过程，而不是产品本身。为此，它还专门涉及可以进行审核或认证的流程，该标准的实施遵循五步：计划、执行、检查、行动和持续改进，这些都对可持续供应链的实现产生重要的作用，特别是在外部供应商的沟通和管理方面，具有重要的促进效应（Curkovic & Sroufe，2011；Chiarini，2012）。也有的研究指出ISO14001在推进与供应商协同方面具有良好的作用，然而要实现这一目标，也需要组织内部不同功能和部门之间的协同，即内部供应链与外部供应链的协调，只有这样，ISO14001才能真正产生作用（Nawrocka et al.，2009）。除了ISO14001之外，另一个有关可持续供应链发展的管理体系是SA8000，SA8000即“社会责任标准”，是Social Accountability 8000 International Standard的英文简称，是全球首个道德规范国际标准，其宗旨是确保供应商所供应的产品符合社会责任标准的要求，其内容涵盖劳工、健康安全、工作时间、工资和管理体系等。很多研究认为供应链可持续往往应在一级供应商中实施，然而上游级数越高，社会责任的落实就越容易遇到挑战，而SA8000的实施能够帮助降低因为供应级数增加而产生的信息不对称，真正实现可持续供应链（Ciliberti，de Groot，de Haan & Pontrandolfo，2009）。近年来还有一个管理体系被认为是推动可持续供应链发展的重要管理体系，即国际标准组织2010年发布的ISO26000，ISO26000将企业社会责任转变为社会责任，这就意味着该体系不仅面向商业组织，而且适应于各类机构和组织，因此，将广泛的利益相关者纳入可持续的范畴。此外，与ISO9000主要关注质量管理不同，ISO26000提供了更为全面的供应链方法，包括扩展上游和下游的参与，以及整合环境方法，如回收或生命周期评估等，因此，该体系的采用会使企业得到很多利益相关者的认同，形成并发展供应链网络和伙伴关系（Castka & Balzarova，2008）。

从上述研究中可以看出，可持续供应链强调了整个供应链网络的持续发展，以同时实现经济、社会和环境的均衡发展，而为了实现这一目标，需要在三个方面做出努力：一是尽可能地均等容纳和推动广泛的利益相关者，特别是广泛的供应商网络，以共同制定可持续目标，产生可期待行为；二是在管理流程上能够沟通、协同各个参与主体的经营活动，使得供应链运营和行为实现透明化、可追溯化，并且通过这种行为能够有效地管理风险和不确定性；三是在管理要素方面，能够形成有效的文化和激励体系，使得每个参与主体能够在遵循三种底线的基础上，获得相应的资源和能力，实现长远发展。

7.2.2 可持续的供应链金融

随着对可持续供应链探索的深入，目前可持续供应链金融开始逐步引起了实业界和理论界的关注（Perez，2012；BSR，2018；Liang，Zhao，Wang & Li，2018；Tseng，Wu，Hu & Wang，2018；Canto-Cuevas，Palacín-Sánchez & Di Pietro，2019），可持续供应链金融是将可持续供应链与金融服务相结合，从而运用供应链金融实现可持续供应链，同时通过可持续供应链带动供应链金融的进一步发展。根据商务社会责任国际协会（Business for Social Responsibility，BSR）2018年的研究报告，可持续供应链金融为供应链中的供需双方带来了巨大激励，同时也为金融机构开辟了新的市场，进而会进一步改变供应链。报告表明目前全球供应链金融市场每年增长20%，加之数字化的发展，为可持续供应链金融创造了巨大契机，这是因为数字化使得任何组织都更容易获得可持续发展数据，并且运用这些数据开展供应链金融业务，该报告估计可持续供应链金融最终可以达到全球所有高度安全的可融资应付账款的三分之一，目前市场份额为6 600亿美元。

对可持续供应链金融的认识可以从可持续供应链绩效展现的程度以及相应组织资金介入的难度来分析（见图7-5）。任何供应链都是由大量供应商、核心企业和客户构成的网状结构，在这种结构中发生着大量的商流、物流、信息流和资金流。由于供应链往往涉及多级或多层（即1～n级供应商和客户），因此，站在核心企业的视角，供应链结构也可以分为三个层面，即直接供应链、扩展供应链和全局供应链。直接供应链是由核心企业、其一级供应商和客户构成的供应链，在这类供应链中可持续化较容易实现，对环境和社会的关注可以由核心企业来推动。此外，正是因为核心企业直接掌控上下游的业务（直接从事采购或分销），因此，一级供应商和一级客户介入金融资源的程度较高，也就是说供应链金融较容易实现，并且供应链可持续化与供应链金融较容易形成互动效应。在扩展供应链阶段，核心企业的上下游扩展到了二级，这时供应链可持续化尚能实现，这是因为核心企业可以敦促其一级供应商对上游及其采购行为履行三重底线原则，然而其控制的力度显然有所下降，这时二级供应商距离核心企业较远，介入金融资源的程度较弱，因此，可持续与供应链金融的互动作用开始下降。而到全局供应链阶段，这种状况变得更加明显。一般而言，供应链级数越高，越倾向于中小企业，受它们的资源能力限制，加之远离核心企业，因此，很难实现供应链可持续化，并且介入金融资源的能力也非常弱，而这种状况也将最终损坏核心企业的利益和可持续的实现。所以，愈发需要培育中小企业的可持续能力，通过增强其可持续能力进而推动供应链金融，同时通过供应链金融促使其可持续能力的形成和发展。这里的核心在于处于多级的中小供应商如何形成其可持续的资源和能力？此外，与其能力相对应的供应链金融是什么样的状态？两者之间应当是什么关系？

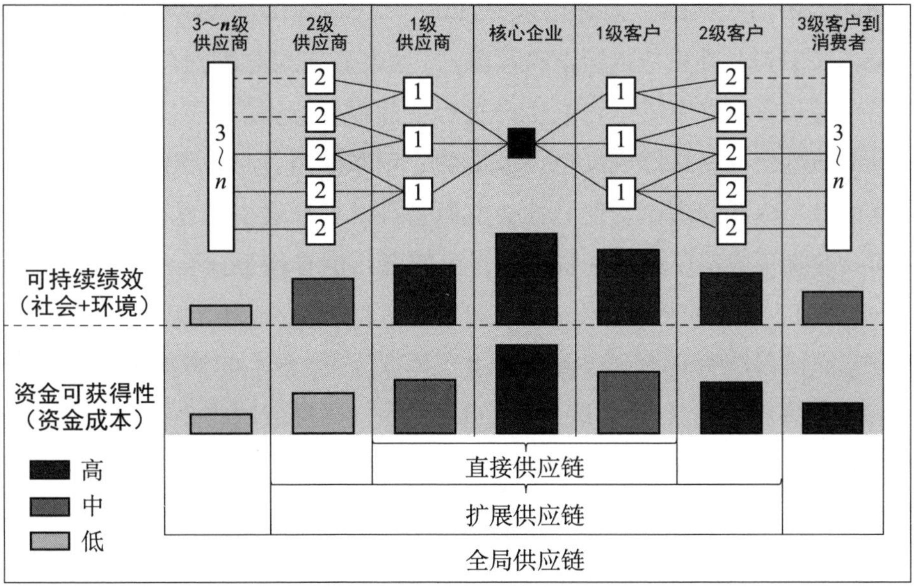

图 7-5　供应链网络可持续风险与金融介入非对称分配

要探究上述问题可以从自然资源基础观（natural resource-based view，NRBV）和社会资源基础观（social resource-based view，SRBV）的视角来

探索多级中小企业需要培育的差异化可持续能力。自然资源基础观是在资源基础观理论（resource-based view，RBV）的基础上发展出来的，企业的资源基础观要求企业把自身的内部因素和资源（包括外部环境因素）作为可持续竞争优势的基础（Barney，1995），而自然资源基础观是一种新的企业竞争优势理论，它认为企业的可持续竞争优势将会以其在经营活动中能否实现环境友好为基础（Hart，1995；Hart & Dowell，2011）。该理论把影响企业可持续竞争优势的环境行为分为三类：防止污染环境、产品管理和可持续发展。防止污染环境指的是将废物排放降到最低，并且在全生命周期实现这一目标。产品管理则是与利益相关者协同，退出危害环境的业务，重新设计既定产品以降低对社会环境产生的副作用，或者重新设计能够实现全生命周期绿色化的新产品。可持续发展要求企业持续投资或者长期承诺环境意识战略。自然资源基础观不仅能给企业带来竞争优势，同样也能使整个供应链充满活力（Guang Shi，Lenny Koh，Baldwin & Cucchiella，2012；Mena，Terry，Williams & Ellram，2014；Song，Yu & Zhang，2017）。在供应链运营和管理上，也存在着与之相对应的三种能力：一是保持和发展供应链运营或生产过程中的绿色化；二是实现供应链业务设计的绿色化；三是形成绿色供应链的意识和战略。与自然资源基础观相关联的另一个新的理论，便是社会资源基础观，社会资源基础观认为企业的可持续竞争力不仅取决于资源和自然资源，也有赖于社会能力（Tate & Bals，2018）。这种能力是被定义为利用内部和/或外部利益相关者关系以实现互惠交换目标的能力，这种能力主要体现为3C能力，即承诺（commitment，伦理和社会承诺）、联结（connection，与价值网络中的广泛合作伙伴协同）以及一致（consistency，通过行为的一致建立信任）。事实上，形成与具备这三种能力更容易实现三重底线，它是建立三重底线目标以及形成能力的前提。从社会资源基础观与自然资源基础观的关联上看，随着自然资源能力的发展（即从防止污染，经产品管理到可持续发展），社会资源能力也在逐步变化（即从承诺，经联结到一致的过程），因此，上述三种资源的建构共同形成了可持续供应链竞争力的要素（见图7-6）。

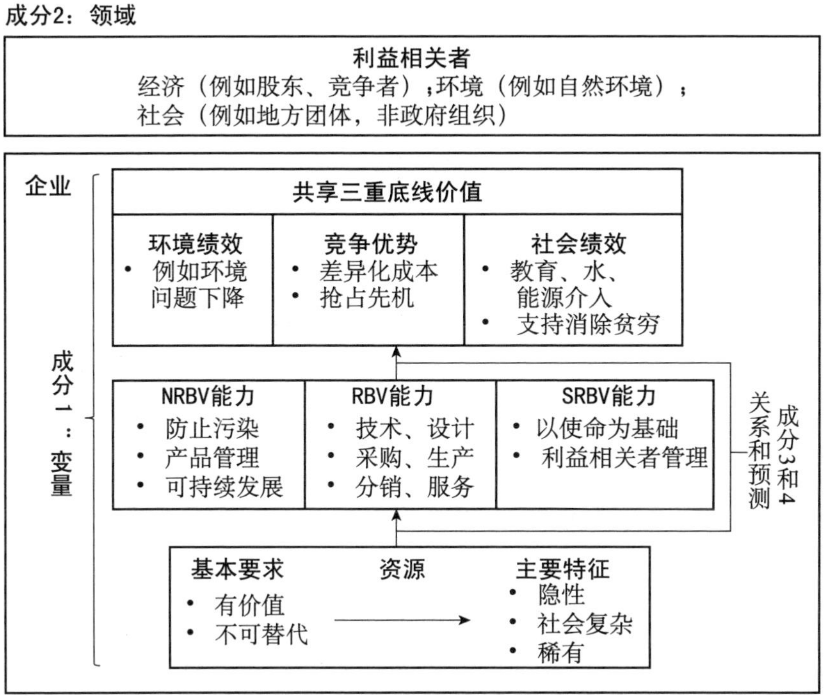

图7-6　RBV-NRBV-SRBV关系图

资料来源：TATE W L，BALS L，2018. Achieving shared triple bottom line (TBL) value creation：toward a social resource-based view (SRBV) of the firm. Journal of business ethics，152 (3)：803-826.

与基于社会资源基础观和自然资源基础观形成的能力相对应，供应链金融成为投资和确立可持续供应链的重要因素，不同的供应链金融方案有着不同的成本、收益和合作范围，可能与不同的资源能力相匹配，构成了可持续供应链金融体系（见图7-7）。如第2章所论述的那样，供应链金融是具有一系列解决方案的产品系，分别具有不同的关系属性，它分别涉及装运后、在途、装运前、战略性，其产品有的是市场型（如订单融资、仓单融资等），有的是关系型（如战略融资、预付折扣、信用融资等），不同状况的金融服务产品需要根据中小企业的资源能力以及可持续供应链的能力来决定，从而形成良好的交互关系。例如，污染防治与一些流程创新相关联，像TQM人员培训与发展等，这种可持续供应链的能力可以对应装运后或者在途的供应链金融服务，如保理、反向保理、存货质押、仓单质押等，以激励多级供应商按照可持续发展的要求，创新流程，强化相应的教育和培训。同理，如果是产品管理，即协同产品设计，要实现供应链技术设计的可持续化，就需要供应商进行大量的技术投资，这时与之相匹配的供应链金融是装运前金融服务，如订单融资和信用融资，因为此时尚未形成具体的业务产品，需要在设计和技术投资方面给予资金上的支持。到了可持续发展阶段，往往这时将可持续作为一种战略融入整个供应链体系的建设中，或者按照社会效益的目标，将更多的利益相关者纳入协同供应链体系中，以实现社会和环境的可持续性。这时需要大量的固定资产投资以及前期要素投入，为了适应这种要求，就需要一些战略性融资业务与之相匹配，甚至运用供应链金融才能更好地实现上述目标。由此可以看出，供应链金融与供应链可持续相互融合、相互作用：一方面供应链可持续发展的能力借助于现代 ICT 能够更好地转化为供应链金融评估的投入要素，从而促进了供应链金融产品的开发和运用（BSR，2018）；另一方面供应链金融同样能够通过有效的 ICT 促进供应链所有参与者不断提升可持续化的能力，最终实现社会、环境和经济三重底线目标。

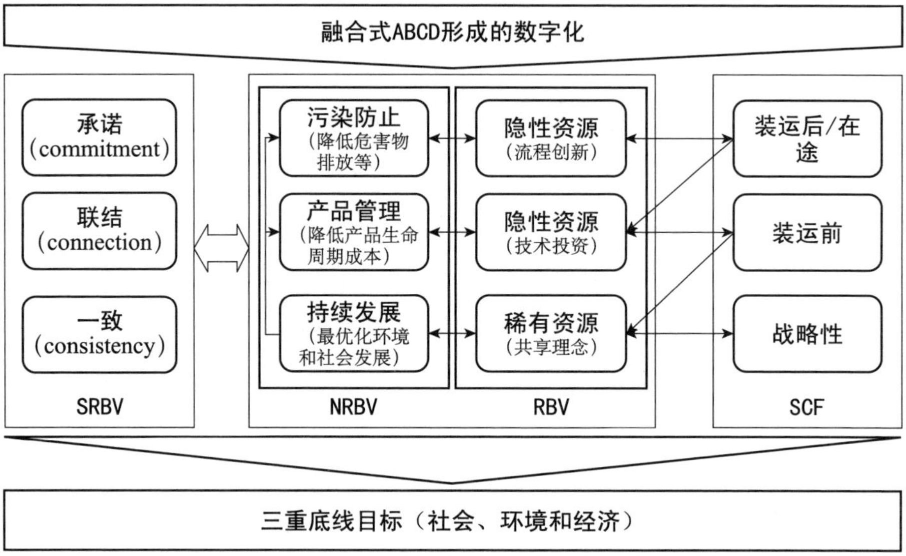

图 7-7　可持续供应链金融资源能力金融服务框架

具体来看，供应链金融在与可持续供应链的互动过程中，发挥了两类功能：一类是激励功能，即供应链金融作为企业是否实现可持续供应链能力的反映，被当作企业实现三重底线的正激励或负激励。换言之，企业及其合作伙伴把基于资源基础理论、自然资源基础观和社会资源基础观形成的能力及其行为作为供应链金融决策的输入因素，同时金融服务提供者（如商业银行）根据企业在供应链中展现的商业和可持续资源能力，来评价其竞争力，进而提供融资等金融服务，帮助企业加速现金流。另一类是赋能功能，即供应链金融作为企业实现可持续供应链的驱动力，来推动高阶可持续资源能力的形成，实现共享的三重底线目标。应当看到的是，激励功能和赋能功能的供应链金融有三个需要关注的问题：一是各自的特点和形态不尽一致。激励功能的供应链金融是一种反应性金融服务（reactive financial service），金融机构会根据企业以及合作伙伴的行为来决策是否提供金融服务以及金融服务相应的利率。总体上讲，这一类供应链金融偏向于交易性金融服务，因此，在途和装运后供应链金融产品大多属于这一形态。与之相反，赋能功能的供应链金融是一种前摄性金融服务（proactive financial service），供应链金融被当作企业与合作伙伴形成可持续能力的重要资源而投入，这是一种关系性的金融服务，因此，这类供应链金融一般利率较低，并且一定是基于长期合作导向所形成的信任，因为金融行为发生时往往并没有实际的交易发生和产品形成，战略性融资和装运前融资大多属于赋能功能的金融服务。二是无论是激励功能还是赋能功能的供应链金融，均需要完善的ICT作为支撑，以形成良好的可持续能力以及绩效管理体系。要合理评价谁具有可持续能力，以及可持续能力的程度如何，就需要完善的绩效评价和管理体系，并且建立良好的数字体系（Bai，Sarkis，Wei & Koh，2012；Estampe，Lamouri，Paris & Brahim-Djelloul，2013）。没有这一体系和信息化的支撑，供应链金融就无法做出决策，同时也无法判定是否应该及如何支持可持续供应链的建设。三是激励功能与赋能功能不是绝对割裂的，而是相互作用、相互影响的，并且与可持续实践存在互动。例如污染防治及其能力的形成推动了装运后以及在途供应链金融服务，而这种金融服务不仅激励了企业的上述行为，并且能够推动企业及其合作伙伴提升能力，并进一步推动产品管理的进化发展；同理，良好的产品管理能力又带动了装运前供应链金融，后者又会推动全面可持续能力的实现，并将实现战略性融资行为，如此往复，不断创新。上述特点构成了可持续供应链金融的内在要素。

7.3 农业供应链与供应链金融

作为可持续供应链及其金融服务的重要应用领域之一，如何推动农业供应链的可持续发展一直是政府、产业和社会关注的重点。2017 年 10 月国务院办公厅颁发的《关于积极推进供应链创新与应用的指导意见》指出“鼓励家庭农场、农民合作社、农业产业化龙头企业、农业社会化服务组织等合作建立集农产品生产、加工、流通和服务等于一体的农业供应链体系”。此外，还提出“推动建设农业供应链信息平台，集成农业生产经营各环节的大数据，共享政策、市场、科技、金融、保险等信息服务，提高农业生产科技化和精准化水平”。然而，由于农业生产的分散化、波动性以及经营主体的多样性，特别是如何帮助大量的农户有效进入产业供应链，实现在脱贫基础上的持续发展，同时合理地组织农业生产，实现绿色化、有机化、有序化发展，优化农业供应链的结构、流程和服务，运用 ICT 赋能农业供应链以及供应链金融是目前需要重点探索和创新的课题。

7.3.1 农业供应链及其挑战

7.3.1.1 农业供应链及其特点

农业供应链是通过农业与供应链结合，从而创造产业竞争力的一种新型组织方式，国际上一般有多种表述方式，诸如 Agri-food Supply Chain、Agro-Industrial Supply Chain、Agriculture Supply Chain 等，有时也被称为 Food Supply Chain。总体上讲，农业供应链包含了一系列“从土地到餐桌”的活动，包括农业作业（例如土地耕种、饲养等）、生产与处理、试验、包装、仓储、运输、分销和营销等活动（Iakovou，Vlachos，Achillas & Anastasiadis，2012）。农业供应链往往具有如下特征（见图 7－8）：第一，具有可持续供应链中涉及的各类流程，具体讲，农业供应链涉及的供应链运营活动有物流、金融、技术与各类服务活动，具体讲往往涉及五类活动：一是物流与产品流；二是资金流；三是信息流；四是处理处置流程；五是能源与自然资源（Tsolakis，Keramydas，Toka，Aidonis & Iakovou，2014）。第二，所有这些流程往往涉及各类不同的参与者和利益相关者，这些参与者或利益相关者包括公共管理部门和市场利益相关者。前者主要包括国家政府部门和相关管理部门、法规管理机构以及一些国际组织等。后者包括个体农户和种植者、农业合作组织、农机经营者、农业种植和肥料经营者、研发机构、农产品加工企业、农产品交易者、物流服务商、运输商、食品商店与连锁超市以及金融机构等（Tsolakis et al.，2014）。近年来，一些大型的农产品生产和经营企业，包括一些互联网公司开始进入农业产业领域，从而成了新参与者。第三，农业供应链与其他行业供应链相比，具有一些独特的要素，从而要求其中的参与者具有一些特定能力。Van Der Vorst（2006）提出农业供应链具有 10 个独有的特征，这包括①农产品在大多数情况下生命周期较短；②产品具有高度差异化；③收获以及生产经营具有季节性特点；④农产品投入加工的质量和数量具有变异性；⑤农产品运输、存储条件、质量和回收有特定的要求；⑥需要遵守有关食品安全和公共卫生的国家/国际立法、法规和指令，以及环境要求（例如碳足迹和水足迹）；⑦需要特定的管理属性，诸如可追溯和透明性；⑧尽管生产时间长，但仍需要昂贵的技术设备，以及保持较高的效率和生产率；⑨操作具有复杂性；⑩存在着明显的容量限制。第四，农业供应链会随着外部环境的变化而变化，农业产业环境的一些变化对产业供应链往往会产生巨大影响，这些环境因素包括城镇化、农业国内外市场的开放、农产品国际化、对食品安全的关注等，这些都会对产业供应链产生巨大影响。

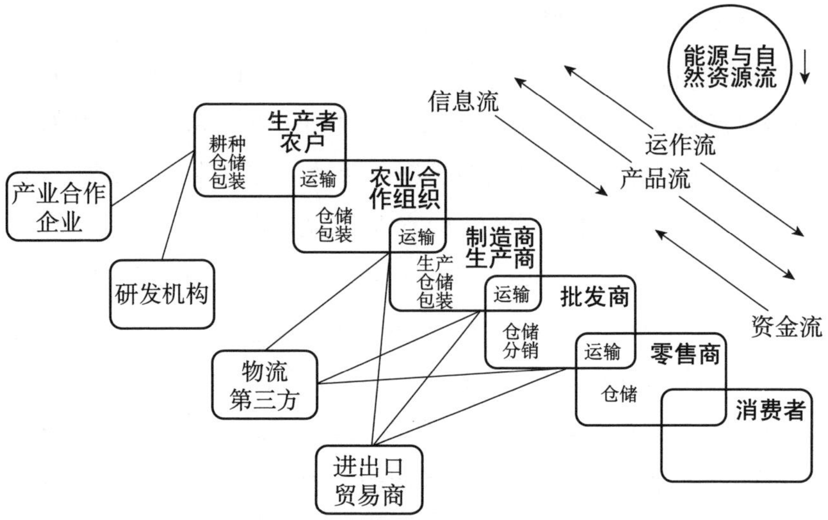

图 7-8 农业供应链框架示意图

资料来源：TSOLAKIS N K，et al.，2014. Agrifood supply chain management：a comprehensive hierarchical decision-making framework and a critical taxonomy. Biosystems engineering，120：47-64.

7.3.1.2 农业供应链管理特征与挑战

上述农业供应链的特征，使得其在供应链管理上产生了不同于其他产业供应链的特征与挑战。

首先，在组织结构上，农业供应链不同于其他工业供应链，后者是由诸多的企业所构成的交易网络结构，即便是中小企业也是具有法人性质的组织，而农业供应链则不同，其最初的生产端可能是个体属性的农户或作业生产者，具有自然人属性，这就使得管理变得异常复杂，因为要将市场的信息和对生产的要求有效传递到生产方，并且合理地组织生产，具有很大的挑战，个体自然人不同于法人具有必要的财产和注册资金，能够承担相应的经济责任和民事责任，自然人无法对应经济化的生产经营，因此，如何将分散化的农户组织进供应链，运用现代 ICT 实现供应链协同成为农业供应链的核心（Nilsson，1998；Bijman，Muradian & Cechin，2011；Parikh，Patel & Schwartzman，2007；Cechin，Bijman，Pascucci & Omta，2013）。这一问题在中国显得尤为明显，不仅农业生产端呈现出自然人化的特点，甚至其中的产业企业也没有形成集约化组织形态。在农户端，人均耕地面积不足，现阶段我国从事农业生产的人口为7亿4 000万，而全国耕地面积为18亿亩，人均耕地面积不仅低于美国、加拿大、法国等发达国家，甚至也低于印度；在农业生产资料经营方面，全国传统农资经营者3万家，而绝大部分的经营产品趋同、价格趋同，经营举步维艰；在市场端，目前需求市场逐步呈现出小型化、特产化和精致化的状况。因此，面对多元化、多变化的需求，如何有针对性地开展农业生产和经营是目前面临的挑战。除了上述问题外，农业供应链在组织管理上还有一个重要的特征是面临的利益相关者众多，除了农业生产者之外，还涉及大量公共部门和其他各类企业或组织机构，因此，如果不能有效地组织协同多利益相关者就很难实现农业供应链，也无法真正体现农业的可持续发展（Dentoni，Hospes & Ross，2012；Peterson，2013；Thiele et al.，2011）。

其次，在业务流程上，经营产品的特殊性容易造成流程管理的复杂化。农业供应链安全管理具有高度的复杂性，这是因为农产品特征会影响到其交易特征（由产品特征形成的推动因素本身也会影响交易特征）（Hobbs & Young，2000）。在被普遍认同的产品质量属性分类中，Nelson（1970，1974）、Darby和Karni（1973）在拓展Stigler（1961）的信息搜寻理论的基础上，提出了产品质量的三类属性：寻找属性、经验属性和信任属性。寻找属性指的是消费者在购买之前能够获取和评价产品的信息；经验属性是指唯有在消费者购买并使用一段时间后才能知晓该产品的内在品质；而信任属性则是在消费者购买了该产品之后都无法得知的产品信息。一方面，大部分农产品具有信任属性和经验属性，消费者购买或者消费前无法观测到其质量，因此，消费者将面临“事前”不确定性。这种不确定性可能表现为农产品不良事件（比如食源疾病）发生之后，才知道该农产品的质量特征（缺陷），如果消费者不能确定疾病的来源，那么将面临“事后”不确定性（Antle，1996）。另一方面，当考虑农产品供应链时，农产品生产企业也会面临食品安全的信息不对称问题（Antle，2001），因为企业所用的原材料（农产品）也同样具有信任属性和经验属性，其质量同样无法被观测到。特别是在国际贸易中，供应链参与的多样性和距离上的遥远，使得无论是采购还是销售都会存在高度的风险和不确定性，因此，农产品质量属性的经验属性和信任属性存在的信息不对称会引起道德风险和逆向选择问题。为解决交易存在的这些问题，越来越多的农业企业采用供应链纵向协调以及现代 ICT（如 RFID 等）实现农产品的可追溯和透明化，但是供应链中的业务流程往往涉及能力管理（产业中各主体的生产、经营能力管理）、供应商管理（农户、土地、种植管理，以及农资农具管理）、客户管理（市场订单管理）、物流服务管理（农资、农产品物流仓储和分销管理）以及现金流管理（农业种子、农资、农具的资金需求，以及资金结算管理等），因此，如何对这些流程进行有效管理，信息化在其中如何发挥作用，成为农业供应链发展的关键。

最后，在产业服务上，农产品供应链需要全方位的服务来满足农产品经营中面临的挑战。Salin（1998）认为，之所以农业供应链需要通过高度的信息化服务来支撑产业发展的需求，是因为农产品的性质不同于工业品。在工业品中，产品性质可以划分为功能性产品以及创新性产品（Fisher，1997），功能性产品指的是需求相对稳定的可预测性产品，而创新性产品则相反，需求不稳定且较难预测。不同性质的产品对应的供应链具有差异性，功能性产品的供应链（即精益供应链）主要是控制和削减供应链物流成本，产品的生产、运输、库存以及信息化的功能都在于控制成本。而创新性产品的供应链（即敏捷供应链）的目标不在于成本管理，而在于保持充足的柔性和快速应对市场的变化以及客户多变的需求。但农产品较难用这一标准进行划分，这是因为一方面农产品具有很大的差异性，有的可能倾向于功能性，诸如粮食、一些农产品大宗物资，而有的则具有创新性的特点，诸如一些农产品经济作物、鲜活产品等。特别是具有易腐性，难以持久保鲜的农产品往往时间敏感性很强（Salin，1998；Shukla & Jharkharia，2013）；另一方面，即便是同一农产品来源，不同的最终产品也会具有不同的性质，诸如畜牧产品，即便是饲养牛，既可能以鲜肉的形态销售给消费者，也有可能以罐头产品的形式在市场销售，显然，不同形态的农产品也会有不同的性质特点。正是因为这种性质的复杂性，使得农产品供应链的组织过程，既要实现产业供应链运营全过程的低成本，同时也要能够组织各利益相关方迅速应对市场的变化。这在实践中主要表现为一方面分散化的农户无法有效对应市场，如何根据供应链的垂直协调快速有效地根据市场需求进行农业生产，在保障农户自身利益的基础上，有效地供给农产品（Hobbs & Young，2000）；另一方面能够将农资经营者、农业技术服务者以及金融机构等渗透到农业生产的产前、产中和产后，实现高效率、低成本、风险可控的全程服务。

7.3.2　农业供应链金融及其实现方式

7.3.2.1　农业供应链金融的内涵与特征

实现可持续的农业供应链，特别是在农业产业组织结构、业务流程和产业服务建构的过程中，供应链金融是一种重要的手段，有效的金融活动不仅能够帮助产业形成良好的合作体系，而且也能够有效地控制由于独特产业特征而产生的风险（Miller，2011；Miller & Da Silva，2007；Swamy & M，2016）。农业供应链金融在国际上被表述为 Agriculture Supply Chain Finance、Agriculture Value Chain Finance 或者 Agri-Value Chain Finance，其目标是将金融服务渗透到农业供应链，为农业供应链各参与方提供改进资金效率和支付的机会，从而能够加强农业供应链各环节、各主体之间的联结。因此，农业供应链金融不是金融与农业供应链之间简单的连接，而是高度地融合在一起服务于产业发展（Miller & Da Silva 2007），农业供应链金融本身不是发展的目标，而是实现农业社会、环境和经济可持续发展目标的手段（Miller，2011）。农业供应链金融的特点可以从其实现的目标、产品类型和提供供应链金融服务的主体来观察。

首先，从农业供应链金融实现的目标看，农业供应链金融通过如下金融服务活动来实现农业产业的效率和质量（Miller，2011），即为强化产业链确定融资需求；能够根据供应链中参与者的需求提供定制金融服务；通过在产品销售时的贴现支付和融资支付来帮助经营者降低成本；运用供应链组织和知识来降低产业链及其各合作伙伴面临的风险。由此可以看出，农业供应链金融的目标是实现农业产业的可持续发展，这综合体现了经济、社会和环境的要求。在经济目标上，主要体现为帮助农业产业参与者，特别是农户能够以低利率获得农业生产所需要的资金，进而提升农业价值链的效率（Chen，Joshi，Cheng & Birthal，2015）。在社会目标上，能够借助于供应链金融服务于农业生产，使农户能够更好地融入产业供应链运营中，让更多的分散农户获得金融资源，实现农业生产与市场的有效对接，建立长远的信用体系，实现金融中介、农户与产业链三者之间的良性循环（Quirós，2007）。在环境目标上，农业供应链金融能够通过有效的产业组织活动，降低农业生产过程中的风险以及合作伙伴之间的协同风险，更好地实现农产品可追溯。

其次，从农业供应链金融产品的类型上看，其往往根据与金融结合的产业环节、要素产生了不同的业务产品，Wang、Lan 和 Chu（2013a）根据服务对象将农业供应链金融产品划分为将信用扩展到上游的产品（订单融资、应收账款融资、仓储融资）、将信用扩展到核心企业的产品（库存融资、应收账款融资、应付账款融资）以及将信用扩展到下游的产品（应付账款融资、预付账款融资）。Miller（2011）在报告中则主要根据要素来区分农业供应链金融，报告认为农业供应链金融可以分为产品融资类（贸易商信用、供应商融资、营销批发商融资、领先企业融资）、应付类融资（贸易应收融资、保理、福费廷）、物质资产担保类（仓单融资、回购协议、金融租赁）、风险转移类（保险、远期合约、期货）、金融增强类（证券化、贷款担保、合资金融）。van Bergen、Steeman、Reindorp 和 Gelsomino（2018）则根据大型企业在从事农业供应链金融业务时对上游介入的程度，将金融服务分为硬收费（hard tolling）、软收费（soft tolling）以及契约农业（contract faming）。硬收费指的是大型企业部分介入上游生产，等农作物收获后进行采购，这种融资行为通常适用于采购高质量原材料或农作物生产中容易出问题的场景。软收费指的是传统的固定价格交割合同。契约农业则是大型企业全部渗透到了整个农业生产过程，企业向农户提供金融服务，并且全程掌控农业生产。显然，从对农业供应链金融类型的划分上看，所有金融业务都面向农户提供资金服务，而这些服务如同可持续供应链金融中叙述的那样，有些属于反应性金融服务，即形成采购协议后，或者获得农产品之后（包括存储、仓单等）提供资金融通。而还有一些归于前摄性金融服务，即尚未形成切实农产品采购协议之前，就先行帮助农户融通资金，形成生产能力，如 Wang 等（2013a）提及的订单融资，以及 van Bergen 等（2018）提及的契约农业均属于前摄性供应链金融服务。

最后，从提供这些金融服务的主体看，由于农业供应链生产周期较长、季节性波动大、高风险、高库存以及由此容易产生资金借贷风险，因此，传统的金融机构很难向农业企业，特别是农户提供必要的资金（Wang，Lan & Chu，2013b），因此，大型农业组织或者中介服务商能够在促进农业供应链金融方面发挥重要的作用。这种作用既包括直接作用，即直接帮助上下游企业或个体获得资金，也包括间接作用，即媒介金融机构或其他机构能够向农户或其他参与者提供资金，或者说发挥桥梁的作用，协同农户与金融机构建立起借贷关系（Miller，2011）。显然，这类组织和服务商需要应对农产品产业的特点，更好地建构产业供应链服务体系，一方面能够让农户和其他农业参与者以较低的成本有效地介入金融资源；另一方面能将农产品供应链信息穿透给金融机构，帮助金融机构实现农业供应链运营的可追溯和透明化，同时有效控制和降低潜在的风险。

农业供应链金融的上述特点使得该形态的金融服务不同于其他工业领域的供应链金融，这是因为不仅农业供应链具有复杂性，而且农业产业的特点决定了金融服务的风险收益不对等，如同 Quirós（2007）指出的那样，农业生产端的金融活动呈现出风险大、需求大而能够承担的利率却很低的状况。因此，这就涉及如下问题，即如何建构农业供应链，降低潜在风险，实现产业供应链信息的穿透和可追溯？此外，根据建构的供应链体系让金融机构提供何种定制化的农业供应链金融业务，以及不同的业务产品应该具有什么样的特征和管理机制？

7.3.2.2　农业供应链金融决策的关键要素

要探究如何建构农业供应链，或者说农业供应链建设应包括哪些核心要素才能产生相匹配的供应链金融业务，就需要结合农业供应链的特点，分析这些问题导致的交易成本，以及可能克服交易成本的方法。从交易成本理论的视角看，之所以存在交易成本，主要是存在有限理性和不确定性。

（1）有限理性与农业供应链组织化

有限理性最早是由 Simon（1972）提出的，他指出需要将不完全信息、处理信息的费用和一些非传统的决策者目标函数引入经济分析中。在农业产业中，由于产业的组织成员既有法人形态的企业，也有公共机构和社会组织，更存在着大量的自然人个体（农户），因此，分散化的多样化主体和参与者，使得有限理性会表现得非常明显，难以适应农业产业发展的需要（Parikh et al.，2007；Thiele et al.，2011）。这表现为分散化的农户由于农业产品供应链较长，参与主体众多、形态不一，因此，较难正确地把握整个产业链的信息，以及其他组织的状况。而且即便存在着可用消息，农户缺乏处理信息的能力，也无法对其进行有效利用。这些有限理性导致的结果就是信息不对称，即作为分散化、个体化的农户无法知晓整个生产经营中所必需的信息，也无从知晓产业中哪个主体是可信的、提供的服务代价是否合理，最终导致了少数交易问题（Williamson，1973），即某些交易过程过于专属性，或因为异质性（idiosyncratic）信息与资源无法流通，使得交易对象减少从而造成市场被少数人把持，使得市场运作失灵。例如，Musshoff 和 Hirschauer（2011）的调查研究发现，90%的农户凭借经验进行决策，因此，往往无法了解真实信息，从而导致即便遇到了不合理的高利率，也无法识别或者寻求新的贷方，从而导致较高的交易成本和资金代价。因此，要解决这种问题，就需要重构组织方式，将这些分散化的个体结合起来产生集体行为，只有产生了集体行为，才有可能降低交易成本，有效地介入农产品市场，从而推进金融服务的有效开展（Markelova，Meinzen-Dick，Hellin & Dohrn，2009；Chen et al.，2015）。然而，这种集体行为不会自动产生，它需要一些中介或者政府与非政府部门来推动（Chen et al.，2015）。

在产生集体行为的中介形态探索中，有很多研究认为农业合作是一种有效的组织形态（Ollila，1994；Bijman et al.，2011；Cechin et al.，2013），因为这种合作形态能够帮助农户实现有效的市场协调，降低因为个体面向市场而产生的交易成本（Ollila，1994）。Cechin 等（2013）分析了决定农业合作组织成员集体行为的四个因素，即市场因素（合作组织越是具有很好的市场对应性，成员越会倾向集体行为）、非科层化（成员越是感觉到合作组织的非官僚化，越是趋向集体行为）、社区导向（成员越是有合作社区的感觉，越会采用集体行为）以及民主化（成员越是感受到合作组织中的民主氛围，越会实施集体行为）。除了传统的农业合作组织形态外，Nilsson（1998）提出了进化的合作组织，即这种合作组织开始向产业供应链的后端延伸，甚至出现了与外部合作的农业合作组织。在农业供应链组织形态上，Thiele 等（2011）更是提出了多利益相关者平台（multi-stakeholders platform）的概念，他们认为这种平台不同于农户形成的合作组织，后者是同类型主体构成的协同组织形式，而前者则是不同利益相关者之间的聚合，这些不同的成员共同分享资源、增进了解、建立信任，在集体行为中定义角色，并且参与集体行动。显然，这里提出的多利益相关者平台能将农业供应链中不同的参与主体（如农户、加工商、分销商、第三方物流、社会组织、管理部门等）有机地组织起来，来共同克服农业产业的交易成本，推进产业的发展。从上述探索中可以看出，农业供应链组织化是克服有限理性所产生的信息不对称和少数交易等交易成本的重要因素，而农业供应链组织化的程度往往是不一样的，或者说是一个发展的序列集，有的可能组织化程度相对较低（诸如农户间的合作形态），而有的组织化程度很高（如 Thiele 等提出的多利益相关者平台）。

（2）不确定性与农产品价值发现

在交易成本理论中，除了有限理性和机会主义这类“人”的因素外，另外一类导致成本上升、市场失效的“交易”因素便是不确定性（Williamson，1973）。不确定性产生交易成本的逻辑是由于环境因素中充满不可预期性和各种变化，交易双方均将未来的不确定性及复杂性纳入契约中，使得交易过程会增加不少达成契约时的议价成本，并使交易困难度上升，即事前交易成本上升。同时也由于不确定性，交易后监督和管理交易对手的成本较高，产生了较高的事后交易成本。不确定性在农业产业中反映得非常典型，这种不确定性主要体现为农产品本身以及价格或利益的不确定。农产品的不确定性主要是产品质量和可靠性的不确定（Hobbs & Young，2000），前者指的是由于大部分农产品不具有寻找属性，而主要是经验属性和信任属性，因此，会导致买方在采购之前和经营/消费之中，并不清晰农产品具体的质量情况和安全状况（Song，Turson，Ganguly & Yu，2017）。加之农产品易灭失、易腐等自然特点，使得质量变动非常快。可靠性的不确定性指的是农产品供应的时间和数量具有不稳定性，出现这种状况是因为农业产业涉及的主体非常多，非常分散，再因为农业生产的自然影响性（容易受到自然因素和外部环境变化的影响），使得及时供应和按量供应往往受到挑战（Borodin，Bourtembourg，Hnaien & Labadie，2016）。另外农产品市场端多变，特别是消费者的安全意识，包括国际市场的需求变动也会对农产品供应产生影响（Shukla & Jharkharia，2013）。农业产业的另一类不确定性是价格或利益的不确定（Hobbs & Young，2000；Leat & Revoredo-Giha，2013），农业生产周期较长，在生产之前较难确定其价格，另外，农业生产具有很强的季节性，通常价格波动很大，因此，农业供应链金融较难实施的原因在于它难以保障收益的自偿性，风险较大（Quirós，2007）。上述两类不确定性容易产生信息不对称，也会影响到有限理性，最终产生机会主义。因此，要降低农业供应链金融服务中可能存在的交易成本也需要寻求途径降低农产品及其价格的不确定性。

应对产品和价格所产生的不确定性，有两种方式能够较为有效地克服由此产生的交易成本，一是确立质量标准；二是实现固定价格或利益保障，我们称之为价值发现。当面对农产品质量属性信息不对称时，就需要一种信号来展现质量状态。Fotopoulos 和 Krystallis（2003）研究认为，解决这种问题的有效方式就是建立质量标签，这种标签的使用能够解决逆向选择问题，完善消费者所获取的信息，恢复部分市场效率。这种质量标签反映为企业质量保证或标准制定（Westgren，1999；Fotopoulos & Krystallis，

2003；Henson & Reardon，2005；Botonaki，Polymeros，Tsakiridou & Mattas，2006），这种标准不一定是政府确立的标准，也可以是第三方或者企业推动的标准体系（private agri-food standrad），其作用在于一方面它传递了正确的产品信息，降低或管理客户采购前风险认知，继而推动了供应体系的完善和发展，如同 Henson 和 Reardon（2005）提出“标准规定并协调了产品和交付属性，从而提高了效率并降低交易成本。反过来，这些标准的实施在很大程度上取决于新的采购系统组织的建立，包括从分散的采购转向集中供应系统，从依赖传统批发商和现货市场到专业/专用批发商以及契约规定的指定供应商”。另一方面，农产品安全和质量认定体系是一种农产品质量的担保方式，使客户能够在一定程度上了解产品质量，提高对质量知情的比例，从而有助于降低农产品市场上出现低质产品和次品的概率。在应对价格不确定性方面，固定价格机制被认为是一种有效解决问题的方法，即在公开市场价格的基础上给予卖方一定的升水作为激励（Miyata，Minot & Hu，2009；Chen et al.，2015），特别是一些大型企业通过大量采购将部分边际利润转移给农户，能巩固买卖双方的关系，保证农产品安全（Vorley，2007）。从上述分析可以看出，价值发现也是帮助降低不确定性带来交易成本的重要路径，这种价值发现机制越完善，就越能降低农业供应链金融可能产生的风险，促进农业产业的可持续发展。

7.3.2.3　农业供应链金融整体框架和匹配的金融业务

基于影响农业供应链金融决策的两类关键因素，即因为克服有限理性和不确定性而需要关注农业产业组织化以及价值发现，产生了农业产业运营中的四种状态，不同象限呈现出不同的产业特质，进而决定了与之相匹配的金融服务（见图7-9）。

象限一属于传统农业产业状态，尚未形成供应链体系。一方面农业产业组织化程度较低，生产端、加工端、分销端没有能够很好地形成协同力量，特别是生产端的农户没有采用有效的手段加以组织，因此，有限理性产生的交易成本很高；另一方面价值发现程度较低意味着产品和价格的不确定性较高，由此产生的波动使得产业抵御风险的能力较弱。面对上述问

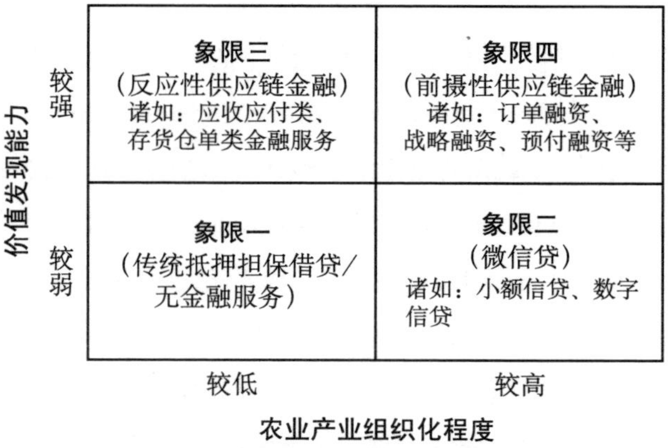

图 7-9　农业供应链金融整体框架

题，即便发生金融行为，也是基于传统抵押担保基础上的传统借贷，事实上，在这种状态下金融组织难以介入其中，这是因为缺乏组织化和价值发现，产业就会呈现系统风险，加之季节性波动以及有限担保物，因此，农业生产和经营组织较难获得金融机构的支持。

象限二是一种较为独特的产业状态，在这一状态下农业产业有较高的组织化，这意味着通过一些中介组织的推动，能够将不同的农业生产参与者，特别是农户组织起来，形成社团，产生较高的集体行为，能够克服人的有限理性导致的机会主义和道德风险。但是与此同时，价值发现的程度不高，这说明由于不能明确管理产品和价格属性，难以应对不确定性导致的市场和产业信息不对称问题。换言之，这时的交易成本不是人的因素导致的，而是交易属性产生的交易成本。面对这种状态会产生传统金融或者供应链金融的替代产品——微信贷（micro-lending）。根据 Wikipedia 的定义，微信贷是将小额资金贷给缺乏担保物、没有固定员工或可证明信用历史的人群，以支持其创业行为或脱贫。微信贷起源于 1983 年尤努斯在孟加拉国创建的格莱珉银行。很多研究表明现代微信贷机制的建立是基于对当地网络环境的熟悉以及农户构成的群体效应。一方面如果竞争性贷方和投资者能够了解当地状况，并且嵌入在当地网络，风险和收益之间的平衡能够实现，那么资金就会流动，这种微信贷往往能比其他信贷形式能够实现更好的效益（Doran McFayden & Vogel，2009）。另一方面作为借款方的农户，通过群体效应或集体行为，更有意愿按期偿还资金，这是因为处于群体中的个体通过关联信用（即一个农户能否成功获得资金取决于网络中其他成员的还款状况），更在意其在群体的财富和社会角色，而不是绝对的个人财富或收入（Armendariz & Morduch，2005；Kropp，Turvey，Just，Kong & Guo，2009）。显然，微信贷实施的基础一是个体所构成的网络或群体效应，也就是通过集体行为对个体产生必要的约束；二是数字化，即能够通过数字化明晰地把握个体在经济网络活动中的状态，从而有效控制借贷风险。但是应当看到的是，微信贷由于没有真正渗透到产业供应链运营过程中，即没有实现价值发现，因此，仍然会存在着违约的可能性，特别是在经济波动下行期间更会如此，其原因在于微信贷一般支持的是农户的日常生产活动或创业行为，这种状况决定了其生产经营大多为初级活动，竞争性较强。此外，由于没有抵押担保，容易造成多方融资，从而增加违约性（Ghosh，2013；Khavul，2010），尤其是当网络组织化程度不高，或者出现弱化的状况时，更容易出现问题，这也就是为什么微信贷非常强调“短、小、频、急”（借贷期限很短、金额较小、强调多频次、满足生产经营的紧急需求）的原因，而这一特征难以适应大多数农业供应链运行中的资金需求。

象限三是农业供应链金融服务的一类领域，这一状态下的农业供应链金融功能主要是激励性的金融服务，或者说采用的是反应性供应链金融，即根据生产企业或者农户生产经营的结果，给予资金上的融资，使前者能够及时获得所需要的资金，加速资金流。这一类农业产业的特点是农业的组织化程度不是很高，这也就意味着中介组织或服务提供商对产业供应链参与者的整合不够广泛，或者说供应链参与者相对有限，而没有将不同类型、不同规模、不同阶段的参与者都有效协调起来。但是这一类价值发现程度很高，说明虽然整合供应链参与者有限，但是中介组织或服务提供商对业务流程和市场的把握很好，能充分了解有限参与者的生产运营全过程，对市场价格的控制也较高，即虽然供应链整合范围不够广泛，但是有很好的整合深度。正是因为中介组织或服务提供商能深入把握供应链运营业务，因此，也就能开展基于农业供应链业务的金融服务。这类金融服务是一种典型的供应链金融活动，即供应链金融开展的基础是商流、物流和资金流的同步紧密结合，也就是说只有形成了农产品采购甚或发生开票行为后才会产生金融活动（宋华，2015）。具体来讲，在发生农产品具体采购行为的基础上，通过控制提单、库存、在途库存等要素，向农户或生产方提供相应的存货融资、仓单融资等业务。抑或在开票后，基于应收账款为其提供保理、反向保理、福费廷、动态折扣等金融服务。这类金融产品能够激励农户或生产企业按照市场规则和社会契约进行生产经营，并且形成具有竞争力的农产品，一旦上游没有能够实现目标，融资不仅不会发生，而且购买方可以通过拒绝采购，或者拒绝支付采购资金实施反向惩罚。从可持续发展的目标看，这类供应链金融能够实现农业的有机生产（防治污染）和产品管理，但是持续发展目标由于组织化程度不足而没有有效实现。从供应链金融风险控制维度看，管理的核心在于对下游的把控，即能够及时掌握市场状态，形成良好的固定价格和市场订单，并且对分销物流控制能力很强，能够确保农产品运输和库存期间的品质，快速应对市场需求，提供营销、物流和其他服务。ICT 在其中发挥的作用，有些类似于 Lee（2002）提及的反应性供应链，能及时精确把握需求模式，能够将订单及时反馈给生产端，并且迅速实现采购、库存和运输等物流业务与客户系统的有效联结，实现农产品按质、按量、按价的有效配置和分销。

象限四是农业供应链金融的高阶状态，在这种格局下供应链金融已经成为农业产业可持续发展的赋能手段，即通过多样化、进化的供应链金融活动推动农业供应链的全面实现。即一方面实现了高度组织化，真正将生产端有效嵌入到了供应链体系中，特别是能够将分散化的农户组织进产业生产过程中，使之真正形成了具有较强判断力的社区，并且与其他利益相关者联结，形成了互动、互生的平台（Thiele et al.，2011），实现了协同化的集体行为；另一方面中介组织或服务提供商具有很强的价值发现，即能够通过深入把握产业供应链全流程（农业技术、农业生产、农业物流、农业销售、农业服务）和要素（土地、生产工具、农业种子、仓储、运输等），帮助产业实现农产品质量标准，借助于品牌化产生具有升水性质的固定价格，将市场的边际利益反馈转移给农户。在这一状况实现的过程中，供应链金融运作特点明显不同于传统供应链金融业务，因为金融服务的赋能功能使得资金流与商流和物流完全产生了分离，并且资金流先于农产品商流和物流发生。换言之，在尚未发生实际农产品采购的基础上，通过供应链金融将资金融通给产业供应链的参与方，使农户能够以低成本获取农业生产的各类要素，并且按照预定的规则和行为方式从事农业生产，生产完成后将农产品按照合理或者保障的价格出售给中介组织或服务商以回笼资金，扣除融资代价后实现农业生产经营的正常利益。显然，这类农业供应链金融不仅实现了农业产业的有机生产和产品管理，更实现了产业的持续发展，实现了农业的可持续化。这类供应链金融风险管控的核心在于三点：一是市场端的准确把握，能够实现农产品标准化基础上的品牌化，产生价格升水，从而助推农产品生产和分销；二是产业生产的协调整合能力，包括生产要素的协调整合，以及产业生产行为的协调整合；三是能够全面运用融合式 ABCD 实现数字农业，全局把握农业产业各主体、各阶段、各类资产或活动的数字信息，因此，需要将第 6 章探索的四层架构 ICT 全面运用于农业产业的各个方面。

农业产业四类产业状态下的金融服务特点见表 7-1。

表 7-1　　农业产业四类产业状态下金融服务特点

类别	传统借贷	微信贷	反应性供应链金融	前摄性供应链金融
产业特点	供应链能力	供应链组织化程度较高，价值发现能力低	供应链组织化程度较低，价值发现能力强	供应链组织化程度高，同时价值发现能力强
产品特点	传统	以群体网络为基础	基于商流和物流把握基础上的金融服务	商流、物流与资金流完全分离，资金流先于商流或物流

续前表

类别	传统借贷	微信贷	反应性供应链金融	前摄性供应链金融
产品形态	抵押贷、担保贷款	小额信贷、数字信贷	保理、反向保理、仓单质押、存货融资等	订单融资、战略融资、预付融资等
风险控制	抵押物、担保	产业环境、群体网络、个体行为	市场端、固定价格、分销物流	市场端准确把握、产业要素全面协调、产业行为全面整合、全局数字化
ICT 作用	很低	把握个体行为	快速、精确掌握市场/渠道信息	建立感知、数据、流程和模式四层架构

7.3.3 微信贷服务：中和农信小额信贷与蚂蚁金服网商贷

7.3.3.1 中和农信的小额信贷①②

中和农信的前身是1996年世界银行和中国西部人力资源开发中心共同发起的秦巴山区小额贷款项目，该项目于2000年转至中国扶贫基金会管理。2008年，中和农信项目管理有限公司成立并作为独立实体接管小额贷款项目相关工作，中国扶贫基金会保留中和农信的多数股权。中和农信在近10年里保持着远超同类机构的发展速度。

截至2017年12月31日，中和农信在全国21个省设立了258个分支机构，其中70%以上的分支机构设立在国家级、省级贫困县，另有一些设立在欠发达县或地震灾区县。项目累计发放贷款已达207万笔，总计278亿元人民币。其中仅2017年，中和农信就发放贷款41万笔，放款总量86亿元，放款量同比增长近30%，且大于30天的风险贷款率仅为0.94%。高速发展的中和农信已经成为国内公认的规模最大、增长最快的小额贷款扶贫机构。2017年，中和农信在贷客户达38万，其中82.9%的客户为妇女，89.5%的

① 罗煜，李焰，2016. 微型金融的边界——以中和农信小额信贷为例. 中央财经大学学报，5：25－34.

② 赵萌，等，2018. 转型中的中和农信：经济与社会属性的平衡之舞. 中国人民大学商学院案例库.

客户仅有初中及以下文化水平，少数民族占比达 23.1%（覆盖 52 个少数民族），客户单笔平均贷款仅数万元，具备鲜明的服务于农村中低收入人群的小额贷款机构特征。

（1）中和农信小额信贷基本特征

中和农信的客户特征很明显，符合国际上微信贷的理念。中和农信的贷款客户 99%是农民，有一半的客户是在扶贫办系统建档的贫困户。从客户层次定位上看，中和农信的服务对象与传统金融机构以及新兴的营利性小贷公司几乎没有重叠，是极小可能从金融机构获得贷款的低收入农民。目前，在我国农村信贷市场上，占据最主要地位的是农村信用社，其次是农业银行和邮政储蓄银行。但这三大金融机构在面向“三农”提供信贷支持时，面临着交易成本激增的问题，当贷款额度在 5 万元以下时，盈利可能性很小，因此客户很难进一步下沉。以农村信用社为例，其信贷服务覆盖了 8.7 万农户，约占全国农民人数的 1/3，仍有相当一部分农民被排斥在金融服务之外，只能依赖民间借贷融资。中和农信服务的是剩下的 2/3 的农民中的一部分，在农村金融市场，它实际上并不构成对其他金融机构的竞争，而是对现有金融体系的一种补充。

目前，中和农信的人均贷款规模为 10 000 元，公示的一年期贷款利率是 13.5%（优质客户可以下降到 12.5%）。在采用联保形式的小组贷款中，不同客户级别的贷款限额不同：第一次贷款的客户是一级客户，得到过一次贷款并按期归还的再贷款者就可自动升为二级客户，二次贷款并未逾期的可自动升级为三级客户。每位农户第一次贷款限额为 10 000 元，二级客户限额为 12 000 元，三级客户限额为 16 000 元。个人信用贷款的最高额度仅为 50 000 元。小组贷款一般为一年期，农户在还款时从第三个月开始实行 10 个月的等额本息还款，这就将农户的还款压力平摊在整个借贷期间。

中和农信的主打信贷产品是小组联保贷款，其区别于主流信贷产品的特点主要表现在以下三方面：第一，无须抵押。传统金融机构在审批贷款时，注重是否有抵押或担保；而中和农信的服务对象是传统金融机构的非优质客户，他们没有抵押或公职人员担保。针对这样的客户特征，小额信贷产品设计理念是不看客户现在的资产情况，而相信客户未来的还款能力与还款意愿。第二，采用联保方式。中和农信的联保贷款借鉴了国际微型金融机构的信贷模式，并结合中国具体情况有所改造。申请贷款的客户需要首先自发组织一个联保小组，中和农信完全不干涉小组的组成。联保小组通常由 5 人组成，组员均有借贷需求，相互负有贷款连带偿还责任。联保在筛选信贷客户中的作用很明显。一般联保的客户多为邻里、朋友或者亲戚（直系亲属除外）之类的“熟人”。在熟人社会中，人们对彼此的背景和人品都有较为透彻的了解，信息沟通及时，信息量丰富，信息质量高，一些信用不良的人基本能在组建联保小组的过程中被自动直接筛除。第三，主要贷款给妇女。之所以将妇女作为重要客户群体，是因为微型金融界普遍认为妇女是家庭的核心，她们更加期盼家庭的稳定，且妇女的诚信度也更高，对于借钱的责任心和把控风险的意识较强。

（2）中和农信小额信贷风控模式

中和农信的风险控制方式也显著区别于传统金融机构。联保本身就是小额信贷中的风控手段，联保小组使风控的部分工作在小组成员自主选择和相互监督的机制中得以实现。联保小组在很大程度上为中和农信分担了贷前审核、贷中监控、贷后处理的工作。小组贷款的形式利用了中国乡土社会中人际交往所形成的信任和道德约束，不仅降低了信息不对称程度，而且会提高被助者违约的声誉受损成本，减少了借贷活动中常见的逆向选择和道德风险问题。

中和农信依靠一套标准化的贷款操作流程控制风险。总部要求所有分支机构必须严格按照公司制定的操作流程进行，农户的选择、信息的传递、贷款的发放、资金的回收、风险的监测等所有的流程均需执行全国统一标准。信贷员在执行中起主要作用。中和农信的基层信贷员都是当地农民，而且大多是 30 岁以上的已婚妇女。信贷员的选拔考查要点是应聘者诚信无污点、有广泛的社会联系，所在村子处于交通便利、人口密集度高、信息流量大的地方，这样便于信贷员的出行和信息采集。基层信贷员工作很辛苦，例如一组不到 5 万元的一年期贷款需要信贷员至少上门服务 12 次，其中1次调查，1次放款，10次收款。信贷员在自己所在的村和周围的村都有亲戚，对当地的民风民俗、经济状况，甚至对农户的家庭状况都有了解。

7.3.3.2　蚂蚁金服网商贷

网商银行是由蚂蚁金服作为大股东发起设立的中国第一家核心系统基于云计算架构的商业银行。它作为银监会批准的中国首批5家民营银行之一，于2015年6月25日正式开业。网商银行将普惠金融作为自身使命，希望利用互联网技术、数据和渠道创新来帮助解决小微企业和个人创业者融资难融资贵以及农村金融服务匮乏等问题。截至2017年8月，累计服务小微企业417.3万家，累计发放贷款3 055亿元，户均贷款余额2.05万元，信贷不良率不到1%。

网商银行的网商贷，原称微贷，主要满足小微企业、个体经营者、农户的短、频、快、急的资金需求。从金融活动依赖的基础看，网商贷通过搭建系统内和系统外场景，来把握小微、农户业务网络状态，实现较高的业务组织化。具体来讲，第一类系统内场景主要指的是阿里巴巴、蚂蚁金服建立的诸多业务场景，包括经营销售类场景，如淘宝、天猫、全球速卖通、1688.com，这些平台能够较好地反映小微或农户贸易状态和经营稳定性。第二类业务场景是金融服务类场景，包括支付宝、余额宝、蚂蚁花呗、芝麻信用、口碑等产品，特别是支付宝是网商贷重要的金融场景之一。第三类场景是依托菜鸟网络体系建构的物流场景，它能够通过物流反映小微企业或农户经营状态。基于上述三类场景，形成了网商贷的管理基础，即多源的数字信息，通过对数字信息的挖掘和分析，间接反映和把握小微企业的网络状态，实现良好的组织化。根据这一网络状态，推动金融服务，即网商银行实施的“310”模式。“310”模式指的是3分钟申贷，1秒钟放款，全程零人工介入。网商贷的年化利率控制在6%～12%，同时，允许借款者随借随还，提前还款不多收利息。事实上，很多小微经营者的生意缺乏持续性和稳定性，他们不需要六个月、一年期借款，不能约定刚性还款时限，而是适应随借随还的经营特质。网商银行的贷款客户，一年平均下来会使用贷款 9.2 次，使用时间加在一起接近 90 天。网商贷案例“上海励志龙虾哥”是蚂蚁金服运用系统内场景进行有效融资的典型。上海街边售卖龙虾的青年，创业 3 年，每天只睡 5 小时。他在经营时需要满足其进货等临时紧急性需求，为此，开通支付宝收钱码以来，已有 2 341 笔交易，拥有累积 38 000 元的授信额度，在场景数据、外部数据和内部数据的基础上，网商银行向其推行了“多收多贷”业务（见图 7－10），满足了创业青年的资金需求。

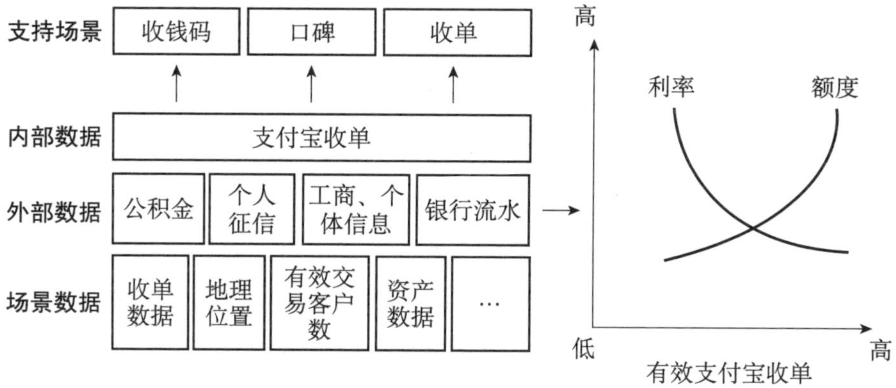

图 7－10　上海励志龙虾哥金融服务（系统内场景）逻辑图

蚂蚁金服通过系统外场景与外部平台合作，包括其他电商平台、出行平台、物流平台、O2O 平台以及银行和其他金融机构平台，通过对接、联通和融合相互的数字信息，综合把握融资对象的信用和业务网络状态，既可以通过网商银行提供微信贷，又可以利用网商技术能力降低合作伙伴、金融机构的合作门槛，通过开放赋能生态，为客户提供更精准与便捷的金融服务（见图 7－11）。例如：通过数据合作带来 1＋1＞2 的结果，更精准地进行客户风险识别；通过聚能平台，隔离多机构多租户的数据以解决机构普遍担心的数据安全与信息隔离问题；通过灵活的产品、分润、流程配置帮助客户拓展面向场景的金融产品特性、独立的机构账套、数据管理，为合作伙伴展示整体的资金与数据资产全貌。

蚂蚁金服微信贷风险控制管理的核心在于大数据所实现的对业务网络和产业组织化程度的刻画。一方面，网商银行利用各平台场景的数据、外

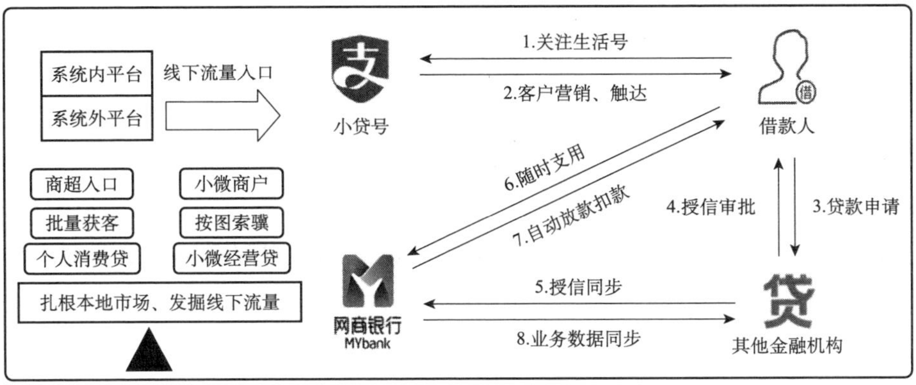

图 7－11　蚂蚁金服赋能微信贷（系统外场景）示意图

部数据等，利用统计模型、机器学习、深度学习、图算法、自然语言处理等方法对信贷的各方面进行预测和评价，用 AI 的模型体系进行风险预测、反欺诈、账户行为预测、信用评估，目前网商银行共为小微商户建立了至少 100 种预测模型；另一方面，网商银行在建立的各类 AI 模型体系上，通过对各类模型的最优化运用，形成了数据模型从准入、授信、定价、资产管理到贷后管理的全流程信贷管理闭环，形成了网商银行的智能风控体系（见图 7－12）。

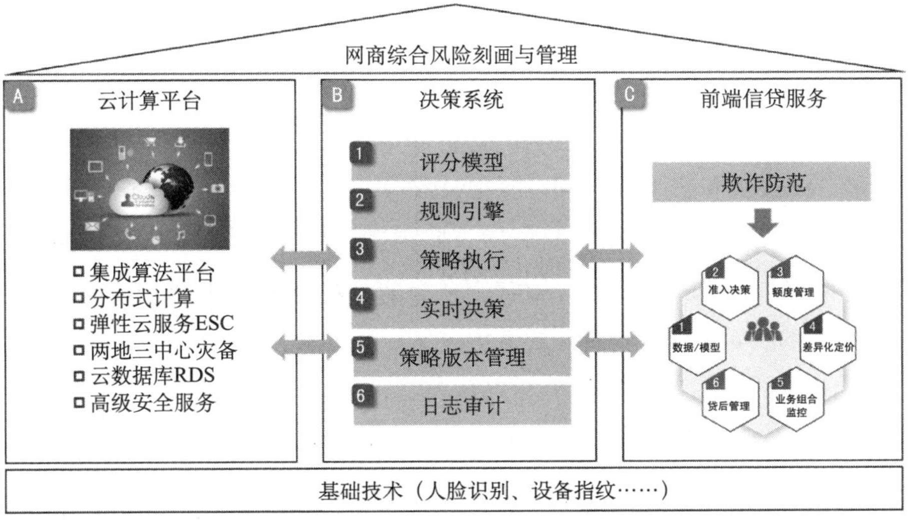

图 7－12　网商银行微信贷综合风险管理框架

7.3.4 反应性农业供应链金融：郑明-麦肯农业供应链与金融服务

上海郑明投资（集团）有限公司（以下简称“郑明”）成立于1994年，公司现有冷链运输车辆600余辆、特种集装箱运输车辆50余辆、厢式及其他运输车辆300余辆，日物流量1.5万余吨，其中冷链物流量5 500余吨。主要经营普通货物（社会货物）运输、冷链运输、省际道路旅客运输、货运代理等。自成立以来，郑明积极向各个物流领域发展，已经由单一运输型承运商转变为综合第三方物流企业，与很多产业企业形成了长期、稳定、合作的战略联盟，其经营网络已经由上海及华东周边地区辐射至全国，并与多家海外企业发展物流合作关系。其中麦肯食品是郑明服务的核心客户，麦肯坐落于哈尔滨，为全国的麦当劳、肯德基等快餐连锁店供应薯条。郑明基于与麦肯的合作关系，针对农户开展了土豆供应链金融服务。

7.3.4.1 土豆采购面临的挑战

麦肯的土豆生产主要位于内蒙古呼伦贝尔地区，每年8月底至9月初，作为其土豆基地，呼伦贝尔地区会有大量土豆需要运往哈尔滨。距离远、车辆少、运输水平也不专业，而土豆保质期又短，若不能及时运到麦肯，搁置时间一长就会出现破皮、发芽、薯肉变质等情况，一旦被麦肯拒收，豆农的利益就会遭受巨大打击。此外，在采购季，麦肯也面临着诸多困境，具体包括：

①在每年的土豆收购季节的一个月时间之内，麦肯要完成20万吨土豆的收购。每辆货车装运30～45吨土豆，共需4 500～5 500车次的运输，平均每天要完成150～200辆货车的收购任务，短期集中的运输任务难于应付。

②麦肯寻找了几十家供应商的车队承担运输任务，车队供应商众多，工厂、农场、车队关系复杂，再加上各个农场收获时间不统一，车辆运输缺乏统一调度，造成车辆资源的浪费。

③麦肯的土豆生产基地分布在内蒙古的多伦、蓝旗和呼伦贝尔等地，距离主产区的平均距离在1 000公里以上，而土豆又是会呼吸的生命，温控不合适会影响土豆质量。远距离在途质量控制存在挑战。

④每天200辆左右的运薯车集中到达哈尔滨，在厂区门前排起长龙等待

入场前的质量检验与入库作业，造成道路堵塞，黄牛盛行，夹号、插队现象严重，偷土豆、偷车油、偷轮胎等事件时有发生，秩序难于维持。土豆入厂、质检、入库协调存在困难。

⑤为维护货源，麦肯要于年初与豆农提前签订采购合同，并于春季土豆播种季节提前预支30％货款供豆农完成种植任务。完成交易后，豆农根据交易数量、土豆鉴定等级的单据，于60天账期之内拿到交易款项。根据个头大小、是否破皮、是否变质发芽等划分土豆等级，一等品每吨1 300～1 500元，破损严重的每吨650～780元。计算下来，每个收购季麦肯要集中支付2亿多元的货款，造成麦肯短期资金筹集与账目处理的压力。

⑥同时，在半成品销售方面，麦肯的客户基本上都按照自己的采购计划按期按量采购，半成品积压严重，有的甚至积压了两年之久，库存资金占用巨大。

⑦另外，麦肯对土豆的质量要求很高，土豆淀粉、糖分含量等都需要控制在一定的标准之内，所以，在土豆的成长过程中，麦肯随时需要调用大量的人力为豆农提供土豆品质质量抽样检验，土豆的质量检验与控制也是麦肯需要花费很大精力的一件事情。

7.3.4.2　郑明-麦肯土豆供应链服务体系

面对上述挑战，郑明通过与麦肯紧密合作，有效获得麦肯采购的具体信息和计划。在此基础上，从供应链视角出发，梳理土豆从种子到薯条的整个链条，从中找到不协调、不通畅的环节和涉及的相关利益方，重新建构土豆供应链，使得这条链变得更通畅、更高效，同时实现麦肯与郑明的双赢（见图7－13）。

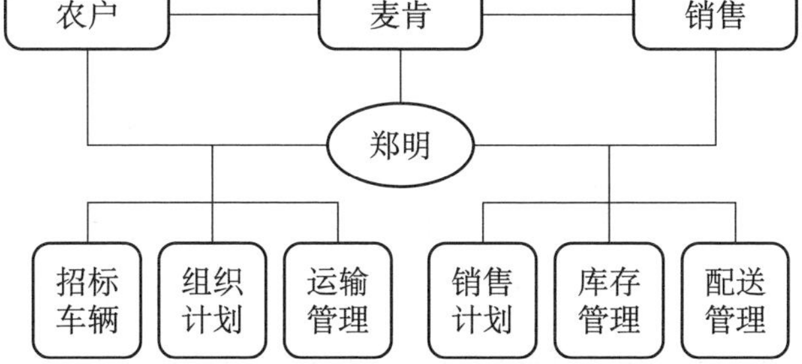

图7－13　郑明-麦肯项目供应链服务体系

①种植环节——资金垫付。为了采购土豆，麦肯需要向农户支付豆苗款以及相应产成品的采购费用，巨大的资金量使得麦肯压力较大，为缓解麦肯资金紧张问题，郑明在明确麦肯采购计划、双方合作的前提下，为麦肯垫付土豆种植、培育期间的资金。郑明先行向豆农支付20%的预付款，并承包下土豆成熟后的采购运输环节。在土豆成熟后，郑明介入对土豆的保鲜运输、仓储等“早期质量”环节管理，进而将物流服务渗透到麦肯供应链早期阶段，拓展郑明供应链服务能力。

②采购环节——车辆整合。除了将服务渗透到麦肯供应链的早期阶段，另一个重要的供应链服务则是郑明着手对土豆运输车进行整合。即麦肯将所有土豆的运输服务管理外包给郑明，郑明通过招标运输车辆，形成专业的运输团队，合理安排运输计划与时间，保证了车辆需求的满足。这样不仅能够有效管理多个承运商，合理安排接货、装货和运输计划，而且在一定程度上缓解了操作人员的工作强度，使每辆车等待时间由原来的24小时缩短到19小时以内。

③收货环节——供应链服务与金融服务。土豆采购环节是相对繁杂的作业活动，涉及质量确认、货款支付、存储等环节，这些作业对于从事土豆加工作业的麦肯而言较为烦琐，成本较高。郑明代麦肯进行质量验收、存储管理等服务，并且基于仓储或在途货物，开展动产质押金融物流活动，承揽下麦肯向农户支付的剩余80%的款项，而且将支付账期由60天缩短到15天，及时帮助豆农解决了回款问题，这样不仅使得农户的利益得到保障，而且提高了豆农的积极性，及时将优质土豆供应给麦肯。与此同时，郑明也摆脱了麦肯资金流困境。

④销售环节——贸易执行。在麦肯将土豆加工成薯条成品之后，需要将加工品销售给下游食品企业，然而作为加工经营企业的麦肯，同样面临着分销计划、库存管理以及应收账期等问题。郑明在下游环节通过与麦肯合作，帮助其实施贸易执行业务，解决麦肯库存积压问题。具体来讲，在确保麦肯与下游企业销售计划完成的前提下，郑明通过及时将资金支付给麦肯，帮助麦肯加速现金流。郑明再根据麦当劳、肯德基等下游客户的采

购计划，进行全权销售，在自身物流网络优势下实现了基础物流业务的整合，再加上半成品的购销差价，有效保证自身盈利，同时摆脱了麦肯巨大的库存占用资金和仓库管理费开支。

⑤成品（薯条）的仓储管理。对加工成品的管理是郑明供应链管理的重要一环，特别是在推动供应链金融服务的过程中，如果不能有效管理库存，就容易产生巨大风险。郑明运用WMS对成品薯条的出库、入库、库存等进行管理，执行标准的仓储管理流程。

⑥成品的干线及城际运输、配送。除了仓储库存管理外，运输配送管理也是供应链运营的重要环节。郑明利用公司全国网络资源及冷链运作优势，开展从哈尔滨工厂至东三省及华东部分城市的干线运输及哈尔滨市内及周边区域的城市配送服务。

7.3.4.3　郑明供应链金融服务及其特点

基于上述供应链服务体系的建立，郑明立足于与麦肯的合作关系，借助于其物流管理与分销能力，特别是对于物流业务和农产品土豆的管理，向麦肯供应链的上游和下游渗透，提供了相应的供应链金融服务。

在供应链上游环节，其开展的供应链金融服务流程如下（见图7-14）：第一，麦肯在呼伦贝尔产业基地与豆农签订土豆采购协议，确定采购的数量、质量等参数；第二，麦肯与郑明形成战略合作关系，将运输物流外包给郑明，并传递经营计划；第三，郑明在明确下游客户麦肯的生产经营计划的条件下，先行向豆农预付20%采购款；第四，郑明招标承运商，并且根据麦肯的经营计划制定相应的运输计划（运力、时间等）；第五，到土豆交货期，郑明代为进行质量检验，验货后支付剩余80%的货款给豆农（融资行为）；第六，通知承运商按照计划进行收货、装车和运输；第七，待货物运至麦肯指定的加工厂，进行卸货、质检，完成物流服务；第八，郑明将全部运输费支付给承运商；第九，麦肯将全部货款返还至郑明，完成整个采购作业。

除了上游采购环节提供的供应链金融服务外，郑明还进一步针对麦肯的销售环节开展了供应链金融服务。基本流程为（见图7-15）：第一，麦肯与其下游食品餐饮企业（如麦当劳等）签订薯条销售协议；第二，麦肯

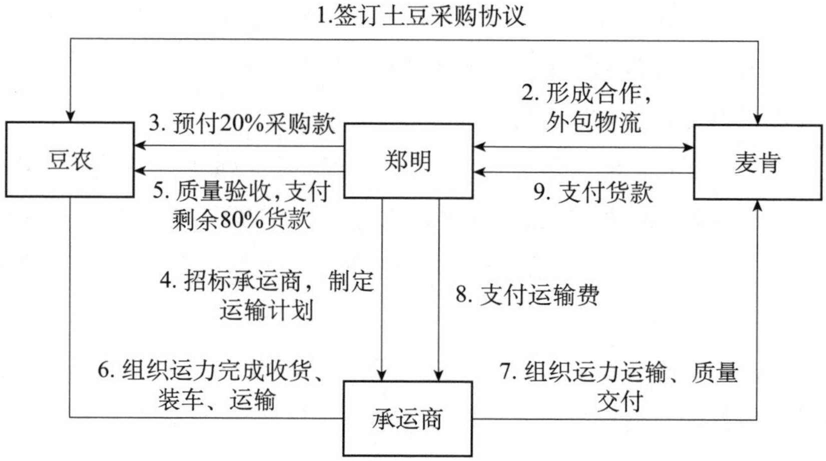

图 7-14　郑明上游采购环节的供应链金融服务

与郑明形成战略合作，并且签订委托分销协议；第三，下游餐饮企业将薯条要货计划传递给郑明；第四，郑明基于下游要货计划，招标承运商，制定运输配送计划；第五，郑明在麦肯处进行薯条质检，然后支付货款，转移货权；第六，组织承运商收货、装车、运输至郑明仓储，然后支付运输费；第七，郑明进行库存管理，保障库存薯条品质；第八，按照分销计划，组织承运商配送产品至下游企业，支付配送费；第九，下游客户将货款返还给郑明，完成薯条分销过程。

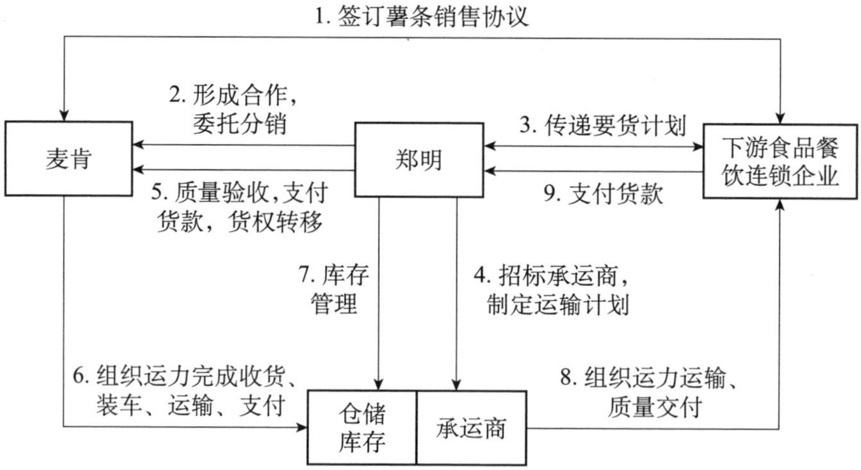

图 7-15　郑明下游分销环节的供应链金融服务

从上述郑明上游采购环节以及下游分销环节的供应链金融流程中可以看出，这类供应链金融是基于麦肯明确的业务关系而展开的，即郑明并没有作为土豆或薯条产业供应链中的贸易环节存在，而是通过有效的供应链物流服务，起到了中介促进组织或者服务提供商的作用。此外，以郑明的角度看，由于建立起的合作关系，使得企业能够充分把握上下游企业的经营计划，并且由于郑明组织承运商、安排运输配送计划、提供仓储库存管理，因此，具有很好的价值发现功能，控制了金融服务中可能存在的风险，遏制信息不对称而产生的交易成本。从麦肯的视角看，由于将供应链物流服务外包给郑明，有效地解决了自身在供应链运营中资金短缺的困境，有利于企业加速现金流，更好地从事土豆加工和维系客户关系，因此，供应链金融在其中起到了激励功能。

7.3.5　前摄性农业供应链金融：中粮贸易与延川四苹果的供应链金融服务

7.3.5.1　农业产业全局供应链建设的关键要素

传统农业供应链面临着组织结构分散、主体众多、协同力不强；流程上管理复杂；服务要素上涉及面较多的问题，因此，要全面实现农业供应链协同化，就需要从最初的生产端以及最终的市场端出发，解决各个环节存在的障碍，实现全局优化（见图7-16）。

具体来讲，从生产端看，全局农业供应链建设需要解决三个关键问题：一是分散化农户的组织化。如前所述，分散、个体性质的农户无法有效对应产业市场的要求，此外，抵御外部风险的能力较弱，因此，将分散化的农户用市场化方式组织起来成为农业供应链化的关键。要解决这一问题，还有一个相关联的因素需要关注，即种植土地的集约化，这一点在中国更为典型。无法实现种植土地的集约化经营，就无法真正解决农户分散化问题。二是在优选产地的基础上，及时有效地组织外部资源向农业生产以及经营者提供相适应的农业种子、农业资料以及农业工具。农业生产需要大量的投入要素，投入要素的竞争力以及供应的及时性和有效性，对农业生

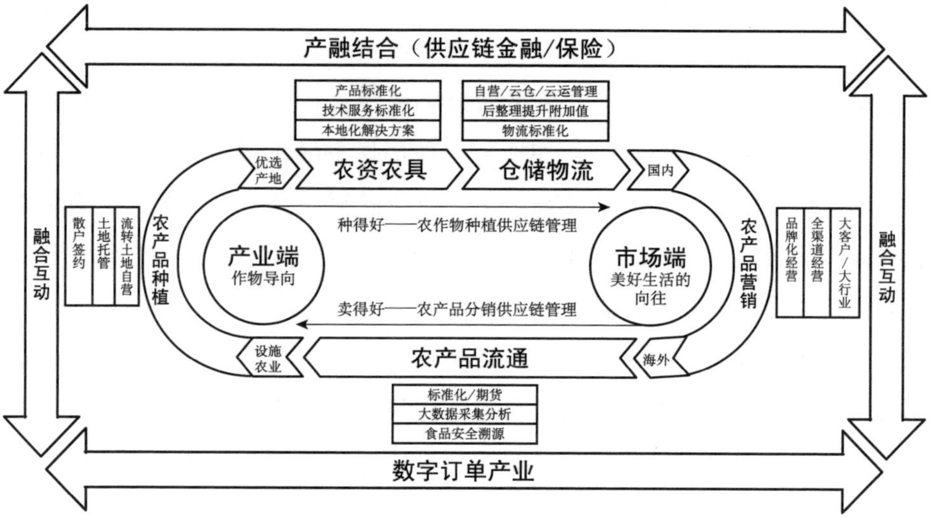

图 7-16　农业全局供应链建构关键要素

产过程产生了直接影响，这不仅表现为对劳动生产率的影响，更对农产品安全产生深远影响。要解决这一问题，需要考量农种、农资和农具的标准化和安全性。此外，针对不同的地域、土地和经营环境提供相适应的技术服务和本地化解决方案也是农业供应链的核心要素。三是标准、先进的物流体系。农产品的自然属性决定了物流服务和管理水平，决定了农产品的质量以及安全，因此，冷链体系、仓储、运输、加工等作业是生产端供应链建设的另一个促进或掣肘要素。

从市场端看，农业供应链需要解决卖得好的效应，从而最终保障农户以及供应链各参与者的利益。要实现这一目标，农业全局供应链也需要关注两个关键：一是农产品品牌化以及营销全渠道的建设。农产品如果不能品牌化，就无法实现价格升水，固定价格效应就无法实现，企业也很难将边际收益通过采购转移给上游农业生产端或农户。此外，全渠道建设也是市场端的核心要素。全渠道指的是为了满足客户在任何时候、任何地点、任何方式的购买需求，采取实体渠道、电子商务渠道和移动电子商务渠道整合的方式销售农产品或服务，提供给国内外顾客无差别的购买体验。此外，如何针对大行业或者大客户的经营特点，定制化销售配送农产品也是营销管理需要考虑的问题。二是农产品流通管理也是市场端的关键点。具体来讲，流通供应链需要解决农产品标准化、等级规格化的问题，无法实现农产品的这一要求，就难以实施有效的供应链质量管理，也无法利用远期或期货市场发现价值。此外，大数据分析和安全溯源也是流通管理的重要因素，大数据分析在于支持有效规划和安排农产品在不同时间、不同区域、不同用户之间的分销计划，而安全溯源管理能够使农产品流通实现可视化和透明化，从而最大化农业可持续化的要求。

只有在具备生产端和市场端关键要素的基础上，供应链金融才能结合进入各个阶段，为产业各参与者赋能，不仅提高资金在整个产业供应链中的效率，而且能够推动农业产业现代化的全面实现。供应链金融对农业产业的作用，需要通过供应链金融与订单数字农业的融合互动来实现。需要将农业生产端和市场端的优化变革转化为数字化供应链体系，即能够通过融合式ABCD的实现使农业各环节、各主体、各活动形成交叉校核的信息数字，从而实现农业供应链的全程透明、可视、可追溯。只有当农业供应链实现了全程数字化时，供应链金融才能覆盖到农业的各个方面，实现全面赋能（Invernizzi，2018）。同样也只有实现了供应链金融服务的全面渗透，才能夯实农业供应链，实现农业的可持续化发展。

7.3.5.2　中粮贸易粮食产业供应链及金融服务

中粮贸易有限公司（以下简称“中粮贸易”）是中粮集团有限公司下属一级子公司，是国内最大的市场化粮食流通企业，是重要的饲料生产企业，服务于国家粮食宏观调控，同时是小麦、玉米等重要农产品进出口的执行主体。经营范围主要包括农业服务、食品原料和饲料原料的贸易、物流服务、饲料产品、粮食电商交易等领域；经营品种包括小麦、玉米、稻谷、杂粮豆类、油料、饲料原料及产品等。

中粮贸易旗下直属粮库101家，总收储能力2 166万吨，具备1 800万吨港口年中转能力和6.7万吨日烘干能力，其经营布局遍及我国粮食主要产销区，掌控北良港、江阴港、城陵矶港、防城港、青山港以及正在建设的东莞新沙港六大港口和成都产业园等重要物流节点，正在搭建“两横三纵”

的粮食物流体系，包括长江通道、西江通道，东北港口至华南海运物流通道、东北港口至华东海运物流通道、东北产区至内陆销区物流通道。中粮贸易旗下设有新良海运、中粮铁运等专业化物流运营公司，形成了海运、铁路、集装箱三大专业化物流运营平台，致力于有效整合社会资源，打造高效率、低成本的物流通道。

中粮贸易以“粮达天下，惠泽四方”为使命，以打造“世界一流的粮食流通企业”为愿景，努力成为高效连接粮油生产者和粮油、饲料加工企业的桥梁和纽带，为中国农民提供优质的种植和收储服务，为加工企业提供稳定可靠的原料保障、技术支持及解决方案，为养殖业提供安全高效的饲料产品及服务。

（1）中粮贸易生产端产业供应链建构

中粮贸易生产端产业供应链建构的基本思路是根据市场需求整合粮食生产者，以“4 大类、11 项服务”为内容提供从前端到后端、全链条一揽子解决方案（见图 7－17）。整合粮食生产者意味着通过供应链组织化手段全面整合各类粮食生产主体，包括普通农户、合作社、家庭农场、农业服务公司以及国有农场。4 大类 11 项服务分别指的是粮食收储服务（利用自身的仓储物流资源为各类农业生产者提供仓储烘干、订单订购以及粮食银行服务）、农资经营服务（结合外部的合作方为农业生产者提供种子、化肥、农药、农机服务）、农业金融服务（结合外部金融机构为农业生产者提供种植贷款和农业保险服务）以及增值服务（利用自身资源以及外部资源为农业生产者提供农业技术服务以及农业信息服务）。具体来看，中粮贸易围绕上述目标，在生产端形成了如下供应链运营模式：

①夯实合作社，建立土地直接联系。农业生产供应链需要解决的一个重要问题是如何将分散的农户整合成协同化经营组织，从而增强生产端竞争力，为此，中粮贸易在黑龙江宁安通过直接帮助农户建立发展合作社，来建立与自身合作的基础（见图 7－18）。具体运作流程分为 4 步。第 1 步，摸底：深入调研合作社和农户的关系；第 2 步，宣讲：以村为单位，宣讲中粮贸易的农业服务，农户认可后自愿与中粮贸易开展合作；第 3 步，推动：

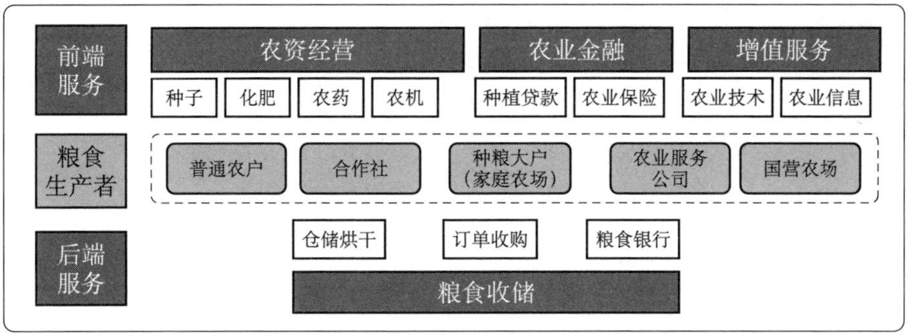

图 7-17　中粮贸易粮食生产供应链建设全局图

地方政府按“一村一社”组建合作社，做到“五有”（有机构、有人员、有社员、有台账、有签字和指纹）和信息资料完备，同时做到社员可追踪、可查询、可联系、可服务；第 4 步，服务：以合作社为单位与中粮贸易签署订单合同，根据合作社需要，中粮贸易提供农资、农机、金融方面的农业服务，在后期回收订单粮食时给予粮食银行服务。

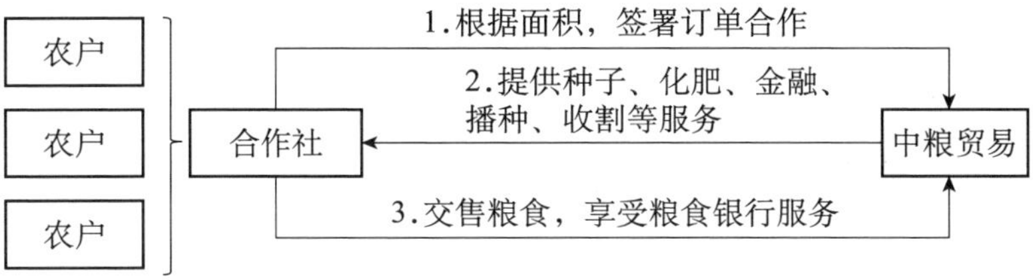

图 7-18　中粮贸易生产端供应链运营模式之一

②组建农业产业联合体。提高农业生产竞争力，还有一种形式是大型经营企业，例如中粮贸易通过与农业生产组织合作，直接进入生产环节，这样做的优势在于能够通过大型经营组织的资源更好地安排生产，抵御粮食生产经营中的风险。为此，中粮贸易在河北柏乡采用了联合体的形式推动农业供应链的发展（见图 7-19）。具体分工是：中粮贸易负责订单回收；提供农资、金融、保险、政策等资源支持；提供乡间仓储设施及部分农机具支持。联合社负责托管/流转土地、聘请工人；确定种植方案、统筹监督管理；管理村级社、组织订单回收。村级社负责耕、种、管、收，种植人员管理以及管理农作物临时仓储。

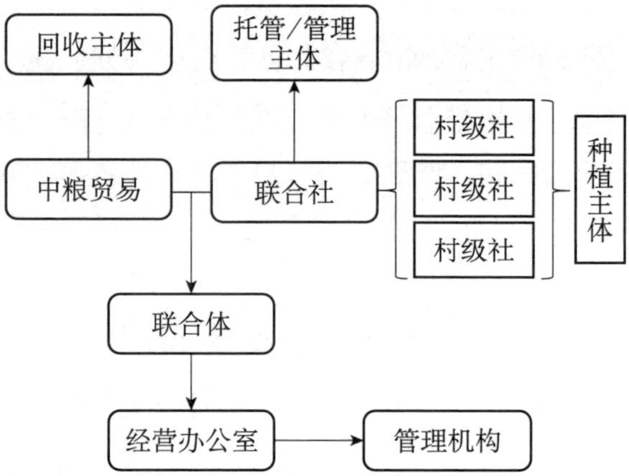

图 7－19　中粮贸易生产端供应链运营模式之二

③通过土地整合，介入农业生产全过程。农业供应链管理需要解决土地分散化问题，除了借助于农业合作社或产业联合体的形式外，对于短期内难以用上述形式实现整合的地域，通过各种行之有效的手段直接解决土地问题，然后整合其他各类资源，赋能整个生产供应链，也是中粮贸易目前采用的方式，其典型实施地区包括辽宁通辽（见图 7－20）。具体流程是：第一，通过流转、托管、租地形式获得土地资源，申请地方政府的农业政策；第二，与第三方合作伙伴合作，投入农资、农机具等生产要素，降低种植成本，并获得种子公司、化肥企业、农机生产商等的农技指导；第三，联合当地农机合作社，同时培养粮库职工使其变成种粮能手、专业的农机手，进而开展田间作业；第四，配套种植保险，粮食回收后直接进入中粮粮库。

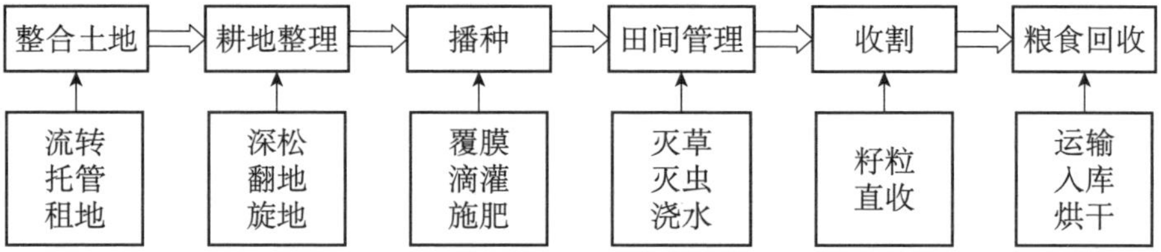

图 7－20　中粮贸易生产端供应链运营模式之三

④种、肥、粮循环经营模式。这种模式的特点是与农资经营企业合作，

共建客户群。很多农资经营者拥有自身的市场和客户群体，农业生产资料是农业生产重要的投入要素，但是作为农资提供者的经营企业，虽然能够有效帮助生产端提供相适应的产品，但是对于生产过程以及生产后的管理却力不从心。因此，中粮贸易通过与农资企业合作，发挥农资企业在产前的优势，中粮贸易发挥产中和产后的优势，从而共同推动农业生产供应链的形成，这类模式代表性的地区有黑龙江嫩江、绥化、康金，吉林松原。具体的流程是（见图7－21）：第一，中粮贸易与种子、化肥企业合作，扩大它们的农资销售规模，可以由它们将农资销售给客户，也可以由中粮贸易销售给客户，同时中粮贸易提供订单、金融、农机、粮食银行等农业服务；第二，种子、化肥企业将一部分渠道销售利润分给中粮贸易，秋收时中粮贸易给予农户利润反哺，提高订单回收率；第三，发挥中粮粮库资产优势，为种子、化肥企业提供农资仓储中转服务。

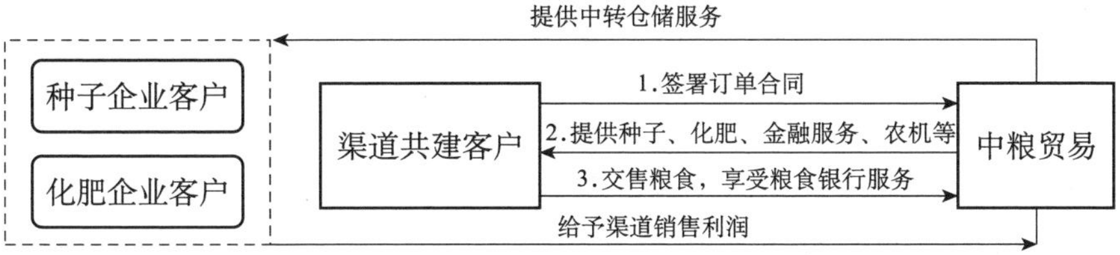

图7－21　中粮贸易生产端供应链运营模式之四

⑤从农机手处购买农机或自购农机，将粮食从田间不落地地运到中粮粮库。这种模式主要是帮助农业生产者或者农户解决粮食收割中的问题，粮食收割往往需要大量的农业机械以及专业化劳动，如果生产资源供应不及时，或者作业不规范，就容易造成粮食在收割过程中的损失。为此，中粮通过与专业化的收割农机经营者合作，或者自购农机交给专业人员运作，为农户或者生产者提供后续服务，这样不仅实现了高效率的农产品收割，而且为农业生产者提供了良好的供应链服务。其具体流程（见图7－22）为：首先，掌控粮食产后物流运输第一环节，控制粮食的流量流向；其次，粮食不落地地被运送到中粮粮库，避免了二次搬倒、损耗、霉变，提高了农户的售粮收益；最后，对接中粮粮食银行，让农户可以分享市场价格波

动带来的市场机会，能够卖得划算，同时中粮贸易提前获得粮食的经营权。

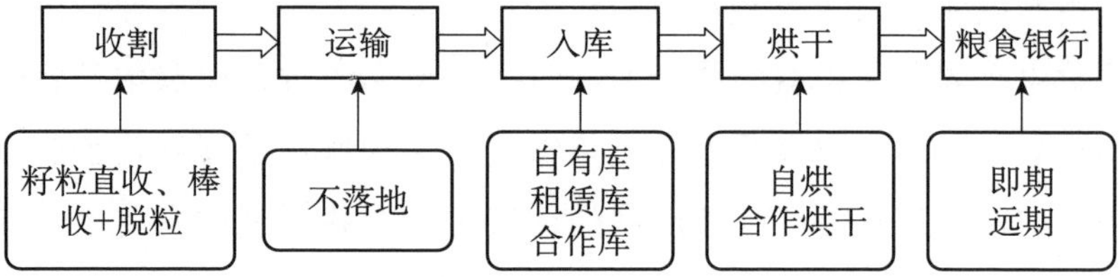

图 7-22　中粮贸易生产端供应链运营模式之五

（2）中粮贸易市场端产业供应链建构

除了建构生产端供应链外，如何打造市场端供应链也是农业全程供应链的关键，为此，中粮贸易与招商局集团合作建设大宗农粮一站式综合服务平台——粮达网，其目标在于通过线上贸易与线下仓储物流服务相互结合，建立公开、透明、守信的粮食电商生态圈（见图 7-23）。传统的农粮贸易链条简单，但是每一个环节流通成本很大，流通环节多，交易成本较高，很大程度上制约着农业产业的整体效益。粮达网围绕现货交易，立足中间市场，有效连接产业客户实际交收需求和中远期交易避险需求，提供“履约保障交易/结算模式＋风险管理交易工具＋现代大物流＋供应链融资”的一站式解决方案，促进粮食有序安全流通。同时，通过粮达网，未来粮食品种和质量的需求数据、流通方向动态和实时数据、真实的价格变动数据、非统计口径库存数据等各种大数据将得以获取，逐步形成粮食流通领域的大数据系统，为国家粮食安全和粮食政策制定提供数据支撑。粮达网自 2015 年 11 月正式运营以来，截至 2017 年 8 月 2 日，累计完成交易笔数 16 238 笔，交易量 1 705.2 万吨，交易金额 353 亿元。2017 年新增注册交易商 665 家，累计注册交易商达到 5 024 家。

（3）中粮贸易农业供应链金融

立足上述生产端和市场端的农业供应链体系的建立，中粮贸易开展了一系列赋能化的供应链金融业务，即借助于供应链金融业务，进一步推进农业供应链建设。从目前中粮贸易开展的具体供应链金融业务看，主要有农业生产供应链领域的种植贷和粮食银行以及农业销售供应链领域的寄售贷和购销贷。

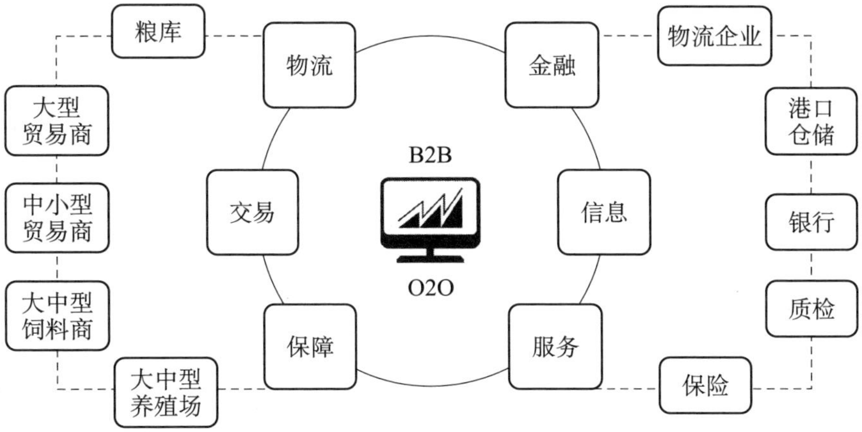

图 7－23　中粮贸易粮食销售供应链建设全局图

种植贷是中粮贸易与金融机构合作开展的供应链业务，为生产端的经营者或者农户提供资金融通，定向采购农资农具，同时中粮贸易通过委托生产采购订单保障农户利益，这种供应链金融不仅有效地控制了资金借贷风险，还有利于中粮贸易形成有效的产业基地，与生产者或农户形成长期稳定的生产购销关系（见图 7－24）。具体来讲，该业务的核心点包括：第一，中粮贸易与金融机构合作，共同开发种植贷项目，为农户提供资金支持，降低资金成本；第二，银行提供的种植贷以农资实物形式提供给农户，防止资金挪为他用，降低了银行贷款风险；第三，中粮贸易为农户提供订单、农资、农机、粮食银行等服务，提高与农户的黏性，吸引农户将粮食销售给中粮贸易；第四，将粮款打到银行指定账户，从而保障了银行回款的资金安全。

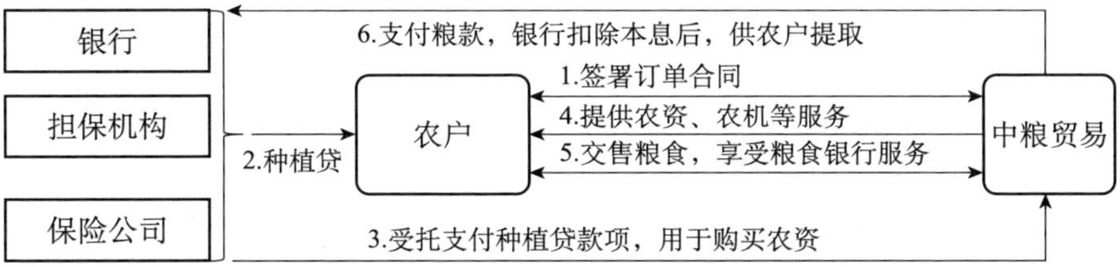

图 7－24　中粮贸易生产端种植贷示意图

粮食银行是中粮贸易非常具有创新性的具有金融属性的供应链业务。由于农产品往往价格波动较大，在农产品收购季由于供给较大，价格偏低，这时如果农业生产者选择销售，会面临着较大的经济损失，而选择等待未来销售，就会面临储存问题。但农业生产面临着农产品难以存储，易受自然因素影响的特点。针对这一状况，中粮贸易创新地利用自身的仓储管理资源和能力，为农户提供免费代储业务，确保粮食质量。储存期间中粮贸易不断向农户实时提供市场价格以及趋势，待价格合适，农户及时通知中粮贸易并确定将粮食定向销售给中粮贸易（见图 7－25）。这种创新业务一方面保证了农户最大的经济收益，农户能够在最合适的价格水平上进行粮食销售，同时也帮助农户解决了粮食烘干、存储等问题；另一方面对于中粮贸易而言，通过粮食银行将有竞争力的农户和资源整合进供应链，确保了优质生产基地的建立。同时在粮食存储在中粮贸易仓库期间，中粮贸易可以根据全年粮食价格波动状态以及市场趋势，及时调配和销售粮食，保证了企业自身经济利益最大化的同时，平抑了价格剧烈波动对其他利益相关者产生的负面影响。该类业务与上述供应链服务和种植贷相结合，实现了一种独特的供应链金融服务，这主要表现为商流、物流与资金流的分离，通常的供应链金融业务往往是商流、物流与资金流的一致性，即发生采购行为或物流行为后产生了金融服务行为，诸如保理、反向保理、仓单质押等，而中粮粮食银行的金融行为发生在前，即融通资金帮助农户解决农资农具或者帮助其解决存储问题，而真实的采购和交易合约是在未来某个时间发生。同理，物流与商流也发生了分离，即物流发生前置，中粮贸易帮助农户代储粮食期间，按照市场变化规律，及时进行粮食调配销售，实现全年价格平拟，从而最大化经济效益和社会效应，而与农户之间的实际买卖或交易合约在未来发生。这类供应链金融显然一方面建立在全局供应链优化基础之上，即农户与中粮贸易之间形成了长期稳定的生产协作关系，因为没有这种关系保证，商流、物流和资金流的分离只会产生风险；另一方面供应链金融也促进了产业供应链的优化，这种状况下的供应链金融更多的不是解决农户及时拿到资金的问题，而是通过金融服务行为，实现巩固和强化新型的生产合作关系。

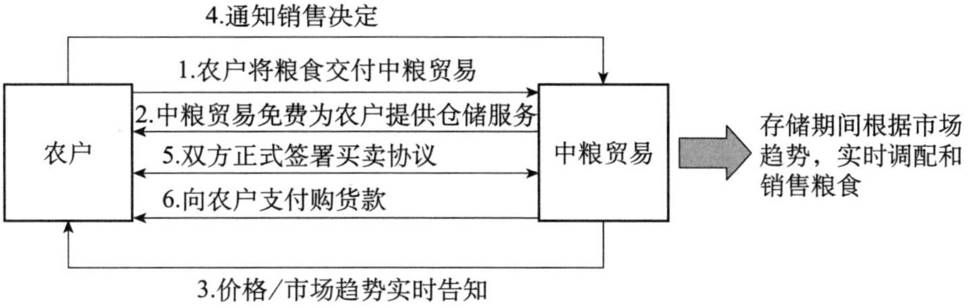

图7-25　中粮粮食银行运作示意图

寄售贷主要适应于委托客户之间的寄售业务，即客户将粮食寄售在市场处，待市场处的客户提取粮食时，双方形成交易行为，产生应收应付。显然，这一经营模式占压了供应商大量资金，一方面粮食存储耗费仓储物流费，另一方面粮食占压期间，供应商无法及时获得资金，影响了下一步的经营活动。为此，中粮的粮达网开展了寄售贷（见图7-26）：供应商客户与中粮贸易签署合作协议，粮达网形成留置权（即粮食的库存管理权限）；由粮达网支付供应商客户一定的保证金，满足其正常生产经营必需的资金；待下游客户需要粮食时，由粮达网组织承运商运送粮食至客户处；下游客户验收后，支付粮款至粮达网；粮达网扣除先行支付的保证金，支付剩余货款。

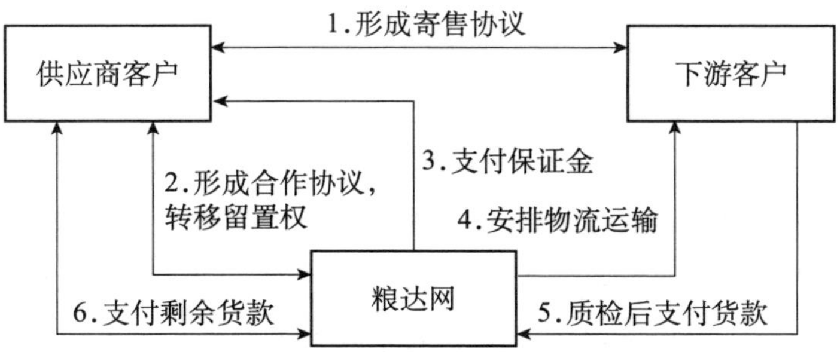

图7-26　中粮贸易寄售贷示意图

购销贷是中粮贸易为供应商客户提供的另一种销售供应链金融业务，适用于委托代销模式，即供应商在与下游客户签署粮食购销协议后，为了及时全额获得资金，将货权或销售权转移给粮达网，后者先行支付货款，由粮达网组织物流将粮食运抵客户处，待下游企业付款提货，完成整个交易过程（见图 7－27）。

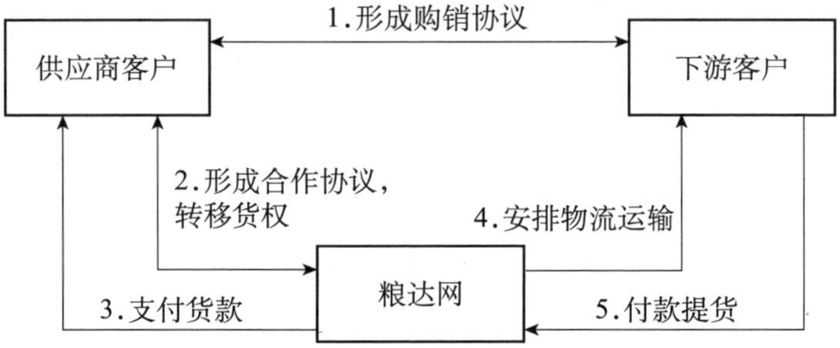

图 7－27　中粮贸易购销贷示意图

7.3.5.3　延川四苹果产业供应链与金融

延川四苹果农业科技有限公司（以下简称“延川四苹果”）于 2016 年在延川成立。公司成立之初即选择与当地特色资源紧密结合发展当地优势农产品——苹果，运用供应链服务＋ICT＋金融服务的方式，实现从作物栽培、营养、植保，到农产品生产、物流、销售和服务全产业链的整合和管理。农业供应链的建设首先是实现一个生态，即如何将不同的农业生产参与者组织成为一个可以共生的合作体系。

（1）延川四苹果供应链建构

延川四苹果供应链建设首先着力于市场端的组织和建设，这是拉式供应链体系确立的基础。延川四苹果种植基地位于北纬 36.8 度的陕西省延安市延川县，年平均气温 10.6℃，年日照时数 2 558，无霜期 185 天，昼夜温差大，年降水量不足 500 毫米。地形地貌属黄土高原丘陵沟壑区，塬面小，俗称“残塬”，苹果园的海拔高度 1 100 米，是符合苹果生态指标的最佳区域。一方面，延川四苹果以此基础，打造陕北塬上苹果的品牌形象。同时，以梁家河知青文化为背景挖掘品牌故事，突出“塬上初心”苹果的品牌个性，并借助新闻媒体、电子商务公司等多种手段，宣传延川苹果，从而借助于汇聚的品牌形象以及市场订单，反向推动订单农业生产。

另一方面，如何将分散化的农户有机组织起来，从事集约化的生产也是农业供应链形成的关键。延川四苹果供应端主要是与分散化农户签约，实现土地托管，在流转土地和大棚的基础上，从事集约化种植经营，这样做既有利于生产经营的集中管理和服务，又能够将分散化的农户组织起来，使其作为农业产业工人进入到供应链运营中，从而使得农户抵御风险的能力大大增强。合作的第一年即2016年，延川四苹果签约28个农户，管理苹果种植面积约300亩。该年一场严重冰雹灾害让果农面临着巨大损失，正当果农们望着遭受冰雹重创的苹果黯然神伤时，延川四苹果决定收购全部签约农户的苹果，最大限度地减少果农的经济损失。公司共收购约70万斤苹果，其中包括受灾的苹果，从而在农户中建立声誉，并产生了信赖关系。2017年，主动签约的农户从28个增加到438个，管理种植面积也由2016年的300亩增加到3 000多亩，种植面积增加了10倍。为提高农户收益，公司按照高于当年收购价0.2～0.8元/斤的价格，收购了全部签约农户的苹果，约780万斤。截至2018年6月，主动签约的农户已增加到761个，管理苹果种植面积已达7 825亩，预计苹果产量将在1万吨以上。与此同时，延川四苹果也为当地农民提供了数百个岗位。苹果采收季日用工500人以上，直接或间接地为脱贫提供了岗位和资金支持。

农业供应链建设中涉及大量的生产资料经营者，传统上农资、农具、农药经营者面临着如何直接对接农户的挑战，特别是根据生产经营的特点，提供相适应的生产资料。延川四苹果主要通过与一些生产资料经营者合作，或者与他们的经营平台对接，实现农资、农具、农药的协同运营。诸如在农药方面，延川四苹果与拜耳公司形成战略合作，由后者提供农药，并提供质保服务以及施药指导。在化肥产品上，直接对接中化集团的MAP（Modern Agriculture Platform）平台。MAP是中化农业整合全产业链资源打造的平台，为规模化农场提供农业种植全方位解决方案及种、肥、药产品包。通过与这些企业的深度合作，一方面为农资、农具、农药经营者提供了直接对接农户的销售和服务渠道；另一方面，延川四苹果通过这些合作也强化了自身的资源竞争力。

农产品经营中还有一个重要的供应链活动就是物流，这主要包括物流配送和冷藏冷库。没有良好的物流服务和资产支撑，农产品供应链将会受到巨大挑战。企业在配送上通过与韵达、顺丰等速递公司合作，来提升苹果的配送服务质量。同时与其他从事冷库服务的第三方合作，强化库存管理。

通过上述方式，一个多方协同合作的农业供应链服务平台得以建成。

（2）延川四苹果产业供应链融合式 ABCD

在建立起农业供应链组织生态后，如何确保供应链运作全过程的实时性、透明性和可追溯性，是供应链智慧化的关键。供应链的智慧化关键在于通过系统化的 ICT 工具，实现供应链运营的智能化，从而创新商业模式，实现价值。因此，ICT 的赋能需要结合农业供应链中各环节需要解决的问题，有针对性地采用相应技术。具体来讲，延川四苹果的 ICT 运用主要集中在三个方面（见图 7－28）：

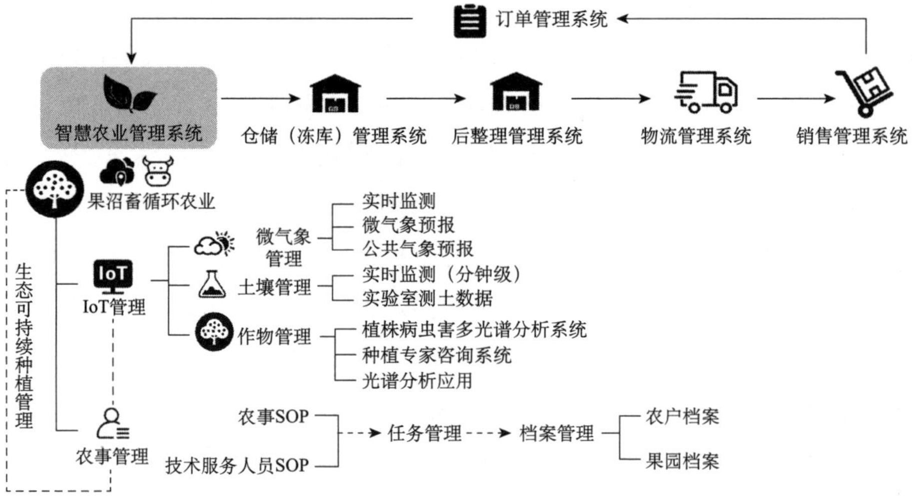

图 7－28　延川四苹果供应链 ICT 赋能示意图

一是信息化、透明化的农事管理。农业供应链涉及大量的种植户，将零散的土地农户信息直观地展现在系统上成为智慧化管理的重要组成部分，否则组织化生产管理，包括精准实时的技术服务就会难以实现。这些信息包括农户档案、种植管理、种植面积、种植年限、历史产量、预估产量等。延川四苹果通过整合自建数据与公共数据，建立相应的农事管理大数据，通过互联网做到实时更新和管理，并且基于大数据分析、挖掘和计算，针对合作客户的状况提供技术服务，实施种植管理。

二是基于IoT的种植和现场管理。农业供应链智慧化的另一个重要因素是如何有效地实施现场管理，因为农作物生产容易受到气候、地理、土壤以及病虫害的影响，因此，没有良好的现场管理，甚至是预防性指导，供应链运营风险较大。针对这一状况，延川四苹果运用IoT技术实施了农业生产的现场数据采集和管理，这些IoT技术运用主要反映在微气象管理（即通过微气象实时监测，同时与公共气象预报结合，提供农业作业指导）、土壤管理（土壤实时监测、管理）以及病虫害监测管理（光谱分析、监测等）三大方面。借助于这些部署在农业生产现场的各种传感节点（环境、土壤、图像等）和无线通信网络，实现了农业生产环境的智能感知、智能预警、智能控制、智能分析、专家在线指导，为农业生产提供了精准化种植、可视化管理、智能化决策，为苹果等农产品产业链各环节的高效运营提供精准的数据支撑。

三是供应链分销运营过程信息化。农产品流通过程涉及农产品的安全溯源和管理，因此，需要全程化信息来支撑这一目标的实现。农产品流通数字化的关键一方面是建立标准化的农产品，并在此基础上实现可流转，在此方面延川四苹果根据苹果期货交易市场对于苹果的标准等级进行管理，以保障产品流通管理的标准数字化；另一方面供应链流通动态信息和订单数字化管理也是重要的信息化要素，在该方面，延川四苹果正在与第三方合作，试图强化这一过程的智慧化。

（3）延川四苹果农业供应链金融

在供应链生态以及供应链运营智能化的基础上，供应链金融也是延川四苹果提升产业竞争力的重要手段。农户从事农业种植需要资金购买生产资料，诸如套袋、肥料、农药等等，也需要购买保险以保证农业生产的安全。然而传统意义上，金融机构难以对农户实施有效的金融服务，这是因为一方面农户没有足够的资产可以抵押，也没有相应的财务报表，在这种状况下，难以从金融机构获得贷款，另一方面，作为金融机构，由于农产品天然的季节性、波动性和易变质性，加之金融机构很难掌握农产品的生产经营过程，因此，无法直接给予农户信用。而延川四苹果 ICT 运用大数据为金融机构提供精准服务、全过程管理风险控制提供了基础。首先，农事管理系统由于积累了大量农户的资料、土地状况、历史产量、品质情况、交付状态等等，使得金融机构能够较为正确地评估农户的能力和信用，实现事前管理。此外，IoT 及其通信又能够让金融机构实时掌控经营过程，做到事中风险控制；而利用苹果的标准化管理、仓储管理和订单管理等信息，也能较好地把握农产品的市场状况，做到事后管理。目前，延川四苹果基于上述逻辑，与金融机构合作开展了两类金融：即“农业＋金融”和“农业＋保险”。

“农业＋金融”是延川四苹果结合中国农业银行为签约农户提供的综合性生产资料融资服务，解决农户购买生产资料资金缺乏的问题，同时也帮助生产资料供应商有效对接农户，实现销售。具体流程如图 7－29 所示：延川四苹果与下游客户签订苹果的购销协议，根据市场订单向签约农户下达生产计划；延川四苹果向中国农业银行提供签约农户白名单，并提供相应的数据；由中国农业银行向合格的农户定向提供惠农 e 贷金融服务，资金通过种植技术服务中心支付到与延川四苹果合作的农业生产资料供应商；由农业生产资料供应商向签约农户提供生产资料，并且协同延川四苹果提供标准化的全程种植服务，而金融机构借助于延川四苹果建立的 ICT 系统实时地进行全程监控，控制贷款风险；果品生产后，定向出售给下游客户，同时用销售款优先偿还银行本息。值得指出的是，为了降低农户生产资料采购贷款产生的利息负担（目前商业的年化利率为 4％），延川四苹果在组织生产资料供应商提供生产资料产品时，全年折扣 10％，以抵消农户借贷成本，使农户放心使用银行资金和采购相应的生产资料。

“农业＋保险”是延川四苹果联合中国大地保险为农户提供保险服务

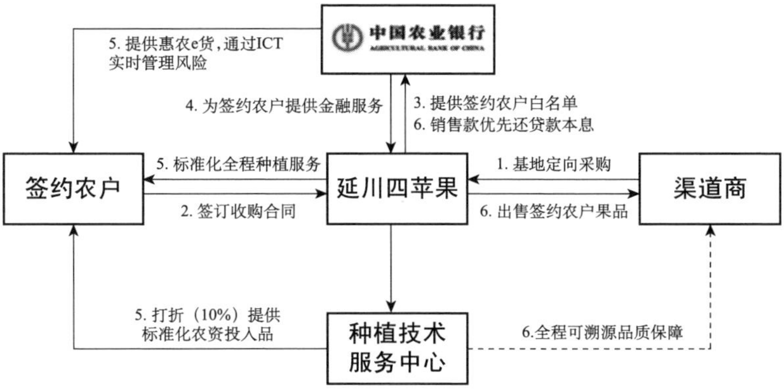

图7-29 延川四苹果ICT支持下“农业+金融”服务

的金融产品，以减少自然灾害对农业生产的影响，稳定农民收入，促进农业和农村经济发展。具体流程如图7-30所示：第一，由延川四苹果向中国大地保险提供签约农户名单；第二，在农户审核通过的基础上，保险公司向农户提供相应的保险产品；第三，借助于延川四苹果建立的IoT和互联网技术，保险公司实时监管；第四，一旦出险，由延川四苹果协助农户理赔。

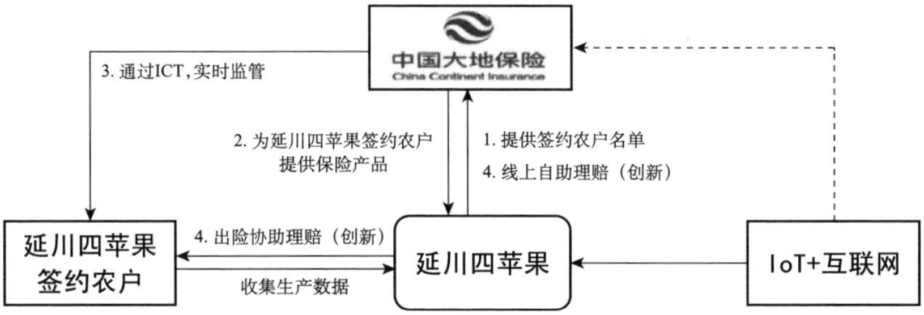

图7-30 延川四苹果ICT支持下的“农业+保险”服务

由此可以看出，农业智慧供应链首先是能够有效整合各利益相关方，特别是如何将客户组织进入大市场，在协同农业生产过程中，在保障农户利益的前提下，解决农业生产技术服务、生产资料服务和金融服务中的难题，而IoT和互联网赋能于农业供应链运营，实现农户、农产品和金融服务全程的可视化、透明化、实时化和可追溯化。

7.4 循环经济与供应链金融

近年来循环经济作为经济可持续发展的话题得到了理论界、实业界以及政策制定者的广泛关注，循环经济关注的是通过闭环的生产经营系统，通过有效的管理手段实现资源消耗的下降以及资源的可利用、可循环，最终实现经济、社会和环境的可持续发展。因此，这一战略必然涉及其中的企业或其参与者之间如何能够有效协调，从降低资源消耗逐步发展到调整产业结构、发展新的技术和管理手段，与此同时，如何采用相适应的供应链金融手段，从解决循环经济中的运营资金到为整个循环经济实现赋能，从而推动循环经济的确立与发展。

7.4.1 循环经济的内涵与特征

对循环经济的探索在国际上兴起于 20 世纪 70 年代后期，很多研究认为对循环经济的理论探索始于 Pearce 和 Turner（1990）的研究，他们在研究中通过描述自然资源如何为生产和消费提供投入，以及以废旧物循环形式来影响经济，从而研究了当代经济系统的线性和开放性特征。Stahel 和 Reday（1976）从产业经济的视角分析了循环经济的一些特点，他们认为循环经济是一种闭环式的产业战略，包括防止浪费、创造工作机会、提高资源效率以及工业经济的非物质化等。之后对循环经济的探索产生了长足发展，对现代循环经济的认识是将很多相关概念的特征和要素融入进来以形成闭环经济，这些新的概念特征包括“从摇篮到摇篮”（McDonough & Braungart，2010）、闭环与绩效经济（Walter Stahel，2010）、再生设计（Lyle，1996）、蓝色经济（Pauli，2010）等。产业界最具代表性的定义是由艾伦·麦克阿瑟基金会给出的（MacArthur，2013），他们认为循环经济超越了废旧物管理模式，是在重新定义经济增长，它重点关注的是积极的社会效益，逐步脱离消耗有限资源的经济活动，而重新设计杜绝浪费的经济系统。在强调可再生资源的基础上，循环经济确立了经济、社会和自然资本。基金会认为循环经济有三个重要的原则，即设计应杜绝浪费和污染；保持产品和原材料的使用；重新生成自然系统。在学术界，代表性的定义认为，循环经济是一种再生系统，通过减缓、关闭和缩小材料及能量回路，循环经济能够最大限度地减少资源投入和废物排放以及能量泄漏，这一目标可以通过持久的设计、维护、修理、再利用、再制造、翻新和回收来实现（Geissdoerfer，Savaget，Bocken & Hultink，2017）。类似的定义认为循环经济是在产品达到生命周期终结时，产品和原材料的价值能够得以维持，浪费得以避免，经济中的资源能够实现保持（Geisendorf & Pietrulla，2018）。循环经济在中国于1998年引入，2005年作为缓解经济快速增长与资源能源短缺之间矛盾的方法而被政府采纳。作为重要的经济政策，《国务院关于加快发展循环经济的若干意见》明确提出了循环经济的目标是“减量化、再利用、资源化”，并且提出循环经济的实现需要从生产、建设、流通和消费各个环节来实现。显然这一界定强调的是建立产业闭环系统。Yuan等（2008）提出循环经济的核心是在经济的不同阶段实现物质流，以及原材料和能源的闭环。显然，可以看出，无论中外对于循环经济的定义有什么差别，其共同点在于：第一都强调循环经济实现的目标是三个层面，即污染或浪费削减（reduce）、产品的再利用（resue）以及资源或能源的再循环（recycling）；第二都认为循环经济是一个闭环系统，即要形成循环经济需要从端对端的思维进行经济系统的整体设计和管理。

循环经济是实现可持续发展的重要方式，两者具有很多的相同点，诸如都强调系统的转变、多利益相关者的整合以及社会的持续发展等等，但是从本质上，这两者仍然具有一定的差异（Geissdoerfer et al.，2017）。具体来看主要表现为如下几点：第一，概念的起源和目标不一样。可持续发展概念提出较早，它是以人们对环境和社会问题的关注为基础的，因此，追寻的目标较为开放、多元化。与此不同，循环经济的提出较晚，它更多关注的是经济系统，如同有的学者提出循环经济不是单纯的环境战略，而是一种经济持续发展战略（Yuan et al.，2008），其目标是如何发展闭环经济系统使得投入和浪费的资源最小，真正实现资源能源的循环。第二，实现的原理和受益者不同。可持续发展理论依赖的基础就是三重底线原理，即如何实现经济、社会和环境的均衡，因此，可持续发展的受益者是社会中任何利益相关方，各方均等地实现发展。而循环经济注重于经济原理，其受益者首先是经济主体，但是通过循环经济的实现也为其他组织或机构带来了环境和社会效益，或者说循环经济是以经济主体收益为原点，进而实现社会环境效益的外溢。第三，代理人或推进者不同。可持续发展的代理人或推进者较为广泛，可以是任何社会上的利益相关者，即任何人或任何组织都能够推进可持续发展。而循环经济不同，其推进者主要是企业、行业组织以及政府。显然，这一实现途径涉及的是经济系统中的直接主体或者直接影响者。第四，变革的时间框不同。可持续发展是一个长远目标，总体上讲，任何社会或组织最终都需要实现经济、社会和环境的均衡，然而实现这一目标需要一个长期的过程，也需要不断的调整和变化，因此，严格意义上讲，没有明确的时间窗。循环经济则不同，它有基本要求，即必须在经济系统的各个环节实现规定的变革和调整，才能形成循环经济，或者说变革有明确的阈值。第五，承担的责任以及兼顾的利益不同。可持续发展的承担者是任何社会人和社会组织，因此，没有明确某个具体的责任组织或机构。第六，要实现可持续发展，需要兼顾各利益相关者的利益诉求。而循环经济的责任者主要是企业以及管理机构，它需要关注企业的经济或财务能力，以及对环境的影响。

7.4.2 循环经济下的供应链及其关键要素

由于循环经济实现的主体之一是企业，因此，如何发展有效的商业模式成为循环经济实现的重要途径，传统的商业模式难以适应循环经济的要求，因此，需要从新的视角重新定义商业发展和经济系统（Planing，2015；Witjes & Lozano，2016；Lewandowski，2016）。供应链作为一种协调和整合各方资源和能力，打破环节与环节之间的壁垒和障碍，集商流、物流、信息流和资金流为一体的管理手段，成为循环经济实现的重要方式（Zhu，Geng & Lai，2010；Witjes & Lozano，2016；Genovese，Acquaye，

Figueroa & Koh，2017）。例如 Genovese 等（2017）通过对两个案例企业的研究，指出将循环经济的原则与可持续供应链结合是实现环境目标的最佳方式。Witjes 和 Lozano（2016）则提出传统的可持续发展忽略了循环经济中将废旧物作为资源投入，并且发挥了连接生产和消费桥梁作用的特点，因此，需要从服务系统的视角重新审视供应链采购活动，即从技术、非技术要求以及社会文化的要素出发来选择供应商，发展供需之间关系。由此可以看出，供应链之所以被认为是实现循环经济的重要途径，是因为循环经济的目标往往需要多经济主体之间进行充分的沟通和协同才能实现，这是因为如果上下游企业相互之间不能建立良好的可循环意识以及文化，不能调整各自的经营规则和方法，可循环的目标就难以实现（Witjes & Lozano，2016）。此外，循环经济强调的闭环系统本身就需要借助于供应链才能实现，因为闭环意味着首尾相连，各个环节之间能够充分衔接，并且能够顺畅有效运转。而供应链结构上强调多利益相关者有机联结的网络协同、流程上实现多维有效运行、要素上做到充分整合，特别是建立相应的产品服务系统完全吻合了循环经济的闭环要求（Masi，Day & Godsell，2017）。需要指出的是，与循环经济中的供应链密切相关的一个重要概念是绿色供应链。绿色供应链由美国密歇根州立大学制造研究协会于 1996 年提出，该概念基于环境的考虑来设计和运营供应链，即从原材料采购以及产品设计阶段就遵循环境要求，从而避免产品使用期以及回收期给环境产生的危害（Walton et al.，1998；Van Hoek，1999；Zhu，Sarkis & Geng，2005；Srivastava，2007）。绿色供应链被认为是实现环境可持续和循环经济的重要手段，因此，多数情况下绿色供应链与循环经济下的供应链是被等同探索和研究的。然而，也有的研究认为这两者虽然总体目标一致，但是仍然有一些差异（Masi et al.，2017；Nasir，Genovese，Acquaye，Koh & Yamoah，2017；De Angelis，Howard & Miemczyk，2018）。从某种程度上讲，循环经济下的供应链范畴要广于绿色供应链，后者主要考虑供应链中的环境要素，而循环经济下的供应链则同时将环境和社会因素融入了供应链设计中。此外，绿色供应链关注的主要是企业层面的运营，而循环供应链还涉及生态工业园区、政府管理部门和社会层面上的各类问题。Srivastava (2007) 就指出，绿色供应链缺乏对管理部门如何通过制定规则来促进经济社会发展的探索。因此，可以认为循环经济下的供应链（有些学者将其定义为 circular supply chain）是进化或拓展的绿色供应链，它将可循环经济的要求（即 3R：reduction，reuse，recycling）融入供应链的整体设计和管理中，通过整合各层面利益相关者的能力，实现正向与逆向供应链的闭合运营，构造从原材料，经制造，到最终产品消费全过程的商流、物流、信息流和资金流的整体系统。具体来看，可以从供应链运营涉及的范围和程度来区分循环供应链发展的层级（见图 7－31）。

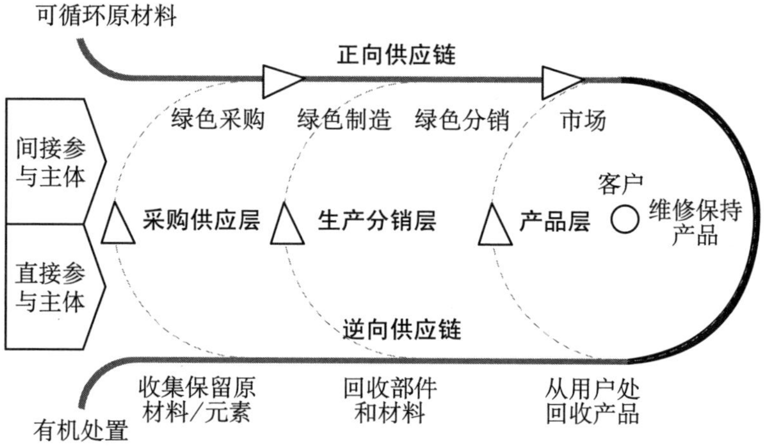

图 7－31　循环供应链示意图

7.4.2.1　循环供应链涉及程度

循环供应链从涉及的程度看，分为正向供应链和逆向供应链，正向供应链指的是从最初的产品设计、采购，经生产分销，最后销售给市场端客户的组织间合作性经营行为。正向供应链是可循环供应链管理的重要方面，通过供应链全过程的绿色实践和管理，来保障供应链体系的可持续发展。Green Jr、Zelbst、Meacham 和 Bhadauria（2012）认为这种绿色管理实践包括内部环境管理、绿色信息系统、绿色采购、与客户合作、生态设计等。S. M. Lee、Tae Kim 和 Choi（2012）提出正向供应链需要全面整合企业和运营方面的战略来实现环境的可持续。Ninlawan、Seksan、Tossapol 和 Pilada（2010）认为在正向绿色供应链管理中，有四个重要的管理要素，即绿色采购、绿色制造、绿色分销和绿色物流。绿色采购是企业在供应端表现出来的行为，即企业能够根据供应商的环境能力、技术、生态设计、环境绩效、环境友好产品的开发以及支撑企业环境目标实现的能力来选择供应商（Paulraj，2011）。绿色制造是一种生产过程，通过减少有害物质，提高能源效率，通过实施 3R，最大限度地减少浪费，将投入转化为产出。绿色分销是在产成品分销过程中，采用如下手段，实现分销过程对环境危害最小化：缩小包装；使用“绿色”包装材料；促进回收和再利用计划；与供应商合作以规范包装；鼓励和采用可回收的包装方法；最大限度地减少材料使用和打开包装的时间；使用可回收托盘系统以及节省仓库能源。绿色物流则是通过有效的管理手段，实现物流活动的集约化，降低运输仓储对环境的负面影响（Chin，Tat & Sulaiman，2015）。与此观点相近，Planing（2015）提出循环正向供应链中的重要环节，包括原材料（安排净化的原材料流，确保材料能再使用并投入到生产过程）、产品生产（相比于新产品生产，再制造会消耗更低的资源）、销售与服务（能够通过维修、维持、翻新延长使用周期）以及客户（产品具备更长的使用周期，或者通过共享消费更有效地使用产品）等。

除了正向供应链外，逆向供应链也是循环供应链的重要方面，很多学者认为逆向供应链活动是循环供应链活动的一个部分，两者之间有着密切联系，但是仍然有许多不同的地方，主要是正向供应链活动更加主动、可预见，而逆向供应链则较为被动、不可预见（Tibben-Lembke & Rogers，2002）。具体来讲，逆向供应链活动包括产品或物质的收集、检查/分割、再使用、再生产、循环、再分销和废弃等。产品首先是通过常规的供应链被带入市场，大多数产品是以初始功能的形式被使用或消耗的，一段时间以后，该产品可能对初始使用者来讲没有了用途或相对价值。此刻，该产品可以在市场上一次或多次以廉价的形式进行交易，从而进入到初始使用和交易的环节（Kokkinaki，Dekker，Van Nunen & Pappis，2000）。值得指出的是，虽然在这个过程中，商品的所有权在不断更替，但是，人们利用的仍然是产品的初始功能或使用价值，或者依托于原有的功能进行使用领域的创新，即功能再创造，直到原有使用价值完全结束。在此，逆向供应链管理的作用在于促进和推动产品使用的转换，以最大限度在保证经济可持续发展的基础上，完全发挥产品或部分产品的价值，从而使所使用的资源真正得到利用。当然，在未来某时间，当产品的使用价值完全结束，产品将会进入到大的逆向供应链体系，走向废弃处理的活动阶段。可以看出，逆向供应链之所以成为供应链物流管理的特殊领域，就在于其活动和管理相对于正向供应链具有很大差异，而这种差异性也决定了信息和供应链管理活动的特殊性。第一，由于逆向供应链的需求不是来自顾客的主动需求，具有更强的不确定性，因此，逆向供应链相对于正向供应链更难计划和预测（Guide Jr，Jayaraman，Srivastava & Benton，2000）；第二，逆向供应链是多点到单点的运输，且品种千差万别，难以单元化运作（Fleischmann et al.，1997）；第三，当回收的物资从起点运达处理中心后，进一步的处理比较复杂，难以明确化，伴随着的是最终目的地和运输路线难以确定的问题，造成了供应链难于管理（Tibben-Lembke & Rogers，2002）；第四，相对于正向供应链，逆向供应链活动中的运输、废弃、收集、分类、再处理和包装的成本较高（Tibben-Lembke & Rogers，2002）；第五，不同于正向供应链，逆向供应链流程的跟踪、控制和管理较难实施，因为现行的信息技术和电子商务较少考虑逆向供应链运作的特点（Rogers & Tibben-Lembke，2001）。

基于上述循环经济下供应链运营的两个方面可以看出，正向供应链以及逆向供应链是循环供应链的两翼，如果单纯地强调某一方面的绿色可持续，虽然也能够促进经济和社会的发展，但是循环经济要求的闭环性会受到挑战，成果有一定的限制。这是因为如果正向供应链没有能够实现绿色持续化发展，单纯的逆向供应链即便实施效果非常好，仍然会由于再回收、再循环、再处置的压力过大而对环境产生巨大挑战。特别是逆向供应链收集、保留原材料或要素的实现（例如将废弃的钢铁产成品转化为最初的钢水等），甚至是废旧物的有机处置，都需要正向供应链中的产品设计和采购来实现绿色化。同理，没有逆向供应链配合的正向供应链也会面临挑战，因为逆向供应链是实现循环经济闭环的关键。两者高度融合不仅能够通过逆向供应链实现再循环、再利用，而且借助于正向供应链中的绿色化管理活动，可以实现正向供应链运营中的低资源消耗。不仅如此，双向供应链的高度融合，结合了循环经济中的要素，也创造了新商业模式，即从传统的产品拥有模式转向以租赁和服务为基础的供应链战略（De Angelis et al.，2018），其原因在于，为了实现供应链的可循环，降低对废弃物的处置成本或者避免资源闲置浪费，必然要求改变原来所有权让渡的传统交易模式，转而采用以共享经济为基础的新型服务模式。因此，如何实现正向与逆向供应链的结合是循环供应链的关键要素之一。

7.4.2.2　循环供应链涉及范围

循环供应链的另一个重要维度是供应链协同整合的范围，循环经济尽管是以经济系统为核心，但是并不表明循环供应链只是关注于某一特定的经济组织，相反，其覆盖的范围较为广泛。Yuan 等（2008）提出循环经济的实现有三个层面的主体，即微观层面，这一层面的主体是企业，它们要求或鼓励实施循环生产；中观层面，即生态产业网络，不同的主体或者地区产业能够拥有良好的环境和基础设施，形成经济循环系统；宏观层面，即管理部门或政策部门推动形成生态城、生态社区，甚至生态省份。由此可以看出，循环供应链往往涉及多层面多样化的利益相关者，而不同的利益相关者在其中发挥着差异化的作用，共同推动实现循环经济。

首先，从循环供应链的直接参与主体看，往往涉及多种类型主体，不同的主体涉及循环供应链的不同阶段和不同角色（见图 7－32）。这些主体有：一是从事原材料供应或者将循环物转化为原材料的供应商，这是循环供应链的投入端，如果供应商不能实现绿色化或者具有能力将废旧物进行绿色化处理，供应链可持续化就会受到极大挑战。二是从事产品生产加工或者对回收物进行再生产加工的制造商，它们直接从事生产经营过程，其能力直接决定了资源消耗的状况和可再用或可循环的程度。三是从事产品

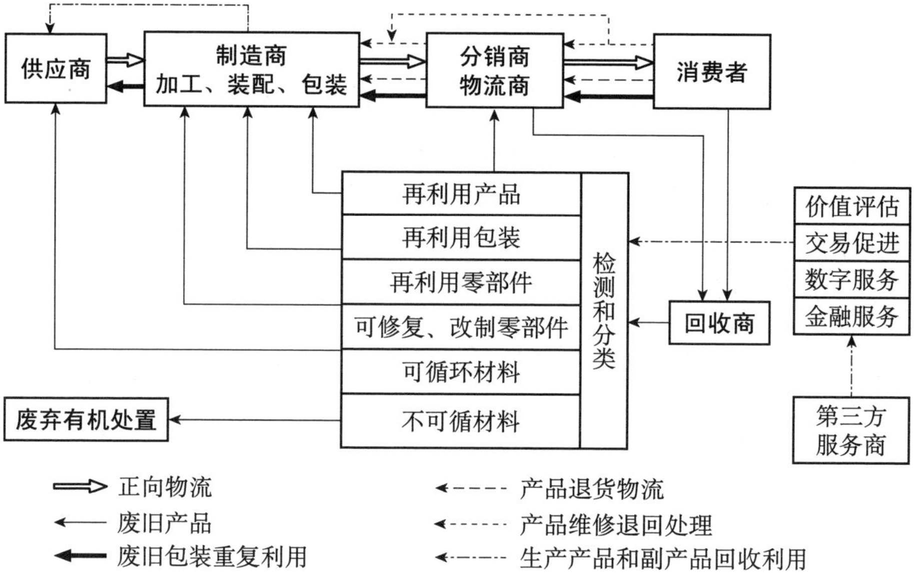

图 7－32　循环供应链中的直接参与主体

或废旧物分销的分销商或物流商，这些主体帮助实现产成品的正向分销物流，以及废弃品或回收品的逆向分销物流，它们在整合循环供应链中扮演了创造时空效应的作用。四是产业客户或个体消费者，这些既是产成品价值的接收者，也是价值的创造者，他们对产品或服务的价值诉求推动了循环供应链的构成和管理模式。五是回收商，它们的作用在于能够将废旧物或者回收品有效地从产业客户或者消费者手中收集聚合，形成一定的规模效应，然后通过对废旧物的检测分类，将不同类别的回收物对应到不同的渠道进行再处理或再循环。六是第三方服务商，在循环供应链运营中有一些独特的服务商，它们发挥着价值发现和价值促进的作用。最为典型的这类主体有价值评估服务提供者，回收物的价值评价是一项复杂活动，这不仅涉及废旧物本身的财务价值评估，更涉及从整个循环经济的视角来判定生命周期价值，亦即同样是废旧物，既可以被当作二手货进行交易，也可以被当作原材料进行处理，这就需要从整体上评断价值及其对环境的影响。另一类第三方服务商是促进交易的平台服务商，这类服务商往往通过搭建平台，特别是利用互联网技术促进废旧物的交易，再次创造交易价值。还有一类第三方服务商是数字服务商，随着 ICT 的发展，信息化和数字化对循环经济的重要性日益凸显，特别是循环经济涉及闭环活动以及多地域、多类型主体，因此，有效的数字信息管理和服务对于循环供应链至关重要。还有一类重要的第三方服务商就是提供金融服务的机构，它们为循环经济中的经济主体提供定制化的金融服务，促进资金在供应链中的顺畅流动。

其次，从循环供应链的间接参与者来看，涉及的各类机构和主体也非常多样。总体上讲，循环经济涉及的第一类主体便是直接影响循环经济发展政策以及供应链运作环境的政府管理部门。很多研究中国循环经济的文献指出（Zhijun & Nailing，2007；Yuan et al.，2008；Geng & Doberstein，2008），为了促进循环经济在企业、工业园区以及城市和区域的发展，需要管理部门有效地解决制度建设问题，诸如法律规则、可操作性原则、公众参与以及先进经验的借鉴与运用等。此外，建立科学有效的评估体系，获得准确的信息以提升对循环经济的指引也是管理部门需要强化的地方。第二类间接参与者便是社区或其他非营利组织，例如提出循环经济的艾伦·麦克阿瑟基金会就是非营利组织，这类组织通过推动、指引、监督等多种方式敦促企业建立和实现循环供应链，因此，该类利益相关者也是非常重要的循环经济及其供应链建设和发展的力量。第三类间接参与者是与企业循环供应链密切相关的关联产业企业或组织，循环经济要求的闭环性必然涉及供应链运作中的各类要素，诸如实施有效废旧物处理的设备、运输存储废旧物的运载工具或物流标准化工具、产品资源消耗或污染测定的仪器仪表等等，这些要素的设计、生产都涉及其他产业企业或机构，没有这些关联组织的配合和协同，也必然会影响到循环供应链的实现。

综上所述，可以看出，在循环供应链建设发展的过程中，直接和间接利益相关者的整合范围也会对供应链产生重要作用，利益相关者整合的范围较窄，具体的供应链运营就相对容易实现，也容易管理，相互之间的沟通协调成本也就较低，但是循环经济要求的能力的广泛整合性必然会受到挑战。与之相反，利益相关者整合的范围越广，越有利于实现多能力整合，但是带来了较高的沟通成本、相互之间的信任难以确立等问题，而这些问题最终也会对循环经济的实现带来挑战。因此，如何在充分整合各利益相关方的同时，解决信任问题和协商沟通成本问题是循环供应链需要关注的另一个关键点。

7.4.3 循环供应链金融及其特征

供应链金融是循环经济发展中的重要问题，企业能否有效获得资金，特别是对绿色技术的投资，对实现循环经济至关重要（Pan et al.，2015；Masi et al.，2017），这一点对于中小企业更是如此（Rizos et al.，2016）。而解决这一问题不仅仅需要标准化的市场规制或者贷款，而且需要创新性的金融服务（Zhijun & Nailing，2007；Geng & Doberstein，2008）。而供应链金融是解决循环供应链运营资金的最有效手段（Anca Iuliana Nicolae，2018）。然而，供应链金融如何嵌入到循环供应链，在发挥差别化作用的同时防范可能的风险，这需要根据循环供应链的状态来决定。事实上，基于循环供应链建设中两个重要的关键因素，即供应链涉及的程度（正向与逆向供应链整合度），以及供应链涉及的范围（利益相关者的整合范围），循环供应链呈现出四种不同的状态（见图7-33），各自状态下由于其不同的供应链特点，使得金融服务的组织和管理模式具有很大的异质性。

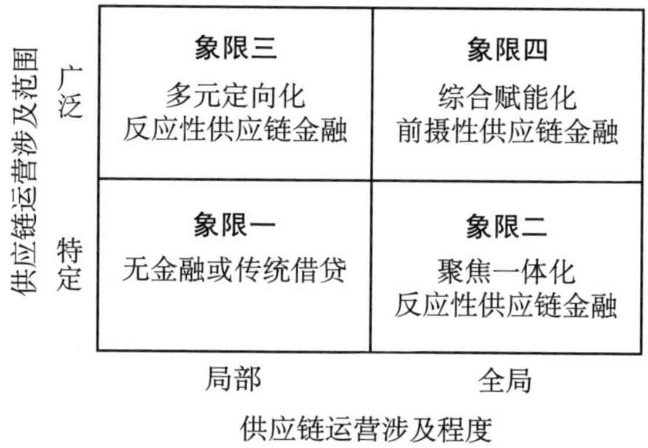

图7-33 循环供应链金融不同形态

象限一是较为传统的状态，在这一状态下，并没有完全建立循环供应链，只是开始对它加以关注，并做了一些初步努力，一方面供应链运营只涉及简单的产品和生产活动的绿色化，另一方面供应链可循环涉及的主体非常有限，在这一状态下，循环供应链金融并没有真正展开，因为金融活动对实现经济循环以及供应链体系的建立的作用有限。仅有的金融活动只是在传统借贷决策过程中，考虑了企业绿色化的因素，或者说此刻的金融活动无异于传统借贷决策，循环只是作为一种附加因素得到考虑。

象限二是一类聚焦一体化的循环供应链金融。这一类型的特点是循环供应链涉及的程度较深，涉及了供应链运营的全过程，亦即从原材料开始，经生产制造到产成品，都实施了有效管理，而且无论是正向供应链还是逆向供应链都给予了关注，实现了循环经济要求的闭合性。但是管理和控制的对象较为集中有限，相对而言，这类循环供应链整合的对象往往是直接交易方，例如特定企业的上游或下游，因此，循环经济要求的多能力整合效果相对有限。正是这样的特点，使得供应链金融的作用呈现了两个特点：一是供应链金融服务的对象较为聚焦，主要面对与之交易的经济合作伙伴，因此，供应链金融发挥的作用在于激励功能，即立足于合作伙伴循环经济实现的程度，同时给予资金上的扶持，即激励合作企业为实现循环经济而采取措施。二是由于循环供应链的闭合性较强，因此，金融产品应完整地服务于整个供应链运营过程，产品相互之间是有机衔接的，从而推动改善循环供应链资金流。从供应链金融的风险控制看，比较关注合作伙伴供应链中的循环运营能力以及经营系统的闭合性，此外，构建循环供应链中特定企业的信用也是金融机构较为关注的要素。

象限三是多元定向化的循环供应链金融。这种类别的特点是循环供应链涉及的程度较低，也就是说并没有实现循环经济的完全闭合性，可能供应链运营只涉及了部分环节，例如只是从事废旧物的再利用，或者绿色产品生产等等，而没有实现正向和逆向、从原材料到最终产品的循环供应链系统。然而，其整合的利益相关者较为广泛，亦即能够在某一供应链运营环节充分整合各方的资源能力。这类循环供应链产生的金融活动也有两个特点：一是供应链金融服务的对象较为多元化，即需要根据经济主体在循环供应链运营中的不同角色提供相适应的金融服务，因此，定向激励的特点较为明显；二是由于不同的对象在不同的状态下有着差别化的金融服务需求，因此，产品与产品之间相互独立，换言之，每个供应链金融产品都是针对特定状态而存在的，不存在产品之间的相互衔接。从供应链金融的风险控制看，金融机构较为关注特定循环供应链运营中的业务或资产，因为业务和资产的状态决定了企业可循环运营的能力以及潜在风险。此外，特定企业（融资需求方）在网络中的信号也是管控风险的重要因素。

象限四是综合赋能化的前摄性供应链金融。这类是典型的循环供应链：一方面在供应链的各个阶段实现了循环，并且囊括了正向和逆向供应链体系，具有较好的闭合性；另一方面多利益相关者的资源能力得到了很好的整合。面对这类状态，供应链金融在其中发挥的作用就不仅仅是激励功能，而且还有赋能功能，即通过供应链金融进一步推动循环目标的实现。此外，供应链金融的服务对象是所有嵌入在循环供应链中的直接或间接参与者。从供应链金融的风险控制看，由于这类循环供应链涉及的环节较多、主体复杂，面临着广泛的业务资产管理和信任建立问题，因此，为了解决这一挑战，就需要采用融合式 ABCD 或综合 ICT 实现供应链全程的可视、透明、可追溯、可信。

7.4.4 李维斯循环供应链金融计划

李维斯公司（Levi Strauss & Co.）是美国一家私人服装公司，在全球以其 Levi's 品牌的牛仔布牛仔裤而闻名。2014 年李维斯与世界银行的国际金融公司（International Finance Corporation，IFC）以及供应链金融服务公司 GT Nexus 合作，开展循环供应链金融以扶持发展中国家的供应商实施可循环经济。通过它们制定的全球贸易供应商融资计划（GTSF），供应商可以根据李维斯制定的环境、健康和安全以及劳工标准（Levi Strauss & Co.'s Terms of Engagement，TOE）获得具有竞争力的融资。供应商在可循环指标上得分越高，融资越有利，而且供应商可以通过不断提升 TOE 得分，来增强从 IFC 获得融资的便利性，同时降低融资利率。

李维斯开展循环供应链金融是因为发展中国家供应商往往很难为其业务寻找到必要的运营资金。尤其是在固定基础设施投资阶段，设备和建筑物的资本成本很高，由于无法获得低成本融资，使得许多中小供应商无法适应大业务量运作，从而失去了很多加工订单。更为严重的是有些企业在无法有效获得融资的状况下，为了节约成本，采用了危害工人工作条件以及环境的做法。使这个问题更加复杂的是，下游客户付款并不总及时，供应商收到付款所需的时间越长，供应商承担的风险就越大，并且为运营提供资金的难度就越大。正是这一挑战使得过去倾向于延迟支付的客户开始看到提前付款带来的好处，即通过有效的供应链金融，促使中小供应商更好地履行循环经济，从而从长远的视角实现经济、社会和环境的均衡发展，同时稳定上下游供需关系，也使得下游客户能够以较低的成本获得优质产品。

李维斯针对上游供应链制定了 TOE，还规定了影响经济循环发展的三个主要方面，即劳工标准、健康和安全管理以及环境管理。劳工标准主要是对工厂管理者、特许经营者以及代理商在生产过程中就如何使用工人给予规定和指导，该规定将要求分为三种类型，即零容忍（zero tolerance violation，ZTV）、立即行动（immediate action，IA）以及持续改善（continuous improvement，CI），并分别根据不同的情况（包括童工、劳教劳工、业界惯例、法律要求、伦理标准、工作时间、薪资与收益、通用劳工实践和工会、歧视、社区参与、外国移民工人、住宿等）采取了相应举措。健康和安全管理主要是在产品生产过程中如何保障工人的健康与安全，其规定主要包括化学品使用、职务限制、标志与标签、保养。环境管理是李维斯对供应商生产环境的关注，包括全球废水规定、生活污水规定、生物固体管理、废物管理、防止暴雨水污染、地上地下水资源管理。

基于上述 TOE，李维斯实施了对供应商的循环供应链金融服务，其具体流程如下（见图 7－34）：第一，由李维斯与上游供应商签订采购协议，约定账期，如果供应商希望提前付款，则向李维斯提出申请，李维斯对供应商 TOE 进行审计；第二，李维斯根据审计的供应商 TOE 分数，通知 GT

Nexus 以何种条件（折扣率）提前将资金支付供应商；第三，GT Nexus 通知供应商协议折扣率；第四，GT Nexus 告知李维斯与供应商协商的提前支付协议；第五，李维斯利用自身信用，向 IFC 申请融资；第六，IFC 在1～2天内将指定资金支付给供应商；第七，供应商以折扣价向李维斯供货；第八，李维斯到期向 IFC 支付本息；第九，李维斯敦促供应商改进 TOE，并以此作为下一次进行供应链融资决策的依据。从上述流程可以看出，李维斯的循环供应链金融一方面激励了供应商的可持续可循环行为，实现了闭环的循环供应链运作；另一方面结合产业供应链的特点，李维斯与 GT Nexus 以及 IFC 合作将动态折扣与信用融资有机融合，有效地解决了供应商资金问题，产生了良好的效应。

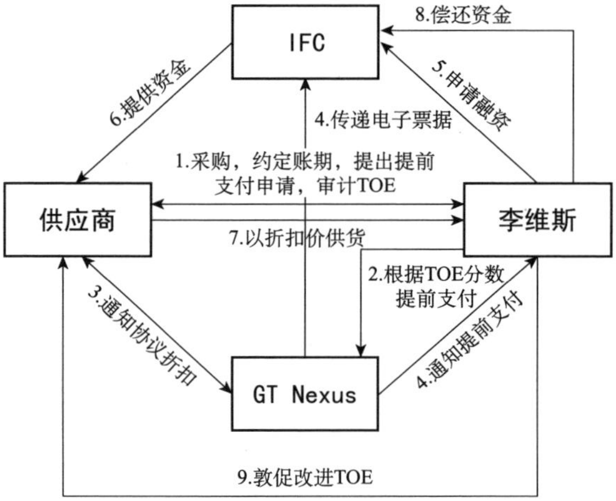

图 7－34　李维斯循环供应链金融流程

7.4.5　找铅网循环供应链金融

找铅网是深圳市找铅网环保科技有限公司打造的、专注于铅循环产业的供应链综合服务体系。借助于该服务体系，60 万家电动自行车维修/销售门店及物流服务商、冶炼厂、电池厂、代理商等铅产业链相关参与方实现了有效连接，可高效完成交易、结算、支付、融资等商业活动。同时，还可在物流提效、运营标准化、数据挖掘等方面获得支持，使企业运营效率得以提升。

找铅网以提高铅资源无害化再生率和促进工业体系绿色、可持续发展为目标，以建立全国铅酸蓄电池流通和回收O2O平台作为切入点，致力于打造中国最专业的铅产业供应链综合服务体系。通过应用信息和IoT技术，使其深度嵌入产业链各节点，铅酸蓄电池回收再利用全流程得以进行可视化管理，实现了再生铅产业链的提效、重构和赋能，初步打造了数字化、智能化的再生铅产业生态圈。

不仅如此，找铅网还积极推进废旧电池的回收及再利用标准的制定，通过“智能回收箱”及相关硬件、软件的推广和应用，把危废产品单元化转运，帮助该产业的从业企业大大降低了物流成本，提高了危废产品回收效率，从而推动了整个产业的提效。

7.4.5.1 产品与行业背景

铅是一种古老的金属，铅在现代工业中主要应用于防辐射材料、防腐材料、焊料、铅酸蓄电池等，是涉及国家经济安全的战略资源。铅酸蓄电池是目前世界上广泛使用的一种化学“电源”，具有电压平稳、安全可靠、价格低廉、适用范围广、原材料丰富和回收再生利用率高等优点，尤其是在电压稳定和成本低廉这两方面，具有其他蓄电池不可比拟的优势，从日常生活消费品到专业的通信设备均需要用到铅酸蓄电池，主要包括动力电池、起动电池、固定用电池等。

目前中国每年消耗精铅800万吨以上，其中再生铅只有400万吨。未来，再生铅必定成为主流，废旧电池这个“城市矿山”将成为重要的战略资源。一方面，由于铅酸蓄电池的应用极其广泛，每年的产废量超过800万吨，这些废旧铅酸电池如果被非法处置，将对环境造成严重、不可逆的损坏。随着相关产业及环保政策的陆续出台及实施，加之环保执法日益严格，我国再生铅产业将迎来前所未有的规范发展机会。另一方面，废铅酸蓄电池内含有74%的铅，废旧铅酸蓄电池可重新回收冶炼成再生铅，具有很高的再利用价值。此外，再生铅能耗仅为原生铅能耗的25.1%～31.4%，也使得再生铅在成本上有着较为明显的优势。

在找铅网介入铅产业之前，传统的再生铅产业整体上处于一种无序的状态，存在以下几大痛点：

（1）产废信息“黑箱”造成监管无力

长久以来，大量废旧铅酸蓄电池被非法收购、拆解、冶炼，硫酸被任意倾倒，对环境造成了极大的、不可逆的污染，恶性案件时有发生，严重威胁人民群众的生存环境，损害了政府部门的形象，给环保部门造成了很大的压力。但由于产废信息基本上处于“黑箱”状态，环保部门不知道产废在哪、产废多少，是否被非法收购和处置，是否将造成突发性、恶性的环保案件，因此无法从产废源头上进行管理和控制。虽然各级环保部门不断加大打击力度，但往往治标不治本，行业乱象没有从根本上得到整治。

（2）监管无力造成行业无序

产废信息的缺失，导致行政监管缺乏抓手，继而造成了行业内“劣币驱逐良币”困局。大量个体散户非法回收和小炼厂非法处置，以牺牲环境为代价降低其生产成本，利用不公平的竞争极大地挤压了合法合规企业的生存空间。因此，规范的废铅酸蓄电池回收网络体系、具备合法资质的正规冶炼厂反而只能在夹缝中求生存，使得正规回收和处置的比率不到30%。

（3）行业信息不对称造成行业效率损失

在传统的废旧物流回收体系中，大部分信息的传递是发散的、自发的、无组织性的，存在着极大的不对称性。这个局面将从两个方面带来效率损失。

一方面，价格调节机制部分失效。例如，当铅酸蓄电池市场需求增加时，理想的价格调节机制将层层传导至原料源头（废旧物资回收），通过提高价格来迅速层层增加供给，从而快速满足市场需求。但小商贩利用信息优势追求自我利益的最大化，往往不会提高收购价格，从而导致价格调节机制失效。

另一方面，行业交易成本大大增加。由于信息不对称，交易双方往往难以建立起信任，双方将增加在交易风险管理上的投入，交易成本将长期居高不下。

（4）行业信息流动不畅导致供应链效率难以提高

行业内没有规范、有公信力的信息流通渠道，导致产业链各节点均存在问题，整体缺乏计划性、组织性、协调性，行业供应链的效率难以提高。

从门店来看，不知道卖给谁、什么价格是公道的，什么时候可以来回收。

从回收企业来看，不知道哪里有废旧铅酸蓄电池要回收、有多少、什么时候有。非法小贩利用其天天走街串巷的优势牢牢占据产废终端，而合法合规企业却由于缺乏与门店沟通的有效渠道而处于弱势，经常面临“缺粮”的尴尬局面。

从冶炼企业来看，不知道谁送货、有多少量、什么时候送。由于废旧铅酸蓄电池的供应并不稳定，原料采购没有保障，给企业的生产计划造成了极大的困难，也导致冶炼厂产量、价格的不稳定，影响了下游铅酸蓄电池厂商的原料供应。冶炼厂铅锭生产的速度往往和铅酸蓄电池生产厂家的需求存在结构性供需矛盾，极大地影响了供应链效率。

（5）缺乏行业标准导致行业运营效率低下

从再生铅及其应用产业发展来看，废旧铅酸蓄电池（再生铅原料）回收行业中的回收、存储、转运、结算等节点均缺乏规范性流程和标准，物流、资金、信息流通等方面的成本高，效率损失很大，导致行业整体的效率相对低下。

（6）企业信用体系缺失致使融资困难、资金利用率低

不仅如此，一方面，由于产业链大部分主体资质较弱，又缺乏符合要求的抵押物，往往入不了金融机构的“法眼”，融资难成为普遍性问题；另一方面，由于产业链上下游企业间缺少良好的信用或信用中介，造成资金重复占用、资金利用效率较低。这些因素叠加在一起，使得提升行业运营效率困难重重。

总而言之，可以将行业痛点归纳为：

①投废人：缺少价格信息、价格接受者、经济人。

②店面：有服务优势，但缺少灵活的定价手段，有存货资金压力，需

要频繁出货。

③正规粗铅厂：成本劣势，竞争劣势。个体商贩抬高废电池收购价格，并卖给无资质企业；小贩有成本优势、近货源优势、价格弹性；无资质粗铅厂有成本优势，争夺废电池货源（占70%～80%），致使有资质的回收企业和再生铅企业处于“无饭可吃”的境地。

④公共福利：环境受到污染。无资质处理厂；人工随意粗放式拆解；无防污措施；酸液随意排放；地表腐蚀严重；对其他无回收价值的废弃物随意丢弃或填埋，严重污染环境。

⑤行业监管：信息不畅，回收体系相关法律法规缺失；多部门联合管理监管难度大。

7.4.5.2 找铅网循环供应链建设

针对行业现状及行业痛点，找铅网从废旧电池回收节点切入，按照“连接、赋能、提效”的思路，打造绿色循环供应链服务体系，促进铅循环产业的供应链进行优化、转型、提升。具体包括以下几个方面：

第一，通过互联网把为数众多的门店和回收企业（须合法持牌）从线下拉到线上，聚集在平台上（见图7-35）。把门店、回收企业、物流企业、冶炼厂、电池厂等相关方连接在一起，实现了上下游的信息对接后，去除过多的中间环节，既可实现行业内的价格透明、成本降低、效率提高，又可建立起规范的O2O回收、暂存、转运体系及其监管体系。

第二，从物流、供应链效率方面对回收体系进行提升，通过物流和金融对企业赋能。一方面通过实时跟踪、路径优化、应用先进物流设施设备等措施，实现收集与转运的单元化作业，可提高物流效率30%以上。不仅如此，还采用RFID技术对每个SKU进行跟踪，将回收物直接交接给合法冶炼厂进行规范化、无害化处置，这样可大大节省各流转环节的交接、转运时间。另一方面利用多维度的IoT RFID感应、GPS/LBS定位、网络视频/图片等数据提供可信证据，交易全过程信息采用区块链技术加密存储，不可抵赖，不可窜改，同时利用区块链智能合约保证交易结算的真实性。

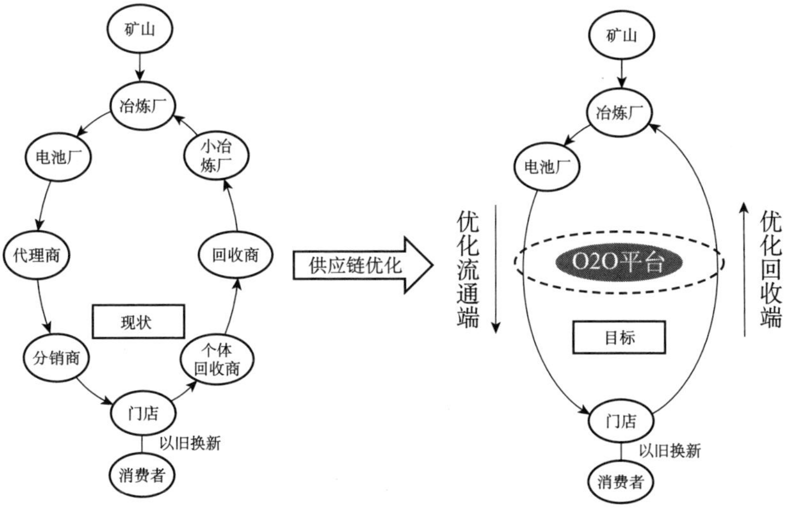

图7-35　找铅网循环供应链组织方式变革

第三，体系内相关参与主体借助于平台提供的数据支持和信用背书，可逐步实现产业协同。比如，通过对门店回收数据的掌握，可以相对准确地掌握各区域每个月的回收量，粗铅、精铅冶炼厂可据此制定生产计划，电池生产厂商通过找铅网与冶炼厂进行对接后，其供应链将得到优化，原材料供应将更有计划性，生产体系变得更具柔性。再比如，金融机构可对门店进行小额融资，支持门店采购电池及其他配件，而门店则在一定时限内，把废旧铅酸蓄电池交给回收商，由回收商代门店偿还借款。而且，还可以将相关的电池及配件销售商导入平台，引导门店将借款用于定向采购。一方面，平台能跟踪到借款用途，降低信贷风险；另一方面，既可以促进电池及配件商的销售，也能为门店争取到一些销售让利，降低门店采购成本。

通过上述三个方面的建设，找铅网基本形成了如下能力：

（1）交易撮合能力

找铅网首先作为一个废旧铅酸蓄电池O2O互联网平台，连接了最基本的三方，即产废端（门店）、回收端（具备回收资质的企业）、物流服务端（支线、干线物流服务商），具备了快速交易撮合的能力。如前所述，门店一旦下达订单，系统将根据门店所处位置，按照其算法和派单规则，将订单派给最合适的回收企业及与其合作的物流服务企业（回收员）。在此基础上，连接冶炼厂、金融机构、专业服务机构，快速连接产品、提供服务的供需双方，打造业态多样化、良性互动、持续循环的再生铅产业生态圈。

（2）标准制定能力

要服务好传统产业，仅仅解决信息不对称问题是不够的，必须要深入产业运营的节点，制定且推动行业标准的实施，才能促进产业链各参与主体间的无缝衔接，逐步实现产业协同，真正促进产业结构的优化与效率提升。具体包括：

制定成交价格标准。找铅网后台采集伦敦金属交易所、上海期货交易所、冶炼厂的价格，通过后台系统的价格模型，自动生成各区域、各种型号废旧蓄电池的指导价格。

制定交易结算标准。基于效率与控制、收益与风险的综合权衡，找铅网为所有通过平台进行交易的交易方提供了标准的交易和结算流程，确保了参与各方既能高效地完成交易和结算，又能有效地控制交易风险。

制定物流服务标准，物流服务标准包括软件与硬件两个方面。在软件方面，找铅网不仅对服务水平进行了明确要求，要求限时满足门店的回收需求，建立了评价考核机制，还通过系统对物流交接流程和要求进行了强制性规范；在硬件方面，设计了智能回收箱，制定了回收车辆、装运设备的规格和标准（其中包括了 IoT 技术的应用），通过硬件标准的实施，大大提升了收、储、转各环节的效率及各环节衔接的流畅性。

（3）运营管理能力

找铅网的运营管理能力主要体现在以下几个方面：

一是全流程可视化监控能力。找铅网已打造了一个强大的后台，自门店下单、订单进入系统开始，就可进行全流程的状态跟踪，直至该订单所对应的货物被冶炼厂接收。有了这双“千里眼”，运营人员可以掌握全国任何一个订单的状态，发现异常或风险征兆，视情况分别采取调用摄像头、电话沟通、现场处置等方式，达到提高客户满意度、提升运营效率、降低运营风险的目标。

二是对门店行为的引导能力。通过建立价格引导、积分体系、征信体系、活动运营等运营机制，引导门店诚实、守信、规范运营，改变其随意性强的特点，使其变得更加有计划性，从而为整个再生铅供应链增强计划性和减小波动性创造有利的条件。

三是对其他参与各方的组织协调能力。依托于强大的后台系统，对回收员、回收企业、物流服务商、冶炼厂进行组织协调，以使供应链整体运营效率最大化。比如，系统一方面能对回收员的回收路径进行建议和引导，并将新增订单实时加入其路径后进行优化，以提高整体运营效率；另一方面通过建立考核机制和监控机制（对其位置和订单完成的监控），可以避免回收员“挑单”的行为损害门店的服务水平。再比如，当炼厂急缺原料时，找铅网可以迅速响应，通过价格机制及运营措施，增加临近区域的回收量，以迅速满足其原料的缺口。

（4）数据分析能力

找铅网可自动通过各个数据源采集相关数据，根据预设的数学模型进行分析，按照使用者的需要输出分析结果，以便使用者进行科学决策。例如，回收商可利用找铅网提供的RFM模型分析结果，可以分析其所在区域内老客户的交易是否合理和忠诚，从而采取针对性措施刺激重复交易，避免客户流失，同时也能适当降低物流费用。此外，还可以根据停止交易的绝对天数、交易频率等指标，对客户进行分类管理。

（5）供应链全链优化与协调能力

找铅网将再生铅及其应用产业链连接起来，通过提高交互的便利性、增强相互之间的信任度，降低交易成本，加强每个节点采购、销售计划的协同，尽量避免结构性供需失衡，以实现优化产业供应链的目标。

7.4.5.3　找铅网循环供应链金融

基于上述铅循环供应链体系，找铅网进一步建立以“回收＋供应链金融”为基础的供应链服务。作为开放的第三方平台，基于覆盖的60万家电动车销售及维修门店、40 万家汽车销售及维修门店，以及汽车、电动车及配件销售平台，找铅网利用平台所集聚的门店及其交易大数据，提供各门店的信用信息，引入银行、小额贷款企业及其他金融机构，为平台上各参与主体提供金融服务。目前其提供的供应链金融服务产品包括回收宝、订单宝和精铅银行。

回收宝主要是连接门店（即从事新电池销售以及废旧铅酸蓄电池回收的经营者）与冶炼厂之间的因交易而产生的支付结算，该金融产品一方面主要是解决门店需要及时获得资金的问题，另一方面主要是解决冶炼厂因其循环生产计划，需要在一段时间后使用原材料循环铅而不可能及时支付的状况。具体操作流程如下（见图 7－36）：第一，冶炼厂通过找铅网 O2O 平台形成循环铅采购计划；第二，找铅网通过平台向门店下达订单；第三，门店将循环铅交付找铅网，后者提货后，形成仓储；第四，找铅网在获取金融机构授信后，将资金支付给门店；第五，冶炼厂提出送货请求，找铅网将循环铅运抵冶炼厂；第六，冶炼厂支付货款；第七，找铅网将资金本息返还金融机构。

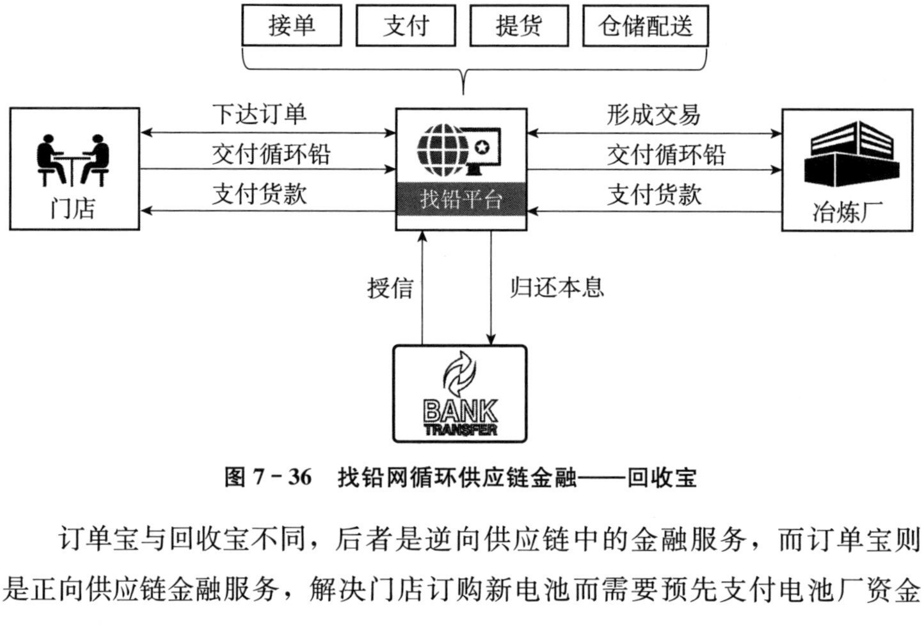

图 7－36　找铅网循环供应链金融——回收宝

订单宝与回收宝不同，后者是逆向供应链中的金融服务，而订单宝则是正向供应链金融服务，解决门店订购新电池而需要预先支付电池厂资金的问题。其基本操作流程如下（见图 7－37）：第一，门店通过找铅网下达电池采购订单；第二，找铅网集合已有订购单，向电池厂下达集采订单；第三，电池厂将新电池交付给找铅网；第四，找铅网支付集采货款给电池厂；第五，找铅网将新电池运送交付给门店；第六，门店将货款支付给找铅网；第七，找铅网将资金本息返还金融机构，完成交易。

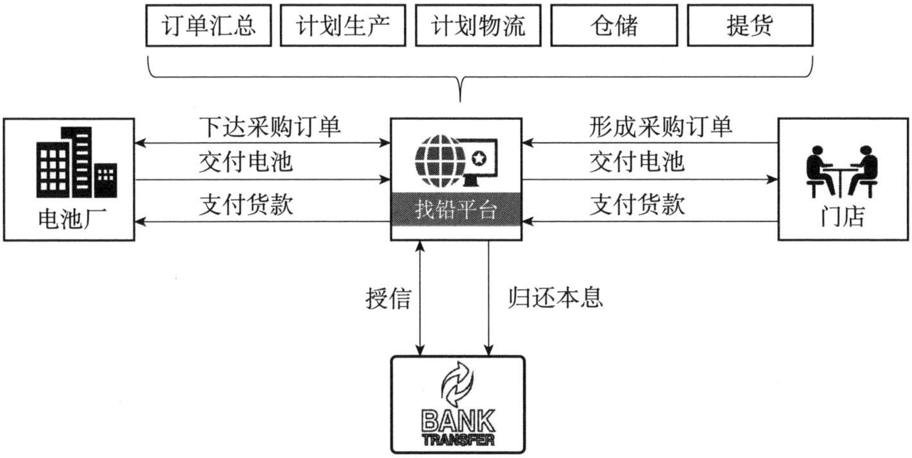

图 7－37　找铅网循环供应链金融——订单宝

精铅银行是为融资客户（一般针对门店、回收商等）提供的仓单质押业务，因为循环铅年度内有价格波动周期，因此，回收商或门店为了获取最大利益，不希望即期销售，而需要等待一段时间，待价格合理时再行销售，而这段时间内回收商需要运营资金从事经营活动，为此，找铅网提供了仓单质押业务。融资客户将精铅、粗铅或废旧电池运输至找铅网指定监管仓库，找铅网根据入库货品总额提供一定比例的资金。在规定时间内，融资客户完成销售并还款。具体操作流程如下（见图 7－38）：第一，回收商需要将循环铅送至指定监管库；第二，找铅网将循环铅仓单质押给金融机构；第三，金融机构基于分享的数据，将资金融通给回收商；第四，未来某时间段回收商在找铅网上完成循环铅销售；第五，回收商通过找铅网账户，将资金本息归还金融机构；第六，金融机构将扣除本息后的剩余货款付至回收商账户，完成交易。

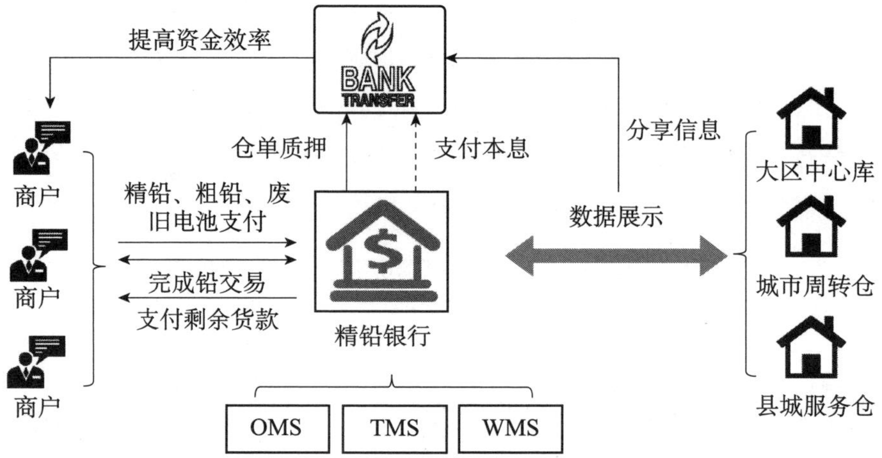

图 7-38　找铅网循环供应链金融——精铅银行

从找铅网的供应链金融业务可以看出，回收宝、订单宝和精铅银行的结合实现了铅的完整循环供应链，并且将产业中的所有参与主体有机联系在了一起，这种供应链金融推动了循环供应链的巩固与发展，发挥了较好的赋能功能，并且通过运用其建立的大数据以及区块链技术，推动了各参与方信息分享和信任机制的确立，防范了潜在的金融风险。

第 8 章
负责任的运营（二）：智慧供应链金融制度保障

8.1　引言

负责任的供应链金融除了指通过供应链金融来促进经济、社会和环境的均衡发展，发挥供应链金融与产业供应链两端的能动、互动效应外，还揭示着供应链金融运营和发展的制度化建设。从制度经济学的视角看，制度是由人设计出来的、社会性建构的、用以规定限制社会行动者互相交往的规则系统（North，1987）。社会学家 Scott（2008）提出制度包括三个维度：管制、规范和认知。管制维度和社会中的法律、政策、规定等具有法律权威或者和法律权威相类似的由组织所颁布的细则有关，它会通过奖励或惩罚来约束行为。这个维度属于工具性质的制度系统。规范维度和社会责任有关，它偏重群体共享价值观和社会规范方面的内容。这种规范性压力会通过证书、认证等机制进行扩散。认知维度和社会构建事实有关，它属于群体对外部真实世界的理解，表现形式为比喻、象征或符号系统，这一系统的建立主要依靠学习，表现为对流行价值观、意识形态的认同。制度理论认为制度环境的上述三个维度对组织产生了压力或动力。一方面，制度环境使得企业的行为趋于相似，从而出现了所谓的同构现象（Di Maggio & Powell，1983）；另一方面，在一定制度环境中的组织还可以开发制度资本从而提高对资源的利用（Oliver，1991）。早期制度理论（Selznick，1949，1957）强调环境对组织的影响主要表现为同构性压力，并主张这种影响的单方向性。在早期制度学家看来，制度是组织的外生变量，它强制组织遵从其要求。在这样的视角下，组织行为、组织结构和流程都是由制度塑造的，组织主体本身没有能动性（agency）。它强调外部制度对组织每一个方面的构造、渗透与约束；认为文化环境决定了如何建立组织、如何运转组织，以及它是如何被理解与评价的。随着制度理论的发展以及其在不同行业和组织领域的实证研究的发展，有学者主张组织具有能动性，出于自身利益的需要，组织必须而且能够进行选择，回避或者控制自身所处的环境。战略学派中的制度观点（Suchman，1995）更是明确指出制度也可以是组织能加以利用的资源，它是一种“能够帮助组织获得其他资源的重要资源”。组织在面临环境压力和期待时，能够进行创造性的组织设计，寻找合适的策略和方法，来帮助组织降低不利的制度环境对企业产生的压力，甚或从新的制度环境中获利。然而，无论是趋同还是创新，其最终的目的在于获取组织在制度环境中的合法性。

制度视野中最重要的问题是合法性（Scott，2008），它是连接组织和环境的桥梁。事实上，使组织和环境发生联系的方式就是合法性机制。合法性是“在一个由社会所构建的规范、价值、信念和定义的体系中，一个实体的行为被认为是可取的、恰当的、合适的、普遍性的感知和假定”（Suchman，1995）。合法性的功能在于帮助组织从其所在的环境以及其他利益相关者那里获得认可和支持。没有这种认可，组织就无法获得维持基本运营所需要的关键资源。因此，通过适当的组织活动来获得合法性就是组织生存和发展的必要条件。Dacin、Oliver 和 Roy（2007）认为组织的合法性有多种表现形式，其中投资合法性（investment legitimacy）、市场合法性（market legitimacy）和社会合法性（social legitimacy）是组织合法性的表现。投资合法性首先表现为和组织最直接的利益群体有关，它涉及组织的行为被董事会、管理层、投资方或股东等利益群体认同是有价值的。市场合法性指组织的行为主要是在特定的市场中建立或维持其权利或资质，这一合法性经常根据组织是否“去做正确的事”来进行判断，并非一定是按照是否符合组织目标的标准来判断。它反映的是企业组织能否选择服从既有的规范，而非某一特定群体的价值观。社会合法性指的是被不同利益相关方广为所知的、视为理所当然的组织活动，在 Suchman 看来，当利益相关者对组织的理解没有其他任何替代的方案时，组织及其行动就被看作是理所当然的。

从上述制度理论可以看出，制度是对组织行为产生作用的重要影响因素，甚至是重要的战略资源，它推动了组织在社会中追求合法性和实现竞争力。制度在供应链金融中的作用也是不言而喻的，事实上，对供应链金融持续发展最终起决定作用的是制度性因素而非技术性因素，即供应链金融虽然通过有效的手段和方式，用商业性的行为有效克服了因为信息不对称而产生的信贷配给问题，克服了产业供应链中的中小企业运营资金短缺的困难，但是商业性的供应链金融终究会有发展瓶颈，这是因为没有良好的社会规则和制度建设，即便是再卓越的供应链金融运营和管理体系，也会因为运营环境的恶劣以及不成熟的规则体系而产生巨大的社会性交易成本，这不仅会增加供应链金融执行的风险和代价，而且会因为不良的商业惯例和文化阻碍供应链金融的良性发展，甚至异化供应链金融（制度体系的混乱造成对合法性理解的扭曲）。例如，供应链金融的本意在于通过供应链管理和运营，有效解决借贷双方的信息不对称问题，同时依赖商流、物流、信息流的有效结合来推动资金流在组织间的顺畅流动，最终缩短协同现金流量周期，产生共赢局面。然而在实践中，有些组织或企业本末倒置，将供应链金融视为拖延应收账款账期的有效手段，甚或将供应链金融视为企业盈利的重要来源，为了获取供应链金融利润而肆意延长供应商账期（宋华，2019），其结果只会产生愈益恶劣的商业环境，产生了互害互侵的商业文化和行为，因此，制度化的建设和完善是可持续智慧供应链金融实现的重要基础。因此，本章将从制度建设的视角，借鉴国际发展的经验，探索供应链金融的制度化问题。

8.2 供应链金融中的延迟支付限制

管制是一种强制性行为规范体系，表现为一系列的法律、法规、规则等形式，其作用的机理在于“必须是什么”（how it must be）（Scott，2008）。供应链金融作为一种商业行为与金融行为，必然需要相应的法律、法规作为保证，以界定企业之间的法律关系、法律基础和法律风险，例如《中华人民共和国物权法》《中华人民共和国合同法》《中华人民共和国票据法》《中华人民共和国担保法》等都是界定各方责任义务以及行为规范的强制性约束。然而，除了这类法律和法规体系外，供应链金融还有一类至关重要的管制体系，用以规范供应链金融运作的环境，使得各方能够在良性的环境中从事合理的供应链运营和金融活动（Gloria，2014），这类管制体系目前正是各国积极探索的领域。之所以会出现对这类法规或规则的探索，是因为供应链金融中天然的市场结构不对等，容易产生因为单边垄断导致的丧失公平和市场失效的现象。具体来讲，供应链金融大多发生在核心企业与中小微企业所构成的业务关系中，中小微企业天然处于市场劣势，尤其是中小供应商更是处于谈判的弱势地位，这样就会产生交易不对等，进而因为交易不对等产生诸多不合理的契约形态，因此，如果不能对这种地位不均等而产生的不合理契约形成约束，供应链金融中蕴藏的风险就会很大。

企业之间从事商业交易过程往往有数种支付方式，从形态上看，有支票、银行汇票、商业汇票、银行本票、汇兑、委托收款、托收承付、信用卡和信用证；从支付发生的时间点看，又分为交易时付款、分阶段付款以及约定时间付款。其中交易时付款是指当供应商将货物运至下游客户处，经验货入库、形成所有权转移后即行支付货款。在供应链运营时，还有一种特殊的交易时付款，便是 VMI。所谓的 VMI 是一种以用户和供应商双方都获得最低成本为目的，在一个共同的协议下由供应商管理库存，并不断监督协议执行情况和修正协议内容，使库存管理得到持续改进的合作性策略。在 VMI 模式下，当下游从供应商管理库存提取货物，用于下游生产或销售经营时，才发生实际所有权的转移，这时便会产生支付问题。分阶段支付是根据业务执行的不同阶段以及不同阶段执行的目标是否达成，向供应商一部分一部分地进行支付，直到全部业务完整实施，这类支付方式通常在工程领域运用较多。在实际的商业运行中，最为普遍的支付方式是约定时间付款，即买卖双方约定交易形成后一段时间进行支付。一般发达国家企业间约定的账期通常为 30 天，有时中小企业与大型企业进行交易时，账期会延长到 60 天（Tim & Sarongrat，2017）。延迟支付指的是超过约定时间进行支付的行为，这种行为不仅违背了商业信用，而且给供应商造成了巨大的困扰和坏账。在西方国家，延迟支付给中小企业造成的坏账比例一般在 6%～8%（Tim & Sarongrat，2017）。

8.2.1　世界各国延迟支付的状况

目前世界各国都面临着延迟支付带来的挑战，从事通信、媒体和技术咨询的 Plum 咨询公司在 2017 年对世界 11 个国家的延迟支付进行了调查（Tim & Sarongrat，2017），这些国家和标识代码分别是澳大利亚（AU）、巴西（BR）、加拿大（CA）、法国（FR）、德国（DE）、爱尔兰（IE）、新加坡（SG）、南非（ZA）、西班牙（ES）、英国（UK）以及美国（US）。调查发现，即便是在这些国家，延迟支付如今仍然是阻碍中小企业发展的重要因素。该调查主要考察了三个方面的延迟支付现状：一是延迟支付问题的严重性；二是大型企业是否更倾向于延迟支付；三是延迟支付对中小供应商的影响。

在延迟支付严重性问题上，该研究探索了两种延迟支付的状态：一是票据的延迟支付，即尽管企业向供应商约定了开具票据的时间，但是到期仍然未能履行行为；二是总应收账款的延迟支付，这里涵盖了各种期限或各种形式产生的延迟支付占总应收账款的情况。调查发现，11 个国家的票据延迟开具占总票据额的比例为 7%～18%（见图 8－1），同样，调查发现，企业延迟支付占总应收账款的比例为8%～17%（见图8-2）。这表明这两类形式的延迟支付具有高度相关性，并且延迟支付迄今仍然是严重的问题。

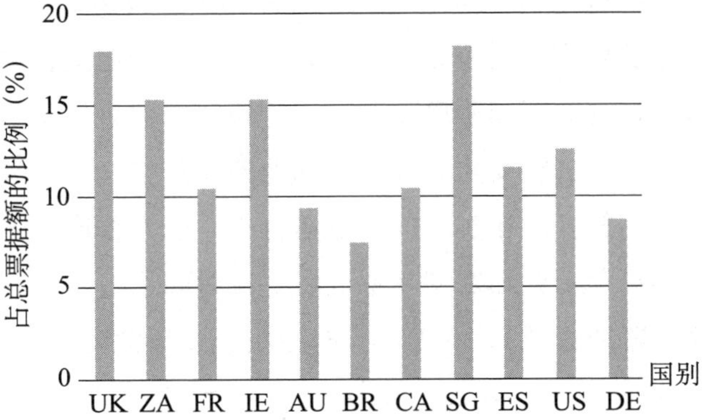

图8-1　11国票据延迟支付状况

资料来源：TIM M，SARONGRAT W，2017. The domino effect：a study for sage. Plumconsulting. co. uk.

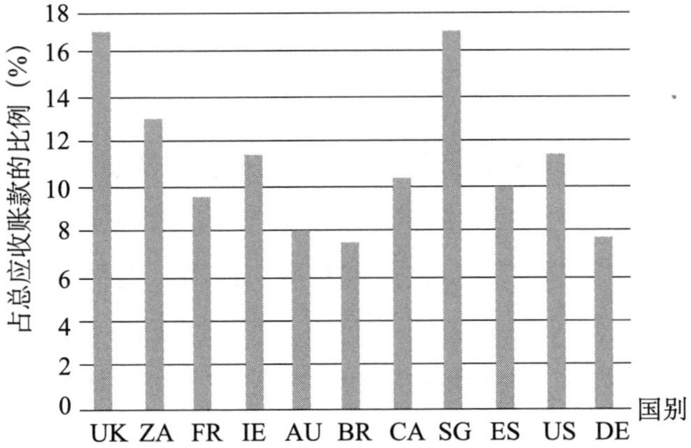

图8-2　11国延迟支付占总应收账款的比例

资料来源：TIM M，SARONGRAT W，2017. The domino effect：a study for sage. Plumconsulting. co. uk.

关于谁造成了延迟支付，也是目前关注的问题，该调查考察了11个国家中小企业应收账款中造成延迟支付的企业类型，结果非常惊异地发现，造成延迟支付的企业不完全是大企业，各种类型的下游企业在采购支付时都会利用自身在产业中的优势地位，产生对上游的延迟支付（见图8-3）。甚至当中小企业自己作为采购方时，也会侵害上游中小企业的利益。该调查结果表明，延迟支付是一个普遍的社会问题，这不仅仅是对某类型企业的道德指责，而且需要一种规则来规范所有企业的行为。

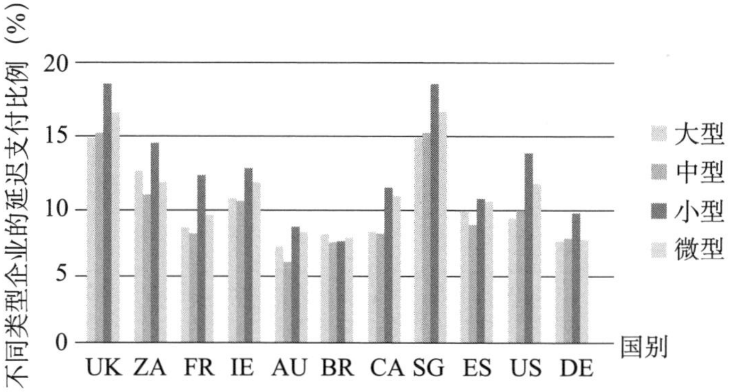

图 8-3　对中小供应商延迟支付的企业类型

资料来源：TIM M，SARONGRAT W，2017. The domino effect：a study for sage. Plumconsulting. co. uk.

该调查研究关注的另一个社会性问题是延迟支付给中小供应商带来的负面影响。延迟支付不仅产生了恶劣的商业关系，更增加了上游中小供应商的机会成本，加剧了成本和资金压力。具体来讲，第一，中小供应商为了及时追回逾期资金，将会花费大量时间。调查结果反映中小企业追讨逾期款所需的平均人工日数在 5～20 天（见图 8-4）。第二，中小供应商追讨

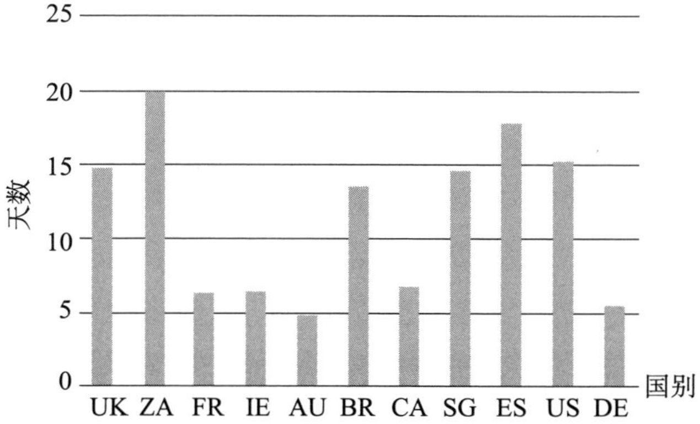

图 8-4　11 国中小供应商追讨逾期款平均耗费人工日数

资料来源：TIM M，SARONGRAT W，2017. The domino effect：a study for sage. Plumconsulting. co. uk.

逾期款所耗费的成本代价。调查反映大多数被调查国家的中小供应商追讨逾期款所消耗的年成本在2 000～6 000美元（见图8-5）。第三，从延迟支付对中小供应商运营产生的负面影响看，11个国家平均39%的中小企业反映，延迟支付给它们的日常经营带来了挑战和威胁（见图8-6），这些挑战和威胁直接反映为中小供应商对员工佣金、薪金、年终奖支付产生困难。此外，延迟支付导致了多米诺骨牌效应，使得中小供应商对更上游供应商的支付产生了困难，也恶化了企业自身的投资发展。

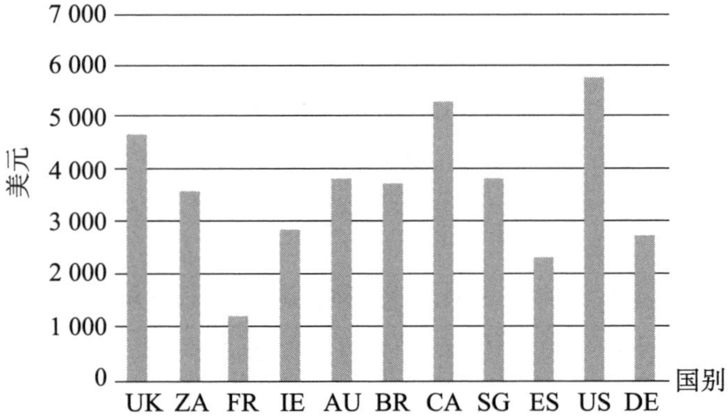

图8-5　11国中小供应商追讨逾期款平均耗费成本

资料来源：TIM M，SARONGRAT W，2017. The domino effect：a study for sage. Plumconsulting. co. uk.

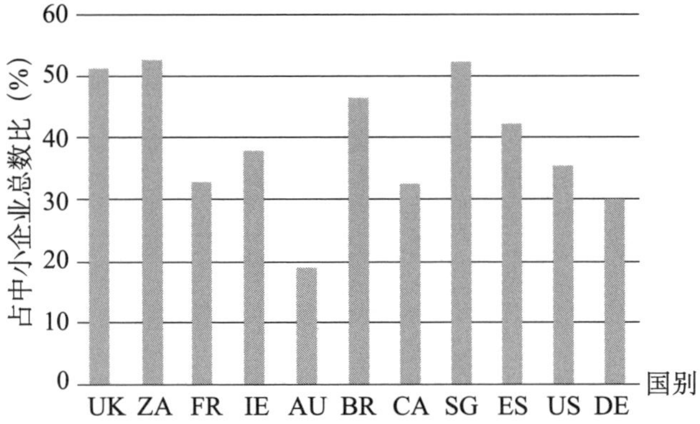

图8-6　11国因延迟支付影响中小企业的比例

资料来源：TIM M，SARONGRAT W，2017. The domino effect：a study for sage. Plumconsulting. co. uk.

延迟支付的状况在中国更为严重，其严重程度不仅在于约定支付时间后的拖延，更表现为约定时间超长。根据国际信用保险及信用管理服务机构科法斯集团（Coface，2018）发布的《2018 中国企业贸易信用调查报告》，中国中小供应商通过赊账销售已经成为最广泛的支付方式，中国平均信用期限从 2016 年的 68 天上升至 2017 年的 76 天，从趋势上看，这些年供需之间约定的账期越来越长（见图 8－7）。具体来看，越来越少的企业账期小于 30 天，而账期超过 120 天的比例已经从 2016 年的 12%上升到 2017 年 19%。从调查的行业分布看，能源行业账期最长，约 1/3 的被调查者账期超过 120 天；医药、建筑、运输和汽车产业的平均账期均超过平均水平；账期较短的是农产品行业，2017 年平均账期为 55 天；林木、纺织、造纸、零售和金属行业的平均账期低于总体平均。除了账期问题外，另一个问题是延迟支付。根据科法斯集团的调查，2017 年延迟支付天数上升的比例较以往

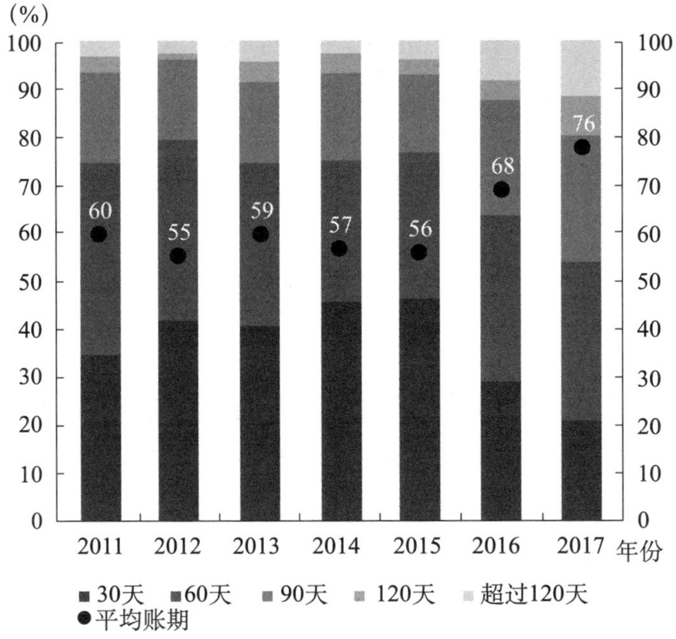

图 8－7　中国供需双方约定账期变化趋势

资料来源：COFACE，2018. China corporate payment survey 2018：payment delays increase despite rapid and robust growth.

有所下降，比例从2016年的46%下降为2017年的29%（见图8-8），但是令人忧虑的是近一半的被调查企业延迟支付的天数超过90天，遭遇超过120天逾期付款的受访企业占比从2016年的19%增加至2017年的26%，而那些遭遇超长期逾期付款（超过180天）且超过其年营业额2%的受访企业占比从2016年的35%增至2017年的47%。更令人担忧的是，遭遇超长期逾期付款金额占年营业额10%以上的受访企业比例，从2016年的11%增至2017年的21%（见图8-9）。

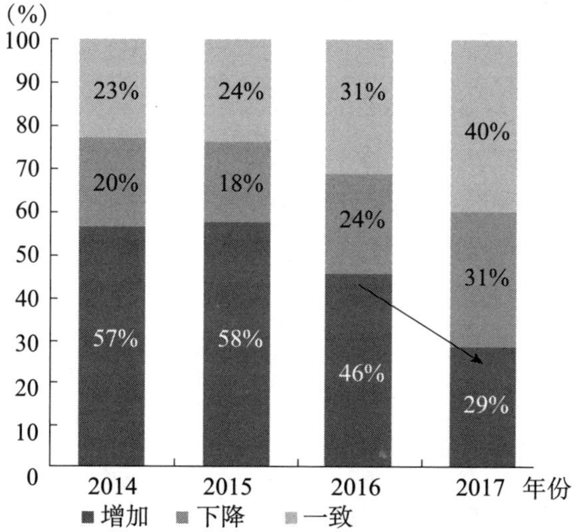

图8-8　中国中小供应商延迟支付天数变化趋势

资料来源：COFACE，2018. China corporate payment survey 2018：payment delays increase despite rapid and robust growth.

从以上世界各国以及中国的延迟支付状况可以看出，延迟支付是供应链金融发展过程中的“毒瘤”，这种互害互侵的经营行为已经成为经济发展的桎梏，这种行为如果不能有效遏制，商业环境无法净化，商业文明难以确立，无论供应链金融的模式和产品如何创新，也无法真正促进产业供应链的发展，金融服务产业只能是空中楼阁。而遏制这一状态需要政府管理部门制定完善的法律法规，来限制肆意延迟的恶意商业行为，因此，延迟支付限制一直是世界各国管理部门在供应链金融领域立法立规的重点。

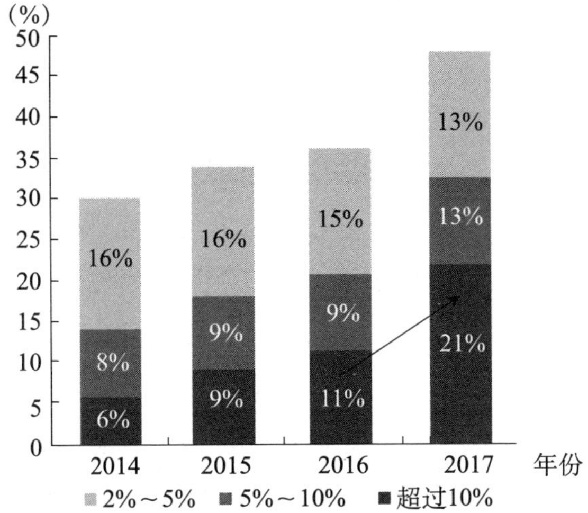

图 8－9　中国中小供应商超长期延迟支付占营业额不同比例变化趋势

资料来源：COFACE，2018. China corporate payment survey 2018：payment delays increase despite rapid and robust growth.

8.2.2　英国延迟支付限制立法的演进

英国探索延迟支付限制始于 20 世纪 90 年代，当时英国广泛存在着下游企业拖欠上游中小供应商资金的问题，1993 年英国民营商业论坛估计 89％的中小企业遭受到了货款拖欠，这些企业开票后平均账期为 89 天，账期到期后平均延迟时间为 51 天。这一现象引起了英国政府的高度关注，在 1993 年 11 月的预算会议中，当时的财政大臣肯尼斯·克拉克（Kenneth Clarke）宣布，保守党政府正在考虑提高支付绩效的方案，他指出："年复一年，在小企业界向我们所有人提交的预算中有一个问题被列为头等问题，即延迟支付。没有什么比以最有竞争力的价格按时交付高质量产品，但发现数月内没有收到付款更令人沮丧的。逾期付款给现金流造成巨大损失，对于许多小公司来说，它们处于生存和死亡的边缘。延迟支付的习惯正在腐蚀我们的商业文化。这个问题必须要解决，我想对各位议员朋友说，有很多方法可以解决这个问题。尊敬的交易委员会主席，我将特别关注两个问题：首先是英国新的支付标准；其次，更为重要的是，为延迟支付提供利息的立法"（Parliament UK，1993）。针对这一提议，英国贸易与工业部发布的一个咨询报告揭示了造成延迟支付的原因，以及可能的解决方案，这包括为延迟支付付息以及英国的及时支付规定。这一提议最终被英国政府写进了 1994 年政府白皮书《竞争力：帮助企业取胜》。

此后，英国业界对于政府白皮书提到的解决方案在观点上出现了分歧。英国工业联合会（CBI）、小企业联合会、信贷管理机构及英格兰和威尔士特许会计师协会都表达了保留意见，它们认为应当建立及时支付的商业氛围而不是通过立法来解决，如果硬性通过立法，只会造成大企业通过签署特别合约来达到延长账期的目的，但中小企业由于害怕失去业务又不敢诉诸法庭。与此相反，英国民营商业论坛则认为，自愿性的行为并不会对大企业延迟支付产生任何影响。最后两方协商的结果是大企业需要向中小企业支付延迟付款利息，但是当时并没有形成法规，而是采用了政府率先垂范的做法。亦即首先从英国政府采购开始，所有政府部门和机构要遵守英国工业联合会的及时付款要求，并提供有关其付款政策和具体付款状态的信息，并承诺两年内将对政府付款情况进行审查。此后，英国还制定了一系列的措施鼓励及时支付，这些措施包括所有上市公司需要在董事报告中陈述付款政策，并鼓励制定及时付款标准。

1996 年 1 月，当时的保守党小企业部长理查德·佩奇（Richard Page）宣布政府将重新考虑延迟支付付息的法规。之所以如此，是因为 1995 年 9 月 26 日，当时的英国首相约翰·梅杰（John Major）发起了“你的商业事务”（Your Business Matters）会议，以征求小企业对延迟支付情况的看法，结果发现中小企业并不反对通过立法形式来规范大企业的延迟支付行为。1996 年 3 月 20 日，当时的英国贸易委员会主席伊安·朗（Ian Lang）宣布，所有政府部门将在 1996 年 3 月底前签署 CBI 的《即时付款守则》。1996 年 6 月英国发布了第二份咨询文件，征询关于是否应在《公司法》中引入新的披露规定，要求所有公众公司在其董事报告中公布其付款惯例。因此，1997 年 1 月出台了一项条例，要求所有公众公司及其大型民营子公司需要披露平均需要多长时间才能支付账款。当时英国保守党政府的行为也充分得到了英国工党的支持和肯定，甚至在 1997 年英国竞选时，工党也将延迟支付付息作为竞选的承诺之一。竞选胜利后，英国工党提出要通过立法来限制延迟支付，正是在上述背景下，英国的延迟支付限制立法呼之欲出。

《延迟支付法案》在英国首先由上议院于1997年12月10日提出，1998年6月12日获得通过，1998年11月1日正式生效。该法案规定了三个阶段：第一阶段，自1998年11月1日起，小企业可以向大型企业（包括公共部门）索取根据该日期后商定的合同产生的债务利息；第二阶段，从2000年11月1日起，小企业能够就其在该日期之后商定的合同产生的债务向其他小企业提出索赔；第三阶段，自2002年8月8日起，所有企业和公共部门将能够向所有企业和公共部门索取在该日期之后商定的合同产生的债务利息。从该法案实施的三阶段可以看出，延迟支付的解决首先从政府和大企业拖欠中小企业债务开始，然后逐步延伸到所有企业或组织之间的延迟支付问题。

从英国1998年通过的该项法案看，它有几个特点：第一是对小企业做了明确的规定，即雇员人数在50人以下均为小企业，这些企业是法律需要保护的弱势群体，也是延迟支付需要关注的重点。第二，法案对账期有了较为清晰的规定，该法案允许企业之间商定信用期限（即账期），但是如果没有明确规定，一般账期为30天，超过30天就需要向供应商支付利息。值得提出的是，英国在2015年对这一法案做了修正，在该修正案中，明确指出了公共部门的账期最高为30天，商业机构之间的账期最高为60天（特殊情况除外）。由此可以看出，虽然该法案给予企业之间协商账期的自由度，但是法案规定的是账期底线。第三，法案对延迟付息以及付息水平也做了相应规定。该法案规定付息的法定权利不是强制性的，也就是说，并非一旦发生延迟，下游企业就必须向上游企业无条件支付，而是由上游供应商决定。但是一旦被要求付息，下游企业付息水平则根据公式或国务大臣设定的利率确定。从实际执行的情况看，英国规定的利率是8%的“法定”利率加上英格兰银行基准利率，通常为8.25%。

除了《延迟支付法案》之外，英国在2015年制定了《小企业、企业与雇佣法》，该法案第3节“赋予了政府一种新的权力，使国务大臣能够要求某些公司发布有关支付做法的信息”。这一要求虽然在之前的年度报告中已经存在，但这一法案大大扩展了要求。从作用看，它与《延迟支付法案》一起成为保护中小上游供应商的重要法律依据。

8.2.3 欧盟延迟支付限制指令

欧盟针对商业交易时存在的延迟支付问题也进行了规定和限制，为此于2000年6月15日制定了相应的指令（directive），并宣布于2002年8月8日开始实施，各国可以根据该指令制定本国的法律法规。该指令如同英国法规一样，要求企业对延迟支付予以付息，但是在使用范围上大大超过了英国法规，这主要表现为如下几点：第一，该指令名义上适用于2002年11月以后的商业交易，但事实上欧盟国家却在2002年8月就开始执行。由此可以看出，欧盟在推行该指令方面非常坚决，也试图尽快规范企业之间的交易行为。第二，该指令引入了一项新的权利，即除非债务人不对延迟负责，否则债权人应有权向债务人索取由于延迟付款而产生的所有相关费用的合理赔偿。指令的这个条款扩展了延迟付息的基础，即一旦发生大企业对中小企业的延迟支付，大企业要按照所欠金额偿付利息，包括所有以因延迟支付而产生的费用为基础的利息。第三，欧盟指令中的第3条对延迟支付的情况做了非常严格的规范，即延迟付息不仅仅在中小企业索取时执行，而且即便上游中小企业没有对延迟支付产生付息要求，但是一旦大企业与中小企业的协议被认为不公平，各国政府可以代表中小企业强制要求大企业为之赔偿。

欧盟的这一原则后来被称为“合理赔偿”（reasonable compensation），合理赔偿规定了8种方案，各个国家可以根据自身的情况，来决定选择执行哪一种合理赔偿方案，这些方案包括：第一，根据债务规模确定固定的赔偿额度；第二，根据收款活动来确定固定额度，允许债权人根据不同阶段的收款状况，确定不同额度的赔偿；第三，根据债务的期限确定所付赔偿额度，账期越长赔偿额度越高；第四，无论债务规模和期限，统一按一定的百分比征收赔偿费；第五，根据账期的期限收取不同比例的赔偿；第六，按照债务的账期按固定比例收取；第七，按照实际金额赔偿；第八，将固定赔偿额度与固定百分比结合，向大企业索取。欧盟的合理赔偿规定显然对大企业的延迟支付实施了非常严格的限制，这一规定推动了所有欧盟国家对大企业的延迟支付实施有效限制，这是因为如果仅仅是小企业主动索取，可能会因为害怕丧失市场或客户，或者摄于大企业的“淫威”而主动放弃索取权。相反，这一规定赋予了第三方监督和管理的权利，有效遏制大企业恣意拖欠账款的行为。

在欧盟延迟支付限制指令的基础上，2011 年欧盟又制定了第二个指令，该指令进一步细化了组织或企业间的支付行为。这些规定包括：第一，政府部门与企业产生交易行为收到无争议的票据后，账期最长为 30 天；第二，商业企业之间的交易账期最长为 60 天，除非供应商明确表示同意延长并且合约无明显不公平；第三，赔偿金最少为 40 欧元，并且允许供应商寻求额外赔偿。显然，欧盟的第二个指令的目标不像第一个指令是以惩戒（即付息或者赔偿）来限制延迟支付，而是通过对账期的硬性规定来预防大企业或政府部门的延迟支付行为。在这个指令基础上，欧盟各国根据国情来细化甚至强化这些规则的执行，例如荷兰在欧盟指令的基础上推出了进一步的细化法规，在账期方面，荷兰规定凡是大企业与中小企业或者私营业主之间的买卖行为，不管什么原因，账期绝对不能超过 60 天，付款期限如果超过 60 天，该协议自动视为无效，并视同协议账期为 30 天，如果采购方在 30 天付款期限后支付票据，则在超过 30 天付款期的期间内支付法定利息。一旦大企业没有履行上述义务，大企业除了必须向中小企业支付利息外，还需要按照交易金额支付一定比例的收款成本。此外，荷兰政府规定，如果大企业实际产生逾期支付，中小企业可在 5 年后发起诉讼，该法规 2017 年 7 月 1 日起试行，2018 年 8 月 1 日起正式实施。该法规的目的在于保护中小企业索取延迟支付利息和赔偿金的利益，因为在中小企业与大企业发生业务往来期间，摄于业务关系，中小企业往往不敢提出索赔诉讼。而该法案的制定，事实上给予了中小企业事后追索权，有力地维护了中小企业利益。

8.2.4　美国延迟支付限制

延迟支付限制也是美国联邦政府和各州政府关注的重要问题，美国早在

20世纪80年代就制定了一系列限制延迟支付的法规和条例，其主要限制的关键点仍然是账期和延迟付息问题。美国法典第31卷第39章对及时支付做出了详尽的规定，法规规定，企业与企业之间的交易，若无相关具体支付日期约定，支付截止日期均为收到单据后的第30天。而公共部门的支付时间要更短，例如，美国国防后勤局生活物品采购的支付期限为收到单据之日起的10天内。此外，在法定利息方面，法典规定在任何30天期限内未支付的罚息将被加到债务的本金金额中，之后将在增加后的金额上计算罚息。这一规定大大增加了不及时支付方的代价。此外，延迟支付利息计算期限为自提交索赔申请开始直到索赔的付款日期为止；利息由财政部根据当时5年内到期的私人商业贷款利率决定。除了罚息外，美国同样还规定了赔偿，即出现企业未能在规定时间内收到延迟支付罚息等情况时，企业除了获得应有的罚息总和之外，还将享有国家管理和预算局规定比例的额外罚息，无法及时支付的临时款项也不能免除支付赔偿的责任。对于交易过程中可能存在单证争议的问题，美国法典则规定应尽快审查每一份单据，若不属于3901（a）（3）合格单据标准的，在收到单据的7天内予以归还，并且说明单据不合格的原因。

在美国法典的基础上，美国各州都制定了相应的延迟支付法规来限制下游大企业的资金拖欠现象。例如，针对医疗健康行业，美国各州的基本规定见表8-1。

表8-1　　美国各州对医疗健康行业延迟支付的限制性规定

州名	支付账期规定	惩罚
亚拉巴马	电子单据30个工作日 纸质单据45个工作日	按照管理部门规定的利率罚息
阿拉斯加	电子单据10个工作日 纸质单据20个工作日	少于250美元，按金额的5%赔偿或者赔偿5美元及以下； 大于250美元，按金额的2%赔偿
亚利桑那	无论各类形式的交易，订单生效后30天	按照法定利率罚息
阿肯色	电子单据30天 纸质单据45天	年化12%罚息

续前表

州名	支付账期规定	惩罚
加利福尼亚	非健康维护组织（Non-HMO）：30 个工作日 健康维护组织（HMO）：45 个工作日	年化 15%罚息，此外额外赔偿 10 美元
科罗拉多	无论各类形式的交易，订单生效后 45 个工作日	年化 10%罚息，如果超过 90 天，按 3%进行赔偿
康涅狄格	无论各类形式的交易，订单生效后 45 个工作日	年化 15%罚息
特拉华	无论各类形式的交易，订单生效后 30 个工作日	按照可允许的最高贷款利率罚息
哥伦比亚特区	无论各类形式的交易，订单生效后 30 个工作日	31～60 天：1.5%罚息 61～120 天：2%罚息 超过 120 天：2.5%罚息
佛罗里达	非健康维护组织：45 天 健康维护组织：35 天 要求额外信息的赔偿：120 天	年化 10%罚息
佐治亚	无论各类形式的交易，订单生效后 15 个工作日	年化 18%罚息
夏威夷	电子单据 15 天 纸质单据 30 天	年化 15%罚息，同时根据评估予以赔偿
爱达荷	无论各类形式的交易，订单生效后 30 个工作日	按照法定利率罚息
伊利诺伊	无论各类形式的交易，订单生效后 30 天	年化 9%罚息
印第安纳	电子单据 30 天 纸质单据 45 天	年化 2%罚息（每年的利率会有改变）
艾奥瓦	应与美国劳工部根据 29 C.F.R. 制定的团体健康计划的时间相同	年化 10%罚息
堪萨斯	无论各类形式的交易，订单生效后 30 天	年化 1%罚息
肯塔基	无论各类形式的交易，订单生效后 30 天或者直接拒绝付款	31～60 天：12%罚息 61～120 天：18%罚息 超过 120 天：21%罚息

续前表

州名	支付账期规定	惩罚
路易斯安那	纸质单据：45 天交单，45 天支付 电子单据：25 天	未付部分按年化 1%罚息，外加每 25 天未付部分 1%赔偿
缅因	无论各类形式的交易，订单生效后 30 天	按每月 1.5%罚息
马里兰	无论各类形式的交易，订单生效后 30 天	31～60 天：1.5%罚息 61～120 天：2%罚息 超过 120 天：2.5%罚息
马萨诸塞	无论各类形式的交易，订单生效后 45 天	按每月 1.5%罚息
密歇根	非合约供应商：60 天	年化 12%罚息
明尼苏达	无论各类形式的交易，订单生效后 30 天	按每月 1.5%罚息
密西西比	电子单据 25 天 纸质单据 35 天	按每月 1.5%罚息
密苏里	无论各类形式的交易，订单生效后 45 天或者直接拒绝付款	按每月 1%罚息
蒙大拿	无论各类形式的交易，订单生效后 30 天	年化 18%罚息
内布拉斯加	无论各类形式的交易，订单生效后 45 天	提交“及时支付报告”给内布拉斯加保险部考虑
内华达	无论各类形式的交易，订单生效后 30 天	参见政府网站
新罕布什尔	电子单据 15 天 纸质单据 45 天	按每月 1.5%罚息
新泽西	电子单据 30 天 纸质单据 40 天	年化 10%罚息
新墨西哥	电子单据 30 天 纸质单据 45 天	按每月 1.5%罚息
纽约	无论各类形式的交易，订单生效后 45 天	按年化 12%以上罚息，或者按照委员会规定利息罚息

续前表

州名	支付账期规定	惩罚
北卡罗来纳	无论各类形式的交易，订单生效后30天或者直接拒绝付款	年化18%罚息
北达科他	无论各类形式的交易，订单生效后15天	没有说明
俄亥俄	无论各类形式的交易，订单生效后30天	年化18%罚息
俄克拉何马	无论各类形式的交易，订单生效后45天	年化10%罚息，＞6%与美国利息相同
俄勒冈	无论各类形式的交易，订单生效后30天	年化12%罚息
宾夕法尼亚	无论各类形式的交易，订单生效后45天	年化10%罚息
罗得岛	无论各类形式的交易，订单生效后30天	年化12%罚息
南卡罗来纳	电子单据30天 纸质单据45天	年化6%罚息
南达科他	电子单据30天 纸质单据45天	没有说明
田纳西	电子单据21天 纸质单据30天	按每月1.5%罚息
得克萨斯	仅健康维护组织：45天	年化18%罚息
犹他	无论各类形式的交易，订单生效后30天或者直接拒绝付款	可能根据公式计算罚息
佛蒙特	无论各类形式的交易，订单生效后45天	年化12%罚息
弗吉尼亚	无论各类形式的交易，订单生效后45天	根据法定利息按日罚息
华盛顿	月销售量90%：30天，或者付款或直接拒付	按每月1%罚息
西弗吉尼亚	电子单据30天 纸质单据40天	年化10%罚息

续前表

州名	支付账期规定	惩罚
威斯康星	无论各类形式的交易，订单生效后 30 天	年化 12%罚息
怀俄明	无论各类形式的交易，订单生效后 45 天	年化 10%罚息

说明：其中“天”指日历天数，而非工作日。

为了表明对中小企业的强力支持，美国联邦政府制定了一系列的临时政策，率先承诺对中小企业的及时支付，为此，2011 年美国总统奥巴马公布了 M-11-32 备忘录，即“加速向小企业采购产品或服务的支付”（Accelerating Payments to Small Businesses for Goods and Services），该文件规定联邦政府向小企业采购产品或服务后，包括交付相关单证以及支付，必须在 15 天内完成。2012 年，奥巴马公布了 M-12-16 备忘录，即“向小企业分包商及时付款”（Providing Prompt Payment to Small Business Subcontractors），文件要求代理商在法律允许的最大范围内加快向所有总包商的付款，以便它们能够及时向其小企业分包商付款。此外，M-12-16 备忘录规定各机构必须每半年报告其确保及时向小企业分包商付款的进展情况。一些备忘录（M-12-16、M-13-15 和 M-14-10）规定的生效期后来被延展到 2016 年 12 月 31 日。为了进一步追踪对小企业的支持力度，奥巴马政府又公布了 M-16-07 备忘录，即“向小企业分包商加速付款报告”（Reporting of Accelerated Payments to Small Business Subcontractors），文件规定各机构向政府汇报其向小企业支付状况的频率从每半年报告一次提升为每个季度报告一次，并且将这些政策的生效期又延展到 2017 年 12 月 31 日。汇报的内容主要包括三项：一是各机构向总包商及时支付，从而能向小企业分包商及时付款的状况；二是各机构向小企业总包商及时支付的状况；三是为了保证向小企业总包商或分包商及时支付而采取的任何措施。需要指出的是，奥巴马制定的这一系列临时政策并不影响美国延迟支付法的执行，而是在该法的基础上进一步加大了对小企业及时支付的支持力度，这主要反映为两点：一是对联邦政府机构施加了更为严格的付款期（事实上不仅是付款期，

15 天包括了所有单证传递和付款时间），也就是说，支持小企业支付必须从政府采购率先做起；二是规定了非常严格的过程控制，即各政府机构不仅要承诺及时付款，而且必须自我监督，详尽报告向小企业及时支付的进展和状况，从而使政策能够有效落地。

另外，美国政府为了促进小企业及时支付，从 2016 年开始，大力推行采购交易的标准电子票据，为此，2016 年美国联邦储备银行发布了白皮书《美国电子票据实施：挑战与机会》（*U.S. Adoption of Electronic Invoicing: Challenges and Opportunities*）。白皮书指出，采用标准电子票据，不仅能够降低票据的处理成本，更精确地掌握交易状况和数据，而且更为重要的是，标准电子票据能够促进缩短单据审核周期，从而实现及时支付以及动态折扣交易。为了推进这一目标，美国政府规定到 2018 财政年度底所有联邦政府采购全部使用标准电子票据，这意味着美国联邦政府 1 900 万张票据要全部实现电子化。根据美国公共与预算管理办公室测算，以 2016 财年为例，政府采购金额为 4 600 亿美元，而一旦全部采用标准电子票据，能够让政府精确地掌握交易数据，监控及时支付的状况，并且预估能节约 2.6 亿美元的费用。

8.2.5　延迟支付限制的关键要素

从上述几个发达国家对延迟支付的限制可以看出，法制是奠定商业文明的基石，没有了制度性的保障，经济的逐利本性就会扭曲商业正常运行的规则，从而使得互侵互害的情况比比皆是，这导致一方面大企业欺凌中小企业，账期超长，而且到期不还；另一方面，中小微企业拖欠银行资金不予归还，将之作为向政府叫板（银行贷款越多，政府越不敢让我倒闭）的有力工具。最为可怕的是，一旦这种状态蔓延，久而久之“将拖欠视为合理，将欺压视为惯例”就会成为腐蚀商业文明的催化剂。因此，尽快确立对延迟支付限制的立法成为真正促进中小微企业发展、持续推动供应链金融健康有序开展的关键。总体上讲，限制延迟支付主要应抓住几个关键：

第一，建立事前和事后全过程管制体系。企业间的支付是伴随着交易以及交易过程中的约定而开展的资金往来行为，因此，要能有效遏制大企业利用自身的权力欺压欺凌上游中小微企业，就需要严格控制和规范交易行为和交易过程，从而运用信用政策来有效克服大企业对小企业的延迟支付行为（Pike & Cheng，2001）。从交易的过程看，一方面需要规制的是账期，即严格控制上下游约定的支付期限，从而事前防范可能占用中小企业资金的现象发生，这属于预防措施。从前面西方发达国家的法规可以看出，一般都会限制下游企业对上游企业的最长付款期，这是法律规范的底线。并且为了防范因为小企业害怕丢失市场，或者摄于大企业的淫威而默认账期延长，很多国家都制定了事后追索权，即小企业终止与大企业的交易后，在一定时期内可以对延迟支付提起诉讼。另一方面便是事后的补偿机制，即一旦发生了大企业或其他下游强势组织对中小企业的延迟支付，应当给予中小企业延迟支付的补偿，这种补偿既可以表现为罚息，也可以表现为附加赔偿。罚息的目的在于大企业必须补偿占用小企业资金所产生的代价。而且这种代价从西方发达国家的实践看，都非常高，一般都在基准利率上增加 8%～15%（一般美国的基准利率在 2.25%～2.50%，欧洲一般为 0，英国在 0.75%左右），这在西方发达国家应当说非常高。之所以如此，是因为中小企业的资金获取难度较大、资金的机会成本太高，一旦占用，对它们的伤害非常严重，因此，很多国家对于下游大型企业的控制非常严格，这是公平交易和商业伦理的基础。除了罚息之外，附加赔偿也是一种事后补偿的机制，即在罚息的基础上，额外增加下游组织拖欠中小企业账款的代价，以惩戒延迟行为，这样做的意义不仅在于通过罚息补偿中小企业，而且在于通过赔偿这种处罚形式给予下游大型组织以警示。

第二，政府机构、公共事业部门以及国有企业应当率先垂范及时支付。从各发达国家的实践看，政府机构、公共事业部门和国有企业往往被更严格地要求及时支付，例如，美国要求联邦政府包括审票、审单加上支付必须在 15 天内完成，从而确保小企业能及时获得资金。这样规范的原因在于政府机构、公共事业部门以及国有企业代表了全社会和公共管理的信用，这种信用是整个社会规范和发展的基础，它们是体现商业交易诚信和信用的主体，因此，从制度建设的角度看，限制延迟支付首先需要从政府机构、公共事业部门以及国有企业做起。通过这些公共部门的示范效应，辐射到所有商业社会企业之间的及时支付。

第三，限制延迟支付还可以推进电子发票、电子单据，营造快速确权、低成本、高效率的支付环境。加速对中小企业的支付，还有一项需要尽快建设和推动的基础设施，即推动单据和发票的电子化。电子化的单证和发票不仅能够有效地限制商业交易中的不规范行为，防止逃税等行为，并且能够加速单证传递的速度，降低因为纸质单证、发票引发的审单、验单等烦琐工作，降低作业成本。更为重要的是，电子单证和发票的使用，能够有效地利用互联网技术进行快速准确的确权，推动及时支付的实现。目前组织或企业之间导致资金流动不畅的一个很重要的原因是大企业不对上游中小企业的交易进行确权，这样不仅会直接导致延迟支付，而且也无法利用供应链金融手段让金融机构更好地服务于中小微企业，帮助其解决运营资金问题，因此，解决延迟支付的另一个重要因素是限制大企业或者机构不对交易进行确权。解决这一问题的手段之一，就是推动在线化的交易行为，尤其是使用电子化的单证和电子发票，这样就能为解决延迟支付奠定良好的制度氛围。

第四，将向中小企业进行及时支付作为大企业特别是上市公司的社会责任，以确立良好的商业文明氛围。及时支付不仅仅能够防范大企业利用自身权力损害小企业利益，而且也是大企业应尽的社会责任。很多发达国家都制定了相应的制度要求大企业公告对小企业的支付状态，例如欧盟从 2018 年开始，要求上市公司每两年自愿公告对小企业的账期，这是商业文明建设的必需。因此，将此类信息的披露纳入社会公众的监管视野也是制度化建设的重要手段。

8.3　供应链金融中的担保物权制度

供应链金融的发展除了应收应付这类基本要素之外，还有一类基本供应链金融运作要素便是动产，从中小微企业的实际状况看，大多数中小企业基本上没有不动产，它们一般只是有应收账款、产品（存货）、基础设备等一些形式的动产，除了运用应收账款来获取运营资金解决其流动性外，另一个可能使它们获取资金的要素就是动产。这一要素的空间在中国十分巨大，2018 年，中国的 GDP 约为 90.03 万亿元，资产总量为 GDP 的 5～7 倍，其中动产占 75%左右，动产总量应在 340 万亿～470 万亿元。然而，尽管中国拥有如此大的动产，但是动产融资却存在着巨大的风险，特别是 2013 年上海钢贸案以及 2014 年青岛港事件发生以后，金融机构对存货融资存在着巨大的畏惧，这主要是因为很难对存货进行有效的监管，一旦出险，需要进行有效处置，才能覆盖相应的风险，所有这些除了加强金融机构的运营能力和监控能力外，更重要的是建立完善的担保物权管理制度。

8.3.1 担保物权规制的基本状况

在物权担保的协议中有两种基本分类，这些分类无论是在民法法系（大陆法系）还是普通法法系（英美法系）都是很重要的：第一种分类是真正意义上的担保交易以及所有权或物品的转移，前者是债权人获得抵押物的担保权，而后者，债权人不仅获得了抵押物担保，而且直接获得了物权或所有权。从理论上讲，如果不是提供的抵押物担保，就不应受担保交易规则的约束。但是，在若干法律制度下，一些所有权转让也会受这种立法的约束。第二种分类是占有和非占有担保权的划分，非占有担保交易非常明确，即允许债务人在贷款期间内继续使用抵押物，债权人获得的是抵押物的担保权。相反，占有担保交易则不允许债务人在借贷期间使用抵押物，直到债务人偿还债务。这一区分在法律中规定得非常明确，一般在普通法系中，占有担保被称为“Pledge”，非占有担保被称为“Mortgage”或者“Charge”，在民法系中占有担保被称为“Pignus”，非占有担保被称为“Hypothec”。在我国，抵押物不移转占有；质物必须移转占有，即占有型的被称为质押，不占有的被称为抵押。

担保物权的法律规定对于推进供应链金融，尤其是仓单质押和动产抵押等业务活动具有非常关键的保障作用，因此，无论是采用普通法系的美国、英国，还是采用民法系的俄罗斯等，其法律对此均有完善的规制体系。美国对担保物权进行规制的重要法规是《统一商法典》中的第九章（Uniform Commercial Code，一般称为 UCC 9），UCC 9 是根据《统一信托收据法》制定的。该法典的第一个正式文本于 1952 年形成，1972 年进行修订。该法典成为各州在采用商业法时使用的依据。美国目前大多数州在从事担保物权交易时都采用这一法典。采用该法典的第一个州是 1953 年的宾夕法尼亚州，最后一个州是 1974 年的路易斯安那州。英国的情况与美国有些不同，美国的 UCC 9 对物权的担保规定比较清晰简洁，英国的司法制度相对保守，它更偏向于严格传统的普通法系（Keinan，2000），也就是英国的规制更倾向于保留旧的和传统的一系列规则，而不是采用新规则。俄罗斯在 1992 年之前对担保物权的限制较多，例如 1964 年苏联《民法典》规定抵质押的资产不包括建筑物、安装和设备，这显然不利于担保物权的交易发展，1992 年俄罗斯意识到 1964 年民法对促进经济发展的不足，邀请了一些学者（包括英国、俄罗斯）起草一个更为先进的法律体系，以适应快速发展的担保物权交易，两年半后，《俄罗斯联邦民法典》得以通过，成为目前规制担保物权的最重要的法律体系。

一般来讲，这些国家的担保物权法律都追求四大战略，以便通过扩展商业和消费信贷来促进商业活动（Welsh，2003）。这些战略主要包括：

第一，简化设立的担保规则。仓单质押和动产抵押的核心是交易中的动产，因此，什么样的东西可以作为担保交易的抵质押物成为法律上规制的重点，从各国法律的情况看，各国都为任何性质的动产设立担保制定了一套简单、便利的规则。物权担保如果过于复杂，则会限制担保物权的发展，不利于商业借贷有效的开展，因此，如何使得担保物能够充分运用，并且设立担保的程序能够便捷有效成为各国法律在该领域变革的重要方向之一。从现在担保物权的规制看，首先作为商业信贷的担保物得以大大扩展，一方面任何人都可以以动产作为担保，另一方面任何人都可以接受动产担保。担保物可以是任何性质的动产，不管它是有形的还是无形的。例如，担保物可以是设备、存货，也可以是应收账款、不动产。这一规定使得物权担保的范围得以拓展，从而能够更好地适应企业日常经营中的资金需求，特别是对于大量中小企业而言，它们很难拥有大量的不动产，只是拥有技术、产品和应收账款，因此，担保物的扩展使得中小企业能够顺利地凭借手中的产品、技术、应收账款等快速地从金融机构获得生产运营必需的资金。此外，现代担保物权的另一个重要发展是担保的手续大大简化，只要一份协议就可以设立担保，免除了要根据其他法律修订借贷合约所需的成本和代价。相反，在传统法律下，以动产作为担保物往往需要几份独立的合同，每一份合同都有自成一套的法律要求。此外，不同的动产还可能需要在不同的登记机关登记。因此，现代担保交易法律通过简化规则降低了商业和消费信贷的成本，消除了有关障碍。

第二，澄清竞合债权人的权利。作为金融活动中的贷方，愿意将资金贷予借方的一个前提是整个信息是对称的，不确定性能够有效降低，特别是贷方需要在任何纠纷产生之前能够事先知晓他相对于其他竞合债权人的权利。当贷方能够清晰地界定自身的权利，从而将各种不确定降到最低时，金融借贷的渠道和规模就会极大扩展。然而，在现代供应链运营过程中，商业环境的不确定性是不断发生的，特别是用于担保的物品可能会受到之前抵质押、租赁、各种协议等各种各样的法定债权的制约。在传统的法律框架下，要揭示动产权利的真实状况是非常困难的，有时根本不可能知晓担保物品的真实状况。而一旦发生不确定，未来各种债权人可能会随时出现，他们对担保物宣称拥有所有权，并优先于其他人。此外，担保物本身也可能会出现很多不确定，诸如可能会被出售、出租，甚至有些担保物可能会随同不动产而转移。显然，这些不确定对于促进担保物权的发展是极大的障碍，为此，各国法律发展的另一个重要特点是预先估计竞合要求权之间的冲突，为预先解决可能的争端建立明细和准确的优先权规则。这样，贷方就能更加审慎评估风险，并使风险降到最低程度。

第三，公开高效的信息披露。担保物权发展的另一个关键要素是信息的高效、公开披露，这是因为一旦将某一动产作为借贷的担保物，借方、贷方和所有其他相关方都需要一个便捷、快速、准确和低成本的手段来确定担保物的实际状况，以及是否还有其他方对担保物产生索取权。担保交易法律通过建立登记（备案）制度来满足这一需要。这种登记制度不是传统的登记制度，传统的登记制度可能费时，且要达到其合规要求可能既困难又昂贵。现代登记制度必须要克服上述问题，避免在登记披露等方面出现烦琐、成本高的问题，而互联网等新兴技术的发展为高效、便捷的登记、公示提供了良好的手段和途径，也就是可以通过互联网来提供担保交易登记。目前各国法规都将此作为管理的手段，这种登记体系使得任何借方在抵质押物品的那一刻，就可以将相关信息在互联网上展现，既不会耽误时间，也不会产生不可控制的风险，也无须不必要的手续或花费。其所要求的只是一个简单的“提示”，注明交易的各方和说明担保物情况。这种登记制度能够以用户缴费的形式运作，无须使用纳税人的钱。通常，在登记机关记载的“提示”信息（诸如登记时间、登记抵质押的程度等），将决定在对同一财产有竞合要求时，贷款人对担保物所具有的优先权日期。第一个登记者通常有最高的优先权。

第四，实施高效的担保权益。在多数情况下，债务人能较好地通过其生产经营向债权人偿还资金，然而，一旦出现违约状况，贷方将会承担与之伴随的金融风险。好的担保执行机制能够使得贷方的这种风险成本大大降低，相反，当执行机制较弱时，贷方的风险成本会大大上升，从而抑制信贷发展。为此，各国的法律法规对于执行担保权益也进行了很多关注。通过确保贷款人在各种拖欠情况下拥有担保物的权利，以及确保贷款人能以最经济的方式和最大限度处置担保物，担保交易法律强化了担保的执行机制。这种法律法规的制定，事实上也有利于借款人，这是因为贷款人有义务按合理的商业方式行事，如有不当行为，也须承担责任。

8.3.2　担保物权规制的国际主要实践

从美国、英国、俄罗斯等国的担保物权实践看，主要的规制集中在法律范围、担保权益设立、担保权益公示和优先权、担保权益执行以及担保交易登记几个方面（Welsh，2003；Azadeh，2018）。

（1）担保物权交易的法律范围

法律适用的范围必须界定清楚，这是各国担保物权交易制度确立的核心，否则容易因为这样或那样界定不清晰的状况产生各种纠纷。总体上看，这些国家的法律对适用范围的确立，主要体现在下述几个方面：第一，涵盖的交易和排除的交易。各国法律一般都覆盖了所有能在动产上设立担保的交易，这些交易也许包括传统法律形式的交易，如质押、抵押、寄售。许多国家使用的其他法律形式包括动产按揭、浮动抵押、权利让与、租买协议、融资租赁、所有权保留出售、所有权让与担保。担保交易法律可以有效地置换所有这些形式的交易。换言之，虽然这些交易仍保留原有形式，但必须受担保交易法种种法条的调节。在各国担保物权法律界定中，对定着于不动产的动产往往也要求说明清楚，如井、泵或发电机等的适用性，法律还需清楚地说明它对于和土地相连且可移动的财产（如农作物、树木、矿物等）的适用性。除此之外，对于租赁交易，因债务人并不拥有租赁财产的事实，贷款人有可能受到欺骗。美国采用的规制是将长期租赁纳入担保交易法律的范围，以达到提醒潜在的债权人和确定优先权排序的目的。应收账款的无条件出售与应收账款的让与担保不同，前者是将应收出售给买受人，买受人承担收款的商业风险，而后者像其他担保交易一样，让与担保为所欠债务提供了担保支持，即使所让与的权利不足以偿还全部债务。但是需要看到的是，在现行的法律体系中，仍然将应收账款出售纳入其覆盖范围。潜在贷款人同样希望得到登记提示制度和优先权规则带来的好处，不管应收账款是无条件出售还是让与担保。出于政策或实际的需要，有些交易被认为最好排除在担保交易法律之外，例如人员的薪金、让受人有义务收款的收款权利等等，一般认为尽量不要将其置于担保物权的范围内。

第二，与其他法律之间的联系也是目前各国规制关注的问题。现有法律往往可能存在与担保交易法律相冲突的地方，因此上述国家提出应当对现有法律进行仔细评估并加以修正，以消除抵触之处，同时将来出现相抵触的法律的可能性也应考虑。除此之外，在制定其他各类法律的过程中，诸如涉及合同签订人行为能力、代理、欺诈、破产等，也需要考虑如何加强担保交易法的地位。

第三，担保权益的性质和协议。各国的法律认为，通过设定“担保权益”就建立了动产担保。担保权益应当被视为对物的权利，即只要签约方同意而无须经过不必要的正规要求，就可以扣押担保物的真实权利。担保权益能够发生在任何现在的或未来的担保物上，无须随后对协议进行修订或在登记归档的机关做额外提示。

第四，对于担保物的规定。现代担保交易法对担保物的界定非常广泛，包括了如下形态的资产：任何性质的可移动有形财产；任何性质的无形财产；准有形财产，如所有权证书、金融工具（票据）、赊销合同、租约；可以在未来产生的有形或无形的动产；定着于或逐渐定着于不动产的动产；已与土地分离并进入商业流通的财产，如树木、农作物、矿物；担保物的收益。

第五，谁能够提供和接受担保。一般法律认为能够提供和接受担保的主体包括自然人和任何性质的虚拟人，例如公司、非政府组织、任何有权签约的实体。为了避免滥用担保交易法律，很多法律认为某些状况下限制某些担保物以及特定对象是适当的，例如，消费者在耐用消费品上设立一般担保权作为赊购就被认为不太合适。

（2）担保物上的担保权益设立

在担保物上设立担保，担保权益何时发生这在各国法律中有明确的规定，即如果以债务人财产上的真实权利为基础，那么担保权人在债务被拖欠时有权拿走财产并加以处置。但是，担保权益还适用于未来产生的权利，也就是说未来某时间前并不存在的财产，例如债务人签订了包含未来设备和存货的担保协议，债权人按照协议定期预付由这些设备和存货担保的现金，随后，债权人购买货物和设备。随着债务人不时地购买，担保权益将自动系于这些货物和设备，并以其作为实现担保权益的对象。因此，各国法律规定只要满足以下三个条件，就认为担保物上有了担保权益：一是债务人签订了给予担保权益并对担保物加以说明的书面协议（如果担保权人占有担保物，则免除书面协议也是允许的)；二是债务人有担保物上的权利；三是担保人给予债务人一定的价值。

(3) 担保权益公示和优先权

在将资产抵质押给贷方从而获得资金的过程中，应考虑到担保物竞合要求权之间的冲突，并能通过抵质押物的公示和清楚准确的优先权规则预先解决这些冲突，这样就给予了债权人扩大信贷所需的确定性。为此，各国的法律中均对这一问题给予了非常详尽的规定。公示是债权人对抗对担保物同样声称权利的第三方的有力工具，这样可以使债权人的利益得到最大程度的保护，一般认为有三种常见的公示方式：一是占有，债权人可以通过占有大多数形式的有形担保物确立担保权益；二是登记，债权人可以通过在担保交易登记机关留下提示信息而确立担保权益；三是担保权益发生时自动公示，就耐用消费品而言，常见的做法是如果该物品上已有了担保权益，则视该担保利益已自动公示，无须任何登记。公示对于债权人权益的保护非常重要，许多交易都要遵循一般优先权规则，除非某些特殊或例外情况。一般优先权指的是如果两个担保权益都未公示，发生在先的担保权益有优先权。在已公示的担保权益中，先登记或以其他方式先公示的担保权益的债权人有优先权，这一规则常常被概括为“先登记者赢”。

在担保物权中债权人在担保物上的权利可能会与之前或将来的债权人相冲突，此外，债务人也有可能出售或组织担保物，因此，各国法律在这些方面做了较为详尽的规定。一般而言，担保物进行了公示，债权人就获得该担保权益，而买受人或承租人在接受该货物之前，应当搜寻登记公示信息以及货物上的担保权益，从而避免担保物权益纠纷。然而，这一原则并非总是符合商业利益最大化原则。例如美国 UCC 9 第 320 条规定，在某些特定状况下（指的是在快消品销售行业），即使买受人可以通过核对登记机关的记录发现担保权益，甚至即使知晓担保权益的存在，也需要保护买受人的权益。假定银行在超市的存货上有担保权益，超市出售了一些杂货给消费者，但没有付款给银行。按照一般规则，银行有权从消费者那里取回这些杂货。但是这种做法会使消费者不从超市购物，从而限制了基本的销售经营，因此，如果买受人是“普通商业活动”（ordinary course of business)中的消费者，担保交易法律将保护买受人不受担保权益的影响。

在各国的法律中，还有一类特殊的状况，即超级优先权规则，或者说“后登记者赢”制度。一般情况下，超级优先权设定购置款的担保权益要优于一般担保权益，即使登记在后。例如银行在公司的所有现有的和将来获得的设备上有已公示的担保权益。后来，车行向公司赊销了一辆卡车，并通过登记确立它在卡车上的担保权益。车行的担保权益是购置款担保权益，有高于银行的一般担保权益的优先权，但其范围仅限于卡车的价值。这种状况也会发生在存货上，假设银行在超市现有的和将来的存货上已确立担保权益；家电企业向商店提供存货融资，使商店购买特定家电企业的品牌电视机进行销售，且家电企业也公示了它在这些电视机上的担保权益，就家电企业的电视机而言，由于家电企业处于赊购人的债权人地位，其担保权益优先于银行的担保权益。

除了上述一般意义上的动产担保物外，还有一类特殊的担保物是定着于不动产上的动产，例如土地上的抵押及于土地上的资产，如水井、水泵、发电机等，以及建筑物上的空调和其他附属装置。此外，还有土地上的经济作物，如农作物、树木、矿产等。当可移动资产与不可移动资产界限模糊时，就非常容易产生纠纷，因此，法律对这些问题进行规制就成为必要。各国法律都明确了定着物应固定于或打算固定于土地或建筑，并由此产生了基于不动产权利的货物。各国担保交易法律规定：允许在定着物上设立担保权益，当货物变为定着物后，保证在这些货物上的担保权益的连续性；允许公示在定着物上的担保权益，最好是通过不动产登记机关的登记进行公示；一般而言，如果抵押权人先登记，应保护抵押权人的利益，使其应优先于定着物担保权益持有人的利益；向定着物上的购置款担保权益提供超级优先权，使其优先于以前的已登记的抵押。此外，待收割的农作物、待采伐的树木、待采掘的矿物也会引起债权人与抵押权人之间的冲突。如果债务人占有不动产或在按不动产登记的不动产上有自己的利益，在上述三类财产上的已公示的担保权益与所有者或抵押权人的利益有冲突时，前者应当拥有优先权。

上述这些规制较为清晰地规定了担保物的竞合关系问题，除了债权人之间的竞合问题外，另一个在各国法律中规制的问题是留置权，其要求权产生于非合意交易的债权人。例如，如果企业不能按时纳税，税务部门可以获得欠税人的动产留置权。判决中的胜诉一方有权扣押败诉一方的财产，按照破产法，破产管理人有权控制并处置破产企业的财产。在这种状况下，也会产生担保物的竞合问题，即如何配置担保权益人（债权人）和留置权益人之间的权利。各国规制认为税务当局的优先权受制于“登记在先”的规则，这与处理其他竞合要求的方式一样，即担保交易法律常常根据担保权人的登记时间确定判决中的留置权的优先顺序。

在担保物权益规制中，还有一种情况是担保物与其他担保物混合在一起的状况。例如，当一台新的发动机装在一辆汽车上就产生了混合问题。如果债权人为购买新发动机提供了融资并接受了在发动机上的担保权益，那么担保权益在安装活动中并未失去。如果另一个债权人在整辆汽车上有担保权益，就必须分清这两个债权人的利益。发动机融资人拥有其价值范围内的担保物处置优先权，即可以优先获得与发动机等值的权益，或者允许发动机融资人从该辆汽车上拆卸发动机并将其出售。还有一种混合状态是不同债务人担保物的混同，例如当某一农户的玉米与其他农户的玉米存在同一粮库时，人们难以区分哪些玉米属于哪一农户。针对这种状况，各国法律可以通过确认担保权益在担保物混合形成的大堆玉米中继续存在，并按各家农户在混同玉米中的份额分配竞合债权人的利益。

（4）担保权益执行

当出现债务人违约时，债权人需要采取措施保障其权益，如果没有制度保障债权人及时、有效、低成本地实施和执行权益，担保物权就无法有效支撑供应链金融的发展，为此，各国法律均对担保物权的执行给予了关注。总体上看，各国法律对这一问题的规制主要反映在如下几个方面：第一是担保物的占有和处置权。即担保权益的有效执行要求授予债权人占有和处置担保物的权利，处置收益（不管是来自担保物的整体出售或部分出售，还是来自出租、特许使用或其他处置方式）必须有效地用于支付执行费用和减少被担保的债务，并且不应有妨碍甚至武断终止债权人从担保物中获得价值的行为。第二是将司法程序降到最低限度或者避免司法程序。美国法律允许占有有形动产不经司法程序，只要动产的收回是以和平方式进行的。当不能获得债务人同意时，美国等国的法律规定司法程序应当限于快速听证并下令剥夺债务人对担保物的占有，同时赋予债权人占有的权利以便处置担保物。听证可限于以下范围：发现在担保物上提供担保权益的协议；发生拖欠的事实。在应收账款状况下，债权人应当有明确的、直接针对应收账款行动的权利，即通知应收账款付款人向债权人而不是债务人付款。第三是转让给买受人的所有权。各国法律规定确认完整所有权转让给买受人，即明确保护任何担保物的买受人，即使随后发现出售在程序上有瑕疵。第四是债权人的执行责任。担保权人行使担保物的占有和处置权时，有按商业方式行事的责任。必须保护债权人免受对其处置担保物方式的无端攻击。如果债权人滥用担保物的占有和处置权，也应负相应的责任。

（5）担保交易登记

担保交易登记是保护债权人权益的重要方面，登记机关收集、储存、检索有关担保权益信息的宗旨在于提示和优先权的确立。提示指的是登记机关汇存、发布有关担保权益信息，提醒将来可能出现债权人在某人的动产上已存在担保权益的情况。优先权是确定登记的时间，并以此确定动产上的不同竞合要求权的先后顺序。担保交易登记主要涉及的问题是何地登记，登记什么、何时登记。

关于何地登记，一般规定除了与土地有关的担保物外，只设一个登记机关是效率最高的，与农作物有关的提示信息最好在中央登记机关登记。与土地有关的其他担保物的提示信息更适合在土地登记机关登记。登记内容包括定着物、待采伐的树木、待采掘的矿物的提示信息。登记机构是为商业信贷服务的机构，其职责主要包括：接收提示信息和与其有关的修改情况、续存和终止说明；给每一项提示指定唯一代码；按登记号码和债务人姓名编制提示索引；应公众要求，登记机关提供查询报告。需要指出的是，登记机关并不具备监管职能。此外，除了法律规定的少数情况外，登记机关也无权否定任何人的登记要求。

在登记什么的问题上，一般要求提示的内容应当简洁，债务人和债权人的身份以及担保物的情况说明是所需的所有信息。尽管债务人的授权是登记提示所必需的，但授权本身不必出现在提示信息中。例如，债务人的授权也许包含在另一份书面文件中，债权人将该文件放在相关的贷款档案中。在实际的法律操作中，债务人签署的担保协议也被认为是构成登记提示的授权。提示信息可以提到多个债务人，也可以提到多个债权人，如果提示信息提到多个债权人，每一个债权人都有权修改、存续、终止其在提示信息上的担保权益，同时不影响提示上其他债权人的担保权益。各国法律规定，应在有关债务人或债权人的信息发生变化时，或对担保物的说明发生变化时，规定修改提示信息的方式。如果在修改提示信息时增加了新的担保物，提示对新增担保物的效力从变更登记日开始。此外还需要规定提示的持续时间及建立续存或终止提示的简便程序。一旦担保债务还清，债务人应有权要求债权人终止提示。

何时登记也是非常重要的方面，从各国规制看，应当在发送信贷前登记担保物的信息；同时法律明确规定在签署担保协议前进行登记也是允许的，这种预登记的方式能够让债权人更加放心，并且其优先权有较好的保证。

除了上述规制外，伴随着互联网技术的发展，通过互联网进行电子登记也已经成为很多国家实施动产融资的重要制度保障。在推行电子登记的过程中，关键是法律要赋予电子数据作为登记凭证的完全有效性，也就是说查询人必须能够凭借电子数据和凭证，行使自身的权利，而不会要求以纸质凭证为准。此外，法律还需要解决电子数据中的真伪鉴别问题，这就需要推动建立相应的方法和规则。

8.3.3 中国担保物权的发展现状

担保物权法律法规的完善对于促进中国供应链金融的发展至关重要，

从中国的制度发展看，最具代表性的法律是 2007 年制定的《中华人民共和国物权法》，这对动产融资提供了基本的法律框架。从供应链金融实际视角看，该法的特点主要表现在如下几点：

第一，拓展了担保物的范围。《中华人民共和国物权法》第一百八十条将抵押物的范围扩大至：①以招标、拍卖、公开协商等方式取得的荒地等土地承包经营权；②原材料、半成品、产品；③正在建造的建筑物、船舶、航空器，并在该条末款规定“法律、行政法规未禁止抵押的其他财产”均可抵押。由此可以看出我国的《中华人民共和国物权法》扩大了抵押物的范围，尤其是可以抵押的动产的范围。

同样，在质押方面除了汇票、支票、本票、债券、存款单、仓单、提单，《中华人民共和国物权法》第二百二十三条将可以出质的财产扩大至：①可以转让的基金份额、股权；②可以转让的注册商标专用权、专利权、著作权等知识产权中的财产权；③应收账款；④法律、行政法规规定可以出质的其他财产权利。

第二，《中华人民共和国物权法》提出并确立了登记制度。《中华人民共和国物权法》第二百二十六条规定“以基金份额、股权出质的，当事人应当订立书面合同。以基金份额、证券登记结算机构登记的股权出质的，质权自证券登记结算机构办理出质登记时设立；以其他股权出质的，质权自工商行政管理部门办理出质登记时设立”；第二百二十七条规定，“以注册商标专用权、专利权、著作权等知识产权中的财产权出质的，当事人应当订立书面合同。质权自有关主管部门办理出质登记时设立”；第二百二十八条规定“以应收账款出质的，当事人应当订立书面合同。质权自信贷征信机构办理出质登记时设立”。

第三，区分了担保合同的生效与担保物权的设立，使担保合同无效可能性降低。《中华人民共和国物权法》第十五条规定“当事人之间订立有关设立、变更、转让和消灭不动产物权的合同，除法律另有规定或者合同另有约定外，自合同成立时生效；未办理物权登记的，不影响合同效力”；第一百八十八条规定“抵押权自抵押合同生效时设立；未经登记，不得对抗善意第三人”；第一百八十九条规定“企业、个体工商户、农业生产经营者以本法第一百八十一条规定的动产抵押的，应当向抵押人住所地的工商行政管理部门办理登记。抵押权自抵押合同生效时设立；未经登记，不得对抗善意第三人”。从以上条款可以看出，担保合同只要不存在《中华人民共和国合同法》规定的无效情况，自合同成立时就生效。在抵质押物未登记或交付前，权利人可以以有效合同为依据要求义务人履行抵质押物登记或交付义务。

第五，提出了登记赔偿。《中华人民共和国物权法》第十九条规定“权利人、利害关系人认为不动产登记簿记载的事项错误的，可以申请更正登记。不动产登记簿记载的权利人书面同意更正或者有证据证明登记确有错误的，登记机构应当予以更正。不动产登记簿记载的权利人不同意更正的，利害关系人可以申请异议登记。登记机构予以异议登记的，申请人在异议登记之日起十五日内不起诉，异议登记失效”。此外，第二十一条为金融机构减少登记赔偿提供了法律救济，其明确规定了两种状况的赔偿，一是提供虚假材料申请登记，给他人造成损害的当事人；二是因登记错误，给他人造成损害的登记机构。

第六，降低了实现担保权益的成本。《中华人民共和国物权法》第二百零八条规定“债务人不履行到期债务或者发生当事人约定的实现质权的情形，债权人有权就该动产优先受偿”。第二百二十条规定“出质人可以请求质权人在债务履行期届满后及时行使质权；质权人不行使的，出质人可以请求人民法院拍卖、变卖质押财产”。

第七，确立了浮动抵押制度。《中华人民共和国物权法》第一百八十一条、第一百八十九条规定除了正在建造的船舶、飞行器外，企业、个体工商户、农业生产经营者可将其拥有的和将有的生产设备、原材料、半成品和产品等动产一并用于设立抵押…… 同时明确抵押人可将现有财产和将来所得财产均列入抵押担保范围之列，并且在抵押物固化的法定事由发生之前，抵押人可因自身经营需要而保持抵押物的流动与更新状态。

应当讲，《中华人民共和国物权法》的出台使得担保物权的制度在中国得以确立，这已成为推动基于动产的供应链金融最为重要的法律基础，尽管这其中还有很多细节和管理需要进一步完善。除了《中华人民共和国物权法》之外，另一个重要的制度努力便是由中国银行业协会、中国仓储协会联合起草的国家标准《担保存货第三方管理规范》（以下简称《规范》），这一标准的制定对于促进物流金融的规范、有序发展无疑起到了积极作用。这是因为目前中国的法制仍然面临着一系列的挑战，这表现为：第一，法律法规不完善，一方面《中华人民共和国物权法》只明确存货可作为担保融资，但没有规定存货作为担保融资应当登记公示；另一方面《中华人民共和国合同法》没有对担保存货管理合同做出专门规定。第二，缺乏专业性的统一标准，担保存货管理与一般仓储管理比较有其特殊性，比一般仓储管理风险更大，现行的仓库技术、仓储作业、仓储服务与仓储从业人员资质等方面的标准还不能完全满足管理担保存货的要求。第三，行业监管缺失，由于人们对担保存货管理这样一个特殊仓储业态的风险性缺乏全面认识，目前为止，国家既没有相关的行政许可制度，也没有企业备案制度，对现有从事担保存货管理的企业情况也不清楚，对开展担保存货管理的企业也没有明确的资质条件要求。为此，《规范》试图有效解决担保物权实践中现行法规的不适应。具体来讲《规范》的主要特点在于：

首次由中国银行业协会、中国仓储协会联合贷款人和担保存货管理企业共同起草，保证了《规范》内容的全面、客观、公正与可操作性。

首次规定了抵押与质押两种担保方式下，贷款人、第三方管理、借款人三者在担保存货管理中的基本要求。保证了三方当事人的责任衔接，避免了三者之间的责任纠缠。

首次区别与界定了担保存货“监管”与“监控”两种管理方式以及不同的管理责任。解决了长期以来现实中只有一种“质押监管协议”的困局，规定按照特定仓库的地理位置与可控程度，分别签署“监管”与“监控”两种协议。

首次明确标注“监管协议”视同“仓储合同”，“监控协议”视同“委托合同”，解决了长期以来“质押监管协议”性质不明、责任难定的困扰。

首次明确了出具担保存货仓单的前提、主体与要求，区分了“质押仓单监管”“质押存货监管”“抵押存货监管”“抵押存货监控”四种业务场景，逐步实现了存货仓单化、仓单电子化，从根本上保障了仓单的真实性与唯一性。

首次明确规定“管理担保存货，应在相关公共信息平台登记与公示管理企业、担保存货与仓单等信息”。这充分体现了对担保存货管理企业的事中、事后监管的原则。

具体来讲，该标准规定在监管协议下，贷款人承担的义务包括：选择指定担保存货第三方管理企业，并确认特定仓库；要求借款人对担保存货的内在质量与包装件内的物品数量承担责任；对担保存货的出库数量、出库时间、最低库存量控制的数量出具指令；不定期地进入特定仓库检查、盘点担保存货；要求担保存货第三方管理企业提供、收取、持有、保留有关担保存货管理的仓单、单据、台账、记录（包括电子或影像记录）等凭证或其他副本。借款人的义务包括：将权属清晰的担保存货运送到特定仓库；提供担保存货的相关权属、品名、规格、型号、数量、重量、产地等相关资料。对担保存货保管有特殊要求的，应向贷款人和担保存货第三方管理企业进行书面说明；对担保存货的内在质量与包装件内的物品数量负责；配合担保存货第三方管理企业履行责任，配合贷款人确立、维护和行使担保权益。第三方承担的义务包括：确保特定仓库具备监管担保存货的条件与环境，在监管期限内始终维持对特定仓库的合法占有与使用；对担保存货的重量、包装件数量及外观质量进行验收，并出具仓单等相应凭证。三方协议对存货的内在质量与包装件内的物品数量验收等另有约定的，从其约定；妥善保管担保存货，并配置担保存货标识。当发生担保存货灭失、损坏、短少、品质异常变化、保险事故、担保存货被采取司法强制措施、权属争议、盗抢或类似可能危害贷款人权益的情况时，应及时通知贷款人；规范准确地盘点、检查存货，根据贷款人的指令进行担保存货的移位、移库、调换与出库，或控制担保存货的最低库存量，并配合贷款人检查存货、核对账目；规范准确地出具、编制、更新、归档、保管并向贷款人提交有关担保存货管理的单据、台账、记录（包括电子或影像记录）、报告等；配合贷款人确立、维护和行使担保权益。

在监控协议中，贷款人的义务是：选择指定担保存货第三方管理企业，并确认特定仓库；要求借款人对担保存货的数量、质量、价值与安全承担责任；由借款人支付担保存货管理费用的，应督促借款人支付相关费用。借款人的义务是：确保特定仓库具备储存担保存货的条件与环境，并对特定仓库的安全负责；对担保存货的数量、质量、价值承担责任，妥善保管担保存货，并配置担保存货标识；配合担保存货第三方管理企业履行责任。第三方承担的义务：清点担保存货的数量，并向贷款人报告；对特定仓库内的担保存货进行现场监控；对借款人的担保存货管理活动进行检查、记录，并向贷款人报告；对未经贷款人同意的担保存货移位、移库、调换、出库等情况，应及时向贷款人报告。

8.3.4　担保物权制度进一步完善的关键要素

从上述国际和中国担保物权的发展可以看出，完善的担保物权法制对于促进以动产和仓单为基础的供应链金融发展具有重要的制度保障意义，没有完善的规章制度，仓单和动产就无法进入到供应链金融中，这也就是为什么目前众多金融机构谈动产而色变。尽管中国在此方面做出了努力，但是从国际法制建设的状况看，仍然需要不断地完善和修正。这主要反映在如下几点：

第一，担保物权规制还需要进一步细化完善。从美国等国的经验可以看出，担保物权涉及非常复杂的业务活动，需要考虑到各种可能的状况，以及这种状况下需要规制的要点，诸如前述的法律范围、担保权益设立、担保物权的公示与优先权、担保权益执行、登记等等，各个方面都有非常详尽的规定，否则就会因为过于笼统而造成无法对应和应用的问题，也会因为界定不清产生金融交易过程中的诸多纠纷。我国虽然在 2007 年制定了《中华人民共和国物权法》，其中的第四章对担保物权第一次进行了界定，建立了相应的规制体系，但是有些方面的规定是原则性的，没有详尽的解释，因此，需要出台相应的解释予以明确，否则信贷机构和司法机关都难以适从。

第二，需要继续推行应收账款和存货统一登记系统。为了保证债权人的利益，担保物的统一登记、公示和查询是各国法律推动的重要方面。我国目前的登记公示和查询主要由两大机构完成：一是工商局存货和设备抵押登记，但是这一体系尚未建立基于互联网的全国统一的担保物权公示和查询平台，以至于搜索查询困难，难以适应担保物权交易的发展；另一个机构是中国人民银行征信中心在 2007 年 10 月上线的全国第一个基于互联网的担保物权公示登记系统，其功能包括了应收账款、存货、仓单和其他动产等绝大多数担保物权。应当讲，这一体系对于推动中国担保物权交易和供应链金融的发展具有重要的意义，因此，需要通过制度和规范要求，使所有担保物权交易能够进入该平台进行登记、公示和查询。

第三，明确第三方担保品行业管理，推动专业化的担保品监管。第三方担保品管理直接服务于供应链金融，是保障债权人利益的关键，一旦担保品管理出现问题，就会产生巨大的金融风险，因此，加强对第三方担保品监管方的管理，成为供应链金融中重要的制度保障。发达国家对这一服务行业都有监管制度。世界银行集团在帮助发展中国家发展这一行业时也主张监管，而目前中国对于第三方担保品管理行业缺乏相应的规制，既没有相应的牌照制度，也没有备案制度和清晰的准入条件，而这一状况显然不利于担保物权交易的发展。中国这些年发生的诸多事件（如 2013 年上海钢贸案；2014 年青岛港事件等）都是因为担保品监管上的问题所引发的严重欺诈和违约，因此，加强对该行业的整顿和管理成为发展供应链金融的当务之急。

第四，需要通过一系列其他法律体系支撑担保物权制度的执行，保障担保物权权益。在供应链金融存货融资中，金融机构往往会通过第三方担保品管理公司管理和监控担保品，但是，一旦发生经济纠纷，一些借方会利用监管库在自己厂区内的便利发生恶意抢货行为。即使金融机构和第三方担保品管理公司报案，也会被认定为经济纠纷，这一状况对保障担保物权交易无疑具有重大损害，也不利于金融机构推动这一金融行为。很多发达国家针对这一状况制定了非常严厉的法规，例如美国法律规定借款企业涉嫌恶意转移存货价值在 500 美元以上的行为，即属刑事案可判刑，因此，担保物权的发展还需要其他法律来支撑和保障。

第五，大力发展标准电子仓单，推行以电子仓单为基础的担保物权交易。担保物权的发展还需要充分利用互联网技术，通过标准电子仓单实现在线担保、在线融资、在线管理。这样做的原因在于，一方面它能够有效减少人为差错，降低操作成本，避免可能的各种纠纷，另一方面标准化的电子仓单更有利于推动担保物权交易的发展，无论是登记、公示，还是执行和监管，都比较便捷高效，能够有效降低信息不对称。为此，发展以标准电子仓单为基础的担保物权交易将是未来发展的重要方向。

第 9 章

交易与金融资产融合：智慧供应链的未来

9.1 引言

随着产业供应链的逐步发展，特别是越来越强调全局优化和管理，供应链金融也日益走出了单纯的短期资金借贷范畴，转而趋向于优化整个企业乃至产业供应链的运营资金（Gelsomino，Mangiaracina，Perego & Tumino,2016；Tate，Ellram & Bals，2019），即供应链金融不仅仅是融资行为，更是如何基于产业供应链帮助其中的企业以及众多利益相关方优化产业供应链资金流，提高资金链的效率。为此，服从于产业供应链全局资金优化的目标，金融工具、金融活动以及金融主体也日益多元化和协同化，形成了金融生态体系。这是因为供应链资金全局优化往往会涉及不同的运营环节，而不同的环节具有不同的经营特点，对资金的需求和用途大相径庭；同样，不同的主体具有差别化的特质，产生了相对应的信用和风险，资金管理的方式也会因人而异；供应链中的资产也具有不同的形态，各形态的资产管理和运用也具有很大差异。因此，资金优化中运用和管理资产的方式千差万别。正是这样的一种状况，使得依靠单一金融工具和金融主体较难适应供应链资金全局优化的目标，相反，它需要多个金融主体协同，综合运用多种金融工具，在 ICT 的促进和管理作用下，与产业活动密切结合，形成体系化的金融解决方案，也就是交易与金融资产的高度融合，这是智慧供应链发展的方向和未来，也是当今供应链金融发展需要探索的课题。

9.2　金融牛鞭效应与金融供应链

供应链金融的含义有广义和狭义之分，狭义的供应链金融是基于供应链运营面向特定环节中的特定中小企业而开展的短期资金借贷（Gelsomino et al.，2016），诸如基于应收应付的金融业务（保理、反向保理、福费廷等）、基于动产的金融业务（仓单质押、存货质押等）以及基于预付的金融业务（保兑仓等）。这一供应链金融的特点是，一方面金融端是供应资金的贷方，它们在确定借方风险的基础上，独立决策并判断是否向其提供资金。此外，借助于对供应链运营信息的把握和供应链风险控制，保障资金安全以及有效获得融资收益，因此，对风险的把握以及风险偏好决定了借贷决策的实施和成效（Chmielewski，2005）。另一方面，产业端是需要资金的借方，是供应链中某些特定的中小企业，它们要么借助于供应链库存（Pfohl & Gomm，2009；Randall & Theodore Farris，2009；Hoberg，Protopappa-Sieke & Steinker，2017）或动产以及固定资产（Pfohl & Gomm，2009；Gomm，2010），要么通过嵌入到网络结构中（Song，Yu，Ganguly & Turson，2016；Caniato，Gelsomino，Perego & Ronchi，2016；Carnovale，Rogers & Yeniyurt，2018；Song，Lu，Yu & Qian，2018；Zhou，Xiao，Ho & Tan，2018）产生信用，来获取生产经营中所必需的运营资金，因此，狭义的供应链金融是点（资金贷方）对点（资金借方）的关系，只是这一关系是置于供应链运营场景中而产生的。广义的供应链金融不是完全针对某一特定的中小企业，而是供应链中的所有参与方。此外，供应链金融活动的目的也不仅仅是融资行为，而是通过各种金融手段来优化整个供应链中的资金流，使得供应链运营能顺利进行，提高产业运行效率，最终提高产业竞争力（Caniato，Henke & Zsidisin，2019）。因此，在广义的供应链金融中，资金端就不仅仅是原来从事资金供应的传统金融机构，也包括各类其他传统和新型的金融机构；同样，资产端也不仅是某些特定环节的中小企业，而且是整体供应链运行中的参与者，即多级、多层次供应链中的供应链运营方。在资金端和资产端两端都呈现多元化、多样化变化的场景下，供应链运营和供应链金融都会发生根本性的变革，这种变革的推动是因为产业的牛鞭效应和金融的牛鞭效应开始发生交织，使得要实现有效降低两种牛鞭效应的影响，不仅需要优化产业端，更需要实现资金端的协同和整合，从而促进整体供应链效率和效能的提升。

9.2.1 金融牛鞭效应

牛鞭效应（bullwhip effects）也称 Forrester 效应（Forrester，1961），它指的是从供应链的底部到顶部微小的订单和库存变动引起的巨大波动现象（Lee，Padmanabhan & Whang，1997）。造成这种波动增大的原因在于供应链各环节的分割与独立决策，这会造成不准确的订单以及过量库存，从而给上游的生产和采购带来巨大压力，这样一层一层地进行传递，产生了牛鞭效应。Metters（1997）定量地刻画了生产端牛鞭效应的存在，作者认为要抑制牛鞭效应，就要实现生产与预期持有或过量需求的惩罚成本以及未来折扣成本减去收入的函数值最小，实现了这一目标，生产率能提高10%～30%。即：

$$f(i)=\min_{y}\{c(y-i)+\int_{0}^{y}[h(y-x)-vx]\Phi(x)\mathrm{d}x+\int_{y}^{\infty}[\Pi(x-y)-vy]\Phi(x)\mathrm{d}x+\alpha[\int_{y}^{\infty}f(0)\Phi(x)\mathrm{d}x+\int_{0}^{y}f(y-x)\Phi(x)\mathrm{d}x]\}$$

$$\text{s. t. } y\geqslant i, y-i\leqslant R/r$$

其中，i_t 为期初库存；y_t 为生产后需求前的库存；$\Phi_t(x)$ 为在期限 t 内需求产生的概率；v 为单位产品收入；h 为单位持有成本；Π 为需求没有满足时除收入丧失外的惩罚成本；c 为单位生产成本；r 为生产单位产品而使用的单位稀缺资源。

与生产端牛鞭效应相对应的是金融端的牛鞭效应，金融牛鞭效应长期以来并没有得到理论界的充分研究，直到最近有些学者才开始关注金融牛鞭效应问题（Torres & Maltz，2010；Chen，Liao & Kuo，2013；Tate et al.，2019）。事实上，当金融领域与实体产业之间的渠道产生变动，特别是资金流渠道产生波动时，就会产生金融牛鞭效应（Vousinas，2012）。金融牛鞭效应指的是供应链资金流上反映出来的一种扭曲现象，即供应链某些环节上的资金流变动引起了整个供应链资金流产生巨大波动，甚至中断（Tate et al.，2019）。产生这种牛鞭效应的原因既来自产业供应链的企业，也来自为供应链注入资金的金融机构。出于内部（例如为了保持自有资金的充足，改善财务表现）和外部（例如业务开展所存在的周期问题等）的原因，有些时候上游企业已经将货物发送给下游企业，下游企业不能及时向上游企业支付资金，从而导致直接上游企业的回款出现问题，这时为了维系其正常生产经营，上游企业进一步延缓对上上游企业的资金支付，这样一层层传递，就产生了金融牛鞭效应。同样，有时上游供应商为了拓展市场，向下游企业提供账期或者容忍下游企业的欠账，而下游企业进一步延长对下下游企业的账期，逐层传递，会使得资金越向下越紧张，也产生了金融牛鞭效应。因此，为了降低这种牛鞭效应产生的资金扭曲，就需要降低供应链中企业的综合上下游资金流动性风险。Chen、Liao 和 Lu（2011）提出了衡量企业流动性的指标，即偿付能力比率（solvency ratio），它指的是企业在一定时间内可用流动性与其净支付义务的比率。如果偿付能力比率为 SR_j，则特定企业的流动性风险为（$1-SR_j$）。该企业来自客户端的流动风险为：

$$CLR = \sum_{j=1}^{m}(1-SR_j)P_{-}CS_j$$

其中，CLR 为来自客户端的流动性风险；m 为该企业共有 m 个客户；P_CS_j 为企业向 j 客户的销售百分比。

在供应链运营过程中，往往会产生多层经营关系，即客户还有客户，当考虑这一因素时，则需修正 P_CS_j ，即

$$MP\_CS_{jf} = P\_CS_{jf} + \sum_{\substack{i=1 \\ i \neq j}}^{m} I_{\{j\text{是}i\text{的客户}\}}(P\_CS_{ji} \times P\_CS_{if}) - \sum_{\substack{i=1 \\ i \neq j}}^{m} I_{\{j\text{是}i\text{的供应商}\}}(P\_CS_{ij} \times P\_CS_{jf})$$

则修正的 CLR 为：

$$MCLR = \sum_{j=1}^{m}(1 - SR_j) \times MP\_CS_j$$

同理，企业来自供应端的流动风险为：

$$SLR = \sum_{j=1}^{n}(1 - SR_j) \times P\_SP_j$$

其中，SLR 为来自供应端的流动性风险；n 为该企业共有 n 个供应商；P_SP_j 为企业向 j 供应商的采购百分比。

同样考虑到多级供应体系，修正的 P_SP_j 为：

$$MP\_SP_{fj} = P\_SP_{fj} - \sum_{\substack{i=1 \\ i \neq j}}^{n} I_{\{j\text{是}i\text{的客户}\}}(P\_SP_{fj} \times P\_SP_{ji}) + \sum_{\substack{i=1 \\ i \neq j}}^{n} I_{\{j\text{是}i\text{的供应商}\}}(P\_SP_{fi} \times P\_CS_{ij})$$

则该企业供应端的流动性风险修正为：

$$MSLR = \sum_{j=1}^{n}(1 - SR_j) \times MP\_SP_j$$

因此，抑制金融牛鞭效应（0—t 期）的总体要求是：

$$v_{(k)} = \min \int_{0}^{t} \left(\sum_{k=1}^{p} MCLR_k + \sum_{k=1}^{p} MSLR_k - \sum_{k=1}^{p} C_0 \right)$$

其中，k 为供应链中的参与者，从 1～p 企业；C_0 为企业期初所拥有的资金。

除了直接来自上下游企业所导致的资金波动风险外，还有一个因素也会影响金融牛鞭效应的放大或缩小，这就是金融机构的影响，事实上金融

机构的作用也会对产业供应链的资金变动产生巨大作用。这一作用主要表现为三个方面的因素：一是风险偏好。风险偏好是一个机构主动承担风险、喜欢收益波动性胜于稳定性的程度。如果金融机构具有风险偏好，风险承担的程度较高，那么它向企业释放的流动性就会增加（Chmielewski，2005）；反之，如果其风险偏好倾向于保守，能够供应的资金就有限。这一状况会对企业运营资金产生巨大影响，如果金融机构释放流动性，就能减弱金融牛鞭效应，这不仅是因为减轻了企业自有资金的负担，而且即便下游企业或上游企业没有能够及时支付资金，也会因为金融机构注入资金，而弱化资金不足对企业产生的危害。二是资金供给量。如果各金融机构能够在特定的时间周期内向企业提供充足的资金，就可以减缓自有资金的压力，充分满足其生产经营所需要的资金，降低流动性风险（Gomm，2010）。相反，如果资金供给量不足，就会增大流动性风险，任何缺口上的运营资金都会导致上下游资金需求的剧烈波动。三是资金成本，或者利率，特别是相对于自有资金成本或者市场平均可获得资金成本的利率水平。一般而言，如果金融机构提供的利率水平高于企业自有资金成本，或者市场可获得平均成本，就会加大企业流动资金难度，使资金短缺的状态放大，推动金融牛鞭效应的产生。相反，如果金融机构提供的利率较低，使产业企业能够以低成本获取资金，金融牛鞭效应就会得到很好的缓解。因此，金融机构能够提供的流动性为：

$$P\_SC_t = (it_t - AC_t)Q_t\varphi_t$$

其中，P_SC_t 为金融机构在 t 期能够提供的流动性程度；it_t 为金融机构在 t 期提供的利率；AC_t 为企业在 t 期获得资金的平均成本；Q_t 为金融机构在 t 期能够提供的资金量；φ_t 为金融机构 t 时期的风险偏好。

将金融机构的影响考虑在内，则抑制金融牛鞭效应的函数关系为：

$$v'_{(k)} = \min\int_0^t \left(\sum_{k=1}^{p} MCLR_k + \sum_{k=1}^{p} MSLR_k - \sum_{k=1}^{p} C_0 - \sum_{l=1}^{p} P\_SC_k\right)$$

9.2.2　金融供应链

从上述金融牛鞭效应的成因中可以看出，要抑制金融牛鞭效应，可以从两个方向来实现这一目标，一个方向是产业供应链企业之间通过沟通协同，从而促进资金在各组织之间的顺畅流动（Torres & Maltz，2010；Wuttke，Blome & Henke，2013）。例如 Wuttke、Blome 和 Henke（2013）的研究表明供应商整合以及跨部门的协同能够有效降低装运前现金流风险，也就是能够通过上下游之间的协调，降低供应端和需求端的资金流风险，这也就是实现参数 $MSLR_k$ 和 $MCLR_k$ 最小值的含义。另一个降低金融牛鞭效应的方向是通过增大金融机构流动性，从而抵消由于自身资金流不足而产生的流动性波动，即通过参数 P_SC_k 帮助企业扩大信用。然而，通过上述对金融牛鞭效应的分析可以看出，金融机构扩大流动性的关键在于实现金融供应链。

金融供应链是指金融机构之间通过有效的协同和相互之间的乘数效应，通过优化金融资源和流程，借助于 ICT，实现全面服务，赋能于产业供应链，并为之提供资金流全面解决方案的协同合作体系。目前理论界大多将金融供应链看作供应链中的资金流所构成的往来关系（Fairchild，2005；Johnson，2008；Gupta & Dutta，2011；Wuttke et al.，2013），因而金融供应链是供应链金融服务与优化的对象。这一认识显然是一种狭义的金融供应链。事实上，金融机构作为供应链运营中重要的参与者或组成部分，其相互之间的协同和价值活动也会对产业供应链运营，包括资金流优化（即供应链金融）产生巨大的能动作用（Blackman，Holland & Westcott，2013）。例如 Blackman 等（2013）的研究中就指出“金融供应链是组织与银行之间的网络，通过金融流程和共享信息系统协调货币和金融交易活动，以支持和实现产品供应链中贸易伙伴之间的商品和服务流”。显然，金融供应链是一种独特的管理体系，它不同于供应链金融，其特点主要表现为：第一，金融供应链是金融机构之间以及金融机构与其他组织之间构成的协同关系，只有这种广泛的合作网络得以形成，才能真正促进资金流优化；第二，要实现资金和金融交易的顺利进行，需要机构之间管理和优化金融流程以及共享信息，金融流程的管理以及相应信息的共享是提高金融效率和服务产业供应链的关键，这一流程和活动显然不同于产业供应链活动，也不是仅仅基于产业供应链活动来提供资金服务，而是涉及各类金融活动流程以及相应信息；第三，金融供应链的目的是通过金融资源的整合以及金融交易的协同，为产业供应链服务，保障其产品和服务流的顺利运行，促进资金在产业企业之间的有效流动。

从金融供应链的参与主体和发挥的作用看，金融供应链中的一大类参与主体是资金提供方，这类主体通过向产业企业提供资金，来增强产业资金的流动性。这类主体既包括同类型多元化的传统商业银行，也包括不同类型提供资金的多样化非银行类金融机构。这些机构的协同作用，主要表现在金融机构增强流动性的三个维度上：第一是通过综合性的协调和沟通，整体的风险承担程度得以提高。不同的金融机构对风险的承担程度不尽一致，即便是商业银行，不同商业银行对风险的认识也具有很大的差异性，因此，通过引入多元化、多样化的金融机构，能够有效降低因为某一金融机构对风险的厌恶而造成资金流动性受到阻滞的可能性。Clark、Mare 和 Radić (2018) 对银行的研究发现，当合作性银行采用资产多样化战略时，会增强单个银行抵御风险的能力。因此，如果不同金融机构能够协同合作，风险偏好程度就会提高，产业供应链中的资金流动性会因为金融机构的风险容忍度上升而增强。第二是借助于多金融机构的协同合作，可以提高产业供应链中的资金供给总量。单一金融机构受制于风险的偏好、存贷规模的限制以及其他政策性因素，往往较难在任何时候满足产业企业对资金需求，从而造成企业的流动性缺口。但是通过多金融机构的合作，包括不同规模类型的商业银行以及其他非银行类金融机构（例如信托、基金、小贷等）之间的合作，资金供给渠道日益多元化，相应的资金供给量就会提高（Petropoulos & Kyriazopoulos, 2010），从而有利于各类金融机构真正服务于产业供应链，缓解供应链上的运营资金短缺问题。第三是通过多种金融的协同合作，还有利于降低综合性贷款利率。多种金融机构的介入，使得产业供应链中的企业可根据自身的资金需求以及承受资金代价的程度，来组合选择不同的资金渠道以及资金量，从而最优化资金成本。其原理如同投资组合一样（Markowitz，1952）（见图9-1），供应链金融中存在着因为资金成本波动而产生的收益波动率（横轴），纵轴是企业预期获得的资金收益率，在选择资金的曲线上如果存在着收益波动率最低的最小方差点（MVP），则这条曲线在最小方差点以上的部分就是 Markowit 资金组合有效边界。相反，如果只有一家金融机构能够给产业企业提供资金，则会因为风险无法分散而使总体利率水平上升。

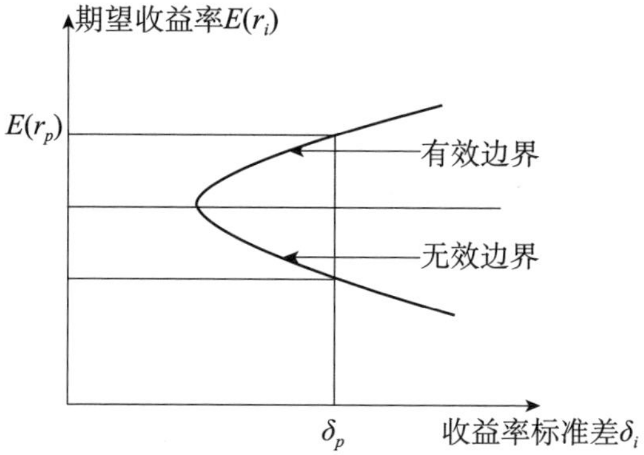

图 9-1　Markowitz 投资组合示意图

金融供应链中另一类参与主体是起金融中介作用的金融服务商，诸如保险机构、券商等等，这类机构是金融供应链中不可或缺的重要参与者。在传统的阿罗-德布鲁（Arrow-Debreu）资源分配模型中，企业和家庭通过市场互动，金融中介不起作用。这是因为当市场是完善、完备的时候，资源分配处于帕累托最优状态，中介商没有改善任何福利（Allen & Santomero，1997）。然而，当市场趋于复杂，面临着众多选择，并且存在着因为时间和空间引起的变异和波动性时，金融中介变得日益重要。这种重要性在早期主要表现为克服信息不对称、降低交易成本，也就是传统的金融中介理论。例如早期一篇非常经典的金融中介论文（Leland & Pyle，1977）指出，金融中介可以通过将其财富投资于其具有特殊知识的资产来表明其知情状态。同样，Diamond（1984）认为，中介通过充当“委托监督者”来克服不对称信息问题。此后很多有关金融中介的论文都是立足在信息不对称和交易成本的范式上去解构金融中介的功能或作用的（Williamson，1986）。然而，随着金融市场规制的逐步放松以及全球化的发展，尤其是现代 ICT

的发展，金融中介作为信息媒介的作用在逐步降低，传统的金融中介理论已经无法解释在新的环境和形式下，在实践中金融中介为什么会越来越活跃和快速发展的现实（Allen & Santomero，1997；Scholtens & Van Wensveen，2003），因此，金融中介桥接贷方和借方，降低信息不对称的作用在下降，转而越来越趋向于提供价值创造的金融服务，这也是现代金融中介理论的核心观点。具体来讲，现代金融中介发挥的作用主要有两点：一是通过各种金融工具帮助借方、贷方以及其他参与者转移风险，这里所指风险不是信息不对称的风险，而是在从事业务和金融活动中存在的各类不确定。之所以金融中介在该方面发挥重要作用，是因为任何单独的借方或贷方，难以胜任风险转移，只有通过金融中介系统化的金融工具的创新应用以及各类要素的配置安排才能实现风险的系统分散和转移。现代金融中介发挥的另一个作用是应对日益复杂的金融市场和活动。产业活动的创新和发展推动了金融活动的变革和演进，产生了很多特定的服务需求，并且这种需求往往是情景化的，而非标准金融产品。因此，需要金融中介能够深入了解交易发生的场景，解读参与各方的需求和偏好，将之转化为适合、定制化的服务和工具（Scholtens & Van Wensveen，2003）。例如，现代银行业的主要功能是提供支付服务、资产转换、风险管理和信息处理以及借款人监控等，这些如果完全依赖银行将较难实现，往往需要金融中介的帮助才能实现。因此，现代金融中介的功能在于提供价值服务，其价值服务的密度决定了金融中介存在和发展的空间。

在供应链金融中，这些协同化的金融中介发挥了两个方面的作用。第一个作用是通过价值服务，特别金融场景服务，有效地降低借贷利率。具体来讲，由于金融中介能够很好揭示借方具体的业务状态和金融需求，并且能够根据场景进行良好的金融工具开发和应用，以推进借贷双方的资金供给，因此，贷方能够更为清晰地知晓资金供给的目的和用途，以及资金的安全性。因此，相应的资金供给成本会逐步下降，即借贷利率会随着价值服务的密度的提高呈现为龚帕兹曲线下降趋势，即：

$$it = K \cdot a_1^{bv}$$

其中，$k>0$；$a_1<1$；$0<b<1$；$ln^{a_1}>0$；v 为价值服务的密度。

协同化金融中介发挥的第二个作用是通过风险揭示和转移功能，使得贷方风险承担的程度上升。在没有风险转移工具和手段的状况下，商业银行为了保障资金安全，降低坏账的概率，会采取拒贷的做法，从而产生信贷配给问题（Stiglitz & Weiss，1981）。但是通过金融中介转移风险，以及各种风险转移工具的开发，贷方能够更加放心地从事资金供给，亦即风险偏好会随着价值服务密度的提高呈现为龚帕兹曲线下降趋势，即：

$$\varphi = K \cdot a_2^{bv}$$

其中，$k>0$；$a_2<1$；$0<b<1$；$ln^{a_2}<0$；v 为价值服务的密度。

综上所述，金融供应链通过各类资金提供方以及金融中介之间的高度协同和合作，针对产业供应链中资金运营和需求的特点，综合性地增强合作体系的资金流动性，从而有效降低金融牛鞭效应，提升产业供应链运营竞争力。因此，可以看出，金融供应链与供应链金融的功能有所不同，供应链金融是通过产业供应链运营与管理引导金融资源进入产业，从而解决产业供应链中企业的运营资金问题。而金融供应链则是让更多的金融机构和业务能够有机连接，系统地服务于产业，实现全产业资金流的优化。这两者之间有区别，但是又相互作用，相互促进。供应链金融是金融供应链作用的基础和场景，而金融供应链又是供应链金融更好发展的重要保障，两者相互交融，最终能够实现让金融真正回归实体经济，同时实体经济的场景也会为金融的创新和发展提供必要动力。

9.3 金融供应链与供应链金融融合创新模式

供应链金融与金融供应链的融合创新是在 ICT 作用下两方面逐层递进的过程中进行的，这是因为供应链金融的变革发展需要有 ICT 来支撑，并且借助于 ICT 能够让各类金融机构更清晰地了解和掌握产业以及供应链状态，以及相应的资金需求；反过来，金融供应链的智慧化使得金融产品或活动能够更具针对性地服务于产业供应链运营和交易主体。具体来看，在

ICT 的作用下，供应链金融和金融供应链的要素和状态均发生了重大的变化，也正是这些变化推动了两者之间的融合创新。

9.3.1　ICT 使能下的供应链金融变化

供应链金融的演化总体上讲是从原来单一的贷方以及中小企业之间的资金融通转向了全局供应链资金的优化。Vousinas（2018）指出供应链金融不仅是反向保理这种融资性行为，而且是供应链合作伙伴与金融机构之间通过使用金融工具、实践和各类技术展开合作，优化供应链流程中运营资金和流动性管理。由此可以看出，现代供应链金融的含义已经大大超越了短期融资行为，是通过各类金融工具和方式，帮助供应链网络中所有的参与主体在协同相互关系的基础上，促进整体资金流动，降低供应链网络资金成本。从这个意义上讲，供应链金融的发展无论在运作的结构上，还是在流程和要素上都发生了巨大的变化（Blackman，Holland & Westcott，2013）。

从供应链金融的结构看，以往供应链金融立足的对象主要是特定的企业，以及其所在的产业情景，或者说供应链金融是针对产业供应链中的特定中小企业而开展的融资性行为。然而，随着 ICT 的发展以及供应链的组织方式越来越从单一链条走向网络生态，供应链金融的运营场景已从单一的链条走向了虚拟互联网链（virtual e-chain，VeC），服务的对象也不再是特定的中小企业，而是虚拟互联网链中的众多相互关联和协同的中小企业群。虚拟互联网链是通过开发高速通信的网络技术，让虚拟产业集群中所有的中小微企业能够低成本，甚至无代价地加入网络平台，与其他参与者协同预测、开发、生产、同步、配送产品和服务，满足分散动态化的客户需求（Folinas，Manthou，Sigala & Vlachopoulou，2004；Gunasekaran & Ngai，2004；Manthou，Vlachopoulou & Folinas，2004）。在这一场景下，集成意味着聚合不同的数据源，向所有虚拟网络参与者呈现实时的内容和信息，最后创建一个在流程运作中每个参与者以及每项活动都是整合的环境（Manthou，Vlachopoulou & Folinas，2004）。显然，在这一环境中，每个参与主体都是相互连接的，并且实时地进行信息和资源的交换，但与此同时又充分保持了其运行的独特性。这种场景和状态下的供应链金融必然会发生巨大的变化，金融服务的对象不仅仅是某个特定的中小企业，而是集成化的众多中小企业，因为，任何单点的资金优化并不能提升整个虚拟互联网链的效能，因此，需要一个集成化的 ICT 平台来支撑复杂化、多样性的供应链金融活动（He & Tang，2012）。

另外，从供应链金融的流程维度看，原来的供应链金融依托的要么是产业供应链中具体的交易和物流（Hofmann，2005），要么是基于买卖关系所形成的应收应付关系（Dello Iacono，Reindorp & Dellaert，2015；Lekkakos & Serrano，2016；Liebl，Hartmann & Feisel，2016），要么是供应链运营中所形成的存货或库存（Buzacott & Zhang，2004；Hofmann，2009；Zhang，Goh & Meng，2011），这些都是聚焦在产业供应链中特定买卖双方形成的流程。然而，在现代 ICT 的作用下，产业供应链的运营流程发生了巨大变化，这种变化主要反映在交易和物流流程逐渐从特定的买卖关系转向开放、大范围的业务流程。这种变革主要反映在流程的组织方式越来越去权力化，依靠互联网平台来实现协同（Ooi，Chong & Tan，2011），进而推动了供应链运营中的众包关系（Wilson，Bhakoo & Samson，2018）。众包本意指的是一个公司或机构把过去由员工执行的工作任务，以自由自愿的形式外包给非特定的（而且通常是大型的）大众网络的做法（Howe，2008）。自从该概念提出以后，它已成为一个产业中现实、可操作的商业模式（Massa，Tucci & Afuah，2017）。一个有效的供应链运行需要充分整合所有的供应商和客户以实现财务和增长的目标（Tan，2001），而通过众包来吸引众多的客户和供应商，企业可以与之建立密切的关系来改善它们的供应链运营绩效。这些由客户和供应商自愿提供的信息不仅有助于产品设计，还有助于在产品推出之前预测产品的实际需求（Lang，Bharadwaj & Di Benedetto，2016；Ooi，Chong & Tan，2011；Simula & Vuori，2012）。这一流程上的改变将对供应链金融产生巨大的影响，一方面众包所形成的运营越来越趋向于专业化和集成化，任何组织都可以通过大范围的选择，整合专业技能，形成众资本（Prpić，Shukla，Kietzmann & McCarthy，2015），从而使供应链金融所依托的流程更加清晰、更具竞争力，最终大大降低了金融活动存在的风险；另一方面由于众包的参与者来自开放、大范围的个体或组织，相互之间通过及时有效的互动，能够推动组织的运行和开放创新（Wilson，Bhakoo & Samson，2018），因此，需要金融活动更具针对性和及时性，这显然需要各类金融主体和金融产品来适应运营流程的改变。

从供应链金融的要素维度看，以往供应链金融控制的信息要素主要是特定主体和特定环节的信息，例如，特定上游或下游的经营状况、信用状况和资产状况等等。然而，随着 ICT 特别是网络化平台的出现，信息不仅在集成的程度上有所提升（Blackman，Holland & Westcott，2013），从而有助于金融机构更透明地把握企业的应收账款、运营资金的需求以及流动性状况（Fairchild，2005），而且随着互联网信息化平台的发展，信息数字对于供应链金融活动的作用越来越显著。这种作用主要表现在一方面网络平台的活跃度和受欢迎程度对于贷方而言具有很好的说服效应（persuasive effect），同时，信息的可介入程度为获取金融资源提供了坚实的基础。此外，借方信用信息的可得性增强了信息效应（informative effect），即这种信息的获取加速了学习过程，能够帮助贷方做出有效的投资决策（Zhou，Xiao，Ho & Tan，2018）。另一方面，ICT 使能下的供应链信息化平台越来越趋向于动态化、协同化、SaaS 化以及富用户体验化（Sharma & Baoku，2013），从而使得互动和沟通的信息渠道多样化，信息和数字的密度上升。上述两个方面信息要素的变化都为供应链金融的发展提供了契机，这不仅降低了金融活动的风险，而且为各类金融机构有效介入产业供应链提供了良好的环境和基础。

9.3.2　ICT 使能下的金融供应链变化

在 ICT 的使能下，金融端也发生了较大的变革与发展，这种变化在于，金融在供应链金融中的作用从原来的资金融通转向了全局性的产业赋能，从而使得更多的金融机构和更多的金融工具能够服务于产业供应链，真正实现产业供应链全局性资金流的优化管理。在这一状况下，金融供应链变化发展的核心在于两个方面：一是产业供应链纷繁复杂的价值诉求，能够通过多金融主体协同合作来深入服务于产业供应链活动，为之提供一站式金融服务解决方案；二是借助于多金融产品的组合，降低全产业供应链资金成本或金融风险，从而优化资金来源和资金结构。具体来讲，ICT 使能下的金融供应链变革创新反映为从有限协同服务发展到一体化协同服务，这种变化所产生的效应具体体现在如下方面：

一是资金端的协同合作使得资金的可获得性增强，资金成本随着渠道多元化而下降。在供应链运营中，资金约束一直是困扰中小企业的关键问题（Jing，Chen & Cai，2012；Yan，Dai & Sun，2014；Yan，Sun，Zhang & Liu，2016；Jin，Zhang & Luo，2018）。为此，为了解决中小企业资金问题，传统的供应链金融可以运用银行信用或者核心企业提供的贸易信用为中小企业提供资金融通。在这两种信用机制中，贸易信用是核心企业依靠掌控的运营和资产向其上下游企业提供资金融通，但是相对于银行信用而言，贸易信用往往会由于资金成本偏高，使得其吸引力不如银行信用（Jing，Chen & Cai，2012）。而银行信用对于中小企业而言较难获取，这是因为其经营的特点（财务信息不完善、处于初创阶段、投资回报率不清晰、无可抵质押资产等原因）容易产生信息不对称和道德风险（N. Berger & F. Udell，1998；Cassar，2004；Song & Wang，2013）。为此，一方面如何提高中小企业的资金可获得性，另一方面使可获得资金成本尽可能低是供应链金融面对的挑战。随着 ICT 的广泛运用，特别是产业端与资金端的信息数字化发展，以及金融机构之间的信息数字化联通，资金的可获得性以及成本大大降低。这是因为信息数字化的发展，特别是网络互联网平台的发展，使得金融机构能够很容易地获得相应的信息，产生所谓的说服效应和信息效应（Zhou，Xiao，Ho & Tan，2018），这会触发多金融机构有效介入供应链金融，产生金融业务的规模经济和范围经济。金融业务的规模经济是由于多金融机构，包括银行之间的协同，以及银行与非银行资金提供方之间的合作，使得资金供给的总量扩大。应当进一步指出的是，以往的供应链金融之所以会产生资金流动的阻滞，是因为任何单一的金融机构即便能够获取相应的信息，但是由于信息数据的挖掘和解读程度不同，尤其是风险的偏好程度不同使得，对资产质量的理解不尽一致，从而使得资金融通产生困难。但是金融机构之间的协同合作，特别是 ICT 技术效率的不断提升，会使得整体金融机构的风险承受程度提升（Zhu，Wang，Yu & Wu，2016），进而扩大了对企业的整体信用。金融业务的范围经济是因为多种类型金融机构的有效介入，使得整体的资金成本得以有效下降。在网络平台模式下，多种类型的金融机构［除了传统的商业银行外，还包括其他非银行金融机构，例如风险投资（VC）、信托、产业基金、券商等］能够很便捷地联结产业供应链，从而推动不同类型金融机构之间共同服务于产业供应链中的企业，实现高效率、低成本的资金流动。这种范围经济的实现，是因为多金融机构之间的协同有利于实现合成效应，即各金融机构通过共享或分享信息数字，能够提高资产信息的质量，这要比任何金融机构独立决策分摊更低的信息搜寻成本，以及事中和事后的监督成本，从而提升资金放贷的安全性（Padilla & Pagano，2000；Jappelli & Pagano，2002；Brown，Jappelli & Pagano，2009）。

二是产生了风险转移效应。现代金融中介理论认为，在网络化、信息化时代，金融中介的作用不再是降低信息不对称，遏制金融活动中的德道风险，而是更多地发挥综合性风险转移作用（Allen & Santomero，1997；Scholtens & Van Wensveen，2003）。传统的供应链金融难以被大规模采用，这是因为类似保理这种业务需要通过历史数据的评价来控制风险，绝大多数中小企业难以有良好的数据以支撑金融活动，一些非银行类资金方在运用信息技术涉足这一领域时也同样面临着限制（Nienhuis，Cortet & Lycklama，2013）。而随着 ICT 的发展，一些数字化的金融中介服务却有效地突破了这些障碍，例如随着数字发票、网络支付等手段的出现，使得对中小企业的即时融资成为可能（Keifer，2011；de Meijer & de Bruijn，2014）。特别是第三方支付手段的发展使其更是成为有效连接各主体，控制和转移风险的重要方式，这是因为第三方支付中立于网上交易的买卖双方，中立于电子商务企业与银行，是通过自行建立支付平台连接买卖双方，连接商家与银行，提供线上资金划拨渠道的独立法人。它提供一系列的应用接口程序，将原来多种支付方式整合到一个界面上，负责交易结算中与银行的对接，不仅使供应链交易更加快捷、便利，而且更能够完整清晰地反映供应链各方之间的支付往来结构和关系性质，这对于有效控制风险无疑具有重要的作用。此外，保险也可以很好地管理中小企业的风险，降低不确定性（Hubbard，2009），通过保险和商业银行之间的合作，能够有效地提升对中小企业的借贷质量（Terungwa，2012）。这是因为保险通过将潜在的损失风险公平地从商业银行或其他资金提供方转移到另一些风险承担者，从而使资金提供方能更有效地向中小企业融通资金。因此，所有这些类似的金融中介服务，一旦与资金提供方结合，就能加速资金流动性，推动供应链金融综合风险的下降。

此外，金融机构之间的协同合作所产生的效应还有价值创造和发现，现代金融中介理论在解构现代金融中介服务时，认为除了综合风险转移之外，根据客户差别化的需求，创造和发现价值也是现代金融中介发展的重要特质（Allen & Santomero，1997；Scholtens & Van Wensveen，2003）。这种价值发现和创造来源于多种金融机构之间的协同所产生的聚合效应和功能增强。聚合效应是因为多金融业务属性整合所产生的协同效应。例如，以往研究认为风险投资与银行借贷是一种替代的关系，只有当创业企业的生产率低于风险投资的生产率时，才会选择风险投资（de Bettignies & Brander，2007）。事实上，风险投资和银行融资都是创业型企业重要的资金端资源，各自发挥着不同的作用，即中小企业不仅需要银行资金解决其运营资金问题，同样需要具有特定市场经验和管理诀窍的风险投资，以帮助其发展（Keuschnigg & Nielsen，2003）。而随着 ICT 的广泛运用，风险投资与商业银行的频繁互动更能增强中小企业的竞争力，促进资金效率的提高。同样，在产业供应链运营中，有效运用期货对冲以规避货币和商品价格波动，也有助于减少中小企业供应链的脆弱性，提高供应链金融的效率和效能（Hofmann，2011）。金融机构协同所产生的功能增强，指的是不同金融产品或业务功能或特性的互补、互动形成了金融能效提升效应，这种效应不仅使供应链金融资金端的渠道趋向多样性，而且也使得综合金融风险得以降低。例如，基于供应链运营中企业之间产生的应收应付和各类资产所形成的资产证券化，会大大促进对中小企业运营资金问题的解决（Kraemer-Eis，Schaber & Tappi，2010；Albertazzi，Bottero & Ongena，2016）。供应链资产证券化对于提供金融服务的发起者而言，可以增强资产流动性，降低资金成本。此外，它有利于发起者将风险资产从资产负债表中移出，改善各种财务比率。而对于投资者来讲，供应链资产证券化有利于扩大投资规模，特别是供应链资产证券化交易往往通过对现金流的分割和组合，可以设计出具有不同档级的证券。不同档级证券具有不同的偿付次序，以“熨平”现金流波动；甚至将不同种类的证券组合在一起，形成合成证券，从而可以更好地满足不同投资者对期限、风险和利率的偏好。

9.3.3　供应链金融与金融供应链融合创新模式

基于上述论述，可以看出在现代 ICT 的作用下，供应链金融和金融供应链均发生了较大变革与发展，这种变革一方面表现在供应链金融的功能逐渐从满足特定中小企业的融资需求，逐步发展到整合各类参与主体，优化产业资金流，促进供应链交易流、物流更有效地与金融结合，提升产业供应链竞争力；另一方面表现为金融供应链的作用逐渐从单一金融主体以及金融服务，经有限度的金融主体以及业务之间的协同，逐步演化到各类金融主体之间的充分协同，以及综合性的金融服务组合，从而真正引导金融全面服务于产业供应链，最终实现金融与产业的高度融合。结合上述两个维度的变化，形成了如下三类供应链金融与金融供应链融合创新的模式（见图 9 - 2）。

模式一可以说是一种传统模式（即传统供应链金融业务）上的拓展。从供应链金融的视角看，其服务的对象既可能是特定的中小企业，如核心

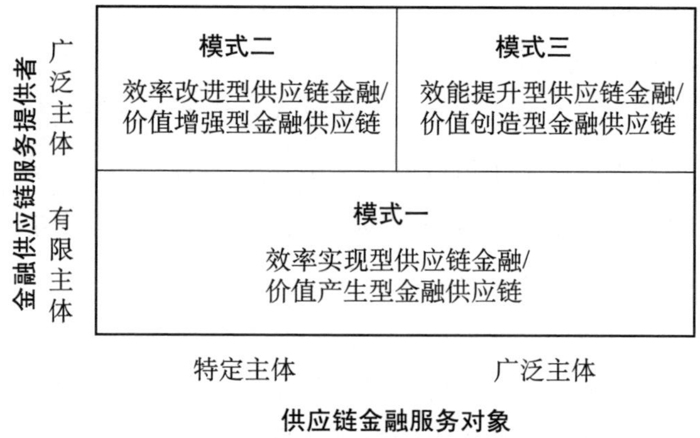

图 9－2　供应链金融与金融供应链融合创新模式

企业的上下游合作伙伴，也可能是较为广泛的中小企业，如产业集群中的众多有机关联的中小企业。供应链金融服务的目标是为了解决这些特定或广泛中小企业的运营资金问题，实现有效融资，防止因为现金流中断而对产业运营造成巨大风险，因此，从这个意义上讲，供应链金融服务的成效在于实现效率，即帮助中小企业解决因为信息不对称而造成的资金短缺问题。从金融供应链的视角看，这一状态下，金融机构之间实现了有限度合作，例如商业银行之间、商业银行与非银行类金融机构之间，或者资金提供方与部分金融服务中介之间，形成了一定程度的协同。这种有限度的协同促进了资金能够有效流向中小企业，实现了资金的可得性，产生了价值。可以看出，这与传统的单一金融服务主体和金融产品具有一定的差异，这种差异表现为金融机构之间有限度合作舒缓了因单一金融机构对于中小企业风险的理解和掌握程度的不同而产生的资金流阻滞。此外，由于金融机构之间开始出现一定程度的协同合作，金融机构可以针对客户的特定状态提供一定程度的定制化金融服务，或者说中小企业开始有选择金融机构的机会。从风险管理和信息化的视角看，这一模式下，风险管理的基础仍然是产业供应链运营，即买卖之间交易所形成的债权债务关系（即债项结构），以及供应链物流运作中所形成的资产状态（如存货或固定资产等），因而，ICT 的作用在于能够将交易流、物流中的信息及时进行获取、整合、挖掘和分析决策。此外，有限度合作的金融机构之间能够分享这些信息，这成为它们协同合作的基本保障。

模式二是进一步升级发展的模式，出现了较为充分的金融端和资产端互动。具体来看，从供应链金融视角看，这一状态下，其服务的对象尽管仍然是产业供应链中的特定中小企业，但是供应链金融的目标实现了拓展，即不仅解决了特定中小企业的运营资金问题，而且能够帮助特定中小企业实现资金流效率，即一方面加速资金周转，另一方面能够使中小企业充分获得综合成本恰当的资金要素，实现成本优化。因此，供应链金融在这一阶段提交了金融活动的效率。从金融供应链的视角看，出现了金融机构之间以及金融产品服务之间的充分协同合作，即不仅是商业银行之间，或者资金提供方之间的协同，而且商业银行、非银行类金融机构、投融资机构以及其他金融服务中介形成了大范围的联盟合作，共同服务于产业供应链中的特定企业，从而不仅实现资金有效流向特定企业，而且还能够通过金融机构或服务之间的组合和协同，提升特定中小企业的产业竞争力，产生价值增强效应。从风险管理和信息化的视角看，由于多种类型金融机构充分协同合作服务于特定中小企业，因此，其风险管理的基础不仅仅在于中小企业在产业供应链中的具体业务或者形成了债项关系和资产，而且因为业务关系而形成了资金往来状态，例如支付、清算等活动都是风险评判或管理的输入要素。此外，与特定中小企业形成交易关系的合作企业或利益相关者的信用和声誉等都是各类金融机构风险管理所依托的基础。正是因为这一状况，ICT的作用日益重要，这表现为一方面ICT所覆盖的领域越来越广泛，即需要通过ICT将特定中小企业、关联交易方以及各类金融机构有效联结，综合获取和分享商流、物流、资金流的数字信息；另一方面ICT渗透的深度也逐渐加强，为了更好地了解把握特定中小企业的资金状态和经营状态，需要把握资金流和资产流的细节，实现资产信息穿透。

模式三真正实现了供应链金融与金融供应链的高度融合创新，资金端和资产端都实现了多主体的充分协同和合作，形成了生态之间的融合。从供应链金融视角看，其服务的对象较为广泛，往往是虚拟产业集群中的众多中小企业，这些不同规模、不同环节的中小企业有机地联系在了一起，形成集约竞争力，并且基于此，开展多种类型的供应链金融服务。同时从供应链金融服务的要素看，这一阶段也不仅仅要解决企业运营资金问题，而且要借助于综合性的供应链金融活动，包括传统的供应链金融产品（如仓单质押、存货质押、保理、反向保理）、进化的供应链金融业务（如订单融资、信用融资）以及像动态折扣、预付折扣等自金融手段（Bhide，1992；Winborg & Landström，2001；Harrison，Mason & Girling，2004），优化相互之间的商业关系和交易结构，形成良好的商业生态（Brown，Bergstrom & Loomis，2007），最终，产生网络现金流的高效能。从金融供应链的视角看，这时多种类型的资金提供方以及金融中介充分协同合作，产生了金融效能的叠加和乘数效应，形成了高阶金融服务效应，实现了金融价值的创造。这种高阶的金融服务效应包括了金融机构之间的协同合作所形成的外部规模经济效应（金融机构的协同合作所实现的金融服务集群和能力集聚）、网络效应（金融机构协同产生金融资源获取的交易成本下降）以及创新效应（金融机构协同合作实现了金融服务形式和产品的创新）。而价值创造的来源，既来自金融活动所产生的效益或持续回报，或者说供应链金融所带来的效益，同时也来自产业竞争力的形成所实现的潜在投资收益，即金融供应链综合服务产业供应链，帮助实现产业生态，提升产业和板块竞争力所带来的预期收益。从风险管理和信息化的视角看，这一状态下的风险管理是体系化的，这时的风险管理充分融合了产业端的风险管理以及金融端的风险管理。产业端的风险管理需要充分识别产业供应链运营的各类风险源，进而运用产业运营管理和现代 ICT 实现有效的供应链金融风险控制（Dyckman，2011；Chen，Tsai & Liu，2018；Pellegrino，Costantino & Tauro，2018；Tate，Ellram & Bals，2019；Zhu，Zhou，Xie，Wang & Nguyen，2019）。与此同时，由于金融端出现了多类金融机构、多种金融产品和服务的聚合，因此，也需要充分地识别、评价金融资源以及资本风险，充分满足巴塞尔协议Ⅲ中关于银行资本构成、资产质量、资本充足率以及其他流动性指标等方面的监管要求。基于上述状况，ICT 需要同时对资产端和资金端实现全面赋能，从资产和资金流动信息感知、获取和分享，基于移动边缘和云计算的数据分析决策到发票、单据的标准电子化和信用管理以及模式的全面监控管理实现全面的信息数字化。

供应链金融与金融供应链融合创新模式及其特点如表 9－1 所示。

表 9－1　　供应链金融与金融供应链融合创新模式及其特征

主要特征＼模式	模式一	模式二	模式三
供应链金融视角	服务于特定或广泛的中小企业；解决运营资金问题	服务于特定中小企业，解决运营资金问题与优化企业现金流	服务于产业集群中小企业，解决全产业运营资金问题和优化现金流
金融供应链视角	有限度的协同合作，增强资金可得性	大范围合作，在增强资金可得性的同时，管理转移风险，降低综合金融成本	大范围合作，实现全产业供应链金融服务价值，融资收益与投资收益结合
风险管理要素	产业供应链运营中的债项以及资产	产业供应链运营活动、企业资金流活动，关联企业的综合信用声誉	产业供应链中产生的所有商流、物流和信息流过程，综合金融风险管理体系（资本构成、资产质量、资本充足率以及其他流动性指标）
ICT 的作用形态	业务信息数字管理与分享	产业供应链信息数字化的广度和深度把握	产业端和资金端的全面信息数字化

9.4　供应链金融与金融供应链融合创新案例

资产端和资金端两端融合创新已经成为推动供应链金融发展的重要方向之一，很多产业和企业在开展供应链金融、有效解决中小企业运营资金、优化现金流，甚至优化产业资金流方面，已经呈现出多金融机构、多金融产品协同合作的状态，从而充分呈现了上述三种模式的特征。

9.4.1 模式一：华夏银行、太平洋保险与海尔的协同供应链金融

海尔供应链金融肇端于海尔集团提出的“人单合一”，这是 2005 年海尔集团董事局主席、首席执行官张瑞敏提出并命名的一种商业模式。“人单合一”的字面释义：“人”，指员工；“单”，指用户价值；“合一”，指员工的价值实现与所创造的用户价值合一。“人单合一”的基本含义是，每个员工都应直接面对用户，创造用户价值，并在为用户创造价值中实现自己的价值分享。人单合一模式不同于一般意义上的竞争方式和组织方式，也不同于传统的业务模式和盈利模式范畴，而是顺应互联网时代“零距离”和“去中心化”的时代特征，从企业、员工和用户三个维度进行战略定位、组织结构、运营流程和资源配置领域系统性的持续动态变革，在探索实践过程中，不断形成并迭代演进的互联网企业创新模式。

这一模式反映在海尔的销售端，主要体现在两个方面：一是海尔电器作为公司的渠道和运营中心，提供社会化的综合渠道服务中心；二是青岛海尔作为制造中心，打造智慧家庭创新平台。而为了实现上述两点，就需要渠道扁平化以减少为客户服务过程中不必要的中间环节，在提高分销效率的同时，能够使供应链更加敏捷地应对市场的变化。去除中间层后，海尔销售线下原有的末端经销商直接与工厂生产环节对接，根据对自身销售情况的判断制定销售计划并直接向海尔工厂订货。而这一变革的背后带来的是经销商的资金问题，根据海尔与经销商的交易习惯，经销商在采购时须按总货款的一定比例向海尔打预付款，经销商在支付这笔预付款后，海尔才会组织生产，到期后经销商打款赎货。这在传统的经销模式下，问题并不显著，这是因为在多级经销状态下，位于上层的经销商往往因为较大的经营规模和较充分的自有资金能够应对海尔的要求。而去中介化之后，海尔下游销售体系已将生产供货与供应链末端的中小微经销商直接对接，这些对于无论在销售规模还是资产状况方面均实力较弱的中小微经销商而言，造成了非常巨大的资金压力，加之这些企业没有充足的资产或抵押物作为担保，很难从银行获得资金或者融资成本高昂。

针对以上问题，2014年，海尔与中信银行、平安银行签订战略合作协议，实现以海尔日日顺官网为基础联合第三方金融机构对下游经销商进行供应链融资提供支持，并将产业与金融基于互联网整合在一起（宋华，2017）。

然而，海尔供应链金融实施至今，仍然面临着巨大的挑战和尚未解决的问题，这主要表现为：第一，海尔目前有2万多家经销商，虽然所有的经销商已经全部纳入日日顺官网进行采购运营，但是能够进入商业银行白名单的企业寥寥无几，目前能够享受到"货押贷"和"信用贷"服务的经销商只有200～300家，而这对于拥有上千家优质经销商的海尔而言，提供的金融服务杯水车薪。第二，当初为海尔提供供应链金融服务的两家商业银行，由于战略政策改变，在供应链金融业务方面采用了保守姿态，无意愿进一步拓展业务，从而使新的有竞争力经销商无法享受供应链金融服务。第三，由于商业银行风控的要求，特别是各家银行对于风险的偏好不同，对于产业企业如何在有效控制风险的基础上开展供应链金融业务有着不同的理解。即便海尔建立了B2B的日日顺官网，并且承诺与银行风控系统对接，实时向银行传递数字信息，但站在商业银行的视角，仍然心存疑虑。这主要因为一是数据是产业企业提供，尽管是海尔这种核心企业，但作为商业银行仍然对数据把握忐忑不安；二是传统的商业银行风控分析的基础是财务数据，它们对于产业运营数据如何挖掘、运用并不十分知晓，从而造成了资金借贷阻滞。第四，由于商业银行严控风险的要求，加之目前商业银行实施的"终身追责"制，导致商业银行一旦发现出现任何一笔不良贷款，就会全部停止对所有其他经销商的放贷，这种资金借贷行为对海尔这种制造企业的经营产生巨大困扰。

基于上述背景，海尔日日顺与华夏银行、中国太平洋保险公司于2019年年初，尝试运用多方协同、金融产品配合的方式提高对海尔经销商的融资规模和比例。其具体的业务流程如下（见图9-3）：

海尔将其经销商白名单以及B2B平台系统同时对接到协同合作的两家金融机构，即华夏银行和太平洋保险，从而使两家金融机构能够实时掌握

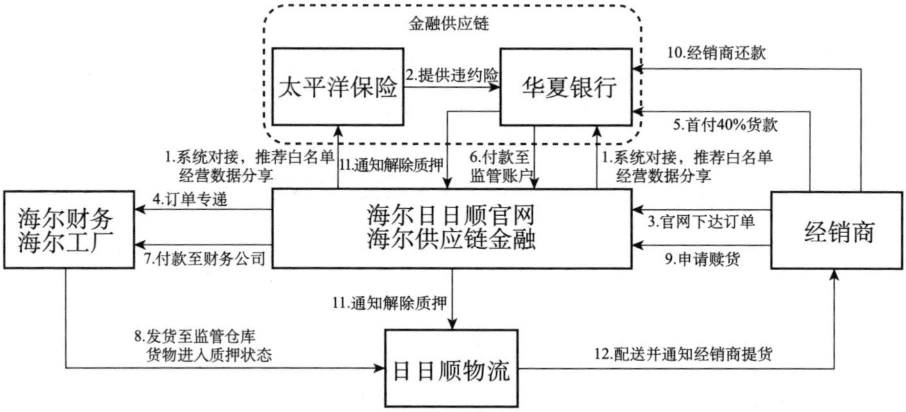

图 9-3　华夏银行、太平洋保险与海尔的协同供应链金融

企业经销商的经营状况和所有销售端的经营数据和相关的财务数据，以便金融机构能够掌握企业经营状况，有效控制风险。基于对上述数字信息的把握和分析，太平洋保险为海尔推荐的白名单客户向华夏银行提供违约保险服务，以降低银行信贷可能产生的违约风险。经销商在海尔平台上下达采购订单，在需要融资时，首付 40%的货款，华夏银行提供 60%的敞口融资。由海尔平台将款打至海尔财务公司后，进行产品生产，之后在日日顺物流形成存货质押。经销商赎货，将钱款打至华夏银行，银行通知海尔日日顺物流解除质押。在这一过程中，如果出现违约，首先由太平洋保险进行赔付。

上述三方合作模式对于各方均产生了良好效益。对于海尔而言，保险公司与商业银行之间的协同合作，使得其经销商融资的可能性大大增强，从而有利于惠及更多下游客户，从而促进了海尔产品的销售。从具体供应链金融业绩看，海尔之前（与原有两家银行的合作）向其经销商提供的融资额为 17 亿～18 亿元，支撑的海尔家电销售为 40 多亿元，而金融机构协同参与后（包括银行与保险合作，以及其他银行协同参与），现有融资规模为 40 多亿元，支撑了 100 多亿元的家电销售，支持的经销商客户数大约为 2 000～3 000家。对于保险公司而言，一方面通过对接海尔业务系统平台，能够实时掌握海尔与经销商的经营状况，有效评断风险，并设计合理的保险产品，扩大保险业务和收益（其保险收费大约为1%）；另一方面，也使保险公司更好地融入了产业运行中，推动了保险积极参与供应链金融。对于商业银行而言，借助于保险公司的协同合作，使得其对中小企业的借贷风险得以转移，更有利于支持更多的有竞争力的中小企业。此外，因为有保险的风险保障，其借贷的资金成本下降（目前在基准利率水平上上浮30%），从而更有利于产业企业的发展。

9.4.2　模式二：西安曲江金控投贷宝以及京东供应链金融资产证券化

9.4.2.1　西安曲江金控及其投贷宝

西安是中国重要的旅游地，其中曲江新区作为首个国家级文化产业示范区，是西安万亿元级文旅产业的主要承载区。旅游资源的打造和发展需要金融作为支撑和配合，为此，在西安曲江管委会的牵头下，2018年8月注册成立了西安曲江文化金融控股有限公司（以下简称“曲江金控”），注册资金50亿元。曲江金控的目标主要是围绕新区发展战略，以服务于重大项目和文化产业发展为宗旨，以金融创新为引领，服务于实体经济，走产融结合的道路，实现金融和文化产业的融合发展。具体来讲，该公司定位的主要任务包括：第一，曲江文化金融示范区建设，包括实施融资租赁、商业保理等各类金融服务，以支持区内文创企业对金融服务的需求；第二，设立PreABS，即建立ABS过桥资金，支持企业进行资产证券化。此外，有担保公司配合企业再融资担保，还设立了再融资基金，对新金融企业给予再融资支持。同时设立了300亿元的并购基金，支持区内的企业进行并购。

曲江金控在发展供应链金融业务的过程中，探索了多种金融机构或金融产品协同配合，支持服务产业企业，不仅解决其运营资金问题，同时优化企业现金流，实现投资收益的诸多金融业务。这其中最为典型的是投贷宝。投贷宝是通过金融领域多方跨界合作，打破传统的金融业务边界，实现股权与债权联动，在风险可控、相互隔离的前提下，提升融资效率，降低融资成本，优化企业资金流和投资收益。具体业务流程如下（见图9-4）：

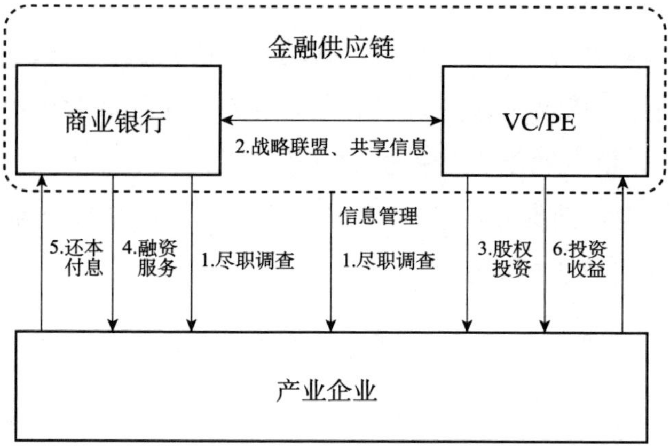

图 9-4　曲江金控投贷宝

先是 VC/PE 以及商业银行对产业企业进行尽职调查，从而有效评断企业的经营情况、商业模式以及未来发展的竞争力，两方形成战略联盟，并且实时共享信息。之后由 VC/PE 对企业进行股权投资，企业将生产经营过程中产生的应收账款转让给商业银行，商业银行对其运营资金给予融资，业务完成后，企业向商业银行还本付息。而企业持续经营，获得良好的成长和发展后，VC/PE 获得相应的投资收益。

曲江金控的投贷宝通过股权和债权联动为供应链金融的发展提供了一种新的框架。通过 VC/PE 和商业银行之间的融合，便于更全面、更有效地把握企业的状况（股权投资属于中长期投资，并且涉及的投资金额相对较大）。与此同时，股权投资的利润空间也相对较大，但是如此丰厚的回报对应的是较高的风险。而且，股权投资者在成为股东后将会面临需要承担的相应责任，此类责任通常与企业的经营状况紧密相关。因此，势必需要更为全面有效地评断投资对象的经营环境、经营模式、未来发展的空间以及企业在行业中的竞争力等等，这些信息和数字对于从事短期资金借贷的商业银行而言，无疑是非常重要的，而且有利于降低商业银行借贷资金的风险以及企业违约的概率。反之，商业银行的贷中和贷后管理对 VC/PE 的收益实现也非常有益，企业只有在日常经营过程中，保持良好的经营以及充足的现金流，才能保证长期持续的发展，获得未来的投资收益。

9.4.2.2　京东供应链金融资产证券化

供应链金融服务主要是基于应收应付、存货或设备等资产形成的融资服务，金融机构获得的收益主要来自为产业中小企业解决运营资金而产生的息差，而如果这种息差收益稳定而持续，就为推动资产证券化提供了基础。目前供应链金融资产证券化的发展主要是融资租赁资产证券化、商业保理资产证券化、应收账款资产证券化，这些产品已取得了市场认可。然而，无论是融资租赁资产证券化、商业保理资产证券化还是应收账款资产证券化，都对基础资产有着严格要求，会严格限制准入资产以便降低风险。同时，在资产证券化的核心要素即信用增级方面，它们存在共性，主要体现在原始权益人的状况、优先/次级分层设计、资产超额抵押、超额利差、现金流转付/信用触发机制、差额支付承诺等方面。同时针对原始权益人和基础资产的不同情况，会有具体不同的方式。这也是资产证券化作为新型的结构化金融优先于其他的传统金融方式的原因之一。

京东集团是中国最大的 B2C 电商企业，2014 年实现在美国纳斯达克挂牌上市，紧随阿里巴巴、腾讯、百度的脚步，成为中国国内的第四大上市公司。截至 2018 年年底京东集团设有京东商城、京东金融、拍拍网、京东智能、O2O 及海外事业部，在全国拥有超 1 亿活跃用户，超过 6 000 家供应商，平台上入驻数万个品牌。依托于强大的平台优势，京东集团的供应链金融发展快速，四大金融板块成为集团业务的主要盈利中心，为进行资产证券化提供了良好的前提。继京东白条资产证券化产品的顺利发行后，“京东金融-华泰资管 2016 年 1 期保理合同债权资产支持证券”也得以顺利发行，发行规模达到 20 亿元，其背后对应的资产是“京保贝”债权资产，原始权益人则是邦汇保理，此次发行优先级利率为年化 4.1%，且次级资产占比仅为 0.05%，成为国内资本市场首单互联网保理业务资产证券化交易。

（1）京东供应链金融资产证券化主要参与者

京东供应链金融资产证券化（见图 9－5）的主要参与者除了京东商城及其供应商、律师事务所、信用评级机构以及从事会计审计的机构之外，再就是参与资产证券化的金融机构，包括原始权益人、管理人和托管人（见表 9－2 和表 9－3）。

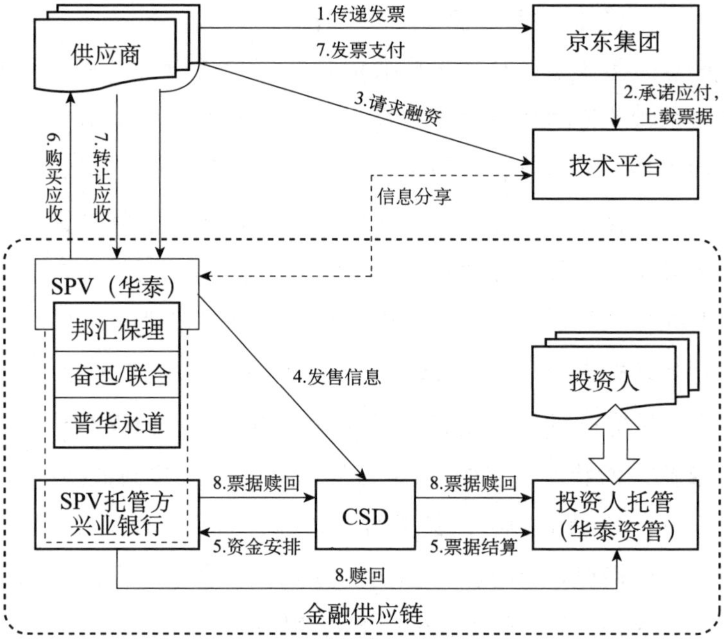

图 9-5　京东供应链金融资产证券化

表 9-2　京东金融-华泰资管 2016 年 1 期保理合同债权资产支持证券主要参与方

主要参与方	主要参与方名称
原始权益人/资产服务机构	上海邦汇商业保理有限公司（“邦汇保理”）
计划管理人/推广机构	华泰证券（上海）资产管理有限公司（“华泰资管”）
托管人	兴业银行股份有限公司（“兴业银行”）
律师事务所	北京市奋迅律师事务所（“奋迅律所”）
信用评级机构	联合信用评级有限公司（“联合评级”）
会计师事务所	普华永道中天会计师事务所（“普华永道”）

表 9-3　京东金融-华泰资管 2016 年 1 期保理合同债权资产与持证券主要产品及其基本情况

主要产品	产品基本情况
重要债务人	北京京东世纪贸易有限公司
基础资产	原始权益人向京东网上购物商城的供应商提供保理融资服务，依据保理融资业务文件享有合同债权
产品规模与评级	产品总规模为 20 亿元，其中优先 A 级规模为 14.40 亿元，优先 B 级规模为 5.59 亿元，次级规模为 0.01 亿元
优先级产品结构	产品循环期（前两年）每年分配利息，在产品分配期（最后三个月）每月过手摊还本息

原始权益人为上海邦汇商业保理有限公司。根据工商登记信息显示，其经营范围是应收账款融资、销售分户账管理、应收账款催收、坏账担保等。为保证客户质量，邦汇保理要求 3 个月以上的京东自营供应商才可以申请贸易合作，准入条件主要依据历史交易记录、供应商产品销售情况、供应商现金流情况及供应商与京东商城的采购记录。邦汇保理多为短期融资，最短融资期限是 15 日，最长融资期限是 90 日，单笔保理融资的宽限期限不超过 3 个工作日，若超过宽限期，则启动罚息利率计算罚息。当卖方不能在最长融资期届满之前归还保理商保理融资款时，经保理商审查同意时可进行展期。同时为了确保基础资产的安全性，制定了《京保贝业务流程管理制度》，主要对“京保贝”产品的客户审批流程、放款管理、还款管理、保理业务风控制度及信息权限管理进行了规范。

邦汇保理的审批流程均在客户放款之前，分为主动保理和被动保理，邦汇保理根据京东自营产品供应商的交易记录及产品情况向供应商主动发起保理融资业务，或者供应商可自行申请保理融资业务。在收到《保理业务合同申请书》后，邦汇保理将审核申请人是否符合《京东自营供应商准入条件》的相关要求及标准。审核通过后，准许该自营供应商提出的融资申请需求。经双方协商无异议后，确定正式的合同文本条款。客户基础信息主要包括基本信息及资料、应收账款数据、系统下数据信息、各证件资料、交易历史记录、供应商现金流以及风控体系下的测算结果。在复核基础资料后，对客户产品比例进行配置，应收账款池融资额度为有效应收账款余额与融资比例的乘积，应收账款池融资额度为循环额度，在合同有效期内未清偿的保理融资总额不超过额度限制，邦汇保理可以根据其判断自行决定撤销或变更额度。

针对京东金融供应链金融保理业务，邦汇保理制定了严格的保理产品风控制度，内容主要涉及供应商准入条件、基本信息审核要点、供应商品配置要求、风险控制指引、催收和坏账管理指引等。为控制供应商保理融资后进行退货，确保真实销售，降低保理业务风险，邦汇保理加强对供应商贸易的退货监控，设计退货预警线，针对退货金额的变化情景，采取相应的措施。对于无催收价值的客户具体分析其风险特征，指定一事一议的资产保全方案，对于有催收价值的客户，再根据逾期情况，初步确定应采取的催收级别。在确定催收级别后，催收管理岗须及时进行催收任务的分配、落实工作。根据催收方式，可细分为短信与电话催收、现场催收、委外机构催收等。对经过催收流程仍未完全结清的款项，可由信用与风险管理部发起核销，由财务部门参照相关核销法律规定进行执行，从而不断完善风控体系。

华泰证券（上海）资产管理有限公司为本次专项计划拟任的计划管理人，根据相关约定将认购人缴付的认购资金用于购买基础资产，并管理、分配此专项计划的资产利益；并有权委托托管人托管专项计划资金，监督托管人的托管行为，并针对托管人的违约行为采取必要措施以保护资产支持证券持有人的合法权益。同时也承担相应的义务，如为资产支持证券持有人提供服务等。在京东所发行的资产证券化产品中，无论是京东白条应收账款的资产证券化产品还是保理应收账款的资产证券化产品，几乎都是由华泰资管担任计划管理人。通过双方的多次合作，已经在产品的发行上达成了默契；同时，京东的供应链金融作为市场上的优质资产，也是各家金融机构所希望合作的对象。

在本计划中，由兴业银行担任托管人，负责托管资产账户，确保专项计划中的资金的独立和安全，依法保护资产支持证券持有人的财产权益；同时，对计划管理人（华泰证券）管理运用资产和处分专项计划资产进行监督和核查，发现计划管理人违反上述规定，及时通知其纠正。需要指出的是，第三方支付平台是网银在线，网银在线是京东旗下的公司之一，公司业务类型包括互联网支付（全国）、移动电话支付（全国）、固定电话支付（全国）、银行卡收单（北京市）。京东钱包是网银在线的个人账户产品，经过几年的发展，网银在线已经跟国内数十家金融机构实现合作，并拥有 50 多万个合作伙伴，实现了全行业的覆盖。在这个专项计划中，网银在线为专项计划提供了线上证券化服务平台。计划管理人在网银在线开设京东企业钱包商户号，可以实时通过网上平台监测产品资金的储备和流转，同时京东钱包内设提现和转账功能，计划管理人将京东钱包账户与专项计划托管账户连接，根据标准条款和事先约定的流程进行资金管理；同时，计划管理人与网银在线签订《第三方代扣服务协议》，授权服务机构将循环期内基础账户的资金用作循环购买而划出账户。网银在线仅为专项提供前端系统，所有用户的资金都存在于其开设的多个备付金银行，备付金银行对于账户内的资金流向进行监管，除非有用户指令、法院判定和用户授权，网银在线无权挪用账户内的资金，由此为专项计划内资金安全提供保障。

（2）京东供应链金融资产证券化基础资产

在京保贝保理资产证券化产品的计划中，基础资产的具体表现形式是原始权益人向供应商提供的融资单，即邦汇保理向京东商城的供应商所提供的融资单。通过邦汇保理的内部风控体系，应收账款得以确权，从而保证了销售行为的真实发生。原始权益人通过IT系统在现有应收账款资产中抽取部分资产组成模拟资产池，本计划中的北京市奋迅律师事务所对该模拟基础资产池进行了审查，对抽样基础资产所对应的保理融资业务合同、融资申请书、业务审查意见书等业务文件以及原始权益人业务系统数据记录等材料进行了审查，确保了原始权益人真实、合法、有效地拥有基础资产，基础资产的权属完整、明确；确保了基础资产属于可特定化的财产权利，无权利负担，无附件权利转让限制，且未涉及诉讼或仲裁。

自产品的专项计划成立之日起，至以下两者中较早发生时点之前，一是循环期届满，二是加速清偿事件或违约事件发生之日，计划管理人可利用专项计划资金以循环的方式购买符合合格标准的保理合同债权资产。循环购买按照与首次购买相同的入池标准进行。就每一次后续购买基础资产而言，原始权益人应通过其IT系统自动筛选符合合格标准的保理合同债权资产的清单。计划管理人有权向资产服务机构发出后续购买指令，列明允许购买的保理合同债权资产清单，并授权资产服务机构在该清单范围内执行后续购买。对于后续购买的保理合同债权资产，由资产服务机构按照约定进行保管和催收等管理工作。截至产品发行日，资金池未偿还本金余额为人民币 219 292.14 万元，保理合同 1 981 笔，涉及供应商 514 户（见表 9-4）。

表 9-4　资产池情况

基本情况	
资产池未偿本金余额（万元）	219 292.14
供应商户数（户）	514
保理合同笔数（笔）	1981
单笔合同最大未偿本金余额（万元）	4 000
单户合同最大未偿本金余额（万元）	11 500
平均未偿本金余额（万元）	110.70
集中度	
前十大供应商集中度情况（%）	29.62
保理合同期限	
加权平均保理合同账龄（天）	42.94
加权平均保理合同剩余期限（天）	47.06
单笔保理合同最长剩余期限（天）	59
单笔保理合同最短剩余期限（天）	30

资料来源：京东金融 1 期保理合同债权资产支持计划说明书。

因本次产品计划的基础资产池为动态资产池，基础资产尚未逐笔确定。但是由于基础资产是从保理合同债权资产中随机循环购买满足合格标准的基础资产，因此原始权益人现有保理合同债权资产分布在一定程度上反映了本期专项计划资产池的分布特点。

在模拟资产池中我们可以看到，融资比例（即邦汇保理可以为供应商提供的最高保理额度与供应商应收账款总额的比例）在 80%以上的保理合同未偿余额占比达到 92.38%，笔数达到 1 747 笔，整体看，信用水平良好。

从行业分布来看，邦汇保理按照京东世纪贸易的四个事业部门进行行业分类，包括 IT 数码采销部、家电采销部、日用百货采销部和通信采销部。入池资产中日用百货行业未偿余额占比最大，达到 39.86%；IT 数码行业次之，占比达到 28.73%，其行业的发展态势将对基础资产的整体信用表现产生重要影响。

通常在保理公司资产证券化的过程中，保理商与计划管理人需要注意以下几点：基础资产的来源多样化，不要过度依赖某个地区、某个行业；

注意资产组合中地域分散性、行业分散度以及债务组合分散度等。

（3）京东供应链金融资产证券化信用增级

对于资产证券化产品，信用问题是其最突出的问题之一。从资金池情况来看，供应商集中程度较为一般，相对比较分散。为更好地抵御风险，在产品计划中安排了优先 A 级/优先 B 级/次级分层，采取了超额收益、委任原始权益人担任资产服务机构、设置信用触发机制等信用增级措施，具体体现为以下方式：

专项计划的结构设计中设定了优先 A 级、优先 B 级以及次级的分层结构，其发行规模比例分别为 72%、27.95%和 0.05%（见表 9－5）。当出现现金流归集不足的情形时，现金流支付顺序最后的次级资产支持证券将承担最初的损失，排名在后的优先 B 级资产支持证券为高一级别的优先 A 级资产支持证券进一步承担损失，从而降低了高级别支持证券的信用风险。

表 9－5　　　　京保贝资产证券化信用增级

证券分层	优先级		次级
证券简称	京保 1 优 A	京保 1 优 B	京保 1 次
发行规模（亿元）	14.40	5.59	0.01
规模占比	72%	27.95%	0.05%
票面利率	4.10%	5.90%	—
信用等级	AAA	AA	—
预期到期日	2018－08－09		
发行期限（年）	2.28		
利率类型	固定利率		—
付息频率	产品循环期每年分配利息，在产品分配期每月过手摊还本息		于优先 A 级和优先 B 级证券本金清偿完毕后获得剩余收益

资料来源：京东金融 1 期保理合同债权资产支持计划说明书。

原始权益人担任资产服务机构，对用户的信息采集具备条件，熟悉用户的消费习惯和资金情况，便于回流、催收基础资产对应的回款。因此，委托原始权益人即邦汇保理担任专项计划的资产服务机构，承担监控资产池运作的义务。同时鉴于邦汇保理是国内最大的商业保理公司，其业务模式合理，管理制度健全，委任其担任专项计划的资产服务机构，也是希望可以借其丰富的经验和严格的风险控制降低基础资产现金归流的风险。

9.4.3 模式三：众陶联与一润综合供应链金融服务

9.4.3.1 众陶联综合供应链金融服务

佛山众陶联供应链服务有限公司是在政府的直接指导下，由浙商蓝源资本进行顶层设计，由15家佛山陶企抱团发展，共同打造的“产业＋互联网＋金融资本”的陶瓷产业链服务平台。众陶联以“产业＋互联网＋金融资本”为核心路径，试图打造中国最大的陶瓷产业供应链整合服务平台。平台根据陶瓷行业的采购需求及经营特点，积极探索新的交易模式和服务模式，提高服务实体经济的能力。其通过在B2B平台上建立撮合交易、集采交易、源头交易、竞价交易和委托交易五种交易模式和采购模式，形成众陶联平台交易特色。众陶联以集中大单采购为基础，在推动完成陶瓷行业108项物料标准化，推动完成检测检验标准化，推动采购商付款标准化的前提下，实现大单采购、阳光采购、品质采购的目标。

（1）陶瓷产业状况及其面临的挑战

中国的建筑卫生陶瓷产业长期以来依靠资源优势、劳动力红利和引进消化世界先进的设备技术，得到了快速发展。产量已经占世界总产量的一半，产品出口全世界100多个国家和地区。然而作为一个传统产业，陶瓷行业的三大痛点：高耗能、高污染、非标准化日趋严峻。在经济新常态下，成本上升，库存加大，还有很多国家和地区对中国陶瓷进行反倾销，陶瓷产业面临严重的产能过剩，佛山陶瓷产业正在经历一场寒冬。具体而言，陶瓷供应链上下游企业面临如下痛点：

第一，陶瓷生产企业采购环节缺乏标准问题。陶瓷生产企业采购环节缺乏标准化，采购流程欠缺规范性管理，导致存在供应商不公平竞争的情况，致使企业采购成本难以优化。除此以外，各类原辅料采购都有因标准缺失、信息不对称等造成的问题。在原材料板块：陶瓷的原材料标准缺失、生产效率不高、损耗大；价格上涨，企业效益严重下滑。在能源板块：由于业内供应煤炭质量参差不齐，采购企业对矿口价格不了解，导致下游采购回来的煤炭质量差、成本高、生产不稳定；由于陶瓷行业煤炭标准的缺失，在生产及采购环节都存在监管的漏洞。在五金板块：陶瓷企业老板大多非工科出身，不懂装备、设备、零配件，导致买的五金件质量无法保证，高仿货居多，五金件的损坏非常影响生产；五金市场非常混乱。在包装板块：资源浪费严重。

第二，陶瓷生产企业生产环节创新不足问题。陶瓷生产企业的产品研发在很大程度上依赖上游供应商的工艺、技术、设备、物料、设计的创新。而具有“新工艺、新技术、新设备、新物料、新设计”特征的五新供应商与陶瓷生产企业之间的对接很不顺畅，其原因一是五新供应商都是行业龙头，产品和价格都比较高；二是陶瓷品牌商的采购环节仍处于粗放式运作，对质量的把控管理比较薄弱；三是陶瓷企业对供应链环节的重视程度不够，对上游供应商创新能力的信息接收速度不够及时，致使企业的创新步伐缓慢。

第三，陶瓷生产企业生产环节不够环保问题。环保设备没有彻底升级，污染影响行业发展空间。

第四，陶瓷生产企业面向全球的开源与销售问题。在经济新常态下，成本上升，库存加大，还有很多国家和地区对中国陶瓷进行反倾销，陶瓷生产企业需要开源。

第五，陶瓷供应链上下游企业物流环节的路径优化和回程物流问题。一方面，主料、辅料多以重货散货脏货为主，运输成本占总成本比重很大（有时达到50%），物流优化空间大；另一方面，原材料运输、产成品运输的过程中的空箱空车返程问题严重，物流综合成本严重影响效益。

（2）众陶联综合供应链金融服务

针对上述陶瓷行业存在的问题和挑战，浙江蓝源资本联合其他金融机构运用金融供应链和供应链金融推动产业变革。其具体的运作模式是首先由蓝源资本投资，在地方政府的引导下，广东佛山15家企业联合成立一家产业平台——众陶联（见图9-6），由众陶联制定行业物料标准、付款标准、检验标准。有了标准才可以信息化，信息对称才可以透明化，透明化以后才可以阳光化。在生产环节，众陶联搭建桥梁连接供应商与陶瓷生产企业，建立孵化中心、行业专家团队、专利平台、环保平台（干法制粉）推动技术革新、成果转化与产业合作。在销售环节，一是搭建产成品砖销售平台。推出五优标准砖，搭建瓷砖采购平台，串联与整合产品制造、营销渠道等链点，整合瓷砖采购需求订单和陶瓷生产商，打通建筑集团渠道、装饰集团渠道、房地产渠道、大客户渠道，以及海外渠道，共研新品、共管品质、共立计划、共赢市场、互利共赢。二是打造海外商贸平台。众陶联、联合神州长城国际工程有限公司与阿曼工业部、阿联酋经济部、卡塔尔皇家商会建立战略合作伙伴关系，共同构建中国与阿拉伯国家产能合作平台，将建立关内展示馆，并利用保税区打造佛山制造品牌形象，通过建立一带一路金融服务体系，整合佛山泛家居产业，帮助企业抱团出海。在物流环节，众陶联打造重货物流平台。重货物流平台的思路跟消费品物流平台的思路不同，重货物流平台追求的是稳，需要提前预测、设计最优路径并且控制损耗。另外，众陶联还依托采购全球、销售全球的优势，与物流服务商制定了回程物流方案，帮助物流服务商节省成本、提高效益的同时，也为众陶联的客户节省物流成本。借助于上述方式，众陶联形成了联合众多供应商、制造企业以及物流企业的供应链体系。

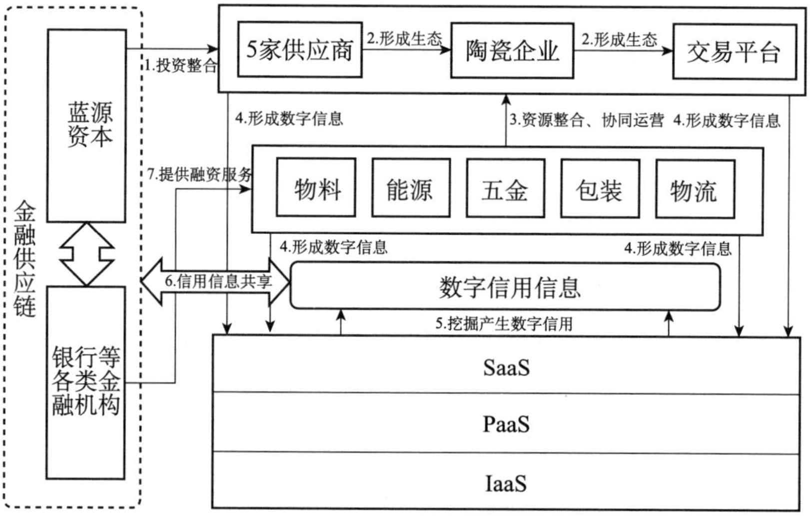

图 9-6　众陶联综合供应链金融服务

其次，基于上述供应链体系，众陶联整合资源，形成集约化的供应链运营。这表现在物料板块，对每一种主要物料确定其作用、产地、源头、采购模型、生产工艺、参考指标、关注要点、产品优势、发展瓶颈和未来方向。在能源板块，众陶联在 3 大能源版块进行突破。在政府的政策支持下，开展电力集中采购，为陶瓷企业降低电力成本 9%。开展分布式能源，拓展天然气板块业务。同时，对煤炭供应商从货源、运输、资金、质量、票据、价格、合作心态 7 个标准进行评定，收集了 100 多个煤炭样品及指标，涵盖 29 个煤炭矿口，制定众陶联推荐的“特能烧”煤炭标准，让煤的供应更标准化、更可控。从供应链源头端再改造，帮助企业监察电耗、煤耗、产成品率、成本等数据，从而监察生产情况。帮助会员企业科学采购，不但实现成本下降 10%，某企业煤耗也从 5.0 下降到 4.7，创造了建厂以来最低煤耗。在五金板块，众陶联设区域仓库，供应商把配件放到众陶联仓库，陶瓷工厂不用备货，实现零库存，众陶联保证配件质量并提供服务。在包装板块，众陶联设计了标准化的纸箱，降低了成本。

最后，在形成整合供应链体系及其运营之后，通过平台沉淀的数字信息，支撑供应链金融业务的全面开展。具体来看，一方面众陶联平台和东方懿安保险代理公司签订协议，与中华、人保、平安、安诚等多家保险公司合作，为陶瓷行业提供多种保险业务服务，这可以使投保企业节约成本 15%～40%，既有利于陶瓷企业，也有利于保险公司拓展业务领域；另一方面，佛山市政府设立供给侧改革专项基金 5 亿元，首期资金 1 亿元投放众陶联平台，为产业结构调整提供了资金保障。同时，众陶联平台与广发银行、中国银行、农商行、招商银行等银行合作，为其平台上运营的陶瓷企业提供供应链金融服务，目前这些银行对众陶联综合授信 5 000 万元。

众陶联将投资、基金、保险和银行有效联结，不仅解决了陶瓷企业的融资问题，而且有利于整合众多陶瓷生产企业，通过集约化运营和管理，实现了有机的供应链集群，形成了产业竞争力。截至 2018 年 12 月 31 日，平台上的企业数从最初的 14 家，增加到陶瓷企业 563 家和供应商企业 3 514 家。企业产值已超过 2 215 亿元，平台销售流量达到 426 亿元，召集的陶瓷企业 2018

年实现订单 338 亿元。在资源节约方面，2016 年 12 月广东省经信委批准众陶联 51 家企业集团实行电力改革试点，众陶联在 2 天时间内完成 29 家企业的售电资料审核，达成 11.7 亿度电力的集中采购，2017 年为陶瓷企业节约成本 6 838万元，2018 年为陶瓷企业节约成本达 1.4 亿元。2017 年，降低硅酸锆成本 10%、电费成本 6.7%、煤炭综合成本 15.3%，企业平均降低成本约在 10.58%。在供应链金融方面，通过交易平台大数据的佐证、增信，为加盟企业获取链式易、小微贷、商票通的便捷低成本融资，两年达 1.5 亿元。

9.4.3.2　一润农业综合供应链金融服务

一润供应链管理（上海）有限公司（以下简称“一润”）是一家专注于大宗商品供应链综合解决方案的服务提供商。公司成立于 2015 年，中航信托股份有限公司控股 51%，汇通汇物流（上海）有限公司持股 49%，注册资金 10 000 万元人民币，总部设在上海。旗下有从事钢贸业务的江西鑫润航达供应链管理有限公司、从事农产品粮油业务的江西中禾润贸易有限公司以及从事有色金属业务的鹰潭铜产业平台。其中，一润农业供应链以贸、融、运一体化为主导，以核心企业战略合作为平台，以风控创新和信息技术为支撑，通过整合供应链中的各项资源，实现业务商流、资金流、物流及信息流的“四流合一”的闭环操作，解决风险难以控制问题。具体来讲，一润农业供应链从贸易流通环节嵌入或下沉至供应链当中，围绕产业链内的大型核心企业，对供应链的上下游企业、横向合作企业、配套仓储物流、金融机构等资源进行整合，通过股权、债权、战略合作等方式，形成紧密合作关系，形成贸、融、运一体化，在数字化技术的支撑下，借助于金融供应链以及供应链金融实现产业有机联结。

其具体的操作方式（见图 9－7）首先是中禾润与核心企业、期货公司、保险公司、商业银行以及自己的保险公司形成协同，分享信息，形成金融供应链。之后，第三方托管企业托管农民土地，并委托农民作为农业工人进行种植。当供应商下达玉米订单后，中禾润将订单下达给第三方托管企业，与此同时期货公司形成期货产品 1901 合约，保障目标价格。保险公司则以最后一个月期货价格收盘价的均价提供保险理赔服务，这样通过期货与保险联动，解决农产品价格波动可能对农民产生的损失。在确定生产订单的基础上，商业银行融资给第三方托管企业，向农户提供种子、化肥、农药以及农具。农产品生产之后，由农户，经第三方托管、中禾润，交付给核心企业，核心企业支付后，第三方托管偿还资金给商业银行。

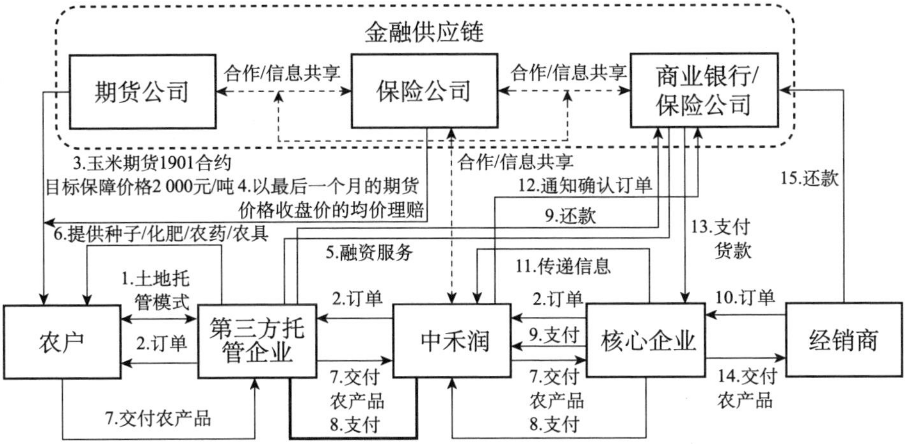

图 9-7　一润农业综合供应链金融

同样，大型核心企业基于其自身发展的需要，每年对大型核心企业下游长期合作的一级经销商，以及大量的二级、商超等小经销商，有超过两位数的业务增长压力。因此，一润供应链介入到经销商销售环节，以供应链金融的方式切入核心企业下游，帮助经销商解决融资问题，进而帮助核心企业实现扩大销售规模的目的。其具体操作流程是经销商将订单下达给核心企业，核心企业进而将信息同步到中禾润，中禾润将确认信息传递给保理公司，保理公司将货款先付给核心企业，形成应收账款转让，之后核心企业将产品发送至经销商，经销商予以还款。

到 2018 年底，三大业务板块累计帮助中小微企业实现融资的总金额为 562 425.7 万元，累计帮助中小微企业实现融资的总笔数为1 268笔，当前所合作的金融机构给予的总授信额度为 550 000 万元。

第 10 章
智慧供应链金融风险管理

10.1 引言

如何解决中小微企业运营资金难题，一直是学术界和实业界关注的重要问题，造成这一问题的原因在于中小企业的固有特点使得借贷双方信息不对称，容易产生信用问题和违约风险（Berger & Udell，2006；Irwin & Scott，2010；Abbasi，Wang & Alsakarneh，2018），进而产生信贷配给问题（Stiglitz & Weiss，1981）。在信息冗余的状况下，如何有效地识别有效的数字信息，真实刻画风险，提供相适应的金融产品，成为目前发展供应链金融的关键。供应链金融主要服务于中小企业，而中小企业的风险一般要高于大型企业，因而容易产生坏账和违约，例如根据中国人民银行的报告，中国大型企业的不良贷款率仅为 1.19%，而中小企业的比率则达到 5.94%。同样，中国工商银行指出，中国工商银行中小企业的不良贷款率超过 5%（Zhu，Zhou，Xie，Wang & Nguyen，2019）。这种状况下，金融机构畏惧中小企业的信用质量，从而产生怕贷拒贷现象。因此，要有效地克服这一问题，就需要系统化地分析和把控风险，使得供应链金融能够在安全的基础上开展业务。

10.2　供应链金融中的风险

在供应链领域，风险管理一直是探索的重要课题，通常风险被认为是导致供应链中断的不稳定状态或不确定资源；供应链风险通常有两个特征：一是小概率事件但是可能会突然发生；二是这些事件一旦发生，会对整个系统产生持续的危害（Tang & Nurmaya Musa，2011）。供应链金融中的风险则是由于不稳定的供应链运营或者个体的机会主义和道德风险所造成的，这不仅导致整个供应链中断，而且对资金供给方产生实质性危害。供应链金融风险的因素既可能来自供应链运营，也可能来自中小企业的机会主义和道德风险。前者是因为供应链运营中的流程或要素出现问题而导致供应链中断（Tang & Nurmaya Musa，2011；Zhao，Yeung，Huang & Song，2015），进而使得违约风险增大。而后者是融资需求方的恶意行为，即信用质量较低的企业利用信息不对称，导致交易成本上升，从而使借贷资金产生坏账（Bester & Hellwig，1987；Zhang，Hu & Zhang，2015；Kouvelis & Zhao，2018）。这两方面的风险尽管性质不同（前者可以说偏向于客观因素，而后者属于主观行为），但都会对资金融通带来巨大的挑战。

10.2.1　供应链运营导致的供应链金融风险

10.2.1.1　供应链运营风险来源

对供应链金融的持续性和稳定性带来危害的首要因素是供应链运营中断，因此，导致供应链风险的因素也会对供应链金融产生负面影响。从供应链风险管理研究角度看，有的研究关注供应链风险产生的来源，这些风险源主要分为环境因素、行业因素、组织因素、特定问题因素以及与决策者相关的因素（Rao & Goldsby，2009）。显然，前三类因素影响到供应链运营的不同层面，跨越了宏观、中观和微观领域，是供应链风险的体系性因素。而后面两类因素显然是供应链运行的主体和客体，即作为供应链运营决策中的人的因素，以及供应链运营的具体内容或对象因素。这些体系性因素与主体、客体因素共同构成了影响供应链运营的风险来源。

环境因素指的是能够影响各行业商业情景的外在因素，即能够对整个行业产生负面影响的外部因素（Ritchie & Marshall，1993）。这些因素包括政治的稳定性、政府政策的改变、宏观经济的不确定、社会的不确定以及自然的不确定（Miller，1992）。这些因素尽管是外在影响因素，但是一旦出现变动或不确定，企业的供应链运营往往会遭受巨大损失，而且企业往往较难控制与管理这些风险。

行业因素包括可能不会影响整个经济中的所有部门而是影响特定行业的变量（Ritchie & Marshall，1993）。这些变量包括投入市场不确定，即影响行业生产投入要素的不确定性；产品市场不确定，即企业或行业需求的意外变化（Miller，1992），这些变化既有可能来自客户需求的改变，也有可能是因为替代品的出现（Tang & Nurmaya Musa，2011）；竞争不确定，即各类与市场竞争有关的风险，涵盖了与现有企业和潜在进入该行业的竞争者相关的不确定性。

组织因素是与特定企业相关的变量，正如 Ritchie 和 Marshall（1993）所指出的那样，导致供应链风险的第三类因素是与企业层面相关的因素。这类因素虽然与特定企业相关，但是会对整个供应链产生影响。这包括企业运营、责任、研发、信用和代理行为的不确定（Wu，Blackhurst & Chidambaram，2006）。企业运营中的不确定是指企业组织供应链活动中所面临的各种不确定因素，诸如各种原因造成员工生产率变化的劳工不确定、原材料零部件等生产投入要素的不确定以及设备故障等原因造成的产出不确定（Rao & Goldsby，2009）。

责任不确定指的是与企业产品生产或消费有关的非预见的意外事件，这些问题的发生会直接对企业供应链产生危害，如产品安全以及环境危害等方面可能产生的问题。信用不确定往往是由于供应链中参与者对债务违约所造成的整个供应链风险，例如客户对企业违约会造成企业资金流出现问题，进而可能导致对其他成员付款产生延迟。Kleindorfer 和 Saad（2005）曾指出战略供应商业务出现问题或者出现严重的资金问题，就会对整个供应链产生负面影响。Finch（2004）也提及供应链中合作伙伴与其他企业产生资金问题，会最终影响到企业自身的风险。代理行为的不确定指的是企业间代理关系的不确定。代理关系指的是“一个人（代理人）与另一个人或多个人联系以代表他们执行某项服务的合同，包括将某些决策权授予代理人”（Jensen & Meckling，1976）。供应链中的参与者一旦将某些工作委托给代理人，而代理人出现不尽职或者出现道德风险，就会对供应链运营产生巨大风险。特定问题风险是一种内生性企业风险，即在解决某一问题或者从事某项活动时所内化的风险因素（Bettis & Hall，1982）。例如，为了降低风险，企业可能将某些业务流程外包给其他企业（Ang & Straub，1998），但是外包在降低企业特定风险的同时，也增加了企业的脆弱性，从而使得企业丧失了对该活动的控制权（Hallikas & Lintukangas，2016；König & Spinler，2016）。Rao 和 Goldsby（2009）认为特定问题的风险主要包括如下几个方面：一是整体风险的结构以及影响风险的各变量之间的关联性；二是影响问题解决的目标与约束；三是各维度所反映的决策任务复杂性。

与决策者相关的因素指的是与决策者个体或者决策团体相关的不确定因素。这包括决策者了解整体风险的具体知识、技能、经验或者偏差等。显然，决策者越是具有这些知识和能力，就越是可以降低不确定给供应链带来的风险；否则，由于缺乏相应的知识和能力，就可能使局部风险放大，进而影响到整个供应链。决策者的信息搜寻行为也是影响不确定性的要素，如果决策者能够采用合理的方式搜寻所需信息，就可以降低因为信息不对称带来的风险。影响决策过程的制度规则和程序也是不确定因素之一，这些制度规则和程序直接对决策者的决策行为产生约束，从而限制了决策者规避风险的程度。决策者的有限理性也是需要考虑的因素（Simon，1972），决策者的有限理性会使决策因为信息的稀缺或冗余出现偏差。产生有限理性的因素原来主要是信息稀缺或不完全，即由于决策者无法获取完全的信息，从而无法做出最优选择。但是需要看到的是，在ICT充分发展的今天，有限理性可能来自信息迷雾，即信息过载（Shenk，1997），由于信息数字过多，从而使得决策者无法有效判断什么信息是真实、有效信息，什么信息的质量较低，甚至是虚假信息，从而难以进行理性决策。

10.2.1.2 供应链运营风险形态

理论上除了探索影响供应链运营风险的来源外，还有些研究关注于供应链运营风险的内在表现形态，即供应链运营风险的表现形式。很多研究将供应链运营风险分为交易流风险、财务流风险和信息流风险（Tang & Nurmaya Musa，2011；Verbano & Venturini，2013）。显然，这些风险主要反映在供应链运营的四个维度，即商流、物流、资金流和信息流，这些维度出现的不确定或风险，最终会导致供应链中断，进而对金融行为产生危害。

交易流风险是供应链中交易方因为商流和物流不协调导致的风险。这类风险分布在采购、生产和分销各个阶段。在采购阶段，选择供应链中的单源供应商或多源供应商会对供应链产生影响。单源供应商往往对供应链的顺利运行带来负面影响，因为供方过于集中，会带来采购的不稳定，产生上游要挟企业的状况（Peck，2005）。而柔性化的多源供应商能使企业突破资源和能力的约束，灵活运用供应资源，但是这种多源供应商的选择也会产生供应商选择的隐性成本，特别是在全球供应链运作中，更需要考虑很多产生隐性成本的综合风险，诸如，各种税收、汇率波动、进出口费用、运输成本以及供应商认证审计代价等等（Tang & Nurmaya Musa，2011）。因此，供应商的选择需要综合考虑供应商的稳定性、国家风险、运输可靠性以及供应商的供应商的可靠性（Levary，2007）。除了上述因素外，采购阶段还需要考虑的风险因素有运输的前置时间、供应中的产品监控，以及供应能力掌握等因素，这些因素的缺失都会直接产生供应链风险。在生产阶段，一般认为供应链运营风险主要表现为产品和流程设计风险，即无法及时应对市场的快速变化而调整产品或流程（Khan，Christopher & Burnes，2008），这种风险会使企业在市场中定位产品或流程耗费大量资金，产生损失。生产阶段另一个风险因素是生产能力风险，这是因为技术、技能和质量能力导致的风险（Korpela，Kyläheiko，Lehmusvaara & Tuominen，2002），即由于资源和能力的不足使得正常生产经营无法维系和发展。除此之外，运营中断也是生产阶段风险的重要表现形式，即由于各种内部（管理不善、经营问题等）或外部（商业周期等）的原因，导致生产经营无法正常进行，从而使供应链遭受巨额损失（Mizgier，Hora，Wagner & Jüttner，2015；Wagner，Mizgier & Papageorgiou，2017），对这一风险的探索已成为供应链风险管理研究中的重要领域。在分销阶段，产生风险的一个重要因素是需求波动或季节性，这种状态的需求往往会造成预测较难进行，从而为高效率、高效益的分销带来了巨大困难，这是因为企业很难有效组织产品或服务的品种和数量来应对随时变化的需求和市场（Wong & Hvolby，2007）。另外，由于技术的快速变化或者客户需求的改变，造成呆滞库存也是分销阶段经常遇到的风险（Narayanan & Raman，2004）。

财务流风险往往涉及无法结算付款或者不当投资，这类风险造成的结果是企业的资金流产生困难，甚至中断。这类风险一般包括汇率风险、价格和成本风险、供应链合作伙伴出现财务问题以及财务处理失当等因素。对于从事全球供应链运营的企业而言，汇率风险是影响企业供应链的重要因素，这是因为汇率波动会直接影响企业税后利润、供应商选择、市场开拓以及其他相关决策（Huchzermeier & Cohen，1996；Allayannis，Ihrig & Weston，2001；Christopher & Holweg，2011；Liu & Nagurney，2011）。与汇率相关的另一个财务性风险因素是价格和成本因素，成本的突然上升会导致企业原材料或投入品的供给代价提高，从而对企业供应链产生负面影响（Papadakis，2006；Christopher & Holweg，2011）。供应链中合作伙伴的财务状况也是造成供应链中断的重要财务风险因素，供应链中任何合作伙伴的资金中断或者诸如股权、财务杠杆以及资产等出现风险等财务问题（Hendricks & Singhal，2005），都会对其上下游企业产生不良作用，进而影响到整个供应链（Tang & Nurmaya Musa，2011）。此外，具体的财务操作也会造成供应链运营出现波动，这包括支付政策、采购到支付过程中的管理等等（Hartley-

Urquhart，2006；Nienhuis，Cortet & Lycklama，2013)。

信息流风险指的是围绕供应链的信息出现阻滞或错误，使得整个供应链运营效率低下或者中断。供应链的效率或效益能够得以实现，需要完善的信息，诸如需求信息、库存状况、订单情况、生产能力状态等等，这些都是优化供应链运营的重要决策依据，一旦这些因素出现错误或者没有能够及时被获取，供应链决策就会出现重大失误。信息流中的风险主要表现在信息的正确性、信息系统的安全与中断、知识产权以及信息外包风险等因素（Tang & Nurmaya Musa，2011)。信息正确性风险主要源于信息的可得性、信息效率和数据精确性（Lee，2002；Nishat Faisal，Banwet & Shankar，2007)。信息的可得性指的是信息的可获取性，如果没有有效的途径和手段获得相应信息，信息准确性就会很低。信息效率是信息的指向性，即信息能否反映意向了解的事物，如果所获得的信息效率高，就能提升信息准确性。数据精确性体现的是获取数据的细致程度，数据越精确细致，数据分析的结果越准确。信息系统安全和中断的威胁可能来自由于内部管理不善，或者是由黑客和自然灾害造成的（Nishat Faisal，Banwet & Shankar，2007)，也有可能是由企业或者跨企业的因素造成的（Finch，2004)。知识产权风险可能是因为供应链信息流增加，以致无法保护分享的信息，而导致机密信息泄露。特别是当信息外包时，虽然它能让企业集中于核心竞争力，但是信息服务承包方的机会主义会导致潜在风险（Nishat Faisal，Banwet & Shankar，2007)。

10.2.1.3 供应链风险来源、运营风险与供应链金融风险

供应链风险的上述五个来源直接影响到供应链运营风险（见图 10－1)。而所有这些因素最终都会对供应链金融决策产生负面影响。Gomm（2010）指出导致供应链金融风险或者违约率的因素主要有三个维度，即持续时间、总量和资金成本。持续时间或融资周期是资金成本占用的时间长度，融资周期越长，资金成本和风险越大（Ortiz-Molina & Penas，2008)。这是因为当供应链中的交易流、财务流和信息流出现不确定，就会导致借贷资金可能因为上述原因无法有效回收，资金借贷利益无法得到保障，违约率上升。

总量或融资量是资金占用的程度，同样，融资量越大，风险也会越大，一旦供应链运行中的一环出现问题，或者产生延迟阻滞，就会直接影响到资金安全和收益。Riding 和 Haines（2001）研究发现，中小企业特别是新创企业融资量越大，违约率就会越高。资金成本或融资费率是资金占用的代价，这种代价的确立需要考虑各种影响供应链运营风险的因素。在金融借贷中，融资费率越高，中小企业的违约概率就会越高（Serrano-Cinca，Gutiérrez-Nieto & López-Palacios，2015）。上述这三个指标并不是相互孤立的，而是相互影响、相互作用的，共同决定了违约率的大小。

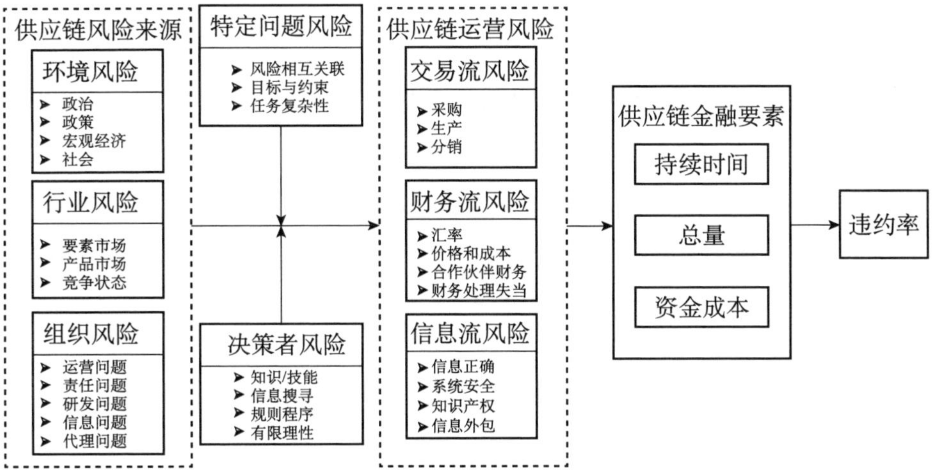

图 10－1　供应链运营与供应链金融风险

10.2.2　参与主体机会主义导致的供应链金融风险

供应链金融风险的产生不仅仅来自供应链运营，而且也产生于参与主体的机会主义行为。这类风险与供应链运营中决策者风险不同，后者是受决策者的能力所限产生的风险，是一种客观存在的风险来源，而参与主体机会主义则是参与交易或交换的各方为了追逐自己的利益而损坏他人，违背约定的规则而导致的风险，是一种主观的行为因素（Williamson，2007）。Karlan 和 Zinman（2009）认为在金融借贷中，13%～21%的违约率来自道德风险和机会主义。机会主义是交易成本经济学中的重要概念，它常常是受环境不确定以及资产专用性的影响，实施方利用信息不对称或者特定的地位，而产生的损人利己行为。企业在供应链管理环境中的机会主义行为可以表现为，它们努力使供应商高度依赖它们，并利用这种力量对它们施加压力（Ketchen Jr & Hult，2007）。或者利用自身的中介地位，增加了滥用权力和故意利用的可能性，例如作弊和不诚实的活动等等（Grover & Malhotra，2003；Ketchen Jr & Hult，2007）。所有这些行为都将对供应链金融活动产生极大的负面作用。

从理论视角看，信贷市场中因为信息不对称而产生的机会主义主要包括两类：事前和事后信息不对称所导致的机会主义（Donnelly，Englund & Nielsen，2014）。事前信息不对称是指交易或借贷发生前产生的信息不对称或虚假性信息传递，其产生的不良结果是逆向选择（Roberts，2015），即作为借方的中小企业为成功借到资金，往往会向贷方传递有利于自己的积极信息而隐瞒负面信息，从而导致“劣币驱逐良币”的结果。除此之外，事前信息不对称还会来自抵押或担保，一般认为抵质押或担保是一种有效防范因信息不对称而造成违约风险的手段（Stroebel，2016）。然而，抵质押或担保也可能因为对其真实状态不了解或者质量信息缺失而不能有效降低违约，例如平新乔和杨慕云的研究发现抵押贷款的事后违约率高于信用贷款的违约率（平新乔和杨慕云，2009）。而事后信息不对称往往伴随着道德风险的产生（Bubb & Kaufman，2014），由于所提供资金的真实流向以及借方企业的经营管理等行为并不总能被贷方所知，贷方提供融资后很难对中小企业的行为进行完全监督。因此中小企业可能会在未告知贷方的前提下改变资金用途，增加贷方融资风险。

在实践中，参与主体机会主义会导致供应链金融风险，按照事前机会主义和事后机会主义可划分为多种欺诈形态（见图 10－2）。

事前机会主义行为是行骗方在借贷之前为了从金融机构套取资金而实施的欺诈性行为。具体来看，实践中存在着虚构贸易、一女多嫁以及自保自融形态。供应链金融有别于其他资金借贷的重要一点便是其资金融通的基础是供应链上下游所形成的交易结构和贸易关系，因此，为了套取资金，

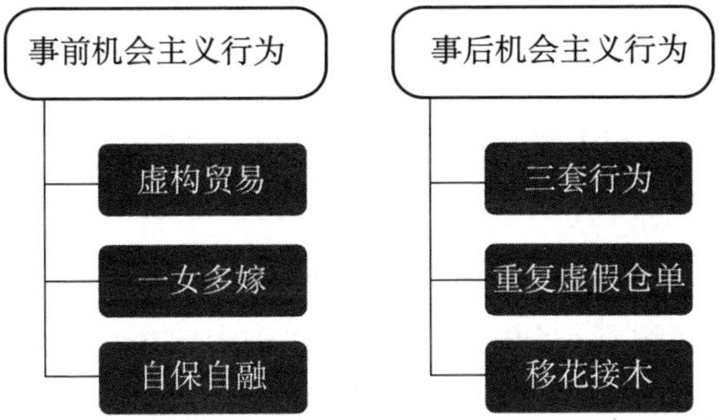

图 10-2　供应链金融中的欺诈行为

有些主体采用虚构贸易实施所谓的贸易金融。即在关联企业之间建立虚假贸易关系，形成一系列交易合同和单证，然后据此骗取银行或其他金融机构的资金。在这种欺诈行为方式下，从形式上看，的确存在着交易流（买卖）和物流（物流服务），也存在着不同的参与方或服务者，而且交易的单证和要素也是完整的，但是实质上，所有的交易场景都是关联方假造出来的，并没有真正意义上的实质性产业活动。这种欺诈的目的一方面可以使关联参与方虚构经营收入和利润，另一方面可以骗取银行授信以及低成本资金。一女多嫁与虚构贸易不同，后者形成的交易和资产实质上是虚假的，而前者则是真实的交易和资产，但前者的借款方凭借所形成的真实交易和资产从多方获得资金，加大了杠杆，放大了资金借贷风险。具体来讲就是借款企业虽然有交易或物流业务，或者一定的资产，但是由于目前不同金融机构或者供应链金融服务方之间难以做到信息共享，加之整个社会的统一信息、信用公示平台尚未建立，借款方运用自身的业务或资产从多方融资，特别是通过不规范的民间借贷或 P2P 平台，放大自身信用，套取资金。自保自融是针对贷方要求将借款方担保、质押监管等作为获得资金的前提，而虚构担保人或监管人，以套取资金的做法。通常自保自融是指在从事供应链融资的过程中亲属、朋友或者紧密关联人为借款企业进行担保，或者由同一人或关联人实际控制的物流仓储进行货物质押监管，套取资金。

事后机会主义行为是借款人在获得资金后，通过各种欺诈行为，套取资金收益，从而增大资金融通风险的做法。这类机会主义风险主要反映为三套行为、重复虚假仓单以及移花接木等形态。三套行为是前些年（2011—2016年）非常典型的供应链金融欺诈现象，它指的是为了获得金融收益而实施的套利、套汇和套税。套利、套汇是利用利率或汇率的波动，通过虚构贸易、物流而博取利差和汇差的行为，除此之外还可以获取其他非法收益（诸如通过将业务量做大套取银行授信，做小贷买理财；或者骗取出口退税等）。套税则是利用货票分离博取相应的税收利益，具体来讲就是将销往一些终端客户（往往这些终端客户不需要销售发票）而节省下来的税票卖给一些公司或填补销售的税票：一方面售票的企业获得了套税产生的收益，而终端客户可以获得部分套税收益形成的返点；另一方面买票企业可以填补虚假交易的缺口。此外，还有一种套税骗税的做法是在货物等级上做文章，即将B类货报为A类货，套取退税收益。值得注意的是，早期的三套行为完全建立在虚构贸易基础上，即并没有发生真实的贸易和物流，只是虚构交易行为套取汇差、利差或者其他收益。而如今一些三套行为则存在真实的交易过程，产生了“真实的假交易”，即交易买卖或物流活动真实存在，但是其目的在于通过环环相扣的交易行为，做大业务量，套取资金，博取各种相应收益。例如目前在一些国际贸易活动中，通过内外串谋、里应外合形成出口交易，从而骗取出口退税等收益，即商品出口境外，再转口贸易到其他地区进行流通加工，再以跨境进口的名义进入境内。重复虚假仓单也是传统的供应链金融欺诈现象，这在2013年上海钢贸案以及之后发生的青岛港事件中反映得最为典型，它是指借款企业与仓储企业或相关人员恶意串通，以虚假开立或者重复开立的方式，就他人货物或者同一货物开立多张仓单，以供借款企业重复质押给不同金融机构获取大量仓单质押贷款，并从中牟取暴利。移花接木是近年来较为常见的供应链金融欺诈现象。供应链金融的特征在于通过供应链业务带动金融活动，服务产业供应链中的参与者，特别是中小企业，进而借助于有效的金融服务，进一步带动和优化产业供应链运营。移花接木则不同，资金的获取是凭借供应链中的业务或资产，但是筹集到资金后，资金的用途和去向并不是产业供应链，而是将资金投放到借款人博利的其他领域，诸如股市、房地产、理财等领域，甚至直接做“二银行”，放小贷，这样资金并没有真正进入产业供应链运营之中。

10.3 智慧供应链金融风险管理体系

10.3.1 智慧供应链金融风险管理双维驱动：智慧化信用

面对产生供应链金融风险的两种状态，即供应链运营风险以及交易主体的机会主义行为，要有效地控制和管理供应链金融风险，就需要建立风险管理体系，并且充分运用现代 ICT，遏制可能带来金融风险的各类因素。具体来讲，供应链金融风险的控制与管理有两种不同的维度或方向，根据这两个维度形成了不同的着眼点和方式，它们各具特色，并且产生了逐渐融合的态势（见图 10-3）。

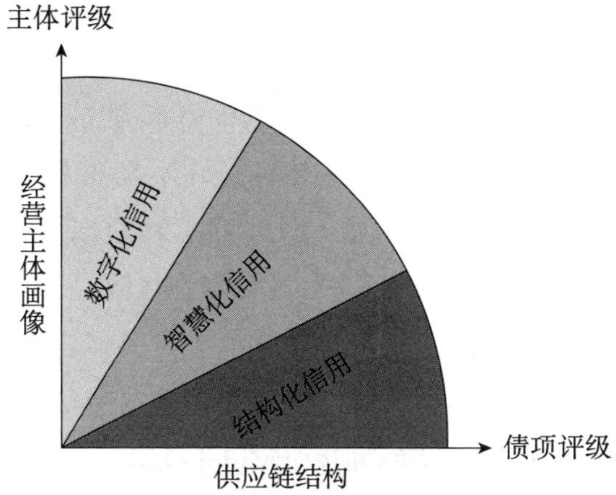

图 10-3　智慧供应链金融风险管理体系

供应链金融风险控制与管理的一个维度是供应链结构和供应链运营中的要素，即在全面把握供应链交易过程和资产的基础上，有效防范金融借贷的风险。这种风险控制与管理，正是供应链金融出现的本来含义（Dyckman，2011），即在传统的资金借贷状况下，由于金融机构无法实现对借款方真实信息的了解，因而产生了怕贷拒贷的状态。而供应链金融立足于真实的供应链运营场景以及其中的资产状态，使得金融机构能够直接凭借供应链中的信息和要素，顺利实施金融活动。这是因为供应链中的资产，如第三方管理的库存为金融机构评估产品和价值提供了最为直接的途径，从而促进了资金在供应链中的流动（Buzacott & Zhang，2004；Hofmann，2009）；或者通过供应链运营中的交易形成了良好的交易信用，从而促进资金流动效率（Lee & Rhee，2011；Casey & O'Toole，2014；Canto-Cuevas，Palacín-Sánchez & Di Pietro，2019）。此外，供应链运营中形成的合作关系、信息分享等因素，都使得信息不对称的程度下降，风险得以有效控制，也使金融机构能够凭借供应链运营的体系和发生的因素，在扩展金融服务市场的同时，控制相应的风险（He & Tang，2012；Silvestro & Lustrato，2014）。因此，可以看出这种风险控制的基础是债项评级，即在充分把握因为交易而产生的债权债务关系结构的基础上，通过控制和管理行为过程而有效地控制潜在的金融风险。宋华和卢强（2017）在对比传统银行借贷的基础上指出，供应链金融之所以能有效解决中小企业的融资问题，原因在于其在借贷前更注重于交易信息和交易信用，借贷后更强调结构嵌入和行为控制。因此，这种风险控制的基础建立在结构性信用之上，相反，它对于参与供应链运营中的主体特征并不是非常关注，或者说即便参与者的资质可能存在一定的问题，只要能更好地嵌入到供应链业务中，也能够使金融机构有效开展金融服务，控制潜在风险。

与债项评级相对应的另一个风险管理的维度是以经营主体的画像，或者说主体评级为基础的。这种风险控制的基础是通过给借款方定义一系列的属性，进而对其进行全方位的描述（Middleton，Shadbolt & De Roure，2004；Morey，Forbath & Schoop，2015）。这种方式随着大数据分析技术以及机器学习的发展，已经成为商务智能领域最为重要的技术化手段。特别是在金融领域，由于大多数中小企业很难有健全的财务报表和可抵质押的资产，因此，需要通过有效的用户画像来刻画客户的状态和信用程度，进而为金融服务决策提供依据（Koyuncugil & Ozgulbas，2008）。例如，王培元（2018）提出小企业信用画像可以用标签的集合来描述，标签的数据来源主要以税务数据为主，税务数据能动态反映企业的经营情况。另外，标签的设计应充分结合工商、法院等政府部门和互联网数据。显然，这种风险控制与管理的手段主要是数字信用，即通过对围绕用户发生的数据进行深度挖掘和分析，来间接反映用户的信用状态，进而为信贷提供支撑。

随着智慧供应链金融的发展，基于供应链结构和运营的结构化信用与基于经营者画像的数字信用开始发生融合，即运用用户画像以及机器学习能够更好地理解供应链运营和各参与者的信用，进而有效降低供应链金融风险（Zhu，Zhou，Xie，Wang & Nguyen，2019）。这是因为一方面完全依赖于结构化信用来控制供应链金融风险，无法更为有效地了解参与者的特征状况。特别是当供应链运营越来越趋向于网络化和生态化后，不是所有的业务都能为核心企业所掌控和了解，这时单一运用结构信用就不能使供应链金融服务于更多网络中的中小企业，尤其是多级供应商或客户。另一方面完全凭借客户画像来控制风险，也限制了供应链金融服务的规模化发展。如前节所述，风险不仅来自主体或者借款方，也会来自供应链运营环境、行业和业务活动，以及与特定任务相关的因素。例如，有时供应链金融风险的产生不是直接因为借款方的信用不够或者机会主义行为，而是因为其上下游企业的经营出问题或者失信，而连带导致了金融风险，因此，只有充分了解和掌握供应链结构和运营状况，才能有效地防范潜在风险，推动金融服务的有序发展。结构化信用与数字信用的结合产生了智慧化信用，即充分运用先进分析技术、机器学习、区块链等现代 ICT，刻画供应链各参与者的属性，了解相互之间所形成的业务关系和运营状态，进而系统化地控制供应链金融风险，推进供应链金融发展。

10.3.2　智慧化信用确立原则与管理要素

智慧化信用的确立需要运用现代 ICT，特别是大数据分析和其他各种分析工具（如机器学习和生物识别等），同时把控供应链的业务流和运用参与主体的画像，全面反映供应链运营的真实状态以及参与主体的真实信用，从而有效地控制信用风险（Wallis，2003；Zhu，Zhou，Xie，Wang & Nguyen，2019；Bakoben，Bellotti & Adams，2019；Petropoulos，Siakoulis，Stavroulakis & Klamargias，2019）。特别是供应链金融日趋网络生态化，供应链参与者日益多级化，以及随着互联网的发展，在信息出现过载的状况下，如何通过有效的手段更加全面、细致、精确地管理业务和参与主体，是智慧供应链金融发展的关键。具体来讲，智慧化信用的确立需要实现新的“六化”原则（相对于之前提及的业务闭合化、收入自偿化、交易信息化、管理垂直化、风险结构化以及声誉资产化，见宋华《互联网供应链金融》第十章），即“行为场景化”“资产穿透化”“管理精细化”“经营预警化”“信息治理化”以及“声誉数字化”。

（1）行为场景化

“场景”一词来自英文“contextualization”，至今学界对其仍没有统一的定义。Schilit 和 Theimer（1994）将其定义为“所在的位置，与附近的人的关系以及发生的行为”。虽然没有统一的定义，但普遍的共识是“场景”不仅与当时所处的位置有关，还应包括网络连接、通信成本、社会情况、身份状态、阶层等社会身份。行为场景化指的是在特定的时间和特定的地点，由一组特定的主体，形成特定的关系。例如，在商业领域，企业围绕用户的价值诉求，设计和开发产品和业务，通过特定的互动方式，将产品和服务传递给用户，形成相互之间融合的社群效应。同样，在金融服务领域也存在着互动的社群关系，Morrison、Pitt 和 Kietzmann（2015）提出在 U 型商务环境下［即 ubiquity 无处不在，普遍性（universality），统一性（unison），独特性（uniqueness）］，金融服务提供商需要通过放大、削减、场景和超越来实现有效的金融服务。具体来讲，为了有效地控制信用风险，需要综合运用数据分析和信息处理，对供应链网络的上下游企业结构进行刻画，从而真实地反映核心企业、借方以及相关利益方在业务场景中的位置和状态。例如，如果焦点企业在供应链群体中处于关键的协调和管理地位，其特征就决定了供应链整体的特征。同样，如果交易双方的业务关系持久，相应的供应链金融风险就较低。从具体分析要素看，需要通过 AI、虚拟现实以及雾计算和云计算，关注两个方面的状态。一是借方与上下游企业所建构的网络状态，这包括由核心企业、作为借方的中小企业、其他关联企业所形成的网络状态、网络的紧密程度、各主体在网络中的位置、相互之间的关系结构、影响和被影响的程度等（Carnovale，Rogers & Yeniyurt，2018；Song，Lu，Yu & Qian，2018；宋华和杨璇，2018；Carnovale，Rogers & Yeniyurt，2019）。二是借款方与上下游企业的业务开展状态，例如与前几位供应商和客户的交易的比例以及持续程度等。一般而言，上下游的集中度既不能太低，也不能太高，太低意味着借方与上下游企业的业务关系不够紧密，而太高则依存度较强，容易受上下游企业的威胁。同理，持续程度反映了企业业务关系的稳定程度，稳定性较差会使借贷风险增大，而过于稳定，从长远看，企业缺乏了足够的探索性。

（2）资产穿透化

资产是供应链金融的关键要素之一（Constand，Osteryoung & Nast，1991；Buzacott & Zhang，2004），例如存货融资就是基于仓单、库存、产品等新形成的金融业务（Buzacott & Zhang，2004；Hofmann，2009）。然而，库存融资仍然是有风险的，这种风险既来自存货的商业周期和价格波动（Gaur & Seshadri，2005），也来自存货管理中的道德风险（宋华和杨璇，2018）。因此，要真正促进基于资产的供应链金融业务，就需要真实、细致、全面地反映和管理供应链中的资产。资产穿透化就是要借助于大数据、AI 等手段清晰地刻画和反映供应链运营中的资产和资产的流动状态。具体来讲，对资产的把握主要是指能清晰地反映资产的结构以及资产的价值状态，并且能够渗透到资产的细颗粒度管理。资产结构反映的是各类资产占总资产的比重，诸如不同类型的固定资产、其他资产以及流动资产投放的比例等，其中流动资产和固定资产的比例结构往往决定了企业的收益和风险。如果企业净营运资金较少，意味着企业以较大份额资金投入到盈利能力较高的固定资产上，从而使整体盈利水平上升；但从风险性看，企业的营运资金越少，意味着流动资产和流动负债的差额越小，到期无力偿债的危险性也越大。在实践中，如将过多的资金投入到前期的固定资产上，极有可能导到流动资金紧张、经营出现问题、短期偿债能力下降。因此，资产结构管理的重点，在于确定一个既能维持企业正常开展经营活动，又能在减少或不增加风险的前提下，给企业带来更多利润的流动资金水平。资产价值反映的是资产在交易市场的价格，它是买卖双方在公开市场竞价和交易过程中均能接受的价格水平。例如，供应链金融中质押的存货在特定的时间、特定的地点究竟具有何种价值，这是控制和管理风险的基础。除了静态地把握资产结构和资产价值外，动态地刻画资产价格的变化，也非常重要，如果资产价格变化剧烈或者波动较大，则从事供应链金融业务的风险加大；反之，金融服务的风险较低。因此，对资产短期和长期的价值变动，以及企业业务的成长性分析等都是供应链金融风险管理的关键。

（3）管理精细化

这里讲的管理主要针对的是供应链运营和业务的管理状态，很多研究认为有效的供应链管理，包括供应链知识教育和文化，能触发较高的供应链绩效（Li，Ragu-Nathan，Ragu-Nathan & Subba Rao，2006；Luo，Shi & Venkatesh，2018）。一个组织的供应链运营管理的效率越高，说明其竞争力越强（Hult，Ketchen & Arrfelt，2007），从而能极大降低其供应链金融风险。尽管有很多方面能够体现供应链管理的水平和状况，然而，最为直接的指标仍然是企业的现金流量周期。目前有很多研究认为现金流量周期是反映组织供应链管理水平的重要因素（Stewart，1995；Lai，Ngai & Cheng，2002；Randall & Theodore Farris，2009）。需要看到的是现金流量周期的组成因素反映了两个不同的方面，一是企业的供应链运营管理能力，即库存天数或者库存周转率。库存天数越长，或者库存周转率越慢，说明一个企业的供应链运营能力越弱（Jones & Riley，1985；Gunasekaran，Patel & McGaughey，2004），因此，利用数据分析企业库存周转是反映其运营能力的最重要因素。二是商业信用，即应收账款的天数减去应付账款的天数，这一指标直接反映的是一个企业为其客户提供的信用水平。Zhang、Dong、Luo和Segerstedt（2014）的研究发现，在制造商和零售商组成的供应链体系中，如果零售商延期支付，上游制造商并不像想象的那样希望下游批量订货，而是只会小批量供货，只有当下游零售商采用有效的手段，提供商业信用，上游制造商才会批量供货。因此，商业信用的状况反映了上下游资金管理的水平。一般而言，没有提供商业信用，上下游的业务难以稳定和发展，但是过大的商业信用，会占压企业自身的资金，造成现金流出问题。因此商业信用需要在一个合理的范围。

（4）经营预警化

经营预警化是基于收入自偿的角度，收入自偿反映的是供应链金融中所有潜在的风险能够被未来确定的收益所覆盖（宋华，2017），一旦未来的收益性受到挑战，金融的风险就会增大，因此，企业的账务状态和经营能力等均会对供应链运营风险产生作用（Wu，Blackhurst & Chidambaram，2006），进而影响到金融安全。具体来看，要预见性地判断一个企业的经营状态，就需要从多方面衡量和反映其经营绩效，这包括交易的历史盈利率、品类覆盖程度、利息保障倍数、进项出项的状况等以税务为基础的财务数据。交易的历史盈利率指的是企业过去发生的业务盈利状况，以及盈利的持续状况，这一因素反映了企业的经营能力和发展潜力。品类覆盖程度指的是企业从事产品经营的幅度，它也反映了企业开发组织产品或业务的能力，同时也间接反映了企业内部和协同产品创新的能力，企业创新能力越强，对供应链金融的促进作用越显著（Song，Chen & Ganguly，2019）。利息保障倍数是指企业生产经营所获得的息税前利润与利息费用的比率（企业息税前利润与利息费用之比）。它是衡量企业支付负债利息能力的指标（用以衡量偿付借款利息的能力），企业生产经营所获得的息税前利润与利息费用相比，倍数越大，说明企业支付利息费用的能力越强。以税务为基础的财务数据指的是小企业信用画像可以用标签的集合来描述，标签的数据来源主要以税务数据为主，从而能动态反映企业经营情况和经营能力（王培元，2018）。

（5）信息治理化

信息治理是一个全新的概念，它与 IT 治理有一定关联，但又有很大的区别。IT 治理是公司治理的一部分，它是“一种领导、组织 IT 结构和流程，以保证组织的 IT 系统能维持和扩展企业的战略和目标”。由此可见，

IT治理只是企业战略和IT整合的工具，而不能解决为实现供应链价值，收集、运用、处理和交换信息的问题。此外，IT治理过于强调通过对系统的控制来实现IT与战略的结合，忽略了信息化运用产生的创新性行为，或者忽略了价值重新创造的过程。Donaldson和Walker（2004）创造性地提出了信息治理的概念。信息治理涉及建立环境和机会、规则和决策权，以评价、创建、收集、分析、传递、存储、运用和控制信息，以解答"我们需要什么信息、如何运用这些信息、谁负责"等问题（Kooper，Maes & Lindgreen，2011）。显然，信息治理行为包括了交易管理、规则确立、信息安全、数据流管理以及信息的全生命周期管理等。

有效的信息治理，需要解决好四个问题：

第一，如何建立起有效的信息源和信息结构。也就是说在价值链建设的过程中，要考虑为了实现整个价值链的效率，并且为利益各方产生协同价值，需要什么样的信息？这些信息与大家共同追寻的目标是什么关系？这类信息从何而来？运用什么手段可以获得？解决这些问题，需要处理好信息源、接收地以及信息管理三者之间的均衡关系，这样一组一组的三角关系构成了信息治理最基本的单元。例如，当金融机构向中小微企业提供融资服务时，需要掌握客户企业真实的物流信息。这一目标的实现就涉及了信息源、接收地和信息管理的三角关系。信息源可能是多种多样的，如借助于IoT形成的货物流动信息、海关形成的通关信息、商检发出的产品数量、质检信息等。而接收方需要的是关于货物价值的完整性、保全性的信息。这就需要从事信息管理或规制的组织将零散的、不同渠道产生的信息进行整合、挖掘并生成、传递给接收方。这种三角关系一旦失衡，就容易产生各种各样的信息盲区和障碍，使得供应链运行发生中断。

第二，如何保障信息的可靠、安全和运用。信息可靠指的是信息可信、可以据此采取相应行动。如果供应链服务集成商根据客户企业的财务报表决定是否提供某项服务时，一定是确认这份报表是真实可靠的，而信息一旦失真必然导致灾难性结果。信息安全则是信息在生成、传递和使用过程中能被应该接收的主体获取，而不发生信息的泄露或外溢，或者违反法律和隐私规定。信息运用则是指获取的信息是能用来应对挑战、了解状况、解决问题、做出决策的。而信息的上述三个特征的实现，很明显需要在 IT 建设、信息形态、业务等级和流程规范管理上下功夫。

第三，如何实现信息的持续与全生命周期管理，亦即信息能否持续地产生、推进和应用，并且能有更多的利益相关方参与到信息生成、分享的过程中。要实现这一目标，需要信息规制方处理好两个关系。一是，所有网络合作成员通过分享、学习和沟通所建构的信息域，即合作各方共同努力提升信息的质量、信息的处理和信息的应用。二是网络合作成员参与方与外部管理方之间的信息互惠和管理改进。任何业务信息都难免受到经济、政策和制度的影响，因此，要真正实现信息的可持续，就需要与制度管理方形成信息互动。

第四，如何实现信息获取、处理代价或成本可控。信息的获取是有成本的，诺贝尔经济学奖获得者斯蒂格勒（Stigler）指出信息的获取程度是由边际收益和边际成本的关系决定的。在“互联网＋”时代，如何通过更为有效的价值链参与主体的网络建构，降低信息获取成本已成为今天信息治理的核心问题。

（6）声誉数字化

声誉是企业竞争力的重要因素（Gu & Lu，2014），因为它意味着利益相关者对公司持有的信念、情绪、情感的总体评价（Dacin & Brown，2006；Mukherjee & He，2008）。对于声誉的界定，学术界有两个不同的维度，一是认为声誉是利益相关者对企业能力的认同（Walsh，Mitchell，Jackson & Beatty，2009；Low & Robins，2014）；二是认为声誉是对企业可能性的认知（Love & Kraatz，2009）。显然，这两个维度的侧重点是不尽一致的，前者更倾向于对企业现实的客观认知，后者是对企业行为的预期性判断。事实上，这两个维度都是从不同的方面来刻画企业状态，相互之间互为补充，共同构成了企业声誉的整体内容（Raithel & Schwaiger，2015；Song，Turson，Ganguly & Yu，2017）。在供应链金融风险控制中，通过 AI 和大数据分析，能够充分刻画这两类构成声誉的维度。具体来讲，客观能力性的声誉刻画可以反映为银行信用、业界资质、交易性行为等，而预测性的声誉刻画可以表现为工商、税务、反洗钱等第三方数据基础上的主体画像，两者结合运用，就能更为全面地把握借方的整体信用程度。

参考文献

第1章

AUBOIN M，MEIER-EWERT M，2003. Improving the availability of trade finance during financial crises（No. 2）. WTO discussion paper.

BAKKER M H，UDELL G F，KLAPPER L F，2004. Financing small and medium-size enterprises with factoring：global growth and its potential in Eastern Europe.

BARSKY N P，CATANACH JR A H，2005. Evaluating business risks in the commercial lending decision. Com. Lending Rev，20：3.

BERGER A N，UDELL G F，1995. Relationship lending and lines of credit in small firm finance. Journal of business，86（3）：351-381.

BERGER A N，UDELL G F，2002. Small business credit availability and relationship lending：the importance of bank organizational structure. The economic journal，112（477）.

BOOT A W，THAKOR A V，1994. Moral hazard and secured lending in an infinitely repeated credit market game. International economic review：899-920.

BUZACOTT J A，ZHANG R Q，2004. Inventory management with asset-based financing. Management science，50（9）：1274-1292.

CAMERINELLI E，2009. Supply chain finance. Journal of payments strategy & systems，3（2）：114-128.

CANIATO F，et al.，2016. Does finance solve the supply chain financing problem? Supply chain management：an international journal，21（5）：534-549.

CHEN X，HU C，2011. The value of supply chain finance. In supply chain management-applications and simulations. InTech.

CHAUFFOUR J P, FAROLE T, 2009. Trade finance in crisis: market adjustment or market failure. Centre for economic policy research : 119.

COFACE, 2017. China corporate payment survey: the devil is in the detail. [2017-01-30]. www. coface. com. cn/News-Publications-Events/Publications/China-corporate-payment-survey-the-devil-is-inthe-detail .

COULTER J, ONUMAH G, 2002. The role of warehouse receipt systems in enhanced commodity marketing and rural livelihoods in Africa. Food policy , 27 (4): 319-337.

DEWITT T, GIUNIPERO L C, MELTON H L, 2006. Clusters and supply chain management: the Amish experience. International journal of physical distribution & logistics management, 36 (4): 289-308.

DIERCKS L A, 2004. Identifying and managing troubled borrowers in asset-based lending scenarios. Com. Lending Rev, 19: 38.

EISENSTADT M, 1966. A finance company's approach to warehouse receipt loans. New York certified public accountant (pre-1986), 36 (000009): 661.

FENMORE E, 2004. Making purchase-order financing work for you. Secured lender, 60 (2): 20-20.

FRYE J, 2000. Collateral damage: a source of systematic credit risk. Risk, 13 (4): 91-94.

GERTZOF M, 1999. The changing face of asset-based lending. Com. Lending Rev, 15: 52.

GELSOMINO L M, et al. , 2016. Supply chain finance: a literature review. International journal of physical distribution & Logistics mnagement, 46 (4): 348-366.

Global Business Intelligence, 2016. State of supply chain finance industry entering a new era of maturity. https: //www. demica. com/library/gbi-2016-state-of-scf-april-21. pdf.

GOMM M L, 2010. Supply chain finance: applying finance theory to supply chain management to enhance finance in supply chains. International journal of logistics: research and applications, 13 (2): 133-142.

GREENBAUM S I, KANATAS G, VENEZIA I, 1989. Equilibrium loan pricing under the bank-client relationship. Journal of banking & finance, 13 (2): 221-235.

GSCFF, 2015. Standard definitions for techniques of supply chain finance. https: //www. abe-eba. eu/Repository. aspx? ID=f7855005-f9b1-4b7e-bc4a-36ece3c9eb3b.

HANSENM T, PODOLNY J M, PFEFFER J, 2001. So many ties so little time: a task contingency perspective on corporate social capital in organizations. In social capital of organizations. Emerald Group Publishing Limited：21-57.

HESSE M，RODRIGUE J P，2004. The transport geography of logistics and freight distribution. Journal of transport geography，12（3）：171-184.

HEDGES L，2007. Effect sizes in cluster-randomized designs journal of educational and behavioral statistics december：1341-370.

HOBERG K，PROTOPAPPA-SIEKE M，STEINKER S，2017. How do financial constraints and financing costs affect inventories? An empirical supply chain perspective. International journal of physical distribution & logistics management，47（6）：516-535.

HOFMANN E，2005. Supply chain finance：some conceptual insights. Beiträge zu beschaffung und logistik：203-214.

HOFMANN E，KOTZAB H，2010. A Supply chain-oriented approach of working capital management. Journal of business Logistics，31（2）：305-330.

HOFMANN E，STREWE U M，BOSIA N，2017. Supply chain finance and blockchain technology：the case of reverse securitisation. Springer.

HUMPHREY J，2009. Are exporters in Africa facing reduced availability of trade finance?. IDS bulletin，40（5）：28-37.

KOCH A R，1948. Economic aspects of inventory and receivables financing. Law & contemp，13：566.

KOUVELIS P，ZHAO W，2017. Who should finance the supply chain? Impact of credit ratings on supply chain decisions. Manufacturing & service operations management. December.

LACROIX R，VARANGIS P，1996. Using warehouse receipts in developing and transition economies. Finance and development，33：36-39.

LAMOUREUX J F，EVANS T，2011. Supply chain finance：A new means to support the competitiveness and resilience of global value chains. https：//ssrn. com/abstract=2179944 or http：//dx. doi. org/10. 2139/ssrn. 2179944.

MARTIN J，HOFMANN E，2017. Involving financial service providers in supply chain finance practices：company needs and service requirements. Journal of applied accounting research，18（1）：42-62.

McKinsey & Company，2015. Supply-chain finance：the emergence of a new competitive landscape. https：//www. mckinsey. com/industries/financial-services/our-insights/supply-chain-finance-the-emergence-of-a-new-competitive-landscape.

MILLER R A，1982. Mas consultant's role asset-based financing. The CPA journal（pre-1986），

52 (000004): 24.

MORE D, BASU P, 2013. Challenges of supply chain finance: a detailed study and a hierarchical model based on the experiences of an Indian firm. Business process management journal, 19 (4): 624-647.

OMRAN Y, et al. , 2017. Blockchain-driven supply chain finance: towards a conceptual framework from a buyer perspective.

OLIVER RK, WEBBER MD, 1992. Supply-chain management: logistics catches up with strategy. M Christopher Chapman, Hall. Logistics: the Strategic Issues. London : 64.

PFOHL H C, GOMM M, 2009. Supply chain finance: optimizing financial flows in supply chains. Logistics research, 1 (3/4): 149-161.

POE T R, 1997. Subjective judgments and the asset-based lender. Com. Lending Rev. 13: 67.

PORTER ME, 1990. Competitive advantage of nations. New York: Free Press.

RANDALL W S, THEODORE FARRIS M, 2009. Supply chain financing: using cash-to-cash variables to strengthen the supply chain. International journal of physical distribution & logistics management, 39 (8): 669-689.

RUTBERG S, 2002. Financing the supply chain by piggy-backing on the massive distribution clout of united parcel service. Secured lender, 58 (3): 40-40.

SINGH D, 2006. Financing export clusters-options and implications for strategy makers. International trade centre UNCTAD.

SILVESTRO R, LUSTRATO P, 2014. Integrating financial and physical supply chains: the role of banks in enabling supply chain integration. International journal of operations & production management, 34 (3): 298-324.

STEIN J C, 2002. Information production and capital allocation: decentralized versus hierarchical firms. The journal of finance, 57 (5): 1891-1921.

SONG H, WANG L, 2013. The impact of private and family firms' relational strength on financing performance in clusters. Asia pacific journal of management, 30 (3): 735-748.

SONG H, YU K, LU Q, 2018. Financial service providers and banks' role in helping SMEs to access finance. International journal of physical distribution & logistics management. Vol. 1.

STEVENS G C, 1989. Integrating the supply chain. International journal of physical distribution & materials management, 19 (8): 3-8.

STIGLITZ J E, WEISS A, 1981. Credit rationing in markets with imperfect information. The American economic review , 71 (3): 393-410.

TIMME S G, WILLIAMS-TIMME C, 2000. The financial-scm connection. Supply chain management review , 4 (2) (5/6): 33-40: ILL.

VILLENA V H, REVILLA E, CHOI T Y, 2011. The dark side of buyer-supplier relationships: a social capital perspective. Journal of operations management, 29 (6): 561-576.

WANDFLUH M, HOFMANN E, SCHOENSLEBEN P, 2016. Financing buyer-supplier dyads: an empirical analysis on financial collaboration in the supply chain. International journal of logistics research and applications, 19 (3): 1-18.

WRIGHT J F, 1988. Accounting: inventory-based lending. Commercial lending review, 4 (3): 97-99.

WUTTKE D A, et al. , 2016. Supply chain finance: optimal introduction and adoption decisions. International journal of production economics, 178: 72-81.

YAN H, 2017. Credit model of supply chain finance based on big data of E-commerce. In industrial economics system and industrial security engineering . 2017 4th International Conference : 1-4.

ZHAO X, et al. , 2015. Improving the predictability of business failure of supply chain finance clients by using external big data set. Industrial management & data systems, 115 (9): 1683-1703.

陈四清，2014. 自贸区的银行服务创新. 中国金融，3：15-18.

陈淮，1987. 关于物资银行的设想. 中国工业经济研究，3：75-76.

陈祥锋，朱道立，2005. 现代物流金融服务创新——金融物流. 物流技术，3：4-6.

陈祥锋，2008. 供应链金融服务创新论. 上海：复旦大学出版社.

杜传文，2004. 产业集群与中小企业直接融资. 管理观察，9：32-33.

高连和，2013. 国内中小企业集群融资研究综述与展望. 经济体制改革，1：88-92.

郭昊，2012. 民间资本借贷问题及解决方案——以温州民间借贷危机为例. 人民论坛，2：85-87.

胡愈，柳思维，2008. 物流金融及其运作问题讨论综述. 经济理论与经济管理，2：75-79.

孔莉，冯景雯，2009. 集群融资与云南中小企业融资机制创新. 思想战线，35 (1)：92-97.

林毅夫，李永军，2001. 中小金融机构发展与中小企业融资. 经济研究，1 (10)：10-18.

李毅学，2011. 供应链金融风险评估. 中央财经大学学报，10：36-41.

朱道立，2002. 第三方物流服务创新：融通仓及其运作模式初探. 中国流通经济，16 (2)：11-14.

黄海云，陈莉平，2005. 嵌入社会网络的企业集群结构及其优势. 现代管理科学，5：70-71.

任文超，2004. 物资“银行”的构思与操作. 物流技术与应用，9 (10)：32-33.

深圳发展银行一中欧国际工商学院“供应链金融”课题组，2009. 供应链金融. 上海：上海远东出版.

唐少艺，2005. 物流金融实务研究. 内蒙古煤炭经济，5：18-21.

宋华，2015. 供应链金融. 北京：中国人民大学出版社.

宋焱，李伟杰，2009. 物流金融：出现动因、发展模式与风险防范. 金融理论与教学，2：11-14.

王书贞，2007. 基于“银企博弈”视角的中小企业融资分析. 南京大学学报：哲学. 人文科学. 社会科学，6：132-138.

王霄，张捷，2003. 银行信贷配给与中小企业贷款. 经济研究，7：68-75.

王峰娟，安国俊，2009. 集群融资——中小企业应对金融危机下融资困境的新思路. 中国金融，21，33-34.

王巍，2014. 格莱珉银行的小额信贷模式及其对我国农村小额信贷发展的启示. 征信，32（8）：90-92.

王治，王宗军，2005. 融通仓与物资银行. 中国物流与采购，2：28-30.

徐进亮，李俊，丁涛，2013. 中小企业出口融资新模式——结构性贸易融资. 金融理论与实践，10：47-50.

于洋，冯耕中，2003. 物资银行业务运作模式及风险控制研究. 管理评论，15（9）：45-50.

邹小芃，唐元琦，2004. 亟待关注的领域：物流金融学. 科技进步与对策，21（11）：163-165.

袁红，王伟，2005. 物流金融——物流服务的新领域. 中国物流与采购，2：22-23.

赵强，邓学民，韩秀杰，2005. 产业集群创新优势分析及其启示. 商业研究，8：70-72.

郑绍庆，2004. 融通仓——第三方物流架设银企桥梁. 财经理论与实践，25（1）：43-45.

张文君，2010. 集群融资：破解欠发达地区中小企业“融资难”——兼谈鄱阳湖生态经济区建设融资问题. 农林经济管理学报，09（3）：70-73.

第 2 章

BOARDMAN C M，RICCI K J，1985. Defining selling terms：economics of delaying payment-how does your industry compare?. Credit & Financial Management，87（3）：31-33.

CHRISTOPHER M，HOLWEG M，2011. “Supply chain 2. 0”：managing supply chains in the era of turbulence. International journal of physical distribution & logistics management，41（1）：63-82.

FARRIS II M T，1996. Utilizing inventory flow Models with suppliers. Journal of business logistics，17（1）：35.

GALLINGER G，1997. The current and quick ratios：do they stand up to scrutiny. Business credit，99（5）：22-25.

GANESAN S, et al., 2010. Buffering and amplifying effects of relationship commitment in business-to-business relationships. Journal of marketing research, 47 (2): 361-373.

GELSOMINO L M, et al., 2016. Supply chain finance: modelling a dynamic discounting programme. Journal of advanced management science, 4: 283-291. https://doi.org/10.12720/joams.

HOFMANN E, KOTZAB H, 2010. A supply chain-oriented approach of working capital management. Journal of business logistics, 31 (2): 305-330. https://doi.org/10.1002/j.2158-1592.2010.tb00154.x.

HONG S J, 2015. Is cash-to-cash cycle appropriate to measure supply chain performance?

V KACHITVICHYANUKUL, K SETHANAN, P GOLINSKA-DAWSON. Toward sustainable operations of supply chain and logistics systems: 21-36. https://doi.org/10.1007/978-3-319-19006-8_2.

JAIN J, et al., 2010. Supply chain management: literature review and some issues. Journal of studies on manufacturing, 1: 1.

KOTABE M, MOL M J, 2009. Outsourcing and financial performance: a negative curvilinear effect. Journal of purchasing and supply management, 15 (4): 205-213.

LANCASTER C, STEVENS J L, JENNINGS J A, 1998. Corporate liquidity and the significance of earnings versus cash flow. Journal of applied business research, 14: 27-38.

LIN F R, SHAW M J, 1998. Reengineering the order fulfillment process in supply chain networks. International journal of flexible manufacturing systems, 10 (3): 197-229.

MATEEN A, MORE D, 2013. Applying TOC thinking process tools in managing challenges of supply chain finance: a case study. International journal of services and operations management, 15 (4): 389. https://doi.org/10.1504/IJSOM.2013.054882.

MENTZER J T, et al., 2001. Defining supply chain management. Journal of business logistics, 22 (2): 1-25.

MOSS J D, STINE B, 1993. Cash conversion cycle and firm size: a study of retail firms. Managerial finance, 19 (8): 25-34.

RANDALL W S, THEODORE FARRIS M, 2009. Supply chain financing: using cash-to-cash variables to strengthen the supply chain. International journal of physical distribution & logistics management, 39 (8): 669-689. https://doi.org/10.1108/09600030910996314.

ROSSETTI C, CHOI T Y, 2005. On the dark side of strategic sourcing: experiences from the aerospace industry. Academy of management perspectives, 19 (1): 46-60.

SCHILLING G, 1996. Working capital's role in maintaining corporate liquidity. TMA journal,

16 (5): 4-7.

SHERIDAN J H, 2000. Now it's a job for the CEO. Industry Week/IW, 249 (6): 22-27.

SLATER D, 2000. By the numbers. CIO magazine, 13 (10): 38.

SOENEN L A, 1993. Cash conversion cycle and corporate profitability. Journal of cash management, 13: 53.

STEWART G, 1995. Supply chain performance benchmarking study reveals keys to supply chain excellence. Logistics information management, 8 (2): 38-44. https://doi. org/10. 1108/09576059510085000.

TALONPOIKA A M, et al., 2014. Modifying the cash conversion cycle: revealing concealed advance payments. International journal of productivity and performance management, 63 (3): 341-353. https://doi. org/10. 1108/IJPPM-12-2012-0130.

THEODORE FARRIS M, HUTCHISON P D, 2003. Measuring cash-to-cash performance. The international journal of logistics management, 14 (2): 83-92.

TIMME S G, WILLIAMS-TIMME C, 2003. The real cost of holding inventory. Supply chain management review, 7 (4) (7/8): 30-37: ILL.

TSAI M C, et al., 2012. The dark side of logistics outsourcing-unraveling the potential risks leading to failed relationships. Transportation research part e: logistics and transportation review, 48 (1): 178-189.

第3章

ABDEL BASSET M, MANOGARAN G, MOHAMED M, 2018. Internet of Things (IoT) and its impact on supply chain: a framework for building smart secure and efficient systems. Future generation computer systems, 86: 614-628.

AKYUZ G A, REHAN M, 2009. Requirements for forming an 'e-supply chain'. International journal of production research , 47 (12): 3265-3287.

ANDERSSON CEDERHOLM E, GYIMÓTHY S, 2010. The service triad: modelling dialectic tensions in service encounters. The service industries journal, 30 (2): 265-280.

ATZORI L, IERA A, MORABITO G, 2010. The internet of things: a survey. Computer networks, 54 (15): 2787-2805.

BABICEANU R F, SEKER R, 2016. Big data and virtualization for manufacturing cyber-physical systems: a survey of the current status and future outlook. Computers in industry, 81: 128-137.

BEN DAYA M, HASSINI E, BAHROUN Z, 2017. Internet of things and supply chain management: a literature review. International journal of production research: 1-24.

BERGER A N, UDELL G F, 2006. A more complete conceptual framework for SME finance. Journal of banking & finance, 30 (11): 2945-2966.

BLACKMAN I D, HOLLAND C P, WESTCOTT T, 2013. Motorola's global financial supply chain strategy. Supply chain management: an international journal, 18 (2): 132-147.

BREALEY R, LELAND H E, PYLE D H, 1977. Informational asymmetries financial structure and financial intermediation. The journal of finance, 32 (2): 371-387.

BRYNJOLFSSON E, HITT L M, KIM H H, 2011. Strength in numbers: how does data-driven decisionmaking affect firm performance? SSRN: 1819486.

BUGHIN J, CHUI M, MANYIKA J, 2010. Clouds big data and smart assets: ten tech-enabled business trends to watch. McKinsey quarterly, 56 (1): 75-86.

BUTNER K, 2010. The smarter supply chain of the future. Strategy & leadership, 38 (1): 22-31. https://doi.org/10.1108/10878571011009859.

CACHON G P, FISHER M, 2000. Supply chain inventory management and the value of shared information. Management science, 46 (8): 1032-1048.

CARDOSO S R, BARBOSA-PÓVOA A P F, RELVAS S, 2013. Design and planning of supply chains with integration of reverse logistics activities under demand uncertainty. European Journal of Operational Research , 226 (3): 436-451.

CARMICHAEL F, PALACIOS-MARQUES D, GIL-PECHUAN I, 2011. How to create information management capabilities through Web 2.0. The service industries journal, 31 (10): 1613-1625.

CECEZ-KECMANOVIC D, JANSON M, BROWN A, 2002. The rationality framework for a critical study of information systems. Journal of information technolog, 17 (4): 215-227. https://doi.org/10.1080/02683960022000017752.

CHAE B. OLSON D, SHEU C, 2014. The impact of supply chain analytics on operational performance: a resource-based view. International journal of production research, 52 (16): 4695-4710.

CHAKKOL M, et al., 2014. From goods to solutions: how does the content of an offering affect network configuration? International journal of physical distribution & logistics managemen, 44 (1/2): 132-154.

CHEN B, et al., 2018. Smart factory of industry 4.0: key technologies application case and challenges. IEEE Access 6: 6505-6519.

CHRISTOPHER M, 2016. Logistics & supply chain management. Pearson UK.

DAMIANI E, FRATI F, TCHOKPON R, 2011. The role of information sharing in supply chain management: the securescm approach. International journal of innovation and technology management, 8 (03): 455-467.

DANESE P, ROMANO P, FORMENTINI M, 2013. The impact of supply chain integration on responsiveness: the moderating effect of using an international supplier network. Transportation research part e: logistics and transportation review , 49 (1): 125-140.

DE CREMER D, NGUYEN B, SIMKIN L, 2017. The integrity challenge of the Internet-of-Things (IoT): on understanding its dark side. Journal of Marketing Management, 33 (1-2): 145-158.

ELLRAM L M, TATE W L, BILLINGTON C, 2004. Understanding and managing the services supply chain. The journal of supply chain management, 40 (4): 17-32.

EVANS P C, ANNUNZIATA M, 2012. Industrial internet: pushing the boundaries. General electric reports.

FISHER O, et al. , 2018. Cloud manufacturing as a sustainable process manufacturing route. Journal of manufacturing systems, 47: 53-68.

FLEISCHE, 2010. What is the internet of things? An economic perspective. Economics management and financial markets, 5 (2): 125-157.

FSB F, 2016. Describing the landscape and a framework for analysis.

GUPTA S, DRAVE V A, BAG S, Luo Z, 2019. Leveraging smart supply chain and information system agility for supply chain flexibility. Information systems frontiers : 1-18.

HANDFIELD R B, NICHOLS E L, 2002. Supply chain redesign: transforming supply chains into integrated value systems. Ft Press.

HESSMAN T, 2013. The dawn of the smart factory. Industry week, 14: 4-19.

HOLMBERG S, 2000. A systems perspective on supply chain measurements. International journal of physical distribution & logistics management , 30 (10): 847-868.

IANSITI M, LEVIEN R, 2002. The new operational dynamics of business ecosystems: implications for policy operations and technology strategy. Citeseer.

JESCHKE S, et al. , 2017. Industrial internet of things and cyber manufacturing systems. Industrial internet of things, Springer: 3-19.

JOHN S, 2000. Social network analysis: a handbook. Contemporary sociology, 22 (1): 128.

KAGERMANN H, et al. , 2013. Recommendations for implementing the strategic initiative INDUSTRIE 4. 0: securing the future of German manufacturing industry; final report of the Industrie 4. 0 Working Group. Forschungsunion.

KANG H S, et al., 2016. Smart manufacturing: past research present findings and future directions. International journal of precision engineering and manufacturing-green technology, 3 (1): 111-128.

KIM S, HELLER M, 2006. Emerging cyberinfrastructure: challenges for the chemical process control community. Computers & chemical engineering , 30 (10-12): 1497-1501.

KUMAR R S, PUGAZHENDHI S, 2012. Information sharing in supply chains: an overview. Procedia engineering, 3: 2147-2154.

LAMBERT D M, COOPER M C, 2000. Issues in supply chain management. Industrial marketing management, 29 (1): 65-83.

LAZZARINI S, CHADDAD F, COOK M, 2001. Integrating supply chain and network analyses: the study of netchains. Journal on chain and network science, 1 (1): 7-22.

LEE H L, 2002. Aligning supply chain strategies with product uncertainties. California management review, 44 (3): 105-119.

LEE I, LEE K, 2015. The Internet of Things (IoT): applications investments and challenges for enterprises. Business horizons, 58 (4): 431-440.

LEE J, et al., 2015. Industrial big data analytics and cyber-physical systems for future maintenance & service innovation. Procedia cirp, 38: 3-7.

LEVI D S, KAMINSKY P, LEVI E S, 2003. Designing and managing the supply chain: concepts strategies and case studies. McGraw-Hill.

LIKER J K, CHOI T Y, 2004. Building deep supplier relationships. Harvard business review, 82 (12): 104-113.

LIU Z, PRAJOGO D, OKE A, 2016. Supply chain technologies: linking adoption utilization and performance. Journal of supply chain management, 52 (4): 22-41.

LUCKE D, CONSTANTINESCU C, WESTKÄMPER E, 2008. Smart factory-a step towards the next generation of manufacturing. Manufacturing systems and technologies for the new frontier, Springer: 115-118.

LUSCH R F, 2011. Reframing supply chain management: a servic-dominant logic perspective. Journal of supply chain management, 47 (1): 14-18.

MASCIARI E, 2012. SMART: stream monitoring enterprise activities by RFID tags. Information sciences, 195: 25-44.

MEINDL P, CHOPRA S, 2013. Supply chain management: strategy planning and operation 5/e. Pearson education India.

MITHAS S, RAMASUBBU N, SAMBAMURTHY V, 2011. How information management capability influences firm performance. MIS quarterly, 35 (1): 237.

MODI S B, MABERT V A, 2010. Exploring the relationship between efficient supply chain management and firm innovation: an archival search and analysis. Journal of supply chain management, 46 (4): 81-94.

MONOSTORI L, 2014. Cyber-physical production systems: roots expectations and R&D challenges. Procedia cirp, 17: 9-13.

MOURATIDIS H, DIAMANTOPOULOU V, 2018. A security analysis method for industrial internet of things. IEEE transactions on industrial informatics, 14 (9): 4093-4100.

OUDENHOVEN J, VULLERS R, VAN SCHAIJK R, 2012. A review of the present situation and future developments of micro-batteries for wireless autonomous sensor systems. International journal of energy research, 36 (12): 1139-1150.

PAPERT M, PFLAUM A, 2017. Development of an ecosystem model for the realization of internet of things (IoT) services in supply chain management. Electronic markets, 27 (2): 175-189.

PEDROSO M C, NAKANO D, 2009. Knowledge and information flows in supply chains: a study on pharmaceutical companies. International journal of production economics, 122 (1): 376-384.

PORTER M E, 1985. Competitive advantage: creating and sustaining superior performance. New York: FreePress, 43: 214.

REN L, et al., 2015. Cloud manufacturing: from concept to practice. Enterprise information systems, 9 (2): 186-209.

RYAN P, WATSON R, 2017. Research challenges for the internet of things: what role can or play? Systems, 5 (1): 24.

SCHOENHERR T, SPEIER-PERO C, 2015. Data science predictive analytics and big data in supply chain management: current state and future potential. Journal of business logistics, 36 (1): 120-132.

SU N, LEVINA N, ROSS J W, 2016. The long-tail strategy of IT outsourcing. Mit sloan management review, 57 (2): 81.

TAN K H, et al., 2015. Harvesting big data to enhance supply chain innovation capabilities: an analytic infrastructure based on deduction graph. International journal of production economics, 165: 223-233.

THIESSE F, BUCKEL T, 2015. A comparison of RFID-based shelf replenishment policies in retail stores under suboptimal read rates. International journal of production economics，159：126-136.

TSIGA Z D，et al.，2017. Adoption of escm in centralized and decentralized manufacturing organizations，143.

VALLET-BELLMUNT T，RIVERA-TORRES P，2013. Integration：attitudes patterns and practices. Supply chain management：an international journal，18（3）：308-323.

WALLER M A，FAWCETT S E，2013. Data science predictive analytics and big data：a revolution that will transform supply chain design and management. Journal of business logistics，34（2）：77-84.

WANG R Y，STRONG D M，1996. Beyond accuracy：what data quality means to data consumers. Journal of management information systems，12（4）：5-33.

WEISER M，1999. The computer for the 21 st century. Acm sigmobile mobile computing and communications review，3（3）：3-11.

WITJAKSONO G，et al.，2018. Iot for agriculture：food quality and safety. IOP Publishing. 343 012023.

WU L，et al.，2016. Smart supply chain management'a review and implications for future research. The international journal of logistics management，27（2）：395-417.

WYCISK C，MCKELVEY B，HÜLSMANN M，2008. "Smart parts" supply networks as complex adaptive systems：analysis and implications. International journal of physical distribution & logistics management，38（2）：108-125.

ZELBST P J，et al.，2012. Impact of RFID on manufacturing effectiveness and efficiency. International journal of operations & production management，32（3）：329-350.

ZHANG L，et al.，2014. Cloud manufacturing：a new manufacturing paradigm. Enterprise information systems，8（2）：167-187.

ZHOU Z，et al.，2018. The persuasive and informative effects of information disclosure：evidence from an online supply chain finance market. Ssrn electronic journal（Lewis）：1-35.

韩蕊，2013. 企业大数据已进入应用摸索阶段. 互联网周刊，19：14-15.

姜超峰，2015. 供应链金融服务创新. 中国流通经济，1.

李仁发，等，2012. 信息—物理融合系统若干关键问题综述. 计算机研究与发展，49（6）：1149-1161.

李文莲，夏健明，2013. 基于"大数据"的商业模式创新. 中国工业经济，4（5）：83-95.

李逸群，龙剑，2013. 大数据时代下战略性新兴产业的创新路径研究. 消费电子，14：173-174.

任广见，2014. 基于"大数据"的商业模式创新及启示. 现代商贸工业，20：171-172.

宋华，2015. 供应链金融. 北京：中国人民大学出版社.

宋华，2017. 互联网供应链金融. 北京：中国人民大学出版社.

宋华，卢强，2017 . 基于虚拟产业集群的供应链金融模式创新：创捷公司案例分析. 中国工业经济，5：174-194.

宋华，杨璇，2018. 中小企业竞争力与网络嵌入性对供应链金融绩效的影响研究. 管理学报，5（4）：616-624.

王鑫龙，2014. 大数据环境下的物流开放平台业务及应用方案研究. 物流商论，18：159-160.

相婷婷，2013. 电子供应链金融的技术支撑. 电子测试，（7x）：245-246.

薛锦辉，2014. 供应链金融应该如何运用大数据. 中国外汇，（18）：36-37.

闫俊，2013. 大数据对速递行业发展的影响研究. 物流技术（装备版），12.

第 4 章

ADRODEGARI F，SACCANI N，2017. Business models for the service transformation of industrial firms. The service industries journal，37（1）：57-83.

BAINES T S，et al.，2009. The servitization of manufacturing：a review of literature and reflection on future challenges. Journal of manufacturing technology management，20（5）：547-567.

BAINES T，et al.，2017. Servitization：revisiting the state-of-the-art and research priorities. International journal of operations & production management，37（2）：256-278.

BALDWIN C Y，CLARK K B，2003. Managing in an age of modularity. Managing in the modular age：architectures networks and organizations，149：84-93.

BARNETT N J，et al.，2013. Servitization：is a paradigm shift in the business model and service enterprise required? Strategic change，22（3-4）：145-156.

BASOLE R C，ROUSE W B，2008. Complexity of service value networks：conceptualization and empirical investigation. IBM systems journal，47（1）：53-70.

BLAU B，et al.，2009. Service value networks. 2009 IEEE conference on commerce and enterprise computing：194-201.

BÖTTCHER M，KLINGNER S，2011. Providing a method for composing modular B2B services. Journal of business & industrial marketing，26（5）：320-331.

CENAMOR J，RÖNNBERG SJÖDIN D，PARIDA V，2017. Adopting a platform approach in servitization：leveraging the value of digitalization. International journal of production economics，192：54-65.

DAUGHERTY P J，ELLINGER A E，ROGERS D S，1995. Information accessibility：customer responsiveness and enhanced performance. International journal of physical distribution & logistics management, 25 (1): 4-17.

DEWITT T, GIUNIPERO L C, MELTON H L, 2006. Clusters and supply chain management: the Amish experience. International journal of physical distribution & logistics management, 36 (4): 289-308.

DYER J H, SINGH H, HESTERLY W S, 2018. The relational view revisited: a dynamic perspective on value creation and value capture. Strategic management journal.

FELDMAN M, FRANCIS J, BERCOVITZ J, 2005. Creating a cluster while building a firm: Entrepreneurs and the formation of industrial clusters. Regional studies, 39 (1): 129-141.

FU W, WANG Q, ZHAO X, 2017. The influence of platform service innovation on value co-creation activities and the network effect. Journal of service management, 28 (2): 348-388.

GANESAN S, MALTER A J, RINDFLEISCH A, 2005. Does distance still matter? Geographic proximity and new product development. Journal of marketing, 69 (4): 44-60.

GEBAUER H, FLEISCH E, FRIEDLI T, 2005. Overcoming the service paradox in manufacturing companies. European management journal, 23 (1): 14-26.

GOTTSCHALK P, 2007. How knowledge organisations work: the value shop configuration. International journal of services and standards, 3 (4): 402-412.

GRÖNROOS C, GUMMERUS J, 2014. The service revolution and its marketing implications: service logic vs service-dominant logic. Managing service quality: an international journal, 24 (3): 206-229.

HAMMER M, CHAMPY J, 2009. Reengineering the corporation: manifesto for business revolution a. Zondervan.

HEESEOK LEE, CHOONGSEOK LEE, CHEONSOO YOO, 1998. A scenario-based object-oriented methodology for developing hypermedia information systems. Proceedings of the thirty-first hawaii international conference on system sciences, 2: 47-56.

HEINONEN K, STRANDVIK T, 2015. Customer-dominant logic: foundations and implications. Journal of services marketing, 29 (6/7): 472-484.

HOLDT CHRISTENSEN P, 2007. Knowledge sharing: moving away from the obsession with best practices. Journal of knowledge management, 11 (1): 36-47.

IAMMARINO S, MCCANN P, 2006. The structure and evolution of industrial clusters: transactions technology and knowledge spillovers. Research policy, 35 (7): 1018-1036.

KASTALLI I V, VAN LOOY B, 2013. Servitization: disentangling the impact of service business model innovation on manufacturing firm performance. Journal of operations management, 31

(4): 169-180.

KOHTAMÄKI M, RABETINO R, EINOLA S, 2018. Paradoxes in servitization // KOHTAMÄKI T, et al. Practices and tools for servitization: 185-199.

LI F, WHALLEY J, 2002. Deconstruction of the telecommunications industry: from value chains to value networks. Telecommunications policy, 26 (9-10): 451-472.

LUSCH R F, VARGO S L, O'BRIEN M, 2007. Competing through service: insights from service-dominant logic. Journal of retailing, 83 (1): 5-18.

LUSCH R F, VARGO S L, TANNIRU M, 2010. Service value networks and learning. Journal of the academy of marketing science, 38 (1): 19-31.

MARTINEZ V, et al., 2010. Challenges in transforming manufacturing organisations into product-service providers. Journal of manufacturing technology management, 21 (4): 449-469.

MOROSINI P, 2004. Industrial clusters knowledge integration and performance. World development, 32 (2): 305-326.

OINAS P, 2017. Proximity distance and diversity: issues on economic interaction and local development. Routledge.

PORTER M E, 1985. Competitive advantage: creating and sustaining superior performance. New York: FreePress, 43: 214.

PORTER M E, MILLAR V E, 1985. How information gives you competitive advantage.

SCHMITZ H, 1995. Collective efficiency: growth path for small-scale industry. The journal of development studies, 31 (4): 529-566.

SMEDLUND A, 2012. Value cocreation in service platform business models. Service science, 4 (1): 79-88.

SMITH W K, LEWIS M W, 2011. Toward a theory of paradox: a dynamic equilibrium model of organizing. Academy of management review, 36 (2): 381-403.

SOBEK II D K, WARD A C, LIKER J K, 1999. Toyota's principles of set-based concurrent engineering. Mit sloan management review, 40 (2): 67.

SONG H, et al., 2018. How do knowledge spillover and access in supply chain network enhance SMEs' credit quality? Industrial management & data systems.

STABELL C B, FJELDSTAD Ø D, 1998. Configuring value for competitive advantage: on chains shops and networks. Strategic management journal, 19 (5): 413-437.

SURESHCHANDAR G S. RAJENDRAN C, ANANTHARAMAN R N, 2002. The relationship between service quality and customer satisfaction -a factor specific approach. Journal of services marketing, 16 (4): 363-379.

SWEET P, 2001. Strategic value configuration logics and the "new" economy: a service economy revolution? International journal of service industry management, 12 (1): 70-84.

THOMAS L D W, AUTIO E, GANN D M, 2014. Architectural Leverage: putting Platforms in Context. Academy of management perspectives, 28 (2): 198-219.

THOMPSON J D, 1967. Organizations in action: social science bases of administrative theory. New York: McGraw-Hill.

TURUNEN T, FINNE M, 2014. The organisational environment's impact on the servitization of manufacturers. European management journal, 32 (4): 603-615.

TUUNANEN T, CASSAB H, 2011. Service process modularization: reuse versus variation in service extensions. Journal of service research, 14 (3): 340-354.

UZZI B, 1997. Social structure and competition in interfirm networks: the paradox of embeddedness. Administrative science quarterly, 42 (1): 35.

VANDERMERWE S, RADA J, 1988. Servitization of business: adding value by adding services. European management journal, 6 (4): 314-324.

VARGO S L, LUSCH R F, 2004. Evolving to a new dominant logic for marketing. Journal of marketing, 68 (1): 1-17.

VARGO S L, LUSCH R F, 2008. Service-dominant logic: continuing the evolution. Journal of the academy of marketing science, 36 (1): 1-10.

VENDRELL-HERRERO F, et al., 2017. Servitization digitization and supply chain interdependency. Industrial marketing management, 60: 69-81.

VITASEK K, MANRODT K, 2012. Vested outsourcing: a flexible framework for collaborative outsourcing. Strategic outsourcing: An international journal, 5 (1): 4-14.

WELLS D, H GOBELI D, 2003. The 3R framework: improving e-strategy across reach richness and range. Business horizons, 46 (2): 5-14.

WU X, LIU X, 2009. Absorptive capacity network embeddedness and local firm's knowledge acquisition in the Global Manufacturing Network. International journal of technology management, 46 (3-4): 326-343.

YASSINE A, BRAHA D, 2003. Complex concurrent engineering and the design structure matrix method. Concurrent engineering, 11 (3): 165-176.

YOUSEFF L. BUTRICO M, DA SILVA D, 2008. Toward a unified ontology of cloud computing: 1-10. IEEE.

第5章

ARTHURS J D，et al.，2009. Signaling and initial public offerings：The use and impact of the lockup period. Journal of business venturing，24（4)：360-372.

BALVERS R J，MCDONALD B，MILLER R E，1988. Underpricing of new issues and the choice of auditor as a signal of investment banker reputation. Accounting review：605-622.

BASUROY S，DESAI K K，Talukdar D，2006. An empirical investigation of signaling in the motion picture industry. Journal of marketing research，43（2)：287-295.

BESTER H，HELLWIG M，1987. Moral hazard and equilibrium credit rationing：an overview of the issues. In agency theory information and incentives，Springer：135-166.

BHARGAVA H K，CHOUDHARY V，2004. Economics of an information intermediary with aggregation benefits. Information systems research，15（1)：22-36.

BHATTACHARYA S，1979. An exploration of nondissipative dividend-signaling structures. Journal of financial and quantitative analysis，14（4)：667-668.

CAILLAUD B，JULLIEN B，2001. Competing cybermediaries. European economic review，45（4-6)：797-808.

CERTO S T，DAILY C M，DALTON D R，2001. Signaling firm value through board structure：an investigation of initial public offerings. Entrepreneurship theory and practice，26（2)：33-50.

CONNELLY B L，et al.，2011. Signaling theory：a review and assessment. Journal of management，37（1)：39-67.

DEELMANN T，LOOS P，2002. Trust economy：aspects of reputation and trust building for SMEs in e-business. MCIS 2002 proceedings 302.

DINIZ E，PORTO R M，ADACHI T，2005. Internet banking in Brazil：evaluation of functionality reliability and usability. The electronic journal of information systems evaluation，8（1)：41-50.

DODDS W B，MONROE K B，1985. The effect of brand and price information on subjective product evaluations. Acr north american advances.

EBERS M，MAURER I，2014. Connections count：how relational embeddedness and relational empowerment foster absorptive capacity. Research policy，43（2)：318-332.

ELLIOTT W B，PREVOST A K，RAO R P，2009. The announcement impact of seasoned equity offerings on bondholder wealth. Journal of banking & finance，33（8)：1472-1480.

FELTOVICH N，HARBAUGH R，2001. Signaling and countersignaling：a theory of understatement. Claremont Colleges.

FELTOVICH N. HARBAUGH R，2002. Too cool for school? Signalling and countersignalling.

The RAND journal of economics, 33 (4): 630.

FISCHER E, REUBER R, 2007. The good the bad and the unfamiliar: the challenges of reputation formation facing new firms. Entrepreneurship theory and practice, 31 (1): 53-75.

GAMMOH B S, VOSS K E, CHAKRABORTY G, 2006. Consumer evaluation of brand alliance signals. Psychology & marketing, 23 (6): 465-486.

GULATI R, HIGGINS MC , 2003. Which ties matter when? The contingent effects of interorganizational partnerships on IPO success. Strategic management journal, 24 (2): 127-144.

HEIL O, ROBERTSON T S, 1991a. Toward a theory of competitive market signaling: a research agenda. Strategic management journal, 12 (6): 403-418.

HEIL O, ROBERTSON T S, 1991b. Toward a theory of competitive market signaling: a research agenda. Strategic management journal, 12 (6): 403-418.

HELFAT C E, WINTER S G, 2011. Untangling dynamic and operational capabilities: strategy for the (n) ever-changing world. Strategic management journal, 32 (11): 1243-1250.

HSU P, et al, 2015. Corporate innovation default risk and bond pricing. Journal of corporate finance, 35: 329-344.

ILMOLA L, KUUSI O, 2006. Filters of weak signals hinder foresight: monitoring weak signals efficiently in corporate decision-making. Futures, 38 (8): 908-924.

ISLAM M, FREMETH A, MARCUS A, 2018. Signaling by early stage startups: US government research grants and venture capital funding. Journal of business venturing, 33 (1): 35-51.

JANNEY J J, FOLTA T B, 2003. Signaling through private equity placements and its impact on the valuation of biotechnology firms. Journal of business venturing, 18 (3): 361-380.

JANNEY J J, FOLTA T B, 2006. Moderating effects of investor experience on the signaling value of private equity placements. Journal of business venturing, 21 (1): 27-44.

JOHNSON E J, 2001. Digitizing consumer research. Journal of consumer research, 28 (2): 331-336.

JULIEN P-A, ANDRIAMBELOSON E, RAMANGALAHY C, 2004. Networks weak signals and technological innovations among SMEs in the land-based transportation equipment sector. Entrepreneurship & regional development, 16 (4): 251-269.

KAUFFMAN R J, SUBRAMANI M, WOOD C A, 2000. Analyzing information intermediaries in electronic brokerage. IEEE. 10.

KIRMANI A, RAO A R, 2000. No pain no gain: a critical review of the literature on signaling unobservable product quality. Journal of marketing, 64 (2): 66-79.

LAMPE C A. ELLISON N, STEINFIELD C, 2007. A familiar face (book): profile elements as signals in an online social network. ACM: 435-444.

MASLACH D, et al. , 2018. Noise as signal in learning from rare events. Organization science, 29 (2): 225-246.

NDOFOR H A, LEVITAS E, 2004. Signaling the strategic value of knowledge. Journal of management, 30 (5): 685-702.

OZMEL U, REUER J J, GULATI R, 2013. Signals across multiple networks: how venture capital and alliance networks affect interorganizational collaboration. Academy of management journal, 56 (3): 852-866.

PLUMMER L A, ALLISON T H, CONNELLY B L, 2016. Better together? Signaling interactions in new venture pursuit of initial external capital. Academy of management journal, 59 (5): 1585-1604.

PODOLNY J M, 1993. A status-based model of market competition. American journal of sociology, 98 (4): 829-872.

POLLOCK T G, GULATI R, 2007. Standing out from the crowd: the visibility-enhancing effects of IPO-related signals on alliance formation by entrepreneurial firms. Strategic organization, 5 (4) 339-372.

POSTHUMA R A, et al. , 2018. Social signaling and interorganizational relationships: lessons learned from the professional sports industry. Business horizons.

PRAHALAD C, 2000. The core competence of the corporation. Strategic learning in a knowledge economy: 3-22.

RAMASWAMI A, et al. , 2010. Gender mentoring and career success: the importance of organizational context. Personnel psychology, 63 (2): 385-405.

RAO S, et al. , 2018. Return time leniency in online retail: a signaling theory perspective on buying outcomes. Decision sciences, 49 (2): 275-305.

ROSE F, 2012. The economics concept and design of information intermediaries: a theoretic approach. Springer science & business media.

ROSS S A, 1973. The economic theory of agency: the principal's problem. The american economic review, 63 (2): 134-139.

SHARMA P, DAVCIK N S, PILLAI K G, 2016. Product innovation as a mediator in the impact of R&D expenditure and brand equity on marketing performance. Journal of business research, 69 (12): 5662-5669.

SHENK D, 1997. Data smog: Surviving the information glut. Harpercollins publishers.

SONG H, et al., 2017. Evaluating the effects of supply chain quality management on food firms' performance: the mediating role of food certification and reputation. International journal of operations & production management, 37 (10): 1541-1562.

SPENCE M, 1978. Job market signaling//Uncertainty in economics. elsevier: 281-306.

STEIGENBERGER N, WILHELM H, 2018. Extending signaling theory to rhetorical signals: evidence from crowdfunding. Organization science, 29 (3): 529-546.

STIGLITZ J E, 2000. The contributions of the economics of information to twentieth century economics. The quarterly journal of economics, 115 (4): 1441-1478.

STIGLITZ J E, 2002. Information and the change in the paradigm in economics. American economic review, 92 (3): 460-501.

STIGLITZ J E, WEISS A, 1981. Credit rationing in markets with imperfect information. The american economic review, 71 (3): 393-410.

TAJ S A, 2016. Application of signaling theory in management research: addressing major gaps in theory. European management journal, 34 (4): 338-348.

WALKER H J, et al., 2013. Is this how I will be treated? Reducing uncertainty through recruitment interactions. Academy of management journal, 56 (5): 1325-1347.

WALLIS J, 2003. Information-saturated yet ignorant: information mediation as social empowerment in the knowledge economy. Library review, 52 (8): 369-372.

WESTPHAL J D, ZAJAC E J, 2001. Decoupling policy from practice: the case of stock repurchase programs. Administrative science quarterly, 46 (2): 202-228.

WILLIAMSON O E, 1973. Markets and hierarchies: some elementary considerations. The american economic review, 63 (2): 316-325.

WOMACK R, 2002. Information intermediaries and optimal information distribution. Library & information science research, 24 (2): 129-155.

WU J, et al., 2017. Signaling in joint venture capital: a social network perspective. Industrial management & data systems, 117 (10): 2340-2363.

WU S J, MELNYK S A, FLYNN B B, 2010. Operational capabilities: the secret ingredient: operational capabilities. Decision sciences, 41 (4): 721-754.

ZEITHAML V A, 1988. Consumer perceptions of price quality and value: a means-end model and synthesis of evidence. The journal of marketing: 2-22.

宋华，2015. 供应链金融. 北京：中国人民大学出版社.

第6章

ANGULO A, NACHTMANN H, WALLER M A, 2004. Supply chain information sharing in a vendor managed inventory partnership. Journal of business logistics, 25 (1): 101-120.

BALLOU D P, PAZER H L, 1985. Modeling data and process quality in multi-input multi-output information systems. Management science, 31 (2): 150-162.

BATINI C, et al., 2015. From data quality to big data quality. Journal of database management, 26 (1): 60-82.

BECHINI A, et al., 2008. Patterns and technologies for enabling supply chain traceability through collaborative e-business. Information and software technology, 50 (4): 342-359.

BEN-DAYA M, HASSINI E, BAHROUN Z, 2017. Internet of things and supply chain management: a literature review. International journal of production research: 1-24.

BOLLEN A F, RIDEN C P, OPARA L U, 2006. Traceability in postharvest quality management. International journal of postharvest technology and innovation, 1 (1): 93-105.

BUZACOTT J A, ZHANG R Q, 2004. Inventory management with asset-based financing. Management science, 50 (9): 1274-1292.

CAI L, ZHU Y, 2015. The challenges of data quality and data quality assessment in the big data era. Data science journal, 14 (0): 2.

CARIDI M, et al., 2014. The benefits of supply chain visibility: a value assessment model. International journal of production economics, 151: 1-19.

CHOUDHURY V, 1997. Strategic choices in the development of interorganizational information systems. Information systems research, 8 (1): 1-24.

GIANNAKIS M, LOUIS M, 2011. A multi-agent based framework for supply chain risk management. Journal of purchasing and supply management, 17 (1): 23-31.

GORDIJN J, AKKERMANS H, VAN VLIET J, 2001. Designing and evaluating e-business models. IEEE intelligent systems, 16 (4): 11-17.

GUNASEKARAN A, NGAI E W T, 2004. Virtual supply-chain management. Production planning & control, 15 (6): 584-595.

HAZEN B T, et al., 2014. Data quality for data science predictive analytics and big data in supply chain management: an introduction to the problem and suggestions for research and applications. International journal of production economics, 154: 72-80.

HOFMANN E, 2009. Inventory financing in supply chains: a logistics service provider-approach. International journal of physical distribution & logistics management, 39 (9): 716-740.

IACOVOU C L, BENBASAT I, DEXTER A S, 1995. Electronic data interchange and small organizations: adoption and impact of technology. MIS quarterly: 465-485.

IANSITI M, LAKHANI K R, 2017. The truth about blockchain. Harvard business review, 95 (1): 118-127.

IndustryARC, 2018. Big data market with focus on supply chain management: key trends competitive landscape geographic & end-user analysis (2012-2018).

JUN C, WEI M Y, 2011. The research of supply chain information collaboration based on cloud computing. Procedia environmental sciences 10: 875-880.

KATAL A, WAZID M, GOUDAR R, 2013. Big data: issues challenges tools and good practices. IEEE: 404-409.

KHAN A, et al., 2017. A holistic view of the iot process from sensors to the business value.

KHAN R, et al., 2012. Future internet: the internet of things architecture possible applications and key challenges. 2012 10th international conference on frontiers of information technology: 257-260.

LEE H L, PADMANABHAN V, WHANG S, 1997a. Information distortion in a supply chain: the bullwhip effect. Management science, 43 (4): 546-558.

LEE H L, PADMANABHAN V, WHANG S, 1997b. The bullwhip effect in supply chains. Sloan management review, 38: 93-102.

LEE H L, SO K C, TANG C S, 2000. The value of information sharing in a two-level supply chain. Management science, 46 (5): 626-643.

LEE H L, WHANG S, 2000. Information sharing in a supply chain. International journal of manufacturing technology and management, 1 (1): 79-93.

LEE Y W, et al., 2002. AIMQ: a methodology for information quality assessment. Information & management, 40 (2): 133-146.

LI B, LI Y, 2017. Internet of things drives supply chain innovation: a research framework. International journal of organizational innovation, 9 (3): 71-92.

LI B-H, et al., 2010. Cloud manufacturing: a new service-oriented networked manufacturing model. Computer integrated manufacturing systems, 16 (1): 1-7.

LIU L, JIA W, 2010. Business model for drug supply chain based on the internet of things. IEEE: 982-986.

MADNICK S E, et al., 2009. Overview and framework for data and information quality research. Journal of data and information quality, 1 (1): 1-22.

PREMKUMAR G，RAMAMURTHY K，NILAKANTA S，1994. Implementation of electronic data interchange：an innovation diffusion perspective. Journal of management information systems，11 (2)：157-186.

RAGHUNATHAN S，YEH A B，2001. Beyond EDI：impact of continuous replenishment program (CRP) between a manufacturer and its retailers. Information systems research，12 (4)：406-419.

ROBAK S，FRANCZYK B，ROBAK M，2013. Applying big data and linked data concepts in supply chains management. IEEE：1215-1221.

ROSS A D，KUZU K，LI W，2016. Exploring supplier performance risk and the buyer's role using chance-constrained data envelopment analysis. European journal of operational research，250 (3)：966-978.

SHI W，et al.，2016. Edge computing：vision and challenges. IEEE internet of things journal，3 (5)：637-646.

SHI W，DUSTDAR S，2016. The promise of edge computing. Computer，49 (5)：78-81.

TIAN F，2016. An agri-food supply chain traceability system for China based on RFID & blockchain technology. IEEE：1-6.

TRIENEKENS J H，et al.，2012. Transparency in complex dynamic food supply chains. Advanced engineering informatics，26 (1)：55-65.

VAKHARIA A J，2002. E-business and supply chain management. Decision sciences，33 (4)：495-504.

WALLER M A，FAWCETT S E，2013. Data science predictive analytics and big data：a revolution that will transform supply chain design and management. Journal of business logistics：34 (2)：77-84.

WANG R Y，STRONG D M，1996. Beyond accuracy：what data quality means to data consumers. Journal of management information systems，12 (4)：5-33.

WEBER I，et al.，2016. Untrusted business process monitoring and execution using blockchain. Springer：329-347.

WILLIAMS B D，et al.，2013. Leveraging supply chain visibility for responsiveness：the moderating role of internal integration. Journal of operations management，31 (7-8)：543-554.

WU Y，et al.，2013. Cloud computing in support of supply chain information system infrastructure：understanding when to go to the cloud. Journal of supply chain management，49 (3)：25-41.

XU X，2012. From cloud computing to cloud manufacturing. Robotics and computer-integrated manufacturing，28（1）：75-86.

YU M-C，GOH M，2014. A multi-objective approach to supply chain visibility and risk. European journal of operational research，233（1）：125-130.

YU Z，YAN H，EDWIN CHENG T，2001. Benefits of information sharing with supply chain partnerships. Industrial management & data systems，101（3）：114-121.

ZHANG A N. GOH M，MENG F，2011. Conceptual modelling for supply chain inventory visibility. International journal of production economics，133（2）：578-585.

ZHANG L，et al.，2014. Cloud manufacturing：a new manufacturing paradigm. Enterprise information systems，8（2）：167-187.

ZHAO X，et al.，2015. Improving the predictability of business failure of supply chain finance clients by using external big dataset. Industrial management & data systems，115（9）：1683-1703.

ZHOU W，PIRAMUTHU S，2015. Lot and supply chain traceability//R DOSS S，PIRAMUTHU，W ZHOU. Future network systems and security，523：156-165.

ZHOU Z，et al.，2018. The persuasive and informative effects of information disclosure：evidence from an online supply chain finance market. Ssrn electronic journal.

第7章

ANCA IULIANA NICOLAE，2018. Working capital financing in reverse supply chains-new perspectives（auto-financing）. Eurasian journal of economics and finance，6（1）：35-46.

ANDERSEN M，SKJOETT-LARSEN T，2009. Corporate social responsibility in global supply chains. Supply chain management：an international journal，14（2）：75-86.

ANTLE J M，1996. Efficient food safety regulation in the food manufacturing sector. American journal of agricultural economics，78（5）：1242-1247.

ANTLE J M，2001. Economic analysis of food safety. Handbook of agricultural economics，1：1083-1136.

ARMENDARIZ B，MORDUCH J，2005. The Economics of microfinance. MIT Press.

AWAYSHEH A，KLASSEN R D，2010. The impact of supply chain structure on the use of supplier socially responsible practices. International journal of operations & production management，30（12）：1246-1268.

BAI C，et al.，2012. Evaluating ecological sustainable performance measures for supply chain management. Supply chain management：An international journal，17（1）：78-92.

BARNEY J B，1995. Looking inside for competitive advantage. Academy of management perspectives，9（4）：49-61.

BEAMON B M, 1999. Designing the green supply chain. Logistics information management, 12 (4): 332-342.

BIJMAN J, MURADIAN R, CECHIN A, 2011. Agricultural cooperatives and value chain coordination. Value chains social inclusion and economic development: contrasting theories and realities: 82-101.

BORODIN V, et al., 2016. Handling uncertainty in agricultural supply chain management: a state of the art. European journal of operational research, 254 (2): 348-359.

BOTONAKI A, et al., 2006. The role of food quality certification on consumers' food choices. British food journal, 108 (2): 77-90.

BOWEN F E, et al., 2001. The role of supply management capabilities in green supply. Production and operations management, 10 (2): 174-189.

BSR, 2018. Win-win-win: the sustainable supply chain finance opportunity. Retrieved from https: // www. bsr. org/en/our-insights/report-view/win-win-win-the-sustainable-supply-chain-finance-opportunity.

CANTO-CUEVAS F J, PALACÍN-SÁNCHEZ M J, DI PIETRO F, 2019. Trade credit as a sustainable resource during an sme's life cycle. Sustainability, 11 (3): 670.

CARTER C R, JENNINGS M M, 2002. Social responsibility and supply chain relationships. Transportation research part e: Logistics and transportation review, 38 (1): 37-52.

CARTER C R, LIANE EASTON P, 2011. Sustainable supply chain management: evolution and future directions. International journal of physical distribution & logistics management, 41 (1): 46-62.

CARTER C R, ROGERS D S, 2008. A framework of sustainable supply chain management: moving toward new theory. International journal of physical distribution & logistics management, 38 (5): 360-387.

CASTKA P, BALZAROVA M A, 2008. ISO 26000 and supply chains-on the diffusion of the social responsibility standard. International journal of production economics, 111 (2): 274-286.

CECHIN A, et al., 2013. Decomposing the member relationship in agricultural cooperatives: implications for commitment. Agribusiness, 29 (1): 39-61.

CHEN K Z, et al., 2015. Innovations in financing of agri-food value chains in China and India: lessons and policies for inclusive financing. China agricultural economic review, 7 (4): 616-640.

CHIARINI A, 2012. Designing an environmental sustainable supply chain through ISO 14001 standard. Management of environmental quality: An international journal, 24 (1): 16-33.

CHIN T A, TAT H H, SULAIMAN Z, 2015. Green supply chain management environmental collaboration and sustainability performance. Procedia CIRP，26：695-699.

CILIBERTI F，et al.，2009. Codes to coordinate supply chains：SMEs' experiences with SA8000. Supply chain management：An international journal，14 (2)：117-127.

CRUZ J M，2008. Dynamics of supply chain networks with corporate social responsibility through integrated environmental decision-making. European journal of operational research，184 (3)：1005-1031.

CURKOVIC S，SROUFE R，2011. Using ISO 14001 to promote a sustainable supply chain strategy. Business strategy and the environment，20 (2)：71-93.

DARBY M R，KARNI E，1973. Free competition and the optimal amount of fraud. The journal of law and economics，16 (1)：67-88.

DE ANGELIS R，HOWARD M，MIEMCZYK J，2018. Supply chain management and the circular economy：towards the circular supply chain. Production planning & control，29 (6)：425-437.

DE SOUSA JABBOUR A B L，et al.，2014. Quality management environmental management maturity green supply chain practices and green performance of Brazilian companies with ISO 14001 certification：direct and indirect effects. Transportation research part e：logistics and transportation review，67：39-51.

DENTONI D，HOSPES O，ROSS R B，2012. Managing wicked problems in agribusiness：the role of multi-stakeholder engagements in value creation：editor's introduction. International food and agribusiness management review，15 (B)：1-12.

DORAN A，MCFAYDEN N，VOGEL R C，2009. The missing middle in agricultural finance：relieving the capital constraint on smallholder groups and other agricultural SMEs. Oxfam policy and practice：agriculture food and land，9 (7)：65-118.

ELKINGTON J，1999. Triple bottom-line reporting：Looking for balance. Australian CPA，69：18-21.

ESTAMPE D，et al.，2013. A framework for analysing supply chain performance evaluation models. International journal of production economics，142 (2)：247-258.

FISHER M L，1997. What is the right supply chain for your product? Harvard business review，75：105-117.

FLEISCHMANN M，et al.，1997. Quantitative models for reverse logistics. European journal of operational research，103：1-17.

FOTOPOULOS C，KRYSTALLIS A，2003. Quality labels as a marketing advantage：the case of the "PDO Zagora" apples in the Greek market. European journal of marketing，37 (10)：

1350-1374.

GEISENDORF S, PIETRULLA F, 2018. The circular economy and circular economic concepts-a literature analysis and redefinition. Thunderbird international business review, 60 (5): 771-782.

GEISSDOERFER M, et al., 2017. The circular economy-a new sustainability paradigm? Journal of cleaner production, 143: 757-768.

GENG Y, DOBERSTEIN B, 2008. Developing the circular economy in China: challenges and opportunities for achieving 'leapfrog development'. The international journal of sustainable development & world ecology, 15 (3): 231-239.

GENOVESE A, et al., 2017. Sustainable supply chain management and the transition towards a circular economy: evidence and some applications. Omega, 66: 344-357.

GHOSH J, 2013. Microfinance and the challenge of financial inclusion for development. Cambridge journal of economics, 37 (6): 1203-1219.

GREEN K, MORTON B, NEW S, 1998. Green purchasing and supply policies: do they improve companies' environmental performance? Supply chain management: an international journal, 3 (2): 89-95.

GUANG SHI V, et al., 2012. Natural resource based green supply chain management. Supply chain management: An international journal: 17 (1): 54-67.

GUIDE JR V D R, et al., 2000. Supply-chain management for recoverable manufacturing systems. Interfaces, 30 (3): 125-142.

HALL J, 2001. Environmental supply-chain innovation. Greener management international: 105-120.

HART S L, 1995. A natural-resource-based view of the firm. Academy of management review, 20 (4): 986-1014.

HART S L, DOWELL G, 2011. Invited editorial: a natural-resource-based view of the firm: fifteen years after. Journal of management, 37 (5): 1464-1479.

HENSON S, REARDON T, 2005. Private agri-food standards: Implications for food policy and the agri-food system. Food policy, 30 (3): 241-253.

HOBBS J E, YOUNG L M, 2000. Closer vertical co-ordination in agri-food supply chains: a conceptual framework and some preliminary evidence. Supply chain management: an international journal, 5 (3): 131-143.

IAKOVOU E, et al., 2012. A methodological framework for the design of green supply chains for the agrifood sector: 184.

INVERNIZZI M G, 2018. Supply chain finance as a sustainability enabler.

KHAVUL S, 2010. Microfinance: creating opportunities for the poor? Academy of management perspectives, 24 (3): 58-72.

KOKKINAKI A I, et al. , 2000. An exploratory study on electronic commerce for reverse logistics. Taylor & francis, 1: 10-17.

KROPP JD, et al. , 2009. Are the poor really more trustworthy? A micro-lending experiment. Agricultural finance review, 69 (1): 67-87.

LEAT P, REVOREDO-GIHA C, 2013. Risk and resilience in agri-food supply chains: the case of the asda porklink supply chain in scotland. Supply chain management: an international journal, 18 (2): 219-231.

LEE H L, 2002. Aligning supply chain strategies with product uncertainties. California Management Review, 44 (3): 105-119.

LEE S M, TAE KIM S, CHOI D, 2012. Green supply chain management and organizational performance. Industrial Management & Data Systems, 112 (8): 1148-1180.

LEWANDOWSKI M, 2016. Designing the business models for circular economy-towards the conceptual framework. Sustainability, 8 (1): 43.

LIANG X, et al. , 2018. Small and medium-sized enterprises sustainable supply chain financing decision based on triple bottom line theory. Sustainability, 10 (11): 4242.

LYLE J T, 1996. Regenerative design for sustainable development. John Wiley & Sons.

MACARTHUR E, 2013. Towards the circular economy. J. Ind. Ecol: 23-44.

MALONI M J, BROWN M E, 2006. Corporate social responsibility in the supply chain: an application in the food industry. Journal of business ethics, 68 (1): 35-52.

MARKELOVA H, et al. , 2009. Collective action for smallholder market access. Food policy, 34 (1): 1-7.

MASI D, DAY S, GODSELL J, 2017. Supply chain configurations in the circular economy: a systematic literature review. Sustainability, 9 (9): 1602.

MCDONOUGH W, BRAUNGART M, 2010. Cradle to cradle: remaking the way we make things. North point press.

MENA C, et al. , 2014. Causes of waste across multi-tier supply networks: cases in the UK food sector. International journal of production economics, 152: 144-158.

MILLER C, 2011. Agricultural value chain finance strategy and design. Food and agriculture organization.

MILLER C，DA SILVA C，2007. Value chain financing in agriculture. Enterprise development and microfinance，18 (2-3)：95-108.

MIYATA S，MINOT N，HU D，2009. Impact of contract farming on income：linking small farmers packers and supermarkets in China. World development，37 (11)：1781-1790.

MURPHY P R，POIST R F，2002. Socially responsible logistics：an exploratory study. Transportation journal：23-35.

MUSSHOFF O，HIRSCHAUER N，2011. A behavioral economic analysis of bounded rationality in farm financing decisions：first empirical evidence. Agricultural finance review，71 (1)：62-83.

NASIR M H A，et al.，2017. Comparing linear and circular supply chains：a case study from the construction industry. International journal of production economics，183：443-457.

NAWROCKA D，BRORSON T，LINDHQVIST T，2009. ISO 14001 in environmental supply chain practices. Journal of cleaner production，17 (16)：1435-1443.

NELSON P，1970. Information and consumer behavior. Journal of political economy，78 (2)：311-329.

NELSON P，1974. Advertising as information. Journal of political economy，82 (4)：729-754.

NILSSON J，1998. The emergence of new organizational models for agricultural cooperatives. Swedish journal of agricultural research，28：39-48.

NINLAWAN C，et al.，The implementation of green supply chain management practices in electronics industry：17-19.

OLLILA P，1994. Farmers' cooperatives as market coordinating institutions. Annals of public and cooperative economics，65 (1)：81-102.

PAGELL M，WU Z，2009. Building a more complete theory of sustainable supply chain management using case studies of 10 exemplars. Journal of supply chain management，45 (2)：37-56.

PAN S-Y，et al.，2015. Strategies on implementation of waste-to-energy (WTE) supply chain for circular economy system：a review. Journal of cleaner production，108：409-421.

PARIKH T S，PATEL N，SCHWARTZMAN Y，2007. A survey of information systems reaching small producers in global agricultural value chains. IEEE：1-11.

PARK-POAPS H，REES K，2010. Stakeholder forces of socially responsible supply chain management orientation. Journal of business ethics，92 (2)：305-322.

PAULI G A，2010. The blue economy：10 years 100 innovations 100 million jobs. Paradigm publications.

PAULRAJ A，2011. Understanding the relationships between internal resources and capabilities sustainable supply management and organizational sustainability. Journal of supply chain management, 47 (1): 19-37.

PEARCE D W, TURNER R K, 1990. Economics of natural resources and the environment. JHU Press.

PEREZ G, 2012. Sustainable supply chain financing: how financial institutions could enhance supply chain sustainability.

PETERSON H C, 2013. Fundamental principles of managing multi-stakeholder engagement. International food and agribusiness management review, 16 (A): 11-22.

PLANING P, 2015. Business model innovation in a circular economy reasons for non-acceptance of circular business models. Open journal of business model innovation, 1 (11).

POIST R F, 1989. Evolution of conceptual approaches to the design of logistics systems: a sequel. Transportation journal: 35-39.

QUIRÓS R, 2007. Agricultural value chain finance. Food & agriculture org.

RAO P, 2002. Greening the supply chain: a new initiative in South East Asia. International journal of operations & production management, 22 (6): 632-655.

RIZOS V, et al., 2016. Implementation of circular economy business models by small and medium-sized enterprises (SMEs): barriers and enablers. Sustainability, 8 (11): 1212.

ROGERS D S, TIBBEN-LEMBKE R, 2001. An examination of reverse logistics practices. Journal of business logistics, 22 (2): 129-148.

SALAM M A, 2009. Retracted article: corporate social responsibility in purchasing and supply chain. Journal of business ethics, 85 (S2): 355-370. https: //doi. org/10. 1007/s10551-008-9733-0

SALIN V, 1998. Information technology in agri-food supply chains. The international food and agribusiness management review, 1 (3): 329-334.

SEURING S, MÜLLER M, 2008. From a literature review to a conceptual framework for sustainable supply chain management. Journal of cleaner production, 16 (15): 1699-1710.

SHUKLA M, JHARKHARIA S, 2013. Agri-fresh produce supply chain management: a state-of-the-art literature review. International journal of operations & production management, 33 (2): 114-158.

SIMON H A, 1972. Theories of bounded rationality. Decision and organization, 1 (1): 161-176.

SONG H, et al., 2017. Evaluating the effects of supply chain quality management on food firms' performance: the mediating role of food certification and reputation. International journal of operations

& production management，37 (10)：1541-1562.

SONG H，YU K，ZHANG S，2017. Green procurement stakeholder satisfaction and operational performance. The international journal of logistics management，28 (4)：1054-1077.

SPENCE L，BOURLAKIS M，2009. The evolution from corporate social responsibility to supply chain responsibility：the case of Waitrose. Supply chain management：an international journal，14 (4)：291-302.

SRIVASTAVA S K，2007. Green supply-chain management：a state-of-the-art literature review. International journal of management reviews，9 (1)：53-80.

STAHEL WALTER，2010. The performance economy. Springer.

STAHEL WR，REDAY G，1976. The potential for substituting manpower for energy report to the commission of the european communities.

STIGLER G J，1961. The economics of information. Journal of political economy，69 (3)：213-225.

SWAMY V，M D，2016. Analyzing the agricultural value chain financing：approaches and tools in India. Agricultural finance review，76 (2)：211-232.

TATE W L，BALS L，2018. Achieving shared triple bottom line (TBL) value creation：toward a social resource-based view (SRBV) of the firm. Journal of business ethics，152 (3)：803-826.

TATE W L，ELLRAM L M，KIRCHOFF J F，2010. Corporate social responsibility reports：a thematic analysis related to supply chain management：corporate social responsibility reports. Journal of supply chain management，46 (1)：19-44.

THIELE G，et al.，2011. Multi-stakeholder platforms for linking small farmers to value chains：evidence from the Andes. International journal of agricultural sustainability，9 (3)：423-433.

TIBBEN-LEMBKE R S，ROGERS D S，2002. Differences between forward and reverse logistics in a retail environment. Supply chain management：an international journal，7 (5)：271-282.

TSENG M L，et al.，2018. Decision-making model for sustainable supply chain finance under uncertainties. International journal of production economics，205：30-36.

TSOLAKIS N K，et al.，2014. Agrifood supply chain management：a comprehensive hierarchical decision-making framework and a critical taxonomy. Biosystems engineering，120：47-64.

VAN BERGEN M，et al.，2018. Supply chain finance schemes in the procurement of agricultural products. Journal of purchasing and supply management.

VAN DER VORST J G，2006. Performance measurement in agri-food supply-chain networks. Quantifying the agri-food supply chain：15-26.

VAN HOEK R I，1999. From reversed logistics to green supply chains. Supply chain management: an international journal, 4 (3): 129-135.

VORLEY B, 2007. Supermarkets and agri-food supply chains in Europe: partnership and protest. Supermarkets and agri-food supply chains: transformations in the production and consumption of foods: 243-267.

WALTON S V, HANDFIELD R B, MELNYK S A, 1998. The green supply chain: integrating suppliers into environmental management processes. International journal of purchasing and materials management, 34 (1): 2-11.

WANG T R, LAN Q G, CHU Y Z, 2013a. Supply chain financing model: Based on China's agricultural products supply chain. Trans Tech Publ, 380: 4417-4421.

WANG T R, LAN Q G, CHU Y Z, 2013b. Supply chain financing model: based on China's agricultural products supply chain. Trans Tech Publ, 380: 4417-4421.

WESTGREN R E, 1999. Delivering food safety food quality and sustainable production practices: the label rouge poultry system in France. American journal of agricultural economics, 81 (5): 1107-1111.

WILLIAMSON O E, 1973. Markets and hierarchies: some elementary considerations. the american economic review, 63 (2): 316-325.

WITJES S, LOZANO R, 2016. Towards a more circular economy: proposing a framework linking sustainable public procurement and sustainable business models. Resources conservation and recycling, 112: 37-44.

YUAN Z, BI J, MORIGUICHI Y, 2008. The circular economy: a new development strategy in China. Journal of industrial ecology, 10 (1-2): 4-8.

ZHIJUN F, NAILING Y, 2007. Putting a circular economy into practice in China. Sustainability science, 2 (1): 95-101.

ZHU Q, GENG Y, LAI K, 2010. Circular economy practices among Chinese manufacturers varying in environmental-oriented supply chain cooperation and the performance implications. Journal of environmental management, 91 (6): 1324-1331.

ZHU Q, SARKIS J, GENG Y, 2005. Green supply chain management in China: pressures practices and performance. International journal of operations & production management, 25 (5): 449-468.

第8章

AZADEH N, 2018. The lending and secured finance review-edition 4-the law reviews. Retrieved March 2 2019 from https: //thelawreviews. co. uk/edition/1001198/the-lending-and-secured-financereview-edition-4.

COFACE，2018. China corporate payment survey 2018：payment delays increase despite rapid and robust growth.

DACIN M T，OLIVER C，ROY J，2007. The legitimacy of strategic alliances：an institutional perspective. Strategic management journal，28 (2)：169-187.

DIMAGGIO P，POWELL W W，1983. The iron cage revisited：collective rationality and institutional isomorphism in organizational fields. American sociological review，48 (2)：147-160.

GLORIA O P，2014. Regulatory issues affecting trade and supply chain finance. APEC.

KEINAN Y，2000. The evolution of secured transactions. Unpublished working paper university of michigan law school.

NETHERLANDS ENTERPRISE AGENCY. Payment term collection charges and statutory interest. Https：//business. gov. nl/regulation/payment-term-collection-charges-statutory-interest/.

NORTH D C，1987. Institutions transaction costs and economic growth. Economic inquiry，25 (3)：419-428.

OLIVER C，1991. Strategic responses to institutional processes. Academy of management review，16 (1)：145-179.

Parliament UK. Capital and private finance，Column 938. (1993).

PIKE R，CHENG N S，2001. Credit management：an examination of policy choices practices and late payment in uk companies. Journal of business finance & accounting，28 (7/8)：1013-1042.

SCOTT W. R，2008. Institutions and organizations：ideas and interests. Sage.

Selznick P，1949. TVA and the grass roots：a study in the sociology of formal organization (3). Univ of California Press.

SELZNICK P，1957. Leadership in administration：a sociological interpretation. Berkeley. Cal.

SUCHMAN M. C，1995. Managing legitimacy：strategic and institutional approaches. Academy of management review，20 (3)：571-610.

TIM M，SARONGRAT W，2017. The domino effect：a study for sage. Plumconsulting. co. uk.

WELSH A，2003. Secured transactions law：best practices and policy options. College park maryland：university of maryland iris center paper (03/06).

第 9 章

ALBERTAZZI U，BOTTERO M，ONGENA S，2016. Asymmetric information and the securitization of SME loans. SSRN electronic journal.

ALLEN F，SANTOMERO A. M，1997. The theory of financial intermediation. Journal of banking & finance, 21 (11-12): 1461-1485.

BHIDE A, 1992. Bootstrap finance: the art of start-ups. Harvard business review, 70 (6). Retrieved from https: //europepmc. org/abstract/med/10122688.

BLACKMAN I D, HOLLAND C P, WESTCOTT T, 2013. Motorola's global financial supply chain strategy. Supply chain management: an international journal, 18 (2): 132-147.

BROWN M, JAPPELLI T, PAGANO M, 2009. Information sharing and credit: firm-level evidence from transition countries. Journal of financial intermediation, 8 (2): 151-172.

BROWN T C, BERGSTROM J C, LOOMIS J B, 2007. Defining valuing and providing ecosystem goods and services. Natural resources journal, 47 (2): 329-376.

BUZACOTT J A, ZHANG R Q, 2004. Inventory management with asset-based financing. Management science, 50 (9): 1274-1292.

CANIATO F, et al. , 2016. Does finance solve the supply chain financing problem? Supply chain management: an international journal, 21 (5): 534-549.

CANIATO F, HENKE M, ZSIDISIN G A, 2019. Supply chain finance: historical foundations current research future developments. Journal of purchasing and supply management.

CARNOVALE S, ROGERS D S, YENIYURT S, 2018. Broadening the perspective of supply chain finance: the performance impacts of network power & cohesion. Journal of purchasing and supply management.

CASSAR G, 2004. The financing of business start-ups. Journal of business venturing, 19 (2): 261-283.

CHEN T-K, LIAO H-H, KUO H-J, 2013. Internal liquidity risk financial bullwhip effects and corporate bond yield spreads: Supply chain perspectives. Journal of banking & finance, 37 (7): 2434-2456.

CHEN T-K, LIAO H-H, LU C-W, 2011. A flow-based corporate credit model. Review of quantitative finance and accounting, 36 (4): 517-532.

CHEN Y J, TSAI H, LIU Y-F, 2018. Supply chain finance risk management: payment default in tourism channels. Tourism economics, 135481661876218.

CHMIELEWSKI T, 2005. Bank risks risk preferences and lending.

CLARK E, MARE D S, RADIĆ N, 2018. Cooperative banksp: what do we know about competition and risk preferences? Journal of international financial markets institutions and money, 52: 90-101.

DE BETTIGNIES J-E, BRANDER J A, 2007. Financing entrepreneurship: bank finance versus venture capital. Journal of business venturing, 22 (6): 808-832.

DE MEIJER C, DE BRUIJN M, 2014. Cross-border supply-chain finance: an important offering in transaction banking. Journal of payments strategy & systems, 7 (4): 304-318.

DELLO IACONO U, REINDORP M, DELLAERT N, 2015. Market adoption of reverse factoring. International journal of physical distribution & logistics management, 45 (3): 286-308.

DIAMOND D W, 1984. Financial intermediation and delegated monitoring. The review of economic studies, 51 (3): 393-414.

DYCKMAN B, 2011. Supply chain finance: risk mitigation and revenue growth. Journal of corporate treasury management, 4 (2): 168-173. Retrieved from buh.

FAIRCHILD A, 2005. Intelligent matching: integrating efficiencies in the financial supply chain. Supply chain management: an international journal, 10 (4): 244-248.

FOLINAS D, et al., 2004. E-volution of a supply chain: cases and best practices. Internet research, 14 (4): 274-283.

FORRESTER J W, 1961. Industrial dynamics. pegasus communications waltham MA.

GELSOMINO L M, et al., 2016. Supply chain finance: a literature review. International journal of physical distribution & logistics management, 46 (4): 348-366.

GOMM M L, 2010. Supply chain finance: applying finance theory to supply chain management to enhance finance in supply chains. International journal of logistics research and applications, 13 (2): 133-142.

GUNASEKARAN A, NGAI E W T, 2004. Virtual supply-chain management. Production planning & control, 15 (6): 584-595.

GUPTA S, DUTTA K, 2011. Modeling of financial supply chain. European journal of operational research, 211 (1) 47-56.

HARRISON R T, MASON C M, GIRLING P, 2004. Financial bootstrapping and venture development in the software industry. Entrepreneurship & regional development, 16 (4): 307-333.

HE X, TANG L, 2012. Exploration on building of visualization platform to innovate business operation pattern of supply chain finance. Physics procedia, 33: 1886-1893.

HOBERG K, PROTOPAPPA-SIEKE M, STEINKER S, 2017. How do financial constraints and financing costs affect inventories? An empirical supply chain perspective. International journal of physical distribution & logistics management, 47 (6): 516-535.

HOFMANN E, 2005. Supply chain finance: some conceptual insights. Logistik management-innovative logistikkonzepte, 80: 203-214.

HOFMANN E, 2009. Inventory financing in supply chains: a logistics service provider-approach. International journal of physical distribution & logistics management, 39 (9): 716-740.

HOFMANN E, 2011. Natural hedging as a risk prophylaxis and supplier financing instrument in automotive supply chains. Supply chain management: an international journal, 16 (2): 128-141.

HOWE J, 2008. Crowdsourcing: how the power of the crowd is driving the future of business. Random house.

HUBBARD D W, 2009. The failure of risk management: why its broken and how to fix it. John Wiley & Sons.

JAPPELLI T, PAGANO M, 2002. Information sharing lending and defaults: cross-country evidence. Journal of banking & finance, 26 (10): 2017-2045.

JIN W, ZHANG Q, LUO J, 2018. Non-collaborative and collaborative financing in a bilateral supply chain with capital constraints. Omega.

JING B, CHEN X, CAI G G, 2012. Equilibrium financing in a distribution channel with capital constraint. Production and operations management, 21 (6): 1090-1101.

JOHNSON M E, 2008. Information risk of inadvertent disclosure: an analysis of file-sharing risk in the financial supply chain. Journal of management information systems, 25 (2): 97-124.

KEIFER S, 2011. E-invoicing: the catalyst for financial supply chain efficiencies. Journal of payments strategy & systems, 5 (1): 38-51.

KEUSCHNIGG C, NIELSEN S B, 2003. Public policy for start-up entrepreneurship with venture capital and bank finance.

KRAEMER-EIS H, SCHABER M, TAPPI A, 2010. Sme loan securitisation-an important tool to support european sme lending. EIF Working Paper, No. : 2010/07. https: //www. econstor. eu/handle/10419/176637

LANG M, BHARADWAJ N, DI BENEDETTO C A, 2016. How crowdsourcing improves prediction of market-oriented outcomes. Journal of business research, 69 (10): 4168-4176.

LEE H L, PADMANABHAN V, WHANG S, 1997. Information distortion in a supply chain: the bullwhip effect. Management scienc, 43 (4): 546-558.

LEKKAKOS S D, SERRANO A, 2016. Supply chain finance for small and medium sized enterprises: the case of reverse factoring. International journal of physical distribution & logistics management, 46 (4): 367-392.

LELAND H E, PYLE D H, 1977. Informational asymmetries financial structure and financial intermediation. The journal of finance, 32 (2): 371-387.

LIEBL J, HARTMANN E, FEISEL E, 2016. Reverse factoring in the supply chain: objectives antecedents and implementation barriers. International journal of physical distribution & logistics management, 46 (4): 393-413.

MANTHOU V, VLACHOPOULOU M, FOLINAS D, 2004. Virtual e-Chain (VeC) model for supply chain collaboration. International journal of production economics, 87 (3): 241-250.

MARKOWITZ H, 1952. Portfolio selection. journal of finance march.

MASSA L, TUCCI C L, AFUAH A, 2017. A critical assessment of business model research. Academy of management annals, 11 (1): 73-104.

METTERS R, 1997. Quantifying the bullwhip effect in supply chains. Journal of operations management, 15 (2): 89-100.

N BERGER A, F UDELL G, 1998. The economics of small business finance: the roles of private equity and debt markets in the financial growth cycle. Journal of banking & finance, 22 (6-8): 613-673.

NIENHUIS J J, CORTET M, LYCKLAMA D, 2013. Real-time financing: extending e-invoicing to real-time SME financing. Journal of payments strategy & systems, 7 (3).

OOI K-B, et al. , 2011. Application of Web 2. 0 in supply chain management: a brief overview. Trends in applied sciences research, 6 (4): 394-399.

PADILLA A J, PAGANO M, 2000. Sharing default information as a borrower discipline device. European economic review, 44 (10): 1951-1980.

PELLEGRINO R, COSTANTINO N, TAURO D, 2018. Supply chain finance: a supply chain-oriented perspective to mitigate commodity risk and pricing volatility. Journal of purchasing and supply management.

PETROPOULOS D, KYRIAZOPOULOS G, 2010. Profitability efficiency and liquidity of the co-operative banks in Greece. Proceedings of ICOAE.

PFOHL H-C, GOMM M, 2009. Supply chain finance: optimizing financial flows in supply chains. Logistics research, 1 (3/4): 149-161.

PRPIĆ J, et al. , 2015. How to work a crowd: developing crowd capital through crowdsourcing. Business horizons, 58 (1): 77-85.

RANDALL W S, THEODORE FARRIS M, 2009. Supply chain financing: using cash-to-cash variables to strengthen the supply chain. International journal of physical distribution & logistics management, 39 (8): 669-689.

SCHOLTENS B, VAN WENSVEEN D, 2003. The theory of financial intermediation: an essay on what it does (not) explain. SUERF studies.

SHARMA G, BAOKU L, 2013. Customer satisfaction in Web 2. 0 and information technology development. Information technology & people, 26 (4): 347-367. https: //doi. org/10. 1108/ITP-12-2012-0157

SIMULA H, VUORI M, 2012. Benefits and barriers of crowdsourcing in b2b firms: generating ideas with internal and external crowds. International journal of innovation management, 16 (06): 1240011.

SONG H, et al. , 2018. How do knowledge spillover and access in supply chain network enhance SMEs' credit quality? Industrial management & data systems.

SONG H, WANG L, 2013. The impact of private and family firms' relational strength on financing performance in clusters. Asia pacific journal of management, 30 (3): 735-748.

SONG H, et al. , 2016. Supply chain network information sharing and SME credit quality. Industrial management & data systems, 116 (4): 740-758.

STIGLITZ J E, WEISS A, 1981. Credit rationing in markets with imperfect information. The american economic review, 71 (3): 393-410.

TAN K C, 2001. A framework of supply chain management literature. European journal of purchasing & supply management, 7 (1): 39-48.

TATE W L, ELLRAM L M, BALS L, 2019. Supply chain finance: solutions for financial sustainability risk management and resilience in supply chain. In supply chain finance: Risk managemenr resilience and supplier.

TERUNGWA A, 2012. Risk management and insurance of small and medium scale enterprises (SMEs) in Nigeria. International journal of finance and accounting, 1 (1): 8-17.

TORRES O C, MALTZ A B, 2010. Understanding the financial consequences of the bullwhip effect in a multi-echelon supply chain. Journal of business logistic, 31 (1): 23-41.

VOUSINAS G, 2012. The transmission channels between financial sector and real economy in light of the current financial crisis: a critical survey of the literature. SSRN 2159837.

VOUSINAS G, 2018. Supply chain finance revisited: a critical review with future prospects. Ssrn electronic journal.

WILLIAMSON S D, 1986. Costly monitoring financial intermediation and equilibrium credit rationing. Journal of monetary economics, 18 (2): 159-179.

WILSON K B, BHAKOO V, SAMSON D, 2018. Crowdsourcing: a contemporary form of project management with linkages to open innovation and novel operations. International journal of operations & production management, 38 (6): 1467-1494.

WINBORG J, LANDSTRÖM H, 2001. Financial bootstrapping in small businesses. Journal of business venturing, 16 (3): 235-254.

WUTTKE D A, BLOME C, HENKE M, 2013. Focusing the financial flow of supply chains: an empirical investigation of financial supply chain management. International journal of production economics, 145 (2): 773-789.

YAN N, DAI H, SUN B, 2014. Optimal bi-level stackelberg strategies for supply chain financing with both capital-constrained buyers and sellers. N YAN, H DAI AND B, SUN. Applied stochastic models in business and industry, 30 (6): 783-796.

YAN N, et al., 2016. A partial credit guarantee contract in a capital-constrained supply chain: Financing equilibrium and coordinating strategy. International journal of production economic, 173: 122-133.

ZHANG A N, GOH M, MENG F, 2011. Conceptual modelling for supply chain inventory visibility. International journal of production economics, 133 (2): 578-585.

ZHOU Z, et al., 2018. The persuasive and informative effects of information disclosure: evidence from an online supply chain finance market. SSRN electronic journal.

ZHU N, et al., 2016. Technical efficiency measurement incorporating risk preferences: an empirical analysis of chinese commercial banks. Emerging markets finance and trade, 52 (3): 610-624.

ZHU Y, et al., 2019. Forecasting SMEs' credit risk in supply chain finance with an enhanced hybrid ensemble machine learning approach. International journal of production economics, 211: 22-33.

第 10 章

ABBASI W A, WANG Z, ALSAKARNEH A, 2018. Overcoming SMEs financing and supply chain obstacles by introducing supply chain finance. Holistica-journal of business and public administration, 9 (1): 7-22.

ALLAYANNIS G, IHRIG J, WESTON J P, 2001. Exchange-rate hedging: financial versus operational strategies. American economic review, 91 (2): 391-395.

ANG S, STRAUB D W, 1998. Production and transaction economies and IS outsourcing: a study of the US banking industry. MIS quarterly: 535-552.

BAKOBEN M, BELLOTTI T, ADAMS N, 2019. Identification of credit risk based on cluster analysis of account behaviours. Journal of the operational research society: 1-9.

BERGER A N, UDELL G F, 2006. A more complete conceptual framework for SME finance.

Journal of banking & financ, 30 (11): 2945-2966.

BESTER H, HELLWIG M, 1987. Moral hazard and equilibrium credit rationing: an overview of the issues// Agency theory information and incentives. Springer: 135-166.

BETTIS R A, HALL W K, 1982. Accounting determined risk and accounting determined return. The academy of management journal, 25 (2): 254-264.

BUBB R, KAUFMAN A, 2014. Securitization and moral hazard: evidence from credit score cutoff rules. Journal of monetary economics, 63: 1-18.

BUZACOTT J A, ZHANG R Q, 2004. Inventory management with asset-based financing. Management science, 50 (9): 1274-1292.

CANTO-CUEVAS F-J, PALACÍN-SÁNCHEZ M-J, DI PIETRO F, 2019. Trade credit as a sustainable resource during an SME's life cycle. Sustainability, 11 (3): 670.

CARNOVALE S, ROGERS D S, YENIYURT S, 2018. Broadening the perspective of supply chain finance: The performance impacts of network power & cohesion. Journal of purchasing and supply management.

CARNOVALE S, ROGERS D S, YENIYURT S, 2019. Broadening the perspective of supply chain finance: The performance impacts of network power and cohesion. Journal of purchasing and supply management, 25 (2): 134-145.

CASEY E, O'TOOLE C M, 2014. Bank lending constraints trade credit and alternative financing during the financial crisis: evidence from European SMEs. Journal of corporate finance, 27: 173-193.

CHRISTOPHER M, HOLWEG M, 2011. "Supply Chain 2. 0": managing supply chains in the era of turbulence. International journal of physical distribution & logistics management, 41 (1): 63-82.

CONSTAND R L, OSTERYOUNG J S, NAST D A, 1991. Asset-based financing and the determinants of capital structure in the small firm. In advances in small business finance, Springer: 29-45.

DACIN P A, BROWN T J, 2006. Corporate branding identity and customer response. Journal of the academy of marketing science, 34 (2): 95-98.

DONALDSON A, WALKER P, 2004. Information governance-a view from the NHS. International journal of medical informatics, 73 (3): 281-284.

DONNELLY C, ENGLUND M, NIELSEN J P, 2014. The importance of the choice of test for finding evidence of asymmetric information. ASTIN bulletin: The journal of the IAA, 44 (2): 173-195.

DYCKMAN B, 2011. Supply chain finance: risk mitigation and revenue growth. Journal of corporate treasury management, 4 (2): 168-173.

FINCH P, 2004. Supply chain risk management. Supply chain management: an international journal, 9 (2): 183-196.

GAUR V, SESHADRI S, 2005. Hedging inventory risk through market instruments. Manufacturing & service operations management, 7 (2): 103-120.

GOMM M L, 2010. Supply chain finance: applying finance theory to supply chain management to enhance finance in supply chains. International journal of logistics research and applications, 13 (2): 133-142.

GROVER V, MALHOTRA M K, 2003. Transaction cost framework in operations and supply chain management research: theory and measurement. Journal of operations management, 21 (4): 457-473.

GU Q, LU X, 2014. Unraveling the mechanisms of reputation and alliance formation: a study of venture capital syndication in China. Strategic management journal, 35 (5): 739-750.

GUNASEKARAN A, PATEL C, MCGAUGHEY R E, 2004. A framework for supply chain performance measurement. International journal of production economics, 87 (3): 333-347.

HALLIKAS J, LINTUKANGAS K, 2016. Purchasing and supply: an investigation of risk management performance. International journal of production economics, 171: 487-494.

HARTLEY-URQUHART R, 2006. Managing the financial supply chain. Supply chain management review, 10 (6).

HE X, TANG L, 2012. Exploration on building of visualization platform to innovate business operation pattern of supply chain finance. Physics procedia, 33: 1886-1893.

HENDRICKS K B, SINGHAL V R, 2005. An empirical analysis of the effect of supply chain disruptions on long-run stock price performance and equity risk of the firm. Production and operations management, 14 (1): 35-52.

HOFMANN E, 2009. Inventory financing in supply chains: a logistics service provider-approach. International journal of physical distribution & logistics management, 39 (9): 716-740.

HUCHZERMEIER A, COHEN M A, 1996. Valuing operational flexibility under exchange rate risk. Operations research, 44 (1): 100-113.

HULT G T M, KETCHEN D J, ARRFELT M, 2007. Strategic supply chain management: improving performance through a culture of competitiveness and knowledge development. Strategic management journal, 28 (10): 1035-1052.

IRWIN D, SCOTT J M, 2010. Barriers faced by SMEs in raising bank finance. International journal of entrepreneurial behavior & research, 16 (3): 245-259.

JENSEN M C，MECKLING W H，1976. Theory of the firm：managerial behavior agency costs and ownership structure. Journal of Financial Economics，3（4）：305-360.

JONES T C，RILEY D W，1985. Using inventory for competitive advantage through supply chain management. International journal of physical distribution & materials management，15（5）：16-26.

KARLAN D，ZINMAN J，2009. Observing unobservables：Identifying information asymmetries with a consumer credit field experiment. Econometrica，77（6）：1993-2008.

KETCHEN JR D J，HULT G T M，2007. Bridging organization theory and supply chain management：the case of best value supply chains. Journal of operations management，25（2）：573-580.

KHAN O，CHRISTOPHER M，BURNES B，2008. The impact of product design on supply chain risk：a case study. International journal of physical distribution & logistics management，38（5）：412-432.

KLEINDORFER P R，SAAD G H，2005. Managing disruption risks in supply chains. Production and operations management，14（1）：53-68.

KÖNIG A，SPINLER S，2016. The effect of logistics outsourcing on the supply chain vulnerability of shippers：development of a conceptual risk management framework. The international journal of logistics management，27（1）：122-141.

KOOPER M N，MAES R，LINDGREEN E E O R，2011. On the governance of information：introducing a new concept of governance to support the management of information. International journal of information management，31（3）：195-200.

KORPELA J，et al.，2002. An analytic approach to production capacity allocation and supply chain design. International journal of production economics，78（2）：187-195.

KOUVELIS P，ZHAO W，2018. Who should finance the supply chain? Impact of credit ratings on supply chain decisions. Manufacturing & service operations management，20（1）：19-35.

KOYUNCUGIL A S，OZGULBAS N，2008. Financial profiling for detecting operational risk by data mining. World academy of science engineering and technology，46.

LAI K，NGAI E W T，CHENG T C E，2002. Measures for evaluating supply chain performance in transport logistics. Transportation research part e：logistics and transportation review，38（6）：439-456.

LEE C H，RHEE B-D，2011. Trade credit for supply chain coordination. European journal of operational research，214（1）：136-146.

LEE H L，2002. Aligning supply chain strategies with product uncertainties. California management review，44 (3)：105-119.

LEVARY R R，2007. Ranking foreign suppliers based on supply risk. Supply chain management：an international journal，12 (6)：392-394.

LI S，et al.，2006. The impact of supply chain management practices on competitive advantage and organizational performance. Omega，34 (2)：107-124.

LIU Z，NAGURNEY A，2011. Supply chain outsourcing under exchange rate risk and competition. Omega，39 (5)：539-549.

LOVE E G，KRAATZ M，2009. Character conformity or the bottom line? How and why downsizing affected corporate reputation. Academy of management journal，52 (2)：314-335.

LOW K Y J，ROBINS J A，2014. Finding knowledge：the role of reputation in knowledge-transfer to chinese companies. Long range planning，47 (6)：353-364.

LUO W，SHI Y，VENKATESH V G，2018. Exploring the factors of achieving supply chain excellence：a New Zealand perspective. Production planning & control，29 (8)：655-667.

MIDDLETON S E，SHADBOLT N R，DE ROURE D C，2004. Ontological user profiling in recommender systems. ACM transactions on information systems (TOIS)，22 (1)：54-88.

MILLER K D，1992. A framework for integrated risk management in international business. Journal of international business studies，23 (2)：311-331.

MIZGIER K J，et al.，2015. Managing operational disruptions through capital adequacy and process improvement. European journal of operational research，245 (1)：320-332.

MOREY T，FORBATH T，SCHOOP A，2015. Customer data：designing for transparency and trust. Harvard business review，93 (5)：96-105.

MORRISON S，PITT L，KIETZMANN J，2015. Technology and financial services：marketing in times of U-commerce. Journal of financial services marketing，20 (4)：273-281.

MUKHERJEE A，HE H，2008. Company identity and marketing：an integrative framework. Journal of marketing theory and practice，16 (2)：111-125.

NARAYANAN V，RAMAN A，2004. Aligning incentives in supply chains. Harvard business review，82 (11)：94-102.

NIENHUIS J J，CORTET M，LYCKLAMA D，2013. Real-time financing：extending e-invoicing to real-time SME financing. Journal of payments strategy & systems，7 (3).

NISHAT FAISAL M，BANWET D K，SHANKAR R，2007. Iformation risks management in supply chains：an assessment and mitigation framework. Journal of enterprise information management，20 (6)：677-699.

ORTIZ-MOLINA H, PENAS M F, 2008. Lending to small businesses: the role of loan maturity in addressing information problems. Small business economics, 30 (4): 361-383.

PAPADAKIS I S, 2006. Financial performance of supply chains after disruptions: an event study. Supply chain management: an international journal, 11 (1): 25-33.

PECK H, 2005. Drivers of supply chain vulnerability: an integrated framework. International journal of physical distribution & logistics management, 35 (4): 210-232.

PETROPOULOS A, et al. , 2019. A robust machine learning approach for credit risk analysis of large loan level datasets using deep learning and extreme gradient boosting. IFC bulletins chapters 49.

RAITHEL S, SCHWAIGER M, 2015. The effects of corporate reputation perceptions of the general public on shareholder value. Strategic management journal, 36 (6): 945-956.

RANDALL W S, THEODORE FARRIS M, 2009. Supply chain financing: using cash-to-cash variables to strengthen the supply chain. International journal of physical distribution & logistics management, 39 (8): 669-689.

RAO S, GOLDSBY T J, 2009. Supply chain risks: a review and typology. The international journal of logistics management, 20 (1): 97-123.

RIDING A L, HAINES G, 2001. Loan guarantees. Journal of business venturing, 16 (6): 595-612.

RITCHIE B, MARSHALL D V, 1993. Business risk management. Chapman & Hall.

ROBERTS M R, 2015. The role of dynamic renegotiation and asymmetric information in financial contracting. Journal of financial economics, 116 (1): 61-81.

SCHILIT B N, THEIMER M M, 1994. Disseminating active mop infonncition to mobile hosts. IEEE Network.

SERRANO-CINCA C, GUTIÉRREZ-NIETO B, LÓPEZ-PALACIOS L, 2015. Determinants of default in P2P lending. Plos one, 10 (10): e0139427.

SHENK D, 1997. Data smog: surviving the information glut. HarperCollins publishers.

SILVESTRO R, LUSTRATO P, 2014. Integrating financial and physical supply chains: the role of banks in enabling supply chain integration. International journal of operations & production management, 34 (3): 298-324.

SIMON H A, 1972. Theories of bounded rationality. Decision and organization, 1 (1): 161-176.

SONG H, CHEN S, GANGULY A, 2019. Innovative ecosystem in enhancing hi-tech sme financing: mediating role of two types of innovation capabilities. International journal of innovation management：2050017.

SONG H，et al.，2018. How do knowledge spillover and access in supply chain network enhance SMEs' credit quality? Industrial management & data systems.

SONG H，et al.，2017. Evaluating the effects of supply chain quality management on food firms' performance：the mediating role of food certification and reputation. International Journal of operations & production management，37（10）：1541-1562.

STEWART G，1995. Supply chain performance benchmarking study reveals keys to supply chain excellence. Logistics information management，8（2）：38-44.

STIGLITZ J E，WEISS A，1981. credit rationing in markets with imperfect information. The american economic review，71（3）：393-410.

STROEBEL J，2016. Asymmetric information about collateral values：Asymmetric information about collateral values. The journal of finance，71（3）：1071-1112.

TANG O，NURMAYA MUSA S，2011. Identifying risk issues and research advancements in supply chain risk management. International journal of production economics，133（1）：25-34.

VERBANO C，VENTURINI K，2013. Managing risks in SMEs：A literature review and research agenda. Journal of technology management & innovation，8（3）：33-34.

WAGNER S M，MIZGIER K J，Papageorgiou S，2017. Operational disruptions and business cycles. International journal of production economics，183：66-78.

WALLIS J，2003. Information-saturated yet ignorant：information mediation as social empowerment in the knowledge economy. Library review，52（8）：369-372.

WALSH G，et al.，2009. Examining the antecedents and consequences of corporate reputation：a customer perspective. British journal of management，20（2）：187-203.

WILLIAMSON O E，2007. The economic institutions of capitalism. Firms markets relational contracting. In das summa summarum des management. Springer：61-75.

WONG C Y，HVOLBY H-H，2007. Coordinated responsiveness for volatile toy supply chains. Production planning & control，18（5）：407-419.

WU T，BLACKHURST J，CHIDAMBARAM V，2006. A model for inbound supply risk analysis. Computers in industry，57（4）：350-365.

ZHANG L，HU H，ZHANG D，2015. A credit risk assessment model based on SVM for small and medium enterprises in supply chain finance. Financial innovation，1（1）：14.

ZHANG Q，et al.，2014. Supply chain coordination with trade credit and quantity discount incorporating default risk. International journal of production economics，153：352-360.

ZHAO X，et al.，2015. Improving the predictability of business failure of supply chain finance clients by using external big dataset. Industrial management & data systems，115 (9)：1683-1703.

ZHU Y，et al.，2019. Forecasting SMEs' credit risk in supply chain finance with an enhanced hybrid ensemble machine learning approach. International journal of production economics，211：22-33.

宋华，2017. 互联网供应链金融. 北京：中国人民大学出版社.

宋华，卢强，2017. 产业企业主导的供应链金融如何助力中小企业融资——一个多案例对比研究. 经济理论与经济管理，12.

宋华，杨璇，2018. 中小企业竞争力与网络嵌入性对供应链金融绩效的影响研究. 管理学报，15 (4)：616.

宋华，杨璇，2018. 供应链金融风险来源与系统化管理：一个整合性框架. 中国人民大学学报，4：119-128.

平新乔，杨慕云，2009. 信贷市场信息不对称的实证研究——来自中国国有商业银行的证. 金融研究，3：1-18.

王培元，2018. 基于信用画像的银税互动平台关键技术研究. 信息技术与信息化，217 (4)：157-160.

图书在版编目（CIP）数据

智慧供应链金融 / 宋华著．—北京：中国人民大学出版社，2019.9
ISBN 978-7-300-27287-0

Ⅰ．①智… Ⅱ．①宋… Ⅲ．①供应链管理-金融业务-研究 Ⅳ．①F252.2

中国版本图书馆 CIP 数据核字（2019）第 175438 号

智慧供应链金融
宋华 著
Zhihui Gongyinglian Jinrong

出版发行	中国人民大学出版社		
社　　址	北京中关村大街 31 号	**邮政编码**	100080
电　　话	010－62511242（总编室）		010－62511770（质管部）
	010－82501766（邮购部）		010－62514148（门市部）
	010－62515195（发行公司）		010－62515275（盗版举报）
网　　址	http://www.crup.com.cn		
经　　销	新华书店		
印　　刷	北京联兴盛业印刷股份有限公司		
开　　本	720 mm×1000 mm　1/16	**版　　次**	2019 年 9 月第 1 版
印　　张	33.25 插页 2	**印　　次**	2023 年 8 月第 3 次印刷
字　　数	470 000	**定　　价**	79.00 元